仅以本书献给：

生养教育我的父母

引领指导我的恩师

理解支持我的丈夫及亲人

家事法专论

编著

中国政法大学出版社

2020·北京

文库编委会

总顾问

徐显明

总主编

张　伟

学术顾问（以姓氏拼音为序）

班文战　常　健　陈佑武　陈振功　樊崇义　龚刃韧　韩大元

李步云　李君如　刘海年　刘小楠　柳华文　陆志安　齐延平

曲相霏　单　纯　舒国滢　宋英辉　孙世彦　汪习根　王灿发

夏吟兰　杨宇冠　张爱宁　张晓玲　张永和

国际特邀顾问

Bård A. Andreassen（挪威奥斯陆大学挪威人权中心教授）

Barry Craig（加拿大休伦大学学院校长）

Bert Berkley Lockwood（美国辛辛那提大学教授）

Brian Edwin Burdekin AO（瑞典罗尔·瓦伦堡人权与人道法
研究所客座教授）

Florence Benoît-Rohmer（法国斯特拉斯堡大学教授）

Gudmundur Alfredsson（中国政法大学人权研究院特聘教授）

执行编委

张　翀

夏吟兰　中国政法大学教授、钱端升讲座教授、博士生导师，中国法学会婚姻家庭法学研究会会长，中国婚姻家庭研究会副会长，中国法学会常务理事，中国妇女研究会常务理事，富布莱特学者。曾先后兼任全国妇联执委、北京市妇联副主席、国际家庭法协会执委等职。先后获得全国维护妇女儿童权益先进个人，全国三八红旗手、全国法学会系统先进个人等荣誉称号。先后主持参与国家社科基金、教育部等国家级、省部级及国际合作项目30余项。先后出版专著、教材等40余本，在国内外学术刊物上发表论文百余篇。获得钱端升法学研究成果论文类二等奖、司法部全国法学教材与科研成果二等奖、中国妇女研究优秀成果专著类一等奖等科研成果奖。先后参与起草《妇女权益保障法》《婚姻法》（修正案）《反家庭暴力法》等法律法规。是中国法学会《民法典》编纂领导小组成员、《民法典·婚姻家庭编》主要召集人。

"人权文库" 总序

"人权"概念充满理想主义而又争议不断，"人权"实践的历史堪称跌宕起伏、波澜壮阔。但不可否认的是，当今世界，无论是欧美发达国家，还是发展中国家，人权已经成为最为重要的公共话语之一，对人权各个维度的研究成果也蔚为大观，认真对待人权成为了现代社会的普遍共识，尊重和保障人权成为了治国理政的重要原则。正如习近平总书记所强调的："中国人民实现中华民族伟大复兴中国梦的过程，本质上就是实现社会公平正义和不断推动人权事业发展的进程"。

——人权之梦，是实现民族伟大复兴中国梦的应有之义。改革开放四十年以来，中国政府采取了一系列切实有效的措施，促进人权事业的进步，走出了一条具有中国特色的人权发展道路。在沿着这条道路砥砺前进的过程中，中国人权实践取得了举世瞩目的成就，既让广大人民群众体会到了实实在在的获得感，也向国际社会奉献了天下大同人权发展的"中国方案"。

——人权之梦，是我们对人之为人的尊严和价值的觉悟和追求。过去几年来，中国政府加快推进依法治国的重大战略部署，将"人权得到切实尊重和保障"确立为全面建成小康社会的重要目标，建立和完善保障人权的社会主义法律体系。《民法总则》《慈善法》《反家庭暴力法》《刑事诉讼法》《民事诉讼法》等一系列法律陆续出台或得到修订，中国特色人权发展道路的顶层设计被不断丰富和完善。

——人权之梦，是人类历史发展的必然趋势和时代精神的集中体现。1948 年《世界人权宣言》颁布以后，人权事业的普及、发展进入了新的历史阶段。1993 年第二次世界人权大会通过的《维也纳宣言和行动纲领》，更是庄严宣称："所有人的一切人权和基本自由……的普遍性不容置疑。"我国于 1991 年发表了第一份人权白皮书《中国的人权状况》，其序言里指出："享有充分的人权，是长期以来人类追求的理想。"2004 年"国家尊重和保障人权"被写入《宪法》，2007 年，人权又被写入《中国共产党章程》。自 2009 年以来，中国先后制定并实施了三期国家人权行动计划，持续加大人权保障力度。

今年适逢我国改革开放四十周年和《世界人权宣言》颁布七十周年，中国政法大学人权研究院决定着手策划出版"人权文库"丛书。文库着眼国内外人权领域，全面汇集新近涌现的优秀著作，囊括专著、译著、文集、案例集等多个系列，力求凝聚东西方智慧，打造成为既具有时代特色，又具备国际视野的大型人权丛书，为构建我国人权话语体系提供高品质的理论资源。这套丛书的筹备和出版得到了中宣部的大力支持，并有赖其他七家国家人权教育基地和国内学界多位专家学者的积极参与，同时还要感谢中国政法大学出版社的倾力相助。

此刻正值一年中收获的季节，文库的第一本著作即将面世，"九万里风鹏正举"，我们期待并且相信"人权文库"将会硕果累累，"人权之梦"终将照入现实。

是为序。

文库编委会　谨识
2018 年 9 月

自 序

蓦然回首，已过花甲。门下诸生提议汇集我的文稿，回顾 40 年家事法学求索之路，以此总结我过往的研究历程，同时亦为后辈莘莘学子提供些许指引。

40 年前，我是一名服装加工流水线上踩着缝纫机的"文艺女青年"。1979 年 10 月考入北京政法学院，为我开启了法学研习之路。此后，我的命运逐渐与婚姻家庭法、继承法、反家暴法等家事法律紧密交织。在家事法的教学研究之路上，我坚持不懈地一走就是 40 年。

在法大读书期间，作为文青的我受爱情小说影响，对婚姻法感到好奇，于是加入我国婚姻法泰斗巫昌祯教授组织的兴趣小组，在这一领域展开深度学习。最终，在个人兴趣与师长魅力的双重吸引下，我报考了巫昌祯老师的研究生，后来在老师的建议下留校任教，从此三尺讲台映芳华、一生萦绕婚姻法。

在 40 年的求学与教学研究之路上，我先后师从中国婚姻家庭法学的一代宗师、学科奠基人巫昌祯教授和中国法学界的泰斗、法学教育家江平教授，持续深入地研习民法、婚姻家庭法，在中国政法大学的教师岗位上一边秉烛夜读、增强学术修为，一边循循善诱、传道授业解惑。这期间，我也开始追随导师参与各种立法调研、论证和起草工作，并逐渐基于国家法治建设的需要将研究领地从传统的私法——亲属继承法，拓展到公法色彩浓厚的特定群体人权保障领域。

在中国政法大学，我从本科生到硕士研究生、博士研究生，一路学过来；从助教到副教授再到教授，辗转于法律系、民商经济法学院、国际教育学院、人权研究院多个学院，一路教过来。学院路校区到昌平校区的通勤路上，留下了我经年累月往返奔波的足迹，我无怨无悔地将在法大的所学、所思、所想，将法大给予我的"厚德、明法、格物、致公"精神回馈给培养自己的母校，传授给尊敬追随我的学生，是名副其实的"一生一世法大人"。

在多年的教学工作中，我逐渐形成了属于自己的讲课风格，曾被评为最受法大本科生欢迎的十大教师之一，这是至今我仍然引以为傲的标签！正是凭着这种爱护学生、成就学生的情怀，40年来我已然桃李满天下：除本科生外，我的硕士、博士们遍布各界各地，既有从事法学教育与研究工作的教师、学者，也有从事法律实务工作的法官、检察官、律师以及公务员。他们都志在传承法大理念和法治精神，努力做敬仰法律、追求公平正义的法大人。

40年来，我不仅一直坚守法大讲坛，担任中国政法大学的教授、博士生导师，还一直活跃在学术研究、法治实践的各条战线：兼任中国法学会婚姻家庭法学研究会会长、中国婚姻家庭研究会副会长、最高人民法院案例指导工作专家委员会委员、中国法学会常务理事、中国妇女研究会常务理事、中国人权基金会特邀理事等职，还曾经兼任过北京市妇联第十届与第十一届副主席、全国妇联第九届与第十届执委、北京市妇女法学研究会会长、国际家庭法协会常务理事等多种职务。多年来，我参与过《妇女权益保障法》《婚姻法》《未成年人保护法》《残疾人保障法》《老年人权益保障法》《反家庭暴力法》以及《民法典》婚姻家庭编、继承编等多部法律的起草、修改及调研、论证工作。

作为国家培养的法律专业人才，我致力于服务社会、保护弱者、促进法治建设：反对家庭暴力、争取女性参政、保障女性就业、实现离婚救济、推进国家监护……在教学研究工作之外，我积极地投身于妇女儿童等弱势群体保护的社会公益工作，为维护妇女儿童等弱势群体的权益不懈奔走疾呼。我深深懂得"勿以善小而不为"的道理，乐于以专家志愿者的身份服务于中国法学会反家暴网站，为一位位受家暴的女性个体提供切实的法律援助与支持。2016年我获得全国三八红旗手荣誉称号，获奖词"几十年如一日为保护妇女儿童、推动妇女权益运动无私奉献"不仅是对我的肯定与表彰,更是我的心声和追求。

我的学术生涯与我国四十年改革开放同步,与我国法治建设的完善同步,与构建中国特色社会主义法律体系进程同步。我的文集中精选的论文反映了我国法治建设的进步与成就、反映了中国特色社会主义法律体系的构建与完善,特别是家事法律制度以及对特定群体人权保护的法治建设的发展与完善。多年来,我主持并参与国家社科基金项目、国家智库项目、教育部项目、司法部项目、中国法学会项目、北京市社科基金项目等国家级、省部级及国际合作项目共 30 余项,其中多项研究成果为立法、司法解释及相关政策所采纳。文集中我选用的多篇论文都是项目的阶段性成果,体现出法学研究在助力我国法治建设,推动立法和司法实践不断发展完善中不可或缺的作用。

在整理文集稿件时,我没有刻意回避当初在论文撰写初期曾有的青涩幼稚与不够规范;文集排序首先考虑主题的一致性,在同一主题下再考虑论文发表的时间先后。文集的时间跨度从 20 世纪 80 年代末到 2018 年,全景式地展示本人的学术追寻之路。同时,考虑到学术研究的起承转合、传承演进,文集中甄选的论文虽以本人独著的论文为主,但也注意选择了部分与本人的导师、同仁以及本人的学生合著的论文。在我看来,文集既是作者个人学术生涯中理论学说和立法见解的集萃,也是学术旨趣与思考脉络的印记,展现出作者在专业研究领域中的进步与成长,以及在整个学科发展中所发挥的历史作用和学术传承。而且,不同时期论文考察角度和阐述主题的变迁和转换亦是婚姻家庭立法以及反家暴立法的演进发展及婚姻家庭法学理论研究脉络的映现,深深烙下了社会和婚姻家庭逸动变迁的时代痕迹。在此意义上,本书的价值超出了个人学术生涯回顾的层面。特别是本书的论文覆盖 21 世纪我国《婚姻法》的修改、《反家庭暴力法》的起草以及《民法典》婚姻家庭编的立法,深刻折射出同时期相关法学研究的立法关切和研究进路,体现出我所代表的这个群体为坚持婚姻家庭关系伦理特性和社会主义婚姻家庭核心价值观,为呵护婚姻、守望家庭、保护弱者利益之立法目的所作的学术坚持与贡献。

2020 年 3 月 25 日恩师巫昌祯教授仙逝。作为先生的开门弟子、永远的学生，谨以本书的出版铭记与感念恩师对学生的教诲、培养与提携；表达对恩师永远的仰慕、思念与缅怀！

本书的出版对于广大读者理解 2020 年 5 月颁布的《民法典》婚姻家庭编的立法目的、立法价值以及学术内涵具有重要的理论价值及社会现实意义；对于从事或研究婚姻家庭立法的法学工作者及法律工作者具有学术参考价值；对于未来婚姻家庭法学理论研究以及立法工作则具有史料价值。

积少成多，集腋成裘。相信本书的出版，从家事法到人权保障的阐释，必以一泓清泉的涓涓细流映照出我国法治建设的发展、家事法学研究的发展以及我国人权事业的进步！

感谢我的学生，特别是博士生们，在本书的校对、审稿过程中的认真负责、勤勉努力；感谢中国政法大学人权研究院为本书的出版予以资助；感谢中国政法大学出版社及本书编辑郭嘉珺为本书的出版提供的便利与帮助。

夏吟兰

2020 年 5 月于北京

目　录

一、婚姻家庭法总论

二、婚姻关系论

三、家庭关系论

四、反家暴立法论

一、婚姻家庭法总论

1.1 21 世纪中国婚姻法学展望 *

夏吟兰

20 世纪的中国在彻底废除了封建主义婚姻家庭制度的同时，建立起婚姻自由、一夫一妻、男女平等的社会主义婚姻家庭制度，并将其初步地付诸实践。

21 世纪的婚姻将会更加自由、平等。婚姻自由的广度和深度仍将进一步拓展，在生产力水平高度发达、贫富差别基本消灭的情形之下，今日对选择配偶还有巨大影响的一切派生的经济因素会逐步消除，在其彻底消除之日到来之时，婚姻"除了相互的爱慕以外，就再也不会有别的动机了"[1]。包办、买卖婚姻终将在下个世纪被彻底送进坟墓。21 世纪的家庭将会更加文明、健康、民主，封建家长制观念将会完全退出历史舞台，家庭中的所有成员一律身份平等，家庭的素质和生活质量将进一步提高，家庭中的精神生活会更加丰富。当然，在到达理想彼岸之前，我们仍须为此不懈地努力。

21 世纪的婚姻家庭法学充满挑战，这不仅来自于学科内部的理论发展，更来自于科学技术的发展、不同学科的交叉共融对婚姻家庭法学的挑战。我们要抓住机遇迎接挑战，完善婚姻家庭法制，强化婚姻家庭法学理论研究，关注新世纪婚姻家庭新问题。

---

* 本文发表于《法商研究（中南政法学院学报）》1999 年第 4 期，第 10~14 页。

〔1〕[德] 恩格斯：《家庭、私有制和国家的起源》，张仲实译，人民出版社 1954 年版，第 77 页。

一、完善婚姻家庭法制

完善婚姻家庭制度是一项复杂的系统工程，需要从经济、政治、文化、道德、法律等角度进行全方位、多层次的研究。为下个世纪制定的婚姻家庭法，应当具有前瞻性、系统性、科学性，内容全面、体系完整。目前，正值对现行《婚姻法》修改之际，笔者认为其修改工作主要应从两方面入手。

一是填补立法空白。在进一步确定下个世纪婚姻法的体系及篇章结构的同时，在立法上要填补现行婚姻家庭法律制度的空白。婚姻家庭制度是基本的民事法律制度，它所调整的对象是在社会生活中最普遍的社会关系，全面完整地调整、规范婚姻家庭关系是世界各国婚姻立法的通例。我国现行的《婚姻法》在法律制度上存在着若干立法空白，亟待在修改《婚姻法》时予以补充，主要包括：

概括性地就亲属关系作出规定。目前与亲属关系相关的法律效力由我国《民法通则》《继承法》《刑法》《民事诉讼法》《刑事诉讼法》《国籍法》等作出相关的规定，由此在法律调整和立法技术上造成的不便是显而易见的。因此，在婚姻家庭法中对亲属制度应当从基本法律的层次上作出系统的、一般性的规定。明确规定亲属的范围、种类、亲系、亲等及其计算方法，使得我国法律体系中各法律部门对亲属关系的调整有所归依。[1]

建立、健全无效婚姻制度。长期以来，由于婚姻法未设立无效婚姻制度，对于违反《婚姻法》结婚要件的结合，有按无效婚姻处理的，如重婚；有按离婚处理的，如包办、买卖婚姻。对于本不存在婚姻关系，应确认其无效的婚姻按离婚处理实质上是承认违法的结合也具有婚姻的法律效力，这不仅不利于维护《婚姻法》的严肃性和权威性，也不利于对受害者权利的保护。因此，为了坚决贯彻实施结婚的法定条件和法定程序，提高婚姻质量，预防和减少婚姻纠纷，应在婚姻家庭的基本法律中对无效婚姻制度予以明确规定。

---

〔1〕 杨大文："关于完善婚姻家庭立法的建议和设想"，载巫昌祯、杨大文主编：《走向21世纪的中国婚姻家庭》，吉林人民出版社1995年版，第12页。

建立亲权制度，完善对未成年人家庭保护的法律规定。亲权制度是指父母对于未成年子女的身体和财产上的监督、管理、抚养、教育和保护的权利义务制度。亲权是基于父母子女身份关系而产生的权利与义务，它不仅仅是父母的权利，更是父母的义务。现行《婚姻法》虽然有关于父母抚养教育子女的原则规定及父母管教和保护未成年子女的权利和义务的规定，但极为抽象，权利义务要求也很不明确。目前，对未成年人的教育、抚养、保护及子女财产的管理等问题日渐突出，亟需完善的法律规范进行调整。建立、健全亲权制度，对更好地保护未成年人健康成长是十分必要的。

二是要充实薄弱环节，健全现行的法律制度。对《婚姻法》现有的各项规定和制度尚不完善的部分应予以进一步完善和充实。

完善夫妻财产制度。我国现行婚姻法实行的夫妻财产制是婚后所得共同制，并原则上肯定约定财产制。但约定财产制过于原则、抽象，难以操作，加之随着商品经济的发展，夫妻间的财产内容、性质、种类等均发生了巨大的变化，因此，在修改《婚姻法》时对于夫妻共同财产的范围、夫妻特有财产、夫妻约定财产均应作出明确具体的规定，进一步完善夫妻财产制度，以更好地保护夫妻双方的财产利益，保护善意第三人的利益，保护商品经济活动中的交易安全。

完善离婚制度。对于判决离婚的法定条件，经过多年的讨论，婚姻法学界已基本达成共识，即将现行《婚姻法》的"夫妻感情确已破裂"修改为"婚姻关系确已破裂"并辅之以列举性事由，从而解决现行《婚姻法》离婚标准难以掌握、司法实践中判案结果宽严不一的问题。

我国现行《婚姻法》对离婚后的财产分割、子女抚养、对困难一方的经济帮助等均有明确规定，但在如何使离婚的后果达到公平、公正方面考虑得不充分。在修改《婚姻法》时应对以下内容予以补充：离婚后的财产分割和离婚后的经济帮助要考虑过错责任来确定，对无过错的一方可采取多分割共同财产、享受经济帮助或损害赔偿等救济方法；同时对离婚后的子女监护权、探视权、子女抚养费及如何强制执行均应有明确具体的规定，以平衡因离婚而造成的利益失衡和不公正，加强对离婚后子女权益的保护。

在婚姻家庭法中设立监护制度。有关监护制度，在我国目前是由《民法通则》予以规定的，鉴于《民法通则》中对监护制度的规定过于原则、笼统，又带有计划经济的色彩，应作较大的修改。从监护制度的立法理念、目的出发，将监护制度放在婚姻家庭法中予以全面规定，并取消法人、单位、居委会、村委会作为监护人的规定，允许遗嘱指定监护人，设置监护监督人，规定监护人免除监护义务的事由。

二、强化婚姻家庭法学的理论研究

21 世纪中国婚姻家庭法学要在现有基础上提高学术水平，必须加强理论建设，提高理论修养，深化理论研究，彻底改变目前专著少，突破、创新不足的状况。

强化婚姻家庭法学的理论研究应在马克思主义基本方法论的指导下，容纳新思想，开放方法论，采纳新兴的科学理论和方法，突破传统的研究模式；要拓展婚姻家庭法学理论的宏观视野，转换研究角度，运用社会学、伦理学、心理学、人口学、法哲学等多学科的研究方法，关注自然科学和社会科学的相互渗透、相关学科的相互吸收，扩展理论探讨的广度和深度，拔高婚姻家庭法学研究的理论基点。同时，要加强婚姻法学的基础理论研究，深入微观领域，研究婚姻家庭的内在机制，构建婚姻家庭法学的微观理论模式。通过宏观与微观研究的结果，构建婚姻家庭法学完整的理论体系。[1]

要更新研究方法，容纳新思想，就要扩大研究队伍，吸收新锐力量加盟婚姻家庭法学研究领域。只有这样，才能不断推出新人、新作，为婚姻家庭法学的发展带来清新的空气。并由此推动婚姻家庭法学的研究向更深层面发展，从而构建更为科学的婚姻家庭法学体系。

由于时代的局限和从事理论研究队伍的相对不足，婚姻法学理论研究仍有许多薄弱环节。例如，研究领域较为狭窄，以立法研究与法律对策研究等应用型研究为主，其深度、广度与学科建设发展的要求也还有

---

〔1〕 曹诗权："论婚姻家庭法学研究方法的更新"，载《法商研究（中南政法学院学报）》1996 年第 3 期，第 45 页。

一定距离。在新世纪，我们要强化对婚姻法制史与思想史、外国婚姻家庭法学的研究，特别是对婚姻法学基础理论的研究。

婚姻家庭法学基础理论的研究是婚姻家庭法学研究的奠基石，但因一些领地属于传统禁区或囿于传统定论，基本上无人问津，而对这些基础理论的研究，是冲破现有理论研究裹足不前、无实质性突破的重要一环。在新世纪，我们应当加强对婚姻家庭性质、婚姻家庭基本原则、婚姻家庭制度价值及其发展变化等基础理论的研究，推动婚姻家庭法学研究的深化与发展。

史学研究一直是婚姻家庭法学的弱项，有相当多的研究空白。源远流长的中华法系所创造的法律文化与法制文明，是中华民族灿烂文明中的重要组成部分，而其中的家法族规、伦理法治是中华法系的核心。我们肩负着承前启后、继往开来的历史重任，有责任研究中华法律史为今人所提供的丰富资料和宝贵经验，既要弘扬优秀传统法律文化，又要以史为鉴，防止和克服其消极影响，在重新构建 21 世纪婚姻家庭法学体系的同时，创建新的社会主义婚姻家庭法律文化与法制文明。

随着国际信息高速公路的开通，我国改革开放政策的深入，国界的分隔已不再成为我国与世界各国信息交流的藩篱。婚姻法学界应进一步扩大国际交往、借鉴外国婚姻家庭法学的优秀研究成果。一方面，要大量翻译、介绍外国的最新成果，并进行分析、比较、研究，在此基础上借鉴其优秀、有益的部分，以丰富我国婚姻家庭法学的理论研究领域与方法。另一方面，在充分利用、借鉴外国婚姻家庭法优秀成果的同时，我们也要充分利用各种对外交流的机会将中国婚姻家庭法学的研究成果推向世界，让世界了解中国婚姻家庭法学的发展，促进中国婚姻家庭法学的进一步繁荣。

三、迎接科学技术对婚姻家庭领域的挑战，关注新世纪婚姻家庭的新问题

自然科学对社会科学的渗透不仅表现在理论研究的方法上，更表现在科学技术的发展对婚姻家庭法学传统理论的挑战上。

就 20 世纪而言，节育技术的发展与完善，使性行为与生育行为脱节，在成功地节制生育、控制人口的同时，它也对婚姻家庭关系的发展变化产生并将继续产生深刻的影响。而人工生殖技术的出现与快速发展，更使性行为与生育行为完全分离，它不仅给现有的婚姻家庭关系带来冲击，而且还对婚姻家庭生育观念产生不可低估的影响，这一影响在下个世纪将显现无疑。

人工生殖技术是指根据生物遗传工程理论，采用人工方法生育出子女的生殖技术。它与人类传统的自然生育过程不同，生育与性行为无关，且人工生殖的子女可能有两个以上的父母，因此，它是对传统的父母子女关系的挑战。毫无疑问，人工生殖技术具有积极优生、弥补生理缺陷及作为自然生育不足补充手段的作用，因而它才可能在 20 世纪得到迅速发展并在下个世纪成为生育的一种选择方式。

人工生殖技术对婚姻家庭理念的挑战在于，它使得传统婚姻实体要素之一的家庭生物功能——性生活不再是必要条件，并改变了性行为与生育行为之间的必然联系，使得防止乱伦以及必须夫妻生育的客观需求可以在婚姻家庭以外完成。传统上的婚姻家庭关系与一般社会关系的重要区别——两性关系与血缘关系将可能改写。

人工生殖技术对婚姻家庭法律的挑战在于，如何确定人工生殖技术所生子女的法律地位。他们是婚生子女还是非婚生子女？当人工生殖的子女有两个以上的父母时，如何确定父母子女间的法律关系？代孕行为能否合法，应否设定条件，如何确定其法律地位？人工生殖技术能否作为积极优生的手段普遍适用，它会给人类带来何种后果？这些课题尽管就世界范围而言在立法或理论研究中已有所反映，但尚未得出圆满答案。相信在下个世纪仍将是婚姻家庭立法与理论研究的热点问题。

近期内，人工生殖技术在中国不可能得到迅速发展，因而，对这些课题的研究似乎并不迫切，但在下个世纪可以预期的时间内，它有可能成为中国人对生育方式的一种选择。对此，我们必须予以特别的关注，并应在相关立法上有所反映。

此外，随着科学技术的发展，下个世纪人们的家居方式、工作方式、生存状态等均会发生一定的变化，并直接影响婚姻家庭关系。作为人类第一生产力的科学技术将不断地发展变化，建立其上的婚姻家庭关系也必然会有所反映，我们对此应有充分的估计。

科学技术的发展会影响人们的婚姻家庭观念，而婚姻家庭观念的变化除了会对婚姻家庭关系产生积极影响之外，还会产生某些消极影响。预计本世纪在我国尚未出现或尚未形成气候的某些婚姻家庭问题在下个世纪可能会初露端倪或形成蔓延态势。在下个世纪，随着人们婚姻家庭观念的变化，在相当长的一段时间里，离婚率仍会缓慢上升，夫妻关系的唯一性和排他性将继续受到挑战。未婚同居者将有所增加，事实婚姻也会更为普遍，也许两者的界限将十分模糊。家庭的模式将会进一步缩小，单亲家庭、单身家庭的数量有所上升，核心家庭成为家庭的主要模式。人口老龄化问题进一步凸显，家庭观念淡化，亲和力减弱，家庭的赡养功能也将随之退化。尽管在相当长的时间里，对老年人的赡养仍然是家庭的主要功能之一，但社会赡养终将取代或部分取代家庭赡养。在我们为新世纪的到来喝彩的时候，我们应对这些问题引起警觉，提出防范措施或进行对策研究。

我们应在机遇与挑战共存、希望与压力同在的 21 世纪，站在时代的潮头，以严谨的治学态度、开放的研究方法、不懈的努力追求，取得婚姻法学法制建设与理论研究的重大进展。

1.2《民法典·婚姻家庭编》之我见*

巫昌祯** 夏吟兰

中国民法典草案在千呼万唤之后终于浮出水面，但回归民法典的婚姻家庭编绝不应当是简单地将现有的《婚姻法》《收养法》罗列其中，而应乘此民法典编纂之东风，全面完善我国的婚姻家庭法规范，并将《收养法》逻辑性地收入婚姻家庭编。

众所周知，2001 年 4 月 28 日第九届全国人大第二十一次会议颁布了《婚姻法》修正案，这一修正案是根据我国立法部门关于对《婚姻法》的修改分两步走的精神所迈出的第一步，即对婚姻家庭领域中出现的一些新情况和新问题率先回应，先行予以修改和补充，以及时保护公民的婚姻家庭权益，而将婚姻法体系化的全面完善留待第二步[1]。不可否认，2001 年《婚姻法》修正案作为一种过渡性或阶段性的立法措施在一定程度上发展了我国的婚姻家庭立法，但是与修订《婚姻法》之初制定的全面修改《婚姻法》，完善有关制度，填补立法空白，实现《婚姻法》的体系化、完整化和科学化的指导思想仍有相当的距离。修

---

* 本文发表于《政法论坛》2003 年第 1 期，第 30~35 页。

** 巫昌祯，女，汉族，1929 年 11 月 17 日生，江苏句容人。中国政法大学教授、特约博士生导师，中国法学研究会婚姻法学研究会名誉会长，第七、八、九届全国政协委员。曾先后多次参与《婚姻法》修改。主持《妇女权益保障法》起草及修改。曾被评为北京市教育系统先进工作者，市优秀教师、全国优秀教师、北京市先进工作者、全国先进工作者、北京市"三八"红旗手、全国"三八"红旗手等，享受国家政府特殊津贴。

[1] 王胜明、孙礼海主编，全国人大常委会法制工作委员会民法室编：《〈中华人民共和国婚姻法〉修改立法资料选》，法律出版社 2001 年版，第 259 页。

订后的《婚姻法》仍留有许多重要的立法空白，婚姻家庭法的规范体系尚未全面确立，甚至法律的名称与其调整对象仍然不一致，名不副实依然故我。因此，民法的法典化为婚姻法修订的第二步走提供了极好的机会。笔者认为，婚姻家庭编作为民法典的一编，既要与整个民法典的体例、体系具有有机的联系，又要凸显婚姻家庭法的身份法特征。要把婚姻家庭编修订成具有时代精神和中国特色的体系完整、内容全面，具有前瞻性、系统性、科学性的法律，决不可以满足于《婚姻法》已经作出的修订，因为它毕竟只是一个过渡性的立法措施。本文将在评述2001年《婚姻法》修正案利弊得失之后，就婚姻家庭法中的若干问题发表一孔之见。

一、2001 年《婚姻法》修正案的得与失

既然要迈出修改《婚姻法》的第二步，对第一步走了多远、走得如何，自然要有一番反思。《婚姻法》修正案的成功之处主要表现为以下三点：

一是凸显了《婚姻法》的伦理性特征，体现了法律与道德的一致性以及法治与德治相结合的精神。婚姻家庭关系是一个以两性结合为前提，以血缘关系为纽带的伦理实体，具有深刻的伦理性。在婚姻道德多元化的现代社会，法律作为道德评价的重要载体之一，负有倡导社会主义精神文明、维护婚姻家庭关系的重要使命。《婚姻法》修正案体现了社会主义法律与社会主义道德的一致性，增加了导向性、宣言性的规定，倡导夫妻之间应当互相忠实、互相尊重；家庭成员之间应当敬老爱幼、互相帮助，以维护平等、和睦、文明的婚姻家庭关系。

二是进一步体现了婚姻家庭法的人本主义，张扬人文关怀的精神，强化对人特别是处于弱势之人的保护。如第一次在中国法律的层面上作出了禁止家庭暴力的规定，使反对家庭暴力从此有法可依；再如设立了离婚损害赔偿制度和离婚补偿制度，进一步完善了离婚救济手段。尽管这些规定并无特别的性别指向，但立法显然是针对我国大多数妇女以及儿童、老人在社会与家庭中仍处于弱势、易受损害的现实状况制定的，是以实现法律的公平、正义，保护在家庭中处于弱势的妇女、儿童与老人为目的的。

三是进一步完善法律制度，强化法律责任，体现了《婚姻法》的时代性与适用性。在《婚姻法》的修订过程中，考虑到婚姻家庭关系中出现的新情况、新问题，以及在跨入新世纪之后我国将要面临的机遇与挑战，增加与完善了一些必不可少的制度及规定。如增加了无效婚姻与可撤销婚姻的规定，作为保障各种结婚法定条件付诸实施的必要手段，完善了结婚制度。再如根据我国目前夫妻财产的状况，对原有的夫妻财产制度进行了重大修改，在对法定的夫妻共同财产范围作出明确规定的同时，还首次在《婚姻法》中确认夫妻个人财产，并对夫妻约定财产制的形式、内容及效力作出规定。又如在保障离婚自由的同时，规定了认定夫妻感情确已破裂的五种情形，便于法院操作适用。2001 年《婚姻法》修正案还增加了法律责任一章，以强化《婚姻法》的强制性，保障婚姻法各项制度的贯彻实施，保障当事人权利的实现。

尽管 2001 年《婚姻法》修正案取得了可喜的进步，但作为一个阶段性、过渡性的立法措施，其制度性的缺失以及内容的失之过简、难于操作，使其仍然有很大的修改空间，存在的主要问题如下：

第一，存在着重大的制度性、体系性缺失，婚姻家庭法的规范体系尚未全面确立。缺失之一是《婚姻法》作为调整婚姻家庭等亲属关系的法律规范，缺乏有关亲属制度的一般规定，而设立有关亲属的一般性规定，恰是统一我国亲属法制的客观需要。缺失之二是未设立亲权制度，使父母子女关系的规定过于简单、不利于对未成年子女的保护。缺失之三是未设立监护制度，使监护与亲权不分。由于历史的原因，监护制度由《民法通则》规定，而父母对子女的权利义务关系（亲权）则由《婚姻法》规定，这种立法体例不仅造成法律体系缺乏系统性，还造成两种制度规范的混同、重复。

第二，有些规定未能达到与时俱进，缺少新意。结婚制度是婚姻制度的重要组成部分，此次修法，对结婚条件未作任何修订。实际上，随着社会的发展，人们的婚姻观、生育观均发生了较大的变化。面对社会的变化，法律要有所应对，及时作出回应。如目前不婚同居者增加，事实婚姻也未因法律的不承认而有所减少，换言之，未经法律认可的婚姻家庭已成为不可忽视的社会问题。对此类问题如何处理，修订后的《婚姻法》十分遗憾地采取了回避的态度。我们应当看到，婚姻本身是具有事实先行性的，无论法律承认与否，各种业已形成的婚姻家庭关系对双方、子女、家庭及社会都会产生一系列的重要影响，《婚姻法》不能完全漠视婚姻实体的现实存在和其衍生的各种身份关系、财产关系。婚姻家庭法的私法属性决定了它应以保护公民的婚姻家庭权利、保护婚姻家庭中的弱者利益为己任。有鉴于此，现代一些国家和地区或有条件地承认事实婚姻，或制定同居关系法以保护在这些业已存在的婚姻关系中的善意一方或弱势一方。[1] 对此，我们也应当改变观念，在法律上有条件地承认事实婚姻或同居关系。

第三，已有的制度中存在的内容失之过简、法条疏而不密、规定过于抽象、难以操作的问题并未得到实质性的改变。我国有13亿人口，3亿多家庭，而长期以来，调整如此庞大数量的人口与家庭的法律只有区区37条，2001年的修订，几经努力也仅仅增加了14条，达到51条，这不仅与其他国家动辄数百条的规范无法相比，与我国对财产法规范的数量也不成比例。显然，增加14个条款，不可能解决法条过于简略、无法操作、法官靠司法解释执法的尴尬局面。自1989年以来，最高人民法院对《婚姻法》的司法解释就达6次之多，共计82条。2001年12月25日，《婚姻法》修正案颁布后仅仅8个月，最高人民法院就作出了新的司法解释，以解决司法实践中亟待解决的问题。

我们以为，上述问题以及在婚姻家庭立法中轻家庭、重婚姻的状况均是长期以来我国立法宜粗不宜细指导思想的产物，因此，必须改变观念，立法为民，既便于遵循，又便于操作，将粗放型的立法逐渐向细密型的立法过渡。完善婚姻家庭法就应当按照法律规范的科学性、前瞻

〔1〕 如美国旧金山、纽约、西雅图等市制定了《同居伴侣关系法令》。日本在判例上承认未经结婚登记而事实上处于与婚姻同样关系的人有准婚姻的效力。我国澳门特别行政区《民法典》规定，两人自愿在类似夫妻状况下生活者，其相互关系即为事实婚姻关系，受法律保护。

性、实用性，全面、系统地对婚姻家庭关系的各项制度作出明确具体的规定，而非该制度的纲要性规范。

二、对婚姻家庭编中若干问题的探讨

（一）为完成婚姻家庭法的体系化，必须增设必要的制度

设立有关亲属的一般性规范，是完善婚姻家庭法的必要条件。婚姻家庭领域中各类主体之间的权利义务，都是以特定的亲属身份为其发生根据的，同时，亲属关系在民法、继承法、刑法、诉讼法、国籍法等许多法律领域中都具有一定的法律效力，而亲属制度的一般规定，载入其他法律部门显然是不合适的，应当由婚姻家庭法作出全面、系统的规定。因此，为了进一步从总体上规范亲属制度，尤其是使散见在各法律部门的亲属立法协调一致，明确有关亲属的范围、亲属的种类、亲系、亲等及其计算方法等，应当在婚姻家庭法中作出明确的、统一的规定。

设立亲权制度，强化对未成年人的保护。现代意义上的亲权是父母双方共同享有和承担的保护、教育未成年子女的权利和义务，而且为防止亲权滥用，设立了对亲权的中止和剥夺制度作为对未成年子女的保护和救济。我国《婚姻法》没有建立完整的亲权制度，也未使用亲权的概念，修订后的《婚姻法》仅规定父母有抚养、保护和教育未成年子女的权利和义务，但对父母不当行使权利或滥用权利，未规定任何救济方式，不利于保护未成年人的利益。因此，设立我国的亲权制度要强化父母对未成年子女的责任，不仅包括现有的对未成年子女的抚养、保护和教育的权利义务，还应当包括对父母使用、收益、处分未成年子女财产权利的限制，以及明确规定对不当行使亲权或滥用亲权者中止或剥夺其行使亲权，但不免除其给付子女抚养费的义务。设立亲权制度，可以使父母更明确自己对未成年子女的权利义务，更好地履行职责，保护未成年人的利益。

监护制度应作为婚姻家庭法的一编。自1984年《民法通则》颁布以来，监护制度由《民法通则》规定，而实际上，无论是对未成年人的监护还是对精神病人的监护，都是以亲属监护为主，第三人监护只是亲属监护的补充和延伸。因此，大陆法系的国家大多将监护制度作为婚

姻家庭法的一编，在立法体例上置于父母子女一章之后，作为对亲权的补充和延伸。在制度设计上可以设立对未成年人的监护和对成年人的监护两部分。这样，既可以与亲权制度相区别，又便于与亲权制度相衔接，两种制度相互配合，共同保护未成年人及其他无民事行为能力或限制民事行为能力人的利益。

（二）关于无效婚姻问题

无效婚姻制度是 2001 年《婚姻法》修正案在结婚一章中增设的制度。《婚姻法》用 3 条确定了这一制度的基本内容，对自始无效婚与可撤销婚的范围作了基本的划分。规定了宣告婚姻无效的机关，明确了宣告婚姻无效的法律效果。增设这一制度，对于完善结婚制度具有重要意义。但由于立法理念及价值取向的问题，增设的这一制度中存在很多缺憾。

就设立无效婚姻制度的立法理念而言，经历了从救济到制裁再到救济与制裁并重的演进过程。无效婚姻在历史上是教会法设立的对禁止离婚的救济方式之一，当有了离婚自由之后，法国《民法典》所设立的无效婚姻制度就成为对违反结婚要件的违法行为的制裁手段。而现代社会的无效婚姻制度在价值取向上已由传统的制裁作用发展为制裁与救济并重。法律从维护形式正义逐步转向维护实质正义。一方面，各国法律都承认违反结婚法定要件的婚姻是无效婚姻或可撤销婚姻；另一方面，又通过规定抗辩理由、推定制度、除斥期间等方式，尽量为当事人，特别是善意的当事人及其子女提供保护，不轻率地宣告无效。即使宣告无效，也要对善意一方在经济上给予一定的补偿[1]。

我国的婚姻无效制度在立法理念上还停留在制裁的层面，致使立法忽视了对善意一方或弱势一方的必要保护，忽视了婚姻所具有的事实先行的特性。在无效婚姻的法律后果上，一律简单地宣告"当事人不具有夫妻的权利和义务"，虽然维护了法律的尊严，符合逻辑，却不可避免地忽视了法律对无效婚姻中生活困难一方及无过错方的利益保护。可以

---

〔1〕〔美〕哈里·D. 格劳斯：《家庭法（英文版）》，商务印书馆 1999 年版，第 68 页。

考虑在宣告婚姻无效时，赋予生活困难的善意一方有请求另一方提供必要的经济补偿的权利；赋予无过错一方在婚姻被宣告无效时，向过错方请求损害赔偿的权利。

在具体制度的设计上《婚姻法》也存在着相当大的漏洞与不足。此次修法采用了二元论结构，选择无效婚姻与可撤销婚姻并用的立法模式，但将可撤销婚姻列为附属地位，仅适用于胁迫一种情形，实际上，就缺乏结婚的合意这一私益要件所成立的婚姻而言，还应包括欺骗婚、误解婚及虚假婚。而且，未达法定婚龄的早婚、患有法定禁止结婚的疾病而缔结的婚姻也应划归可撤销婚姻范围，因为这些婚姻只关乎私益，应给当事人留下选择余地，由当事人本人决定是否要求已经缔结的有瑕疵的婚姻被撤销。

目前的规定尽管对构成无效婚姻与可撤销婚姻的要件等有所区别，但其效力均为自始无效。这大大降低了将二者区别的意义。传统上，违反公益要件的是无效婚姻，其效果严厉，除当事人外，其他利害关系人也可请求无效，且为自始无效；违反私益要件的为可撤销婚姻，其后果显然要宽容得多，由当事人自行请求，且从宣告撤销之日起无效。而且，现有的规定对被胁迫结婚的一方相当不公平。受胁迫结婚的当事人，请求撤销该婚姻时，其婚姻从结合之日起无效，结合期间的财产不是共同财产，子女为非婚生子女。受胁迫结婚的一方当事人本来是受害者，尽管撤销婚姻使其免受胁迫婚姻之苦，但自其结婚至撤销这一年内不仅损害不能得到赔偿，利益也得不到保护，受胁迫方不仅得不到财产，可能还会带一个非婚生子女离开共同住所。从婚姻家庭法的人文关怀出发，可撤销婚姻的效力应当是自宣告之日起无效，且应适当扩大可撤销婚姻范围。

此外，对于婚姻无效和可撤销的请求权人的范围、认定程序、方式等问题，在法律上也应作出明确规定。为了维护婚姻关系的稳定性，应采宣告无效制度，并针对《婚姻法》规定的四种无效婚姻，区别不同情况明确规定申请宣告婚姻无效的权利人范围。而对于申请宣告时婚姻无效的事由已经消失的，不应再认定婚姻无效。否则，就不是对婚姻的实质性保护，而是以形式正义取代了实质正义。

（三）关于离婚救济制度

离婚救济制度是法律为离婚过程中权利受到损害或经济遇到困难的一方提供的权利救济及困难帮助的方式。《婚姻法》修正案确立的我国离婚救济制度主要由家务劳动补偿、经济帮助和离婚损害赔偿三个部分组成。其中，家务劳动补偿和离婚损害赔偿均为新增设的制度。离婚救济制度彰显了夫妻双方人格独立与平等的理念，致力于损害与救济之间的衡平，而其更重要的社会意义则体现在为离婚自由与社会正义之间架起了法律的桥梁。但不可否认的是，作为新的制度与理念，离婚救济制度仍有许多问题需要研究与探讨。

第一，实践中对家务劳动补偿制度的直接适用非常鲜见。究其原因，乃是法律规定离婚经济补偿应以"夫妻书面约定婚姻关系存续期间所得的财产归各自所有"为前提，换言之，夫妻双方不适用分别财产制度就不适用家务劳动补偿制度。而目前在我国，夫妻约定实行分别财产制的数量仍然很少，据调查，城市居民中仅有2.7%、农村居民中仅有1.1%的夫妻有采取分别财产制的愿望，绝大多数夫妻认为，采取共同财产制有利于稳定家庭关系，巩固夫妻感情[1]。所以现实地讲，将离婚时家务劳动补偿请求权仅限于夫妻约定实行分别财产制的当事人，所产生的一个直接后果就是极大地限制了这一救济制度的适用。因此，我们考虑可以用离因补偿制度取而代之。离因补偿是指，离婚时一方当事人向另一方支付一定的财产，以弥补对方因离婚而遭受的损失，支付标准以维持婚姻存续期间的生活水准为参照，但仅限于必要的生活水准，不包括奢侈性消费。设立离因补偿制度具有双重意义，一是可以保障离婚当事人的生活水平，减少离婚给当事人以及社会造成的负面影响；二是请求权人无须负担对他们来说几乎是难以取得的他方有过错的证据责任，只要负责举证离婚使自己的生活水平下降或遭受了某种损害即可，是否应当给予补偿，则由法官根据具体情节裁判确定。

---

〔1〕 蒋月：《夫妻的权利与义务》，法律出版社2001年版，第176~177页。

第二，有关经济帮助的规定过于抽象，难以执行。经济帮助是我国《婚姻法》传统的离婚救济方式，《婚姻法》修正案沿袭了 1980 年的规定，且未解决这一规定过于简略的问题。由于修改后的《婚姻法》明确规定了归夫或妻一方所有的个人财产的范围，最高人民法院以前关于一方所有的不动产等贵重物品经双方共同生活一定时期后转为夫妻共同所有的司法解释不再适用，在目前主要由男方准备婚姻住房、女方准备供婚后使用的电器、细软的现实情况下，不利于对女方权益的保护。因此，《婚姻法》修正案出台后，最高人民法院的最新司法解释对何谓生活困难及经济帮助的方式均进行了解释。所谓生活困难，应以当地最基本生活水平为限，离婚时分得的财产无法维持基本生活，本人亦无其他收入来源的，另一方应以个人所有的财产进行帮助，并强调离婚后一方无房居住属于生活困难，另一方应当予以帮助。"一方以个人财产中的住房对生活困难者进行帮助的方式，可以是房屋的居住权或者房屋的所有权。"最高人民法院民一庭负责人就司法解释答记者问时说，以个人所有的住房对另一方进行帮助时，"立法未明确是以何种形式予以帮助，是临时居住权、还是长期居住权、还是彻底将房屋的所有权都转移给生活困难者。根据立法的本意，并经征求各方的意见，《解释》中采取的是最大限度保护弱者的做法，规定了必要时可以将帮助者的房屋所有权转移给生活有困难的被帮助之人"[1]。我们认为，对大多数人而言，住房是其个人重要的具有较大价值的财产，如果以房屋所有权进行帮助，一是超越了一般意义上"帮助"的含义（所谓"帮助"是指替人出力、出主意或给予物质上、精神上的支援）[2]。这种支援性物质支出在提供帮助一方的财产中不应当占过大的比例。二是对《宪法》保护公民私有财产权利规定的漠视，对生活困难没有住房的一方，应以居住权予以帮助，居住权根据具体情况，可以是临时居住权，可以是长期居住权。

---

〔1〕 最高人民法院民事审判第一庭编：《婚姻法司法解释及相关法律规范》，人民法院出版社 2002 年版，第 18 页。

〔2〕 中国社会科学院语言研究所词典编辑室编：《现代汉语词典》，商务印书馆 1989 年版，第 34 页。

第三，有关离婚损害赔偿的规定在我国的现阶段具有必要性，但仍须推敲。设立离婚损害赔偿制度，使无过错方在离婚时得到物质上的补偿，充分体现了《婚姻法》对受害一方的关注和保护，具有填补精神损害、抚慰受害方、制裁过错方的三重功能。一是通过损害赔偿，可以补偿受害者所遭受的财产损失与精神损害，有利于使其心理上得到平衡，减少或抚平心理上的痛苦，从而切实保护其合法利益；二是通过强制过错方补偿受害方的损害，达到明辨是非、分清责任的目的，从而对过错方具有警示和威慑作用；三是补偿本身可以在一定程度上消除无过错方的后顾之忧，保障离婚自由的真正实现。但离婚损害赔偿的规定在立法技术和立法价值上仍有值得推敲之处。一是修正后的《婚姻法》第46条规定有权请求损害赔偿的"无过错方"的提法是不准确的，在司法实践中容易产生歧义。在婚姻关系中，没有绝对的无过错一方。据笔者看来，这里的无过错应指没有该条所规定的四项情形中的任何一项，实际上是指受害一方，可以考虑用"受害方"取代"无过错方"。二是该条所列举的四种过错不足以涵盖所有对婚姻当事人造成严重伤害的行为，比如说长期通奸行为可能比一般的虐待、遗弃对当事人的伤害更大。因此，在立法技术上应采取列举性规定与概况性规定相结合的方式，在列举性规定之后增加一个概况性规定："其他导致离婚的重大过错"。三是应明确离婚损害赔偿请求权是一项实体权利，不仅适用于诉讼离婚，也应适用于登记离婚。在登记离婚中，无过错方提出损害赔偿请求的，男女双方应该就离婚损害赔偿问题与财产分割、子女抚养一并达成协议，不能达成协议、无过错方又坚持自己权利的，应当通过诉讼离婚程序解决。四是关于离婚损害赔偿的范围，《婚姻法》修正案未作明确规定，这里所要弥补的损害应当既包括物质损害也包括精神损害。对于精神损害的赔偿可参照最高人民法院2001年3月8日发布的《关于确定民事侵权精神损害赔偿责任若干问题的解释》执行。

至于立法价值上的困惑，则是由该项制度对证据法的冲击带来的。在诉讼中，如何证明对方有《婚姻法》第46条规定中所列出的情形是一个很棘手的问题，法律要么牺牲另一方的隐私权，要么让举证方承担几乎难以避免的侵犯他人隐私权的风险。因而，从发展的眼光看，在立法上采取离因补偿制度实际上是一个既可以达到同样的立法目的，又可摆脱这种尴尬境地的理智选择。

1.3 改革开放三十年中国婚姻立法之嬗变[*]

巫昌祯[**] 夏吟兰

中华人民共和国成立后于 1950 年颁布的第一部基本法——《中华人民共和国婚姻法》（以下简称《婚姻法》），向全世界庄严宣布中国婚姻家庭制度的新时代已经来临，"婚姻自由、一夫一妻、男女平等、保护妇女儿童合法权益"四大原则从此成为中国婚姻家庭立法的基本旋律。1950 年《婚姻法》完成了彻底废除封建主义的婚姻家庭制度，建立新民主主义婚姻家庭制度的历史使命。

1978 年 11 月，在中国法制百废待兴之际，根据中央对全国妇联关于修改《婚姻法》报告的批示，全国妇联邀请民政部、卫生部、最高人民法院等 10 个机构的负责同志在京开会，决定成立修改《婚姻法》领导小组。以拨乱反正为指导思想，经过历时近两年的修改，1980 年《婚姻法》完成了对 1950 年《婚姻法》的修改补充，进一步巩固和发展了社会主义婚姻家庭制度，保障公民合法的婚姻家庭权益。自此，中国《婚姻法》在制度构建和立法技术上有了长足进步。

20 年后，在完善社会主义法制建设的大背景下，第九届全国人大常委会于 1998 年把修改《婚姻法》正式列入立法规划。以社会发展为

　＊　本文发表于《中华女子学院学报》2009 年第 1 期，第 15~21 页。

　＊＊　巫昌祯，女，汉族，1929 年 11 月 17 日生，江苏句容人。中国政法大学教授、特约博士生导师，中国法学研究会婚姻法学研究会名誉会长，第七、八、九届全国政协委员。曾先后多次参与《婚姻法》修改。主持《妇女权益保障法》起草及修改。曾被评为北京市教育系统先进工作者、市优秀教师、全国优秀教师，北京市先进工作者、全国先进工作者，北京市"三八"红旗手、全国"三八"红旗手等，享受国家政府特殊津贴。

先导，以关注民生、强化救济制度为理念的 2001 年《婚姻法》修正案开创了对法律草案进行全民讨论的先河，在秉承 1950 年《婚姻法》基本原则的同时，对 1980 年《婚姻法》作出了进一步修改和完善，增设了必要的法律制度和具体规定，强化了对公民婚姻家庭权利的保护。本文试图通过揭示婚姻法立法理念和制度的变迁，描绘出改革开放 30 年婚姻立法的革新之路。

一、婚姻法的体系化、制度化进路

改革开放以来，中国婚姻家庭立法加快了体系化、制度化的进程。1950 年《婚姻法》继承了革命根据地的立法传统，以废旧立新为其基本特征，但粗糙的立法技术、简单的法律条文也使得这部法律具有一定的时代局限性。1980 年《婚姻法》在 1950 年《婚姻法》的基础上，结合中华人民共和国成立后 30 年的司法实践经验和婚姻家庭领域中出现的新情况、新问题以及行之有效的政策措施，增加了基本原则，扩大了调整范围，在内容和制度上作出了必要的修改和补充。它为刚刚度过法律虚无主义的中国社会重新走上有法可依、有法必依的道路，勾画了婚姻家庭法律制度体系框架，进一步建构了婚姻家庭制度和具体规定，我国婚姻家庭立法的重心开始"从改革婚姻家庭制度转移到稳定婚姻家庭关系、保障和发展婚姻家庭建设上来"[1]，具有划时代的意义。但在拨乱反正的 20 世纪 80 年代，立法的指导思想是"宜粗不宜细"，立法技术上仍然以简明、通俗为特征，因而 1980 年《婚姻法》仍然留下了许多立法空白和需要完善之处。

1980 年《婚姻法》颁布之后，我国立法机关和司法机关先后出台了一系列规范婚姻家庭关系的法律、法规和司法解释，逐步形成了以《中华人民共和国宪法》和《中华人民共和国民法通则》中的有关规定为依据，以《中华人民共和国婚姻法》为主干，由《中华人民共和国收养法》《中华人民共和国婚姻登记条例》等相配套，其他部门法相关规范和不同效力层次的规范性文件以及最高人民法院的司法解释为补充

---

〔1〕 杨大文："关于完善婚姻家庭立法的建议和设想"，载巫昌祯、杨大文主编：《走向21 世纪的中国婚姻家庭》，吉林人民出版社 1995 年版，第 10 页。

的我国婚姻家庭法律规范体系。[1] 1980 年《婚姻法》颁布之后，婚姻法的制度完善和发展主要表现为四个方面：

1. 确立监护制度。1986 年 4 月 12 日，第六届全国人民代表大会第四次会议通过的《中华人民共和国民法通则》，不仅以民法基本法形式明确了婚姻家庭法在我国法律体系中的地位，而且对 1980 年《婚姻法》未曾规范的监护制度，在第二章"公民（自然人）"中设专节，用 4 个条文作出原则性规定。内容包括监护人的设立（未成年人的监护人与成年人的监护人）、监护人的职责、监护人的责任三方面。《民法通则》中的监护制度，弥补了《婚姻法》的缺憾，使得对不具有完全民事行为能力的未成年人和成年人的人身和财产利益的保护，有了基本的法律依据。其后，最高人民法院于 1988 年发布《关于贯彻执行中华人民共和国民法通则若干问题的意见（试行）》，于 1993 年发布《关于人民法院审理离婚案件处理子女抚养问题的若干具体意见》，也对监护制度的相关问题作出进一步规定。

2. 不断完善婚姻登记程序。我国有关婚姻登记的单行法规都与婚姻法的制定、修改及我国婚姻关系状况的发展变化密切相关，也反映了我国婚姻立法理念的不断变革。1980 年《婚姻法》颁布之后，1986 年 3 月 15 日民政部颁布了《婚姻登记办法》，明确规制婚姻登记行为，具体规定了办理婚姻登记的机关、条件、具体程序和管理方法，简明扼要，简单易行。1994 年 2 月 1 日，民政部为了强化对婚姻登记行为的管理，颁布了《婚姻登记管理条例》，对婚姻管理的原则、机关、婚姻登记、具体的管理方法和监督制度均作出了更为明确具体的规定，强调了婚姻登记机关对当事人婚姻登记行为的行政管理职能。在 2001 年《婚姻法》修订之后，2003 年 7 月 30 日民政部再次对婚姻登记制度进行修改，国务院于同年 8 月 8 日颁布了《婚姻登记条例》，以充分保障公民私权利为指导思想，淡化行政管理色彩，充分张扬"个人意思自治""自己责任""自己决定权"等私法自治理念。

---

[1] 婚姻法学界称之为广义婚姻法，其调整范围包括婚姻、家庭关系，本文对婚姻法的探讨即以广义婚姻法为基点。

3. 规范收养行为。尽管 1950 年《婚姻法》和 1980 年《婚姻法》对收养关系均有所规定，但因过于原则笼统，无法规制具体的收养行为，民间收养条件和形式各异。1991 年 12 月 29 日颁布的《中华人民共和国收养法》，填补了此项立法空白。该法从 1992 年 4 月 1 日起施行，共计六章 33 条。内容包括立法的宗旨和原则、收养的实质要件和形式要件、收养的拟制和解销效力、收养行为的无效、收养关系解除的条件、程序和后果、法律责任等。收养法实施 6 年后，1998 年 11 月 4 日第九届全国人民代表大会常务委员会第五次会议通过了修改《收养法》的决定。修订后的《收养法》适当放宽收养的条件，鼓励公民收养孤儿、残疾儿童，统一收养程序；规定无论是中国公民间的收养，还是外国人收养中国人的子女，实行统一的登记制度，收养关系从登记之日起生效。

4. 以司法解释细化婚姻法原则规定。我国婚姻家庭法体系的一个重要组成部分是最高人民法院司法解释。1989 年和 1993 年，最高人民法院先后发布了四个司法解释：1989 年《关于人民法院审理离婚案件如何认定夫妻感情确已破裂的若干具体意见》，以列举的方式，规定了视为夫妻感情确已破裂的 14 种情形；1989 年《关于人民法院审理未办理结婚登记而以夫妻名义同居生活案件的若干意见》，对事实婚姻关系和非法同居关系作出界定，规定经查确属非法同居关系的，法院应一律判决予以解除；1993 年 11 月《关于人民法院审理离婚案件处理子女抚养问题的若干具体意见》扩大了"夫妻共同财产"的外延，包括继承和受赠的财产，由知识产权取得的经济利益，承包、租赁等收益。意见还对夫妻住房及其他财产分割等内容作了具体规定；1993 年 11 月《关于人民法院审理离婚案件处理财产分割问题的若干具体意见》，就离婚时子女的抚养问题，从有利于子女身心健康、保障子女合法权益出发，结合父母双方的抚养能力和抚养条件等具体情况作了具体规定。1996 年 2 月，最高人民法院颁布实施了关于审理离婚案件中公房使用、承租若干问题的解答，对夫妻双方承租公房的处理原则、夫妻双方共同出资而取得"部分产权"的房屋处理等问题作出了规定，使法院对处理离婚案件中夫妻承租公房的分割有了法律依据。2001 年《婚姻法》修正案颁布后，最高人民法院在 2001 年 12 月 25 日和 2003 年 12 月 25 日先后颁布了《关于适用〈中华人民共和国婚姻法〉若干问题的解释（一）》和《关于适用〈中华人民共和国婚姻法〉若干问题的解释（二）》，对家庭暴力、无效婚姻、离婚的法律适用以及夫妻共同财产范围的认定等问题作出了具体规定。上述这些司法解释在一定程度上弥补了《婚姻法》的不足与漏洞，使法律规范更具有可操作性，帮助法官正确理解和适用法律。

随着改革开放的深入发展和我国婚姻家庭法律规范体系的建立，为了反映社会发展变化，更好地保障公民的婚姻家庭权益，完善婚姻家庭法律制度，我国自 20 世纪 90 年代末开始了对 1980 年《婚姻法》的修订工作。2001 年修订的《婚姻法》体现了婚姻家庭法学的研究成果和婚姻家庭制度的发展变化，一是填补了立法空白，增设了婚姻无效和可撤销制度，增加了禁止家庭暴力的规定；二是充实完善了已有制度，细化了夫妻财产制度、离婚的法定条件，扩充了离婚救济的方式，强化了法律责任；三是强调了婚姻法的伦理特性，为构建和谐文明的婚姻家庭关系奠定了法律基础。自此，我国婚姻家庭的法律制度建设进入了全面发展的新时代。

二、婚姻立法理念的变革与发展

婚姻家庭制度的嬗变是婚姻家庭立法理念变革的反映。婚姻家庭的立法理念从强调管制发展为尊重私权，注重保护公民的自由和自治权利，注重保障弱势一方和未成年子女的利益，强化法律救济和社会救助，从追求形式平等发展到实质平等。

（一）从强调管制到尊重私权

自治与管制、自由与限制历来是婚姻家庭领域最受关注的、争议最大的问题。婚姻法的发展史就是自由与限制、自治与管制的分野和博弈的历史。由于在传统上婚姻家庭是社会的缩影，婚姻法涉及对配偶、父母、子女等亲属身份关系的认定，甚至关涉宗法等级关系的维系，必然具有较多的国家强制和权力确认的成分。我国 1950 年《婚姻法》作为独立的法律部门，除了受到苏联婚姻家庭立法模式的影响之外，在中华人民共和国成立之初，强调国家对婚姻家庭的调控，"促进具有决定一切意义的社会生产力的发展"[1]，也是重要的因素之一。

私法自治是民法的基本原则，旨在保障个人的自主决定和人格尊严，实现个人的自治权利。1980年《婚姻法》和2001年修订的《婚姻法》都是以不断扩大公民的私法自治权利，保障公民的意思自治原则为立法理念的。例如，夫妻财产制度从单一的法定共同财产制到法定财产制与约定财产制并立，再到约定财产制的完善与个人特有财产制度的确立。这一变化的进路是不断地扩大夫妻个人决定其财产状况的自由权利。[2] 同时婚姻自由原则也获得了更大的发展空间。从1994年《婚姻登记管理条例》中要求公民在办理结婚登记时必须提交所在单位或村民委员会、居民委员会出具的婚姻状况证明，到2003年《婚姻登记条例》对此规定的取消，以个人自行出具的签字的声明取而代之；特别值得引起关注的是2003年《婚姻登记条例》将1994年《婚姻登记管理条例》名称中的"管理"二字的删除，淡化了婚姻登记的行政管理色彩，扩大了公民个人婚姻自由的权限，更加体现婚姻法尊重当事人意思自治，保护当事人婚姻自由的立法理念。

由此，我们可以看到现代婚姻法对公民私权的尊重和保护，看到意思自治原则在婚姻法中的逐渐扩张，当然，婚姻法对意思自治原则的体现是有节制的，适度的干预是维护婚姻家庭关系稳定与和谐的必要手段。因此，我们也发现了管制和权力作为自治与权利的保障者与补充者的角色和作用。当公民自治有悖于公共秩序和善良风俗时，国家和管制就会出现，成为婚姻家庭关系的调整器；而当公民自治无法取得一致

---

〔1〕 陈绍禹："关于中华人民共和国婚姻法起草经过和起草理由的报告"，载刘素萍主编：《婚姻法学参考资料》，中国人民大学出版社1989年版，第45页。

〔2〕 1980年《婚姻法》第13条规定："夫妻在婚姻关系存续期间所得的财产，归夫妻共同所有，双方另有约定的除外。"2001年《婚姻法》第19条完善了夫妻约定财产制，将1980年的1条规定扩大成3条，肯定了夫妻财产所有权归属约定的效力，指出约定的形式必须采取书面形式，进而规定了财产约定的第三人效力，即采取约定财产制的夫妻的个人对外债务，以第三人知道该约定为要件，以夫妻一方的个人财产清偿。这些规定体现了对善意第三人的保护，保护了交易的安全。

时，即争议无法解决时，管制和权力又会作为最终的争议解决方式出现，这种方式往往以司法或补充性条款的名义出现。[1] 一言以蔽之，现行婚姻法由当事人的充分自治和国家与社会必要的管制构成，且自由和自治业已成为婚姻法的主旋律。自治的张扬，无疑昭示着婚姻法对个人自由的尊重，对婚姻家庭主体之间平等关系的认定，体现了以人为本的人文主义精神对人的终极关怀和保护。

（二）从追求平等公正到强调司法效率和自己责任

婚姻法从古罗马法时期就已产生，堪称人类历史上最为古老的法律部门之一。古代婚姻法和近代婚姻法均体现了婚姻家庭关系中的身份、伦理特征和等级要求，因而夫妻之间、父母子女之间，以及其他尊卑亲属之间的不平等成为那时婚姻法中的当然内容，对平等、公正的呼唤成为古代、近代婚姻法改革的目标和追求。

纵观中国婚姻法的发展历程，从古至今，由婚姻家庭主体间的不平等到平等，由婚姻家庭关系中的非正义到正义，是贯穿婚姻法历史脉络中的主线。自1950年《婚姻法》始，无论是1980年的《婚姻法》，还是2001年的修正案，都以男女平等作为基本原则，《婚姻法》的相关具体规定都体现了夫妻之间、父母子女之间以及祖孙之间、兄弟姐妹之间的平等。在坚持男女平等的前提下，追求公正也是婚姻法的另一个重要价值理念。如婚姻无效和可撤销制度作为对结婚自由的限制，体现了婚姻正义；夫妻约定采取分别财产制之后，一方对外所负的债务，第三人知道该约定的，以一方的财产清偿，体现了对以善意第三人为化身的交易秩序和交易公正的保护；离婚时的家务劳动补偿制度和离婚损害赔偿制度，体现了对婚姻关系中弱者的保护和对社会正义的维护。另外，特

---

[1] 管制以司法的名义出现在《婚姻法》的规定中，例如，2001年《婚姻法》第38条规定，离婚后行使探望权利的方式、时间由当事人协议；协议不成时，由人民法院判决。又如，第42条规定，离婚时，如一方生活困难，另一方应从其住房等个人财产中给予适当帮助。具体办法由双方协议；协议不成时，由人民法院判决。而管制作为补充性条款出现的情形也较多，如，2001年《婚姻法》第19条第1款在承认了夫妻约定财产协议的效力之后，进而规定"没有约定或约定不明确的，适用本法第17条、第18条的规定"。而该法第17、18条规定的正是法定财产制的内容，说明此规定的立法意图是弥补意思自治之不备。

定条件下祖父母、外祖父母与孙子女、外孙子女之间的相互抚养、赡养义务的规定，以及一定条件下兄姐与弟妹之间的相互扶养义务的规定，体现了代际之间、同辈之间权利义务关系的公平与相互性。上述制度无一例外地体现婚姻法中的平等与公正，可以说，平等、公正是现代婚姻法最重要的基本价值。

在确保平等与公正的同时，婚姻立法正在逐渐向自己责任和追求效率的方向发展。自己责任强调个人应当对自己选择的行为以及行为的后果承担相应的责任，而不是由国家代为包揽一切。比如，离婚时婚姻状况证明方式的改变就是自己责任在婚姻法中的重要体现。1994 年的《婚姻登记管理条例》要求当事人在办理婚姻登记时须提交所在单位、村民委员会或者居民委员会出具的介绍信。其目的有二，一是提供婚姻状况证明，由单位或基层组织证明当事人处于合法的婚姻状况；二是表明单位了解当事人离婚的情况，甚至表明单位同意该人离婚。这就使得离婚不仅仅是个人私事，且具有了公权力介入的痕迹。而此次取消离婚时须提交单位证明的规定则抹去了这一痕迹。由当事人自行提供结婚证和离婚协议书，对自己的婚姻状况负责并承担由此而产生的离婚法律后果。婚姻状况证明方式的改革，体现出离婚登记立法理念由义务本位过渡到权利本位，由依赖单位的管理模式过渡到相信个体的自律模式，由单位承担监管职责过渡到当事人自己承担相应责任，使离婚行为彻底成为个人私事。

我国婚姻法对效率的关注，主要表现在两个方面：一是婚姻法具有实体法与程序法契合的特征，保障了婚姻法的实施效率。我国的婚姻法中既保留了传统大陆法系注重权利义务关系的实体性规定，又大量增加了保障权利义务之实现的程序性规定，实现了婚姻法中实体法和程序法规范的二元建构和二元融合，打造了婚姻法保护婚姻家庭关系主体权利的自我完备体系。实体性规范的设置，有助于实现法律的指引功能和宣示功能，有助于从权利义务的层面"打造"出婚姻家庭中的主体；而程序性规范的增加，无疑增强了婚姻法的强制力和可执行性，增强了婚姻关系主体的权利受损时的可救济性，保障了婚姻法的实施效率。

二是对离婚登记审查期的取消，降低了运行成本。1994 年《婚姻登记管理条例》对结婚登记和离婚登记均明确规定应当进行审查。2003 年的《婚姻登记条例》和《婚姻登记工作暂行规范》取消了实质审查的规定，特别是对离婚登记规定的取消更直接地体现对执法效率的追求。1994 年《婚姻登记管理条例》规定，婚姻登记机关对当事人的离婚申请进行审查，自受理申请之日起 1 个月内，对符合离婚条件的，应当予以登记，发给离婚证。而 2003 年的《婚姻登记条例》取消了上述审查期间，其中第 13 条规定："婚姻登记机关应当对离婚登记当事人出具的证件、证明材料进行审查并询问相关情况。对当事人确属自愿离婚，并已对子女抚养、财产、债务等问题达成一致处理意见的，应当当场予以登记，发给离婚证。"[1]《婚姻登记条例》对于结婚、离婚登记期间的缩短，取消了离婚审查期间，一方面体现了对自治的维护，对权力干预的限制；另一方面又体现了对经济效益的重视，特别是减少了婚姻登记制度的运行成本。作为与取消离婚审查期间相伴而生的制度，可以看出，我国婚姻登记机关对离婚当事人离婚协议的审查主要是形式审查，对当事人是否感情破裂、离婚协议是否公平、离婚后对子女的安排是否符合子女的最大利益等不作实质审查。可以认为形式审查较之实质审查，更能减少成本，提高离婚程序的效率，为婚姻法中注重效率的实例。

将经济、效率的观念引入婚姻法中，无疑对以伦理、公正为本位的传统婚姻法造成了冲击，学界和司法界对此也有不同的观点。[2] 但我们必须看到追求效率正在成为立法的价值之一，也将推进婚姻法的现代化进程。可以说，婚姻法的现代性既包括平等、正义理念，也应当包括当代法律价值中的经济、效率观念。婚姻法对效率的关注，是谋求个人利益最大化的"经济人"假说在婚姻法中适用的产物，是民法在现代

---

〔1〕《婚姻登记条例》第 7 条、第 13 条，《婚姻登记暂行规范》第 29 条、第 30 条、第 49 条、第 50 条。

〔2〕夏吟兰："对中国登记离婚制度的评价与反思"，载《法学杂志》2008 年第 2 期，第 16 页。

化过程中重视效率的体现，也是社会经济的发展对家庭生活的效率提出更高要求的必然产物。当然，需要指出的是，婚姻法中尽管融入了效率的理念，但平等、正义仍应为婚姻法的首要价值，效率在婚姻法中是平等、公正前提下的效率，当二者发生矛盾时平等、公正优先。这一模式既有利于维护婚姻法的基本价值追求，也将有助于推动婚姻法以及婚姻家庭的现代化改革。我们对这一趋势不可不察。

（三）从形式正义到实质正义

形式正义就是一种机会正义、起点正义，它强调我们的法律制度应该给每个人平等地分配机会和资源，正如约翰·罗尔斯所说："所有社会价值——自由和机会、收入和财富、自尊的基础——都要平等地分配，除非对其中的一种价值或所有价值的一种不平等分配合乎每一个人的利益"。[1] 至于结果，取决于个人的努力和各种客观情况；立法者可以不考虑结果的差异，只要过程是正当的，就是一种正义——形式正义。用美国社会学家莱斯特·沃德（Lester Ward）的话，就是正义存在于社会对那些原本就不平等的社会条件所强行给予的一种人为的平等之中。[2] 换言之，"每个个人，不论其性别、种族、国籍、阶级或社会背景，都应当被给予充分的机会去过一种有价值的生活"[3]。但形式正义忽略了由于家庭背景、教育程度、社会经济条件的差异而导致的个人的差异，将民事主体和社会生活简单化、虚拟化，形式正义掩盖了实质上的不正义。罗尔斯将实质正义称为社会正义，他认为，需要通过差别原则达到"补不足"的目的，即用形式上的不平等手段达到实质上平等的效果。[4]

因此，当形式正义的结果造成了实质上的非正义时，当经济的发

---

〔1〕［美］约翰·罗尔斯：《正义论》，何怀宏等译，中国社会科学出版社 1988 年版，第 62 页。

〔2〕 Lester F. Ward, *Applied Sociology* , Boston, 1906, p. 22.

〔3〕［美］E. 博登海默：《法理学：法律哲学与法律方法》，邓正来译，中国政法大学出版社 2004 年版，第 263 页。

〔4〕［美］约翰·罗尔斯：《正义论》，何怀宏等译，中国社会科学出版社 1988 年版，第 72 页。

展、社会的变迁使得人客观地异化为强者和弱者之时，当劳动者、消费者、妇女、未成年人、老人等群体作为弱者的代名词时，法律需要对这些弱者予以倾斜性保护，以弥补其自身条件的不足，使得弱者和强者能够真正平等地对话，平等地处于市民社会之中，这就是实质正义理念的彰显，它强调对弱者的倾斜性保护。诚如梁慧星教授所言，近代民法向现代民法理念的转变就是形式正义向实质正义的转变。[1]

我国婚姻法在近 30 年的变迁中，其正义观同样也经历由形式正义到实质正义的变迁历程。一方面，现行《婚姻法》充分体现了形式正义的理念。在男女平等的基本原则下，《婚姻法》规定了夫妻之间、父母子女之间以及其他家庭成员之间的权利义务平等，所有婚姻家庭关系主体都享有平等的法律地位，他们在婚姻家庭的具体事务中，诸如夫妻财产制度的确立，子女的姓氏，婚姻住所，对子女抚养、老人赡养的方式等问题，均可进行沟通和对话，共同平等地作出决定。但不能否认的是，无论在夫妻之间，还是其他家庭成员之间，因生理、教育程度甚至是共同生活的需要，个体的差异仍然是存在的。婚姻立法有必要对这些婚姻家庭中的弱者予以特殊保护，以真正保护其利益，实现婚姻法的实质正义。

婚姻法对需要抚养和赡养的家庭成员主要是通过延长抚养时间、扩大抚养范围来确保未成年子女和虽已成年但无劳动能力或劳动能力不足以维持其基本生活的子女和老人得到应有的抚养和赡养。例如，父母抚养子女的义务一般至子女成年时为止，但对于那些尚在校接受高中及其以下学历教育、丧失或未完全丧失劳动能力等非因主观原因而无法维持正常生活的成年子女仍应当继续履行抚养义务。[2] 再如，1980 年《婚姻法》扩大了对家庭关系的调整范围，第一次将祖孙关系和兄弟姐妹关系纳入第二顺位的扶养人范围。规定有负担能力的祖父母、外祖父母在

〔1〕 梁慧星："从近代民法到现代民法——二十世纪民法回顾"，载《中外法学》1997年第 2 期。

〔2〕《最高人民法院关于适用〈中华人民共和国婚姻法〉若干问题的解释（一）》，发布于 2001 年 12 月 25 日。

一定条件下对未成年孙子女、外孙子女有抚养义务，有负担能力的孙子女、外孙子女在一定条件下对祖父母、外祖父母有赡养义务，兄弟姐妹在一定条件下相互间也有扶养义务。为了更好地保护家庭成员中弱者的利益，体现家庭成员间的伦理亲情，2001 年《婚姻法》修正案对 1980 年《婚姻法》中上述抚养、扶养、赡养的条件进行了扩张性规定，减少了相互间抚养赡养的限制性规定。

为了保护在离婚时处于弱势一方的利益，进一步体现家务劳动的价值，实现法律的实质正义，2001 年《婚姻法》首次增设了离婚家务劳动补偿制度、离婚损害赔偿制度、完善了原有的离婚困难经济帮助制度，构建起较为完整的离婚救济制度。家务劳动补偿制度规定了采取分别财产的夫妻，离婚时，因抚育子女、照料老人、协助另一方工作等付出较多义务的一方，有权向另一方请求补偿，另一方应当予以补偿。离婚损害赔偿制度则明确规定了因重婚、有配偶者与他人同居、实施家庭暴力、虐待、遗弃家庭成员导致离婚的，无过错一方有权请求损害赔偿。离婚困难经济帮助制度则规定离婚时，如一方生活困难，另一方应从其住房等个人财产中给予适当帮助。所谓生活困难，包括离婚后依靠个人财产和离婚时分得的财产无法维持当地基本生活水平或离婚后无房居住。[1] 可以说，离婚救济制度是对那些因离婚遭受损害或面临经济困难者所提供的救济方式，以减少或补偿受损害方和无过错方在精神和物质上所遭受的损失。对形式上平等的夫妻关系在实质上予以矫正，以保护婚姻中处于弱势的一方，特别是从事家务劳动较多、经济收入较低的女方。

综上所述，我国现行《婚姻法》在践行形式正义理念的基础上，突出了对婚姻家庭中弱势群体的法律保护，张扬了实质正义，谋求婚姻家庭中的真正和谐，意义重大。但需注意的是，婚姻法对实质正义的张扬仍应建立在形式正义的基础之上，即在明确所有婚姻家庭关系法律主体地位平等的基础上，强调对弱者的倾斜性保护，不可偏颇地理解婚姻

---

〔1〕 详见：2001 年《婚姻法》第 40 条、42 条、46 条；《最高人民法院关于适用〈中华人民共和国婚姻法〉若干问题的解释（一）》第 27 条。

法中实质正义的理念。

三、结语

通过对中国现代婚姻法近 30 年发展历程脉络的梳理，对婚姻立法理念上革新与发展的解读，以及婚姻家庭制度的流变透析，笔者认为，当代中国的婚姻法体现了对公民私法自治权利的尊重和保护，体现了对婚姻家庭关系中处于弱势地位家庭成员的保护，体现了法律所追求的公平公正、实质平等的价值。它对于平衡婚姻家庭主体之间的利益，构建和谐稳定的婚姻家庭关系，发挥了至关重要的作用。改革开放婚姻家庭法律制度发展的 30 年，是婚姻家庭关系在中国飞速发展的 30 年，是和谐家庭在中国蓬勃建构的 30 年，是婚姻法理念在中国迅猛传播的 30 年，是婚姻法律制度在中国深得民心的 30 年。终点也是起点。如今，婚姻法带着 30 年的辉煌，即将踏入新的征程。当然，现行《婚姻法》还存在不少尚待完善之处，但我们有理由相信，在婚姻家庭法学者和立法、司法部门的共同努力下，婚姻法的明天一定会更好。

1.4 "本地化"后澳门新民法亲属卷刍议[*]

夏吟兰

澳门的法律本地化以澳门《刑法典》《刑事诉讼法典》《商法典》《民法典》《民事诉讼法典》的渐次颁布实施[1]为重要标志,其中与澳门民众息息相关的《民法典》的本地化尤为引人注目。

长期以来,澳门民法以《葡萄牙民法典》为基本法律渊源并辅以本地区的民事立法及其民事行为规范,法律渊源庞杂,且难以为占澳门人口96%的华人所接受与遵循。此次对澳门民法的"本地化",即是对原有的各种民法规范予以清理、修订、翻译、过户,意在实现民事立法的法典化、现代化及本地化,从而减少立法渊源之繁复,适应过渡期后政治及制度性框架并符合澳门社会之特殊需求。[2] 民法是以市民法为传统的大陆法系的核心,其法典体系完备、制度完善,具有极高的抽象性与逻辑性,内容高深玄妙,博大精深。因而,对本地化后的澳门《民法典》之研究与探讨必将推动澳门民法学的发展及其在实践中的运作,极具现实意义。因篇幅所限,本文仅就澳门《民法典》中的亲属卷作一粗浅的探讨,期望能起抛砖引玉之功,促请各方同仁共襄此道。

一、新民法亲属卷之特性

亲属法是规定亲属身份关系的发生、变更和终止,以及基于上述身

---

* 本文发表于《外国法译评》2000年第3期,第54~61页。

〔1〕 澳门特别行政区《刑法典》于1996年1月1日生效、《刑事诉讼法典》于1997年4月1日生效、《商法典》于1999年11月1日生效、《民法典》于1999年11月1日生效、《民事诉讼法典》于1999年11月1日生效。

〔2〕 参见澳门《民法典》说明。

份关系而产生的权利义务的法律规范的总和。古代社会,各国均采取诸法合体的立法模式,亲属法一般被包括在内容庞杂的统一法典之中,民刑不分,实体法与程序法不分,无独立法律部门之理念。自《法国民法典》问世,确立了大陆法律体系之后,亲属法就作为私法的重要领域成为民法典的一个重要组成部分。

原澳门亲属法,形式上是延伸至澳门的《葡萄牙民法典》的一部分。但作为调整社会最基本的单位,即婚姻家庭关系的法律,必然要充分体现一个社会特殊的历史、社会、政治、经济和文化条件,体现不同民族、社会及文化的差异,因而澳门的亲属法实质上具有法律渊源多元化,本地习惯、特别是华人的风俗习惯亦起规范作用的特点[1]。此次经"本地化"后颁布的澳门《民法典》仍然主要继受于《葡萄牙民法典》,同时吸收了大陆法系的《德国民法典》《法国民法典》《意大利民法典》《加拿大魁北克省民法典》等国家和地区民法典中之先进经验,并将散见于多项独立法规之中的民事规范及一些行为规范亦提升为法律,保持了大陆法系所具有的完整体系及高度法典化的特征。澳门《民法典》分为五卷:第一卷总则、第二卷债法、第三卷物权、第四卷亲属法、第五卷继承法。其中,亲属法包括一般规定、结婚、亲子关系、收养、扶养五编,共 402 条,调整婚姻、亲子、收养及其他亲属之间的权利义务关系。亲属卷条文的数量仅次于债法,是澳门《民法典》中变化较大的一卷。

(一) 澳门亲属法之基本原则

原澳门亲属法的原则是由《葡萄牙宪法》、澳门《家庭政策纲要法》(以下简称《家庭纲要法》)规定的。《葡萄牙宪法》在 1999 年 12 月 20 日后已退出澳门历史舞台,根据《澳门特别行政区基本法》(以下简称《基本法》)第 8 条的规定:"澳门原有的法律、法令、行政法规和其他规范性文件,除同本法相抵触或经澳门特别行政区的立法机关或其他有关机关依照法定程序作出修改者外,予以保留。"因而《家庭

---

〔1〕 米也天:《澳门民商法》,中国政法大学出版社 1996 年版,第 157~159 页。

纲要法》在回归后依然有效。同时，依照《基本法》第 11 条的规定，我国《宪法》是澳门特别行政区《基本法》的立法依据[1]，而澳门的其他立法均不得与《基本法》相违背，故我国《宪法》与澳门的《基本法》中有关调整婚姻家庭关系的基本原则就应当是澳门亲属法必须遵循的原则，并成为贯穿于亲属关系的立法、司法的基本精神和指导方针。显然，"本地化"后之澳门亲属法的基本原则是由我国《宪法》《基本法》《家庭纲要法》、澳门《民法典》中的相关规定所组成的，主要包括以下几个原则：

1. 婚姻自由原则。婚姻自由原则在现代社会已成为世界亲属法之立法通例，其内涵包括缔结婚姻的自由与解除婚姻的自由。婚姻自由是我国《宪法》明确规定保护的公民权利之一；《基本法》第 38 条也将婚姻自由作为澳门居民的基本权利，规定澳门居民的婚姻自由受法律保护；澳门《家庭纲要法》则开宗明义，在第 1 条第 1 款规定："人人均有权在完全平等的条件下成立家庭和结婚"。为配合婚姻自由原则，新民法亲属卷将结婚时双方之共同意思作为缔结婚姻的必备要件，明确规定了法定离婚的条件、程序，并将两愿离婚作为法定离婚的方式之一。

2. 配偶平等原则。自由平等是人类社会不懈追求的理想境界，但历史上，平等的理念在亲属立法中远远落后于其他民事立法。二战以后，特别是 20 世纪 60 年代和 70 年代以后，西方国家才加快了亲属立法的改革，配偶平等、亲子平等逐渐成为各国家庭关系立法的主流。《葡萄牙民法典》在 1976 年葡萄牙新《宪法》制定后也对亲属关系进行了相应的修改，配偶双方权利平等即是其修改的重要内容。[2] 中华人民共和国成立以来，我国《宪法》一贯主张男女平等，澳门《基本

---

〔1〕《基本法》第 11 条第 1 款规定："根据中华人民共和国宪法第 31 条，澳门特别行政区的制度和政策，包括社会、经济制度，有关保障居民的基本权利和自由的制度，行政管理、立法和司法方面的制度，以及有关政策，均以本法的规定为依据。"

〔2〕 葡萄牙《宪法》第 36 条第 3 款规定："配偶双方在民事能力与政治能力以及扶养和教育子女方面，具有同等的权利与义务。"

法》也将男女平等作为公民最基本的权利。[1] 澳门《家庭纲要法》第2条第2款规定："配偶双方的民事和政治能力，以及对子女的抚养和教育，均具有相同的权利和义务。"新民法亲属卷为贯彻此原则，在婚姻对夫妻双方之人身及财产之效力、亲权等章节中作出了明确具体的规定：管理家庭和抚养教育子女的权利与义务由夫妻双方共同承担，但在行使这些权利与义务时，配偶双方应以家庭幸福及彼此利益为前提，就如何共同生活达成协议，并自觉地以相互尊重、忠诚、同居、合作及扶持之义务约束自己（第1532条、第1732条）。

3. 婚姻家庭受法律保护的原则。婚姻家庭受法律保护是澳门《家庭纲要法》的重要原则，它承认家庭作为社会的基本要素，具有价值传送及作为加深数代间互助关系的功能；要求家庭应建立在所有成员的团结、稳定、同等尊严以及互相尊重、合作、负责和互助之上，并予以特殊保护（第2条、第3条）。行政当局对母亲身份与父亲身份予以尊重及维护，在保证其行使权利的同时，协助其履行义务（第7条）。具体主要体现在以下几个方面：一是任何人均有权依法结婚、成立家庭，其条件完全平等；婚姻的解除须履行法定程序，否则不予承认。二是亲子关系受法律保护，当父母身份依法确立之后，他们与其子女之间即产生权利义务关系，此一关系，非经法律许可，既不能抛弃，也不能剥夺。只有当父母不当履行或未能履行亲权时，为保护未成年子女利益，才可依法限制或剥夺其亲权。三是非婚生子女享有与婚生子女同等的法律地位，不受歧视。无论受孕或出生在何种情况下发生，子女为婚生子女或非婚生子女，其因亲子关系而与父母所生之权利义务完全相同。四是家庭的隐私权受法律保护，法律肯定家庭生活的隐私权，尊重家庭及其团体的主动，组织及自主[2]。

4. 保护妇女、未成年人、老人及残疾人利益的原则。对社会的弱势群体予以特殊保护是一项非常重要的宪法原则，它体现了人道主义精

---

[1] 《基本法》第25条规定："澳门居民在法律面前一律平等，不因国籍、血统、种族、性别、语言、宗教、政治或思想信仰、文化程度、经济状况或社会条件而受到歧视。"
[2] 参见澳门《民法典》亲属卷结婚编与亲子关系编。

神及其立法的人文关怀理念。就目前而言，在世界范围内妇女、儿童、老人及残疾人仍然是社会的弱者，需要予以特殊保护，《基本法》第38条第2、3款规定："妇女的合法权益受澳门特别行政区的保护。未成年人、老年人和残疾人受澳门特别行政区的关怀和保护。"为贯彻这一原则，澳门《家庭纲要法》规定，在职妇女有权于分娩前后，享有一段不丧失薪酬及任何优惠而免除工作的期间。这一规定反映并确保了妇女在家庭和社会中的特殊地位与贡献。新民法亲属卷在离婚、亲权、扶养等章节中对此作出了具体规定。

（二）新民法亲属卷之特征

澳门《民法典》之本地化适逢世纪尾声，在迈向新世纪门槛之时，立法的现代化、专业化以及如何面向21世纪是对立法者的严峻挑战。如前所述，1966年的《葡萄牙民法典》是澳门民法的主要渊源，其与时代及现实的脱节显而易见[1]。而由澳门立法机关制定的单行法规又处于松散、琐碎、无体系状况[2]。此次配合法律本地化修订的《民法典》为改革澳门民法提供了良好契机，其中亲属卷是修订中变化较大的一部分，与原有的澳门民法相比较，新民法亲属卷的特征可以归纳为：法典化、体系化、现代化以及本地化。

法典化、体系化是大陆法系国家立法的共同特征。澳门新《民法典》保留了大陆法系法典化的传统，将亲属法作为《民法典》的一卷予以专门规定。对于散见的相关法令法规，经过归类、整理，对应予以保留或修改后可以予以保留的，经修改后容纳于《民法典》中，使民事规范法典化、体系化，实现了法律渊源的单一性。从而使该法典及其亲属卷具有系统性、科学性、确定性与完整性，这是一部体系完备、内容完整、结构严谨，极具私法理念的法典。

现代化是新民法亲属卷的重要特征。在亲属法范畴，新法摒弃了原有规定中明显具有封建色彩，或过于传统保守的部分，以适应亲属关系

---

〔1〕 葡萄牙在20世纪80年代以后对其民法典的修改未被延伸至澳门。

〔2〕 这些单行法规是以特定的法律关系为调整对象，并为特定法律关系领域制定的，包括各种单行法令、法规或规章。

发展之必要。西方国家亲属法的现代化始于 20 世纪 60 年代末,延伸至澳门适用的 1966 年《葡萄牙民法》典曾于 1977 年、1980 年及 1983 年多次进行过修改,但澳门仅引入了 1977 年为配合葡萄牙新宪法所作出的修改,其后的修改未曾引入[1]。而 20 世纪 80 年代以后,正是各国婚姻家庭关系、婚姻家庭观念不断变化,亲属法也处于不断完善发展的阶段。因而,原民法亲属卷的规定显然大大落后于各国亲属法的发展速度,也不能适应澳门本地的实际情况。此次修订在亲属法的现代化方面作出了相当的努力,如采取单一民事结婚程序、减少了结婚的障碍,特别是废除了一方结婚人故意杀害另一方结婚人之配偶而被判罪或被起诉作为结婚的相对性禁止障碍以及摒弃了待婚期(男性为 180 天,女性为 300 天)的规定等[2],显然与世界大多数国家亲属立法改革的趋势相一致。可以说,新民法亲属卷已基本完成了现代化进程。

本地化是民法亲属卷的另一个特征。所谓本地化,在此除了与一般的法律本地化为同一概念,即"对澳门现行法律进行清理、分类、修订、翻译(中译)和过户"[3] 外,还指着重于修订过程中的与澳门本地实践相结合。就亲属法而言,本地化意义非同一般,亲属法律渊源较之其他民事法律规范更具多元化特点,除了葡萄牙民法亲属卷的规定外,还包括反映本地历史文化的有关习惯,我国的有关行为规范,以及渊源于教会法中涉及亲属关系的家庭法规范。同时,占澳门人口 96% 的华人中,相当一部分居民在设立家庭或婚姻关系及有关的财产关系时,都采纳传统的中国人方式,几乎完全不与在澳门实施的葡萄牙有关法律发生联系。而实际的公证或裁决机构往往是当地的街坊会或居民联谊会,这类方式或习惯无疑也是有关家庭法律渊源或制度的组成部分[4]。如何将这些行为规范进行整理、甄别,根据澳门的实际情况进行修改,最终容纳于新法典之中,是一个相当繁杂、艰巨而又重要的工作。经过

---

〔1〕 杜慧芳:"澳门民法简介",载《中国法律》1999 年第 S1 期(澳门回归特刊)。

〔2〕 有关规定将在下个题目中详述。

〔3〕 孙同鹏:"澳门法律本地化的新思考",载《行政》1998 年第 11 卷第 42 期。

〔4〕 米也天:《澳门民商法》,中国政法大学出版社 1996 年版,第 159 页。

立法者的艰苦努力，显然取得了较好的成果。例如，在实行统一的结婚民事登记程序时，考虑到华人传统的世俗结婚仪式以及葡人传统的宗教结婚仪式在澳门有悠久的历史，法律规定赋予事实婚具有法律效力，对有类似婚姻关系的当事人在一定条件下予以保护。这一规定不仅适应澳门多元文化中不同婚姻习俗之需要，使法律的严格规定有缓冲地带，而且考虑到同居过类似婚姻生活的伴侣关系在新的世纪将有所增加的趋势，具有一定的前瞻性。

二、新民法亲属卷之发展演化

新民法亲属卷是民法"本地化"中变化较大的一部分，究其原因，一是原有的规定年代久远，在法律的制度层面与技术层面上均相当落伍，二是未能考虑占澳门居民大多数的华人的婚俗习惯，与实际需要脱节，以至于法律的规定在很大程度上被束之高阁，成为少数人的行为规范。因而，此次修订对澳门亲属法的发展意义重大，其变化主要表现在婚姻成立的条件、婚姻效力、亲子关系以及收养制度等方面，现择其要者概述分析如下：

（一）简化结婚程序

其一，取消了天主教婚姻的法律效力，确认民事登记是结婚唯一的法定程序，由此结束了澳门多年来实行的天主教婚姻与民事婚姻两种制度并存的模式。立法者认为：澳门回归中国后，葡萄牙与天主教廷所签订的和议便不再对澳门具有约束力，而且各宗教地位平等，法律不可仅承认一种宗教仪式具有法律效力[1]。当然，在履行法定的结婚程序之后，根据宗教自由的原则，当事人有权选择举行任何宗教仪式。其二，取消了结婚公告程序[2]，但保留了在当事人结婚之前，检察院及具有办理结婚职权之人必须就其所知悉之障碍即时作出声明，任何人也均可就其所知悉之结婚障碍作出声明的规定。结婚公告是为了便于知情者声明，防止有结婚障碍者通婚，但立法者认为，在城市化的澳门这一规定

---

〔1〕 杜慧芳："澳门民法简介"，载《中国法律》1999 年第 S1 期（澳门回归特刊）。

〔2〕 原规定在缔结婚姻前，须在民事登记局张贴告示，为期 8 天，以利于他人监督。

已不具有实际意义，不适应澳门的社会情况[1]。实质上，这是法律对行色匆匆的城市人所作的妥协，以免形同虚设。

（二）减少结婚障碍

结婚的法定要件在亲属卷中以结婚障碍的形式出现，分为绝对禁止性障碍、相对禁止性障碍与妨碍性障碍三种。绝对禁止性障碍是指只要具备法定的情形之一，任何人均不可结婚。包括未达法定婚龄（未满16岁）、明显精神错乱以及因精神失常而导致之禁治产或准禁治产、前婚未解除三项。其条件与旧法相同，未作修改。相对禁止性障碍是指申请结婚的当事人之间存在法定的任何情形之一的，彼此不能结婚。新法的规定有两种情形：双方存在直系血亲关系或二亲等的旁系血亲关系，取消了存在直系姻亲关系以及一方结婚人曾因杀害另一方结婚人之配偶而被判刑的规定。妨碍性障碍是指存在法定障碍者不应当结婚，但如果条件成就或双方关系解除后可以结婚。新法有两种情形：结婚人年满16岁但未满18岁，未经父母或监护人之许可，亦未获法院批准以取代上述许可者，或者结婚人与未成年人、禁治产人或准禁治产人有监护、保佐或法定财产管理之关系。摒弃了传统的待婚期（自前一个婚姻关系解除至另一个婚姻关系缔结之间必须经过一定的期间，男性为180天，女性为300天），取消了对不完全收养关系[2]、三亲等的旁系血亲关系以及一方结婚人因故意杀害另一方结婚人之配偶而被起诉者之间通婚的限制。新法对结婚条件的修订一言以蔽之即为放宽结婚条件、减少结婚障碍、保障结婚自由，这显然具有积极意义。

古往今来，各国及地区设立婚姻障碍的理由一是遵循伦理道德，二是优生有利于人类自身发展。而在现代社会，基于传统伦理道德而设定的婚姻障碍正逐渐退出历史舞台，如待婚期的规定，禁止直系姻亲结婚、禁止结婚人与杀害另一方配偶者结婚等规定均已无存在的空间，当

---

[1] 法律翻译办公室："新民法典关于结婚的主要修改（二）"，载《澳门日报》1999年9月27日。

[2] 不完全收养是指收养人与被收养人之间建立的父母子女关系是不完全的父母子女关系，新法在收养类型中已基本取消了不完全收养。

事人结婚既不会影响人类的发展，也不会对子孙后代繁衍产生不利的后果。当人类已经可以通过科学的方法准确地鉴定出父亲身份，可以通过人工生殖技术繁殖出几百年前祖先所遗留的精子、卵子；当离婚已不再是罪恶，并为人们所理解时，传统伦理道德自然也不应再成为婚姻障碍。新法的规定顺乎人类社会发展之潮流，应予以肯认。

（三）变更夫妻财产制度

新民法亲属卷对夫妻财产制度作出了重大的修改，以取得财产分享制取代了原有的取得共同制作为候补夫妻财产制度，即当夫妻双方未就适用何种财产制度达成任何协议时，视为自愿适用取得财产分享制。尽管取得财产分享制在法律上处于候补财产制的地位，但由于华人社会无夫妻间签订财产协议的传统，故此一制度有可能对澳门的夫妻财产关系产生重大影响。取得财产分享制是指在婚姻关系存续期间或此制度的有效期间，夫妻各自享有对其婚前或婚后所得之财产的所有权，即有权管理、收益、处分其财产。但在婚姻关系因一方死亡或双方离婚而解除，或经双方协议使用其他财产制度时，应对采用该制度期间各自所增加的财产作出评估，由财产增加较多的一方将其多出数额的一半分给对方，以达共同分享彼此所得的目标。取得分享制实质上是婚姻期间的分别制，婚姻解除时的平均分割制，源自加拿大的魁北克省、美国一些州、德国，以及北欧的一些国家。这种制度是自由原则与公平原则相互协调、妥协的结果，既有利于保护夫妻在婚姻期间的独立性，与夫妻别体主义的立法思想相适应，又能对经济条件较差的配偶一方在该财产制度终止时予以一定的保护。

在新法的夫妻财产制架构中，夫妻财产协议具有极重要的地位，因为只有在夫妻无财产协议时才适用候补的取得分享制。故此次修订对婚前协议予以补充完善，夫妻双方通过婚前协议，既可从法律规定的财产制度中自由择一订定，亦可自订其认为适当的财产制度，并取消了婚前协议不可变更的原则，引入了婚后协议的概念，允许夫妻双方经协议随时变更财产制度。同时，为彻底保障当事人的缔约自由，取消了在特定条件下强制适用分别财产制的规定。毋庸置疑，新法的规定在立法理念上具有先进性，但对于完全无西方法律文化背景的大多数华人而言，接受这种以夫妻别体主义为立法思想的婚姻契约观念尚须假以时日。依笔者之见，这一规定有与澳门社会实际脱节之嫌。

（四）明确事实婚具有法律效力

事实婚姻在许多国家亲属法中均有明确规定，法律对那些以夫妻名义同居生活但未履行法定程序的当事人在一定条件下予以法律保护[1]。澳门新民法亲属卷此次增加了事实婚的规定：凡年满 18 岁，无婚姻障碍，双方自愿在类似夫妻状况下生活满 2 年以上者，其相互关系即为事实婚关系，产生法定的夫妻间效力。换言之，未履行结婚登记程序者，无论是否以夫妻名义，只要行夫妻共同生活之实，法律即赋予其夫妻效力，予以保护。所谓类似婚姻是指双方自愿同居过与夫妻关系相似的生活，即同床、同食、共居 2 年以上，但是否以夫妻名义同居并非法定要件（此乃与通常事实婚姻的概念不同之处，强调事实本身而非名义）。这一规定明确了自愿以类似婚姻状况共同生活一定期间是确认事实婚的前提，也排除了存在婚姻障碍者（如不到法定婚龄或前婚未解除）的非法同居具有事实婚的效力。对事实婚予以明确规定，既有利于保护实际上既存的婚姻关系，面向澳门实际，也对新法规定的单一民事结婚登记程序有缓冲作用。

（五）统一收养模式

所谓收养是公民领养他人子女为自己子女，依法创设拟制血亲的亲子关系之民事法律行为。根据收养所产生的不同法律效力，可分为完全收养与不完全收养。收养关系建立后，收养人与被收养人之间产生与生父母子女完全相同的权利义务关系，而与被收养人的生父母完全解除父母子女关系的，视为完全收养；收养人与被收养人建立不完全的父母子女关系或保持与生父母部分权利义务关系的，视为不完全收养。新民法

---

〔1〕 对事实婚姻世界各国主要有三种立法例：承认主义、不承认主义与限制承认主义，目前采承认主义与限制承认主义者为多。

亲属卷取消了不完全收养,将收养模式统一为完全收养[1]。收养关系一经建立,被收养人取得收养人子女之地位,其本人及其直系血亲卑亲属均成为收养人家庭之一分子,而被收养人与其直系血亲及旁系血亲间之亲属关系即告消灭。统一收养模式与现代社会保护被收养的未成年人利益及兼顾公平的立法理念相一致。新民法亲属卷在收养的一般要件中明确规定:仅在收养会对被收养人带来实际好处,且收养系基于正当理由及收养对收养人之其他子女或对被收养人之子女未造成不公平之牺牲,并能合理推测收养人与被收养人之间将建立一种类似亲子关系之关系时,方作出收养宣告。完全收养使被收养人与收养人及其亲属之间可以建立一个完整、稳定的家庭与亲属关系,有利于维护收养关系的稳定性,保护收养人与被收养人双方的利益。完全收养使被收养人享有与收养人其他子女完全相同的法律地位,有利其身心健康发展,也与澳门目前符合被收养人条件者数量下降的实际情况相一致。

综上所述,"本地化"后的新民法亲属卷已经有了很大的发展变化,在亲属法的现代化、体系化、本地化方面取得了显著的进展。但是澳门新民法亲属卷中,仍保留了一些保守、落后的规定,这些规定或者与世界亲属法的立法趋势相左,或者落后于社会现实,有检讨之必要。如亲属会议,在家长制社会曾经有过举足轻重的地位,但在现代社会,亲权制度、监护制度已相当发达,家庭趋向小型化,核心家庭[2]的数量日益增加,许多国家已取消了亲属会议的规定,如《德国民法典》取消了亲属会议,由被监护人的其他亲属或青少年事务局担任监护监督人,由监护法院对监护人和监护监督人予以监督,对违反义务行为予以干预。显然,这是一种社会化的监督机制,而不再仅凭个人的好恶。而新民法亲属卷仍然保留了亲属会议,在澳门这样一个城市化程度相当高的都市,其保留的必要及作用的确令人质疑。再如,法定诉讼离婚条件的无过错化早在 20 世纪 60 年代末就已成为西方国家亲属法改革的重要

---

[1] 法律规定的例外情况为:夫妻一方收养他方之子女时,被收养人与处于该婚姻关系中的生父(母)以及与该父(母)的血亲之间的关系不解除;事实婚姻关系中的相同收养亦然。

[2] 一对夫妻与其未婚子女共同生活。

内容之一，诉讼离婚不以一方有过错为必要条件的破裂原则目前已为许多国家所采纳。而新民法亲属卷尽管已经适当放宽了诉讼离婚的条件[1]，但仍然坚持离婚的过错原则，夫妻一方只有在他方有过错违反夫妻义务，且该违反之严重性或重复性导致不可能继续共同生活，或因事实分居连续2年、失踪且音讯全无满2年、他方之精神能力发生变化愈3年造成共同生活之破坏的情况下才可提出离婚。这显然比仅以婚姻关系破裂作为离婚原则要严格得多，不利于保障离婚自由。

就法律本地化而言，通过澳门的立法程序将原葡萄牙延伸适用于澳门的法律修订转换为澳门的法律，即法典的颁布生效，仅仅是法律本身的本地化，是法律本地化的第一个层面，而对该法典的研究、推广、教育、宣传，特别是贯彻实施，则是澳门回归祖国后迫切而繁重的任务，是更高层面的法律本地化。由此而言，澳门的法律本地化依然任重而道远。澳门亲属法作为与澳门民众切身利益最接近的法律之一，依笔者之见，其法律的宣传与推广任务较之法律的制定更为艰巨。如何使这个"本地化"了的以西方法律文化背景下的葡萄牙法制为模式的亲属法，得到以东方背景华人为主体的澳门社会的认同与接受，从而真正扎根于澳门社会而不是停留在法律文件上，是澳门法律工作者必须面对的问题。法律是法学家制定的，但不应仅仅是法学家的法律。对普通公民而言，法律不应是法律规则的汇集，它应当是他生活中的一部分，唯有如此，制定出来的法律才可能被遵守、被执行。制定和通过法律固然不易，而欲使之真正在人们观念中确立并成为行为准则则更为困难[2]。相信随着澳门回归中国，随着法律文本的中文化，通过澳门法律工作者的不懈努力，特别是对法律的广泛宣传与推广，澳门的民众尤其是过去对法律一无所知也漠不关心的大多数华人将逐渐地认同与接受法律，学习法律、理解法律，并自觉地遵守与运用法律。也相信，通过对澳门亲属法的进一步探讨与研究，将更加推进澳门亲属法的现代化与本地化。

---

〔1〕 如事实分居期限由原来的连续6年下降为2年，失踪且音讯全无的期限由原来的4年下降为3年，他方之精神能力发生变化的期限由原来的6年下降为3年。

〔2〕 孙同鹏："澳门法律本地化的新思考"，载《行政》1998年第11卷。

1.5 现代大陆法系亲属法之发展变革[*]

夏吟兰　何俊萍^{**}

大陆法系各国的民法典亲属编在《法国民法典》三编制和《德国民法典》五编制的基础上，200多年来在体例结构及具体制度上均有重大的发展变化。对大陆法系亲属法的地位、特点及其发展趋势进行比较研究，对于我国民法法典化进程中确定婚姻家庭法的地位及其体系架构具有重要意义。我国由于受到苏联民事立法的影响，曾长期将婚姻家庭法作为与民法并行的一个独立的法律部门。我国目前已经形成以《宪法》为基础，以《婚姻法》为核心，以《民法通则》《收养法》《婚姻登记条例》等法律法规以及相关司法解释为重要组成部分的婚姻家庭法律体系，1986年《民法通则》颁布以后，婚姻家庭法回归民法，作为民法典组成部分已经为学术界和立法部门所认同。江平教授在《制定民法典的几点宏观思考》一文中指出："传统世界大陆法系民法典均包含亲属编，这是因为民法所调整的市民社会关系中包含两大类物质生活：一类是人类为了满足自身生产物质需求的经济关系，一类是人类为了使自身能得到种的延续的婚姻家庭关系，而且这两类均属于民法所调整的

　　* 本文发表于《法学论坛》2011年第2期，第5~12页。本文系国家社会科学基金项目《民法典体系中的婚姻家庭法新架构研究》（09BFX038）前期研究成果。感谢在此项目的调研及搜集资料过程中作出贡献的所有学生。
　　** 何俊萍，女，中国政法大学民商经济法学院教授。

平等主体之间的关系。"[1] 2002 年全国人大法工委出台的民法典草案[2] 以及不同学者团队出版的不同版本的民法典草案都将婚姻法作为独立篇章，但对婚姻法以及相关法律在民法典体系中的地位以及体系架构甚至内容又有不同的安排和表述。[3] 在我国民法典体系中如何确定亲属法的地位，如何彰显亲属法的身份法特点，不致被淹没在商品经济的财产法规则中，保留其温情脉脉的人文主义色彩是婚姻法学者必须面对的课题。

一、大陆法系民法典中亲属法的体例与架构得失

大陆法系民法典主要渊源于罗马法的《法学阶梯》与《学说汇纂体系》，并在近现代欧洲逐渐发展为以《法国民法典》为代表的法学阶梯体系派和以《德国民法典》为代表的潘得克吞体系派，在此基础上发展起来的《瑞士民法典》《意大利民法典》等则兼具体例完整、逻辑严密、注重法律伦理、保护家庭关系的人法优先的特点。

（一）三编制体例中的亲属法地位

《法国民法典》是法国大革命精神的产物，也吸收了长期历史发展的成果，深受罗马法的影响。在总体结构上《法国民法典》主要是以国法大全之《法学阶梯》人、物、诉讼三编制为基础，构建了人、财产以及所有权的各种变更、取得财产的各种方式三编制的体例。总则规定法律的公布、效力及适用范围。第 1 卷是"人"，共 12 编，包括民事权利的享有及丧失、身份证书、住所、结婚、离婚、父母子女、亲权、收养、监护、禁治产等方面的规定，实际是关于民事权利主体的规定。第 2 卷是"财产及对于所有权的限制"，有 4 章，包括财产分类、所有权、用益权、使用权、地役权等内容，实际是物权法。第 3 卷是"取得财产的各种方法"，有 20 编，主要是关于通过继承、赠与、契约、婚姻

---

[1] 江平："制定民法典的几点宏观思考"，载《政法论坛》1997 年第 3 期。

[2] 巫昌祯教授带领中国法学会婚姻法学研究会的团队起草了民法典草案中的婚姻家庭编与继承编。

[3] 参见有关民法典草案的 3 个版本：梁慧星：《中国民法典草案建议稿》，北京，法律出版社 2003 年版；王利明：《中国民法典草案建议稿及说明》，北京，中国法制出版社 2004 年版；徐国栋："民法典草案的基本结构"，载《法学研究》2000 年第 1 期。

关系等方式取得财产权益的规定。

三编制的最大特点是以人法为首。《法国民法典》将亲属法的主要内容置于第 1 卷人法中，且构成了人法中最重要的组成部分，彰显了立法者的人本主义精神以及对婚姻家庭关系主体性地位的重视与关怀。民法典的立法应当以"人"为中心，以确认、调整和保护"人"的权利为目的。200 多年来，《法国民法典》不断地根据社会的发展变化对亲属法进行修订：1965 年"夫妻财产制度改革法"、1966 年"收养子女改革法"、1970 年"亲权改革法"、1972 年"亲子关系改革法"、1975 年"离婚改革法"以及之后通过单行的法律对具体条文进行不断地修订，[1] 全面摒弃了法国封建主义的婚姻家庭法传统，进一步提高妇女地位，保护儿童利益，保障离婚自由，并通过离婚的补偿性给付与离婚后救助，完成了法国亲属法以确认和保护家庭关系中的弱者权利为目的的现代化转型。

当然，三编制也有遭到诟病的软肋。为了体例上的一致性，三编制将夫妻财产关系置于第三卷"取得财产的各种方式"，这种架构的合理性在学者间是存在争议的。显然，把继承和赠与、契约和侵权行为、婚姻财产、抵押和时效等这些毫不相干的内容都放在"取得财产的不同方法"这一编之下是不够科学严谨的。夫妻财产法脱离婚姻制度，与亲属法的其他部分分开规定，割裂了夫妻关系的整体性，而在债法总则与分则之间插入夫妻财产契约与夫妻财产制导致连接不严密的结果，夫妻人身关系作为夫妻财产关系基础的逻辑性被破坏了。因此，在现代即使以《法国民法典》为蓝本的民法典也对这一结构进行了修正：或者是在第一编中"人"和"家庭"并列，[2] 或者是在"人"编之后，单独设立

---

〔1〕 例如《法国民法典》第 335 条：认领非婚生子女，得以由户籍官员作成的文书，或者以其他经公证的任何文书，在该子女的出生证书上为之。文书应当包括第 62 条规定的各事项。文书还应写明认领非婚生子女的人知道非婚生亲子关系具有不可分割之性质。（1993 年 1 月 8 日第 93-22 号法律，1996 年 7 月 5 日第 96-604 号法律）

〔2〕 如《意大利民法典》第一编是"人和家庭"，而不是单纯的"人"，14 章中有 10 章是"婚姻家庭关系"。

"家庭"编，[1] 这种体例既体现了家庭关系的重要性，又将所有涉及婚姻家庭关系的规范包括夫妻财产制度涵盖在此编之中，以构成逻辑之美、检索之便。

（二）五编制体例中的亲属法地位

《德国民法典》是潘得克吞学派在注释罗马法的基础之上发展起来的，接受了《学说汇纂》的结构安排，是潘得克吞学派极其深邃的、精确而抽象的理论产物，将民法典分为五编制：总则、债的关系法、物权法、亲属法、继承法。

五编制的最大特点是逻辑严密、抽象精确、体例完整。由抽象的概括的原则出发，逐步走向具体。首先规定总则，使各项民事法律制度中具有共性的内容得以在总则中体现，然后将性质不同的民事关系分别独立成编，为此，它清楚地划分了物权和债权两个概念，并在此基础上构建了两个严密的逻辑体系。同时，基于人身法律关系与财产法律关系处于相同位阶的考虑，将在《法国民法典》中只能够处于异处的婚姻财产制度与纯粹的家庭法即亲属关系法分别从"取得财产的各种方法"及"人法"的名义下剥离出来，而设置了与物权编、债权编相并立的亲属编。此外，兼有财产法与人身法性质的继承制度亦独立成编。[2]

1900 年《德国民法典》生效之后的 100 多年来，德国亲属法经过多次重大修订，主要有：1957 年《平权法》、1976 年《婚姻法和家庭法改革第一号法律》、1979 年《重新规定父母照顾的法律》、1992 年《修改成年人监护和保佐法的法律》、1998 年《统一未成年子女抚养权利的法律》、1998 年《重新规定结婚法的法律》、2001 年《结束歧视同性共同生活的法律：生活伴侣关系法》、2002 年《进一步改善子女权利的法律》、2008 年《子女最佳利益受到危害时简化家庭法院措施的法律》、2009 年《关于供养补偿的结构改革的法律》等。[3] 通过不断的

---

〔1〕 如《加拿大魁北克新民法典》第一编是"人"，第二编是"家庭"。

〔2〕 王利明："论中国民法典的体系"，载徐国栋编：《中国民法典起草思路论战》，中国政法大学出版社 2001 年版，第 108 页。

〔3〕 ［德］迪特尔·施瓦布：《德国家庭法》，王葆莳译，法律出版社 2010 年版，第 4~7 页。

修改，德国亲属法提高了妇女的地位，在家庭法中实现男女平等，加强了对子女权益的保护，彻底摈弃了父权、亲权等传统理念；为保护家庭关系中的弱者，规定了增益补偿制度、供养补偿制度等；为同性恋者设立了类似婚姻的生活伴侣法。总之，不断修订的德国民法典中的亲属法，体现了权利平等、反对歧视、注重救济和保护措施的现代人权理念。

尽管《德国民法典》抽丝剥茧、逻辑严密，但其将亲属法置于物权法和债权法之后作为第 4 章仍然受到不断的质疑。对此，德国民法典起草委员之一温德夏德（Windscheid）解释说：所有的私法，要做的事情有两个对象，一是财产关系，二是家庭关系。因此，私法的主要划分是财产法与亲属法的划分。显然可以看出，这一分析把人法缩减成了亲属法，并把财产法置于亲属法之前。[1] 法典的架构不是毫无意义可以随意摆放的，它体现了立法者的理念和宗旨，婚姻家庭关系作为法律关系的主体，放在法律关系的客体物权和债权之后，自然会产生财产关系较之亲属关系更为重要的联想。如果把民法典概括为财产法与亲属法的话，就架构而言，应将亲属法置于财产法之前，首先应当确认人的身份地位，人与人之间的关系，再确认人与人之间对物的关系。

此后编纂的《瑞士民法典》和《意大利民法典》等均在架构上基于法律伦理的考虑，认可了亲属法的特殊属性和地位，以权利主体为本位，突出"人"的地位和尊严，将关于人和家庭的法律置于财产法之前。《瑞士民法典》的五编是：人法、亲属法、继承法、物权法和债务法（债务关系法），《意大利民法典》的六编是：人与家庭、继承、所有权、债、劳动、权利的保护。事实上，先"人"、家庭后物权而后债权的逻辑顺序，更符合民法典的内在逻辑要求。

二、现代大陆法系亲属法的特点及发展趋势

（一）调整婚姻家庭关系的法律渊源多元化

传统的大陆法系将法典化的制定法作为调整婚姻家庭关系最重要的

---

〔1〕 徐国栋："民法典草案的基本结构"，载徐国栋：《中国民法典起草思路论战》，中国政法大学出版社 2001 年版，第 68 页。

法律渊源，但时至今日法律渊源多元化已经成为发展趋势。调整家庭关系的法律是一个规范体系而不再局限于一部民法典中亲属编的规定。人权法、民法典亲属编、单行法规、联邦法院的判例和解释都是调整婚姻家庭关系的重要渊源。

欧洲大陆法系国家都承认婚姻家庭权利是基本人权，各国宪法、基本法有关婚姻家庭关系的原则以及理念的发展变化是亲属法变革的立法基础和法律依据，而欧洲人权法已经在所有缔约国转换为国内法，可以直接引用。保护婚姻和家庭原则、男女平等原则、不歧视原则、子女最佳利益原则已经内化为各国亲属法及其相关的法律法规的具体规定。此外，单行法规也是调整婚姻家庭关系的重要渊源，具有特殊性的法律关系或者需要通过单行法规解决的特殊问题都可以通过单行法解决。如德国 1976 年颁布的《婚姻法和家庭法改革第一号法律》设立了专门的家庭法院，对家庭事件进行管辖；2000 年颁布的《生活伴侣登记法》规定了同性恋可以通过登记结为生活伴侣，具有与婚姻类似的法律地位。而上一级法院特别是最高法院的判例也正在逐渐成为大陆法系家庭法的渊源之一。较高审级法院所作的判决，哪怕是孤立的判决，也总是让人感到敬畏。[1] 在德国民法典的发展史上，法官通过判例法而对法的续造所起的作用越来越大。被理解成判例法的，是那些由法院在解释和适用法律的过程中发展起来的，可作为日后裁判的基础的法律规则。[2]

（二）传统的以父权为主导的家庭模式已经淡出历史舞台

20 世纪以来，随着人权理念进入大陆法系各国宪法和亲属法，两性平等原则以及子女最佳利益原则成为各国亲属法的重要指导原则。传统的夫权、父权甚至亲权观念遭到清算，以父权为主导的家庭结构日趋瓦解，代之以平等伴侣型的家庭结构，家长制家庭逐渐退出历史舞台。200 多年来大陆法系各国亲属法在民法典体系的各编中均属于变动最

---

〔1〕 ［德］罗伯特·霍恩等：《德国民商法导论》，楚建译，中国大百科全书出版社 1996 年版，第 66 页。

〔2〕 ［德］米夏埃尔·马丁内克：“德国民法典与中国对它的继受”，载陈卫佐译注：《德国民法典》，法律出版社 2006 年版，第 13 页。

多，且不断持续修订的部分，在架构、体系、制度甚至是具体概念、用语上均作出了重大修改。比如在亲子关系中，从早期的父权至上到男女平等的父母亲权再到强调子女权利的父母照顾责任，各国亲属法不断地对亲子关系进行修改。德国民法典从 1979 年《重新规定父母照顾的法律》开始，最终以确认父母责任的"父母照顾"一词取代了传统的确认父母权力的"亲权"一词，子女最佳利益原则作为决定父母责任的首要考虑因素。此外，尊重儿童的自治、充分考虑并听取儿童的意愿、父母平等享有和共同行使父母责任，都成为亲子关系的主要内容。

（三）国家公权力介入家庭自治范畴的力度增加

在大陆法系的现代亲属法中，私法自治理念受到了社会国家或者说福利国家的挑战。个人自由受制于连带地兼顾价值更高的利益的原则：因为个人自由并不是孤立的，它只能在社会的共同体中受到保护。由这项原则出发，同时得出了信赖利益保护原则：作为权利主体，每一个市民理应能够尽可能地信赖他人和由他人建立起来的关系，并且以此为行动的基础。在这一意义上，现代民法典已经从古典的自由主义的私法，发展成为用自由主义的眼光来看具有社会性的私法，兼顾了社会国家原则。[1] 国家基于福利保护的理念，依法介入家庭自治的范畴，对家庭关系中的弱势者，依法给予必要之协助，以防卫其他家庭成员之不法侵害。[2] 比如各国亲属法均在规定离婚自由的同时，加强了对弱势一方利益的保护，《法国民法典》规定了离婚的补偿性给付，《德国民法典》

---

〔1〕［德］米夏埃尔·马丁内克："德国民法典与中国对它的继受"，载陈卫佐译注：《德国民法典》，法律出版社 2006 年版，第 11 页。

〔2〕施慧玲：《家庭、法律、福利国家：现代亲属身分法论文集》，元照出版公司 2001 年版，第 15 页。

规定了离婚后的扶养，《瑞士民法典》规定了离婚损害赔偿及抚慰金等。[1]

对家庭暴力的国家公权力介入是亲属法私法公法化的重要标志。家庭暴力在传统法律和文化中均视为家庭隐私，遭受暴力的妻子和子女难以得到法律救济。1992 年联合国消除对妇女歧视委员会通过的第 19 号一般性建议，明确地将性别暴力界定为针对妇女的、由于她是女性而实施的，或不合比例地影响到妇女的暴力。这是国际社会第一次以公约的形式禁止针对妇女的暴力包括家庭暴力。其后，联合国通过一系列的国际公约和联合国文件明确了妇女问题是人权问题，针对妇女的家庭暴力是侵害妇女人权的社会问题，而不是个人问题、家庭隐私。制止家庭暴力是缔约国的国家责任。1994 年之后，120 多个国通过制定《反家庭暴力法》等单行法规或修改亲属法的方式明确规定家庭暴力的概念及预防和制止家庭暴力的措施，履行其国家责任。21 世纪初修订的《意大利民法典》亲属编在第 9 章中增加了"针对家庭暴力的保护命令"一节，通过民事保护令的方式预防和制止家庭暴力行为的升级。包括：安排申请人离开造成其损害的配偶或共同生活者的家；责令施暴者不得靠近受害人经常出入的地方，特别是工作的地方、其原来家庭的住所或者其亲属或朋友的住所、其孩子就读的学校等。[2]

三、大陆法系亲属法具体制度特点及其变革

大陆法系亲属法主要包括结婚制度、离婚制度、夫妻关系、亲子关

---

〔1〕《法国民法典》第 270 条第 2 款："配偶一方可能有义务向另一方配偶进行补偿性给付。补偿性给付的目的是尽可能补偿因婚姻关系中断而造成的双方各自生活条件上的差异。此项给付属于一次性给付，采用本金的形式，数额由法官确定。"参见罗结珍译：《法国民法典》，北京大学出版社 2010 年版。文中以下简称《法法典》。《德国民法典》第 1569 条规定："配偶一方在离婚后不能自行维持生计的，仅依照下列规定对另一方有受扶养请求权。"参见陈卫佐译注：《德国民法典》，法律出版社 2010 年版。文中以下简称《德法典》。《瑞士民法典》第 151 条规定："因离婚，无过错的配偶一方在财产权或期待权方面遭受损害的，有过错的一方应支付合理的赔偿金。"参见殷生根、王燕译：《瑞士民法典》，中国政法大学出版社 1999 年版。文中以下简称《瑞法典》。

〔2〕 费安玲等译：《意大利民法典》，北京，中国政法大学 2004 年版，第 342 条。文中以下简称《意法典》。

系等制度。20世纪末以来，各国亲属法进行了最新一轮的修订，其修订后的婚姻家庭调整规范，既体现了婚姻家庭关系的多元化，关注家庭成员个体发展，保护公民个人权利与自由的现代婚姻理念，也关注家庭整体的发展，注重平衡家庭的整体利益和家庭成员的个体利益，注重保护妇女、儿童等弱者的利益，强化国家公权力对婚姻家庭领域的介入与保护。

（一）结婚制度的特点及其变革

1. 解除婚约需要承担违约的法律后果。各国的亲属立法对婚约涉及的人身关系不保护，但明确规定解除婚约仍然要承担违约引起的财产方面的后果。婚约解除后，因婚约而赠与的财物应当返还。德国规定，婚约不缔结的，订婚人任何一方可以依照关于返还不当得利的规定，向另一方请求返还所赠送的礼物等（《德法典》第1301条）。瑞士规定，违约方不仅要承担损害赔偿，而且因违约造成无过错方人格上蒙受重大损害时，还应向无过错方支付一定金额的抚慰金（《瑞法典》第92~93条）。因此，婚约在人身方面的约定不具有任何约束力，但因婚约解除引起的财产方面的后果受到法律的规范。

2. 在结婚条件方面兼顾实质要件和形式要件。在结婚的实质条件方面，采取两方面的规定，一方面规定结婚行为人必须具备的条件，要求结婚行为人具有婚姻能力；另一方面明确规定了禁止性的条款。其一，要求结婚行为人具有婚姻能力。结婚须有当事人的真实意思表示，必须达到法定婚龄，未成年人结婚须征得父母同意。其二，禁止有一定血亲关系的人结婚。禁止直系血亲关系的人结婚，同时适用于养父母和养子女、继父母与继子女拟制血亲之间；禁止直系姻亲结婚。禁止具有自然血缘关系的兄弟姐妹之间结婚。禁止一定范围的旁系血亲结婚。其三，禁止有配偶者与人重婚。在结婚形式方面，各国都规定了结婚成立须经过一定的程序。德国结婚程序是必须由结婚人在户籍官员面前声明相互结婚的意愿；须户籍官员宣告，对于结婚宣告，如果结婚人愿意，还可以允许1名或者2名证人在场（《德法典》第1310~1312条）。法国的结婚程序主要包括提交医疗检查证明、进行结婚公告、对拟结婚的异议以及举行结婚仪式、制作结婚证书。举行结婚时，先由户籍官员向拟结婚夫妻宣读法典相关规定，同时要求2~4名证人在场（《法法典》第63~76条）。瑞士要求进行婚姻公告和举行仪式，对陈报不正当、婚约人一方无婚姻能力或有法定婚姻障碍的，应拒绝公告；结婚仪式应公开举行，须有2位成年证婚人在场（《瑞法典》第107、116条）。因此，当事人结婚，必须在户籍官员面前公开举行仪式，并由户籍官宣告他们结合为合法夫妻，其婚姻才有效成立，而且法国还设有结婚公告程序。法国、德国对结婚的形式要件均采仪式制，并且要求为法律仪式。

在结婚制度中，各国法律一方面体现婚姻自由的基本原则，赋予结婚当事人结婚自由的权利；另一方面，通过规定具体的结婚必备条件和禁止条件以及结婚形式，体现了大陆法系立法对结婚行为的强制性规范，保障婚姻身份关系成立的效力。

3. 宣告婚姻无效时注重保护善意当事人和子女利益。德国、意大利和法国没有区分婚姻的无效和可撤销；日本、瑞士和葡萄牙区分为婚姻的无效和可撤销两种。基于违反结婚的禁止性规定和违反当事人意思表示方面的不同，区分无效婚姻和可撤销婚姻的国家，一般将重婚、近亲婚等违反结婚禁止性规定的，确定为无效婚姻；将胁迫、误解等违反当事人意思表示的婚姻，界定为可撤销婚姻。在无效婚姻的法律效果上，无效婚姻或可撤销婚姻适用"不溯及既往"，原则上适用离婚的法律规定，注重保护善意当事人和子女的利益。对善意一方和受害一方的利益进行保护，对善意配偶推定婚姻有效，夫妻财产的分割、配偶请求损害赔偿、扶养费或慰抚金等权利，均适用与离婚有关的规定。对子女产生婚生效力。这就避免了无效婚姻具有的惩罚性后果对善意当事人的影响。

4. 保护非婚同居者及其未成年子女利益。多数国家主动规范和调整未婚同居现象，尊重与保护同居者应享有的合法权益，规范处理同居期间的财产问题。法国颁布了《家庭伴侣法》调整非婚同居伴侣关系，非婚同居伴侣依据此法，可签订非婚同居契约。德国《生活伴侣登记法》规定了同性恋可以通过登记结为生活伴侣，具有与婚姻类似的法律地位，伴侣间的关系适用民法。其他国家对未婚同居者虽未立法明确保护，但在司法上认可未婚同居的法律效力，主要体现在以下两方面：其一，保障同居者的合法权益。保护同居中的弱者的合法权益，对于在非婚同居期间对同居生活付出较大劳务的，在同居关系终止时可享有经济补偿权。其二，保护同居者的未成年子女的权益。同居期间所生子女为合法子女，父母与子女具有法律上的权利义务关系。

（二）夫妻人身关系的特点及其变革

夫妻人身关系方面主要包括：夫妻姓氏权、同居义务、忠实义务、互相帮助义务、夫妻就业权、婚姻住所决定权、家庭事务管理权、日常家事代理权等。立法保障夫妻双方人格平等和家庭利益，在夫妻人格平等和家庭共同利益之间进行平衡，体现以下特点：

1. 促进男女平等，保障夫妻人格独立。一些国家在法典中对男女平等明确予以规定。如葡萄牙和意大利规定了丈夫和妻子相互取得同等的权利和义务。德国在姓名权方面规定，夫妻可以确定共同的家族姓氏，也可各自使用自己在结婚时所用的姓氏（《德法典》第 1355 条）。夫妻平等地享有双方的婚姻居所权、家庭事务处理权、日常家事代理权以及就业权等。德国、葡萄牙、瑞士等国规定夫妻双方在婚后享有选择职业的自由，以保障夫妻的生存、就业权利的实现。

2. 规定夫妻权利义务，平衡夫妻利益。各国法典中对同居义务、忠实义务、互相帮助义务的相关规定都体现了夫妻身份方面的利益。德国、瑞士和葡萄牙规定夫妻任何一方在选择职业时，必须考虑家庭生活和另一方的利益，对之做必要的照顾。这是对婚姻中个人就业自由的一个限制性条款。亲属法在关注家庭成员个体发展的同时，还应关注家庭作为整体的发展，注重平衡家庭的整体利益和家庭成员的个体利益。

3. 承认家务劳动，保护夫妻弱势一方的权益。各国关于夫妻人身关系立法对婚姻中弱势一方的保护主要体现在对家务劳动的承认等方面。如德国规定，家务料理被委托给一方的，该方因为不可能有职业收入，故其家务料理本身将被视为扶养家庭的"劳动"，并视为尽到了扶养家庭的义务（《德法典》第 1360 条）。瑞士规定，料理家务、照顾子女或协助对方从事职业或行业的夫妻一方，享有定期从对方获得合理数额的由其自由支配的财产的权利。从事家务劳动的一方，对于扶养家庭的贡献或者对另一方事业或职业的贡献大于他应该做出的贡献，或大于另一方扶养家庭的贡献的一方以及对于另一方的事业进行帮助的一方，均可要求对方支付自己合理补偿（《瑞法典》第 164 条）。

（三）夫妻财产制的特点及其变革

各国立法都规定了法定财产制和约定财产制两大类。约定财产制优先于法定财产制，体现了尊重夫妻对其财产制的意愿。无约定时，才按照夫妻法定财产制。

1. 共同财产制与分别财产制的复合形态成为法定财产制的主流。大陆法系的许多国家如德国、瑞士和意大利等国都将共同财产制与分别财产制的复合形态作为法定财产制。包括财产增加额共同制、所得参与制，延期共同制等。[1] 这些复合形态的制度之间有些微的差别，但均兼采分别制和共同制的长处，突破了夫妻分别财产制财产归个人所有的局限，离婚时采用共同制的原则，平均分割夫妻婚后一方或双方增值的财产。以共同财产制与分别财产制的复合形态作为法定财产制是基于夫妻共同生活相互扶助的特点，以保护夫妻经济地位弱势的一方，保护从事家务劳动而无职业收入的配偶一方的利益。

2. 以封闭式的约定财产制引导与规范夫妻的财产约定行为。大陆法系的许多国家采用封闭式的约定财产制，允许当事人在法律规定的几种财产制度中以契约的方式进行选择，而不得任意约定。如德国、瑞士、意大利和葡萄牙，各国约定财产制的内容大致相同，但是在具体规则上有所区别。

德国规定，夫妻可以在分别财产制和共同财产制之间进行选择（《德法典》第 1408、1414 条）。对于约定的财产共同制，按照管理权主体划分为由一方管理的共同制和由双方共同管理的共同制（《德法典》第 1422、第 1450 条）。法国规定的约定财产制提供了三种选择模

---

〔1〕 巫昌祯、夏吟兰：《婚姻家庭法学》，中国政法大学出版社 2007 年版，第 114 页。

式：约定的共同财产制指夫妻通过约定对法定共同制的某些规定作出变更，而对于未经夫妻约定变更的其他事项，仍适用法定共同财产制的规定。约定的分别财产制指夫妻双方的财产归双方各自所有。约定的净益共同财产制指夫妻婚后各自保留其婚前及婚后个人所得财产的所有权，并在财产制结束时，任何一方均可以分享另一方财产中经确认属于婚后取得之净财产价值的一半（《法法典》第 1497~1581 条）。瑞士规定，夫妻可以约定选择"夫妻共同财产制"或"分别财产制"；对共同财产制规定"一般共同制"和"限定共同制"；在"限定共同制"中又规定了"所得共同制"和"其他共同制"（《瑞法典》第 181~182 条、第 222、223、224 条）。法律规定约定财产制的种类多样，使得夫妻在财产所有和管理方面，有较大的选择余地。意大利规定，夫妻不仅可以约定财产共同所有或分别所有，还可以约定设立家庭财产基金。家庭财产基金是指为了家庭的需要，夫妻双方或一方或第三人都可以以公证的方式或遗嘱的方式将特定的财产、不动产、应当进行登记的动产或证券设立为家庭财产基金。除非另有约定，家庭财产基金的财产所有权属于夫妻双方（《意法典》第 167~171 条）。

各国立法一方面尊重夫妻对财产权利的意思自治，允许夫妻约定财产制，另一方面提供约定选择的模式，规定法律后果，明确具体地规范了夫妻财产关系，让夫妻在法律规定的几种模式下选择。这些规定体现了法律规范的引导性和预期性，目的是明确夫妻的财产权利和义务，以保障夫妻经济弱势方的地位，适应由社会经济发展所引起日趋复杂的家庭财产关系。

（四）亲子关系的特点及其变革

在亲子关系方面，各国摒弃了传统的维护父母权力而加强了对未成年子女权益的保护。

1. 普遍适用子女最佳利益原则。关于亲权的行使、转移、撤销等规定，立法都体现了儿童最佳利益原则。尤其在亲权的行使中，各国立法侧重保护未成年子女利益，以子女最佳利益原则来审视亲权的行使。法国规定，父母双方在婚姻期间，共同行使亲权，有要求子女尊重的权利。德国将"父母照顾"分为"人的照顾"和"物的照顾",在这两类照顾中都充分体现了子女最佳利益原则,要求父母必须以自己的责任并彼此一致地为子女的最佳利益进行父母照顾。在对子女的人身照顾中,如果子女肉体上、精神上或心灵上的最佳利益受到危害,家庭法院必须将子女从父母那里隔离开来,以避免父母对子女人格的伤害。法官在处理父母照顾权、交往权以及看护等事务时,应当考虑实际情况和各种可能性以及利害关系人的正当权益,作出最有利于子女利益的裁判,并规定父母应当允许子女安排与其年龄相适应的自己生活的自由,并且尽量考虑子女在重要事务中做出的意见(《德法典》第 1626~1698 条)。葡萄牙要求父母必须为了子女利益而关注子女的安全和健康,为子女提供生活所需,安排子女的教育并管理子女的财产(《葡法典》第 1878 条)。[1]

2. 保障子女财产权益。各国立法均明确规定父母在行使亲权时不得侵犯子女的个人财产,并且要尽相当之注意以使财产增值获益。德国法就规定得非常具体明确,规定有权进行财产照顾的人违反对子女的扶养义务或其与财产照顾相结合的义务,就认定为子女的财产受到了危害;家庭法院必须采取避开危险的必要措施,避免对该财产的损害(《德法典》第 1666 条)。立法要求对父母行使与子女财产相关的行为进行实时监督,以防出现财产减损的结果。在子女成年时,法律要求父母将该财产交还给子女。因此,对子女的人身和财产方面,法律更多地强调父母的保护义务。

3. 父母滥用亲权导致亲权丧失后果。保障未成年子女在家庭中的人格尊严、人身权益是现代文明社会的要求。父母子女身份权的形成虽然是建立在父母子女的血缘联系的基础之上的,但是,当这一身份关系的存续有害于未成年的子女之时,立法规定结束父母子女关系。规定亲权丧失的有:法国、日本、意大利和瑞士。法国规定,父母对子女人身实施犯罪受到刑事判决的,其亲权将被全部取消;父母因虐待子女或因

---

〔1〕 唐晓晴等译:《葡萄牙民法典》,北京大学出版社 2009 年版。以下文中简称《葡法典》。

经常酗酒、使用毒品、行为明显不轨或者有犯罪行为，或者因对子女不加照管或引导，明显危害到子女的安全、健康与道德品行时，可在没有任何刑事判决的情况下，被完全取消亲权（《法法典》第378~379条）。日本规定，父或母滥用亲权或有显著劣迹时，家庭法院因子女的亲属或检察官的请求，可宣告其丧失亲权（《日法典》第834~835条）。[1] 意大利规定，在父母一方违背或者忽略对子女应尽的义务，或者由于滥用亲权而给子女造成严重损害的情况下，法官可以宣告父亲或母亲丧失亲权（《意法典》第330条）。瑞士规定，父母不认真关心子女或严重不履行对子女应尽义务的，监护官厅可以剥夺父母的亲权（《瑞法典》第311条）。

（五）离婚制度的特点及其变革

大陆法系的离婚程序主要通过诉讼程序进行，由婚姻当事人一方向法院提出离婚诉讼请求，由法院判决或许可离婚。德国、法国和瑞士等国要求必须通过法院的裁判或同意才能离婚。但是，瑞士允许当事人就离婚有关的事项达成合意，但其合意的生效必须经法官批准，法国的离婚协议也必须通过法院的认可。葡萄牙和日本则规定了协议离婚和诉讼离婚两种形式。德国采取的是婚姻破裂原则，法国、瑞士、葡萄牙和日本等采取的是婚姻破裂原则加过错原则。[2] 对于协议离婚，法国、葡萄牙等没有规定理由，只要当事人是双方自愿的，在符合一定情形下，就可以离婚。

1. 实行离婚自由，特定情况下限制离婚。在离婚条件和程序充分保障离婚自由的前提下，大陆法系的亲属法也对离婚自由设立了限制条件。即使双方感情破裂，为保护配偶和未成年子女利益，在特定情形下，法院可判决不准离婚。德国规定，在需要对未成年子女进行保护，或因非正常情况而显失公平的离婚申请，法官可判决不准离婚（《德法

---

〔1〕 王书江译：《日本民法典》，中国人民公安大学出版社1999年版。以下文中简称《日法典》。

〔2〕 ［德］K. 茨威格特、H. 克茨：《比较法总论》，潘汉典等译，法律出版社2003年版，第164页。

典》第 1568 条）。法国规定，如法官认为离婚协议对子女的利益或者对一方配偶的利益保护不够时，可拒绝认可该离婚协议并且不宣判离婚（《法法典》第 238 条）。葡萄牙规定，在协议离婚中夫妻必须就向需要扶养之一方提供扶养、对未成年子女行使亲权及家庭居所之归属等事宜达成协议，如果法官发现协议不足以保障夫妻一方或子女之利益时，可驳回离婚之请求（《葡法典》第 1775、1778 条）。因此，立法一方面允许当事人行使离婚自由权利，另一方面要求保障配偶及子女的利益，限制不利于配偶和子女利益的离婚。

2. 注重保护子女利益。离婚虽然不改变父母子女关系，但改变了子女与父母共同生活的方式，关系到未成年子女身心的健康成长。各国的离婚制度都注重对未成年子女权益的保障，主要表现为离婚后父母与子女的关系不变，父母对子女的抚养归属以及探望权等都要体现子女最佳利益原则。德国规定，离婚后父母都有照顾子女的义务，父母照顾遵循子女意愿优先原则；子女有权与父母任何一方交往，父母不得实施侵害子女与另一方父或母的关系的行为（《德法典》第 1671、1672、1864 条）。法国规定，父母离婚，父与母对子女的权利与义务仍然存在，亲权由父母双方共同行使。双方不能协商一致时，或法官认为所达成的协议违背子女利益时，为了保护子女的利益，法官可以指定由与子女共同居住的父或母单方行使亲权（《法法典》第 286、373 条）。瑞士规定，宣判离婚和分居时就亲权或父母子女关系应听取父母的意见，必要时应征求监护官厅的意见；并且，配偶一方在子女交由他方抚养时，其与子女之间的交往，以及支付子女抚养费的义务，适用子女关系效力的规定（《瑞法典》第 156 条）。日本规定，父母离婚时，关于子女的监护人及其他有关监护的必要事项，通过协议确定。未能达成协议或不能达成协议时，由家庭法院确定。在认定为子女的利益所必要时，家庭法院可以变更子女的监护人，或者发布命令就其他监护事项作出适当的处理（《日法典》第 766 条）。葡萄牙规定，基于子女利益的需要，法院可以根据任何一方的请求而命令将家庭居所租予该方，而不论此房屋属双方共有或属他方个人所有（《葡法典》第 1793 条）。因此，为了有利于未成年子女的健康成长，立法通过规定离婚父母对未成年子女的抚养义务、探望权，注重保护未成年子女利益，尽量减少父母离婚对孩子的不利影响。

3. 适用离婚救济制度保护弱者权益。离婚时不仅分割夫妻婚后增值的财产，而且注重保障离婚时经济弱势的一方利益，采取特定的方式救济离婚时经济弱势的一方。具有代表性的救济方式分别是法国的补偿金给付和德国的离婚后扶养制度。法国采取离婚补偿性给付制度，规定配偶一方得向另一方支付因离婚导致婚姻中断而造成的各自生活条件差异的补偿金。立法具体规定了补偿金的给付数额、支付方式等（《法法典》第 270~280 条）。德国适用离婚后扶养制度救济离婚时的经济弱势方。立法规定了离婚后配偶的扶养请求权，明确具体规定请求扶养的条件。配偶一方具有无法从事职业的、贫穷等符合法律规定的 8 种情形之一的，就可以行使扶养请求权。将一方在婚姻期间获得的较高的赡养或养老金等社会福利收入，规定在配偶之间进行均衡。离婚扶养费是持续性地给付，直到受扶养方获得工作或再婚为止（《德法典》第 1569~1587 条）。这一规定使得配偶一方不至于因离婚而陷入生活贫困化的境地，充分地保障了离婚配偶一方的生存利益。

（六）司法积极介入防治家庭暴力

预防和制止家庭暴力是国家责任，司法积极介入家庭暴力已经成为欧洲大陆法系国家的共识。欧盟议会与欧洲理事会国会大会在 2000 年第 1450 号建议，2002 年第 5 号建议和 2006 年第 1512 号决议等文件中呼吁欧洲各国积极行动起来[1]，建立一套完善的法律体系，惩治家庭暴力和加强对家庭暴力受害人的保护。例如，芬兰于 1998 年颁布了《家庭暴力禁令法》，德国、冰岛、马其顿、塞尔维亚、挪威、意大利等国，在其刑法或家庭法中增加了对家庭暴力问题的相关规定。

《意大利民法典》第 1 编 "人与家庭" 中专章规定了 "针对家庭暴力的保护令"，保护家庭成员及同居者的人身权益，免受家庭暴力的侵

［1］ 陈明侠等主编：《家庭暴力防治法基础性建构研究》，中国社会科学文献出版社 2005 年版，第 400 页。

犯。如果在配偶或同居者中发生一方对另一方的家庭暴力人身侵害，造成另一方身体、精神伤害的，或限制另一方人身自由的，法官可以根据受害人的请求，责令违法者停止家暴损害行为，安排受害者离开造成其损害的配偶或共同生活的家。可责令违法者不得靠近受害人经常出入的地方，如工作场所、其亲朋住所以及子女的学校等地方。需要时，法官还可以安排当地的社会服务机构或家庭协调中心等团体介入为家暴受害人解决经济困难。如果出现保护令执行难的情况，法官负责发布命令，采取包括警方和医护机构等机构予以协助的更合适的方式执行（《意法典》第342条）。这些条款，为家暴受害者提供了切实有效的预防和保护措施，对于保障家庭成员的基本人权、维护婚姻家庭的稳定等方面，都具有积极的意义。

四、我国婚姻家庭立法的宏观定位

在大陆法系亲属立法不断发展变革的大背景下，我国民法典体系下的婚姻家庭立法应当坚持以人为本、权利平等、利益平衡、注重救济和保护措施的立法理念。在构建整个民法典的体例架构时应当充分考虑人法的重要性，考虑婚姻家庭法的特殊属性和地位，以权利主体为本位，借鉴大陆法系民法典的新发展，彰显婚姻家庭法的身份法特点，将人法置于财产法之前，以人法、亲属法（婚姻家庭法）、继承法，物权法、债法、侵权行为法为序。

基于婚姻家庭法的自然属性，亲情伦理关系，民法典体系下的婚姻家庭法必须厘清与《民法总则》《合同法》《物权法》《侵权行为法》等其他部门法之间的关系。这是因为婚姻家庭法中包含着上述各类合同关系、物权关系、侵权行为关系等民事法律关系。比如，《物权法》颁布以来，《物权法》的规定与《婚姻法》的夫妻婚后所得共同财产制的规定有冲突，在严格实行物权登记有效的制度下，在强调保护个人财产所有权的理念下，如何保护夫妻另一方的婚后财产共有权就受到了很大的挑战，并在审判实践中引起困惑。[1] 笔者认为，与一般的民事法律关系相比，婚姻家庭关系的特殊属性应当在民法典的体例架构和具体规定中得到充分的认识和尊重，要以保障婚姻家庭关系中弱者的利益，维护婚姻家庭关系的稳定为立法宗旨。婚姻家庭法作为民法典体系中的调整婚姻家庭关系的特别法，与婚姻家庭法律关系相涉的物权、债权、侵权行为均应在婚姻家庭法中作出进一步明确具体的规定，当婚姻家庭法的规定与民法其他部门法的规定相冲突时，应首先适用婚姻家庭法，而不是民法其他部门法的一般规定。

大陆法系亲属法的发展变革以法律渊源多元化，注重人权保护、国家公权力进一步介入家庭自治范畴为特征。现代大陆法系各国纷纷在修改既有民法典亲属立法的同时，积极颁行单行法，并将欧洲人权法的相关规定转换为国内法，内化为各国亲属法的具体规定中，以反映"回归家庭，强调家庭的价值和作用"的社会价值观的变革与发展，进而出现了婚姻家庭法的"趋同化"趋势。我国正处于民法法典化的进程中，应当以此为契机，实现对现有婚姻家庭法律体系及具体规定的重整、充实与完善。婚姻家庭立法应当回应婚姻家庭关系多元化对社会的影响，预防和制止家庭暴力，保护家庭成员的基本人权，确保子女最佳利益的实现；明晰夫妻财产制度，承认家务劳动的价值，平衡家庭成员的利益，保护夫妻共有财产所有权；进一步规范离婚程序，完善离婚救济制度，保障夫妻离婚后弱势一方的利益。总之，现代婚姻家庭立法应当注重和强化婚姻家庭在社会中的价值和作用，保护婚姻家庭关系中弱者的利益，维护婚姻家庭关系的稳定。

---

〔1〕 如登记于一方名下的夫妻共同所有的房屋，一方未经另一方同意将该房屋出售，第三人善意购买，支付合理对价并办理登记手续，另一方主张追回该房屋的，是否予以支持，法学工作者和法律工作者中有不同的声音。有人认为，应当严格遵守物权法的规定，保护善意第三人利益；也有人认为，应当保护夫妻共同财产所有权，认定房屋买卖无效；还有认为应当首先保护家庭共同生活居住需要，以保护家庭成员的生存权为宗旨，排除适用善意取得原则。参见江平："制定民法典的几点宏观思考"，载《政法论坛》1997 年第 3 期。

1.6 论婚姻家庭法在民法典体系中的
相对独立性[*]

夏吟兰

在中国民法法典化的进程中，有关婚姻家庭法[1]在民法体系中的地位与作用，婚姻家庭法与民法总则、物权法、侵权责任法等其他民事法律规范的关系等问题一直有各种不同的声音。本文旨在通过分析我国婚姻法在民法体系中地位之演进变化、婚姻家庭法调整对象的伦理属性、婚姻家庭法与民法其他部门法之区别，以及婚姻家庭法所兼具的公法属性论证婚姻家庭法在民法体系中所具有的相对独立性。民法典体系下的婚姻家庭法的修订应当充分考量其立法的价值定位，重视和维护婚姻家庭关系的价值观和伦理属性，以促进和保障婚姻家庭功能的有效发挥。

一、我国婚姻法经历了从独立法律部门到回归民法典体系的进程

中华人民共和国成立至今，婚姻法在民法体系中的地位可以划分为三大历史阶段：第一个历史阶段是 1950 年《婚姻法》颁布之后的独立法律部门时期；第二个历史阶段是 1986 年《民法通则》颁布之后对《婚姻法》的地位引起广泛讨论时期；第三个历史阶段是 21 世纪初立

---

* 本文发表于《法学论坛》2014 年第 4 期，第 5~14 页。本文系国家社科基金项目《民法典体系下婚姻家庭法新架构研究》（09BFX038）的阶段性成果。

[1] 我国婚姻家庭法领域的基本法是现行《婚姻法》，但学界普遍认为，婚姻法无法涵盖其调整的对象——婚姻家庭关系，应当改为婚姻家庭法。故本文只在涉及现行《婚姻法》或 1950 年《婚姻法》、1980《婚姻法》时使用"婚姻法"，其余均使用"婚姻家庭法"。

法机关再次组织学者进行民法典草案的编纂和讨论,婚姻家庭法作为民法典的组成部分成为主流观点时期。

(一) 1950 年《婚姻法》标志着婚姻法作为独立法律部门的地位

1950 年《婚姻法》是中华人民共和国成立之后,废除了国民政府时期颁布的"六法全书"和"伪法统"后颁布的第一个重要的基本法律,肩负着我国法律"废旧立新"的法律拓荒者的重任。此时,作为社会主义阵营的中国在立法体系和法学理论上全面学习苏联的模式。1950 年《婚姻法》,以革命根据地的《中华苏维埃共和国婚姻法》为基础,在立法体例上效仿苏俄婚姻家庭法典,将调整婚姻家庭关系的法律从民法中分离出来,作为一个独立的法律部门。

1917 年 11 月 7 日苏联革命胜利以后,于 1918 年 9 月 16 日颁布了《俄罗斯苏维埃联邦社会主义共和国婚姻、家庭和监护法典》,它是大陆法系第一部从民法典中独立出来的婚姻家庭法典,包括婚姻关系、亲子关系以及其他亲属间的关系、监护、保佐、户籍登记等内容。这一立法模式曾被视为社会主义婚姻家庭立法模式,并在二战后的社会主义阵营的国家中被普遍效仿。[1]

苏联学者认为,家庭法脱离传统民法体系的主要原因:一是调整对象的不同,民法的调整对象主要是财产关系,而家庭法调整的对象主要是婚姻、血缘、收养及收留教养儿童而发生的亲属关系;二是调整的范围不同,在社会主义国家的家庭中,财产关系不是主要的和基本的关系,虽然家庭还保有一些经济职能,但它不是社会的基本经济单位,因此,处理婚姻家庭关系需要一些与民法规范不同的规范。家庭法权关系代表着人身与财产法权关系的密切结合,父母、子女间的抚养关系与血统关系相联,夫妻间的财产关系则与婚姻关系相联,对于这些法权关系,不能离开人身关系来研究它们。由于婚姻家庭关系是如此的特殊,

---

[1] 如 1947 年之后先后颁布的《德意志民主共和国亲属法典》、《罗马尼亚人民共和国家庭法典》及《保加利亚人民共和国人与家庭法》等。

因此不能把它划归为由民法所调整的财产关系和人身非财产关系。[1]
简而言之，他们认为计划经济体制下的家庭已经丧失经济职能，与社会
经济生活无关，婚姻家庭关系不是商品经济关系，不能划归民法的调整
范畴，因而在立法体例和学科设置上均称之为婚姻家庭法。[2]

我国的法学界受此影响深远，在《民法通则》出台之前，婚姻家
庭法一直被认为是独立的法律部门，1950 年《婚姻法》和 1980 年《婚
姻法》也都是以独立法律部门的基本法形式存在的。我国有学者在论及
婚姻家庭法在不同法律体系中的地位时认为，以苏联为代表的社会主义
婚姻家庭法律反映了婚姻家庭立法从身份到契约的运动。以婚姻家庭法
为主要内容的亲属法之所以成为资产阶级民法的附庸，这同他们把婚姻
家庭关系从属于私有财产关系，把亲属法上的许多行为看成契约行为是
分不开的。在社会主义制度下，婚姻家庭关系主要是一种具有特殊性质
的人身关系。当然，这种人身关系是由享有平等权利、处于平等地位的
社会成员因婚姻家庭而发生的，因此，社会主义的婚姻家庭关系同奴隶
制、封建制下的人身依附关系有着本质的区别。[3]

（二）1986 年《民法通则》的颁布引起对婚姻法地位的广泛讨论

1986 年 4 月 12 日颁布《民法通则》，以概括的形式彰显了我国对
部分婚姻家庭关系的确认，对婚姻家庭基本权利的保护。第 2 条明确规
定，"中华人民共和国民法调整平等主体的公民之间、法人之间、公民
和法人之间的财产关系和人身关系"；第 103 条规定，"公民享有婚姻自
主权，禁止买卖、包办婚姻和其他干涉婚姻自由的行为"；第 104 条第
1 款规定，"婚姻、家庭、老人、母亲和儿童受法律保护"。此后，对于
婚姻法是否应当作为民法体系的组成部分在学界展开了广泛的讨论，主
要有两种完全对立的观点，有学者认为：《民法通则》颁布以后，婚姻
家庭法与民法的关系在立法体制上得到了解决，确定了婚姻家庭法作为

---

〔1〕 ［苏］斯维尔特洛夫：《苏维埃婚姻—家庭法》，方成译，作家书屋 1954 年版，第
30~31 页。

〔2〕 巫昌祯、夏吟兰主编：《婚姻家庭法学》，中国政法大学出版社 2007 年版，第 27
页。

〔3〕 杨大文主编：《婚姻法学》，中国人民大学出版社 1989 年版，第 15~16 页。

民法的组成部分。十分清楚,婚姻法领域中的人身关系和财产关系,正是发生在作为平等主体的公民之间的。《民法通则》列举的民事权利中包括婚姻自由等权利,同时还在第八章中规定了涉外婚姻家庭关系的法律适用问题。由此可见,从我国的立法体制来看,婚姻法是广义的民事法律的组成部分。[1] 但也有学者认为:婚姻法作为独立法律部门是我国的立法传统,应当予以坚持。[2] 甚至有学者认为,在有关婚姻法在法律体系中的地位的已有研究中,尤其是婚姻法私法论,存在论证谬论,研究视角单一以及脱离社会实际生活等可商榷之处,故导致说服力不足。

我国近现代的民事立法以大陆法系为蓝本[3],民法法典化是中国近现代以来法律人的追求,婚姻家庭法作为民法典的组成部分是大陆法系民法典的传统。大陆法系民法典主要渊源于罗马法的《法学阶梯》与《学说汇纂体系》,并在近现代欧洲逐渐发展为以《法国民法典》为代表的法学阶梯体系派和以《德国民法典》为代表的潘得克吞体系派,在此基础上发展起来的《瑞士民法典》《意大利民法典》《荷兰民法典》等法典兼具体例完整、逻辑严密,注重法律伦理,保护家庭关系的人法优先的特点,他们均将亲属法作为民法典体系中的重要章节。

大陆法系亲属法在民法典体系中始终占有重要地位,现代意义上的民法亲属编已不再视婚姻关系为金钱关系的附庸,将子女作为家长权利的客体,在逻辑结构和法律规定中逐渐发展为以权利主体为本位,突出"人"的地位和尊严,保护婚姻家庭关系中的弱者利益,并将关于人和家庭的法律置于财产法之前,凸显人法的重要性。[4] 而这也正符合我国婚姻家庭法的宗旨和目标。

---

〔1〕 杨大文主编:《婚姻法学》,中国人民大学出版社 1989 年版,第 52 页。

〔2〕 李洪祥:"我国亲属法应当回归未来民法典",载《吉林大学社会科学学报》2011年第 2 期。

〔3〕 1910 年完成的《大清民律草案》,是中国以大陆法系为蓝本制定的第一部民法法典式立法,标志着中国民法现代化进程的开端,并为 1926 年北洋政府的《民国民律草案》、1930 年的南京国民政府的《民法典》所承继。中华人民共和国成立之后的民法法典化进程仍在路上,尚未完成。

〔4〕《意大利民法典》与《荷兰民法典》均将"人与家庭法"列为民法典的第一章。

（三）21 世纪初的民法典草案编纂活动基本确立了婚姻法回归民法典的路径

2002 年全国人大法工委组织编写的民法典草案[1]以及不同学者团队出版的不同版本的民法典草案建议稿[2]都将婚姻法作为独立篇章，尽管对章节体系的安排仍有不同意见，但婚姻家庭法作为民法典的组成部分已经为学术界的大多数学者和立法部门所认同。江平教授在《制定民法典的几点宏观思考》一文中指出："传统世界大陆法系民法典均包含亲属编，这是因为民法所调整的市民社会关系中包含两大类物质生活：一类是人类为了满足自身生产物质需求的经济关系，一类是人类为了使自身能得到种的延续的婚姻家庭关系，而且这两类均属于民法所调整的平等主体之间的关系。"[3] 梁慧星教授也认为："民法调整民事生活关系，或者说民法是调整民事生活关系的基本法。——民事生活可分为两个领域，一个是经济生活，另一个是家庭生活。如果讲关系，一个是经济生活关系，另一个是家庭生活关系。"[4] 婚姻家庭法学者也大多持支持的态度，如巫昌祯教授认为："在 2001 年修改婚姻法的过程中，经过酝酿，（婚姻法学者与立法机关）在两个问题上达成了共识：一是采用立法部门提出的思路——两步到位，二是婚姻家庭法将作为民法的一个部分——回归民法。"[5] 杨大文教授也认为：民法通则问世后，已从立法体制上将婚姻家庭法作为民法的组成部分。婚姻家庭关系是作为平等主体的自然人之间的人身关系和财产关系，自应列入民法的调整对象。[6]

---

[1] 巫昌祯会长带领中国法学会婚姻法学研究会的团队起草了民法典草案中的《婚姻家庭编》与《继承编》。

[2] 参见有关民法典草案的三个版本：梁慧星主编：《中国民法典草案建议稿》，法律出版社 2003 年版；王利明主编：《中国民法典草案建议稿及说明》，中国法制出版社 2004 年版；徐国栋："民法典草案的基本结构—以民法的调整对象理论为中心"，载《法学研究》2000 年第 1 期。

[3] 江平："制定民法典的几点宏观思考"，载《政法论坛》1999 年第 3 期。

[4] 梁慧星：《为中国民法典而斗争》，法律出版社 2002 年版，第 28 页。

[5] 巫昌祯："民法法典化与离婚制度的完善"，载《山东大学法律评论》2003 年第 3 期。

[6] 杨大文主编：《婚姻法学》，中国人民大学出版社 1989 年版，第 52 页。

婚姻家庭法在法律体系上归位于民法，反映了婚姻家庭法与民法的本质联系和逻辑关系。婚姻法与民法在本质上都属于私法，调整的是平等主体之间的人身关系和财产关系，换言之，其调整的对象是私人之间所发生的以主体私人利益或独立自我利益为内容的"私的关系"。其重要作用之一是建立权利体系，确认和保障公民私权。[1] 在这个意义上我们可以说，婚姻家庭法和民法的一切制度都是以权利为轴心建立起来的，民法所规定的权利的主体、行使权利的方式、权利的种类、权利保护的方式、权利保护的时间限制等总则性规定，适用于婚姻家庭法，对婚姻家庭法具有包容性。因此，无论从我国民法的调整对象，还是从公私法的理论体系划分而言，婚姻法作为民法体系中的部门法，不仅有利于维护私法体系的完整性，也有利于婚姻法保持平等、自由、公正的价值导向和制度走向。

尽管民法典草案的编纂活动基本确立了婚姻法回归民法的路径，但对婚姻家庭法在民法典体系中的地位以及体系架构甚至具体内容又有不同的安排和表述。[2] 在我国民法典体系中如何确定婚姻家庭法的地位，如何彰显婚姻家庭法的身份法特点，充分考虑人法的特殊属性，而不以商品经济的财产法规则直接适用于婚姻家庭法领域，是婚姻家庭法学者必须面对的课题。

二、婚姻家庭法调整对象的伦理属性决定其在民法典体系中的相对独立性

婚姻家庭法与民法调整的对象虽然都是平等的民事法律主体之间的关系，但婚姻家庭法所调整的对象与一般的民事主体不同，是人伦关系，具有鲜明的伦理性，且伦理道德与法律规范相互影响，相互作用。

（一）婚姻家庭法的伦理价值是由婚姻家庭关系的属性所决定的

婚姻家庭法所调整的对象是婚姻关系和家庭关系。婚姻家庭是以两

---

〔1〕 江平主编：《民法学》，中国政法大学出版社 2007 年版，第 3~4 页。

〔2〕 参见有关民法典草案的三个版本：梁慧星主编：《中国民法典草案建议稿》，北京，法律出版社 2003 年版；王利明主编：《中国民法典草案建议稿及说明》，中国法制出版社 2004 年版；徐国栋："民法典草案的基本结构——以民法的调整对象理论为中心"，载《法学研究》2000 年第 1 期。

性关系与血缘联系为其自然条件而形成的社会关系，是人类社会最基本的社会关系，具有自然属性与社会属性，因两性关系而产生的自然繁衍以及亲属间的血缘联系是人类社会得以延续和发展的最基本的人伦关系和社会基础。

婚姻家庭的自然属性是婚姻家庭赖以形成的自然因素。这些因素是与生俱来、客观存在、难以改变的。因而，自然因素是婚姻家庭关系内在的、固有的因素，是婚姻家庭关系形成的必要条件，也是婚姻家庭关系与其他社会关系相区别的重要标志之一。因自然属性而形成的自然选择规律以及人伦秩序对于婚姻家庭的发展有着不容忽视的作用。人类通过对自然选择规律的认识，逐步排除直系血亲和旁系血亲间的近亲结婚，使两性关系和血缘关系的社会形式渐次从低级向高级发展，并确立了婚姻家庭制度。[1]

但人类社会与动物世界的根本区别不在于自然属性，而在于社会属性。人不是单个人固有的抽象物，是具有社会性的。人的社会属性决定了婚姻家庭关系的社会属性，决定了婚姻家庭制度的发展方向，推动了婚姻家庭制度在阶级社会不断地从低级向高级发展。婚姻家庭关系是社会的产物，同社会物质关系、思想社会关系有着密切的联系。以夫妻关系为例，从母权制社会原始的尊崇女权、男性走婚发展至父权制社会的男尊女卑、一夫多妻，再演进至现代社会法律上的男女平等、一夫一妻，可以看到婚姻家庭制度是每一个社会每一个时代的风俗习惯、伦理道德和法律规范化了的人类两性结合与血缘关系的社会形式。"就思想的社会关系而言，作为婚姻家庭关系主体的个人，是被感情、道德及法律等因素联结在一起的。婚姻家庭中的这些因素绝不是孤立存在的。一般而言，这些属于思想社会关系的因素直接或间接地反映了物质社会关系的要求，它们是同一定社会的上层建筑、意识形态相适应的。"[2] 正如恩格斯所说："一切以往的道德归根到底都是当时的社会经济状况的

---

〔1〕 ［德］恩格斯：《家庭、私有制和国家的起源》，人民出版社 1954 年版，第 28～80页。

〔2〕 杨大文主编：《婚姻家庭法》，人民大学出版社 2006 年版，第 6 页。

产物。"〔1〕婚姻家庭关系的伦理性是性爱与亲情的自然人伦关系受到社会认可并得到社会保护而确立的亲属身份关系的规则和行为规范，因此，它是由婚姻家庭的自然属性与社会属性共同决定的。

（二）伦理性是婚姻家庭法的鲜明特征

人类社会的亲属身份人伦秩序在法律出现之前是由自然选择规律进化而成，继而由伦理道德予以调整，逐渐演进上升为由法律调整。正如我国台湾学者陈棋炎所说："亲属的身份共同生活关系秩序，是法律以前之人伦秩序的存在，至于法律乃不过是以这些实在的人伦秩序为所与的东西，而加以法律上规定而已。"〔2〕婚姻家庭法律与婚姻家庭伦理道德密切相关，伦理性是婚姻家庭法的鲜明特征，且伦理道德与法律规范相互影响，相互作用。

第一，婚姻家庭法的调整对象具有伦理性。婚姻家庭法的调整对象是夫妻关系、父母子女关系、兄弟姐妹关系、祖孙关系等具有爱情或亲情的家庭成员间的亲属身份关系。婚姻家庭是基于自然法则而发生的社会关系，婚姻家庭成员间的亲属身份关系是社会最基本的伦理关系。夫妻之间相亲相爱、相濡以沫，相互尊重，相互扶持；亲属之间血脉相连，亲情相交，舐犊之情、天伦之乐是人世间最美好、最牵动人心的情感，最原始、最基本的伦理规则。尊敬和赡养老人，抚养和教育子女，扶助缺乏劳动能力没有经济来源的家庭成员是为人类历史上大多数国家所尊崇的伦理道德和善良习俗。婚姻家庭法律调整对象的伦理性决定了婚姻家庭法律必须具有人文关怀、人本主义的伦理性特点。

第二，婚姻家庭法与婚姻家庭伦理道德具有一致性。在任何社会中，不同主体（人或人群）的道德彼此之间都既有差异性又有共同性。这种共同性决定了每一社会都有一种占主导地位的道德观念和道德标准。每一社会的法律与该社会占主导地位的道德之间都有着十分密切的关系。它们在内容上相互渗透，在功能上相辅相成，共同发挥着调整社

---

〔1〕 中共中央、马克思恩格斯列宁斯大林著作编译局编：《马克思恩格斯选集》，人民出版社1972年版，第134页。
〔2〕 陈棋炎：《亲属、继承法基本问题》，三民书局1980年版，第134页。

会关系和维护社会秩序的作用。[1] 在人类社会漫长的历史进程中,婚姻家庭关系始终是社会的最基本单位,历经自然选择规律、伦理道德及法律规范的调整,可以说有关婚姻家庭的法律规范,肇始于伦理道德,且与伦理道德规范相一致。婚姻家庭法是法律化的道德,道德化的法律,二者相辅相成,互相促进。古今中外,人们的婚姻家庭问题既受道德规范的调整,又受法律规范的调整。因为婚姻家庭问题不是纯粹的"私事",而是带有社会意义的大事,它关系到民族的兴旺、社会的进步和人类的文明。在婚姻家庭中,道德是基础,法律是保障。婚姻家庭法律的主要特色之一,就在于它具有鲜明的伦理性。法律上的每项规定,也是道德要求。[2]

第三,婚姻家庭伦理道德对婚姻家庭立法具有补充性。在现代社会,法律是调整婚姻家庭关系具有强制效力的重要手段,但婚姻家庭关系涉及伦理亲情,错综复杂,法律不可能解决所有的婚姻家庭问题,法律不是万能的。法律与道德相辅相成,共同调整婚姻家庭关系,有助于婚姻家庭关系的稳定。而且,一个社会的法律,不管我们如何界定,它与包括道德伦理规范在内的其他社会规范之间,具有某种深刻的支持关系。[3] 法律调整的范围相对于道德而言更为狭窄,法律制定的规范往往是人们必须遵守的最基本的道德规范,这些最基本的道德规范上升为法律,依靠法律的强制性履行,以确保社会的基本秩序。同时,对婚姻家庭生活中法律未规定或不适宜规定的部分,由伦理道德进行调整,依靠社会舆论制约和个人内心的坚守自觉自愿地履行。因此,婚姻家庭伦理道德对婚姻家庭立法具有补充性,二者相辅相成,共同调整婚姻家庭关系。

(三) 我国婚姻家庭法中所蕴含的伦理道德

我国婚姻法充分体现了我国现代社会婚姻家庭关系中占据主流的伦

---

[1] 葛洪义主编:《法理学》,中国政法大学出版社 1999 年版,第 144 页。

[2] 巫昌祯、李忠芳:"民法典婚姻家庭编通则一章的具体设计",载《中华女子学院学报》2002 年第 4 期。

[3] 何俊萍:"论婚姻家庭领域道德调整与法律调整的关系——兼谈对婚外恋的道德调整和法律调整",载《政法论坛》2000 年第 3 期。

理道德观念。1950 年《婚姻法》彻底废除了以"包办买卖婚姻、一夫一妻多妾、男尊女卑、夫权统治、家长专制，漠视子女利益"[1] 为特征的宗法家族制度，向全世界庄严宣告中国婚姻家庭制度的新时代已经来临，"婚姻自由、一夫一妻、男女平等、保护妇女儿童合法权益"四大原则从此成为中国婚姻家庭立法的基本旋律，成为婚姻家庭主流的伦理道德观念。特别是 2001 年修订后的《婚姻法》，将"夫妻应当互相忠实，互相尊重；家庭成员应当敬老爱幼，互相帮助，维护平等、和睦、文明的婚姻家庭关系"作为倡导性条款明确在总则当中，体现了婚姻家庭立法通过在法律上肯定主流的伦理道德观念，以引领婚姻家庭伦理道德观念的发展趋势。从这个意义上讲，我国的婚姻家庭法律对婚姻家庭伦理道德的发展具有导向性作用。

婚姻家庭中的夫妻、父母子女、兄弟姐妹、祖孙关系等家庭成员关系是人类社会最原始最基本的社会关系，是一切社会关系赖以形成的基础。如何确定夫妻之间以及家庭成员之间的权利义务关系，不仅事关婚姻家庭关系的稳定与和谐，涉及当事人个人身份关系的变更与幸福，也事关社会制度的稳定与和谐，涉及社会公共利益与社会的幸福指数。现代社会的婚姻家庭制度，根植于人格独立、婚姻自由，但仍然具有维护人伦秩序、抚养子女健康成长、赡养老人安度晚年的社会性功能。婚姻家庭法就是要发挥法律的导向与指引功能，通过明确婚姻双方和家庭成员的责任，进一步弘扬文明进步的婚姻家庭伦理道德观念，维护社会主义婚姻家庭制度。

家庭是以婚姻、血缘和共同生活为纽带而形成的亲属团体，具有同财共居的特点。家庭成员在情感、生活和工作等方面互相关心、互相帮助、互相支持、互敬互爱，是中华民族的传统美德，也是家庭对个人、对社会所承担的不可替代的重要职能。维护平等、和睦、文明的婚姻家庭关系既是对婚姻家庭关系进行法律调整的出发点，也是这种法律调整所追求的伦理价值目标。[2] 因此，在坚持人格独立的前提下，我国婚

---

〔1〕 马起：《中国革命与婚姻家庭》，辽宁人民出版社 1959 年版，第 65~68 页。

〔2〕 夏吟兰主编：《婚姻家庭继承法》，高等教育出版社 2010 年版，第 48~49 页。

姻法所设立的以人身关系为前提的财产关系均以有利于夫妻、亲子以及其他家庭成员共同生活的团体主义为价值追求。夫妻之间、父母子女之间有相互扶养的义务，且为无条件的生活保持义务，扶养人必须在自己的能力范围之内履行义务，确保被扶养人与自己的生活水平相当。法定继承制度与扶养制度密切相关，第一顺位的法定扶养人父母、子女、夫妻之间是第一顺序法定继承人，第二顺位的法定扶养人兄弟姐妹、祖父母、外祖父母为第二顺序法定继承人。夫妻间的法定财产制为婚后所得共同制，设立的目的是为了维持夫妻和家庭的共同生活、鼓励夫妻间相互扶助、同甘共苦，增强家庭的凝聚力，实现养老育幼的经济职能。显然，亲属之间的身份关系不是出于功利目的而创设和存在的，而由亲属身份所派生的财产关系也不体现直接的经济目的，它所反映的主要是家庭成员共同生活和家庭职能的要求，不具有等价有偿的性质，更强调夫妻之间、家庭成员之间是利益共同体，提倡分享、利他和奉献精神。

我国婚姻法所体现和蕴含的伦理道德观念是被社会所普遍认可的最基本的伦理道德观念，是每个社会成员都应当遵守的有关婚姻家庭关系的核心价值，我们应当进一步完善婚姻家庭法律，强化公权力的介入力度，严格执法，保护婚姻家庭关系，同时，还应加大伦理道德的社会监督作用，从而强化人们坚守婚姻家庭伦理道德底线的内心信念。

三、婚姻家庭法与民法其他部门法之区别决定其在民法典体系中的相对独立性

婚姻家庭法作为民法典的组成部分，宏观上与民法联系紧密："在调整对象的外延上，婚姻家庭法与民法具有同一性；在调整对象的内涵上，婚姻家庭法与民法具有一致性，两者构成了'私法'的完整内容；在法的作用上，婚姻家庭法与民法具有统一性；在现代市民社会中，身份关系渐趋弱化，婚姻家庭法在原则上不断向民法靠近。"[1] 的确，民法的调整对象、基本原则、一般性规范等宏观抽象、具有指导性的立法理念和价值取向决定了民法与婚姻家庭法的基本关系。

---

〔1〕 杨大文、马忆南："新中国婚姻家庭法学的发展及我们的思考"，载《中国法学》1998 年第 6 期。

但是，婚姻家庭法与民法的其他部门法如物权法、合同法、侵权行为法等则是并列的关系，是共性与个性、一般与特殊的关系，婚姻家庭法作为调整亲属身份关系的法律与其他民事法律调整之财产关系的法律相比，具有其身份法的固有特点，并决定了婚姻家庭法在民法体系中的相对独立性。如果我们将私法体系大致划分为身份法与财产法两大类，作为身份法的婚姻家庭法与作为财产法的民法其他部门法的区别主要有三：

（一）调整对象的主体与适用原则不同

婚姻家庭法与民法其他部门法的首要区别是调整对象的性质和调整方法的不同。婚姻家庭法所调整的对象是具有特定亲属身份关系的主体，他们之间因身份关系的存在而产生的权利义务关系包括人身关系和财产关系，因身份关系而产生的财产关系，是以身份关系为基础，从属于身份关系的，是身份关系所引起的相应法律后果。以夫妻财产制为例，夫妻关系的缔结是夫妻财产制度产生的前提，夫妻关系的解除也必然导致夫妻财产制度的终止。尽管现代社会财产关系在亲属关系中的重要性提高，但财产关系依附于身份关系的本质并未发生变化。"亲属的身份是与特定的身份人所结合之固有的法律上地位。而身份权系仅渊源于此种地位，而别无其他发生原因（譬如：让与、继承）者，是故身份权自无为身份行为之客体之性格，反而在身份法秩序上，宁可说是带有主体的性格者也。然财产法上之物，是与财产法上之人，在本质上，两无关联的外在的存在，故其应为财产法上行为之客体，亦属当然。"[1]

身份关系的发生、变动、消灭取决于感情、血缘、习俗及法律规定，夫妻关系、亲子关系以及收养关系概莫能外。如基于出生而产生的亲子血缘关系，非一方死亡不得解除。具有特定亲属身份关系的当事人具有相互间的扶养关系，大多同财共居，有共同利益，他们是利益共同体。因此，身份法上的权利义务关系不能依当事人意志随意处分，不以

---

〔1〕 陈棋炎：《亲属、继承法基本问题》，三民书局 1980 年版，第 12 页。

利害得失为转移，如夫妻之间，亲子之间的法定扶养义务既不可抛弃也不得转让，当事人之间不得以契约的方式相互免除扶养义务。婚姻家庭法中强制性规范较多，以男女平等、保护妇女、儿童、老人的合法权益为基本原则，国家为保护家庭中弱者的利益，实现实质正义，公权力的干预范围较广且深。而民法所调整的主体是一切具有平等属性的自然人和法人，一般财产法规范的是财产的归属和利用关系。因此，民法中的一般财产关系以私权神圣、公平自愿、自由平等为原则，反映市场经济条件下，民事主体之间商品交换的需求。

（二）社会功能与性质不同

婚姻家庭法与民法其他部门法之第二个区别是社会功能与性质的不同。婚姻家庭法具有调整对象的伦理性与相对稳定性的特征，婚姻家庭法的伦理性是由婚姻家庭关系所固有的伦理性决定的。夫妻相爱，父慈子孝、天伦之乐基于人性的伦理关系，是人的本性使然。婚姻家庭法的伦理性受道德观念、民族习惯、文化传统等因素的影响较多，它不同于以物质利益交换为目的的经济关系，具有深刻的精神内涵和人本主义的伦理色彩，而这种伦理性决定了婚姻家庭关系具有相对稳定性。婚姻家庭法的性质是身份法，其社会功能是保护婚姻家庭关系当事人的权利，养老育幼，维护婚姻家庭这个社会基本单位的和谐稳定。与其他财产法律关系相比较，婚姻家庭法律关系是稳定或相对稳定的，因为它是以两性结合和血缘联系为自然条件的社会关系，是一种长期的或永久的伦理结合，而不是基于利益的短暂的结合。

亲属之间具有固定的身份和称谓，夫妻、父母子女、兄弟姐妹等身份和称谓的稳定性保障了社会关系的稳定性。亲属间的血缘联系只能基于出生、死亡的事件而发生、终止，不能通过法律行为或其他途径而人为地设立或解除。同时，婚姻是以永久共同生活为目的，而不应当是短暂的利益交换。直至今日，《德国民法典》第1353条仍然明确规定：婚姻是对于终身而缔结的，共同生活的义务就包含为了双方的共同生活能够得以维持和改善而应尽的一切义务。[1] 因此，当事人之间的意思自治受到法律规定的限制。婚姻关系和法律拟制血亲关系的建立和解除必须严格按照法律规定的实质要件和形式要件，其形式要件的设立除了要确保当事人意思表示自由之外，更要保证当事人法律关系的相对稳定性，如收养关系原则上在被收养人成年之前不得解除，婚姻关系的解除即使双方意思表示一致也必须经过婚姻登记机关或者法院的批准，当事人自行解除不产生法律效力。如《法国民法典》第 251、252 条规定，无论是一方要求离婚还是双方协议离婚，法官均应当进行和解，且不考虑当事人意愿。一般情况下，法官在调解时应当给当事人不超过 8 天的考虑期，如果法官认为必要，还可将考虑期延长至最多 6 个月，并应当在考虑期内进行新的和解尝试。[2] 而一般财产关系具有任意性，以"意思自治"为特点。民法财产法领域中的法律规范，以保护个人财产利益，保护当事人意思自治为宗旨，以物质利益交换为目标，财产的移转、变动可以依当事人的意思自行变更，频繁变动。如在市场经济条件下，个人所有的各类动产或不动产，原则上均可以自由处分，多次变更财产所有权人。因此，财产关系的发生、变动、消灭完全取决于个人意思，只要符合意思自由、等价有偿、利益交换的商品经济规则，当事人之间即可达成协议，并受法律保护，国家公权力干预较少。

（三）设立权利义务关系的目的不同

婚姻家庭法与民法其他部门法的第三个区别是设立权利义务关系的目的与性质不同。婚姻家庭法所设立的夫妻之间、亲子之间以及其他家庭成员之间的权利义务关系反映了家庭的经济职能以及家庭成员之间共同生活的需要，以养老育幼、相互扶助为目的，是婚姻家庭法伦理性在法律规范中的体现。因此，婚姻家庭法所调整的亲属之间的权利义务关系具有关联性，主要表现在两个方面，一是权利的行使与义务的履行具有同一性。某些调整亲属身份的权利义务紧密结合，难以区分。例如父母对未成年子女的抚养教育既可以视为父母的权利，也可以视为父母的

---

〔1〕　陈卫佐译注：《德国民法典》，法律出版社 2006 年版。
〔2〕　罗结珍译：《法国民法典》，中国法制出版社 1999 年版。

义务，父母对子女抚养教育权利的行使与抚养教育义务的履行具有同一性。二是权利义务关系不具有对价性。基于亲属身份而产生的权利和义务相一致，但不是等价交换，不具有对价性。例如夫妻之间、父母子女之间均有相互扶养、赡养的义务，但他们之间物质上的扶养不对等、不对价，夫扶养妻不以妻曾扶养夫为条件，子女赡养父母不以父母曾抚养子女为条件，而扶养费的数额不考虑双方各自支付的数额是否相等、是否对价，只考虑受扶养方的需要程度和扶养方的支付能力。因此，可以说婚姻家庭法律中的某些权利是具有义务性的权利，某些义务又是具有权利性的义务，归根结底，这是由婚姻家庭法的伦理性，家庭生活共同性的客观要求决定的。在民法财产法领域，反映的是市场经济规律下的民事主体的商品交换的需求，以占有、使用、收益、处分为目的，具有等价有偿的性质。因此，同一法律关系的权利义务一般都具有对价关系，其实质是主体双方的利益交换，权利和义务的区分十分明显。[1]

显然，婚姻家庭法与财产法的重要区别在于立法理念的不同，财产法的立法理念是个人本位下的个人主义，最大限度地保护个人利益，实现个人价值；而婚姻家庭法的立法理念则是人格独立下的团体主义，在保障个人利益的同时要维护婚姻家庭关系的稳定，实现婚姻家庭的功能。尽管在现代社会父母子女、夫妻双方各自都是独立的主体，但是无论法律还是道德都应当认同婚姻家庭关系是一个伦理的共同体，是不分彼此，为了对方和子女需要愿意做出牺牲和奉献，具有利他主义精神的团体。倡导婚姻家庭关系和婚姻家庭立法的团体主义符合中国人对婚姻的期待[2]、符合中国现实的经济条件，有利于维护婚姻共同体的稳定，有利于发挥家庭养老育幼的功能。

综上所述，婚姻家庭法与民法体系中其他部门法之间的关系是共性与个性、一般与特殊之间的关系，作为民法体系共同规则的《民法总

---

〔1〕 杨大文主编：《亲属法》，法律出版社1997年版，第31~33页。

〔2〕 多项调查表明，我国有95%以上的夫妻在婚姻关系中适用婚后所得共同财产制，参见夏吟兰、薛宁兰："论夫妻共同财产的认定与分割——以三市离婚案件调查数据分析为路径"，载夏吟兰、龙冀飞主编：《家事法研究：2011年卷》，社会科学文献出版社2011年版，第221页。

则》中规定的基本原则及一般性规范在体例和内容上应当涵摄包容婚姻家庭法领域，但婚姻家庭法的特殊性又决定了它在民法体系中的相对独立地位。在制定我国民法典的大背景下对婚姻家庭法与民法总则及其他部门法之间的关系应当展开系统性的宏观考察与微观解析，充分考虑亲属身份关系的特殊性，在不违反民法基本原则与一般规范的基础上，婚姻家庭法应当根据其特殊属性制定符合其特性的基本原则、身份法规则及财产法规则，并保持与民法体系的逻辑完整、结构合理、条理分明、内容自洽。

四、婚姻家庭法所兼具的公法属性决定其在民法典体系中的相对独立性

婚姻家庭法既要保护公民的个人自由和家庭自治，也要维护婚姻家庭领域的善良风俗与公共秩序，维护家庭的稳定与社会的和谐。与财产法相比，婚姻家庭法律自古以来就承担着肯认主流伦理道德、维护家庭伦常秩序和社会公共利益的使命与责任。

（一）国家公权力介入家庭自治的正当性基础

家庭自治源于民法以人为本，个人自治，自己责任的理念。民法的传统理念主要体现为个人本位与权利本位，对个体的人文关怀是民法的终极目标。卡尔·拉伦茨在《德国民法通论》中指出：对整个法律制度来说，伦理学上的人的概念须臾不可或缺，这一概念的内涵是，人依其本质属性，有能力在给定的各种可能性的范围内，自主地和负责地决定他的存在和关系，为自己设定目标并对自己的行为加以限制。拉伦茨对于"人"的认识与"权利"的概念密切相关，在他看来，法律意义上的人可以看做是其享有的"权利范围"的核心，不能在理念上把人简单地从他的权利范围中分离出来。[1] 因此，一个人之所以拥有"自己决定权"乃是因为，一个智力健全的人是一个理性的人，每一个人都具有独立的人格，对自己的行为和利益具有独立的判断能力与决策能

---

〔1〕 ［德］卡尔·拉伦茨：《德国民法通论》，谢怀栻等译，法律出版社 2003 年版，第 34~37 页。

力，每一个人都是自己利益最大化的最佳判断者和决策者。[1]

家庭自治以个人自治为基础，是保护个人隐私权的自然延伸。家庭是由具有婚姻、血缘等亲属关系的家庭成员组成，他们之间具有法定的权利义务，除此之外的家庭事务主要与家庭内部的成员有关。他们有权决定家庭内部事务，用他们认为恰当的方式维护爱情、亲情，确定婚姻、家庭及每个成员的最大利益，追求家庭生活的幸福圆满，并保留适度的家庭生活隐私权。正是基于这样的理念，我国 1980 年《婚姻法》和 2001 年《婚姻法》修正案及 2003 年《婚姻登记条例》都在不断地扩大公民的婚姻自由权利，赋予婚姻当事人更多的自治选择权利。如设立约定财产制、个人特有财产制，简化结婚登记、离婚登记的程序，淡化婚姻登记的行政管理色彩，尊重当事人的意思自由。

婚姻自由、家庭自治是公民个人的权利，但是婚姻家庭关系不仅仅涉及个人的利益，也不能仅仅以追求个人的幸福为最终目标。迄今为止，就世界范围而言，婚姻家庭仍然承担着繁衍人口、养老育幼、组织生产与消费的职能，在社会生产与社会生活中发挥着重要的作用。因此，国家出于平衡当事人利益、保护家庭中的弱者，维护婚姻家庭关系稳定的目的，通过公权力对婚姻家庭领域进行规范，确立缔结和解除婚姻的条件与程序，规定家庭成员之间的权利与义务，建立亲权与监护制度，对家庭自治进行适当限制，具有正当性基础。

婚姻家庭制度必然体现国家的意志，承载着社会利益的价值判断。特别是自 20 世纪中期以来，一场旨在推进婚姻自由、两性平等、家庭民主、保护儿童最佳利益的婚姻家庭立法改革席卷全球，并推进了各国及国际社会对婚姻家庭关系中弱者利益的进一步关切，国家公权力强化了对家庭自治领域介入的力度。

（二）国家有尊重家庭价值，保护家庭中弱者利益的责任和义务

自 1948 年联合国颁布《世界人权宣言》以来，国际社会在一系列国际条约及文件中强调，婚姻家庭权利不仅是民事权利更是公民的基本

---

〔1〕 周平安：《社会自治与国家公权》，载《法学》2002 年第 10 期。

人权，国家有尊重家庭价值，保护家庭中弱者利益的责任和义务。

联合国在《世界人权宣言》《公民权利及政治权利国际公约》《经济、社会及文化权利国际公约》《关于婚姻之同意、结婚最低年龄及婚姻登记之公约》《消除对妇女一切形式歧视公约》《儿童权利公约》《北京宣言》《北京行动纲领》等国际文件中，对婚姻家庭在社会中的地位、作用以及一国公民在婚姻家庭中的权利作出了明确规定，强调国家有尊重、保护家庭，保护母亲以及妇女、儿童的婚姻家庭权利的义务和责任。例如，《世界人权宣言》《经济、社会及文化权利国际公约》以及《公民权利和政治权利国际公约》均明确规定：家庭是天然的和基本的社会单元，应受到社会和国家的保护。[1]《消除对妇女一切形式歧视公约》在序言中规定：念及妇女对家庭的福利和社会的发展所作出的巨大贡献一直没有充分受到公认，又念及母性的社会意义以及父母在家庭中和在养育子女方面所负任务的社会意义，并理解到妇女不应因生育的任务而受到歧视，因为养育子女是男女和整个社会的共同责任，进一步强调了国家在保护妇女婚姻家庭权利事项上的责任，要求缔约国应采取一切适当措施，消除在有关婚姻和家庭关系的一切事项上对妇女的歧视。

家庭是社会的基本单位，是社会凝聚和社会融合的主要力量，几乎所有的人都生活在家庭中，无论贫穷还是富有，无论已婚还是未婚，出生后都需要抚养教育，年老时都需要赡养照顾，即使社会物质极大丰富，血浓于水的情感交流、亲情相依的天伦之乐仍然是社会供养所无法替代的。婚姻至今仍然是维持人类社会繁衍发展的基本形式，家庭是人类生长和生活的重要场所，也是决定其生活幸福和生活质量的重要载体，因此，婚姻家庭权是与生存权、发展权密不可分的基本人权，当然也是人权的最重要的内容之一。为了保障在家庭中弱势一方婚姻家庭权利的实现，国家应当采取立法、司法、行政等一切措施，适度介入家庭生活，保护家庭成员的基本人权，特别是妇女、儿童、老人免受虐待、

---

〔1〕《世界人权宣言》第16条第3款，《经济、社会及文化权利国际公约》第10条第1款；《公民权利及政治权利国际公约》第23条第1款。

遗弃、家庭暴力的权利，并应当为他们提供有效的救济途径和救济措施。

因此，现代各国的婚姻家庭法一般都兼具公法属性，重视国家公权力的干预，以实现两性的实质平等，保护子女最佳利益。但需要注意的是，对婚姻家庭关系，国家公权力既要适度介入，保护家庭成员的基本人权，又要尊重个人的生活自由，给家庭自治以适当的空间。应当如何界定国家介入家庭自治的限度是婚姻家庭法与人权法的重要议题。欧洲家庭法院在其判例中强调，对私生活加以国家干预或限制只是例外，而且可以接受的例外只能是：①法律明确规定的；②民主社会所必需的；③为了保护该条所提及的权利，包括"其他人的权利和自由"；④干预的方法与立法目的相称。[1] 国家公权力对家庭自治的干预应当遵守法定原则，对婚姻家庭关系的介入只能通过明确的和正当的立法来加以规定，没有法律依据，不得非法干预。同时，在干预的正当理由和实现干预的措施之间，应当遵守相称性原则，其干预必须适度，不能过当。换言之，法律在作出对婚姻家庭关系进行干预的法律规定时，必须要考虑到其必要性与可行性，以达到有利于维护婚姻家庭关系自由、平等、公正的价值。

五、结论

我们坚持婚姻家庭法归位于民法但具有相对独立性的基本论断。无论从我国民法的调整对象，还是从公私法的理论体系划分，婚姻家庭法作为民法体系中的部门法，不仅有利于维护私法体系的完整性，也有利于婚姻家庭法保持平等、自由、公正的价值导向和制度走向。但我们必须清醒地认识到婚姻家庭法与其他民法规范相比较所具有的固有特点：即基于两性关系和血缘关系而产生的亲属身份关系，以及与伦理道德、风俗习惯密切相关。尤其在现代社会，婚姻家庭法具有私法公法化的趋势，兼具社会法的功能，为了保护婚姻家庭关系中的弱者利益，国家公权力逐渐加大了对婚姻家庭关系的干预。在民法法典化的进程中，《民

---

〔1〕 宋豫主编：《国家干预与家庭自治：现代家庭立法发展方向研究》，河南人民出版社2011年版，第11页。

法总则》的建构应尽量着眼于对身份法和财产法的共同提炼和概括，避免过于偏重财产法的思维方式和价值取向，并包容分领域的例外规则和补充规则，尤其是在以身份关系为基础的婚姻家庭法领域。同时，婚姻家庭法对于自身的伦理特质和价值需求应有明确的认识和定位，不惮于在涉及身份关系及存在独特价值追求的具体制度中突破民法总则的抽象规则，力求在民法典的框架下做到身份法的独立自洽，同时又与财产法保持良好的衔接关系。

1.7 民法典体系下婚姻家庭法之
基本架构与逻辑体例 *

夏吟兰

　　2001 年《婚姻法》修正案在 1980 年《婚姻法》的基础上进一步发展完善了我国的婚姻家庭立法，但作为阶段性的修法成果，该法距离法律规范的科学性、系统性、全面性、实用性、先进性、前瞻性等要求仍有较大距离。如果从全面完善婚姻家庭法制的高度来审视，这次修法在内容上是并不到位的；虽经修改和补充，仍然留下了许多重要的立法空白，婚姻家庭法的规范体系尚未全面确立。因而，只能称其为一种必要的、过渡性或阶段性的立法措施。即使当年力主两步到位的同志，也是将婚姻家庭法制的全面完善寄希望于法典化的民法的[1]。

　　全国人大法工委修改《婚姻法》的报告中也明确表示，有些问题还需要进一步研究，暂不作规定，可在制定民法典时进一步完善[2]。正是由于 2001 年《婚姻法》修正案仍存在着体系不完整、制度有缺漏、制度设计不当以及缺乏可操作性等问题，给法律的实施造成了困惑，最高人民法院自 2001 年 12 月以来，三次颁布《关于适用〈中华人民共和

---

　　* 本文发表于《政法论坛》2014 年第 5 期，第 142～148 页。本文系国家社科基金项目《民法典体系下婚姻家庭法新架构研究》（09BFX038）的阶段性成果。
　　〔1〕 杨大文："民法的法典化与婚姻家庭法制的全面完善——关于民法婚姻家庭编的总体构想"，载《中华女子学院学报》2002 年第 4 期。
　　〔2〕 胡康生、刘海荣主编，全国人大法工委民法室、中华全国妇女联合会权益部编：《中华人民共和国婚姻法实用手册》，法律出版社 2001 年版，第 27 页。

国婚姻法〉若干问题的解释》，为各地法院正确、及时地审理婚姻家庭纠纷提供具有可操作性的裁判依据，以准确适用《婚姻法》，维护婚姻当事人的合法权益。2011 年 8 月 9 日最高人民法院《关于适用〈中华人民共和国婚姻法〉若干问题的解释（三）》对夫妻财产归属认定的解释，引发全社会高度关注和争议，凸显出现行《婚姻法》存在的制度性缺失亟待再次修订。因此，有必要在制定民法典的进程中尽快修订现行《婚姻法》，制定一部结构统一、体系完整、内容协调、逻辑严密的婚姻家庭法，全面完善我国的婚姻家庭制度。

一、建构体系完整、逻辑严密的婚姻家庭法体例结构

自 1950 年《婚姻法》颁布以来，我国婚姻家庭关系一直分别由多部法律规定，《中华人民共和国婚姻法》规定我国婚姻家庭制度的基本原则、结婚制度、家庭关系（包括夫妻关系、亲子关系等）、离婚制度（包括离婚的条件、离婚效力等）；《中华人民共和国收养法》规定收养制度的基本原则、收养关系的成立、收养的效力、收养关系的解除等；而涉及对家庭成员的监护制度则由《民法通则》规定，这就造成了婚姻家庭法律体系长期地存在体系不完整、结构不统一、内容不协调的问题。

由于历史的原因，我国婚姻家庭立法历来重婚姻关系，轻家庭关系[1]。1980 年、2001 年两次修改《婚姻法》在涉及亲属制度、家庭关系部分时均草草收兵。现行《婚姻法》共有 51 条，直接涉及亲子关系或其他家庭成员关系的只有 13 条。民法典体系下的婚姻家庭法必须要强化亲属制度、家庭关系的内容，将涉及亲属关系的各项制度均统一在婚姻家庭法中，以建构起体系完整、逻辑严密的婚姻家庭法体例。

大陆法系民法亲属编的体例大多包括婚姻、亲属、监护三大部分。婚姻制度包括结婚、无效婚姻、婚姻财产制、离婚制度等，亲属包括亲

---

[1] 渊源于革命根据地婚姻立法的 1950 年《婚姻法》的立法目的就是要"把男男女女尤其是妇女从旧婚姻制度这条锁链下解放出来，并建立一个崭新的合乎新社会发展的婚姻制度"。在 1950 年《婚姻法》的 27 条规定中，仅有 4 条涉及亲子关系，对其他家庭成员及其他亲属关系未作任何规定。

属通则、亲子关系、收养关系、亲权等，监护制度包括监护、保佐等。如《德国民法典》第四编"亲属法"分为三章：第一章"民法上的婚姻"；第二章"亲属"；第三章"监护、法律上的照管、保佐"〔1〕。《瑞士民法典》第二编"亲属法"分为三部分：第一部分"婚姻"；第二部分"亲属"；第三部分"监护"〔2〕。《意大利民法典》第一编"人与家庭"，其中第五章"血亲与姻亲"，第六章"婚姻"，第七章"亲子关系"，第八章"成年人收养"，第九章"亲权"，第九章之二"针对家庭暴力的保护命令"，第十章"监护与解除监护"，第十一章"领养与安置"，第十二章"精神病、禁治产和准禁治产"，第十三章"抚养费、扶养费、赡养费"，第十四章"身份证明"〔3〕。

以婚姻、亲属、监护作为婚姻家庭法基本的体例样态体现了婚姻家庭法内部的逻辑关系，婚姻关系是亲属关系产生的渊源与基础，亲属关系是婚姻关系的结果与延续，监护与保佐是亲属关系的重要内容与职能，这是一个逻辑严密、体系完整、体例一致的婚姻家庭立法的体例结构，对建构我国民法典体系下的婚姻家庭编具有借鉴意义。

笔者认为，根据我国婚姻家庭的立法传统、中国国情以及大陆法系各国的立法经验，我国民法典体系下的婚姻家庭法的体例结构，可分为以下九章：

第一章：总则。主要包括：婚姻家庭法的指导思想和立法依据；婚姻家庭法的调整对象和适用范围；婚姻家庭法的基本原则等。

第二章：亲属通则。主要包括：亲属的种类；法律调整的亲属范围；亲系和亲等及其计算方法；亲属关系的一般效力等。

第三章：结婚制度。主要包括：婚姻成立的实质要件、形式要件；婚姻无效、事实婚姻；同居关系等。

第四章：夫妻关系。主要包括：夫妻人身关系；夫妻财产关系；夫妻财产制度等。

---

〔1〕 陈卫佐译：《德国民法典》，法律出版社 2006 年版。
〔2〕 殷生根、王燕译：《瑞士民法典》，中国政法大学出版社 1999 年版。
〔3〕 费安玲、丁玫、张宓译：《意大利民法典》，中国政法大学出版社 2004 年版。

第五章：离婚制度。主要包括：登记离婚的程序和条件；诉讼离婚的程序和条件；离婚时的财产清算及离婚救济制度等。

第六章：父母子女关系。主要包括：亲子关系的种类；亲子关系的确认；父母对未成年子女的照顾权；子女的权利；成年子女对父母的赡养扶助；父母处于同居关系的亲子关系；父母离婚后的亲子关系。

第七章：收养。主要包括：收养关系的成立；收养的效力；收养的解除；收养解除的效力。

第八章：其他家庭成员。主要包括祖父母、外祖父母与孙子女、外孙子女之间的权利义务关系；兄弟姐妹间的权利义务关系。

第九章：监护。主要包括：监护的设立（对不在父母照顾权之下的未成年人的监护、对无行为能力和限制行为能力的精神病人的监护）；监护的执行；监护监督；监护的终止。

二、民法典体系下调整婚姻家庭关系法律规范的名称

完善我国婚姻法的基本架构及逻辑体例首先应当修改现行《婚姻法》的名称，为婚姻法正名。法律的架构体例、法律的基本内容与法律的名称息息相关。自1950年《婚姻法》颁布以来，我国调整婚姻家庭关系的法律规范就以"婚姻法"命名，1980年、2001年修订《婚姻法》时均有专家提出法律的名称应当与法律调整的范围相一致，应将"婚姻法"改为"婚姻家庭法"或"亲属法"。但立法机关认为，法律的修订应当保持与被修订法律的延续性，婚姻法的名称已被广大群众所认可、所熟知，修订法律改变名称会引起不必要的疑虑，故此，《婚姻法》虽历经两次修改，但法律的名称依旧，名不副实的问题依旧。法律的名称是由其调整对象的范围所确定的，法律的名称应当与其调整对象的范围相一致，因此，不同的调整对象的范围就导致了不同的法律名称，这反映了立法技术的规范化、明确化与科学化。当今世界各国，涉及婚姻家庭法的名称主要有四种：婚姻法、家庭法、婚姻家庭法和亲属法。[1] 我国现行《婚姻法》中既有调整婚姻关系的规范，又有调整家

---

[1] 一般而言，调整婚姻关系的法律称之为婚姻法，调整家庭关系的法律称之为家庭法，既调整婚姻关系又调整家庭关系的法律称之为家庭婚姻法或亲属法。

庭关系的规范，以婚姻法命名不足以概括其全部内容，应当在修订现行《婚姻法》之时，修改其名称，改婚姻法为婚姻家庭法，使法律名称与调整对象相符，概念的内涵与外延一致，实现定名上的科学性和准确性。

对于现行《婚姻法》的名称，在未来制定民法典之调整婚姻家庭关系的法律规范体系时应当予以修改。法学界意见一致，均认为现行《婚姻法》的名称名不副实，必须修改。但关于将婚姻法的名称修改为婚姻家庭法还是亲属法，学者之间有不同的观点[1]。有学者认为，解决婚姻法正名为亲属法的问题，不仅必要，而且紧迫。而只有这样才能使我国亲属法制建设不至于再次错过走向现代化和面向未来的历史机遇，使之适应市场经济对亲属制度的需求[2]。也有学者不以为然，认为名称无关宏旨，"至于民法中婚姻家庭法部分的命名问题，其实是无关宏旨的，可以婚姻家庭编为名，也可以亲属编为名。与古代不同，在当代社会中，以婚姻为基础的家庭是唯一的实体性的亲属组织，婚姻家庭法和亲属法一般说来是可以作为同义语使用的"[3]。

为法律名称定位，首先须考虑的要素就是法律所调整对象的范围。就各国的制定法而言，调整婚姻家庭关系的法律有的国家称之为家庭法，如英国《家庭法》、意大利《民法典》人与家庭编；有的国家称之为婚姻家庭法，如越南《婚姻家庭法》；有的国家称之为亲属法，如德国《民法典》亲属编、瑞士《民法典》亲属编。依照概念法学，为法律的名称定位，必须明确法律概念的范围。家庭概念的范围大于婚姻，家庭关系可以涵盖婚姻关系，法律上所称家庭成员通常是指法律上具有权利义务关系的亲属，包括夫妻、父母、子女、兄弟姐妹、祖孙关系，因此，可以用家庭法作为调整婚姻家庭关系的法律规范的名称。婚姻概念的范围则明显小于家庭，通常仅包含夫妻关系，无法涵括所有被调整

---

〔1〕 李霞："民法亲属编三题"，载《山东社会科学》2004 年第 8 期。

〔2〕 杨永泉："论婚姻法正名为亲属法的必要性与迫切性"，载《社会科学研究》1998年第 3 期。

〔3〕 杨大文："民法的法典化与婚姻家庭法制的全面完善——关于民法婚姻家庭编的总体构想"，载《中华女子学院学报》2002 年第 4 期。

的对象，当然不适宜用婚姻法作为调整婚姻家庭关系的法律规范的名称。婚姻家庭的概念则明确地表明既包含了婚姻关系也包含了家庭关系，以此为名作为调整婚姻家庭关系的法律规范的名称是名副其实的。亲属概念的范围大于家庭，可以包括婚姻、家庭以及一定范围的近亲属。大陆法系国家大多将调整婚姻家庭关系的法律置于民法典中作为一编，称之为亲属编，涵盖了亲属通则、婚姻关系、家庭关系与监护制度等。

如将我国民法典体系下的调整婚姻、家庭关系的法律规范扩展至涵盖亲属通则、婚姻关系、家庭关系、收养、监护制度的完整系统的婚姻家庭法架构，现行《婚姻法》的名称是否就应当修改为亲属法，笔者以为不尽然。首先，我国现行《婚姻法》所调整的对象包括婚姻关系与家庭关系，家庭关系主要涵盖法律上具有权利义务关系的近亲属。收养制度是法律拟制的血亲关系，其实质依然是家庭关系，监护制度以近亲属监护为主，确定无行为能力或限制行为能力人的监护人的排序依然以家庭成员的亲疏远近为依据。即使增加了亲属通则的规定，也并不能改变以婚姻家庭关系为主要调整对象的实质。其次，为法律名称定位还与立法技术密切相关。我国婚姻家庭立法既要追求概念法学的科学严谨、规范统一，也要考虑国民对法律的理解能力、接受程度。笔者以为，即使在法文化、法规范不断普及，公民权利意识日益高涨的今日，为法律名称定位的选择依然最好是二者兼而有之。因此，依据法律调整对象的范围，我国的立法传统和立法习惯，以及易于国民对法律的理解和认同三大要素，应当将现行《婚姻法》的名称修改为婚姻家庭法。

三、完善婚姻家庭法体例架构涵括相关制度之探讨

完善婚姻家庭法的体例架构既要考虑整个体系结构的完整统一，也要考虑各项制度之间逻辑体例的一致性，故此，笔者建议婚姻家庭法应涵括亲属通则、监护制度、收养制度。

（一）在民法典婚姻家庭法中增设亲属通则

亲属是基于婚姻、血缘和法律拟制而形成的社会关系。婚姻家庭领域中各类主体之间的权利义务，都是以特定的亲属身份为其发生根据

的。亲属关系在其他法律领域也具有一定的法律效力，在民法婚姻家庭编中增设有关亲属的一般规定，是统一我国亲属法制的客观需要[1]。我国现行婚姻法对亲属制度的一般规则未作明确系统的规定，涉及亲属关系的范围、效力由各个相关法律自行规定，不仅削弱了《婚姻法》作为调整婚姻家庭关系基本法律的权威性，也造成相关法律规定之间的矛盾与冲突，造成司法实务中的混乱与立法资源的浪费。如关于近亲属的范围，《婚姻法》《民法通则》《继承法》《刑事诉讼法》均有相关规定。《婚姻法》在第三章"家庭关系"中规定的相互间有权利义务关系的亲属包括夫妻、父母、子女、祖父母、外祖父母、孙子女、外孙子女、兄弟姐妹。我国《民法通则》第 17 条规定，近亲属可以担任无民事行为能力或者限制民事行为能力的精神病人的监护人。最高人民法院《关于贯彻执行〈中华人民共和国民法通则〉若干问题的意见（试行）》第 12 条规定：民法通则规定的近亲属包括配偶、父母、子女、兄弟姐妹、祖父母、外祖父母、孙子女、外孙子女。《民法通则》及其司法解释与《婚姻法》规定的近亲属的范围在表述和排序上略有不同，《民法通则》以"配偶"代替《婚姻法》中的"夫妻"，在承担监护责任的排序上与《婚姻法》的排序不同，兄弟姐妹的排序高于祖父母、外祖父母、孙子女、外孙子女。如果说这两个法律及其司法解释尚没有实质性的区别，《刑事诉讼法》的规定则明确缩小了近亲属的范围。我国《刑事诉讼法》第 106 条规定：近亲属是指：夫、妻、父、母、子、女、同胞兄弟姐妹。显然，《刑事诉讼法》规定的近亲属的范围小于《婚姻法》的规定，将祖父母外祖父母、孙子女外孙子女排除在近亲属范围之外。

在我国统一的社会主义的法律体系中，法律术语应当一致，而不能各行其是、造成混乱，就确定近亲属范围而言，这个任务应当由调整婚姻家庭关系的基本法律来规定。通过增设亲属制度通则明确有关亲属的概念、种类、范围、亲系、亲等以及法律效力等问题，确保我国法律制

---

[1] 杨大文："民法的法典化与婚姻家庭法制的全面完善——关于民法婚姻家庭编的总体构想"，载《中华女子学院学报》2002 年第 4 期。

度的统一性、规范性、权威性。亲属是具有固定身份和称谓的最基本的社会关系，基于亲属身份而产生的亲属称谓不仅是亲属身份的标志，也具有法律上的权利义务关系。正如恩格斯在《家庭、私有制和国家的起源》一文所说：父亲、子女、兄弟、姊妹等称谓，并不是简单的荣誉称号，而是一种负有完全确定的、异常郑重的相互义务的称呼，这些义务的总和便构成这些民族的社会制度的实质部分。[1] 笔者认为：法律规定的近亲属的范围应当与法律调整的亲属关系的范围相一致，即与有权利义务关系的亲属的范围相一致。根据我国的实际情况和多年司法实践经验，现行《婚姻法》在家庭关系一章中将夫妻、父母、子女、祖孙、兄弟姐妹规定为具有权利义务关系的亲属是适宜的，符合我国目前以核心家庭和直系家庭为主的家庭模式。近亲属的范围不宜过广，以便于在相关法律中通用近亲属的概念，如回避制度、代理制度等。因此，应在婚姻家庭法亲属通则中将夫妻、父母、子女、祖孙、兄弟姐妹明确规定为近亲属。鉴于我国禁婚亲的范围较有权利义务关系的亲属为广，可以在婚姻成立的实质要件中就禁婚亲的范围设专条明确规定。

（二）监护制度应纳入民法典婚姻家庭法

监护是对无行为能力或限制行为能力人的人身、财产以及其他合法权益进行监督和保护的制度，1986 年颁布的《民法通则》确立了我国的监护制度，弥补了 1980 年《婚姻法》的制度缺漏，使得对不具有完全民事行为能力的未成年人和成年人的人身和财产利益的保护，有了基本的法律依据。但是，《民法通则》将监护放在《民法总则》"公民"的一章中，作为民事主体的一部分，是当时立法的权宜之计。笔者认为，在未来的民法典体系中，监护作为一项具体的法律制度，不应当规定在民法的总则当中，而应当将监护制度规定在婚姻家庭法中，理由如下：

第一，符合未来民法典的总分体例。根据目前已出版的民法典专家

---

[1] 《马克思恩格斯全集》，人民出版社 1965 年版，第 40 页。

建议稿[1]的建议，我国民法典的体例是总则下辖分则、统领分则，将民法典中具有共性、总括性和普遍性的规定抽象、概括于总则之中。因此，从体系化的结构分析，监护作为弥补法律主体行为能力的一项制度，可以在总则中用一个条文明确监护的功能之一——补充行为能力欠缺者的行为能力，而将监护事务等具体内容规定在婚姻家庭编中细化展开[2]。这样既保留了监护制度的独立性，又维持了民法典的整体性和协同性[3]。

第二，符合监护制度的双重法律属性。传统的监护制度被认为是纯粹的私法，是亲属权利的延伸，是家庭职能的重要体现。现代的监护制度则兼具私法与公法两种性质。一方面，监护的主体依然以亲属关系为主；[4] 另一方面，为更好地保障未成年人和其他无行为能力、限制行为能力人的权益，许多国家对监护制度加大了公权力干预和监督的力度，设立监护法院、监护法官，通过由监护法院、监护法官选任监护人、指定监护监督人以及设立相关行政机构协助监护等方式介入具体的监护事务[5]。但迄今为止，家庭依然是自然人成长和生活的最好环境，具有权利义务关系的亲属是监护人的主要人选，是监护职责的主要实施者，监护职责大多依托家庭实现。而且，国家公权力的介入并不消除家庭在监护制度中的重要作用，取消家庭的监护职能，国家公权力只是作为监护制度的制定者、监督者以及最后责任的承担者，确保未成年人、限制行为能力及无行为能力人权益的实现。因此，将监护制度规定在婚姻家庭法中符合监护制度所具有的私法与公法的双重属性。

---

〔1〕 如梁慧星主编：《中国民法典草案建议稿》，法律出版社 2003 年版；王利明主编：《中国民法典草案建议稿及说明》，中国法制出版社 2004 年版；徐国栋："民法典草案的基本结构"，载《法学研究》2000 年第 1 期。

〔2〕 戴晨："浅议我国监护制度定位"，载《人民法院报》2004 年 12 月 21 日。

〔3〕 王竹青、杨科：《监护制度比较研究》，知识产权出版社 2010 年版，第 232 页。

〔4〕 除亲属、朋友可以担任监护人以外，有些国家规定慈善机构、志愿者组织、专业的职业监护人机构等社会组织也可以担任监护人，但在监护顺序中，近亲属优先。

〔5〕 如陈卫佐译：《德国民法典》，法律出版社 2006 年版；渠涛编译：《最新日本民法》，法律出版社 2006 年版；费安玲、丁玫、张宓译：《意大利民法典》，中国政法大学出版社 2004 年版。

第三，符合大陆法系民法典的体系化传统。大陆法系的大多数国家均将监护制度置于亲属编或人法中，如德国《民法典》将监护置于第四编"亲属"中的第三章，在第二章"亲属关系"之后；意大利《民法典》将"监护"置于第一编"人与家庭"中的第十章，在"亲权"之后；日本《民法典》也将监护置于第四编"亲属"中的第五章，在第四章"亲权"之后。就体系化而言，监护制度与亲属制度的关联度高于民事主体制度，监护制度是亲权制度的延伸，与亲属制度密切相关，将监护制度置于婚姻家庭法中，符合大陆法系民法典逻辑严密、体例完整的特点。

第四，有利于监护制度的完善与发展。如果将监护制度置于婚姻家庭法中单设一章，可以克服目前在《民法通则》中的监护制度过于简约、原则、缺乏可操作性的不足。监护制度内容庞杂，涉及监护人的设立、监护的类型与方式、监护人的权利与义务、监护的执行、监护监督人的设立以及监护的终止等具体的监护事务，绝非在总则中规定三五个条款即可实现完善监护制度的设想，应当在婚姻家庭法中专设一章，并可考虑将未成年人监护与成年人照顾分别规定[1]，以构建内容完整、体系完备的监护制度。

我国《民法通则》确立的监护制度属于广义的监护制度，监护与亲权不分，在大陆法系国家极为鲜见。狭义的监护制度是大陆法系国家普遍采用的制度，即监护制度与亲权制度互相分离，所谓亲权指的是基于父母子女的身份关系而产生的专属的、为保护未成年子女利益的权利和义务的总和。狭义的监护仅将未受父母亲权保护的未成年人作为监护的对象。因为亲权是基于亲子之间的血缘关系自然产生并受到法律确认的，处于亲权保护之下的未成年人，其利益原则上已经得到保护，无需通过监护制度再另行提供保护。对未成年人而言，监护制度是亲权制度不能发挥作用或不能充分发挥作用时的有效补充和延伸；对于无民事行为能力、限制民事行为能力的成年人而言，监护制度才具有独立存在的

---

〔1〕 梁慧星：《中国民法典草案建议稿附理由——亲属编》，法律出版社 2006 年版。

意义。[1] 我国在将监护制度纳入婚姻家庭法时应当从狭义上使用监护的概念，明确采取监护与亲权分离的立法技术。当然，我们必须注意到，目前一些国家在亲子立法中强调子女的主体地位，摈弃传统的亲权概念，如德国《民法典》与俄罗斯《联邦家庭法典》[2] 用父母照顾权或父母抚养义务取代或部分取代了亲权，以强调父母的责任，保护未成年子女的利益，在立法理念和法律用语上更为先进，我国在修订婚姻家庭法时可以考虑学习借鉴之。

（三）收养制度应体系化地回归民法典中的婚姻家庭法

收养是指公民依照法定的条件和程序，将本属他人的子女领养为自己的子女，从而使原本没有父母子女关系的当事人之间产生父母子女权利义务关系的民事法律行为。显然，收养的结果就是要创设亲子关系，使收养人和被收养人之间产生拟制血亲关系，具有父母子女间的身份和权利义务，同时，解除被收养人与生父母之间的权利义务关系。养父母与养子女是亲子关系的一种重要类型，是亲属关系的重要内容。因此，调整收养关系的收养法当然属于婚姻家庭法内部架构中不可缺少的组成部分，这不仅符合法律逻辑，符合民法典体系化的要求，也符合社会生活逻辑和习惯法的惯例。正如费孝通先生在《乡土中国　生育制度》中所言：家庭这个父母子的三角结构是人类社会生活中一个极重要的创造。这个社会的基本结构在人类历史上曾长期地维持着人类种族和文化的绵续，它现在不但存在于任何地方的社区里，而且至今还没有发现根本的改变。它这样的普遍和悠久，也许是任何其他社会结构所不易比拟的。人类创制这家庭的基本结构，目的是在解决孩子的抚育问题，使每个孩子能靠着这个社会结构长大，成为可以在社会中生活的分子。[3] 现代社会缔结收养关系的目的，正是为了养子女的最大利益，为了让那些失去父母的孩子，或亲生父母因种种原因不能承担起教育抚养责任的

---

〔1〕　夏吟兰：《婚姻家庭继承法》，中国政法大学出版社 2012 年版，第 154 页。

〔2〕　鄢一美译：《俄罗斯联邦婚姻家庭法典》，载中国法学会婚姻法研究会编：《外国婚姻家庭法汇编》，群众出版社 2000 年版。

〔3〕　费孝通：《乡土中国　生育制度》，北京大学出版社 1998 年版。

孩子，或亲生父母不能给予健康成长环境的孩子能够得到养父母的关怀以及家庭的温暖。《收养法》的立法目的、立法原则与婚姻家庭法中亲子关系的立法目的与立法原则完全相同，只是收养关系与自然血亲关系建立亲子关系的途径不同而已，收养是通过法律行为建立拟制血亲的亲子关系，而生父母子女则是因生育这个法律事实而自然建立的亲子关系。正是因为收养是一个需要通过法律行为构建的法律关系，世界各国都在亲属制度中设立了一套严密的收养制度以确保收养关系的成立有利于未成年养子女的健康成长。

收养制度独立于《婚姻法》单独立法的现行立法模式与我国婚姻家庭立法的架构特别是内容不完善密切相关，是我国婚姻立法的独特现象。尽管 1950 年《婚姻法》和 1980 年《婚姻法》对收养关系均有所规定，但过于原则笼统。[1] 1991 年颁布的《收养法》，构建了基本架构，规定了收养成立的实质要件、形式要件及其法律效力，收养解除的法定条件、法定程序及其法律效力，填补了立法空白。1998 年修订的《收养法》则通过适当放宽收养的条件，鼓励公民收养孤儿、残疾儿童，统一收养程序，进一步完善了收养法。但是，将《收养法》单独立法，使《婚姻法》中亲子关系的内容处于分裂状态，不利于婚姻家庭法的完善，不利于《收养法》与亲子法的体系化和逻辑完整性。在《婚姻法》回归民法典的进程中，《收养法》也应体系化的回归婚姻家庭法。

《收养法》宏观地回归婚姻家庭法之后，应当科学地确定其在婚姻家庭法中的地位及体例结构，既要保持其在民法典婚姻家庭法中的逻辑之美，也要保持其相对独立性，以充分发挥收养的功能、效用，更好地保护收养关系当事人的合法权益，特别是未成年被收养人的最大利益。

收养作为亲子关系的一种类型，在逻辑上自当属于亲子法的一部分，但在亲子法的逻辑体系中处于何种位置，各国规定有所不同。综观大陆法系各主要国家民法典亲属法编的规定，主要有两种立法例。

---

〔1〕 1950 年《婚姻法》通过第 13 条第 2 款，1980 年《婚姻法》通过第 20 条对收养关系作出了规定，其内容极尽简约。

一是将收养关系置于确认自然血亲的亲子关系之后，具体规定亲子间权利义务内容之前。此种立法例主要考虑了收养是产生亲子关系的方式之一，且无论亲子关系如何形成，亲子间的权利义务关系是相同的。二是将收养关系置于确认自然血亲的亲子关系以及具体规定亲子间权利义务内容之后。此种立法例对收养制度的安排既体现了收养与亲子关系的逻辑性，也考虑了收养制度的相对独立性，特别是条文数量的平衡之美。尽管两种立法例在逻辑体例上有所不同，但各国亲子立法在逻辑次序上几乎如出一辙，都是把收养作为产生父母子女关系的途径之一，置放于自然形成的父母子女关系的确认制度之后，这种相似性应该不是一种巧合，而应该看作各国立法者对家庭法内部秩序的认识达成的一种一致。[1]

我国民法典体系下的婚姻家庭法应当借鉴大陆法系国家的立法模式，将《收养法》作为婚姻家庭法的一部分，列于父母子女关系之后，视为确认建立亲子关系的法律路径之一，体现收养关系与亲子关系之间的逻辑性。同时，考虑到中国婚姻家庭立法的传统和收养制度及内容的相对独立性，应当将收养制度单列一章，这样，既能体现收养法与亲属制度特别是亲子关系之间的逻辑联系，也能体现收养关系的独特性：即不仅可以通过法律行为建立亲属关系，也可以通过法律行为解除亲属关系。但建立或解除亲属关系的法定条件必须体现亲子法与收养法的立法宗旨、立法目的与立法原则的一致性。

四、结语

我国应当尽快制定一部完整统一的婚姻家庭法。民法典体系下的婚姻家庭法之基本架构应当体例完整、逻辑严密、内容协调，结构统一。将现行《婚姻法》的名称修改为婚姻家庭法，从逻辑体例上将亲属通则、监护制度、收养制度等与婚姻家庭密切相关的法律制度全部纳入婚姻家庭法中，以使婚姻家庭领域的各项具体法律制度能够全面地、集中地、系统地、成配套地纳入法典化的民法之中。制定一部完整统一的婚

---

〔1〕 李俊："略论民法典中收养制度的设计"，载《甘肃政法学院学报》2006年第1期。

姻家庭法既要注重保障公民的人格尊严，崇尚意思自治，保护个人自由、完善婚姻家庭的权利体系；又要重视和维护健康文明，和谐有序的社会主义婚姻家庭核心价值观，弘扬家庭美德，强化家庭责任，维护婚姻秩序，促进社会公正。要通过增设、完善具体制度，协调相关制度，强化法律的可操作性，构建出一部科学性、前瞻性、完整性、可操作性高度统一，情理法高度一致的婚姻家庭法，全面完善我国的婚姻家庭制度。

1.8 民法分则婚姻家庭编立法研究[*]

夏吟兰

编纂民法典是党中央适应社会主义市场经济与和谐社会建设的需要作出的重大决策，"民法典是民族精神、时代精神的立法表达"〔1〕。我国民法典应当充分体现我国的民族精神和时代特征，弘扬中华民族的传统美德。婚姻家庭法律制度在民法典体系中最具伦理属性、民族特性和人文主义精神，与国家发展、社会进步密切相关。近代以来，大陆法系各国婚姻家庭编大多是民法典的重要组成部分，在民法典中占有重要地位。民法典的体例结构体现的是立法者的立法宗旨和价值追求，人身关系法律制度在民法典的体例架构中应当坚持以人为本的人文主义精神和权利本位理念，以便更加充分地体现人与家庭的价值。正如著名民法学者王家福教授所说："新世纪的中国民法典应当是人法，是人的权利法。一定要坚定不移地以人为本，把人摆在全部法典的中心。"〔2〕尽管 21世纪初民法典草案的编纂活动基本确立了《婚姻法》回归民法典的路径，但对婚姻家庭法在民法典体系中的地位以及体系架构，甚至具体内

＊ 本文发表于《中国法学》2017 年第 3 期，第 71~86 页。本文系中国法学会民法典编纂项目的阶段性成果。文中的部分观点源于民法分则婚姻家庭编课题组的讨论，在此向课题组成员一并致谢。
〔1〕 张维炜、王博勋："让民法典成为民族精神、时代精神的立法表达——访全国人大常委会法工委主任李适时"，载《中国人大》2016 年第 13 期。
〔2〕 王家福："21 世纪与中国民法的发展"，载《法学家》2003 年第 4 期。

容又有不同的安排和表述。[1] 我们认为，婚姻家庭编调整的是有关亲属身份关系的人身关系和财产关系，是民法典人身关系的重要组成部分，"调整人身关系和财产关系"的民法典应当将婚姻家庭编作为民法典分则编的第一编放在民法总则之后，这不仅体现了婚姻家庭编作为人法的重要性，也体现了人权理念在中国社会主义法律体系中的勃兴。

21 世纪以来，无论是国际社会还是我国的婚姻家庭观念和婚姻家庭关系均发生了重大变化，受到了前所未有的挑战。这种挑战有多元文化对传统观念、传统文化的挑战，有市场经济规则对婚姻家庭秩序、婚姻家庭规则的挑战，也有人权理念对传统民法理论的挑战。制定婚姻家庭编既是编纂民法典的需要，也是回应社会发展所面临的婚姻家庭新问题以及完善婚姻家庭法律制度的需要。婚姻家庭编立法的主要问题包括婚姻家庭编在民法典中的宏观定位、婚姻家庭编的基本原则重构、婚姻家庭编应否调整类婚姻关系、离婚自由的保障与限制、离婚救济制度的充实与发展以及夫妻身份关系的拓展、夫妻财产制度的修改，亲子关系的确认与保护、监护制度的进一步完善诸多问题，鉴于本文篇幅所限，仅对前五个问题进行分析和论证。

一、婚姻家庭编立法的宏观定位

民法典婚姻家庭编立法首先要解决的是"脱单入典"的《婚姻法》在民法典体系中的宏观定位问题。我们认为，《婚姻法》从"单行法"到"法典法"应当坚持明确规定社会主义婚姻家庭制度的价值取向与基本原则，在民法典中保持其相对独立的身份法特点。婚姻家庭编既要注重保障公民的人格尊严，崇尚意思自治，保护个人自由，完善婚姻家庭的权利体系；又要重视和维护健康文明、和谐有序的社会主义婚姻家庭核心价值观，弘扬家庭美德，强化家庭责任，维护婚姻秩序，促进社会公正。因此，民法典中的婚姻家庭编立法应当注意处理好以下几对关系：

---

〔1〕 有关民法典草案的三个版本，分别参见梁彗星主编：《中国民法典草案建议稿》，法律出版社 2003 年版；王利明主编：《中国民法典草案建议稿及说明》，中国法制出版社 2004 年版；徐国栋主编：《绿色民法典草案》，社会科学文献出版社 2004 年版。

（一）在立法的指导思想上，要把握婚姻家庭立法中法治与德治的关系

婚姻家庭法律的伦理属性决定了维护平等、和睦、文明的婚姻家庭关系既是对婚姻家庭关系进行法律调整的出发点，也是制定法律和法律调整所追求的伦理价值目标。习近平总书记对法治与德治的关系有过非常精辟的论述："法律是成文的道德，道德是内心的法律。法律和道德都具有规范社会行为、调节社会关系、维护社会秩序的作用，在国家治理中都有其地位和功能。法安天下，德润人心。法律有效实施有赖于道德支持，道德践行也离不开法律约束。法治和德治不可分离、不可偏废，国家治理需要法律和道德协同发力。"[1] 古今中外，人们的婚姻家庭问题既受道德规范的调整，又受法律规范的调整。婚姻家庭问题不是纯粹的"私事"，而是带有社会意义的大事，它关系到民族的兴旺、社会的进步和人类的文明。在婚姻家庭中，道德是基础，法律是保障。婚姻家庭法律的主要特色之一，就在于它具有鲜明的伦理性。法律上的每项规定，也是道德要求。[2] 有关婚姻家庭关系的法律规范与伦理道德密切相关，婚姻家庭立法应当与主流的婚姻家庭伦理道德保持一致性，体现社会主义婚姻家庭的核心价值观。法律与道德相辅相成，相互影响，相互作用，共同调整婚姻家庭关系，维护婚姻家庭秩序。

（二）在立法的价值取向上，要把握婚姻家庭立法中传承与继受的关系

一方面，要总结我国法制建设的成就与优秀文化传统，坚持婚姻家庭法的传承与创新。传承中华民族几千年来重视家庭的优秀文化传统、家教家风，总结1950年《婚姻法》施行以来我国婚姻家庭立法及司法实践的成就与经验，彰显婚姻家庭法律的中国价值、中国文化；同时，也要看到婚姻家庭关系的发展变化及其面临的问题与挑战，对传统文化

---

〔1〕 习近平在中共中央政治局2016年12月9日下午就我国历史上的法治和德治进行第三十七次集体学习上的讲话，载国务院网站 http：／www. gov. cn／ xinwen/2016－12/0/ content_5146257. hm，最后访问时间：2017年4月14日。

〔2〕 巫昌祯、李忠芳："民法典婚姻家庭编通则一章的具体设计"，载《中华女子学院学报》2002年第4期。

要取其精华、去其糟粕，在立法的价值取向及具体制度中进行创新。另一方面，还应当参照、吸收和借鉴国外婚姻家庭立法之先进经验。保护家庭的国家责任原则、性别平等原则、不歧视原则、儿童最佳利益原则不仅是多项国际人权公约的重要内容，也已经成为各国婚姻家庭立法的基本原则和重要内容。[1] 尊重和保障人权不仅是宪法原则，也应当是婚姻家庭立法的基本理念和宗旨，贯穿于整个婚姻家庭法的具体制度中。我国在制定民法典婚姻家庭编时既要传承中国优秀的法律文化传统，也要借鉴国外先进的立法经验，在具体制度的设计与构建中，要强化国家保护家庭的责任，稳定婚姻，支持家庭，追求性别关怀，实现儿童权利优先，弘扬婚姻家庭的主流价值观。

（三）在立法的技术上，要把握婚姻家庭编与民法典总则以及其他各编的关系

在坚持婚姻家庭法身份法特点的同时，实现与民法典其他各编的衔接与融合。首先，婚姻家庭编立法要坚持人格独立下的团体主义，在保障个人利益的同时要维护婚姻家庭关系的稳定，实现婚姻家庭的社会功能，加强对婚姻家庭中弱者利益的特殊保护。其次，要特别关注婚姻家庭编基本原则与民法总则基本原则的协调，婚姻家庭编监护章与民法总则中监护规定的协调，夫妻财产制度与物权编、合同编的协调；要把握婚姻家庭编立法的粗疏与细密之间的关系，摈弃婚姻法多年来"宜粗不宜细"的立法传统，在完善现行法律规定的基础上，增加具体的制度、规定和措施，实现立法的科学性与可操作性。最后，在体例架构上，要解决我国传统婚姻家庭立法重婚姻关系、轻家庭关系的状况，[2] 婚姻家庭编要强化亲属制度、家庭关系的内容，将涉及亲属关系的各项制度

---

〔1〕《世界人权宣言》《消除对妇女一切形式歧视公约》《儿童权利公约》等国际公约对婚姻家庭权及妇女、儿童、残疾人等人权的保护均有明确规定。如《德国民法典》在生效之后，在国际人权法及德国宪法的影响下，经过 20 余次重大修改，逐渐将男女平等原则、不歧视原则、儿童最佳利益原则等作为其亲属编的立法原则与宗旨，并制定了一系列的具体制度和规定确保这些原则得以实现。

〔2〕从 1950 年《婚姻法》、1980 年《婚姻法》到 2001 年《婚姻法》修正案，调整婚姻家庭关系的法律名称始终都是"婚姻法"可见一斑，民法典中调整婚姻家庭关系的法律名称应当改为"婚姻家庭编"。

均统一在婚姻家庭法中，以建构起体系完整、逻辑严密的婚姻家庭法体系。[1] 我们认为，婚姻家庭编应当包括通则、结婚、夫妻关系、离婚、父母子女与其他近亲属关系、收养、监护七章。

（四）在立法的内容上，要把握婚姻家庭立法中现实性与前瞻性的关系

在市场经济的大背景下，随着社会的发展变化，婚姻家庭领域不断地出现新情况和新问题，婚姻家庭立法应当有效应对婚姻家庭领域的深刻变化和法律需求，回应社会关切。但也必须认识到法律所具有的相对稳定性，以及法律的告示作用与指引作用。法律代表国家关于人们应当如何行为的意见和态度。这种意见和态度以赞成与许可或反对与禁止的形式，向整个社会传达人们可以或必须如何行为的信息，起到告示的作用。法律通过规定人们在法律上的权利和义务以及违反法的规定应承担的责任来指引人们的行为，法律的指引作用比个别调整具有更稳定和更持续的影响和效力。[2] 婚姻家庭编的立法，一方面，要与时俱进，充分认识到我国婚姻家庭关系面临的各种挑战与问题，为婚姻家庭关系的新情况新问题尽可能提供解决的路径；另一方面，要实事求是，从我国国情出发，考虑我国的现实情况，最终制定出符合我国现实需求、顺应时代发展、符合立法前瞻性和指引性要求的婚姻家庭编。

二、婚姻家庭编基本原则之重构

婚姻家庭法的基本原则是婚姻家庭法的概括性准则，是该法所调整的婚姻家庭关系本质特征的集中体现和基本价值的高度概括，蕴涵着该法调控社会生活所欲实现的价值目标，体现了婚姻家庭法的立法宗旨，并贯穿于该法的始终，在婚姻家庭法中发挥着立法准则、审判准则和行为准则等功能。[3] 此次婚姻家庭编立法对于基本原则重构的讨论主要有四种观点：一是应当取消《婚姻法》的基本原则，在婚姻家庭编中不设基本原则。《民法总则》已经明确规定了民法的基本原则，婚姻家

---

[1] 夏吟兰："论婚姻家庭法在民法典体系中的相对独立性"，载《法学论坛》2014年第4期。

[2] 张文显主编：《法理学》，高等教育出版社、北京大学出版社2007年版，第81~82页。

[3] 夏吟兰主编：《婚姻家庭继承法》，高等教育出版社2010年版，第31页。

庭编应当适用《民法总则》的基本原则。婚姻家庭编的具体规定已经体现了婚姻法的基本原则，且必须符合《民法总则》的基本原则，因此，作为民法分则的婚姻家庭编无须单独制定基本原则。二是应当完整保留《婚姻法》的基本原则。《婚姻法》的基本原则是我国婚姻家庭立法的重要价值目标与立法宗旨，无论是普通公民，还是司法实践均已接受和认可了基本原则的导向性规定，在婚姻家庭编中不设立基本原则会导致社会公众的认知混乱，影响婚姻家庭关系的稳定，不利于指导司法实践和审判活动。三是保留属于婚姻家庭编具有重要价值目标与立法宗旨的基本原则，取消其他法律有明确规定且非婚姻家庭立法核心价值的基本原则，如计划生育原则，禁止家庭暴力的规定等。实行计划生育已经由《人口与计划生育法》予以规定和调整，不应再作为婚姻家庭编的基本原则。禁止家庭暴力已经出台了《反家庭暴力法》，不应再在婚姻家庭编中规定。四是在保留《婚姻法》基本原则的基础上，根据我国社会的发展与国际公约的要求，应当进一步完善《婚姻法》的基本原则。如应当增加未成年人利益最大化，倡导家庭成员尊重善良风俗，禁止权利滥用等。

综观世界各国及地区的婚姻家庭立法，对于基本原则的规定主要有两种范式：一是将基本原则隐含在法律条款中，不设立基本原则，但可根据具体规定在法理上进行抽象概括；二是明确规定基本原则，在婚姻家庭法的法律条文中直接作出明确的表述。在我们收录的 65 个大陆法系国家和地区立法例中，[1] 未规定通则或总则的有 35 个，[2] 规定通

---

〔1〕 婚姻家庭编课题组收集整理了大陆法系主要国家或地区的立法例，包括以大陆法系为基本特征的部分混合法系国家和地区立法例，但未包括非洲大陆法系国家和地区（埃塞俄比亚除外）立法例。大多参照英文文本，少部分参照了俄文、西班牙文、罗马尼亚文、法文、德文等文本，部分立法例参照了已经出版的中文译本。

〔2〕 民法典家庭编（或人与家庭编）或家庭法典（或家庭法、婚姻家庭法以及其他立法形式）未设立家庭法总则、一般规定或序言的国家（地区）共35个，分别是西班牙、法国、意大利、德国、比利时、拉脱维亚、希腊、瑞士、爱沙尼亚、波兰、格鲁吉亚、泰国、土耳其、捷克、瑞典、奥地利、芬兰、挪威、冰岛、丹麦、委内瑞拉、阿根廷、巴西、智利、哥伦比亚、墨西哥、乌拉圭、巴拉圭、厄瓜多尔、哥斯达黎加、多米尼加、玻利维亚、美国路易斯安那州、加拿大魁北克省、菲律宾。

则和总则的 30 个[1]。有些国家和地区的亲属法总则仅规定亲属通则，不明确规定基本原则，如日本《民法典》亲属编总则仅规定了亲属的范围、亲等的计算，亲属关系的发生、终止以及亲属间有相互扶助的义务。有些国家和地区则明确规定基本原则，如立陶宛《民法典》在第三编家庭编第 3.3 条中明确规定了家庭法的基本原则和立法目标。[2]

我们认为，我国民法典婚姻家庭编基本原则的重构应当考虑我国婚姻家庭立法传统，婚姻家庭编基本原则与民法总则基本原则之间的协调，基本原则在婚姻家庭编中的作用以及当代国际婚姻家庭立法的发展趋势，在坚持 2001 年《婚姻法》修正案原有基本原则的基础上进一步发展完善。

（一）婚姻家庭编基本原则的重构应当体现我国婚姻家庭立法的传承性与连续性

我国婚姻立法有明确规定基本原则的立法传统，早在 1950 年《婚姻法》就明确规定了四大基本原则：婚姻自由、一夫一妻、男女平等、保护妇女和儿童的合法权益。破除旧的封建主义的婚姻家庭制度、建立新的新民主主义的婚姻家庭制度是 1950 年《婚姻法》的立法目的和宗旨。1980 年《婚姻法》在坚持四大基本原则的基础上，根据当时的国情和社会发展的需要进一步丰富了基本原则，不仅将保护妇女、儿童的合法权益增加为保护妇女、儿童和老人的合法权益，还将计划生育基本国策明确规定为《婚姻法》的基本原则，以巩固和发展社会主义婚姻家庭制度，促进社会的经济发展与人口增长相适应。2001 年《婚姻法》修正案中坚持和丰富了基本原则，更加注重《婚姻法》的伦理属性，明确规定禁止家庭暴力，禁止有配偶者与他人同居，并增加了"夫妻应

---

[1] 民法典家庭编（或人与家庭编）或家庭法典（或家庭法、婚姻家庭法以及其他立法形式）设立了家庭法总则、一般规定或序言的国家（地区）共 30 个，分别为日本、朝鲜、韩国、柬埔寨、老挝、越南、蒙古、俄罗斯、哈萨克斯坦、塔吉克斯坦、土库曼斯坦、吉尔吉斯斯坦、乌兹别克斯坦、阿塞拜疆、乌克兰、阿尔巴尼亚、科索沃、保加利亚、亚美尼亚、塞尔维亚、罗马尼亚、黑山、立陶宛、荷兰、葡萄牙、白俄罗斯、摩尔多瓦、古巴，中国澳门特别行政区、中国台湾地区。

[2] See Civil Code of the Republic of Lithuania 18 July 2000 No Vill–864 Vilnius（Last amended on 12 April 2011 NoX14312）.

当互相忠实，互相尊重；家庭成员应当敬老爱幼"的倡导性规定，以进一步修改和完善社会主义婚姻家庭制度，维护平等、和睦、文明的婚姻家庭关系。66 年来，这些基本原则和导向性规定已经成为我国基本的主流的婚姻家庭价值观念，成为公民在婚姻家庭生活中共同肯认与遵循的基本准则与基本精神。婚姻家庭编应当继续坚持和遵循这些共同的主流价值理念和基本准则，以实现法律的传承性和连续性。

（二）婚姻家庭编基本原则的重构应当体现对民法总则基本原则的具体化与补充性

有学者认为，现行《婚姻法》的婚姻自由、男女平等、保护妇女、儿童和老人合法权益和计划生育原则，已经被《民法总则》中的民事主体平等原则、自愿原则、公平原则、公序良俗原则，以及《妇女权益保障法》《未成年人保护法》《老年人权益保障法》《反家庭暴力法》《人口与计划生育法》中的相关原则所涵盖，民法典婚姻家庭编无须另行规定基本原则。但是，我们必须看到，《民法总则》调整的是所有平等主体的自然人、法人和非法人组织之间的人身关系和财产关系，而婚姻家庭编调整的是亲属身份关系的发生、变更、消灭以及基于此身份关系而产生的人身关系和财产关系。《民法总则》的基本原则是表述民法典的基本属性和基本价值，为民法所固有并对民事立法与司法活动具有最高指导意义的标准，是全部民事规范的价值主线和灵魂所在，是民法的基本原则与基本价值的体现。[1]《民法总则》的基本原则与分则的基本原则之间构成上下位阶的关系，下位原则具有更为具体的内涵和特殊的规范功能。作为民法典的分则，婚姻家庭编既要遵循《民法总则》的基本原则，还要对总则的基本原则根据婚姻家庭关系的特殊属性予以具体化并进行适当的补充。《民法总则》所确立的平等原则、自愿原则、公平原则、诚实信用原则、公序良俗原则等基本原则，是宏观的、抽象的，以调整和规范财产交易行为为主要目的；婚姻家庭编的男女平等、婚姻自由以及保护妇女、儿童和老人合法权益的基本原则以调整和

---

〔1〕 江平主编：《民法学》，中国政法大学出版社 2007 年版，第 22 页。

规范非功利性的亲属人伦关系为目的，直接反映亲属关系伦理性、社会性与团体性，以维护人伦秩序、家庭成员间的男女平等、养老育幼、保护弱者以及和睦文明的社会主义婚姻家庭关系为宗旨。[1] 同时，尽管男女平等，计划生育，保护妇女、儿童和老人合法权益，禁止家庭暴力，禁止家庭成员间的虐待与遗弃等原则在其他法律中有明确规定，甚至有专门的立法，但这些规定作为基本原则在婚姻家庭编中或有特殊涵义或必须通过婚姻家庭关系实现。因此，婚姻家庭编的基本原则具有独特的内涵与功能，应当予以明确规定。

（三）婚姻家庭编基本原则的重构应当体现基本原则在整个婚姻家庭立法中的地位与作用

基本原则集中体现了婚姻家庭法律的基本属性和基本价值，对婚姻家庭立法与司法活动具有普遍的指导意义。因而，它体现的是国家对婚姻家庭关系的干预，是强行性规定，当事人必须一体遵循；同时，由于基本原则的非规范性与不确定性，决定了其具有补充婚姻家庭编规范不足或弥补漏洞的功能。[2] 婚姻家庭编必须通过基本原则体现立法宗旨并解决一部法律难以涵盖及规制不同地域、不同民族所有婚姻家庭问题的情况。我国地域辽阔，东西部经济发展水平差距较大，民族众多，风俗习惯迥异，法律的规定即使相当精确，也难以适应社会生活、家庭生活的复杂多样性，为了实现法律的公平正义，法律解释必不可少。法律解释包括立法解释与司法解释，而婚姻家庭编的基本原则正是有关婚姻家庭法律解释必须遵循的具有最高指导意义的标准，法律解释的内容必须与基本原则相一致。在法无明确规定时，法官的自由裁量权就是将抽象的基本原则的精神转化为具体规范进行裁判。因此，婚姻家庭编基本原则的强制性与弥补法律漏洞的功能性对于婚姻家庭法律规范的贯彻实施具有重要作用，应当予以明确规定。

---

〔1〕 薛宁兰、金玉珍主编：《亲属与继承法》，社会科学文献出版社 2009 年版，第 31 页。

〔2〕 余延满：《亲属法原论》，法律出版社 2007 年版，第 51 页。

（四）婚姻家庭编基本原则的重构应当体现基本原则在社会发展与变化中的成长性

婚姻家庭立法作为民法典的一部分，其保护公民私权利的私法属性不言而喻。但我们也应当看到在婚姻家庭法现代化进程中私法公法化的趋势，婚姻家庭权利不仅是私权利，也是与生存权、发展权密切相关的基本人权，是《宪法》中的基本权利。因此，国际社会特别强调国家负有保护家庭的责任："家庭是天然的和基本的社会单元，并应受社会和国家的保护"。[1] 婚姻家庭编立法应当力求兼顾婚姻家庭法的私法属性与公法功能，明确规定国家对婚姻、家庭负有保护责任。《民法通则》第104条规定的"婚姻、家庭、老人、母亲和儿童受法律保护"在《民法总则》中已被取消，这一规定涵摄了公民的人身权利，其内容相当广泛，应当作为婚姻家庭编立法指导思想的核心，在婚姻家庭编中体现。儿童最大利益原则是《儿童权利公约》的首要原则，[2] 我国作为《儿童权利公约》的签署国，应在所有涉及儿童权益的法律中体现这一原则。将儿童最大利益原则明确规定为婚姻法的基本原则，在家庭关系中以未成年人最大利益为原则，优先保护未成年人权益，正是履行国际条约和国际义务的应有之义。

三、婚姻家庭编应否调整类婚姻关系

婚姻家庭法所调整对象的范围为婚姻家庭关系，包括夫妻关系、亲子关系、有权利义务关系的其他近亲属关系；从调整范围的运行机制看，既包括婚姻家庭关系发生、变更和终止的动态运行的过程，又包括由该动态运行所形成的各主体之间的权利和义务关系。

具有血缘联系的亲属关系的范围远大于法律所调整的亲属范围。婚姻家庭法所调整的只是一定范围的亲属关系，只有法律所调整的亲属关系，才是婚姻家庭法调整对象的主体。我国婚姻家庭法调整对象的主体范围，根据现行《婚姻法》《收养法》以及相关法律法规的规定，主要

---

〔1〕《世界人权宣言》第16条第3款。

〔2〕《儿童权利公约》第3条第1款明确规定："关于儿童的一切行动，不论是由公私社会福利机构、法院、行政当局或立法机构执行，均应以儿童的最大利益为一种首要考虑。"

涵盖：夫妻（包括被法律所认定的事实婚姻中的夫妻）、父母子女（包括婚生、非婚生及法律拟制的子女）、祖孙（包括祖父母与孙子女、外祖父母与外孙子女）、兄弟姐妹（包括全血缘、半血缘及法律拟制的兄弟姐妹）、儿媳与公婆、女婿与岳父母以及其他三代以内旁系血亲。

从比较法的视角看，婚姻家庭法调整对象的主体范围由于各国的风俗习惯、法律传统、社会发展程度的不同而宽窄不一。随着时代的发展和社会的变化，具有法律意义的亲属的范围也在不断地发生着变化。20世纪中叶以来，各国调整亲子关系的范围逐渐由婚生子女、非婚生子女、法律拟制子女演变为亲生子女、法律拟制子女以及人工生殖子女，一些国家为保护儿童利益，取消了非婚生子女的概念，而统称为亲生子女。[1] 21世纪以来调整婚姻关系的范围在一些国家也开始有所拓展，同居关系、同性伴侣关系等类婚姻关系逐渐纳入法律调整的范围，在某些国家已经具有与婚姻同等的法律地位。

（一）婚姻家庭编应否调整非婚同居关系

非婚同居包括以夫妻名义共同生活，符合结婚实质要件的"事实婚姻"关系和不以夫妻名义共同生活的各类同居关系。[2] 从1950年《婚姻法》以来，我国《婚姻法》的调整对象就明确界定为婚姻关系与家庭关系，从未将非婚同居关系作为形式意义上的婚姻法[3]的调整对象。对非婚同居关系的处理主要通过最高人民法院所制定的司法解释予以规制。

对于"没有配偶的男女，未进行结婚登记以夫妻关系同居生活，群众也认为是夫妻关系的"事实婚姻，以1994年2月1日为界，最高人民法院的司法解释经历了从有条件承认到不承认再到补正承认的三个阶

---

〔1〕 如《德国民法典》《瑞士民法典》以及《智利民法典》等均先后废除了非婚生子女的概念，不再强调父母的婚姻关系对子女法律地位的影响，无论父母是否有婚姻关系，与子女的权利义务关系没有区别。

〔2〕 包括未婚同居、不婚同居、试婚同居、婚前同居等形态。

〔3〕 根据编制的方法，婚姻法分为形式意义上的婚姻法和实质意义上的婚姻法。形式意义上的婚姻法专指以婚姻法、家庭法、亲属法等命名的法律或民法典中的婚姻家庭编。实质意义上的婚姻法是指调整婚姻家庭法律规范的总称，它不以形式意义上的婚姻法规定为限，还散见于其他形式的规范性文件。

段。2001 年的《最高人民法院关于适用〈中华人民共和国婚姻法〉若干问题的解释（一）》（以下简称《婚姻法司法解释（一）》）对于未进行结婚登记而以夫妻名义同居生活者采取了效力待定的态度，"男女双方根据婚姻法第八条规定补办结婚登记的，婚姻关系的效力从双方符合婚姻法所规定的结婚的实质要件时起算。"换言之，即补正有效，凡补办结婚登记的婚姻效力可以追溯，实质上也是有条件地承认符合结婚实质要件的同居关系经过补办结婚登记程序具有法律效力；没有补办婚姻登记的，则属于非婚同居关系。

对于非婚同居关系，同样以 1994 年 2 月 1 日为界，最高人民法院的司法解释则经历了从宽容相待到一律视为非法同居再到态度中立地视为同居关系的三个阶段。2001 年《婚姻法》修订之后，《婚姻法司法解释（一）》对于未认定为事实婚姻的男女双方不再视为非法，一律视为同居关系。2003 年《最高人民法院关于适用〈中华人民共和国婚姻法〉若干问题的解释（二）》（以下简称《婚姻法司法解释（二）》）则进一步规定，人民法院应当受理当事人因解除同居关系而产生的财产分割或者子女抚养纠纷。[1] 自此之后，司法实践中对于非婚同居关系的定性从否定性的"非法同居关系"改为中立的"同居关系"，对于符合结婚实质要件的事实婚姻，则以补办结婚登记为救济途径。故此，也可以认为，我国现行法律规范对同居关系既不禁止也不制裁，因此而产生的纠纷除财产分割和子女抚养问题外主要由伦理道德、风俗习惯、社会舆论调整。

关于婚姻家庭编是否应当将非婚同居纳入法律调整的范围，学界一直有不同的观点。一种观点认为，法律应当回应社会现实对法律的需求。改革开放以来，特别是近 10 年来，非婚同居者数量增加，涉及面广，而且有不断扩大的态势，不仅年轻人的婚前同居行为为社会所认可，中老年人的不婚同居也逐渐成为一种可供选择的生活模式。积极回应社会现实，满足婚姻家庭生活日益多样化、复杂化的客观需求，扩大

---

〔1〕 参见《婚姻法司法解释（一）》第 5 条、《婚姻法司法解释（二）》第 1 条。

对当事人婚姻家庭权利保护的范围，增强对婚姻家庭的保护力度，这些都是婚姻家庭法律规范现代化的标志。因此，我国的立法不应回避上述现实问题，而是应当承认非婚同居并给予法律保护。另一种观点则认为，应当坚持法律的严肃性，公民应当对法律有信仰并自觉遵守法律；如果不遵守法律就应当自行承担法律后果。既然法律明确规定了结婚的实质要件与形式要件，且已实施了60多年，婚姻家庭编就不应当再承认事实婚姻，不应将非婚同居关系纳入法律的调整范围予以保护。不过，大多数学者还是认为非婚同居是一种新型的家庭形态，多元、开放、宽容的家庭法应尊重人们选择生活方式的自由，将非婚同居关系纳入婚姻家庭法调整的范围。[1] 将非婚同居关系纳入法律规制范围，并非对同居关系的鼓励，而是意图通过法律的指引，保护同居期间双方的子女以及无过错一方的合法权益。

（二）婚姻家庭编应否调整同性伴侣关系

同性伴侣关系的合法化是近20年来国内外婚姻家庭法学界的普遍关注的课题。自20世纪80年代以来，相继有一些国家或地区承认同性婚姻的合法地位。目前，在英美法系国家，以英国、加拿大等为代表的国家陆续出台同性婚姻合法化的法案。2012年6月7日，美国华盛顿州的同性婚姻法案正式生效。此后，美国有30个州相继承认同性婚姻合法。2015年6月26日，美国最高法院九大法官以5∶4作出了同性婚姻与异性婚姻平权的裁决，要求各州给同性婚姻办理结婚登记，同时要承认其他州已经予以登记的同性婚姻。美国也成为全球第21个承认同性婚姻合法化的国家。[2] 大陆法系国家中，丹麦、荷兰、比利时、挪威、瑞典、法国、德国、意大利、奥地利、匈牙利、西班牙、葡萄牙等国家都先后通过法律承认同性婚姻的法律地位，对同性婚姻给予法律保护。[3] 各国对同性伴侣的法律保护主要有三种模式：婚姻保护模式、

---

〔1〕 何丽新：《我国非婚同居立法规制研究》，法律出版社2010年版，第373页。

〔2〕 青山："美最高法院裁定同性婚姻合法成为全球第21个承认同性婚姻合法的国家"，载《京华时报》2015年6月27日第16版。

〔3〕 梁慧星主编：《民商法论丛（第53卷）》，法律出版社2013年版，第3~654页。

注册伴侣关系保护模式和同居保护模式。例如，瑞典家庭法对同性伴侣的婚姻保护模式、注册伴侣关系保护模式和同居保护模式分别规定了不同范围、不同程度的保护内容，由组成或希望组成家庭的同性伴侣自由选择。其中，对注册为婚姻的伴侣关系保护最为全面，其效力与婚姻相同，为婚姻关系；对注册为伴侣关系的保护则作为一种过渡时期的模式，主要在形式上与婚姻模式不同，为准婚姻关系；同居保护模式仅提供一定财产范围的有限保护，为契约关系。[1] 各国对于同性伴侣的保护力度与各国的国情密切相关，在一些国家，民事结合或伴侣登记实际上是一种过渡性的制度安排，通过过渡阶段，最终实现同性婚姻与异性婚姻同等的法律地位，如荷兰、美国等。但是在另外一些国家，注册伴侣等类婚姻关系目前已经是最终性的制度安排，对同性恋观念不同的冲突导致这些国家无法给予同性婚姻与异性婚姻完全同等的保护力度，如德国、意大利等。

目前，我国的同性伴侣对同性婚姻也有合法化的要求。[2] 对于在我国是否需要对同性伴侣予以法律规制，学界主要有三种观点：一种观点认为，应当给予同性伴侣以合法婚姻的地位。有学者认为，同性恋者缔结婚姻的权利是基本人权，应得到法律的保障。法律并不仅仅是为了维护多数人的权利，它要保障的是每个公民的权利，对同性恋者予以宽容是一种基本人权的要求。[3] 另一种观点则认为，无论从立法导向还是传统的文化习俗以及大众的认知，都决定了现阶段我国立法对同性婚姻合法化应持反对态度。有学者明确指出，我国同性恋合法化的社会环境与欧洲差异甚远，考虑到中国传统文化、人口基数等国情，我国目前尚无必要立即进入为同性恋者立法或修法阶段。[4] 第三种观点认为，

---

〔1〕 夏吟兰、谈婷："瑞典家庭法对同性伴侣的保护及评析"，载梁慧星主编：《民商法论丛》（第53卷），法律出版社2013年版，第7页。

〔2〕 "孙某某、胡某某诉长沙市芙蓉区民政局不履行婚姻登记法定职责案"，湖南省长沙市中级人民法院（2016）湘01行终452号行政判决书。

〔3〕 孙振栋："同性恋者人权保护问题研究"，载梁慧星主编：《民商法论丛（总第24卷）》，香港金桥文化出版有限公司2002年版，第622~623页。

〔4〕 蒋月：《婚姻家庭法前沿导论》，科学出版社2007年版，第331页。

应当适用单行法的模式，在婚姻之外，创设另一种共同生活模式，规定非婚同居，包括同性同居当事人在非婚同居存续期间及终止后的权利、义务和责任，这样其适用范围、调整力度和对婚姻法律制度的冲击程度较小，易于被社会接受。[1]

我们认为，在现阶段彻底否定传统婚姻制度，赋予同性婚姻与异性婚姻同等的法律地位，不符合中国的具体国情，比较地看，采取民事伴侣制度的做法具备较强的现实性和可行性。从人类学、生物学和宗教的角度出发，异性婚姻一直是人类社会的结构性元素。虽然现今社会公众对同性伴侣的认识有所改变、接受度有所提高，但是主流社会并未给予真正的认可，立法者需要在伦理、正义和秩序之间进行审慎权衡。

（三）我国应当如何规制非婚同居关系与同性伴侣关系

目前，世界各国对于非婚同居法律规制的立法例主要有三种：一是在亲属法或婚姻家庭法中另列条款作出规定；二是颁布单行法规，以专项立法规制；三是通过司法判例承认当事人之间形成的书面或默示的非婚同居协议。[2] 考虑到立法的现实性与可行性，立足于我国社会现实和法律状况，我们认为，婚姻家庭编立法时可以对非婚同居关系作原则性规定，采取契约保护模式，为将来制定相关的单行法律法规保留空间。

我们认为，对于同居关系的概念，在婚姻家庭编的原则性规定中可以适当放宽，同居不是婚姻，当事人不必具备结婚的合意与形式要件。但是，同居关系的当事人必须具备持续稳定共同生活的主观合意与客观事实。对于以夫妻名义共同生活且符合结婚实质要件的同居关系，应当推动其向婚姻关系转化，将《婚姻法司法解释（一）》的规定法律化，以补办结婚登记为救济途径，补办结婚登记的，婚姻关系的效力从双方以夫妻名义共同生活且符合结婚的实质要件时起算。对于不以结婚为目的或不符合结婚实质要件的同居关系，不承认其身份关系，即双方之间不具备配偶身份，不享有配偶权，彼此之间不具有经济上的扶养义务。

---

〔1〕 何丽新：《我国非婚同居立法规制研究》，法律出版社 2010 年版，第 324 页。
〔2〕 何丽新：《我国非婚同居立法规制研究》，法律出版社 2010 年版，第 321~322 页。

同居关系当事人应当通过契约确定他们之间的财产关系，安排相互间的扶养、财产制度以及赠与、遗赠等相关事宜。同居关系解除时，财产关系有约定的依照约定，没有约定的适用按份共有的规定，并根据具体情形，对无过错一方予以适当补偿。双方所生子女为亲生子女，无论同居关系是否解除，双方均须承担抚养教育未成年子女的义务。

四、保障离婚自由，防止轻率离婚，完善离婚救济措施

保障离婚自由、反对轻率离婚是我国 1950 年《婚姻法》和 1980 年《婚姻法》两部法律处理离婚问题的指导思想，也是新中国离婚制度的重要特征。2001 年《婚姻法》修正案在此基础上有重大发展与突破，即在保障离婚自由、反对轻率离婚的同时，强化离婚救济，实现保护弱者利益的社会正义与法律公平。[1] 我国现行的离婚制度由登记离婚和诉讼离婚两大制度组成，并通过家务劳动补偿制度、离婚经济帮助制度、离婚损害赔偿制度构建起离婚救济制度。但是，自 2001 年《婚姻法》修正案颁布至今，我国离婚率持续上升，轻率离婚屡见不鲜，离婚救济制度条件苛刻，适用受限，修法时所确立的离婚立法指导思想没有真正得到实现。

（一）我国离婚现象及存在的问题

第一，离婚率呈上升趋势。国家民政部最新统计显示：2016 年上半年全国依法办理离婚手续的共有 168.3 万对，比上年增长 11%。从 2002 年开始，中国的离婚率一路走高。2002 年，中国粗离婚率仅有 0.90‰，2003 年达到 1.05‰，到 2010 年突破 2‰，2015 年的粗离婚率为 2.8‰，是 2002 年的 3 倍多。[2] 2016 年发布的一项统计显示：北京、上海、深圳、广州位居全国城市离婚率的前四名，其中，北京的离婚率已达到 39%。[3] 离婚率的上升与 2001 年《婚姻法》修正案及

〔1〕 巫昌祯、夏吟兰主编：《婚姻家庭法学》，中国政法大学出版社 2016 年版，第 207 页。

〔2〕 粗离婚率是指当年离婚对数占总人口的千分比。本文中的离婚数据均来源于 2001 年至 2015 年的《民政部社会事业发展统计公报》和《社会服务发展统计公报》。

〔3〕《北京 100 起离婚案调查：婚姻保鲜期缩短 7 年之痒变 5 年》，载《北京晚报》2017 年 2 月 7 日第 17 版。此处的离婚率是指当年的结婚对数与离婚对数之比。

2003 年《婚姻登记条例》的颁布有正相关关系。正如有学者指出：离婚法律改革降低了离婚成本，使离婚很容易实现；离婚法改革清除了离婚的障碍，这无意中破坏了事先承诺机制，使得离婚的风险增加，也破坏了婚姻承诺，因为配偶一方知道，自己或对方都随时可能离婚。[1]

第二，登记离婚比例逐渐提高。自 2002 年起，全国诉讼离婚保持平稳，登记离婚的数量逐年提高，并带动整体离婚率的上升。2001 年，离婚总对数为 125 万对，其中登记离婚的为 52.8 万对，占离婚总数的 42%；诉讼离婚的为 72.8 万对，占离婚总数的 58%。2002 年，离婚总对数为 133.1 万对，登记离婚的对数增加为 69.1 万对，占离婚总数的 52%，诉讼离婚的对数减少为 64 万对，占离婚总数的 48%。2012 年，离婚总对数为 310.4 万对，登记离婚的为 242.3 万对，占离婚总数的 78%，诉讼离婚的为 68.1 万对，占离婚总数的 22%。2015 年，离婚总对数为 384.1 万对，登记离婚的为 314.9 万对，占离婚总数的 82%，诉讼离婚的为 69.3 万对，仅占离婚总数的 18%。从上述数据中可以看出，登记离婚在离婚总数中的占比逐渐走高，且已经成为当事人选择离婚的主要形式，2015 年仅有不到 1/5 的当事人选择了诉讼离婚。其中的重要原因之一是 2003 年 8 月 8 日颁布的《婚姻登记条例》取消了原《婚姻登记管理条例》中当事人办理离婚登记须提供单位出具的婚姻状况证明及 1 个月离婚审查期的规定，婚姻登记机关对当事人离婚条件仅进行形式审查，离婚程序相当简单，登记离婚成本过低。

第三，离婚当事人婚龄短，冲动型、草率型离婚数量增加。多项调查均表明，离婚当事人婚龄短，冲动型、草率型离婚数量增加。最高人民法院信息中心发布的离婚案例专题分析报告显示，2013~2015 年在全国法院审理的离婚案件中，婚后 1 年至 5 年为婚姻破裂的高发期，其中婚后 2 年离婚的占比最高。[2] 吉林省长春市某区基层人民法院 2010~2012 年离婚案件当事人结婚年限抽样调查显示，离婚双方在婚后 5 年

---

〔1〕 蒋月：《婚姻家庭法前沿导论》，科学出版社 2007 年版，第 160 页。

〔2〕 最高人民法院信息中心、司法案例研究院司法大数据：《离婚纠纷专题报告 2014~2016》，发布于 2016 年 12 月 22 日。

内解除婚姻关系的比例高达四成多，其中，结婚年限在 2 年以下的占到 24.44%。离婚双方当事人在 30 岁以下的比例占 27.5%。从该市民政部门了解到，离婚双方婚龄在 5 年以下的比例最高。[1] 婚姻存续时间短，表明了相当一部分当事人对婚姻持无所谓的态度。双方对婚姻的调适不够，甚至还没有完全相互适应就以离婚结束。目前，对于婚姻问题社会介入不够，解决问题手段单一，化解矛盾方式简单。加之离婚程序简化，民政部门缺乏必要的调解和限制措施，导致离婚成为解决婚姻问题的常规方式而不是最终方式，轻率离婚的数量增加。

（二）完善保障离婚自由、防止轻率离婚的对策建议

鉴于目前我国离婚率不断上升且有持续上升的趋势，如何在保障离婚自由的同时，防止轻率离婚是此次婚姻家庭编立法所面临的重大课题。

我国离婚立法多年来一直以保障离婚自由、反对轻率离婚作为指导思想。我们认为，我国当前离婚立法的指导思想应当在坚持保障离婚自由的同时，将"反对轻率离婚"改为"防止轻率离婚"。也就是说，不仅要有反对轻率离婚的态度，还应当有防止轻率离婚的具体措施。因为离婚关系到家庭、子女和社会的利益，任何轻率离婚都会给家庭、子女和社会带来不利的后果。正如马克思在《论离婚法草案》中所指出的："他们抱着幸福主义的观点，他们仅仅想到两个个人，而忘记了家庭。他们忘记了，几乎任何的离婚都是家庭的离散……"[2]

保障离婚自由并不等于任意离婚，离婚必须符合法定条件，履行法定程序。防止轻率离婚就是要在离婚的条件和程序上通过制定限制性措施，给当事人冷静和理智面对婚姻问题的时间和机会，以充分保障当事人特别是未成年子女的利益。在婚姻家庭编中对离婚的程序和条件制定一些防止轻率离婚的措施是主流观点，大部分学者均赞同要对离婚自由予以适当限制。正如哈耶克所说：每个个人的存在和活动，若要获致一

---

〔1〕 李洪祥："我国离婚率上升的特点及其法律对策"，载《社会科学战线》2015 年第 6 期。

〔2〕 《马克思恩格斯全集》，人民出版社 1956 年版，第 183 页。

安全且自由的领域，须确立某种看不见的界线，然而，此一界线的确立又须依凭某种规则，这种规则便是法律。[1] 对离婚自由予以适当的限制，既可以防止当事人的草率离婚，对有特别困难的一方提供保护，实现社会的公平正义，也有利于实现子女的最佳利益。同时，把离婚限定在合理的难度内，在平衡个人选择权利的自由时，也能引导更多的人愿意对家庭投入较多的时间和精力，以共享婚姻中的可期待利益，最终实现巩固婚姻关系的目的。我们认为可以增设如下措施：

第一，在登记离婚程序中增加 1 个月的审查期。提交离婚申请之后 1 个月内由婚姻登记机关对当事人是否符合离婚登记条件进行审查，审查期届满后，对于符合条件的予以登记并发给离婚证。设立离婚审查期或考虑期可以使当事人对已经达成的离婚协议进行认真冷静的考虑，确保当事人对离婚本身及其因此而产生的各种后果都能够充分地理解并能够承担协议中规定的相应责任。婚姻登记机关应当在审查期内对当事人的离婚登记申请进行审查并对当事人进行调解，防止轻率离婚。一些国家也有设立离婚审查期或考虑期的做法。如俄罗斯规定 1 个月的审查期，[2] 比利时、奥地利、瑞典规定 6 个月的考虑期。考虑到我国的具体情况和立法传统，我们认为将离婚考虑期规定为 1 个月比较符合我国国情。

第二，增加诉讼离婚的苛刻条款。对于婚姻关系已经破裂，但一方坚决不同意离婚的情况，如果判决离婚对未成年子女有明显不利，或者对不同意离婚一方将造成严重伤害的，法院可以判决不准离婚。设置诉讼离婚的苛刻条款是为了保护处于严重困境的一方当事人和未成年子女的利益，离婚不仅涉及配偶之间的感情问题，还关系到未成年子女问题、财产问题等一系列的身份关系和财产关系的变化，倘若这种变化会明显地影响法律所要保护的利益，例如未成年子女的利益时，法律就需

---

〔1〕 ［英］弗里德利希·冯·哈耶克：《自由秩序原理》，邓正来译，生活·读书·新知三联书店 1997 年版，第 183 页；［英］彼得·斯坦、约翰·查德：《西方社会的法律价值》，王献平译，郑思成校，中国人民公安大学出版社 1990 版，第 176 页。

〔2〕 鄢一美译："俄罗斯联邦家庭法典"，载李忠芳主编：《外国婚姻家庭法汇编》，群众出版社 2000 年版。

要对它进行干涉。[1] 德国、日本等国对此均有明确规定。如《德国民法典》第 1568 条从未成年子女利益和不同意离婚一方的利益考虑，明确规定了苛刻条款。[2]《日本民法典》第 770 条规定，即使存在诉讼离婚的四种理由，但法院可在斟酌一切情况之后认为继续婚姻更为妥当时，驳回离婚的请求。[3] 鉴于我国的司法实践以及目前离婚案件的具体情况，我们认为，应当在我国设立诉讼离婚的苛刻条款，作为准予离婚的例外情况，保护处于困境的一方特别是未成年人的利益。

（三）完善离婚救济措施的对策建议

法律上有关离婚的各项规定既是对离婚自由的保障，也是对轻率离婚的限制。同时，为离婚时处于弱势的一方提供救济措施，使其获得法律上的公平正义，也是离婚立法的重要内容。离婚救济制度是对离婚当事人提供的人身和财产的救济措施。但是，多项调查表明，因家务劳动补偿的适用范围过窄，离婚损害赔偿的法定理由过严，离婚经济帮助的适用条件苛刻，离婚救济制度在司法实践中适用比例低，救济功能未能得到很好地发挥，没有达到预期的立法效果。[4] 我们认为，目前我国离婚救济制度还不够完善，离婚救济制度的低适用、低救济、低功效，是一个必须予以改善的问题。[5] 因此，大多数学者认为有必要在婚姻家庭编立法的过程中，针对司法实践中存在的问题进一步完善离婚救济制度。

第一，家务劳动补偿应延展适用于夫妻共同财产制。针对家务劳动补偿制度的适用局限，一方面，要充分肯定分别财产制下的家务劳动补偿机制，夫妻书面约定婚姻关系存续期间所得的财产归各自所有，一方因抚育子女、照顾老人、协助另一方工作等付出较多义务的，离婚时有

〔1〕 马忆南、罗玲："裁判离婚理由立法研究"，载《法学论坛》2014 年第 4 期。

〔2〕 陈卫佐译注：《德国民法典》，法律出版社 2006 年版，第 476 页。

〔3〕 渠涛编译：《最新日本民法》，法律出版社 2006 年版，第 164 页。

〔4〕 陈苇、何文骏："我国离婚救济制度司法实践之实证调查研究——以重庆市某基层人民法院 2010~2012 年被抽样调查的离婚案件为对象"，载《河北法学》2014 年第 7 期。

〔5〕 王歌雅："离婚救济的实践隐忧与功能建构"，载夏吟兰、薛宁兰主编：《民法典婚姻家庭编立法研究》，北京大学出版社 2016 年版，第 363 页。

权向另一方请求补偿，另一方应当予以补偿。另一方面，将家务劳动补偿有条件地延展至共同财产制，夫妻未书面约定婚姻关系存续期间所得的财产归各自所有，一方因抚育子女、照顾老人、协助另一方工作等付出较多义务的，离婚时通过分割夫妻共同财产不能得到适当补偿的，有权请求另一方以个人财产给予补偿。具体补偿的方法，可参考夫妻双方的收入差距、婚姻关系存续时间以及一方付出的相应贡献等因素。

第二，降低离婚时经济帮助的生活困难适用标准。离婚经济帮助是我国自 1950 年《婚姻法》以来就长期适用的离婚救济制度，其目的在于通过对离婚时生活困难的一方提供经济帮助，实现婚姻自由，是对一方保持婚姻不被破坏之期待利益的填补，[1] 并减轻国家和社会对困难一方的福利性照顾和帮助。针对司法实践中经济帮助适用条件苛刻的情况，婚姻家庭编立法应将生活困难标准由绝对困难改为相对困难。对于何为生活困难，2001 年《婚姻法司法解释（一）》第 27 条中采用了绝对困难的标准，即离婚后依靠分得的共同财产和个人财产无法维持当地基本生活水平的才视为生活困难。与 16 年前相比，我国目前人均生活水平已经有很大提高，社会保障比较普及，构成绝对困难的情况大大减少，这也是经济帮助适用率低的直接原因。因此，我们认为，对生活困难的界定，不仅应包括一方离婚后不能维持自己生活，还应包括其生活水平比婚姻关系存续期间显著下降的情形。相对困难标准能够最大程度地照顾到离婚后生活处于困顿或生活水平明显下降的一方以及未成年子女的权益，更加符合实质公平的原则，也与国际社会对需要扶养者普遍采用的原有生活主义或合理生活主义的判断标准相接近。[2] 这样可以适当扩大受助者的范围，保证其能够基本维持原有的生活标准，不致在离婚后陷于生活困顿。

第三，扩大离婚损害赔偿的过错范围。离婚损害赔偿制度通过填补

---

〔1〕 史尚宽：《亲属法论》，中国政法大学出版社 2000 年版，第 520 页。

〔2〕 原有生活主义是指请求方无法通过自己的全部财产和收入维持离婚前原有的生活水平，即需要扶养。合理生活水平是指请求方无法通过自己的全部财产和收入达到合理的生活标准。

损害、慰抚受害者、惩罚过错方达到伸张正义、明辨是非的警示和预防作用。[1] 我国现行《婚姻法》所规定的离婚损害赔偿行为的过错是法定过错，这些过错实际上是婚姻一方故意或过失违反婚姻义务的结果，包括重婚、有配偶者与他人同居、实施家庭暴力或虐待、遗弃家庭成员四种。这些过错行为都是对他方配偶权利的严重侵害，过错方应当承担民事责任，给受害方予以损害赔偿。但事实上，婚姻关系中的过错行为甚至是严重的过错行为远不止这些，这也是比较法研究中一些其他国家和地区对婚姻过错的具体情形不作明确规定的重要理由。我国婚姻家庭编在立法技术上应考虑采取列举性规定与概括性规定相结合的方式，在现有列举性规定之后增加一个概括性规定："其他导致离婚的重大过错"。具体何种行为构成重大过错可由法官根据过错情节与伤害后果确定。离婚损害赔偿应包括物质损害和精神损害，并应适当提高精神损害赔偿的金额，以真正体现损害赔偿的惩罚和抚慰功能，达到实现法律公平与正义的目的。

五、结论

婚姻家庭编的立法，既要考虑融入民法典，与《民法总则》及民法典各分编在体例结构上保持一致，也要坚持婚姻家庭编的身份属性与相对独立性，在立法指导思想上体现婚姻法的人文主义精神与伦理特性，坚持人格独立下的团体主义。既要传承我国优秀的法律文化传统，也要借鉴其他国家及地区的立法经验，在具体制度的设计与构建中，要强化国家保护家庭的责任，稳定婚姻，支持家庭，追求性别关怀，实现儿童权利优先，弘扬婚姻家庭的主流价值。既要与时俱进，充分认识到我国婚姻家庭关系面临的各种挑战与问题，为婚姻家庭关系的新情况新问题尽可能提供解决的路径；同时也要实事求是，从我国国情出发，考虑我国的现实情况。最终制定出一部符合我国现实需求、顺应时代发展、体系完备、内容完整、情理法相一致并具有前瞻性、科学性和可操作性的婚姻家庭编。

---

〔1〕 田岚、何俊萍："论离婚有过错方的精神损害赔偿责任——析因配偶一方婚外恋导致离婚的现状及其民事责任"，载《东南学术》2001 年第 2 期。

1.9 民法典婚姻家庭编亲属关系
通则立法研究[*]

夏吟兰　李丹龙^{**}

　　亲属，是基于婚姻、血缘和法律拟制而形成的社会关系。亲属关系一经法律调整，便在具有亲属身份的主体间产生了法定的权利与义务关系。婚姻家庭领域中各类主体之间的权利义务，都是以特定的亲属身份为发生依据的。亲属关系在其他法律领域也具有一定的法律效力，在民法典婚姻家庭编对亲属关系进行一般性规定，是统一我国亲属法制的客观需要[1]。

　　我国现行《婚姻法》对亲属制度的一般规则未作明确系统的规定，有关亲属关系的范围、效力等散见于各个单行法规，这与我国《婚姻法》长期以来的立法目的、法律存在形式有着深刻的关系。1950 年《婚姻法》是中华人民共和国成立后颁布的第一部重要的基本法律，肩负着中国法律"废旧立新"的重任，其目的是建立新民主主义婚姻制度[2]。1980 年《婚姻法》尽管勾画了婚姻家庭法律制度体系框架，立

---

　　* 本文发表于《现代法学》2017 年第 5 期，第 24~34 页。

　　** 李丹龙，中国政法大学民商经济法学院 2016 级博士研究生。

　　〔1〕 杨大文："民法的法典化与婚姻家庭法制的全面完善——关于民法婚姻家庭编的总体构想"，载《中华女子学院学报》2002 年第 4 期，第 1~3 页。

　　〔2〕 1950 年《婚姻法》的目的是要废除包办强迫、男尊女卑、漠视子女利益的封建主义婚姻制度。实行男女婚姻自由、一夫一妻、男女权利平等、保护妇女和子女合法利益的新民主主义婚姻制度。该法 27 个法律条文中仅有 4 条涉及亲子关系，对其他家庭成员及其他亲属关系未作规定。

法重心开始"从改革婚姻家庭制度转移到稳定婚姻关系、保障和发展婚姻家庭建设上来"[1]，但其"宜粗不宜细"的立法指导思想，仍然留下了许多立法空白与需要完善之处。2001年《婚姻法》修正案在1980年《婚姻法》的基础上进一步发展完善了我国的婚姻家庭立法，但对亲属制度、家庭关系部分所作规定仍显粗疏[2]。

在21世纪初的民法典草案编纂活动中，婚姻家庭法作为民法典组成部门已经为学术界的大多数学者和立法部门所认同[3]。在民法法典化过程中，对婚姻家庭编具体架构设计也引发了学界广泛讨论，在婚姻家庭编中增设亲属通则，完善体系架构、填补立法空白，已成为学界专家共识[4]。

一、制定民法典婚姻家庭编亲属关系通则的必要性

现代各国法律有关亲属关系的立法例，主要有总体限定与分别限定两种立法模式。前者主要为大陆法系国家采用，以成文法的形式在民法典亲属编设专章或专节从总体上概括规定亲属的种类、亲系和亲等等问题，如《德国民法典》《瑞士民法典》《意大利民法典》；后者，以英美法系亲属法为主，调整亲属关系的规定散见于各个单行法规，在具体的亲属关系或法律事项上，分别就禁婚亲、扶养、继承、监护等方面亲属的效力作出规定，如《英国家庭法》《英国收养与儿童法》等。

我国婚姻法自革命根据地时期便参照苏维埃婚姻家庭法，独立于民

---

〔1〕 巫昌祯、杨大文：《走向21世纪的中国婚姻家庭》，吉林人民出版社1995年版，第10页。

〔2〕 现行《婚姻法》共有条文51条，直接涉及亲子关系或其他家庭成员关系的只有13条。

〔3〕 巫昌祯会长带领中国法学会婚姻家庭法学研究会的团队起草了2002年全国人大法工委组织编写的《民法典草案》中的"婚姻家庭编"与"继承编"。有关《民法典草案》的专家建议稿分别是：梁慧星主编：《中国民法典草案建议稿》，法律出版社2003年版；徐国栋主编：《绿色民法典草案》，社会科学文献出版社2004年版；王利明主编：《中国民法典草案建议稿及说明》，中国法制出版社2004年版。

〔4〕 杨大文："民法的法典化与婚姻家庭法制的全面完善——关于民法婚姻家庭编的总体构想"，载《中华女子学院学报》2002年第4期，第1~3页；巫昌祯、李忠芳："民法典婚姻家庭编通则一章的具体设计"，载《中华女子学院学报》2002年第4期，第4~6页、第72页。

法典而单独存在，对亲属关系的规制一直采分别限定模式，对亲属关系从未作出通则性规定。已有法律实践表明，分别限定模式不仅削弱了婚姻法的权威性，也造成了相关法律规定之间的矛盾与冲突，和司法实务中的紊乱与立法资源的浪费。立足于我国的基本国情，借鉴西方已有立法经验，对我国亲属关系通则进行立法填补，改分别限定立法模式为总体限定立法模式，已成为多数专家的共识：对于亲属制度应当从基本法的层面上作出系统的、一般性的规定，从立法体制与法律分工来看，解决这方面的问题无疑是婚姻家庭法的紧迫任务[1]。

（一）制定亲属关系通则是实现社会主义法律体系亲属关系规范一致性的基本要求

1. 现行相关各法律规定之间矛盾冲突存在造成法律适用不明。已有法律和司法解释在亲属关系问题方面的矛盾与冲突主要体现在对近亲属范围的规定上，《婚姻法》在第三章"家庭关系"中规定的相互间有权利义务的亲属包括夫妻、父母、子女、祖父母、外祖父母、孙子女、外孙子女、兄弟姐妹。最高人民法院《关于贯彻执行〈中华人民共和国民法通则〉若干问题的意见（试行）》（以下简称《意见》）第12条规定："民法通则中规定的近亲属，包括配偶、父母、子女、兄弟姐妹、祖父母、外祖父母、孙子女、外孙子女。"《婚姻法》与《意见》的规定，虽然亲属范围相同，但亲属名称、排序有所不同。我国《刑事诉讼法》第106条规定"近亲属"是指夫、妻、父、母、子、女、同胞兄弟姐妹。显然《刑事诉讼法》的近亲属范围远小于《婚姻法》之规定。再者《法官法》《检察官法》规定的任职回避的亲属范围是夫妻、直系血亲、三代以内旁系血亲和近姻亲。《反家庭暴力法》将家庭暴力概念中的主体范围界定为家庭成员。对于姻亲、家庭成员的范围，《婚姻法》或《民法通则》都未作出详细规定。法律规定的不一致或者法律无明确规定的，法律适用时，必然影响法律的统一执行。

---

〔1〕 巫昌祯、杨大文：《走向21世纪的中国婚姻家庭》，吉林人民出版社1995年版，第12页；巫昌祯、李忠芳："民法典婚姻家庭编通则一章的具体设计"，载《中华女子学院学报》2002第4期，第4~6页、第72页。

2. 亲属关系通则应由民法典婚姻家庭编规定。中国特色社会主义法律体系是指以宪法为纲领，以法律为主干，包括法律、行政法规、地方性法规三个层次，以及民商法（婚姻法）、行政法、经济法、社会法、刑法、诉讼与非诉程序法 7 个法律部门组成的有机整体[1]。以特定的社会关系为调整对象是划分法律部门的基本依据，正是调整对象的差异性决定了法律部门的独特性。婚姻法调整的是婚姻家庭关系，既包含婚姻关系，也包含家庭关系，而亲属关系正是基于婚姻、血缘和法律拟制而形成的社会关系。因此，亲属关系通则理应排他地由民法典婚姻家庭编作出全面、系统的规定。

3. 增设亲属关系通则是确保法律体系规范性的必然选择。我国社会主义法律体系的规范的一致性、权威性应当体现在两个方面。一方面，在同一个法律体系中，法律术语应当一致，不能各自为政，造成司法适用与法律解释的混乱；法律部门分类标准应当一致，应当由婚姻家庭关系法律调整的内容，要由婚姻家庭法作出明确统一的规定。另一方面，法律概念应当是"对各种法律事实的概括，并基于此种概括抽象出它们的共同特征而形成的权威性范畴。"[2] 亲属关系通则规定本质上即是对不同种类亲属法律关系共性的抽象与概括。[3] 对亲属关系范围、种类等的界定，体现着立法者对亲属关系所蕴含的权利义务关系的认识、定位以及立法目的，在亲属关系通则中统一予以规定，减少立法资源的浪费，有利于确保我国法律体系建构的统一性、规范性与权威性。

（二）制定亲属关系通则是完善民法典婚姻家庭编体系化构建的必然要求

1986 年《民法通则》的颁行从立法体例上宣告婚姻家庭法的民法归属，婚姻家庭法的定位成为学界长期讨论的议题。到 21 世纪初，立法机关再次组织学者进行民法典草案的编纂与讨论时，婚姻家庭编作为

---

〔1〕 张文显主编：《法理学》，高等教育出版社 2007 年版，第 130~132 页。

〔2〕 梁慧星：《民法解释学》，中国政法大学出版社 2000 年版，第 287 页。

〔3〕 王利明主编：《中国民法典草案建议稿及说明》，中国法制出版社 2004 年版，第 351 页。

民法典独立篇章才为学术界大多数学者所认同，对于民法典章节体系安排主要观点有二：一种为原则上采用德国式的编制法，在债法之后规定亲属编[1]；另一种为原则上采用瑞士式的编制法，将亲属法放在第一编"人身关系法"的法人法之后，继承法之前[2]。尽管婚姻家庭编的体例编制与民法典的编制方式选择分不开[3]，但是，对婚姻家庭编独立成编后的内部体系设计原理论证显然不如民法典体系设计那样充分。

民法典的编纂绝非杂乱无章的堆砌，不仅要有严密的内部逻辑、高度抽象的法律概念，还要有与之相适应的体例结构。婚姻家庭编作为其内部一编，也应如此。就婚姻家庭编内在关系一致性而言，亲属关系通则的构建对亲属各项制度起到了指导与统率作用，如通则应对配偶是否为亲属作出规定，这不仅体现着婚姻家庭法律借鉴与本土化的价值选择，也决定着亲属关系通则所统率的范围以及婚姻家庭编的内部逻辑[4]。就法律形式的体系化而言，在婚姻家庭编规定亲属关系通则[5]

---

〔1〕 江平："制订民法典的几点宏观思考"，载《政法论坛》1997年第3期，第26~31页；梁慧星："当前关于民法典编纂的三条思路"，载《律师世界》2003年第2期，第4~8页；徐国栋编：《中国民法典起草思路论战》，中国政法大学出版社2001年版，第122~123页。

〔2〕 徐国栋编：《中国民法典起草思路论战》，中国政法大学出版社2001年版，第61页。

〔3〕 近代大陆法系民法典编纂体例主要分为以《法国民法典》为代表的法学阶梯体系派和以《德国民法典》为代表的潘德克辞体系派，以及在此基础上发展起来的《瑞士民法典》《意大利民法典》等兼具体系完整、注重保护家庭关系的人法优先特点的法律。其中《法国民法典》并未将婚姻家庭法的内容单独成编，而是分别置于第一卷"人法"与第三卷"取得财产"的各种方式中。《德国民法典》《瑞士民法典》等才将婚姻家庭法（亲属法）作为独立篇章。我国近代的民法典编纂更多继受德国编制。

〔4〕 如《德国民法典》认为配偶仅为配偶，既不能够列入亲系，也无法确定亲等，并非亲属的一种。所以《德国民法典》的亲属一般性规定仅规定在"亲属"章节，而非"亲属法"的总起。

〔5〕 有的学者主张将婚姻家庭编的"总则"与"亲属通则"分为两章。参见梁慧星：《中国民法典草案建议稿附理由·亲属编》，法律出版社2006年版；夏吟兰："民法典体系下婚姻家庭法之基本架构与逻辑体例"，载《政法论坛》2014年第5期。有的学者主张仅做"通则"规定。参见王利明主编：《中国民法典草案建议稿及说明》，北京，中国法制出版社2004年版。但二者只是形式差异，其实际主要内容都是基本原则与亲属关系通则。此处，对亲属通则的理解应当视为婚姻家庭编的一般性规定，与民法其他章节的一般性规定立法目的一致。

与民法典其他编设置的一般性规则形成外部呼应[1];对共通性概念的提炼,正是法典化内部概念高度抽象的体现,避免了对同一法律概念的重复解释以及大量准用性规定的适用说明。作为民法典的重要组成部分,婚姻家庭编中亲属关系通则的确立不仅是亲属制度不可或缺的组成部分,而且从一定意义上说,甚至是亲属立法得以体系化的基础[2]。

(三)制定亲属关系通则是明晰亲属之间互负法律上权利义务的前提

婚姻家庭法与民法调整的对象虽然都是平等民事法律主体之间的关系,但婚姻家庭法调整的主体与一般的民事主体关系不同,是人伦关系,具有鲜明的伦理性,且伦理道德与法律规范相互影响,相互作用[3]。明晰亲属之间法律上的权利义务,首先要明晰亲属关系的范围,其次才是权利义务的法律构建。

亲属关系的概念受亲属自然属性与社会属性的共同影响,恩格斯在《家庭、私有制和国家的起源》一文中写道:父亲、子女、兄弟、姊妹等称呼,并不是单纯的荣誉称号,而是代表着完全确定的、异常郑重的相互义务,这些义务的总和构成这些民族的社会制度的实质部分[4]。亲属自然属性决定了亲属关系的事实先在性、身份差异性[5];社会属性决定了亲属间道德与法律制度的发展方向。前者在一定程度上决定着后者,后者又反作用于前者,二者共同定义着亲属关系。正如学者陈棋炎所言:"亲属的身份共同生活关系秩序,是法律以前之人伦秩序的存

---

[1] 如王利明主编《中国民法典草案建议稿及说明》中物权章节、合同章节、侵权行为章节等均有总则性规定;徐国栋主编《绿色民法典草案》中物权法、知识产权法等开篇作一般性规定,将债法甚至分为债法总则与分则两部分。

[2] 李俊、肖洪:"论祖国大陆亲属法通则性规定的确立——以海峡两岸亲属制度之比较为视角",载《西南政法大学学报》2010年第6期,第18~24页。

[3] 夏吟兰:"论婚姻家庭法在民法典体系中的相对独立性",载《法学论坛》2014年第4期,第5~14页。

[4] [德]恩格斯:《家庭、私有制和国家的起源》,中共中央马克思恩格斯列宁斯大林著作编译局译,人民出版社1999年版,第28页。

[5] 亲属关系的事实先在性、身份差异性主要表现为因两性关系而产生的自然繁衍以及亲属间的血缘联系是人类社会得以延续和发展的最基本的人伦关系与社会基础。家庭内部分工决定着各自的角色。

在，至于法律乃不过是以这些实在的人伦秩序为所与的东西，而加以法律上规定而已。"[1] 亲属关系通则的制定，明晰了亲属关系的范围，当亲属关系的范围确定后，确定亲属间的权利义务才成为可能。在我们尚不明确直系姻亲是否纳入近亲属范围时，对他们之间是否负有法定抚养义务，是否属于法定继承人范围等问题的讨论都是欠缺法律依据的。

二、民法典婚姻家庭编亲属关系通则的体例选择与内容建构

（一）亲属关系的本质特征决定了亲属关系通则的体例选择与内容建构

一部法律的问世或一项制度的设立，离不开对其本质属性与法律传统的探究。对民法典婚姻家庭编亲属关系通则的制度构建，毋庸置疑，要回归到亲属关系的本质属性与法律传统上来。亲属关系的最本质特征是习俗性和伦理性，二者都离不开民族或地域的历史传统文化、风俗习惯和生活方式。"当家庭继续发展的时候，亲属制度却僵化起来；当后者以习惯的方式继续存在的时候，家庭却已经超过它了。"[2] 换言之，以习惯方式而存在的亲属关系要滞后于时代发展"政治的、法律的、宗教的、哲学的体系，一般都是如此。"[3] 这对理解我国亲属关系尤为重要。我国拥有将复杂的甚至相当疏远的亲属关系表达出来的丰富的语汇群，家庭规模小型化、代际间岁差的拉大使得某些称谓似乎完全没有意义。但正是因为中国特色亲属称谓词汇群的存在，可以看到曾经在中国的社会关系中，亲属关系这类事具有非常大的比重，甚至在这种词汇之上，可以了解到"宗"的观念如何深深地支配着人们的思想[4]。我国古代法律制度中"宗"的概念完全排除女系，将亲属划分为宗亲与外亲，二者不仅在称谓上繁简不同，更为重要的是在亲等上轻重大不一

---

〔1〕 陈棋炎：《亲属、继承法基本问题》，三民书局 1980 年版，第 134 页。

〔2〕 ［德］恩格斯：《家庭、私有制和国家的起源》，中共中央马克思恩格斯列宁斯大林著作编译局译，人民出版社 1999 年版，第 29 页。

〔3〕 ［德］恩格斯：《家庭、私有制和国家的起源》，中共中央马克思恩格斯列宁斯大林著作编译局译，人民出版社 1999 年版，第 29 页。

〔4〕 ［日］滋贺秀三：《中国家族法原理》，张建国、李力译，商务印书馆 2013 年版，第 29 页。

样，女子嫁入夫家还要冠以夫姓以示身份变化[1]。强烈的家族本位观念以及浓厚的等级色彩，使得当时不可能存在某种纯粹意义上的亲等计算法，而"服制"这种以有关人在死亡时某种范围的亲属应服何种程度丧的礼的规定正好满足了"宗法"社会的要求[2]。中国传统社会结构的基础就是亲属关系，亲属制度甚至可以说是一切社会关系的模范[3]。法律的家族主义和等级制度又是儒家意识形态的核心[4]，通过德道观念与社会习惯进一步得到强化和遵守。

亲属关系是亲属间权利义务关系建构的起点，了解传统"宗法"如何通过道德观念与社会习惯影响着我国法律，对未来民法典婚姻家庭编亲属关系通则乃至具体制度的制定有着非常重要的意义。1950 年《婚姻法》第 11 条规定：夫妻有各用自己姓名的权利。至于子女的姓氏如何确定，法律未规定，但实际生活中，子女的姓氏往往依据民间习惯从父姓，因离婚而引起子女姓氏的争执，"除因协议变更子女姓氏或子女年已长成得以自己意志决定其从父姓或从母姓外，并无使其子女改变原用姓氏的必要"[5]。1980 年《婚姻法》在此基础上，进而规定了子女可以随父姓，也可以随母姓。2001 年《婚姻法》修正案将此条改为子女可以随父姓，可以随母姓。正是因为"宗法"中"姓"体现着血缘传承、伦理秩序，"姓"作为一种代表决定着亲属间亲疏有别，"外祖父母"的"外"字从一开始就显现出疏远与隔阂。2001 年《婚姻法》第 9 条规定："登记结婚后，根据男女双方约定，女方可以成为男方家庭的成员，男方可以成为女方家庭的成员。"该规定仅是在 1980 年《婚姻法》第 8 条的基础上，删去"也"字。"宗法"的婚姻决定了女子在家庭中的附庸地位，长期以来"从夫居"的婚嫁习俗，使得女

---

〔1〕 金眉：《中国亲属法的近现代转型》，法律出版社 2010 年版，第 2 页。

〔2〕 ［日］滋贺秀三：《中国家族法原理》，张建国、李力译，商务印书馆 2013 年版，第 29 页。

〔3〕 费孝通：《乡土中国·生育制度·乡土重建》，商务印书馆 2011 年版，第 344～345 页。

〔4〕 瞿同祖：《中国法律与中国社会》，商务印书馆 2010 年版，第 xii 页。

〔5〕 最高人民法院《关于子女姓氏问题的批复》，发布于 1951 年 2 月 28 日。

方到男方家天经地义，男方到女方家往往受到歧视，"宗"的观念烙印也深深镌刻在法条文字上。

正是基于亲属关系的本质属性，各国亲属法在价值取向与具体制度上都展现出较大差异。放眼世界，到目前为止也没有制定出一部调整涉外亲属关系的统一实体法规范。今后在构建民法典婚姻家庭编亲属关系通则中必须注重考量传统亲属关系制度的影响，既要继承传统文化的精华，又要对接社会现实，将亲属关系内在的伦理性与时代观念变化带来的先进性恰如其分地结合起来。这不仅决定了立法质量和司法适用程度，也将深刻地引导人们的行为选择与价值取向。

（二）民法典婚姻家庭编亲属关系通则的体例选择

民法典婚姻家庭编亲属关系通则的体例选择，主要指应当将亲属关系通则放于哪一章节或独立成章以及具体编排顺序。学界目前主要观点有三种：一是独立成章，将亲属关系通则规定于婚姻家庭编通则之后，结婚之前[1]；二是将亲属关系通则的内容与婚姻家庭编的基本原则等内容合并为一章，共同构成民法典婚姻家庭编之通则[2]；三是将婚姻家庭编的基本原则等内容做为婚姻家庭法总括规定置于开篇，亲属关系通则放于亲属编第一章，并不统率婚姻制度[3]。仔细分析这三种体例选择的差异，其区别主要在于：其一，亲属关系通则是否能够统率整个婚姻家庭法律制度；其二，亲属关系通则是否应当与婚姻家庭法调整范围、基本原则等内容合并。

1. 亲属关系通则应当统率整个婚姻家庭法律制度。亲属关系通则能否统率整个婚姻家庭法律制度与对亲属种类的认知有密切关系。现代各国对亲属的分类主要有两种立法例：一种是把亲属分为血亲和姻亲两

---

〔1〕 梁慧星：《中国民法典草案建议稿附理由·亲属编》，法律出版社 2006 年版；杨大文："新婚姻家庭法的立法模式和体系结构"，载《法商研究》1999 年第 4 期，第 3~5 页；夏吟兰："民法典体系下婚姻家庭法之基本架构与逻辑体例"，载《政法论坛》2014 年第 5 期，第 142~148 页。

〔2〕 王利明主编：《中国民法典草案建议稿及说明》，中国法制出版社 2004 年版。

〔3〕 徐国栋主编：《绿色民法典草案》，社会科学文献出版社 2004 年版。

种，不承认配偶为亲属[1]。其主要观点是配偶不能列入亲系，又无法确定其亲等，虽是血亲关系与姻亲关系的基础，但配偶仅做配偶即可。另一种则是把亲属分为血亲、姻亲和配偶三种，确认配偶是亲属的组成部分[2]。从我国现行立法规定与理论研究来看，配偶是亲属，更是处于核心位置的亲属，并无争议。这既是我国长期以来的法律传统[3]，也是由亲属关系的起源与本质所决定的。配偶之间的权利义务关系完全是亲属之间的权利义务关系，不将配偶作为亲属是违反设置亲属制度本意的。婚姻家庭法的主要内容应包括婚姻、亲属、监护三大部分，既然配偶是亲属的组成部分，那么，亲属关系通则理应能够统领婚姻部分。加之，我国未来亲属关系通则改分别限定立法模式为总体限定立法模式，要体现法典化中法律概念的高度抽象，将亲属关系通则置于婚姻家庭编开篇是与之相适应的体例构造。

2. 亲属关系通则应当与基本原则等内容合并构成婚姻家庭编之通则。尽管在已有的专家建议稿[4]与学术论文[5]中，多将亲属关系通则作为独立章节，而非与婚姻家庭法调整范围、基本原则等内容合并成章，这是基于法律原则与法律规则的差异考量。学理一般认为法律原则具有"形式的非规范性和不确定性"、"功能的强行性和补充性"，即在一般情况下，有法律具体规定的，不能适用法律原则；没有法律具体规定的，运用该抽象概念的具体情况由法官自由裁量，在一定程度上弥补法律不足。而亲属关系通则的内容是确定的，可以直接作为裁判依据，尽管其具体制度设立时体现着某种立法价值，但它本身并不是彰显婚姻家庭立法价值的载体，因此，与基本原则具有本质区别。但是，考虑到婚姻法调整对象、基本原则等与亲属关系通则在婚姻家庭编中均起到宏

---

〔1〕 参见《德国民法典》《意大利民法典》《瑞士民法典》等。

〔2〕 参见《法国民法典》《日本民法典》《俄罗斯联邦家庭法典》《英国家庭法》等。

〔3〕 巫昌祯：《婚姻家庭法新论》，中国政法大学出版社 2002 年版，第 65~66 页。

〔4〕 王利明主编：《中国民法典学者建议稿及立法理由·人格权编、婚姻家庭编、继承编》，法律出版社 2005 年版；梁慧星：《中国民法典草案建议稿附理由·亲属编》，法律出版社 2006 年版。

〔5〕 夏吟兰："民法典体系下婚姻家庭法之基本架构与逻辑体例"，载《政法论坛》2014 年第 5 期，第 142~148 页。

观、总括作用，二者合并一章简洁明了、体系结构性更强，也与我国长久以来的立法实践相符合，更具有可行性。因此，将亲属关系通则与婚姻家庭法调整对象、基本原则等内容合并一章，共同构成民法典婚姻家庭编之通则，应是未来立法首选体例。

（三）民法典婚姻家庭编亲属关系通则的内容建构

亲属关系通则应当包含哪些内容，不同内容具体如何规定，内部顺序如何排列，都是在内容建构时必须考虑的问题。在已有的三版专家建议稿中，由于亲属关系通则的体例构造不同，内容涵摄范围不同，逻辑编排差异较大[1]。对亲属关系通则的内容建构离不开对亲属关系通则作用的认识。费孝通先生认为，我们的社会结构本身好像是把一块石头丢在水面上所发生的一圈圈推出去的波纹，从生育和婚姻所结成的网络，可以一直推出去包括无穷的人[2]。亲属关系正是这个网络，亲属关系通则的规定应当使人能够在这个网络中准确地找到自己在亲属关系中的坐标，从而明确自己在亲属关系中的权利义务。对于法典化的制度，亲属关系通则还应当是对不同种类亲属法律关系共性的抽象与概括，并且该制度的构建也应符合长久以来的法律习惯。基于此，亲属关系通则的内容及顺序应当为亲属的种类、法律调整的亲属范围、亲系和亲等的计算方法、亲属关系的一般效力等。

三、民法典婚姻家庭编亲属关系通则主要问题探讨

（一）亲属关系远近计算方法之选择

从目前世界各国或地区的有关立法看，以亲等来确定亲属关系的亲

---

〔1〕 梁慧星版的专家建议稿用 8 条规定亲属关系通则的内容：亲属的定义、亲属的种类、配偶、血亲、血亲的亲等、姻亲、近亲属、亲属的法律效力。参见梁慧星：《中国民法典草案建议稿附理由·亲属法》，法律出版社 2006 年版，第 10～20 页。王利明版的专家建议稿用 5 条规定亲属关系通则的内容：亲属的范围、亲属的界定、亲等的计算、近亲属、法律渊源。参见王利明：《中国民法典学者建议稿及立法理由·人格权编、婚姻家庭编、继承编》，法律出版社 2005 年版，第 207～212 页。徐国栋版的专家建议稿也用 5 条对亲属关系通则的内容作出规定：直系、旁系血亲的定义、血亲亲等的计算、姻亲的分类、姻亲的亲等及亲系的计算、姻亲关系在离婚后的存续。参见徐国栋：《绿色民法典草案》，社会科学文献出版社 2004 年版，第 204 页。

〔2〕 费孝通：《乡土中国·生育制度·乡土重建》，商务印书馆 2011 年版，第 26～27 页。

疏远近，是各国婚姻家庭法的通例[1]。亲等是计算亲属关系亲疏远近的标准单位，其意义在于准确表述亲属间客观身份，从而确定其权利义务有无和轻重。亲等的计算方法主要有两种：一是世界多数国家所采用的罗马法亲等计算法，二是部分国家所采用的寺院法亲等计算法。两者直系血亲的亲等计算方法相同：从己身分别向上或向下数，以一世代为一等亲，世代数为直系血亲的亲等数。对旁系血亲的计算，前者采"代次相加"，即找到双方共同的最近直系长辈血亲，然后按代次间隔单向计数累计或双向计数后相加；后者则实行"等者从一，不等从大"的原则，在找到双方的共同最近直系血亲后，分别向上数，代次相同，按此代数，代次不同，取较多者。不难看出，寺院法旁系血亲的计算上具有不确定性和不准确性，己身同表兄弟姐妹之间与同舅姨之间亲等相同，而权利义务差异显而易见。

　　中国古代的等级亲等制，在清朝末年的《大清民律草案》中已遭摒弃，改采寺院法的亲等计算法。辛亥革命建立共和制之后，1930年的《中华民国民法》采用罗马法的亲等计算法。中华人民共和国成立后，我国废除了民国时期的立法，之后颁布的婚姻法均未明确对亲等的计算法作出规定。根据我国《婚姻法》第6条禁止直系血亲和三代以内旁系血亲结婚的规定，以及《继承法》第11条"被继承人的子女先于被继承人死亡的，由被继承人的子女的晚辈直系血亲代位继承"的规定，可推知我国目前采用世代计算法，即以血亲之间的世代来计算亲属关系的远近。我国绝大多数学者认为以"代"数计算精确性不够，不能满足日益频繁的涉外亲属间交往[2]。但也有学者认为，世代计算法

---

〔1〕　如《法国民法典》第735条规定：亲属关系的远近，依代数确定之。一代成为一亲等。《德国民法典》第1589条规定：血统关系的等，按照使血统关系得以形成的出生数予以确定。《意大利民法典》第76条规定：亲等，于直系场合，其始祖除外，按其所有的世代数目计算。

〔2〕　孔祥瑞、李黎：《民法典亲属编立法若干问题研究》，中国法制出版社2005年版，第29~30页；巫昌祯："进一步完善婚姻法的几点思考——纪念婚姻法修改五周年"，载《金陵法律评论》2006年第1期，第3~7页；陈苇：《中国婚姻家庭法立法研究》，群众出版社2010年版，第90页。

与我国传统的五服制度具有相似性，司法实践中已被熟知，无需作出更正[1]。

在对民法典婚姻家庭编亲属通则建构时，应采当今世界通用的罗马法亲等计算法[2]。这既是中华人民共和国成立后的婚姻家庭立法与司法实践经验总结的要求，也是强化性别平等理念的重要法律规定[3]。一方面，罗马法的亲等计算法依血统的远近定亲等的多寡，合于情理，有利于准确限定亲属间权利义务关系；另一方面，除受宗教影响深远和立法传统等方面原因至今仍采用寺院法的亲等计数法的国家外，世界范围内绝大多数国家的亲属法均采用罗马法亲等计算法，在日益频繁的涉外亲属交往中，统一的计算方法将减少亲等换算带来的不便。考虑到我国的司法实践亟待统一标准，应在直系血亲、旁系血亲的亲等计算后，明确拟制血亲与姻亲的亲等计算方法。

（二）近亲属范围之厘定

在我国的立法与司法实践中经常使用"近亲属"的概念[4]，对近亲属范围的厘定，首先应当明确"亲属的范围"，以及亲属与近亲属的关系；其次才应具体讨论近亲属的范围。

确定亲属范围，主要有两种立法例：一是总体限定的立法模式，即立法从整体上概括限定亲属的范围，此范围之外的亲属关系不属于法律所调整的对象，也不具有亲属的法律效力。如《日本民法典》规定：

---

〔1〕 程维荣、袁奇钧：《婚姻家庭法律制度比较研究》，法律出版社 2011 年版，第 27 页。

〔2〕 改采罗马法亲等计算法，已成为学界共识。除梁慧星、王利明、徐国栋课题组的三版专家建议稿外，还有如巫昌祯、李忠芳："民法典婚姻家庭编通则一章的具体设计"，载《中华女子学院学报》2002 年第 4 期；余延满：《亲属法原论》，法律出版社 2007 年版，第 99 页；杨立新：《婚姻家庭继承法》，北京师范大学出版社 2010 年版，第 29 页。

〔3〕 中国古代亲等计算法实行父系本位，且具有浓厚的等级色彩，与我国当代性别平等、人格平等的立法理念背道而驰。尽管清末立法已经摒弃，但现行的代次计算法仍受古代亲等计算法的影响，采用代次实体计算法，罗马法与寺院法的计算法则是代次间隔计算法。

〔4〕 《民法通则》《民法总则》、最高人民法院《关于贯彻执行〈中华人民共和国民法通则〉若干问题的意见（试行）》、最高人民法院《关于审理名誉权案件若干问题的解答》等法律与司法解释中都使用了"近亲属"这一术语。

"下列人为亲属：六亲等内的血亲；配偶；三亲等内的姻亲。"[1] 二是分别限定的立法模式，立法不从总体上概括限定亲属的范围，在具体的亲属关系或法律事项上分别规定亲属的法律效力，如法国法、我国现行法律。尽管有学者认为分别限定的立法模式更具科学性和灵活性，我国立法应采此法[2]；但多数学者认为我国没有明确亲属的范围与"近亲属"的范围是立法缺憾[3]。一方面，没有明确的亲属范围，造成了法律规定之间的矛盾与冲突；另一方面，对相同的法律术语作不同的解释，不符合法律的规范性要求，容易造成混乱。由于近亲属的概念较亲属的概念狭窄，有学者认为我国未来立法应当采用世界上绝大多国家的立法例，摒弃以近亲属和其他亲属的概念界定亲属范围的做法，直接规定"五亲等以内的血亲、配偶和三亲等以内的姻亲为亲属"，既明确亲属范围，又使实践便于操作，且与世界各国立法相一致[4]。这种立法选择虽便捷，但忽视了新中国成立以来的司法实践以及人们日常生活中对亲属间权利义务的实际要求，并不是最优选项。对于亲属范围的界定，我国理论研究，一般采用先明确亲属的种类，进而明确每种亲属内涵的方式。通说认为，我国亲属的种类包括配偶、血亲和姻亲。对配偶与血亲的内涵理论并无争议，但对于姻亲的内涵，则有不同的认识。世界各国或地区立法例主要有两分法立法主义[5]、三分法立法主义[6]和四分法立法主义[7]，即姻亲包括血亲的配偶和配偶的血亲为二分法，

---

[1] 渠涛编译：《最新日本民法》，法律出版社 2006 年版，第 155 页。

[2] 余延满：《亲属法原论》，法律出版社 2007 年版，第 93 页；陈苇主编：《外国婚姻家庭法比较研究》，群众出版社 2006 年版，第 73 页。

[3] 杨立新：《婚姻家庭继承法》，北京师范大学出版社 2010 年版，第 30~31 页。

[4] 杨立新：《婚姻家庭继承法》，北京师范大学出版社 2010 年版，第 30~31 页。

[5] 王利明与梁慧星版专家意见稿采此观点。参见王利明主编：《中国民法典草案建议稿及说明》，中国法制出版社 2004 年版，第 59 页；梁慧星：《中国民法典草案建议稿附理由·亲属法》，法律出版社 2006 年版，第 16~17 页。《德国民法典》《瑞士民法典》采二分法立法主义。

[6] 薛宁兰："中国民法典亲属编立法若干问题探讨"，载梁慧星：《民商法论丛·第 28 卷》，法律出版社 2003 年版，第 203 页。

[7] 余延满：《亲属法原论》，法律出版社 2007 年版，第 96 页。《韩国民法典》采四分法立法主义。

在此基础上增加配偶的血亲的配偶为三分法、再增加血亲的配偶的血亲为四分法。我国学者主要争议于采纳二分法还是三分法。姻亲关系以血亲的婚姻为中介，考虑到当代离婚率呈上升趋势、家庭稳定性下降以及家庭规模小型化，不宜将姻亲关系范围规定过大。此外，既然承认配偶的血亲的配偶为姻亲，不承认血亲的配偶的血亲为姻亲是毫无道理的[1]。因此，我国未来婚姻家庭编立法对姻亲范围的认定应为：血亲的配偶与配偶的血亲。

在确定了亲属的范围以及继续使用"近亲属"这一概念后，哪些亲属能成为近亲属，学者们的观点各不相同[2]，主要在于：是否限定直系血亲的亲等、旁系血亲应限定为二亲等还是四亲等、共同生活的直系姻亲是否属于近亲属。对于直系血亲的限定，一种限定为四亲等内直系血亲，一种完全不加限定，四亲等直系血亲已经相当于传统立法中"本宗九族"，超过这个范围，已不属于法律意义上的直系血亲，加以限定的意义正是考虑到权利义务实现的可能性。旁系血亲应限定为二亲等还是四亲等，主要是考虑到四亲等范围与我国现行三代以内旁系血亲范围相同，且与要求扩大法定继承人范围的呼声有关。认为应当将共同生活的直系姻亲（主要指儿媳与公、婆，女婿与岳父、岳母）规定为近亲属的学者，主要观点都是基于我国长期实行计划生育政策，独生子女相当普遍，不将直系姻亲关系纳入近亲属的范围，不明确他们之间的权利义务关系，不利于发挥家庭养老育幼的功能，也不利于弘扬中华民族传统美德[3]。

---

〔1〕 王洪：《婚姻家庭法》，法律出版社2003年版，第44页。

〔2〕 已有观点对"配偶（夫妻）、父母、子女、祖孙、兄弟姐妹"应当属于近亲属并无争议。参见陈苇：《中国婚姻家庭法立法研究》，群众出版社2010年版，第94页；梁慧星：《中国民法典草案建议稿附理由·亲属法》，法律出版社2006年版，第19页；王利明主编：《中国民法典学者建议稿及立法理由·人格权编、婚姻家庭编、继承编》，法律出版社2005年版，第211页；夏吟兰："民法典体系下婚姻家庭法之基本架构与逻辑体例"，载《政法论坛》2014年第5期。

〔3〕 杨大文："民法的法典化与婚姻家庭法制的全面完善——关于民法婚姻家庭编的总体构想"，载《中华女子学院学报》2002年第4期，第1~3页；陈苇：《中国婚姻家庭法立法研究》，群众出版社2010年版，第81~83页。

我国现行《婚姻法》在家庭关系一章中将夫妻、父母、子女、祖孙、兄弟姐妹规定为具有权利义务关系的亲属；《继承法》规定法定继承人是配偶、子女、父母、兄弟姐妹、祖父母、外祖父母，以及对公、婆尽了主要赡养义务的丧偶儿媳和对岳父、岳母尽了主要赡养义务的女婿。我国目前社会保障体系尚不完善，家庭依然承担着主要的养老育幼责任。亲属之间的血脉亲情，使得权利义务的实现多了一些本能与温情。社会发展带来的人口流动，长期以来的计划生育政策，使得核心家庭和直系家庭成为我国主要的家庭模式。一方面，家庭的职能并未弱化；另一方面，家庭抵抗风险的能力却在下降，这就共同要求未来立法要适当扩大近亲属的范围，以实现亲属制度构建的目的。鉴于亲属关系经法律规定便具有权利义务，而亲属关系的远近与实现权利和履行义务的方式、程度、顺位等有关，因此，有必要作出"近亲属""其他亲属"的区分。并将近亲属的范围规定为"配偶、四亲等以内直系血亲和旁系血亲，共同生活的直系姻亲"为宜。

（三）其他争议问题

1. 确定继父母子女为拟制血亲的条件。继父母与继子女关系，是由于生父母一方死亡，另一方带子女再婚；或者父母离婚后，另行结婚而形成的。根据有没有抚养事实或者收养，继父母子女关系可以分为三类：名分型直系姻亲关系、共同生活型、收养型[1]。我国《婚姻法》第 27 条第 2 款规定："继父或继母和受其抚养教育的继子女间的权利和义务，适用本法对父母子女关系的有关规定。"即我国法律认定形成抚养教育关系的继父母子女关系为拟制血亲关系。拟制血亲是法律设定的血亲，其他国家与地区一般都仅规定养子女与养父母之间是拟制血亲，不认为继父母子女是拟制血亲关系[2]。我国对继父母子女关系作特别的规定，是因为在旧中国，由于受封建宗法制度的影响，继子女受到歧视，其权益得不到应有保障。1950 年《婚姻法》第 16 条即可见法律对继子女的保护。

---

〔1〕 夏吟兰主编：《婚姻家庭继承法》，中国政法大学出版社 2017 年版，第 178 页。
〔2〕 陈苇：《外国婚姻家庭法比较研究》，群众出版社 2006 年版，第 76 页。

对于继父母子女之间是否形成抚养教育关系的标准，我国《婚姻法》未作明确规定，理论认识不一，主要有时间标准认定与义务履行认定两类衡量方法。时间标准认定，主要以共同持续生活时间或抚养教育年限为标准，有 2 年[1]、3 年[2]、5 年[3] 三种认定方式。对于义务履行的认定，是否共同生活并不是必要条件，学者主要以是否有"生活费、教育费"的负担[4]或者给予"生活上的照料与抚养"[5] 两个角度对是否形成抚养教育关系下定义。判断继父母子女关系能否转化为拟制血亲关系的标准虽五花八门，其核心实质是如何衡量已经形成稳定的身份关系。现代社会，人们对精神生活与情感生活的要求不断提高，很难仅以生活费用的支付作为评价标准，继父母子女关系必须以收养的方式明确权利义务不符合我国长久以来的现实习惯，为了严肃身份关系的稳定性、明确当事人真实的意思表示，应以共同生活或抚养教育时间作为确定拟制血亲的标准，建议至少共同生活 3 年或抚养教育达 3 年以上[6]，才能将继父母子女关系认定为拟制血亲关系。同时，还应当注意到继父母子女关系的双向性，若继子女长期赡养扶助继父母，也应当认定为形成了拟制血亲关系，时间也应以 3 年为宜。

2. 姻亲关系是否因配偶一方死亡而终止。亲属身份法律关系的发生与终止，是指因一定法律事实的出现，而使当事人之间产生亲属身份法律关系或使既存的亲属身份法律关系归于消灭。对于亲属关系通则是否应规定亲属身份关系的发生与终止，学者认识不一[7]。鉴于亲属间

---

〔1〕 陈苇：《中国婚姻家庭法立法研究》，群众出版社 2010 年版，第 97 页。

〔2〕 王利明主编：《中国民法典学者建议稿及立法理由·人格权编、婚姻家庭编、继承编》，法律出版社 2005 年版，第 396~398 页。

〔3〕 王歌雅：《扶养与监护纠纷的法律救济》，法律出版社 2001 年版，第 89 页。

〔4〕 杨遂全等：《婚姻家庭法新论》，法律出版社 2003 年版，第 171 页。

〔5〕 王洪：《婚姻家庭法》，法律出版社 2003 年版，第 240 页。

〔6〕 对于 3 年标准的来源，孔子在《论语》中说："子生三年，然后免于父母之怀。夫三年之丧，天下之通丧也。"子女出生 3 年，几乎要依靠于父母怀抱，这既是古人守孝 3 年的原因，也从另一方面说明了父母子女之间建立亲密情感需要 3 年。尽管今日已无古人守孝 3 年的礼制，但习俗和文化中仍有类似基因。

〔7〕 王利明与徐国栋主编的专家建议稿未对此内容作出规定，梁慧星版专家建议稿对此作了规定。

的权利义务关系是以特定的亲属身份为其发生依据，在亲属关系通则中确定亲属关系的起止时间尤为重要。其中，姻亲关系是否因配偶一方死亡而终止争议较大。

对姻亲关系是否因配偶一方死亡而终止作出规定的国家，主要有三种立法例[1]：不终止主义，即认为姻亲关系不因配偶一方的死亡而终止，如《瑞士民法典》第21条、《意大利民法典》第78条；任意主义，即立法给予生存配偶自由选择权，如《日本民法典》第728条；终止主义，即条件一旦达成，当事人没有意思表示自由，如《法国民法典》第206条。我国现行立法对此未作明确规定，但由于《继承法》规定，丧偶的儿媳对公婆、丧偶的女婿对岳父母尽了主要赡养义务的，无论再婚与否均可作公婆、岳父母的第一顺序法定继承人。可推知，姻亲关系在我国并不因配偶一方死亡而必然终止。现实中，丧偶一方继续扶养死亡配偶父母的情况并不少见[2]，甚至与死亡配偶的亲属仍有禁婚的伦理要求。在未来立法时，宜采任意主义，充分尊重当事人意思自治。可理解为当婚姻关系终止时，以婚姻为纽带的姻亲关系应随之终止，但当事人自愿保留的除外。

四、结语

婚姻家庭领域中各类主体之间的权利义务，都是以特定的亲属身份为发生依据的。亲属关系在其他法律领域也具有一定的法律效力。如何确定亲属关系，从基本法层面上作出系统的规定，无疑是民法典婚姻家庭编的重要任务。婚姻家庭编亲属关系通则的确立，是实现社会主义法律体系亲属关系规范一致性的基本要求，是完善民法典婚姻家庭编体系化构建的必然选择，也是明晰亲属间权利义务关系的前提。亲属关系通

---

〔1〕 已有学者对姻亲关系是否因配偶一方死亡而终止的立法例作出分类，但不仅分类方式不同，理解也存在矛盾，比如对《日本民法典》第728条之规定，一位学者认为属于任意主义，另一位认为属于有条件的消灭主义。参见杨大文主编：《婚姻家庭法学》，复旦大学出版2002年版，第81~82页；陈苇：《外国婚姻家庭法比较研究》，群众出版社2006年版，第77页；余延满：《亲属法原论》，法律出版社2007年版，第93页。

〔2〕 王维："女子两段婚姻均丧偶　赡养两任残疾公婆23年"，载长江网，http：// news. cjn. cn/ shxw/201408/t2526334. htm，访问时间：2017年7月5日。

则的体例选择与内容建构，既离不开对其他国家及地区立法经验的借鉴，更需扎根本土回应现实需求；既要继承传统文化精华，又要彰显时代主流价值。只有充分认识到亲属关系的本质属性与法律意义，才能发挥出亲属制度一般性规则的最大作用。

二、婚姻关系论

2.1 完善夫妻关系的立法构想*

巫昌祯** 夏吟兰

改革开放之始颁布的 1980 年《婚姻法》，以重人身关系、轻财产关系，重道德说教、轻法律制裁为特点，它是与 20 世纪 80 年代初中国社会的人文历史条件和家庭生活状况相适应的。在改革开放取得重大成果，中国社会发生巨大变革的今天，人们的婚姻家庭观念和婚姻家庭关系都随之发生了不可逆转的变化：一方面，家庭观念淡化，家庭凝聚力减少，离婚被人们普遍接受，夫妻关系的唯一性和排他性在理论和实践中都不断地受到挑战；另一方面，随着人们生活水平的普遍提高，家庭财产显现出价值高档化，品种多样化，所有权关系复杂化的特点，人们的财产权利意识亦在不断增强。这些变化说明了现行《婚姻法》所赖以存在的社会条件的变异，也显示出《婚姻法》有关夫妻关系立法的不足与局限性。因此，完善夫妻关系的立法是顺应社会生活的呼唤，进一步规范婚姻家庭关系的需要。

一、夫妻人身关系的完善

人身关系是权利主体间的相互关系及由此所产生的与人身不可分割

* 本文发表于巫昌祯、杨大文主编：《走向 21 世纪的中国婚姻家庭》，吉林人民出版社 1995 年版，第 105~121 页。

** 巫昌祯，女，汉族，1929 年 11 月 17 日生，江苏句容人。中国政法大学教授、特约博士生导师，中国法学研究会婚姻法学研究会名誉会长，第七、八、九届全国政协委员。曾先后多次参与《婚姻法》修改。主持《妇女权益保障法》起草及修改。曾被评为北京市教育系统先进工作者，市优秀教师、全国优秀教师，北京市先进工作者、全国先进工作者、北京市"三八"红旗手、全国"三八"红旗手等，享受国家政府特殊津贴。

的权利和利益。夫妻间的人身关系是基于夫妻的特定身份关系而产生的一定的人身权益，这种人身权益具有专属性和相互性，只有具有夫妻关系者才可享有这种权益，并且是由双方互相给予的，一方的权利，就是另一方的义务，而尽义务的一方，同时也就享有了权利。确认和保护夫妻间人身关系的意义就在于维护身份权人对配偶所独有的地位和资格，确保身份权人能够依法按照自己的意志，对配偶进行一定的人身和物质要求，以实现身份权人的人身权利和由此所产生的物质利益。

有关夫妻间的人身关系，现行《婚姻法》对夫妻的姓名权（第 10条）、住所权（第 8 条）、人身自由权（第 11 条）、计划生育义务（第12 条），均作了明确规定。但是，笔者认为，该法忽略了夫妻关系中最基本、最具特色的一种身份关系，即夫妻间的共同生活关系，有些外国法称之为同居关系。

有关同居关系，国外许多国家均有明确规定。如《意大利民法典》（婚姻篇）第 143 条规定：夫妻双方因婚姻负有同居、忠实和扶养之相互义务。《日本民法典》第 752 条规定，夫妻须同居，相互协力，相互扶助。《瑞典民法典》设专节"婚姻共同生活的保护"，第 169 条规定：配偶一方未履行婚姻共同生活的义务，或其行为对他方有危险、污辱或损害时，他方可据此向法官提出诉请，法官可给以训诫至采取必要的法定措施以保护婚姻生活。

东欧一些国家对夫妻间的共同生活关系，也设有保护性条款，如《保加利亚家庭法典》第 16 条规定：夫妻除因重大理由必须分居外，都应在一起生活。《阿尔巴尼亚家庭法》第 24 条规定：夫妻双方享有同样的权利和义务。在履行家庭和社会的所有义务时，他们应当互敬互爱，忠诚于夫妻关系，互相帮助，并共同满足家庭的物质和文化需要。原《德意志民主共和国家庭法典》第 9 条规定：夫妻享有平等权利。他们一起生活，维持共同的家庭。影响共同生活和任何一方发展的事务由双方协商处理。

我国 1950 年《婚姻法》对夫妻共同生活关系也曾有过规定，其中第 7 条规定，夫妻为共同生活的伴侣，在家庭中地位平等；第 8 条规定，夫妻有互敬互爱、互相帮助、互相扶养、和睦团结、劳动生产、抚育子女，为家庭幸福和新社会建设而共同奋斗的义务。这些规定虽然没有强制力，但它作为一种导向性规定，对于规范当时的婚姻关系，促进家庭和睦、社会稳定还是起了重要作用的。

近几年，我国离婚率逐年上升，第三者插足对婚姻关系的危害也日趋严重。法律对于有配偶者又与他人有婚外情、婚外性关系，甚至是婚外同居的，难以制裁。一旦离婚，受害者亦难得到与其受害程度相当的赔偿，究其原因，皆为法无明文规定。修改《婚姻法》时，应对夫妻共同生活关系作出保护性规定：夫妻有共同生活，相互忠诚的义务，夫妻一方因有第三者，难以履行上述义务，侵害夫妻他方的人身权利，致使配偶间专有的人身权益得不到实现的，受害方有权请求法院保护其权利的实现。法院可视情节轻重，追究有过错方的民事责任或行政责任，并强制其履行义务。对于仍不履行义务，甚至导致婚姻关系解体的，受害方除可要求对财产损失给予赔偿外，还可要求对其精神损害给予适当的赔偿。

二、夫妻财产关系的完善

夫妻财产关系是和夫妻人身关系密不可分、体现一定经济内容的权利义务关系，包括夫妻财产制度、夫妻相互扶养、夫妻相互继承。夫妻在家庭中，占有和支配财产权利的多少及有无，是决定夫妻地位的最基本的因素之一。确认和保护夫妻财产关系的意义在于身份权人能够依据配偶身份对他方主张权利，以保障其物质利益得以实现，它是保障夫妻在家庭中地位平等的重要手段。

夫妻财产关系中的夫妻相互继承，《婚姻法》只作原则性规定，具体问题由《继承法》规定。夫妻相互扶养在实践中问题较少，现有规定笔者认为亦无不妥之处，故上述问题在此不做赘述，主要论述夫妻财产制度的完善问题。

夫妻财产制亦称婚姻财产制，是规定夫妻财产关系的法律制度。其内容包括夫妻婚前财产和婚后所得财产的归属、管理、使用、收益、处分以及与此密切相关的财产责任等问题。我国现行《婚姻法》第 13 条第 1 款对此作了高度概括性规定，"夫妻在婚姻关系存续期间所得财产，归夫妻共同所有，双方另有约定的除外。"这一规定确立了以共同财产制为主，约定财产为辅的夫妻财产制度，在两者中，共同财产制是法定财产制，起基础作用，当事人有约定时从约定，没有约定或约定无效时仍按法定共同财产制度。1980 年《婚姻法》的法定财产制与约定财产制并举的夫妻财产制度既符合当时的社会政治、经济状况，又具有一定的前瞻性、指导性，但过于抽象，难以操作，因此，有必要在修改《婚姻法》时对夫妻共同财产的范围、夫妻持有财产、夫妻约定财产等作出明确、具体的规定，进一步完善我国的夫妻财产制度。

（一）明确夫妻共同财产的范围

根据《婚姻法》第 13 条的规定，夫妻共同财产是指夫妻在婚姻关系存续期间所得的财产。从理论上讲，这一概念是明确的。但是，夫妻共同财产的具体范围包括哪些内容？夫妻共同财产和夫妻的婚前财产界限不清时又应如何认定？在现实生活中，为此而发生纠纷的屡见不鲜，笔者认为，进一步明确夫妻共同财产的范围是完善夫妻财产制度的关键。

为妥善解决司法实践中所遇到的上述问题，最高人民法院于 1993 年 11 月颁布了《关于人民法院审理离婚案件处理财产分割问题的若干具体意见》，其中第 2 条对夫妻共同财产的范围作了如下司法解释："夫妻双方在婚姻关系存续期间所得的财产，为夫妻共同财产，包括：①一方或双方劳动所得的收入和购置的财产；②一方或双方继承、受赠的财产；③一方或双方由知识产权取得的经济利益；④一方或双方从事承包、租赁等生产、经营活动的收益；⑤一方或双方取得的债权；⑥一方或双方的其他合法所得。"对此，理论界有争议，提出了一些不同意见。

争议之一：在婚姻关系存续期间，夫妻一方继承或受赠的财产是否应完全属于夫妻共同财产。

第一种观点认为，这一司法解释符合社会主义夫妻关系的性质，是正确的、合理的。夫妻是共同生活的终身伴侣，法律明确规定实行夫妻共同财产制，因此，在婚姻关系存续期间，夫妻双方或一方的合法收入及双方或一方所继承或受赠的财产，均应属于夫妻共同财产范围，现实生活中也是这样做的。这有利于夫妻团结，有利于实现家庭的各项社会职能，有利于社会的安定。[1]

第二种观点认为，这一司法解释不尽合理，应从我国实际出发，参考国外法律，作出适当的修改。夫妻一方继承、受赠的财产，不应一律视为夫妻共同财产，而应区别对待，作灵活规定。在一般情况下，夫妻一方继承或受赠的财产可以作为夫妻共同财产。如果被继承人或赠与人明确表示只由夫妻一方继承或只赠与夫妻一方时，则不属于夫妻共同财产范围，应为夫妻一方个人所有。[2]

第三种观点认为，夫妻一方继承或受赠的财产，属于夫妻个人财产，但财产取得后夫妻共同生活达20年以上者，该财产不再为夫妻个人财产，应转化为夫妻共同财产，在婚姻终止时予以分割。[3]

笔者认为，尽管世界上大多数适用共同财产制的国家，无论大陆法系、英美法系还是苏联等社会主义国家均规定夫妻一方继承或受赠的财产为其个人财产。但根据我国国情，对于夫妻一方在婚姻关系存续期间继承或受赠的财产，原则上还应视为夫妻共同财产，但被继承人和赠与人有相应的明确意思表示的应当除外。如在下述案例中，将一方受赠所得财产作为夫妻共同财产，既不能体现和尊重赠与人的意志，也难以保护受赠人的利益。某女与某男结婚后不久，即患精神分裂症。某男开始还照顾某女，时间一长，即生嫌弃之心，每天很晚回家。某女只有老母一人在身旁照顾，生活十分艰难。某女的表哥系海外华侨，回国探亲时看到某女的困境，十分同情，准备赠与3000美元。并明确表示，某男对某女不好，故3000美元只赠与某女一人，并与某女之母签订书面赠与协议。但是，根据现行《婚姻法》及司法解释的规定，某女一旦取

---

〔1〕 巫昌祯：“婚姻家庭法学若干理论问题的探讨”，载张友渔主编：《中国法学四十年》，上海人民出版社1989年版，第416页。

〔2〕 史浩明：“夫妻一方继承及受赠财产的所有权归属探讨”，载《河北法学》1989年第6期；巫昌祯、夏吟兰：“离婚新探”，载《中国法学》1989年第2期。

〔3〕 曹诗权：“我国夫妻财产制增改动议”，载《中南政法学院学报》1990年第3期。

得 3000 美元，某男自然就享有一半的权利，某女表哥所做的意思表示无效。因此，笔者认为，我国实行的是婚后所得共同财产制，婚姻关系存续期间所得一切财产均为夫妻共同财产，当然包括双方或一方继承、受赠所得财产，但一方通过继承或受赠所得的财产权，应考虑原财产所有人的意志及合理要求，这是财产所有权人处分自己财产的权利，这种权利是受到《宪法》《民法通则》《继承法》保护的，《婚姻法》对此应作出相应的规定，以使财产所有权人的利益在婚姻家庭中得到保护。

争论之二：在夫妻婚姻关系存续期间，一方或双方的知识产权如何分割。

一种观点认为，知识产权可能带来的财产利益，从广义上讲，应属夫妻共同财产。离婚时，知识产权（著作权、发明权、专利权）已经发表或采用，得到经济利益的，当然按夫妻共同财产分割，即使尚未发表或采用，也应对可能获得的财产利益进行估价，按共同财产的原则分配，或留待日后处理。因为，这些知识产权的获得是在婚姻关系存续期间，离不开另一方配偶的支持和帮助，并可能带来财产利益。[1]

另一种观点认为，知识产权不应一律视为夫妻共同财产，要区别对待。如果作者的著作、书画家的字画、专利权人的专利以及发明人的发明已经作为商品进入流通领域并因此得到报酬，取得相应的物质利益，其财产权利的取得是在婚姻关系存续期间的，离婚时应作为夫妻共同财产加以分割。反之，如果这些手稿、字画、设想、设计稿等在离婚时还未能出版或未被采用，那它就仅是夫妻一方的精神财富，且具有人身性，由于不具有物质财富内容，不能分割。例如，某画家作画多年，在国内外享有盛名。但因潜心作画，忽略了夫妻感情的投入，冷淡了妻子，妻子为此十分伤心，夫妻感情逐渐淡漠，最后导致离婚。离婚时，画家的画分为三部分：一部分已出售，得款数万元，存在银行；一部分在法国巴黎展销，尚未闭幕；另一部分在家，尚未出售，目前亦无出售意图。画家同意对已售画的收入按夫妻共同财产分割，对第二部分、第

---

〔1〕 谭琳、刘伯红主编：《中国妇女理论研究十年（1995～2005）——回应〈北京行动纲领〉》，社会科学文献出版社 2005 年版，第 202 页。

三部分的画不同意分割。画家妻子认为，为了使画家专心作画，她承担了全部家务，她对全部画都应有一半的权利，未出售的画应分她 1/2，她可以拿去出售。很显然，画家的画已出售的部分应作为夫妻共同财产分割，尚未出售的部分从理论上讲属于画家的精神财富，具有人身专属性，不可分割。对已出售部分分割的不是画，而是画所带来的经济利益。在具体处理本案时，考量到画家的妻子对画家的支持和帮助，可说服画家，赠与其妻一部分。

笔者同意第二种观点。知识产权是以独占实施智力成果为核心内容的专有性权利，具有排他性和绝对性的特点。同时，它又具有人身权和财产权的双重性质。人身权是基于一定身份而产生，没有直接的财产内容的权利，一经成立，即与特定的人身不可分离，除法律规定外，不得以任何形式转让。因此，离婚时，对配偶一方未取得经济利益的知识产权不能分割，这时的知识产权只是与配偶的身份不可分离的人身权利，作为一种无形财产，无法也不能分割。财产权是知识产权所具有的商品属性，权利人通过出售或转让知识产权获得经济利益。在婚姻关系存续期间，权利人一旦实现了知识产权中的财产权利，获得经济利益，其配偶作为财产共有人，就享有一半权利，离婚时就有权分割。因此，知识产权不应一律视为夫妻共同财产，只有在婚姻关系存续期间，实现财产权利的，才可将经济利益作为夫妻共同财产予以分割。

（二）夫妻个人财产与共同财产的划分

划清夫妻个人财产与共同财产首先必须正确理解《婚姻法》所规定的"夫妻在婚姻关系存续期间所得财产归夫妻共同所有"中"所得"的含义。

所谓所得，是指财产权利的取得，而不是实际财产的占有。财产所有权的取得与实际财产的占有有时是同步的，有时则先后发生。如某女婚前丧父，继承已开始，但因发生纠纷，遗产还未具体取得、实际占有。此时如与某男结婚，婚后 5 个月，某女分到遗产 1 万余元，对于此遗产属于某女个人财产还是夫妻共同财产，双方发生争议。再如，一对夫妻已经离婚，离婚后，一方补发了工资，其中包括未离婚时的工资，一方向法院起诉，要求分割。这两个案例，一个是婚前取得财产权利，婚后实际占有财产，一个是婚姻关系中取得财产权利，离婚后实际占有，根据上述"所得"的含义，前者属某女婚前个人财产，后者属夫妻共同财产。因此，何时实际占有某项财产并不重要，何时取得这项财产权利才是关键。在婚姻关系存续期间具体取得的财产，不一定是共同财产，只有在婚姻关系存续期间取得财产权利的，才是共同财产。

关于"所得"的含义，目前从事法学理论研究及司法实践的同志，已基本形成共识。但大多数的当事人并不清楚，以致形成纠纷。因此，有必要在修改《婚姻法》时予以明确，以减少讼争。

划清夫妻个人财产与夫妻共同财产，还应设立夫妻特有财产制度。

特有财产是指夫或妻一方单独所有的财产。世界上不少国家的婚姻立法对此都有较明确的规定。如《法国民法典》第 1404 条规定：下列财产，即使为婚姻期间取得者，按其性质为各自的财产：属夫或妻一方使用的衣服及日用布制品，赔偿身体或精神上损害的诉权、不能让与的债权及补助金，以及更广而言之，一切具有个人特点的财产及专属个人的权利。《罗马尼亚家庭法典》第 31 条规定：以下财产不属于夫妻共同财产，而是夫妻一方的单独财产：①结婚前所获的财产；②以继承、遗赠或赠送方式转移或获得的财产；③夫妻任何一方供个人使用的财产或从事其职业所需要的财产；④作为奖品或奖金获得的财产；⑤保险金或损害赔偿金等。

我国《婚姻法》对夫妻特有财产未作规定。司法实践中一般将下列财产视为夫妻个人财产：①专供个人使用的衣物；②夫妻各自婚前所有的财产；③一方从事职业所需的工具、仪器等；④复员军人的补助费及结婚不到 10 年的复员、转业军人的复员费、转业费。

笔者认为，在修改《婚姻法》时，有必要设立夫妻特有财产制度，对夫妻的个人财产的范围作出明确规定，以适应当前夫妻财产关系的多元化、复杂化。设立夫妻特有财产制度，有利于划清夫妻共同财产与夫妻特有财产的界限，减少纠纷，保护公民个人的合法财产权。

下列财产应当属于夫妻个人特有的财产：①婚前个人所有财产及已

取得的财产权利；②供一方个人使用的价值不高的衣物及其他生活用品；③一方从事职业所需的专用财产，价值较高的除外；④一方具有人身性质的补助金、医疗费、保健费、人身保险费、伤残补偿费、人身损害赔偿金等；⑤一方因受奖励所得的奖品、纪念品；

对难以认定是夫妻共同财产还是一方特有财产，双方有争议的，由主张权利的一方负举证责任。当事人举不出有力证据，人民法院又无法查实的，按夫妻共同财产处理。

夫妻的特有财产，特别是不具有人身性质的财产，在夫妻共同生活、共同使用的过程中，其财产的性质将发生转化，由个人特有财产，转化为夫妻共同财产。如一方婚前所有的房屋，结婚后经过翻修改建，由平房改为楼房；或虽未翻修改建，但经过长期共同使用、共同居住的，即可视为夫妻共同财产，婚姻关系终止时，他方可要求分割一半。

夫妻共同财产是以夫妻间所存在的特定身份关系及《婚姻法》有关夫妻婚后所得共同制的规定为法律依据的。共同生活、共同劳动是形成共有财产权关系的重要条件，对于夫妻一方婚前个人所有的财产，婚后由双方共同使用、经营、管理，经过一定期间的，即符合共同财产权产生的条件，由一方个人财产转化为夫妻共同财产。

例如，某男与某女于 1978 年结婚，某男原有祖传房三间，房屋破旧，难挡风雨。1982 年曾大修过一次。改革开放后，某男夫妇开了一个小店，经营一些日用物品。3 年后，小店生意十分兴隆，年收入在 10 万元以上。但房屋又小又旧，不利于扩大经营，夫妻商量决定翻盖和扩建；1985 年原有的三间房经翻盖后变成了店铺，另又盖了三间作为住宅。1991 年，夫妻因生活琐事发生矛盾，关系日益恶化，最后，某女向某男提出离婚。在分割六间房屋时，双方发生争执。某男认为，1985 年翻盖的三间房屋系他婚前财产，与女方无关，扩建后的三间可按夫妻共同财产分割。某女不同意，认为翻盖的三间房她也出过力，翻盖房子的钱是她和某男共同经营小店赚来的，完全归某男所有不合理。法院查明情况后认定，翻盖的三间房虽然系某男婚前财产，但婚后经过两次修缮，已大大超过原房价值，按有关规定，翻建的三间房的所有权已由婚前财产转化为婚后夫妻共同财产，应由夫妻双方平均分割。

（三）夫妻约定财产制

夫妻约定财产制是规范夫妻对其婚前财产、婚后所得财产的占有、使用、管理、收益、处分协议的法律制度。

约定财产制在许多国家的法律中都有规定。总体含义是指夫妻得以协议的方式选定某种财产制。有的国家用法律规定几种财产制，由当事人选用，如《瑞士婚姻法》规定，当事人只能在联合财产制、共同财产制、分别财产制三种形式中择一约定。有的国家未明文规定财产制的形式，由当事人自行约定，只要不违反社会善良习俗和法律基本原则的，均为有效，如日本。凡规定了约定财产制的国家都对如何约定及约定的内容作了具体而明确的限制。这些限制主要是指约定的内容不得违背法律和公共道德、善良习俗，不得侵害第三者的利益，约定必须符合法定的形式等。

我国 1980 年《婚姻法》对 1950 年《婚姻法》的重大发展之一，是在实行法定的共同财产制的同时，允许当事人另行约定，丰富了我国夫妻财产制的形式。这一规定既保持了法的稳定性和连续性，又体现了我国妇女法律地位的进一步提高和人民物质和文化水平的提高。

目前，我国夫妻对财产实行约定的虽有一定数量，但并不很多。随着商品经济的发展，人民生活水平的提高，夫妻的财产拥有量将会进一步增加，约定的情况亦会随之增多。鉴于我国《婚姻法》对于"约定"的规定过于简单，应立足于本国实际情况，借鉴国外的立法经验，充实、完善现有规定，使之尽快制度化、规范化。

我们认为，对约定应采取一允许、二限制的原则，即从法律上允许当事人订立处分其财产的协议，但应在约定的内容、方式等方面加以必要的限制和明确的规定，以指导当事人正确行使权利，减少讼争。

例如，某男与某女 1983 年自主结婚（均系再婚），未生子女。某女与前夫离婚后抚养一子，前夫每月给抚养费 20 元。某男与前妻离婚后，也抚养一上大学的儿子。婚前，某男曾向某女作三条保证：①要共同过好下半辈子生活；②共同将各自的孩子教育成才；③夫妻要按周总理倡导的"八互"原则相处。婚后初期双方感情较好。经济上男方每月收入 153 元，自己留 53 元，100 元交给女方。女方每月寄给男方母亲 10 元和上大学的儿子 40 元，余下 50 元用于家庭开销。1984 年，女方动用了男方婚前存款 1000 元，男方开始对女方不信任，以后每月只给女方 30 元作为生活开销。不久，因子女、经济等问题矛盾激化，双方分居。1986 年，女方起诉离婚。双方均同意离婚，但在财产分割上各不相让。女方主张婚后共同财产价值 3189 元应对半分；男方则主张按事实上的约定分割，即：谁的收入归谁所有，谁出钱买的东西归谁所有。理由是：婚后男方个人收入，每月除给女方 30 元用于共同生活外，其余都由男方个人支配，女方从未提出异议，说明对"谁赚的钱归谁所有"这一事实默认了，属于事实上的约定。女方坚决否认有约定，认为这是男方捏造的。经查，男方确有对财产进行约定的想法，并与朋友在私下谈论过此事，但不知应如何约定，便采取了自认为有效的事实约定。显然，这种"约定"不受法律保护，没有法律效力，法律不予支持。

修改《婚姻法》时，应明确规定约定的有效要件，笔者认为，主要应包括以下几点：

1. 约定的主体：必须是夫妻双方亲自订立，订约者须为完全民事行为能力人。一方或双方为无行为能力或限制行为能力人的，不得进行约定，自行约定者，一律无效。

2. 进行约定的夫妻双方意思表示必须真实自愿，任何一方不得对他方施以欺骗、威胁、胁迫等手段，显失公平的约定无效。

3. 约定的客体：只能是夫妻双方共同财产或一方的个人财产，不得涉及他人财产。

4. 约定的内容必须符合法律及社会公共道德，不得提及国家、集体和第三人的利益。凡逃避法律义务，规避法律规定和基本精神的，约定无效。

5. 约定的时间：约定可在婚前进行，也可在婚后进行。婚前缔结的约定于结婚时或约定的其他时间发生效力，婚后缔结的约定于约定时或约定的其他时间发生效力。

6. 约定的形式要件：为保证约定的合法有效，便于受到法律保护和社会监督，夫妻间的财产约定应以书面形式为宜，有条件的还应到公证机关公证或在结婚登记时予以登记证明。口头约定形式或所谓的"事实约定"，双方有争议，且没有明确的证据证明约定存在的，一般不承认其效力。

7. 允许约定变更和撤销：约定生效后，因夫妻双方或一方情况发生变化，可协议撤销原约定，适用共同财产制，亦可对原约定的内容进行部分或全部变更。协议撤销或变更约定都是法律行为，在内容、形式等诸方面的要求与初始约定相同，否则无效。

约定一经生效，夫妻双方即可按约定的内容享受权利，承担义务。婚姻终止分割财产时，有约定的按约定处理；约定不符合法定条件，部分无效的，有效部分适用约定，全部无效的，适用法定共同财产制。

（四）个体经营者的夫妻财产制度调适

《民法通则》第 29 条规定："个体工商户、农村承包经营户的债务，个人经营的，以个人财产承担；家庭经营的，以家庭财产承担。"最高人民法院《关于贯彻执行〈中华人民共和国民法通则〉若干问题的意见（试行）》第 42 条进一步指出："以公民个人名义申请登记的个体工商户和个人承包的农村承包经营户，用家庭共有财产投资，或者收益的主要部分供家庭成员享用的，其债务应以家庭共有财产清偿。"在夫妻关系存续期间，一方从事个体经营或者承包经营的，其收入为夫妻共有财产，债务亦应以夫妻共有财产清偿。

在处理个体经营者财产问题时，首先应划清个体经营与夫妻共同经营的区别。笔者认为，其根本区别在于：投资者、经营者、受益者的主体是谁。

凡以个人名义申请营业执照，婚前开始经营，婚后他方未参与经营，亦未受益者；或婚后经营，他方既未出资，也未参与经营活动，盈利时也未受利益（经营方只支付维持中等生活水平的生活费），应属个人经营。此时，投资者、经营者、受益者的主体均为同一个人。

无论是否以个人名义申请营业执照，凡以夫妻共同财产出资，共同从事经营活动、共享盈利的（盈利为夫妻共同财产），应属夫妻共同经营。投资者、经营者、受益者的主体此时不是个人，而是夫妻。如夫妻共同投资、共享盈利，但由一方经营的，形成共同财产关系，承担共同债务。

个人经营所负之债，依照《民法通则》的上述规定，原则上应由个人承担。笔者认为，这里所谓的"个人经营"，对夫妻关系来说，是指以下情况而言：

第一，夫或妻一方，未经对方同意，擅自动用共同财产并以个人名义从事某项经营，由此经营而形成的债务，由个人承担，另一方不负清偿责任。因为，这种经营活动违反了共同共有中占有、使用，特别是处分应取得其他共有人同意的原则。最高人民法院《关于贯彻执行〈中华人民共和国民法通则〉若干问题的意见（试行）》第 89 条规定："……在共同共有关系存续期间，部分共有人擅自处分共有财产的，一般认定无效。但第三人善意、有偿取得该项财产的，应当维护第三人的合法权益；对其他共有人的损失，由擅自处分共有财产的人赔偿。"实践中还应当注意，夫妻一方擅自处分共有财产，他方明知而不反对，应视为默示同意，事后不得以未曾参与处分而否认该处分行为所产生的法律后果。

第二，夫或妻一方，为满足个人的某些需要，并以个人名义从事的某项经营。由此经营所负债务，由个人承担，另一方不负清偿责任。因为，这种经营所得不是用于家庭共同生活，家庭未受益。根据《婚姻法》第 32 条的规定，夫妻双方或一方因共同生活所需所负的债务，属于共同债务，以共同财产偿还。夫妻一方单独所负债务，属个人债务，以个人财产偿还，另一方不负任何责任。

需要指出的是，基于夫妻共同财产的特殊性质，即使夫或妻以个人名义经营，但其经营所得用于夫妻共同生活，即家庭受益的，因经营所负之债，应是共同债务，另一方负连带责任。因此，对于《民法通则》所指的个人经营，不能仅仅从"个人名义"上来理解，而要从经营所得与家庭生活是否有关来考虑。这样处理，既符合权利与义务相一致的原则，又不致损害债权人的合法权益。

2.2 夫妻关系的沿革与比较[*]

夏吟兰

我国的夫妻关系是以男女权利平等和夫妻家庭地位平等为原则的，它贯穿于《婚姻法》及相关的法律、法规之中。

我国夫妻关系有其形成、发展的过程。中华人民共和国成立前各个革命时期的婚姻立法，如 1931 年的《中华苏维埃共和国婚姻条例》、1939 年《陕甘宁边区婚姻条例》、1943 年《晋察冀边区婚姻条例》等，对夫妻关系都作过明确的规定。虽然各条例在具体规定上有所不同，但基本精神是一致的。有关财产关系，主要有以下几个内容：其一，男女各得的旧地、财产、债务各自处理；其二，结婚满 1 年的，男女共同经营所得的财产，按男女平等的原则共同所有，如有小孩，按人口平分；其三，男女在同居中所负的共同债务，有共同财产者以共同财产偿还；无共同财产或共同财产不足清偿时，由男子负担；其四，离婚后，女子如未再行结婚，生活困难，男子须维持其生活，女子如无房住，男子须将他的一部分房子，赁给女子居住。关于夫妻的人身关系，各条例基本上均未涉及，仅《晋察冀边区婚姻条例》规定夫妻互负同居之义务。

从上述规定可以看出，在我国法制初创时期，尽管法律规定还很不完善，但已鲜明地体现了男女平等、保护妇女权益的精神。

1950 年《婚姻法》，是中华人民共和国成立以后第一部重要法律。

---

[*] 本文发表于巫昌祯、杨大文主编：《走向 21 世纪的中国婚姻家庭》，吉林人民出版社 1995 年版，第 121~128 页。

它在摧毁旧的封建主义婚姻家庭制度和建立新的社会主义婚姻家庭制度中，起了重要的作用。这部《婚姻法》，在全国范围内实行了夫妻在人身方面和财产方面完全平等的原则。该法设专章对夫妻间的权利和义务作出明确规定，其中第 7 条规定："夫妻为共同生活的伴侣，在家庭中地位平等。"第 8 条规定："夫妻有互爱互敬、互相帮助、互相扶养、和睦团结、劳动生产、抚育子女，对家庭幸福和新社会建设而共同奋斗的义务。"第 9 条规定："夫妻双方均有选择职业、参加工作和参加社会活动的自由。"第 10 条规定："夫妻双方对于家庭财产有平等的所有权与处理权。"第 11 条规定："夫妻有各用自己姓名的权利。"第 12 条规定："夫妻有互相继承遗产的权利。"第 23 条第 1 款规定："离婚时，除女方婚前财产归女方所有外，其他家庭财产如何处理，由双方协议；协议不成时，由人民法院根据家庭财产具体情况、照顾女方及子女利益和有利发展生产的原则判决。"第 24 条规定："离婚时，原为夫妻共同生活所负担的债务，以共同生活时所得财产偿还；如无共同生活时所得财产或共同生活时所得财产不足清偿时，由男方清偿。男女一方单独所负的债务，由本人偿还。"第 25 条规定："离婚后，一方如未再行结婚而生活困难，他方应帮助维持其生活；帮助的办法及期限，由双方协议；协议不成时，由人民法院判决。"

以上规定，和中华人民共和国成立前革命根据地时婚姻立法比较起来，不仅在适用范围上，而且在具体内容上都有了进一步的充实和完善，建立起一套较为完整的，具有男女平等特征的社会主义夫妻关系法律制度。

1980 年《婚姻法》，是 1950 年《婚姻法》的继续和发展。在夫妻人身关系方面，1980 年《婚姻法》除删掉了 1950 年《婚姻法》中无法律强制力、仅具有号召性的规定外，基本上保持了 1950 年《婚姻法》的原有规定，只增加了夫妻双方均有计划生育的义务。在夫妻财产关系方面，1980 年《婚姻法》规定的夫妻财产制度有了较大的发展。其中第 13 条第 1 款规定，"夫妻在婚姻关系存续期间所得的财产，为夫妻共同所有，双方另有约定的除外"，确立了实行以共同财产制为主体、约定财产制为补充的财产制形式。这一新的财产制形式，使我国的夫妻财产制度更为完善，体系更为严谨。既有法律的确定性、指导性，又具有灵活性，符合我国的客观情况和人民生活的多种需要。

纵观世界各国夫妻关系的演变，其立法主义大体可分为夫妻一体主义和夫妻别体主义。

夫妻一体主义亦称夫妻同体主义，即法律上视夫妻为一体，妻的人格为夫的人格所吸收，或夫的人格为妻的人格所吸收，被吸收的人格则失去其独立性，受他方所支配。实际上，各国普遍是妻的人格被夫的人格所吸收，妻无财产权利和行为能力，受夫权所支配。夫妻一体主义是以家族为本位的立法思想，它要保护的是封建的父系大家族，为封建社会家庭立法的基本原则。这种立法主义的确立是与当时的社会发展状况相适应的。在家长专制的宗法统治之下，男女处于绝对不平等的地位，妇女是男子的私有财产和附属品，婚姻的目的是"上以事宗庙，下以续后世"。在此基础上所产生的立法思想必然是夫之人格吸收妻之人格的夫妻一体主义。其夫妻关系必然表现为妻子既无人身权利亦无财产权利。

夫妻别体主义亦称夫妻异体主义，即法律上承认夫妻各有独立的人格，相互间有权利、义务关系，夫妻各自享有独立人身权利及财产权利。夫妻别体主义产生于商品经济的社会中，随着商品经济的发展而发展，到资本主义社会达到顶峰。别体主义较之剥夺妻子权利的一体主义是一大进步，但是它反映了资产阶级的婚姻契约观，它"撕破了笼罩在家庭关系上面的温情脉脉的纱幕，把这种关系变成了单纯的金钱关系"[1]。英国百科全书婚姻立法词条中结婚一条承认："由于结婚就会附带产生经济问题，在一些法律制度中，对财产的安排是对一个合法妻子的身份的中心问题，也是采取契约形式结婚的核心问题。"在夫妻法律地位相对独立的同时，如何保护社会地位、经济地位仍处于劣势的妇女权益特别是财产权益已成为世人关注的问题。因而，现代世界各国有

---

〔1〕《共产党宣言》，选自《马克思恩格斯全集》，人民出版社1958年版，第468页。

关夫妻关系的立法已有所改变,两大立法主义正在相互融合。

分别财产制是以夫妻别体主义作为其立法思想的。英国自 1870 年制定《已婚妇人财产法》,确立夫妻分别财产制以来,其判例法不断修正,以补正分别财产制难以保护妻子权利的缺陷。1964 年重新修订的《已婚妇人财产法》、1970 年颁布的《婚姻诉讼程序及财产法》、1973 年颁布的《婚姻事件法》对妻子从事家务劳动的价值均予以承认,认为"婚姻是夫与妻共同劳动之合伙关系,妻藉着家事与子之养育而贡献于共同之事业,与夫扶养家庭具有同样之价值"。除此之外,英国的一些著名判例亦对夫妻分别财产制作出以下补充规定:婚姻关系存续期间夫妻的住房(matrimonial home)、结婚以前夫妻所有的住房,适用共有原理(因继承或受赠所得的住房除外),夫妻有平等的所有权。夫妻住房以外的财产,在婚姻关系存续中,夫妻各自得自由处分自己的财产,婚姻关系消灭时予以分割,财产较少之一方配偶,对他方配偶有达到双方财产平衡之均等请求权(equalization claim)[1]。由此可见,英国在坚持适用夫妻分别财产制的同时,适当引进了共同财产制的内容,以保护女方的权益。

同属英美法系的美国,绝大多数州婚姻立法所适用的亦是分别财产制。如 1982 年《美国纽约州家庭关系法》第 50 条规定:"已婚妇女现在所有的或其在婚姻存续期间取得的,或者按本章规定取得的财产,不论是动产还是不动产,以及由这些财产产生的租金、利息、收入和利润,如同婚前一样,是她个人的独有财产,既不受丈夫的支配或处分,也不对其债务承担责任。"同时,美国《统一结婚离婚法》对离婚后的财产分割作出了保护女方权益的规定。《统一结婚离婚法》将夫妻财产分为"婚姻财产"和"个人财产"两类,在对婚姻财产分割时,有近 40 个州赋予法官公平分配的司法权。《统一结婚离婚法》第 307 条规定,法官对婚姻财产分配时,要考虑下列因素:①每一方对婚姻财产的获得所做的贡献,包括一方以操持家务的方式所做的贡献;②分配给夫

---

〔1〕 〔日〕坂本圭右:《比较法研究(第 7 卷)》,第 26~40 页。

妻每一方财产的价值；③婚姻持续的时间；④财产分割生效时双方的经济状况，包括对家庭的适当的供养或对有子女监护权的一方，帮助其适当生活一段时间的权利。这种公平分配在某种程度上弥补了实行分别财产制，给女方因就业机会和经济收入低于男方而造成的实际上的不平等的缺陷。

共同财产制是大陆法系国家所普遍适用的财产制形式，它是夫妻一体主义立法思想的产物，在现代也有了较大的变化。以法国为例，《法国民法典》曾对大陆法系各国产生极为深远的影响，该法典自 1804 年颁布后曾多次修改，夫妻财产制度的规定也有较大的变化，1965 年的立法尽管仍以共同财产制作为法定财产制，但以婚后所得共同制取代了一般共同制。婚后所得共同制扩大了个人财产的范围，除婚前财产为个人财产外，婚姻关系存续中取得的具有个人特点的财产、专属个人的权利以及由继承、赠与或遗赠所得之财产均为个人财产（第 1404 条、1405 条）。并明确规定妻因独立于夫的职业，通过盈利及工资收入所获得的财产归其本人管理，享用并自由处分（第 224 条）。因此，尽管这种婚后所得共同制仍由夫行使财产管理权，但是妻子个人财产的范围较之从前扩大了，特别是职业妇女，其劳动所得为其个人所有。在职业妇女数量较多的现代家庭中，其夫妻财产形式实际上是共同所有，分别管理，婚姻关系解除时清算。这不仅仅反映了法国妇女地位的提高，也反映了夫妻一体主义立法思想的无奈和让步。

对社会主义国家婚姻家庭立法产生过重要影响的《苏俄婚姻和家庭法典》所适用的夫妻财产制亦是婚后所得共同制。该法第 20 条明确规定，夫妻在婚姻期间获得的财产，是他们共同共有的财产。对于这些财产，夫妻有平等的占有、使用和处分的权利。如果夫妻一方从事家务劳动，照顾子女，或因其他正当理由而没有独立的工资收入，对于上述财产，也同样享有平等的权利。尽管世界上大多数国家都承认从事家务劳动的妻子的价值，但在法律上明文予以规定者尚不多见。这从一个侧面反映了苏联对其妇女的保护。除共同财产外，该法第 22 条规定了夫妻个人财产的范围：夫妻婚前原有的财产、在婚姻期间作为礼物或通过继承获得的财产，除贵重物品及奢侈品外的个人使用的物品均为夫妻个人财产，夫妻对个人财产保有所有权。从其规定看，虽然苏俄的婚后所得共同制与法国的婚后所得共同制并无本质区别，夫妻在财产制度上均为有合有分，但苏俄更注重保护妇女的利益，强调男女平等，赋予夫妻平等的财产权利。而法国尽管较之过去已有所进步，但仍保留了夫对共同财产的管理权，使妻子的共同财产权名存实亡，只能等到财产清算时才能体现。

有关夫妻间的相互扶养，大多数国家的法律和司法实践都已确认夫妻扶养义务是双方的、相互的。对此，本文不再赘述。

从上述四国夫妻财产制度的变革中，我们可以看到，尽管一些国家在法律上仍保有一些男女不平等条款，但其总的立法趋势是由法律上的男女平等向实际上的男女平等过渡。换言之，立法者所注重的，不仅仅是法律条文上的平等，而更注重该条文在实际运用中能否真正达到男女平等。这一点是值得我国婚姻立法者所借鉴的。

关于夫妻的人身关系，除我国《婚姻法》所规定的姓名权、人身自由权、抚养子女权、计划生育义务外，外国法还规定了住所决定权、代理权、同居义务、忠实及协助义务等。

同居义务，是男女双方以配偶身份共同生活的义务，其涵义比较广泛。现代多数国家的立法都明确规定，夫妻互负同居义务。同居是夫妻间的本质性义务，是婚姻关系得以维持的基本要件，因而，一些国家规定了违反同居义务的法律后果。如《法国民法典》第 214 条第 4 款规定："如夫妻一方不履行其义务时，他方得依民事诉讼法规定的方式迫其履行"，其方式主要是申请扣押收入或进行精神损害赔偿。英国则规定，不执行恢复同居的判决，是构成"司法别居"的法定理由之一。

外国法中夫妻的忠实义务，主要是指贞操（chastity）义务，即专一的夫妻性生活义务。现代西方大多数国家，除普遍规定夫妻互负贞操义务外，还规定了一方通奸是构成他方提起离婚之诉的最重要法定理由。有些国家法律规定，与有配偶者通奸属对配偶他方的侵权行为，被侵权人除有权提起中止妨害之诉外，还可向侵权人提起损害赔偿之诉

（如法国、日本）。

协助义务是指在婚姻共同生活中，夫妻基于身份关系而彼此协作、救助的义务。如《法国民法典》第 212 条规定：夫妻负相互忠实、帮助、救援的义务。

笔者认为，夫妻是共同生活的伴侣，作为规范夫妻关系的婚姻立法，对于夫妻在共同生活中所形成的特殊的人身关系，应作出更为明确具体的规定，以真正保障配偶一方应当享有的权益。

2.3 澳门"事实婚"与内地"事实婚姻"之比较研究[*]

夏吟兰

事实婚姻作为法律婚的衍生物，从古罗马的时效婚到日本的内缘婚在东西方法文化中均广泛存在，并延续至今。但引人注目的是，在现代西方社会，由于同居关系、伴侣"婚姻"的数量不断上升，法律不得不更加注重保护当事人之间的实质关系，婚姻家庭关系的多元化趋势已初露端倪，事实婚姻的内容及地位均已悄然发生变化。澳门特别行政区《民法典》第四卷"亲属法"（以下简称亲属卷）构建的事实婚制度即反映了西方社会法律学者对现代婚姻关系、性关系的重新定位与思考，其内涵、外延与传统的事实婚姻制度有重要区别[1]。我国内地尽管自 1994 年 2 月 1 日起不再承认事实婚姻的民事效力，但因事实婚姻构成的重婚仍要承担刑事责任，故事实婚姻仍具有法律上的意义。笔者试图通过对澳门事实婚与内地事实婚姻异同之比较，提出对内地事实婚姻的解析与思考。

一、澳门"事实婚"与内地"事实婚姻"制度回溯

对事实婚的概念、构成要件及其法律效力在民法亲属编中予以明确规定是澳门新民法亲属卷的一大特征，或曰是对原有民法亲属编的一大突破。原在澳门延伸适用的 1966 年《葡萄牙民法典》亲属编中仅在父

---

[*] 本文发表于《行政》（澳门）2000 年第 4 期，第 517~529 页。

[1] 澳门特别行政区《民法典》由葡萄牙法律专家起草。

亲身份的确立、亲权的行使及扶养等亲属关系的效力中将以类似夫妻状况而长期共同生活作为推定父亲、行使亲权及要求扶养金的条件之一。

事实婚姻之传统概念简而言之是指男女双方未履行结婚的法定形式要件，而以夫妻名义共同生活。在澳门亲属法的历史上难觅事实婚姻踪迹之原因，笔者以为主要可归结为澳门结婚形式要件的多元化，这种多元化使得在澳门生活的华人与葡人均可依照其传统风俗习惯结婚，而不会影响其婚姻的效力。在《葡萄牙民法典》于 1868 年正式延伸到澳门适用之时，其中有关婚姻家庭及继承的部分并未同时在澳门适用，葡萄牙人当时保留了澳门当地的中国风俗习惯的继续适用，并于 1909 年颁布了《华人风俗习惯法典》，依照华人传统习惯缔结的婚姻具有与天主教婚姻同样的法律效力。直到 1987 年《民事登记法典》正式在澳门生效实施前，依华人风俗习惯而缔结的婚姻始终存在，对此，《民事登记法典》采取了相当宽容的态度，规定凡在 1987 年 5 月 1 日之前依华人风俗习惯缔结的婚姻，只要能够证明其是按华人风俗习惯所为，依然可以进行民事婚姻登记，从而得到法律的承认和保护[1]。但自此之后，华人的风俗习惯婚姻不再受到法律保护。婚姻的法定形式要件为民事婚姻与天主教婚姻，1999 年 8 月颁布的澳门《民法典》亲属卷取消了天主教婚姻的法律效力，确认民事登记是澳门结婚唯一的法定形式要件。在取消结婚形式要件多元化结构的同时，立法者构建了事实婚制度，作为一种救济手段，也作为对未来婚姻模式多元化的前瞻性设计。在这一理念指导下的事实婚制度，其概念、构成要件及其法律效力与传统的事实婚姻均有所不同。

中国内地 1950 年及 1980 年两部《婚姻法》对事实婚姻均未作明确规定，但在最高人民法院的司法解释中，曾经在相当长的时间内采有条件承认的态度，直至 1994 年才完全不承认事实婚姻的民事效力。根据最高人民法院的历次司法解释，对事实婚姻的民事效力，循着从相对承认主义到不承认主义的轨迹大致经历了三个阶段。

---

〔1〕 米也天：《澳门民商法》，中国政法大学出版社 1996 年版，第 163~164 页。

第一个阶段为：自共和国成立初期至 1989 年 11 月 13 日以前。这一阶段承认符合结婚实质要件的事实婚姻的法律效力，并予以保护。第二个阶段为：1989 年 11 月 13 日至 1994 年 2 月 1 日。最高人民法院于 1989 年 11 月 13 日颁布《关于人民法院审理未办结婚登记而以夫妻名义同居生活案件的若干意见》，确立了逐步从严，最终取消承认事实婚姻民事效力的时间表。根据这一时间表，"1986 年 3 月 15 日《婚姻登记办法》施行之前，未办结婚登记手续即以夫妻名义同居生活，群众也认为是夫妻关系的，一方向人民法院起诉'离婚'，如起诉时双方均符合结婚的法定条件，可认定为事实婚姻关系；如起诉时一方或双方不符合结婚的法定条件，应认定为非法同居关系。""自民政部新的婚姻登记管理条例施行之日起，未办结婚登记即以夫妻名义同居生活，按非法同居关系对待。"[1] 第三个阶段为：1994 年 2 月 1 日以后。自 1994 年 2 月 1 日民政部的《婚姻登记管理条例》颁布以后，所有未办理结婚登记手续即以夫妻名义同居生活者均按非法同居对待，事实婚姻不再具有民事效力，但事实重婚者仍须承担刑事责任。1994 年最高人民法院在给四川省高级人民法院的《关于〈婚姻登记管理条例〉施行后发生的以夫妻名义非法同居的重婚案件是否以重婚罪定罪处罚的批复》中明确规定：有配偶的人与他人以夫妻名义同居生活的，或者明知他人有配偶而与之以夫妻名义同居生活的，仍应按重婚罪定罪处罚。

二、澳门"事实婚"与内地"事实婚姻"之比较

如果望文生义，"事实婚"与"事实婚姻"似乎可视为同义语，二者的字面意义几乎相同。为何澳门《民法典》使用"事实婚"而不用"事实婚姻"，其缘由应从葡文立法说起。澳门《民法典》是以葡萄牙文起草的，法典葡文本的"uniode facto"（英文为 union of fact）的中文含义是"事实上的婚姻"，在中文本中被翻译为"事实婚"。之所以译为"事实婚"而不是"事实婚姻"，是因为此"事实婚"非彼"事实婚姻"也，澳门"事实婚"之内涵、外延与内地的"事实婚姻"有重

---

〔1〕《关于法院审理未办理结婚登记而以夫妻名义同居生活案件的若干意见》第 1、3 条。

大区别，如翻译为"事实婚姻"恐会造成误解，而根据葡文又不能作其他的翻译，故以"事实婚"与"事实婚姻"相区别。译者期望通过有所不同的表达，达到将两者予以区别的目的[1]。但显然，以字面意义而言，目前的译法仍极易引起混淆，从笔者以下的分析可知，澳门的事实婚界乎于事实婚姻与伴侣关系之间，称之为"同居婚"也许更确切。

澳门《民法典》第1471条将事实婚界定为："两人自愿在类似夫妻状况下生活者，其相互关系即为事实婚关系"。第1472条进一步作了限制性规定：具有事实婚关系者要产生法律效力须符合三个条件：一是双方均为18岁以上；二是无明显精神错乱以及因精神失常而导致禁治产或准禁治产、无配偶、非直系血亲关系及二亲等内旁系血亲关系；三是在类似夫妻状况下生活至少2年。

内地《婚姻法》对事实婚姻未作规定，法学界的通说认为事实婚姻在广义上相对于形式婚而言，是指不具备形式要件的婚姻，即男女双方未经结婚登记，以夫妻名义公开同居生活的两性结合。其构成要件，一是双方符合结婚的实质要件，即男女双方完全自愿，双方均达到法定婚龄，无配偶，无禁止结婚的疾病，非直系血亲及三代以内旁系血亲关系；二是男女双方须以夫妻名义同居生活，具有公开性；三是未进行结婚登记。

与大陆事实婚姻相比，澳门《民法典》将事实婚的概念界定得相当宽泛，且具有较大的解释空间。作为一般性规定，构成事实婚须具备以下三要素：

主体要素是两人。法律对构成事实婚主体的数量作了限制，对性别则未作限制性规定。即在一段事实婚关系中，只可以有两个人，至于是一男一女，还是两男两女，并未有明确规定。这与该法第1462条对结婚所作的定义有所不同，"结婚系男女双方……建立家庭而订立之合同"。虽然不能由此直接推导出事实婚可以是同性者的结合，但至少没

---

[1] 澳门回归前的法律均由葡萄牙法律专家起草，法律翻译办公室翻译，因中葡文本同时产生法律效力，翻译的准确性至为重要。

有排除这一可能性。

心理要素是自愿。两人在类似夫妻状况下的生活必须为自愿的选择。换言之，仅在两人具有愿意共同生活的意思情况下事实婚才能够存在，单方面结束此共同生活状态者，无须经过法定程序，也不会受到任何制裁。立法者认为，婚姻关系是一种合同关系，建立时须经过法定程序，解除时也须经过法定程序，而事实婚关系不是合同关系，是一种自然结合的事实状态，其结合的前提是自愿，解除的前提也应当是自愿，法律无须干涉。

实质要素是在类似夫妻状况下生活。何谓类似夫妻状况下的生活，法律并未给出直接答案，但比照夫妻关系是"完全共同生活"关系（澳门《民法典》第1462条），事实婚关系应当是与完全共同生活关系相类似的关系，即同屋、同桌、同床的共同生活。但类似夫妻状况，就非相同状况，他们之间至少应当有微小的区别。这微小的区别如何界定，法律未作进一步解释。有葡萄牙学者认为，这是为婚姻多元化保留的缝隙。他从目的论的角度解释法律的这一规定："事实婚制度旨在成为捍卫多元化、包容、尊重歧异、个人对社会上各种道德观念的想法至上等要素的空间，故有别于依然遵从唯一一种模式的婚姻制度"[1]。

符合事实婚的定义并非一定产生法律效力，事实婚要产生法律效力还须符合一定条件。根据澳门《民法典》第1472条的规定，其条件主要包括以下三个方面：

一是成年。具有事实婚关系的主体双方均须达18岁，不满18岁者的事实婚不产生法律效力。对事实婚的年龄要求高于结婚年龄2岁，是因为16岁至18岁的未成年人结婚可通过父母或监护人的许可，或法院的批准，确定当事人有结婚能力及意思表示的真实性，而事实婚则无此程序，故将其年龄标准与成年年龄标准一致，使当事人具有正确理解其行为所建立之关系的意义，并且具有承担其行为所产生责任的完全能力。

---

[1] 祈耀东："新民法典中的事实婚"，载《法域纵横》2000年第1期。

二是无婚姻障碍。所有禁止性结婚障碍均适用于事实婚，包括：明显精神错乱，即使在神志清醒时亦然，以及因精神失常而导致之禁治产或准禁治产；前婚未解除，即使该结婚记录未载于有关婚姻状况之登记中亦然；双方为直系血亲及二亲等内之旁系血亲关系。凡具有上述任何情况之一者，其事实婚均不产生法律效力。

三是经过 2 年期间。两人须在类似夫妻的状况下生活经过 2 年时间。"如开始同居时，事实婚关系之一方或双方尚未成年，则有关期间须自年龄较轻之一方成年之日起计；如事实婚关系中之任一方为已婚，则有关期间须自其与配偶事实分居时起计。"（澳门《民法典》第 1472 条第 2 款）经过一定期间是对事实婚实质要素的满足，通过一定期间的同居，可以确认双方是否处于类似夫妻状况之下，也显示了事实婚关系的相对稳定性。此点也是事实婚与性伴侣关系的重要不同之处，与性伴侣相比，事实婚当事人之间的关系是长期与稳定的。

综上所述，澳门的事实婚与内地事实婚姻，或者说与传统事实婚姻的概念与构成要件的不同，一是澳门的事实婚不考虑当事人同居生活的名义，无论两人以何种名义同居，只要充分了"自愿在类似夫妻状况下生活"的条件，即可认定为事实婚。而内地认定事实婚姻的重要标志之一，即为是否以夫妻名义同居，不以夫妻名义同居者，无论同居多长时间，是否生育子女，均不可认定为事实婚姻。这种不重视共同生活的本质，仅注重其形式的作法，实际上是本末倒置的。二是澳门的事实婚构成要件只涉及当事人的相互关系，不将周围其他人的感受作为认定事实婚的要件。而在内地的司法解释中"群众也认为是夫妻关系"也是确认事实婚姻的重要条件，通常将其作为事实婚姻的外部特征之一。三是澳门的事实婚要产生法律效力，两人的同居生活必须经过一定期间，即 2 年同居期，以确定当事人的关系是否为类似夫妻关系。内地在司法解释中未将同居的时间作为认定事实婚姻的条件之一。

总之，内地对事实婚姻的认定注重考量外部特征，对不具备外部特征仅具备实质特征的同居关系一律不视为事实婚姻。而澳门对事实婚的认定则多从婚姻关系的本质出发，对以共同生活为目的，在类似夫妻状况下生活者，且又不违反结婚实质要件的予以承认与保护。内地法学界对事实婚姻的态度是否定的、消极的，认为当事人没有履行登记的义务，是对法律的不尊重，故不应当予以承认与保护。而澳门的立法者对事实婚的态度则是尊重的、积极的，法律尊重当事人选择不结婚而同居的权利，并在一定条件下承认他们结合的效力，为他们提供法律可以给予的保护。因为，民法是一部以"人类及其自由为其坚固根基"的法律[1]。

澳门事实婚与内地事实婚姻的另一个重要不同是法律效力的不完全相同，一般而言，内地的事实婚姻享有与法律婚完全相同的效力，可视为夫妻关系。但澳门事实婚仅具有法律婚的部分效力，当事人之间不具有夫妻身份的占有，同居期间不适用法定的夫妻财产制度，不可视为夫妻关系，故也无事实重婚之说。澳门民法将法律婚的部分效力延伸适用于事实婚的主要目的是为已具有事实婚关系的当事人提供法律救济的手段，如在人身关系上，双方可以互为监护人、保佐人（第126、139条），在财产关系上，事实婚关系终止时，一方可以要求获得扶养费、家庭居所权（第1862、1942条），享有承租人地位（第1401条）。一方死亡后，在一定条件下，他方可以继承遗产（第1972、1973、1985条）。同时，事实婚是推定父亲的重要条件（第1720条），也是双方对其子女共同行使亲权的前提（第1765条）。

通过对澳门"事实婚"与内地"事实婚姻"的简单而粗浅之比较，可以看到，澳门的事实婚与内地的事实婚姻的性质不同，它实际上是界乎于事实婚姻与伴侣关系之间的制度，它不是婚姻关系，比婚姻关系具有更大的包容性，也更自由，但又比伴侣关系更为稳定，具有夫妻关系的实质内容，它是法律为现代人提供的多一种选择。反观中国内地，在经济不断发展，婚姻观念不断变革的社会状况下，不仅未制定更为灵活的制度，反而在1994年对事实婚姻采取彻底的不承认主义，对此，确实值得引起我们的深思。

---

〔1〕 参见澳门《民法典》修订说明。

三、对内地"事实婚姻"检讨

如前所述，自 1994 年 2 月 1 日《婚姻登记管理条例》颁布之日起，内地法院对事实婚姻的民事效力不再承认，而一律视为非法同居，以为可以由此减少或消灭事实婚姻，提高结婚登记率，维护法律的尊严。但其结果是不仅未经结婚登记而共同生活者依然大量存在[1]，而且还造成了民事法律与刑事法律概念上的混乱与司法实践中法律规范的冲突。

第一，非法同居作为一个法律名词的提出，违反法律逻辑。就法理而言，法无明文禁止性规定的行为，即为合法行为。故所谓非法，应当是指违反了法律规定的行为，但内地法律并没有禁止无婚姻关系者同居的规定，既然法无明文规定，何来非法？

第二，退一步而言，如果男女双方以夫妻名义同居生活而未办结婚登记手续被认定为非法同居，双方之间就无任何法律关系，当然更无婚姻关系，即使诉讼至法院，也只是解除非法同居关系而已，无婚可离。而在民事法律规范中得不到承认的非法同居，在刑事法律规范中也不应当受到惩罚，因为，重婚罪的构成必须以犯罪主体同时有两个以上的婚姻关系为前提，所谓事实重婚首先应确定在两个以上的婚姻关系中至少有一个是事实婚姻。既然未经结婚登记，以夫妻名义同居生活不能被认定为事实婚姻，那么，有配偶的人与他人以夫妻名义同居生活也就不可被认定为事实重婚，显然，当一个法律概念的前提不存在时，这一概念在逻辑上就无法成立。同一个行为在法律上不应当产生两种结果。但按照最高法院的司法解释，一方面，自 1994 年 2 月 1 日以后，所有未办理结婚登记手续即以夫妻名义同居生活者均按非法同居对待，事实婚姻不再具有民事效力。另一方面，有配偶的人与他人以夫妻名义同居生活的，或者明知他人有配偶而与之以夫妻名义同居生活的，应当承担重婚罪的刑事责任[2]。其结果，使那些因各种原因未能依法进行结婚登记

---

〔1〕 据中国婚姻家庭建设协会 1997 年文集披露，一些地方的结婚登记率仍仅为 60% 至 70%，以经济文化较为发展的广东省为例，1996 年就有近 20 万人未办理结婚登记即同居。

〔2〕 最高人民法院《关于〈婚姻登记管理条例〉施行后发生的以夫妻名义非法同居的重婚案件是否以重婚罪定罪处罚的批复》。

者,在民事法律规范中得不到承认与保护,但若其为有配偶者则在刑事法律规范中要承担刑事责任。换言之,一个有配偶的人,未经结婚登记与他人以夫妻名义同居生活,他在民事上无婚可离,在刑事上则有婚可重,这的确令人匪夷所思。

对事实婚姻的承认与保护在中国法制史上由来已久。我国古代盛行聘娶婚,"聘则为妻"即娶妻必须经过"六礼"[1],是结婚的形式要件。"六礼"不备男女自相结合谓之奔,"奔则为妾",即纳妾可以不举行婚姻礼仪,实际上是法律对事实婚姻的承认。中华人民共和国成立以来,在相当长的时间内,内地司法解释对事实婚姻均采相对承认主义,这也是与事实婚姻构成的复杂原因密切相关的。事实婚姻屡禁不止,且在 1994 年取消了对其承认与保护之后,依然大量存在,笔者以为除了许多文章曾经分析过的,传统聘娶婚观念的传承、法治观念的淡薄、执法不力等原因外,现代人对两性结合重内容、轻形式,追求自由,不愿意承担责任也是不可忽视的原因。我们应当充分地认识到这后一种原因对传统婚姻的冲击,并尽快采取相应的法律救济手段。

就世界范围而言,婚姻关系的多元化倾向已不可逆转,非传统家庭的数量日益增加,非婚同居,甚至同性同居均在许多国家存在。以美国为例,美国社会只有大约 30% 的家庭是传统家庭,其他 70% 都是非传统家庭,包括单亲家庭(30%),单人家庭,以及异性或同性非婚同居家庭。为解决这一社会问题,1997 年以来,美国已有越来越多的城市制定了"同居伴侣关系法令",对非婚同居者有条件地给以保护[2]。欧洲许多国家也纷纷立法对非婚同居关系作出规范,并将法律赋予婚姻的某些效力延伸适用之。如瑞典法律既承认婚姻关系,也承认非婚同居关系,提供不同的救济方法。这一选择性的法令明确规定同居伴侣之间同居达一定期间的给予承认和保护。社会学家伯纳德提出:"未来社会这种婚姻的最大特点,正是让那些对婚姻关系具有不同要求的人,作出各自的选择。"因此,西方学者认为,法律应为公民提供可选择的权利,

---

〔1〕 据《礼记》《仪礼》记载,六礼为:纳采、问名、纳吉、纳征、请期、亲迎。
〔2〕 夏吟兰:《美国现代婚姻家庭制度》,中国政法大学出版社 1999 年版,第 30 页。

为社会不同层面的需要提供不同的救济措施[1]。澳门事实婚正是这一理念的产物，是法律对非传统婚姻所提供的另一种救济。

就中国内地而言，近年来，非传统家庭，如单亲家庭、单人家庭、非婚同居的数量均有所上升，尽管目前性观念的开放尚未影响到婚姻模式，但它对人们婚姻观念的影响不可小视，事实婚姻的屡禁不止与此密不可分。目前同居不登记者不再仅仅是受传统婚俗文化影响较深，缺少法治观念的农村人，一些受过良好教育，甚至是深谙法律的城市人也自愿作出如此选择。而在这一点上，传统婚姻的纳妾同居与现代人的自由同居恰恰不谋而合，因而，事实婚姻可以说是传统的也可以说是现代的。这两者的交汇，就使得事实婚姻成为中国内地一个无法回避又难以禁止的社会现实。

依笔者之见，根据我国的历史、现状以及世界各个国家和地区婚姻制度的发展变化，应当有条件地承认事实婚姻的民事效力。如果对事实婚姻的民事效力完全否认，从形式上看或从理论上推理有利于维护法律的严肃性，对违法行为将会起到一定抑制作用，但事实上显然行不通。正如梁漱溟先生所说："本来社会的秩序（包括社会上的一切法制礼俗），是跟着社会事实来的。社会秩序无非是让社会事实走得通的一个法子，所以秩序与事实是要符合的。"[2] 当法律的规定与事实情况严重脱节时，法律的规范性作用与指导性作用就难以发挥，当事人的实质性权利就得不到保护。民法的终极目标是什么，不正是对人的权利的关怀，对人的自由的保护吗？因而，在当代社会，许多国家对事实婚姻的立法理念从不承认主义向承认主义或相对承认主义发展，而且还将法律赋予婚姻的某些效力延伸适用于那些只具婚姻之实，不具婚姻之名的当事人。内地的事实婚姻状况既然不能回避又难以禁止，法律就应当正视它，为当事人提供救济手段。即对于以夫妻名义同居生活，或虽未以夫

---

　　〔1〕　John De Witt Gregory et al., *Understanding Family Law*, Matthew Bender&Company, Incorportaed, 1995.

　　〔2〕　中国文化书院学术委员会编：《梁漱溟全集》，山东人民出版社 1990 年版，第 232 页。

妻名义同居生活但双方同居达一定期间，或生有子女，欠缺结婚的形式要件未履行登记手续的两性结合，确认其为事实婚姻。换言之，对于已具备婚姻实质关系的当事人予以承认与保护，这不仅无损于法律的严肃性，反而更加体现了民法尊崇个人价值的权利本位理念。

确定事实婚姻的构成要件应多从婚姻的实质性关系考量，根据目前的实际情况，对内地事实婚姻现有的构成要件应作适当修订。首先，应取消同居必须以"以夫妻名义"作为法定要件，而作灵活性的规定，即不以夫妻名义，但同居达一定期间或生有子女的，也可视为事实婚姻，扩大对事实婚姻的涵盖面。因为，如前所述，是否以夫妻名义，并不影响其共同生活的实质，即同屋、同桌、同床。其次，不应将无配偶作为事实婚姻的构成要件，否则，势必会出现将有配偶者公开以夫妻名义与他人共同生活，但未进行结婚登记的情况排除在事实婚姻之外，其结果同样会出现上述所分析的事实婚姻与事实重婚在理论上的矛盾与司法实践中法律规范的冲突。

在婚姻的法律价值体系中，一夫一妻制与婚姻自由、男女平等均为其基本价值，是婚姻制度的基本秩序，承认事实婚姻的民事效力有助于对一夫一妻这一基本婚姻秩序的保护。目前大量的重婚是事实重婚，如广东的"包二奶"、上海的"养金丝雀"。而最高人民法院互相矛盾的司法解释，使得事实重婚没有得到应有的惩罚，这在客观上助长了事实重婚的发展蔓延。据笔者了解，广东省妇联 1996 至 1998 年接受的相关投诉分别为 1996 年的 219 件、1997 年的 235 件和 1998 年的 348 件，1997 年比 1996 年增长 7.3%，1998 年比 1997 年增长 48%。对事实婚姻民事效力的承认，使当事人在享受法律保护的同时，也承担了法律责任，具备了构成重婚罪的前提条件。因此，有条件地承认事实婚姻的民事效力，不仅有利于保护当事人的利益，保护他们子女的利益，也有利于惩罚犯罪，有效地维护一夫一妻的婚姻制度。

2.4 瑞典家庭法对同性伴侣的保护及评析[*]

夏吟兰　谈　婷^{**}

瑞典法律体系根源于大陆法系的制定法传统，通常认为其属于罗马—日耳曼法系。瑞典主要有四种法律渊源：制定法；筹备立法文件[1]；案例法[2]；法律文献。其中制定法是主要且最重要的渊源，其他三种通常用来在特定情形下解释法律。[3]

瑞典制定法包括议会立法和政府法令。但议会是唯一拥有立法权的机构，基本法和一些特定事项只能由议会立法规定。政府根据宪法规定或经议会授权，可以就其他事项制定政府法令，但不得与议会立法冲突。政府是向议会提起法律制定或修订议案的主要机构，但政府提案前

＊　本文发表于梁慧星主编：《民商法论丛·第53卷》，法律出版社2013年8月版，第3~15页。

＊＊　谈婷，中国政法大学博士生，北京城市学院讲师。

〔1〕　筹备立法文件在瑞典法律解释中的地位重要。法院解释制定法时，十分重视解释筹备立法文件，特别是政府部门关于法律提案的解释性报告。筹备立法文件被作为议会文件印制。

〔2〕　司法判例在瑞典法律体系中不具有其在英美普通法中的同等约束力，但仔细研究最高法院的判决非常重要，因为下级法院通常遵从该类判决。在解释司法判决时，判决理由（ratio decidendi）与法官宣判时的附带意见（obiter dictum）之间的差别没有在英美法中那么重要。

〔3〕　Sofia Sternberg，"*Update*：*Swedish Law and Legal Materials*"，http：//www.nyulawglobal.org/globalex/sweden1.htm.

必须进行调查程序[1]和咨询程序[2]。除政府外，有权提起法律议案的还包括议会本身、公民个人、特殊利益团体或公共管理机构。[3] 宪法要求立法不得与欧洲保护人权和财政自由的公约冲突，这些公约于1995年1月1日起成为瑞典法律体系的一部分。筹备立法文件对于法律解释的重要作用是瑞典法律体系的特色之一。而最高法院的案例法对推动瑞典法律的发展发挥了重要作用。

瑞典没有类似于法国《民法典》和德国《民法典》的私法编纂。而是于1734年制定了一部旨在覆盖所有法律部门体系的庞大的制定法。尽管该法历经无数次修订，但目前在形式上仍然生效。该法由若干部分组成，其中有的被称为法典。例如1987年《婚姻法典》，该法典又辅以大量补充立法。[4]

家庭法在瑞典法律体系中占重要地位，其主要由1987年《婚姻法典》、1949年《父母子女法典》、1958年《继承法典》、2003年《同居法》、1982年《姓名法》、1993年《儿童申诉专员法》等一系列法律法令构成,[5] 全面调整婚姻、同居、注册伴侣关系、父母子女关系、继承等家庭生活领域的法律关系。[6] 现行瑞典家庭法在全球范围内广受瞩目的一大特色在于其对同性伴侣的平等立法保护，即同性伴侣原则上享有与异性伴侣相同的权利，承担相同的义务，体现了瑞典家庭法反对

---

〔1〕 调查程序（the inquiry stage）是指政府向议会提交法律议案前，必须就该议案进行分析评估。通常由政府部门组织成立调研委员会，成员包括各领域专家、官员、政治家等。调研委员会独立工作，就相关议题进行深入调研并提交报告，提出解决问题建议方案。

〔2〕 咨询程序（the referral process）是指政府采纳调研委员会的建议前，向相关主体（包括相关核心政府机构、特殊利益集团、当地政府部门以及其他受影响的主体）咨询意见。该程序可提供有益反馈，并帮助政府判断其提案的受支持程度。如果大量被咨询主体不支持该建议，政府可另寻替代解决方案。

〔3〕 Ministry of Justice, "The Swedish Law-Making Process", http：//www. sweden. gov. se/content/1/c6/08/48/61/758e413e. pdf.

〔4〕 Michael Bogdan, Eva Ryrstedt, "Marriage in Swedish Family Law and Swedish Conflicts of Law", *Family Law Quarterly*, Volume 29, Number 3, Fall 1995, pp. 675~676.

〔5〕 Government Offices of Sweden, "Family law", http://www. sweden. gov. se/sb/d/3288/a/19570.

〔6〕 Ministry of Justice, "Family Law", http：//www. sweden. gov. se/sb/d/2707/a/15193.

歧视，崇尚平等，保护弱势群体利益的人权理念。

一、瑞典家庭法对同性伴侣保护的立法演进

虽然现行瑞典家庭法对同性伴侣给予与异性伴侣平等的立法保护，但从历史发展的视角来看，其经历了"不保护—区别保护—平等保护"的立法进程。

（一）不保护阶段

瑞典历史上受基督教的影响深远，在相当长的时间内禁止同性恋。同性恋关系不仅非法，而且入罪。直到 1944 年，瑞典才实现了同性恋的非罪化，取消了对同性恋者的刑事制裁。但当时对同性恋群体的歧视仍然是一种社会普遍观念。虽然瑞典逐步重视对弱势群体的人权保护，强调人人平等，但在 20 世纪 80 年代以前，瑞典家庭法并没有保护同性伴侣权益的立法规定。

（二）区别保护阶段

瑞典家庭法对同性伴侣的保护始于同居关系领域。

同居关系最早在瑞典并不受到法律保护。但第二次世界大战之后的数十年间，非婚同居关系在瑞典市民中日益盛行，特别是年轻人之间以此作为"相互了解"的方式，同时社会也日益强调保护弱势群体权益，瑞典于 1973 年通过了名为《非婚同居（共同家庭）法》（On Unmarried Cohabitants Joint Home）的临时性法律，后来又于 1987 年通过了《同居（共同家庭）法》以取代前者，但这两部法律都只保护异性同居伴侣。

为了消解瑞典社会对同性恋群体的歧视，瑞典政府于 1978 年开始着手对同性伴侣保护的立法调研。立法讨论时，有议员建议对同性伴侣的保护应纳入《婚姻法》或至少纳入《同居（共同家庭）法》，但考虑到"同性婚姻与社会核心生活领域的公共舆论背道而驰"，而社会观念已充分接受同性同居关系作为一种正常的生活方式看待，议会最后的决定是：另行制定一部专门保护同性同居关系的新法，即 1987 年《同性同居法》，并于 1988 年 1 月 1 日起生效。[1] 虽然《同性同居法》与

---

〔1〕 Fariborz Hozari, "The 1987 Swedish Family Law Reform", *International Journal of Legal Information*, Vol. 17：3 1989, pp. 227~231.

《同居（共同家庭）法》的立法保护内容基本相同，但在立法技术上仍将同性伴侣与异性伴侣区别对待。

1991 年，瑞典成立伴侣关系委员会，进行同性伴侣关系立法调研。该委员会 1993 年提交的报告认为，基于人权平等理念，社会有义务使人们在不伤害他人的前提下，按照自己的选择和个性生活，社会无须对人们选择的生活方式发表观点；同性恋与异性恋有相同的价值，同性伴侣需要合理的制度设计以宣示他们的爱情。由于《同性同居法》仅在有限的财产范围内对同性伴侣给予保护，委员会建议制定伴侣关系法，允许同性伴侣通过注册程序建立伴侣关系，使其原则上与夫妻关系适用相同的规则。[1]

1995 年，瑞典《注册伴侣关系法》生效，该法仅适用于同性伴侣关系，承认同性结合的合法性，赋予其类似婚姻关系的法律地位和权利义务内容。瑞典因此成为继丹麦和挪威之后，世界上第三个承认同性结合合法性的国家。

早期的《注册伴侣关系法》在注册条件、收养、未成年子女监护等方面仍规定了不同于婚姻关系的限制规则，如同性伴侣至少有一方是瑞典公民，才可以在瑞典申请成为注册伴侣关系；注册伴侣不得单独或共同收养儿童，也不得共同行使对未成年子女的监护权；《人工授精法》及《体外受孕法》不适用于注册伴侣；基于婚姻的性别基础而赋予异性婚姻配偶特殊待遇的法规不适用于注册伴侣；婚姻、收养与监护法规涉及国际法律关系的，也不适用于注册伴侣。[2]

《注册伴侣关系法》从 1995 年 1 月 1 日生效到 2009 年 5 月 1 日废止，期间几经修改，限制规定日益放宽。例如，从 2000 年开始，在瑞典合法居住的外国人可以申请成为注册伴侣；从 2003 年开始，注册伴侣可以收养子女；从 2005 年 7 月 1 日开始，女同性伴侣可以接受辅助

---

〔1〕 Ake Saldenn, "Sweden: More Rights For Children And Homosexuals", WTBX] Journal of Family Law, Vol. 27 1988～89, pp. 296～297.

〔2〕 熊金才：《同性结合法律认可研究》，法律出版社 2010 年版，第 173～174 页。

受孕治疗。[1]

不论是《同性同居法》还是《注册伴侣关系法》，都将同性伴侣区分于异性伴侣单独立法，虽然在权利义务内容规定方面二者日趋相同，但形式上的区分愈发凸显对同性伴侣的区别对待。

（三）平等保护阶段

2003年，瑞典施行新的不分性别的《同居法》并适用至今，自此在同居关系领域，对同性伴侣和异性伴侣适用完全相同的法律和保护规则。

2009年5月1日起，瑞典施行修订后的《婚姻法典》，允许同性伴侣结婚，不论配偶双方为同性或异性，均平等适用婚姻法规则。同时废止《注册伴侣关系法》。[2] 瑞典自此实现家庭法对同性伴侣与异性伴侣的平等保护，并成为世界上第七个承认同性婚姻的国家。

二、瑞典家庭法对同性伴侣的保护模式

当前瑞典家庭法对同性伴侣提供了三种家庭形态的保护模式，即婚姻保护模式、注册伴侣关系保护模式和同居保护模式。分别规定了不同范围、不同程度的保护内容，由组成或希望组成家庭的同性伴侣自由选择。其中对婚姻关系的保护最为全面；对注册伴侣关系的保护作为一种过渡时期的模式，主要在形式上与婚姻模式不同；同居保护模式仅提供一定财产范围的有限保护。

（一）婚姻保护模式

婚姻保护模式是指依照《婚姻法典》规定，允许同性缔结婚姻，使结婚的同性配偶与异性配偶在婚姻家庭各方面享有相同的权利，承担相同的义务。

现行瑞典《婚姻法典》于2009年5月1日起修订生效。此次修订贯彻了"性别中立"的立法原则，废除了异性才能结婚的条件限制，并在相应措辞上予以修改，例如，将"夫妻"的称谓改为"配偶"等。

---

[1] Wikipedia, "Same-sex Marriage in Sweden", http://en.wikipedia.org/wiki/Same-sex_marriage_in_Sweden.

[2] Ministry of Justice, *Family Law*, Regeringskansliet, 2009, p. 7.

修订的指导思想是使所有婚姻关系适用相同的规则，因此在权利义务内容方面没有针对同性婚姻予以特别规定。[1]

（二）注册伴侣关系保护模式

注册伴侣关系保护模式是指根据瑞典《注册伴侣关系法》规定，同性伴侣可以建立类似婚姻地位的家庭形式。由于注册伴侣关系和婚姻关系在原则上具有相同的立法内容，只是名义不同，因此，自2009年5月1日起《婚姻法典》允许同性结婚后，《注册伴侣关系法》已没有存在的必要性，相应予以废止。从2009年5月1日起，在瑞典不能再申请成立新的注册伴侣关系，但已成立的注册伴侣关系继续有效，直到该关系解除或转为婚姻关系。

对于现存的注册伴侣关系，如果伴侣双方共同向瑞典税务机构提出申请，可以转化为婚姻关系。自瑞典税务机构收到申请之日起，该伴侣关系适用婚姻关系规定。此外，伴侣双方还可以选择根据《婚姻法典》的规定结婚。自举行结婚仪式之日起，双方关系即被视为婚姻关系。转化没有时效限制。

注册伴侣的姓氏、扶养义务、财产和债务、关系解除以及继承方式，与婚姻关系中的配偶适用相同的规定。

注册伴侣可以收养子女。收养条件与配偶相同，首要条件是申请者能否为孩子的成长提供良好的环境。但跨国收养的限制和条件，适用被收养儿童所属国家的规定。注册伴侣也可以作为特别指定监护人[2]，共同履行对未成年人的监护职责。[3]

（三）同居保护模式

同居保护模式是指根据瑞典2003年《同居法》规定，对于形成同

---

〔1〕 Michael Bogdan, "Private International Law Aspects of the Introduction of Same-Sex Marriages in Sweden", *Nordic Journal of International Law*, 78（2009）, pp. 253~261.

〔2〕 根据瑞典家庭法，注册伴侣和同性同居者可以被指定为特别指定监护人，共同履行监护职责。通常情况下，孩子由父母双方或一方监护，但某些情况下，会指定特别指定监护人履行监护人的职责。例如，当孩子的监护人不能照顾孩子，而有人能够更适当地照顾、保护和抚养孩子，则其会被指定为特别指定监护人。

〔3〕 Ministry of Justice, *Family Law*, Regeringskansliet, 2009, pp. 25~26.

居关系的同居者，提供一定财产范围的有限保护。仅适用于同居者没有结婚，也没有注册伴侣的情形。

《同居法》将"同居"界定为：二人（不论同性或异性）拥有共同住所，并像夫妻一样长期共同生活。这意味着"同居者"必须同时满足三个条件，才属于《同居法》保护范围：①长期共同生活，排除短期交往；②性生活是生活的一部分，排除类似兄弟姐妹同住的关系；③分担家务劳动和家庭开支，有共同的家庭。

同居保护模式旨在当同居关系终止时，对弱势一方提供最基本程度的保护。其核心内容是关于如何分割同居者的共同住所和家庭用品。[1]

三、瑞典《同居法》对同性伴侣的保护内容[2]

（一）瑞典《同居法》旨在保护同居关系终止时弱势方权益

瑞典政府立法调研表明：同居关系在瑞典是一种相当普遍的家庭形态。如果没有明确的法律规制，弱势一方权益在同居关系终止时无法得到有效保障，这是同居关系最突出的社会现实问题。因此，瑞典《同居法》的立法目的即在于保护同居关系终止时弱势方的基本权益。

该法明确了同居关系终止的含义：当一方结婚；或双方不在一起居住；或一方死亡后，同居关系即行终止。同时规定了视为终止的情形：一方申请法院分割财产；或申请法院支持其在财产分割生效前继续在共同住所居住的权利；或主张取得另一方拥有的不属于财产分割范围的共同住所。

保护弱势方权益的基本原则体现在瑞典同居法的具体制度规则中。例如，财产均分规则；保护生存同居者利益的规则；特殊情况下一方取得另一方住所的规则；等等。

（二）瑞典《同居法》对弱势同居方提供的是有限保护

同居不能代替婚姻。因此，与家庭法对婚姻关系和注册伴侣关系的全面保护相比，《同居法》重在解决同居关系存在的现实问题，对弱势

---

〔1〕 Ministry of Justice, "Cohabitees and their joint homes-a brief presentation of the Cohabitees Act", http: //www. sweden. gov. se/sb/d/574/a/155258.

〔2〕 Ministry of Justice, *Family Law*, Regeringskansliet, 2009, pp. 20~24.

同居方提供最基本权益的有限保护。这主要表现在以下两点：

1. 只调整同居者之间的财产关系，不涉及双方人身关系的保护。其一，即使长期同居，同居者之间也没有任何扶养义务。其二，同居者之间没有法定继承的权利，只能通过遗嘱方式继承对方财产。其三，同居者不能共同收养子女。对同居关系中所生的子女，适用父母子女关系法的规定。

2. 对同居者财产关系的保护范围仅限于共同住所和生活用品。共同住所和生活用品是指同居者长期共同生活居住的各类住所（如独立别墅、公寓）和通常属于该住所的家庭设备（如家具、家电）。财产分割范围不包括类似短期居住的度假别墅及其中的家庭设备；也不包括银行存款、股票、汽车、船只等其他财产，这些财产在同居关系终止后仍归原所有人。

为尊重同居者的意思自治，如果同居者希望保持各自的财产独立，他们可以通过签订书面协议的方式，排除《同居法》规定的财产分割规则，或约定一定范围的财产不属于财产分割范围。

（三）瑞典《同居法》主要规定了同居关系终止时的财产分割规则

1. 财产分割范围。不论财产由何方支付，只要是同居者为同居生活共同使用而取得的住所和家庭用品，都属于《同居法》规定的财产分割范围。但如果双方同居后一方搬入另一方在同居前已经享有产权的住房，即使双方分担了该住房的银行贷款及其他费用，该住房仍属于另一方个人财产，不列入同居财产分割范围。除非该房产后来被出售，且出售所得用于购买新的同居共同住所，则新住所属于财产分割范围。此外，同居期间的其他财产不能列入财产分割范围。

2. 提起财产分割的主体和时效：

（1）主体。只有同居者才能提起财产分割要求。具体包括两种情形：一是同居关系解除时，同居者一方或双方提起要求；二是一方死亡导致同居关系终止时，只有生存方有权提起要求，死亡同居者的继承人无权要求分割。如果同居者任何一方都不提起，则各方保留原有个人财产，死亡同居者的财产由其继承人继承。

（2）时效。同居者应当在同居关系终止后 1 年内提起财产分割要求。如果由于同居者一方死亡导致同居关系终止，或者同居者一方在同居关系终止后 1 年内死亡，提起财产分割的要求不得迟于遗产清单拟定之时。

3. 财产均分规则及例外：

（1）财产均分规则。在财产分割之前，应先对债务进行扣除，即将与待分割财产有关的个人债务（如房屋抵押贷款，家具分期付款）从待分割财产总额中先行扣除。

扣除债务后的剩余财产原则上应当在同居者之间平均分配。如果同居者一方比另一方更需要共同住所和家庭用品，经综合考虑分配的合理性，其可以全部取得共同住所和家庭用品，但应当向另一方支付相应金额的补偿。

（2）财产均分规则的例外。财产均等分割的原则主要存在两种例外情形。第一种例外情形是如果均等分割将导致分配结果不合理，拥有大多数财产的一方可以分得更多的财产。法院在裁判如何分配时，应首先考虑同居关系的持续时间，还应考虑同居者的财务情况和通常经济状况。某些情形下，裁判的结果可能是同居者各自保留其个人财产。

第二种例外情形是仅适用于同居者一方死亡情形的"小基数规则"（little base amount rule）。即为保护生存方利益，扣除债务后，只要财产金额足够，生存方就可以取得相当于两倍"基数"（"基数"金额由瑞典《国家保险法》确定）的财产份额，2009 年《国家保险法》规定的该"基数"金额是 85 600 克朗。

4. 特殊情形下一方取得另一方住所的规则。如果一处住所并非为同居共同生活而取得，但实际上已经作为共同住所使用，该住所应当属于取得该住所的同居者的个人财产，不列入财产分割范围。但如果同居者一方存在极其需要该住所的合理事由（例如抚养子女需要），其可以在财产分割时取得该住所，但需要对另一方进行等额补偿。

取得有时效限制。即必须在同居关系终止之日起 1 年内提起主张。如已搬离住所，必须在 3 个月内提起主张。但 1 年的时效限制不适用于拥有住所的同居者死亡且生存同居者继续在该住所居住的情形。

双方不能通过协议方式排除该取得权。除非该住所是通过赠与、遗嘱或继承方式取得，且赠与、遗嘱、继承以该住所是接受者的个人财产为生效条件。

5. 同居期间处分可分割财产的限制。虽然在同居期间，同居者的财产归个人所有，债务由个人承担，但为了保证可分割财产的安全，未经另一方同意，一方不得出卖、赠与、抵押今后可能参与分割的财产。如果共同住所的登记所有人或承租人是同居者一方，则双方可通知财产登记机构（国家土地调查局），将该住所登记为双方的共同住所，以防止登记方在另一方不知情的情况下出卖或抵押该住所。

四、关于瑞典家庭法对同性伴侣保护制度的评析

（一）瑞典家庭法对同性伴侣的保护体现了保护弱势群体利益的人权理念

人权是人之所以为人应当享有的权利。为保障人之为人的基本尊严，平等性是人权的内在特性。正如博登海默所言："人的平等感的心理根源之一乃是人希望得到尊重的欲望。"尊严是平等的目的，平等是尊严的基础。虽然世界各个地区和国家对"人权"具体内涵的理解不尽相同，但平等和非歧视是国际人权法公认的原则，也是现代法制文明的重要标志。形式平等理论以抽象人格为出发点，以法律面前人人平等为宗旨，强调法律对人的一体、无差别的保护。[1] 这对保护人权以及排除对社会弱者的歧视具有重要意义。但实质平等理论认为，由于具有差别性的人们在权利实现手段和范围上的差异，法律规范的形式平等往往导致强者越强、弱者越弱的不平等结果。作为对形式平等的修正，实质平等理论承认人的差异性，主张在保证每一个人享受平等自由权利的前提下，强者有义务给予弱者以各种最基本的补偿，使弱者能够像强者一样有机会参与社会的竞争。因此，根据实质平等理论的要求，应对处

---

[1] 丁海湖、房文翠："人权：弱势群体法律保护的价值基础——兼议我国弱势群体权益保护立法的完善"，载《行政与法》2006 年第 9 期。

于弱势的人给予倾斜性、补偿性的法律保护，以实现真正的公平正义。[1]

在人类发展的历史长河中，同性恋群体虽然长期存在，但由于社会主流观点出于人类繁衍、保护未成年子女利益、伦理道德等因素的考虑，[2] 同性伴侣在较长期间一直处于不被主流社会认可的边缘地位，这一方面是对同性伴侣平等法律地位的限制，另一方面客观上可能引起同性恋群体对社会歧视的反抗，成为社会的不安定因素，不利于社会的和谐稳定。

在家庭法领域，瑞典官方从 20 世纪 70 年代末开始关注如何消除对同性恋关系的社会歧视，致力于对同性伴侣的立法保护，并在之后的 30 多年间取得了长足发展。现行瑞典家庭法以"性别中立"为重要指导思想，[3] 不论是调整婚姻关系还是同居关系，对同性伴侣和异性伴侣都适用相同的法律和规则，在法律规范上不再人为地对二者做出任意区分，实现了对同性伴侣在法律形式上的平等保护。

应当说，当今瑞典社会对同性恋群体已经有了相当程度的认同，据 2009 年以前的一次民意调查显示：有 71% 的瑞典民众尊重未来可能的同性婚姻，有 51% 的瑞典民众赞成同性伴侣领养子女。[4] 然而，在瑞典社会普遍性消除对同性伴侣的各种歧视之前，未来瑞典家庭立法是否会对同性伴侣予以特别倾斜性保护，笔者不得而知。但从当前瑞典在全球范围内致力于消除各种性别倾向和性别身份的歧视来看，瑞典议会和政府的保护态度无疑是十分积极的。[5]

---

〔1〕 夏吟兰："在国际人权框架下审视中国离婚财产分割方法"，载《环球法律评论》2005 年第 1 期。

〔2〕 熊金才：《同性结合法律认可研究》，法律出版社 2010 年版，第 114～157 页。

〔3〕 Ministry of Justice, *Family Law*, Regeringskansliet, 2009, p. 7.

〔4〕 "Eight EU Countries Back Same‐sex Marriage", http：//www.angusreid.com/polls/5787/eight_eu_countries_back_same_sex_marriage/.

〔5〕 Gunilla Carlsson, "Homosexuals in Africa need the support of Sweden", http：//www.sweden.gov.se/sb/d/14198/a/171861.

（二）瑞典家庭法对同性伴侣的保护经历了逐步推进消除歧视的立法进程

瑞典家庭立法实现对同性伴侣的平等保护不是一蹴而就的，其充分考虑到瑞典国情和当时社会普遍价值观，经历了逐步推进的反歧视立法进程。

1978 年 1 月 17 日，瑞典政府组织成立专家委员会对瑞典社会的同性恋关系进行全面调查，以作为瑞典议会讨论解决社会歧视同性恋问题的决策参考。

该委员会于 1984 年作出的最终调查报告表明：有两个决定性因素影响到同性恋的社会地位：一是同性恋者的沉默以及同性恋者不被视为是社会的正常组成部分，导致社会不认同同性恋人群作为一种社会群体和文化群体存在；二是社会对同性恋的歧视及误解，即强势观点认为爱情只能发生在男人和女人之间，在同性恋者之间只存在纯粹的性关系。

正如报告所言，尽管有必要对同性伴侣进行立法保护，但仅靠立法不能解决歧视问题，社会必须认识到同性恋是一种现实。只有社会接受同性恋人群作为一种社会群体和文化群体存在，才有可能结束对同性恋者的各种歧视。因此，虽然当时有议员建议将同性伴侣关系与异性伴侣关系通过相同法律（《婚姻法典》或《同居（共同家庭）法》）予以调整，但考虑到社会各方面接受程度，议会决定首先通过单独制定《同性同居法》的立法技术手段对同性同居关系予以区别保护。[1]

之后，瑞典于 1995 年实施《注册伴侣关系法》，2003 年实施新的《同居法》，2009 年 5 月 1 日起实施修订后的《婚姻法典》，瑞典家庭法对同性伴侣的保护与对异性伴侣的保护相比，经历了由实体和形式规范上的双差别对待，逐步发展为实体无差别但形式规范上的差别对待，最后发展为现行立法的全面无差别对待。瑞典对同性伴侣关系的历次立法和修订，都在充分调查国情和民意的基础上进行，较好地平衡了各种社会力量的利益保护和冲突。

---

[1] Fariborz Hozari, "The 1987 Swedish Family Law Reform", *International Journal of Legal Information*, Vol. 17：3 1989, pp. 230~231.

（三）瑞典家庭法为同性伴侣提供了多元化的保护

当前瑞典家庭法为同性伴侣提供了多种家庭形态保护模式的选择，充分尊重同性伴侣的意思自治。婚姻模式赋予同性伴侣缔结婚姻的权利，使其与异性配偶享有相同的权利和义务。注册伴侣模式在保护内容方面与婚姻模式相同，但名义不同，其存在的意义在于保护既存的注册伴侣关系，使其不因《注册伴侣关系法》的废止而被否定；尊重既存的同性伴侣的自由选择，双方既可选择转化为婚姻关系，也可选择继续维持现有的注册伴侣关系。同居模式则对选择建立同居关系的同性伴侣弱势方给予有限范围的适度保护。多元化的法律规制模式适应了瑞典社会道德多元化、婚姻关系多元化的实际需求，也为长期处于社会边缘的同性恋群体撑起了法律的保护伞。

五、结语

瑞典家庭法对同性伴侣的保护在立法理念、立法模式与立法内容上均在世界范围内位列前沿。但任何立法只有充分考虑并融于国情和民俗才能达到其目的和效果，才具有生命力。就我国而言，对同性伴侣的立法保护任重而道远。而立足我国现实国情，瑞典家庭法从对同居关系保护着手的立法进程，不失为一种有益的借鉴。

2.5 离婚新探[*]

巫昌祯[**] 夏吟兰

一、历史的回顾

离婚制度是婚姻制度的重要组成部分，它在古今中外的婚姻法中占有重要的地位。而离婚，作为社会最小细胞的裂变所产生的社会效应，也为社会各界所关注，是整个社会变革、发展的缩影。

回顾历史，有一个现象值得我们反思，即：中华人民共和国成立后曾出现过两次离婚高潮，而两次离婚高潮都是在《婚姻法》颁布之后。

1950 年《婚姻法》颁布后，出现了第一次离婚高潮，1953 年法院受理的离婚案件高达 117 万件，成为过往 30 多年中法院年受理离婚案件最多的一年，旧的封建主义的婚姻在阴阳裂变中解体、崩溃，新的社会主义的婚姻则在裂变中组合、建立。

1980 年《婚姻法》颁布后，法院受理的离婚案件由 1979 年的 21 万件上升为 1982 年的 37 万件，三年上升了 16 万件，1982 年比 1981 年上升了 8.5%。此后，离婚案件的年收案数曾一度徘徊在 40 万件左右，I984 年后再度上升，1987 年为 54 万件，比 1979 年上升了 33 万件，比 1980 年增长了一倍。我国的婚姻家庭关系又一次受到了冲击，此次离

---

* 本文发表于《中国法学》1989 年第 2 期，第 44~53 页。

** 巫昌祯，女，汉族，1929 年 11 月 17 日生，江苏句容人。中国政法大学教授、特约博士生导师，中国法学研究会婚姻法学研究会名誉会长，第七、八、九届全国政协委员。曾先后多次参与《婚姻法》修改。主持《妇女权益保障法》起草及修改。曾被评为北京市教育系统先进工作者，市优秀教师、全国优秀教师、北京市先进工作者、全国先进工作者、北京市"三八"红旗手、全国"三八"红旗手等，享受国家政府特殊津贴。

婚高潮持续时间长，且呈逐年上升的趋势。

为什么两次离婚高潮都在《婚姻法》颁布之后，这难道是历史的巧合吗？不，它有着深刻的历史必然性。马克思说过："人的本质并不是单个人所固有的抽象物，实际上，它是一切社会关系的总和。"因此，研究离婚问题，不能脱离它的社会背景以及当时的社会条件。

（一）两次离婚高潮的社会客观条件

在我国漫长的封建社会中，离婚仅仅是男子的特权，这时所谓的离婚，绝大多数是男子强迫妻子离异，即所谓"休妻"。我国古代最著名的离婚制度就是"七出"，即男子享有出妻的权利。如果妻子触犯了"七出"之中任何一条，就有被丈夫逐出家门的可能，除了立法之外，我国历代统治阶级还用封建主义的"礼"来限制离婚自由。"一女不事二男""夫死不得再嫁"的封建主义贞节观，使千千万万的妇女终身处于极端痛苦之中而不能解脱。而包办买卖婚姻又使得大多数的夫妻在婚后不可能得到幸福。因此，毫无疑问，离婚自由相对于封建主义的"从一而终"是一大历史进步，是人类文明的产物。

1950年《婚姻法》是我国历史上第一部破除旧的封建主义婚姻家庭制度，真正实行离婚自由的婚姻法典。1950年《婚姻法》颁布之际，正是中华人民共和国成立初期，进行土地改革之时。这个刚刚呱呱坠地的新社会，百废待兴，迫切地需要根除封建主义的陈规陋习，集中力量进行经济复兴，但是封建主义的婚姻家庭制度严重束缚了广大群众，特别是占人口半数以上的妇女。封建的婚姻家庭已经成为新生的社会肌体上衰败的细胞，如果不对其进行全面的根除，势必严重地影响新中国的革命和建设事业。据统计，1949年上半年华北地区婚姻案件占民事案件的46%，其中因不堪丈夫或公婆虐待，或因不满包办买卖婚姻而要求解除婚姻关系的占2/3以上。同时，随着土地改革的进一步深入，许多妇女在经济上和政治上获得了解放之后，积极要求砸碎压迫妇女的枷锁——封建主义的婚姻制度，实现男女平等与婚姻自由。1950年《婚姻法》的颁布，使她们的愿望得以实现，长期遭受封建主义婚姻家庭制度摧残、奴役的妇女，纷纷提出离婚要求。据当时对京、津、沪三大城市 880 件离婚案件的调查，女方提出离婚的占 68%，山西的文水、宁武、代县三县 763 件离婚案件中，原告为女方的有 705 件，占 92.4%。

20 世纪 50 年代初所形成的第一次也是迄今为止最大的一次离婚高潮，标志着我国封建主义婚姻家庭制度的崩溃，是我国妇女解放的重要步骤之一，符合当时历史要解放生产力的要求，推动了社会主义革命和建设的发展。

1980 年《婚姻法》是在结束十年动乱，实行改革开放这样重要的历史关头颁布的。一方面，建国 30 多年来，封建主义的婚姻家庭制度已被摧毁，婚姻家庭关系发生了深刻的变化，社会主义的婚姻家庭制度已经建立。另一方面，封建主义的婚姻观念根深蒂固，影响很大，其残余还远没有被根除。一些封建的恶习在一些地区传播蔓延，侵蚀我国社会主义的婚姻家庭制度。如包办买卖婚姻和借婚姻索取财物等现象在某些地区相当普遍地存在着。妇女的政治、经济地位还没有完全实现与男子平等，封建的伦理道德、夫权思想、家长制作风还普遍存在。所有这些问题，在当时都严重阻碍了改革的推进，影响了社会的安定团结。另一方面，1980 年正是我们结束了多年的闭关锁国向全世界开放之时，政治、经济、文化等方面与国外的交流必然对我国的婚姻家庭关系产生一定的影响。同时，20 世纪 70 年代末、80 年代初世界各国所进行的婚姻家庭制度，特别是离婚制度的改革，对我国 1980 年《婚姻法》有一定的影响，由此可见，"改革开放，振兴经济"加速了我国第二部《婚姻法》的诞生。由此所引发的我国第二次离婚高潮，其离婚理由就不再仅仅是反封建了。更多的人开始追求感情和谐，志趣相投，互敬、互爱的更高层次的婚姻生活，感情不和成了最主要的离婚理由。这是我国婚姻史上的一大进步，从此，感情成为人们缔结、维持婚姻的最基本的要素。

纵观我国两次离婚高潮的社会客观条件，可以看出婚姻家庭与社会变革的关系。社会的动荡、变革，必然给它的肌体上的每个细胞带来影响。在社会变革的同时，进行婚姻家庭制度的改革，解放生产力，使社会的每个细胞释放最大的能量，以推动社会的变革发展，这是两部《婚姻法》的共同使命。而离婚，作为破除旧的婚姻观念和婚姻形式的合法方式和重要手段，在我国婚姻家庭制度和婚姻家庭关系的改革中的确起了不可低估的作用。

（二）离婚标准的演变

离婚标准是离婚中最重要的问题之一，鉴于我国的实际情况，对其演变的过程分立法和司法两方面来回顾。

1980 年《婚姻法》第 25 条明确规定：夫妻感情确已破裂，调解无效，应准予离婚。这一规定是我国离婚制度发展的必然结果。1942 年《晋冀鲁豫边区暂行婚姻条例》第 16 条明确规定：夫妻感情恶劣至不能同居者，任何一方均得请求离婚。第一次将"感情恶劣"作为离婚的标准。新中国成立后，由于当时的历史原因，1950 年《婚姻法》对此未作规定。同年中央人民政府法制委员会（以下简称法委会）在《关于婚姻法实行的若干问题与解答》中提出对"有正当原因不能继续夫妻关系的，应作准予离婚判决，否则也可做不准离婚的判决。"把正当理由作为准予离婚的标准。1953 年法委会再次对有关婚姻问题解答时，把"有正当理由"改为"如经调解无效，而又确实不能继续维持夫妻关系的，应准予离婚，如经调解虽然无效，但事实证明，他们双方并非到确实不能继续同居的程度，也可以不批准离婚"。在这里，不能继续维持夫妻关系，则成为准予离婚的标准。1963 年最高人民法院《关于贯彻执行民事政策的几个问题的意见》中规定的关于离与不离的基本原则界限问题时，明确提出了"感情是否完全破裂"的离婚标准。对于那些感情还没有完全破裂、离婚理由不当、经过教育有重新和好可能的，不要判决离婚；对那些夫妻感情已完全破裂，确实不能和好，法院应积极做好坚持不离一方的思想工作，判决离婚。1979 年全国第二次民事工作会议，把感情是否完全破裂改为"要以夫妻关系事实上是否确已破裂，能否恢复和好"为原则。但感情是夫妻关系赖以存在的基础，关系破裂实际上就是感情破裂。1980 年《婚姻法》，第一次在法律上明文规定：感情确已破裂，是准离的标准，这一法定离婚标准的确立，是我国离婚制度建设的重要发展。

在我国司法实践中，从 20 世纪 50 年代起就产生了"理由论"和"感情论"之争。理由论是以离婚必须有正当理由为原则，即理由正当，准予离婚；理由不正当，则不准离婚。如反对包办婚姻的人要求离婚，一般均予支持，有喜新厌旧思想的人提出离婚，则不准许。这对制止错误思想的发展起了一定作用。感情论是以夫妻感情破裂为原则，即夫妻感情确已破裂，夫妻关系无法维持时，应准予离婚，否则不准离婚。这是从婚姻的本质出发，解除实际已经死亡的婚姻关系，以促进新的民主和睦的家庭关系的建立。这对双方、对家庭和社会都是有利的。

20 世纪 50 年代的"感情论"与"理由论"之争，受"左"倾思想的影响，片面强调"以阶级斗争为纲"，从"反右派斗争"到"文化大革命"这一阶段，基本上是"理由论"占了上风。在司法实践中，"理由正当"成为准予离婚的主要标准。"理由论"虽然在制止有错误思想方面起了一定作用，但由于它离开了婚姻的本质，所以出现了"该离的不准离，不该离的却判离"的偏差。这两种偏差的出现，归根到底是忽视了婚姻以感情为基础这一本质，以正当理由代替了夫妻感情，用政治标准代替了婚姻的特殊属性。

1980 年《婚姻法》公布以后，"理由论"和"感情论"又重燃战火，但积 30 年之经验，"感情论"很快便取得了优势。婚姻的基础是爱情，缔结婚姻应以爱情为基础，维系婚姻也应以爱情为基础。无爱情的婚姻是死亡的婚姻，解除这种死亡的婚姻无疑对社会、对家庭、对个人都是有益的，它符合社会主义的婚姻道德。正如恩格斯所说："如果说只有以爱情为基础的婚姻才是合乎道德的，那么也只有继续保持爱情的婚姻才合乎道德。"20 年来的实践证明，婚姻的本质是感情，这是客观存在的真理。只有以感情破裂作为离婚的标准，才能正确处理离婚纠纷，减少错案。

对于在离婚案件中造成夫妻感情破裂的有过错一方应该如何处理？"理由论"者以理由不正当不准予离婚为制裁方法。"感情论"者则无论当事人有无过错，只要感情破裂即准予离婚。前者以不准离婚为手段，这不仅制裁了有过错一方，也使无过错一方遭受痛苦。后者由于没有对过错一方提出制裁的办法，难以伸张正义，维护法律的严肃性。两者都不足取。笔者认为这是一个在实践中和理论上尚未解决，需要探讨研究的问题。

二、当前离婚的新特点

20世纪80年代以来，我国离婚状况总的趋势是逐年递增，但上升幅度不大。法院受理的离婚案件由1979年的21万件上升为1987年的54万件，年增长数除1981年为7万件、1987年为8万件外，其他年份均不超过5万件。预计在今后若干年内，这种逐年递增的趋势不会改变，但不可能突破20世纪50年代初年收案数超过百万件的记录。同时，20世纪80年代的离婚又具有一些新的特点，具体表现为三个方面：

（一）从离婚方式看——协议离婚的比例有所上升

我国离婚的方式，基本上有两种，一是协议离婚，包括按行政程序的自愿离婚和诉讼程序中的调解离婚；二是判决离婚。

长期以来，判决离婚在审判实践中占的比例较大，其因主要是受封建思想影响。人们存在一种离婚的罪恶感，总认为离婚是悲剧，丑事，坏事。所以一般不愿离婚，即使感情确已破裂，也不同意离婚，这种"好离不如凑合过"的思想根深蒂固，所以判决离婚的比例一直较高。

20世纪80年代以后，离婚方式出现一种倾向，协议离婚的比例有所上升。据最高人民法院统计，在诉讼离婚中，调解离婚的比例有所上升，1984年为219 881件，1987年上升为290 805件。同时，到婚姻登记机关按照行政程序办理自愿离婚手续的人数也有所增加，1981年全国婚姻登记机关办理离婚登记共18 417件，1987年上升为235 997件，占当年离婚总数581 000件的2/5左右。据上海市有关部门统计，判决离婚与协议离婚的比例过去为3∶1，现在则为1∶3，协议离婚的数字大大上升，特别引人注目的是，出现了协议离婚的新形式，除了办理法定的离婚手续之外，当事人还采取签订条约，双方洽谈，办离婚酒宴，开"三国四方"会议以至于离婚旅游等多种方式来达到"好离好散"的目的。这种情况说明，不少人的离婚观念确已发生了新的变化。过去的那种"离婚就得吵，不闹离不了"的观念正在被文明离婚之风所替代。

（二）从离婚的原因看——呈现出复杂多样的特点

中华人民共和国成立近40年以来，离婚的原因大致经历以下三个大的阶段：

第一，20世纪50年代，以反对封建婚姻为主。1950年《婚姻法》颁布后，离婚案件数量直线上升，1951年为57万件，1952年为106万件，1953年为117万件。这是我国离婚案件的第一次高潮，其中，大多数案件是因摆脱封建婚姻的束缚而形成的。

第二，20世纪60、70年代，既有反封建的原因，又有政治风浪的影响。特别是在"反右"和"文革"时期，政治条件在婚姻的缔结或解除上，起了举足轻重的作用。由于各种政治原因，造成了一批离婚案件。

第三，20世纪70年代末到80年代，离婚的原因呈现出复杂多样的特点。除了反封建，政治原因外，还出现了若干新的原因，主要有以下几点：

1. 因追求理想的爱情婚姻，不满现实的"凑合婚姻"而提出离婚。据北京市调查，以夫妻感情不和为由而提出离婚的约占全部离婚案件的60%左右，这说明人们对婚姻的质量提出了新的要求，爱情在当代人的婚姻中占有越来越重要的位置。没有爱情或爱情完全消失已成为离婚案件中的一个主要原因。

2. 因对方经营无能，不能致富而提出离婚。这类离婚案件是随着改革开放政策的实施而出现的。特别是在农村，由于各个农户发展的不平衡，某些家庭的男主人无经营才能，生活仍然贫困，女方不满而提出离婚。这类案件全国约占7%，有的地区高达21%。

3. 因对方致富后有不良嗜好而提出离婚。近年来城乡出现了不少"万元户"，致富后，有些家庭成员（主要是男方）染上酗酒、赌博等恶习，因而导致夫妻感情破裂，浙江省某个地区，因赌博而离婚的，竟占40%左右。

4. 因对方玩弄女性或重婚纳妾而提出离婚。一部分暴发户以金钱为诱饵，玩弄女性，重婚纳妾。其配偶因无法忍受而提出离婚。有的则是有新欢的一方提出离婚。这种类型的离婚案件上升幅度较大。同时，也出现了高价离婚的怪现象，是否同意离婚，以金钱为附加条件。在这种情况下，妇女就成为商品，婚姻成为一种交易，这是一个很值得研究的新问题。

5. 因一方出国学习、工作而引起离婚。改革开放，不少人出国学习、考察或工作，因此而导致离婚的，占出国人员中的相当数量。

这种复杂多样的原因，反映了初级阶段的特点。在该阶段，对婚姻家庭领域的思想干扰，来自两个方面，一是封建思想，二是外来的资产阶级思想。应当指出，前者是主要的干扰。一方面，社会主义的婚姻家庭制度，马克思主义婚恋观念已经确立，这标志着我国婚姻家庭的社会主义性质；另一方面，封建主义、资本主义旧有的婚姻家庭制度的思想影响和习惯势力依然存在，这说明我们的婚姻家庭还处在一个不完善的初级阶段。在离婚原因上，就仍然表现为它的多元性和复杂性。

（三）从离婚主体看——原告中以女性、年轻人居多

据统计，女性和年龄在 35 岁以下的，均占离婚案件总数的 70% 左右。

年轻人提出离婚的多，说明他们在离婚问题上，顾虑较少，同时，也反映出年轻人容易轻率。

女性提出离婚的多，说明在婚姻悲剧中，女性受害最深。在各个不同的历史时期，女性作为原告在离婚案件中始终占 70%。但离婚的原因却不相同。

20 世纪 50 年代女性提出离婚，以反封建为主，是为了摆脱虐待、遗弃，寻求一条生路，对感情的追求几乎等于零，因此，凡能相安无事的夫妻，无论有无感情，是绝不会提出离婚的。

20 世纪 80 年代女性提出离婚，除上述原因外，更主要的原因是对婚姻生活中感情因素的追求。迫切地希望提高婚姻质量，而不愿凑合一辈子。这是女性婚姻观念更新的一次飞跃，是对婚姻生活更高层次的追

求。自尊、自立、自信、自强，已经成为大多数妇女生活的信条，她们开始自主地把握自己的命运，而不愿逆来顺受。对于丈夫或公婆的歧视和限制，过去能忍受的，现在不能忍受了，过去对精神方面要求不多，现在则要求多了，于是，这些因素就有可能导致婚姻的破裂。

总之，20 世纪 80 年代的离婚带有明显的时代色彩，具有与其他各个历史时期不同的鲜明特点，这是我们研究当代离婚问题的着眼点。

三、完善离婚制度的几点设想

从 1980 年《婚姻法》颁布至今，法院受理的离婚案件由 1979 年的 21 万件上升为 1987 年的 54 万件，共上升了 33 万件。离婚的理由复杂多样，但不容忽视的是因一方的过错所造成的离婚有所增加。当然，对因一方的过错而导致的离婚，夫妻感情确已破裂无和好可能的，应该准予离婚。强行维持死亡婚姻，对双方、对子女、对社会均无益处。但对有过错的一方，法律应明确规定制裁措施。否则审判人员在处理这类离婚案件时，难以伸张正义，主持公正。使婚姻法失去了应有的权威性，严肃性。另外，随着经济改革的进一步深化，人们的生活水平也有了很大的提高，夫妻财产的内容扩大了，财产构成也发生了重大的变化，离婚案件中的财产纠纷相应地也增多了，1980 年《婚姻法》对夫妻财产的规定已难以适应实践的需要。由此可见，进一步完备离婚立法，完善离婚制度已是迫在眉睫的任务。笔者拟对离婚案件中的过错方的法律责任和离婚后的夫妻财产分割两大问题提出一些新的设想。

（一）离婚案件过错一方的法律责任

结婚是一种法律行为，男女双方履行了法律手续之后，就形成了一种特定的权利义务关系，双方既享有各自的权利，又负有对对方的义务，这种权利义务关系是由法律明确规定的，当事人不得任意更改、解除。对于不履行义务有过错的一方应如何处理，法律未作明确规定，笔者认为，在因一方过错而导致的离婚案件中，应该追究过错一方的法律责任。

1. 对离婚案件中的过错一方给予限制是世界各国的通则。从世界各国的立法来看，尽管从 20 世纪 70 年代开始，不少资本主义国家实行了离婚法的改革，明确规定婚姻破裂即可离婚的原则，但对离婚纠纷中的有过错方仍予以追究，并做了某些限制性的规定。东欧各国，情况亦大致相同。

在家庭法上，其限制主要可分为五种方法：

（1）延长分居期。如法国1970年颁布的离婚法规定，由于一方过错而被判分居的，分居期应届满7年方准离婚，比一般准许离婚的分居期限长2年。

（2）分清是非，明确责任。如《阿尔巴尼亚家庭法典》第85条规定："由于一方过错而使其婚姻失去意义时，夫妻任何一方都可以向法院提出离婚，但法院在作出离婚判决时，应指出导致夫妻关系受到严重破坏的原因，确认对引起离婚原因的过错一方，应当采取教育措施，并作出专门的决定。"保加利亚等国也有专门规定。

（3）限制起诉权。如《南斯拉夫婚姻法》第19条规定："如果婚姻关系遭到破坏，仅仅是由于夫妻一方的过错，要求离婚的权利只属于另一方。"英国、印度、日本等国也有此规定。

（4）剥夺财产权。《缅甸佛教法》规定"因反复虐待行为或因妻通奸判决离婚的，分割财产时法院作出有利于受害者的指示，使有责任的当事人丧失其全部权利。"南斯拉夫、印度等国也有类似规定。

（5）考虑子女和受害者（即无过错一方）的利益。《德意志民主共和国家庭法典》规定："夫妻一方提出离婚诉讼时，法庭必须仔细回顾该婚姻的历史，特别要考虑离婚是否会损害未成年子女的利益，是否会给夫妻一方带来不合理的困难。"苏联也有此规定。

由此可见，对离婚纠纷中有过错方给予一定的惩罚和限制，是保护无过错方的有利措施，值得我们借鉴。从我国的实际情况来看，在社会主义初级阶段，一方面，对因一方过错而导致的离婚，夫妻感情确已破裂无和好可能的，应准予离婚，并限制有过错方的诉讼权利，强行维持死亡婚姻对双方、对子女、对社会均无益处；另一方面，对于有过错的一方，法律应明确规定出制裁的方法，以正视听。在审判实践中，外国法中所适用的分清是非，明确责任，保护无过错方和未成年子女利益这几种措施我国都已适用，只需要在婚姻法上予以明确规定。

2. 离婚案件中的过错方应承担的法律责任。我们认为，审理离婚案件不仅应适用分清是非，明确责任，保护无过错方和未成年子女利益这些保护性措施，当事人中有过错的一方还应承担相应的法律责任。法律责任分为刑事责任、民事责任、行政责任三种。

婚姻关系作为一种法律关系，不仅受到婚姻法的调整，还要受到刑法、民法、行政法规以及一切相关法律的调整。因此，婚姻法应明确规定离婚案件中有过错一方的法律责任。

对于情节严重，触犯刑法，构成犯罪的当事人根据我国《刑法》的规定，应承担刑事责任。

对于未构成犯罪，依照行政法规需要给予行政处罚的，有过错的一方应承担行政责任。

对于侵犯配偶他方人身权利，又构不成犯罪的，依照《民法通则》的规定，有过错一方应当承担民事责任。

刑事责任和行政责任在《刑法》、行政法规以及1980年《婚姻法》中都已作了相应的规定，本文限于篇幅，仅讨论有过错的一方承担的民事责任问题。民事责任是指民事法律关系的主体在侵犯民事权利或违反民事义务的情况下依照民法所应承担的强制性法律后果。

离婚案件中的有过错一方承担民事责任的法律依据是《民法通则》第104条对人身权的规定："婚姻、家庭、老人、母亲和儿童受法律保护。"所谓人身权是指与权利主体的人身不可分割的权利。它包括人格权和身份权及由此所带来的利益。因此，《民法通则》对于公民在婚姻家庭关系中人身权的规定主要有两方面的含义：

第一，家庭成员基于身份关系相互享有的一定的人身利益，这种人身利益是根据特定家庭成员之间的特定身份关系而产生的，而且具有专属性和相互性。如配偶之间的各种人身利益，就是配偶身份的男女所专有并相互享有的。确认和保护这种亲属身份权的意义就在于维护身份权人对自己亲属所独有的地位和资格，确保身份权人能够依法按照自己的意志，对自己的亲属进行一定的人身和物质要求，以实现身份权人的人身利益和物质利益，如夫妻共同生活，相互扶养。夫妻一方因与他人通奸或关系暧昧、致使配偶之间的这种专有的人身利益得不到实现、甚至导致婚姻解体，就是严重侵犯对方人身权利的行为，应当追究其民事责任。

第二，家庭成员基于自己的人格所享有的人身利益。家庭成员之间虽然享有一定的身份上的人身利益、但法律禁止任何人凭借身份权侵害家庭其他成员的人格权。公民在社会生活中享有的人格权在家庭中必须得到尊重。任何物质、肉体和精神上的虐待，都是侵害公民人身权的行为。如夫妻一方殴打、遗弃、虐待他方或不法限制他方人身自由等使他方身心健康遭受损害或生活陷入困境的，受害人有权要求得到法院的保护，追究加害人的民事责任。

因此，对于离婚案件中有通奸、遗弃、虐待、侮辱、限制他方人身自由或不履行法定的夫妻间义务的行为，并且给对方造成损害的，依照民法通则的上述规定，应追究有过错一方的民事责任。

3. 追究离婚案件中有过错方的民事责任，应适用惩罚性原则。追究离婚案件中有过错方的民事责任，首先应以行为人有过错为前提。在婚姻关系中侵犯对方的人身权利的过错主要是指当事人明知或者应当知道自己的行为会使对方身心健康遭受损失，生活陷入困境，甚至导致婚姻关系解体这样的后果，却实施或继续实施这些行为，如通奸、不贞、虐待、遗弃、无正当理由拒不承担夫妻义务、家庭责任等等。

由于离婚纠纷诉讼到法院一般都经过亲友、单位、街道等多次调解，行为人对自己行为的后果并非没有预见，而是明知故犯，因此，笔者认为，对离婚纠纷中的过错方应适用惩罚性原则，包括在分割财产时的惩罚原则和运用惩罚性民事责任措施。

长期以来，对离婚案件中的过错方一直没有惩罚性措施，只是在财产分割问题上最高法院作过"照顾无过错方"的规定，我们认为，在婚姻法中，如果把"照顾无过错方"的原则改为"惩罚有过错方"的原则，对于分清是非，伸张正义，树立良好社会风气会有积极的意义。

在夫妻一方侵犯他方人身权利时，人民法院对有过错方除了可以适用消除影响、停止侵害、赔礼道歉等民事责任的措施外，对于情节严重的应采取罚款、拘留等惩罚性措施，以惩罚有过错一方，伸张正义，教育群众。

根据《民法通则》的规定，对人身权的保护方法除了停止侵害、消除危险、恢复名誉、消除影响、赔礼道歉这五种非财产责任形式外，还有赔偿损失这种财产责任形式，对于造成婚姻一方当事人严重精神损害，以非财产责任形式不足以补偿受害人的人身利益的损失时，我们认为，应当追究加害人的财产责任，使受害人的人身利益得以恢复。

（二）夫妻财产分割中的几个问题

在离婚案件中如何分割夫妻共同财产，是正确处理离婚案件的重要一环。对此，除了1980年《婚姻法》作了明确规定之外，最高人民法院也曾根据审判实践的经验作过规定，问题是需要将审判实践中行之有效的规定上升为法律，使全国人民共同遵循。这就需要对财产分割中的一些问题在理论上进行探讨，为立法提供依据。

1. 夫妻共同财产的范围。依照我国《婚姻法》的规定，夫妻共同财产的范围包括四个方面：①夫妻各自或共同劳动所得；②夫妻各自或共同继承的财产；③夫妻各自或共同受赠的财产；④其他合法收入。笔者认为，夫妻共同或各自继承受赠的财产，应区别情况，分别对待，不应一律作为夫妻共同财产。夫妻共同继承或受赠的财产作为夫妻共同财产，笔者无异议。但是夫妻各自继承或受赠的财产是否作为夫妻共同财产应以尊重赠与人和被继承人的意志为原则。当赠与人或被继承人明示将其财产只转让给夫妻一方时，其财产应作为受赠人或继承人一方个人所有的财产，而不是共同财产。这是以财产所有权的理论为依据的。

财产所有权的取得可分为原始取得和继受取得两大类。所谓原始取得，就是权利主体不以他人既存的所有权为依据，而纯由于某种事实的发生独立取得所有权的方法，如夫妻各自或共同劳动所得的收入。所谓继受取得，是指权利主体以他人既有的所有权为依据，通过某种法律事实而取得所有权的方法。即所有人取得所有权是由于原所有人对所有权的转让。夫妻通过继承或受赠所得的财产就是继受取得财产的两种重要方式。根据《民法通则》保护公民个人财产所有权的规定,无论继承还是受赠都必须尊重原财产所有权人的意志,只有原财产所有人才有权决定将其财产转让给何人。因此,当赠与人和被继承人明确表示只将财产转让给夫妻一方的时候,其财产所有权只能由夫妻一方所独占,由夫妻双方共有便是违背了原财产所有权人的意志,不利于保护原所有人的利益。

2. 夫妻个人财产与共同财产的划分。划清夫妻个人财产与共同财产首先必须正确理解《婚姻法》所规定的"夫妻在婚姻关系存续期间所得财产归夫妻共同所有"中所得财产的含义。

所谓所得是指财产权利的取得,而不是具体财产的取得。因为财产所有权的取得和具体财产的取得有时是同步的,有时则先后发生。因此,划分共同财产和个人财产的关键是取得该项财产的所有权的时间,在婚姻关系存续期间具体取得的财产,不一定就是共同财产。只有在婚姻关系存续期间取得财产权利的,才属于共同财产。

所谓财产权是指具有物质财富内容或者直接同经济利益相联系的民事权利。如财产所有权、经营权、使用收益权、继承权等。这些都是夫妻共同财产的客体。而人身权以及与人身权紧密相联的知识产权只有在具有物质财富内容的时候才能作为夫妻共同财产的客体。

因此,凡是在婚姻关系存续期间取得上述财产权利的,无论是否实际取得财产,均为夫妻共同财产,离婚时应该予以分割。夫妻一方在婚前或解除婚姻关系后所取得的财产权利,为其个人财产,不能予以分割。

虽然是在婚姻关系存续期间所得的财产,但与一方的人身权紧密相联,具有较强的个人专属性或他方不能使用的财产,应视为一方的个人财产。包括专供个人使用的衣物、从事职业所需的工具、仪器、书籍等,军人的复员费、转业费、医疗费、个人所得的奖章、奖杯、证书等等。

婚前财产与婚后财产无法查清,归属不明的,由主张权利的一方负举证责任;提不出证据的,推定为共同财产。

知识产权（包括著作权、发明权、专利权等）作为一种非物质财产权利，作为一种无形财产与人身权利紧密相联，因此，它是否作为夫妻共同财产加以分割，应区别对待。

如果作家的著作、书画家字画、专利权人的专利以及发明人的发明已经作为商品进入流通领域并因此得到报酬，取得相应的物质利益，这种物质利益就是一种财产权利，其权利的取得是在婚姻关系存续期间的，离婚时应作为夫妻共同财产加以分割。如果这些手稿、字画、设想、设计稿等在离婚时还未能出版或未被采用，那它就仅仅是夫妻一方的精神财富，不具有物质财富内容，不能加以分割。

3. 财产权利的转化。夫妻婚前的个人财产在共同生活、共同使用的过程中会发生转让，其所有权由原来一方的所有权转化为双方共同所有权，这是由于共同共有财产的产生是以共同劳动、共同生活为前提这一理论所决定的。但这种财产权利的转化必须具备以下条件之一：①权利人明示将其财产归属为共同财产；②该项财产经婚后的修复、改建、性质发生变化（如草房变瓦房）；③在夫妻共同生活中有共同管理、使用该项财产的事实状态持续 5 年以上；④该项财产因共同使用而自然消耗已不复存在。

总之，完善夫妻财产制度，既要以所有权的理论为依据和准则，又要考虑到实践中出现的各种复杂情况。在审理离婚案件、处理夫妻财产纠纷或划分夫妻共同财产时，在《婚姻法》对分割夫妻财产的问题未作出进一步规定之前，应在不违背法理和《民法通则》的规定的基础上，公平合理地予以解决。

2.6 民法亲属编离婚制度之探讨*

夏吟兰

离婚制度不仅是婚姻制度中的重要部分，也是随着时代的变迁变化最大、争议最多的部分。中华人民共和国自 1950 年《婚姻法》始，在《婚姻法》的两次修订中，离婚制度都是重中之重，且对民众的生活、婚姻观念的变化产生了重大的影响。1950 年《婚姻法》彻底废除了封建主义的男性专权离婚制度，建立起现代社会的自由离婚制度；1980 年《婚姻法》首次明确规定了裁判离婚的法定条件采破裂主义：夫妻感情确已破裂，调解无效，准予离婚。2001 年《婚姻法修正案》第一次将离婚救济的理念植入离婚制度，设立了离婚损害赔偿制度及家务劳动补偿制度，强化了离婚时的经济帮助，从而形成了较为完整的离婚救济制度体系。

每一次《婚姻法》起草、修订的前后，都引发了有关婚姻法甚至是婚姻观念的大讨论。而肇始于 20 世纪 90 年代初的对 1980 年《婚姻法》修订的讨论，可以说是历次起草修订过程中理论准备最充分的一次。尽管由于种种原因，婚姻法学家的理论、观点未得到充分的重视和吸纳，但在民法典亲属编的起草过程中，我们作为参与专家建议稿的起草者，有责任、有义务不懈地努力，将那些经过充分讨论、意见趋于一致的观点纳入草案当中，同时，也将一些尚未成熟、但确有新意或言之有据的观点纳入草案，供同行们讨论。

---

* 本文发表于《中华女子学院学报》2002 年第 4 期，第 12~18 页。

一、离婚立法指导思想的发展

中华人民共和国成立以来，我国两部《婚姻法》都是以保障离婚自由、反对轻率离婚作为离婚立法的指导思想的。2001 年《婚姻法修正案》在此基础上有了一个重大发展与突破，即在保障离婚自由、反对轻率离婚的同时，强化离婚救济，实现保护弱者利益的社会正义与法律公平。保障离婚自由是婚姻自由原则的具体体现，是婚姻关系的本质要求，但保障离婚自由并不等于任意离婚，离婚必须符合法定条件，履行法定程序。法律上有关离婚的各项规定既是对离婚自由的保障，也是对轻率离婚的限制。同时，为离婚的弱势一方提供救济手段，使其获得法律上的公平正义，也是离婚立法的重要内容。

离婚救济制度彰显了夫妻双方人格独立与平等的理念，致力于损害与救济之间的衡平，而其更重要的社会意义则体现在为离婚自由与社会正义之间架起了法律的桥梁。

二、诉讼离婚法定标准的探讨

离婚的条件与程序中较有争议的问题是诉讼离婚的法定标准，这是自 20 世纪 50 年代以来婚姻法学界争论最多、最广泛的课题。1950 年《婚姻法》第 17 条第 1 款规定："男女双方自愿离婚的，准予离婚。男女一方坚决要求离婚的，经区人民政府和司法机关调解无效时，亦准予离婚。"由于婚姻法对诉讼离婚的标准未作具体规定，20 世纪 50 年代一直有理由论与感情论之争。理由论强调，离婚必须有正当理由，无正当理由不得准予离婚。感情论则强调感情是婚姻的本质，只要夫妻感情确已破裂，就应当准予离婚，而不问理由是否正当。理由论与感情论之争，实际上是过错离婚主义与无过错离婚主义之争，由于"左"的思潮的影响，理由论即过错离婚主义无论在理论界及司法界均占上风，成为主要学说和实际上的判案标准。

1980 年《婚姻法》彻底否定了理由论，第一次在中国采无过错的破裂主义，其中第 25 条第 2 款明确规定："人民法院审理离婚案件，应当进行调解；如感情确已破裂，调解无效，应准予离婚。"从此感情破裂说取代了正当理由说，感情破裂与否成为决定婚姻关系是否应当继续维持的标志，学界普遍认为它反映了社会主义婚姻的本质，符合我国离婚立法的发展，是我国司法实践经验的总结。无过错离婚主义成为我国离婚立法与司法的原则。同时，学界又对"感情破裂"进行了深入的探讨，形成了完全感情破裂说与感情与义务结合说。完全感情破裂说强调感情是确认夫妻关系是否应当维持的唯一标准，即使当事人的理由不正当，只要感情确已破裂，就应当准予离婚，不能用不准离婚作为惩罚过错一方的手段。而感情与义务结合说则认为，婚姻关系具有相对稳定性和权利义务的关联性，婚姻关系解除与否，不仅应考虑夫妻感情是否破裂，还应当考虑双方的权利义务及子女和社会的利益；在当前婚姻还未全面实现以感情为基础时，在离婚时片面强调以感情破裂为原则，必然会产生不良的社会后果。因而应当强调离婚中感情与义务的统一，不能将感情破裂作为离婚的唯一标准。[1]

20 世纪 90 年代以来，对破裂主义的离婚标准的讨论更为深入。许多学者认为，就离婚的立法原则而言，应当坚持破裂主义，但"感情破裂"作为离婚的法定理由不尽科学，应以"婚姻关系"破裂作为离婚的法定条件。因为，离婚立法的对象是夫妻之间的婚姻关系，而不只是感情关系。婚姻关系的多元性决定了离婚的法定标准不能过分强调婚姻关系的内涵，否则，不仅不符合我国婚姻关系的现状，不能包括所有的离婚理由，也降低法条在司法实践中的可操作性。同时，也有学者仍坚持以"感情确已破裂"作为离婚的法定条件。他们认为，提倡以感情为婚姻的基础和婚姻破裂的标志具有先进性。法律要发挥引导作用；任何离婚的原因归根结底最终将导致夫妻感情的破裂，也最终体现为感情的破裂。感情破裂并非不能认识，现有的司法解释中的综合分析法与列举性的 14 条理由均说明感情可以认识。[2]

有关离婚理由的规范方式，学界普遍认为 1980 年《婚姻法》的概

---

〔1〕 巫昌祯："婚姻家庭法学"，载张友渔主编：《中国法学四十年》，上海人民出版社 1989 年版。

〔2〕 薛宁兰："中国法学会婚姻法学研究会 2000 年年会综述"，载《法学动态》2001 年第 3 期。

括主义离婚理由对法官的素质要求过高，过于抽象，难以操作，应采取例示主义的混合型立法方式，既有概括性的抽象规定，又明文列举重大离婚理由，解决离婚标准难以掌握，司法实践中判案结果宽严不一的问题。至于哪些离婚理由可以列举，学者们意见有所不同，有人认为应尽可能详尽，以切实解决实践中难以操作的问题，也有学者提出离婚理由应从婚姻本质、便于操作及适当限制法官自由裁量权来考虑设定，不必事无巨细，无论如何法律也不可能穷尽所有的离婚理由。

根据学者们的讨论所形成的《婚姻家庭法法学专家建议稿》即采取了这一模式，其概括性地规定为婚姻关系是否破裂，同时列举了确定婚姻关系是否破裂的具体情形，包括：一方患有严重的精神病、传染病；有重婚、通奸、非法同居、虐待、遗弃等情事；有赌博、酗酒、吸毒等恶习或受判刑之宣告；分居已满 2 年等。

《婚姻法修正案》没有完全采纳专家建议稿，认为将"夫妻感情确已破裂"改为"婚姻关系确已破裂"作为判决离婚的法定标准会引起民众认为离婚标准发生变化的误会，故只是对离婚理由的立法模式予以修订，采取例示主义的混合型立法方式，在概括性规定之后，列举了感情确已破裂的具体情形。

笔者认为，这一修订仍未到位。首先，"感情确已破裂"难以适应多元化的现代社会，且存在着无法克服的缺陷，应当将其修改为"夫妻关系确已破裂"。理由有四：一是婚姻关系的内容是多方面的，除精神生活外，双方共同的物质生活与性生活也是夫妻关系的重要内容，而感情只是精神生活的一部分，并非只有感情破裂才是婚姻解体的唯一原因；二是感情属于意识形态范畴，是当事人的心理活动，不应也无法成为法律调整的对象，而婚姻关系才是法律调整的对象；三是在司法实践中，"感情确已破裂"往往难以准确认定，可操作性差，法官的主观随意性会造成司法不公正；四是婚姻关系破裂是大多数实行破裂主义离婚原则的国家所采的用语，符合各国离婚立法的趋势。如《德国民法典》第 1565 条规定：婚姻如果破裂，可以离婚。如果婚姻双方的共同生活不复存在并且不可能期待婚姻双方重建此种共同生活，婚姻即为破裂。

《美国统一结婚离婚法》第 302 条规定：确认婚姻已无可挽回地破裂是法庭准予离婚的前提条件。《英国家庭法》第 3 条将婚姻彻底破裂作为法院发出离婚令的实质条件。

其次，《婚姻法修正案》所列举的确认感情确已破裂的情形主要为一方有过错，包括重婚、有配偶者与他人同居、虐待、遗弃、实施家庭暴力、赌博、吸毒，而对于不能达到婚姻目的，致使无法共同生活，导致婚姻破裂的情形涉及较少，仅有分居 2 年的规定，易产生在我国再次实行过错主义离婚的联想。虽然例示主义不可能将所有的情形全部列举，但列举本身是有导向性的，显示了立法者认为应当主要关注的方面，具体说是导致夫妻感情破裂的主要情形。显然，《婚姻法修正案》的列举易产生歧义。为防止理解上的歧义，2001 年 12 月 24 日《最高人民法院关于适用〈中华人民共和国婚姻法〉若干问题的解释》第 22 条明确规定："人民法院审理离婚案件，符合第 32 条第 2 款规定'应准予离婚'情形的，不应当因当事人有过错而判决不准离婚。"强调在我国实行的依然是完全的无过错离婚主义。因此，笔者认为应适当扩大列举情形的范围。对于那些虽非夫妻一方主观过错或有责行为，但因一定之客观原因致使婚姻目的无法达到，且不堪共同生活的，应列为允许离婚的情形。这样，可以使我国婚姻法所列举的确认感情确已破裂的情形既符合婚姻的本质，又便于法官操作。

基于上述理由，笔者在民法典专家建议稿婚姻家庭部分将诉讼离婚的法定理由修改为：

人民法院审理离婚案件，应当进行调解，如婚姻关系确已破裂，调解无效，应准予离婚。如婚姻关系尚未破裂，应判决不准离婚。

夫妻双方有下列情形之一的，一方要求离婚，经调解无效，可视为婚姻关系确已破裂，得依法判决准予离婚：①患有严重的精神病或严重传染病经治不愈的；②夫妻感情不和，分居已满二年的；③重婚或与婚外异性同居的；④实施家庭暴力或有虐待、遗弃行为的；⑤有吸毒、赌博等违法行为，屡教不改的；⑥被处三年有期徒刑以上刑罚或其犯罪行为严重伤害夫妻感情的；⑦其他导致婚姻关系确已破裂的情形。

一方被宣告失踪，另一方提出离婚诉讼的，应准予离婚。

三、离婚救济方式的探讨

《婚姻法修正案》确立的我国离婚救济制度主要由三个部分组成：其一，家务劳动补偿。《婚姻法修正案》第40条规定："夫妻书面约定婚姻关系存续期间所得的财产归各自所有，一方因抚育子女、照料老人、协助另一方工作等付出较多义务的，离婚时有权向另一方请求补偿，另一方应当予以补偿。"其二，经济帮助。《婚姻法修正案》第42条规定："离婚时，如一方生活困难，另一方应从其住房等个人财产中给予适当帮助。具体办法由双方协议；协议不成时，由人民法院判决。"其三，离婚损害赔偿。《婚姻法修正案》第46条规定："有下列情形之一，导致离婚的，无过错方有权请求损害赔偿：①重婚的；②有配偶者与他人同居的；③实施家庭暴力的；④虐待、遗弃家庭成员的。"

（一）离婚救济制度的缺陷

我国修正后的《婚姻法》有关离婚救济制度的规定寄托着美好的愿望和期待，在司法实践中也开始发挥效力，最近各地纷纷传来适用婚姻法修正案有关规定作出判决的报道。但作为法律研究者及参与立法者，笔者认为离婚救济制度仍存在值得商榷与需要完善之处。

1. 实践中对家务劳动补偿制度的直接适用非常鲜见。究其原因，乃是因为法律规定离婚经济补偿应以"夫妻书面约定婚姻关系存续期间所得的财产归各自所有"为前提，换言之，夫妻双方不适用分别财产制度就不适用家务劳动补偿。而目前在我国夫妻约定实行分别财产制的数量仍然很少。据调查，城市居民中仅有2.7%、农村居民中仅有1.1%的夫妻有采取分别财产制的愿望，绝大多数夫妻认为，采取共同财产制有利于稳定家庭关系，巩固夫妻感情。[1] 所以现实地讲，将离婚时家务劳动补偿请求权仅限于夫妻约定实行分别财产制的当事人，所产生的一个直接后果就是极大地限制了这一救济制度的适用。这应当是与立法者的初衷相违背的。而且《婚姻法》对这一制度的规定流于宽泛，实践

---

〔1〕 蒋月：《夫妻的权利与义务》，法律出版社2001年版，第176~177页。

中无从对家务劳动的价值作出合情合理、具有说服力的估价，稍有不慎就可能引来非议，法官因自由裁量权过大，反而要谨而慎之，取保守态度。

2. 有关经济帮助的规定，过于抽象，难以执行。《婚姻法修正案》沿袭了 1980 年《婚姻法》的规定，也确实具有现实性。但是，由于条文未针对经济和社会发展中的新形势加以发展，导致它在实践中也颇具争议性，比如说，何种情况下一方可要求另一方予以经济帮助，这种经济帮助有哪些形式，帮助到什么程度，哪些财产可用于经济帮助，都无章可循。学者之间还曾经争议过，是以房屋的所有权进行经济帮助还是以房屋的使用权进行帮助。尽管《最高人民法院关于适用〈中华人民共和国婚姻法〉若干问题的解释（一）》第 27 条第 2、3 款强调："一方离婚后没有住处的，属于生活困难。离婚时，一方以个人财产中的住房对生活困难者进行帮助的形式，可以是房屋的居住权或者是房屋的所有权。"但在司法实践中，如果把房屋的所有权判决给另一方作为帮助，显然已远远超出人们对"帮助"涵义的理解，难以执行。之所以会在这些本来应当很明确的问题上产生争议，正是因为立法未表明立场。

3. 关于离婚损害赔偿制度，不仅在立法技术上存在问题，在立法价值上也值得我们仔细斟酌。立法技术上的问题，一是修正后的《婚姻法》第 46 条规定有权请求损害赔偿的"无过错方"的提法是不准确的，在司法实践中容易产生歧义。在婚姻关系中，没有绝对的无过错一方。据笔者看来，这里的无过错应指没有该条所规定的四项情形中的任何一项，实际上是指受害一方，可以考虑用"受害方"取代"无过错方"。二是该条所列举的四种过错不足以涵盖所有对婚姻当事人造成严重伤害的行为，比如说长期通奸行为可能比一般的虐待、遗弃对当事人的伤害更大。因此，在立法技术上应采取列举性规定与概括性规定相结合的方式，在列举性规定之后增加一个概括性规定："其他导致离婚的重大过错"。三是应明确离婚损害赔偿请求权是一项实体权利，不仅适用于诉讼离婚，也应适用于登记离婚。在登记离婚中，受害方提出损害赔偿请求的，男女双方应该就离婚损害赔偿问题与财产分割、子女抚养一并达成协议，不能达成协议、受害方又坚持自己权利的，应当通过诉讼离婚程序解决。四是关于离婚损害赔偿的范围，婚姻法修正案未作明确规定，从学理上来说，这里所要弥补的损害既包括人身损害、财产损害，也应包括精神损害。对于精神损害的赔偿可参照最高人民法院2001年3月8日公布的《关于确定民事侵权精神损害赔偿责任若干问题的解释》执行。

至于立法价值上的困惑，则是由该项制度对证据法的冲击带来的。在诉讼中，如何证明对方有《婚姻法修正案》第46条规定中所列出的情形是一个很棘手的问题，法律要么牺牲另一方的隐私权，要么让举证方承担几乎难以避免的侵犯他人隐私权的风险。如果有别的途径可以达到同样的立法目的，这种尴尬境地实在不值得久留。

（二）完善离婚救济制度的对策与建议

为解决上述问题，笔者在起草民法典专家建议稿婚姻家庭部分时采取了两种方法，一是在现有规定的基础上进行修改，二是通过"另案"的方式，提出一些与原有规定不同的方案。

1. 离婚损害赔偿制度。有关离婚损害赔偿的规定在中国的现阶段是十分必要的，它是2001年《婚姻法修正案》的重要成果。设立离婚损害赔偿制度，使无过错方在离婚时得到物质上的补偿，充分体现了《婚姻法》对受害一方的关注和保护，具有填补精神损害、抚慰受害方、制裁过错方的三重功能。一是通过损害赔偿，可以补偿受害者所遭受的财产损失与精神损害，有利于使其心理上得到平衡，减少或抚平心理上的痛苦，从而切实保护其合法利益；二是通过强制过错方补偿受害方的损害，达到明辨是非，分清责任的目的，从而对过错方具有警示和威慑作用；三是补偿本身可以在一定程度上消除无过错方的后顾之忧，保障离婚自由的真正实现。《婚姻法修正案》中所规定的离婚损害赔偿的归责原则是过错原则，且为限定过错。但法条所列举的过错范围过窄，不足以涵盖所有对婚姻当事人造成严重伤害的行为，因此，笔者在专家建议稿中采取列举性规定与概括性规定相结合的立法模式，在列举性规定之后增加一个概括性规定："其他导致离婚的重大过错"。对于那些不属于四种情形，但对他方造成严重伤害的重大过错行为，由法官根据自由裁量权决定是否应当对受害方予以损害赔偿。因此，笔者在专家建议稿中将离婚损害赔偿的规定修改为：

有下列情形之一，导致离婚的，受害方有权要求对其所受的物质损害与精神损害予以赔偿：①重婚的；②与婚外异性同居的；③实施家庭暴力的；④虐待、遗弃家庭成员的；⑤其他导致离婚的重大过错。

2. 家务劳动补偿。如前所述，家务劳动补偿以适用分别财产制为前提，在目前中国的现实状况下，适用范围窄，适用人群少。笔者考虑可以用离因补偿制度取而代之。离因补偿的含义是指，离婚时一方当事人向另一方支付一定的财产，以弥补对方因离婚而遭受的损失，支付标准以维持婚姻存续期间的生活水准为参照，但仅限于必要的生活水准，不包括奢侈性消费。用离因补偿制度取代家务劳动补偿及离婚损害赔偿在一些国家的婚姻立法中已经确立。如美国家庭法一直在考虑用"离因补偿"（compensatory payments）来代替赡养费（alimony）。《美国统一结婚离婚法》第 308 条实际上规定了关于这一制度的新构想：其一，只要法庭发现要求被扶养的一方符合下列条件，就可以判决另一方给予该方扶养费：①其财产，包括分得的财产，不能满足其合理的生活需要；②不能通过从事适当的工作满足其生活需要；或者是子女的监护人，而子女的状况和环境又不允许监护人离家出去工作。其二，支付扶养费的数量和时间由法庭决定，不考虑婚姻中的过错，但是要考虑以下因素：①要求被扶养的一方的财产来源，包括他在离婚时所分得的财产、他独立挣钱的能力、他所管理的孩子的花销；②该方为了使自己适于某种适当的受雇资格而需要的受教育或受训练的时间；③婚姻期间的生活标准；④婚姻存续期间；⑤要求被扶养的一方的年龄、身体和精神状态；⑥支付扶养费的一方在满足对方需要的同时满足自己需要的能力。

由此可见，美国法中并没有特别地设立家务劳动补偿或者离婚后的经济帮助，它以笼统的离因补偿制度达到两者共同的目标：保障离婚当事人的生活，减少离婚给当事人以及社会造成的负面影响。离因补偿制度的另一方面的好处是请求权人无须负担对他们来说几乎是难以取得的他方有过错的证据责任，只要负责举证离婚使自己的生活水平下降或遭受了某种损害即可，是否应当给予补偿，则由法官根据具体情节裁判。

由此，笔者增加另案一则：

因离婚造成生活水平严重下降的一方，有权要求对方支付旨在补偿因婚姻中断而造成的各自生活条件差异的补偿金。人民法院在确定补偿金数额时，应充分考虑以下因素：①夫妻双方的年龄及身体状况；②婚姻持续的时间及抚养教育子女的情况；③各自的就业能力及就业前景；④双方各自的财产状况。

学界对这一另案讨论时意见不一，多数专家认为规定过细，在体例上与其他条款不一致，且离因补偿中还应考虑对离婚所造成的身心损害的补偿。故又改为："因离婚造成生活水平明显下降或身心严重伤害的一方，有权要求对方给予补偿。"

3. 经济帮助。经济帮助是我国婚姻法传统的离婚救济方式，但《婚姻法》的规定一直过于简略，由最高人民法院的司法解释予以补充。由于修改后的《婚姻法》明确规定了归夫或妻一方所有的个人财产的范围，最高人民法院以前关于一方所有的不动产等贵重物品经双方共同生活一定时期后转为夫妻共同所有的司法解释不再适用，在目前主要由男方准备婚姻住房、女方准备供婚后使用的电器、细软的现实情况下，可能会不利于保护女方的利益。

因此，《婚姻法修正案》出台后，最高人民法院的最新司法解释对何谓生活困难及经济帮助的方式均进行了解释。所谓生活困难，应以当地最基本生活水平为限，离婚时分得的财产无法维持基本生活，本人亦无其他收入来源的，另一方应以个人所有的财产进行帮助，并强调离婚后一方无房居住属于生活困难，另一方应当予以帮助。"一方以个人财产中的住房对生活困难者进行帮助的方式，可以是房屋的居住权或者房屋的所有权"。最高人民法院民一庭负责人就司法解释答记者问时说，以个人所有的住房对另一方进行帮助时，"立法未明确是以何种形式予以帮助，是临时居住权、还是长期居住权、还是彻底将房屋的所有权都转移给生活困难者。根据立法的本意，并经征求各方的意见，《解释》

（即《最高人民法院关于适用〈中华人民共和国婚姻法〉若干问题的解释（一）》）中采取的是最大限度保护弱者的做法，规定了必要时可以将帮助者的房屋所有权转移给生活有困难的被帮助之人"[1]。笔者认为，对大多数人而言，住房是其个人重要的具有较大价值的财产，如果以房屋所有权进行帮助，一是超越了一般意义上"帮助"的含义，所谓"帮助"是指替人出力、出主意或给予物质上、精神上的支援。[2]这种支援性物质支出在提供帮助一方的财产中不应当占过大的比例。二是对宪法保护公民私有财产权利规定的漠视，对生活困难没有住房的一方，应以居住权予以帮助，居住权根据具体情况，可以是临时居住权，可以是长期居住权。

因此，笔者将经济帮助条修改为：

离婚时，一方确有困难的，另一方应从其个人财产中予以适当的帮助。具体办法由双方协议；协议不成的，由人民法院判决。

离婚时，无房居住的一方对婚姻住房有居住权。

离婚时，一方无房居住的，有房居住的另一方应给予必要的帮助。

为了解决离婚后经济帮助不足的问题，可考虑采纳离婚后扶养制度，对生活困难的一方，无论男女，均有权要求给予一定期间的扶养。因此，笔者提出了又一另案：

离婚后，一方因年老、病残、照顾子女等原因不能就业或不能充分就业，其个人财产或离婚时分得的财产不足以维持基本生活的，有条件的另一方应当给付生活费。具体办法由双方协议，协议不成的，由人民法院判决。人民法院在判决时应考虑下列因素：①离婚时的财产状况；②双方对婚姻财产的贡献；③婚姻存续时间的长短；④双方的年龄、健康状况；⑤离婚前的生活水平；⑥离婚后双方的就业能力；⑦离婚后是否与子女共同生活。对于生活有暂时困难的，可以给付短期或一次性生

---

〔1〕　最高人民法院民事审判第一庭编：《婚姻法司法解释及相关法律规范》，人民法院出版社 2002 年版，第 18 页。

〔2〕　中国社会科学院语言研究所辞典编辑室编：《现代汉语辞典》，商务印书馆 1989 年版，第 34 页。

活费；对于没有劳动能力、无生活来源的一方，可以给付长期的生活费。

讨论时，大部分专家还是认为应采用适用多年的经济帮助，不用扶养费制度，而且，条文中所列考虑因素过多，与整个体例不相吻合。但笔者认为离婚后扶养制度是许多国家普遍适用的救济制度，比帮助制度适用面广，更适于保护弱者利益，故进行修改后仍作为另案：

离婚后，一方因年老、病残、照顾子女等不能就业或不能充分就业，其个人财产或离婚时分得的财产不足以维持基本生活的，有条件的另一方应当给付生活费。具体办法由双方协议，协议不成的，由人民法院判决。

四、离婚后子女抚养问题的探讨

离婚后的子女抚养不仅是理论问题，更是实践问题。离婚后，尽管父母子女间的权利义务关系不变，但显然，父母抚养子女的方式发生了变化，由双方与子女共同生活、共同抚养变化为一方作为直接抚养方，与子女共同生活，另一方通过给付抚养费和行使探望权的方式行使其抚养教育子女的权利和义务。因此，法律如何做到尽量减少离婚对子女的负面影响，最大限度地保护孩子的利益，是各国离婚立法的重要课题。

有关离婚立法是否要考虑对子女的影响，主要有三种观点：一是认为应以牺牲个人对幸福生活的追求来维持一个外表完整的家庭，为了子女的利益，离婚立法应当在一定条件下限制父母离婚自由。二是认为父母离婚对子女的负面影响不大，甚至还有正面影响，使子女离开了或争吵不休，或终年处于冷战的家庭。因此，制定离婚立法时不必把对未成年子女的影响作为重要的考量因素。三是认为父母离婚对子女的身心健康有重要影响，不应将离婚看成只是父母之间的事情，在制定离婚立法时应充分考虑子女的利益，为他们制定一些切实可行的保护措施。

婚姻的本质或它的社会属性决定了离婚并不是一个个人行为，它不仅会给对方造成一定的影响，更会对子女在心理、行为模式等方面产生重大影响。正是出于这一理念，《婚姻法修正案》增加了探望权的规定。这一制度的确立，不仅可以满足不与子女生活在一起的当事人的感情需要，实现其对子女实质意义的抚养教育的权利，也有利于子女的身心健康成长，使子女可以得到相对完整的父爱和母爱，最大限度地减少因离婚对子女带来的伤害。

在《婚姻法修正案》颁布一年多时间里，司法实践也提出了一些问题，如祖父母、外祖父母是否应当有探望权？探望权不能正常行使时，如何强制执行？在何种情况下，可以中止探望权？最高人民法院在最新的司法解释第 25、26 条中对探望权的中止作出了较为具体的规定："当事人在履行生效判决、裁定或者调解书的过程中，请求中止行使探望权的，人民法院在征询双方当事人意见后，认为需要中止行使探望权的，依法作出裁定。中止探望的情形消失后，人民法院应当根据当事人的申请通知其恢复探望权的行使。""未成年子女、直接抚养子女的父或母及其他对未成年子女负担抚养、教育义务的法定监护人，有权向人民法院提出中止探望权的请求。"同时，最高人民法院也对探望权如何强制执行作出了回答："婚姻法第 48 条关于对拒不执行有关探望子女等判决和裁定的，由人民法院依法强制执行的规定，是指对拒不履行协助另一方行使探望权的有关个人和单位采取拘留、罚款等强制措施，不能对子女的人身、探望行为进行强制执行。"在司法解释中没有对何种情形属于不利于子女身心健康，应当中止其父母探望权作出规定。对于这一问题是否需要在专家建议稿中明确规定，各位专家也未达成一致意见。有专家提出不直接抚养子女的一方有下列情形之一的应当中止探望权：①探望者有精神病，丧失行为能力的；②探望者有传染性疾病，影响子女身体健康的；③探望者有酗酒、吸毒等恶习的；④探望者拒付抚养费的；⑤探望者有对子女暴力行为的；⑥探望者有骚扰子女的行为的；⑦探望者有教唆、引诱子女实施不良行为的；⑧探望者被监禁的；等等。

关于祖父母、外祖父母探望权的问题，因为意见不一致，专家建议稿未采纳。有学者提出，探望权作为监护权的延伸，原则上只能赋予不直接抚养子女的父或母，但考虑到中国的国情，应当对祖父母、外祖父母探望孙子女、外孙子女的感情需要给予必要的重视。他们提出的解决途径为：①按照最高人民法院的有关司法解释，把同祖父母、外祖父母长期共同生活作为确定该子女由父或母直接抚养的重要因素；②在确定探望方式、时间、地点时，考虑祖父母、外祖父母的感情需要；③特殊情况下，有条件地赋予祖父母或外祖父母探望孙子女、外孙子女的权利，如祖父母是监护人的，祖父母、外祖父母曾与该孙子女、外孙子女长期共同生活等。

为了更好地保护子女的利益，使其全面发展、健康成长，防止有直接监护权的一方作出不利于子女利益的重大决定，同时保障父母双方对子女教育的参与权，在专家建议稿中离婚后父母子女关系不变的一条中增加了一款：不与未成年子女共同生活的父或母，有权了解或参与作出涉及未成年子女利益的重大决定。

另外，将最高人民法院司法解释中有关父母给付子女抚养费的规定补充进专家建议稿："人民法院在判决给付抚养教育费的数额、方式和期限时，应以有利于子女健康成长为原则，根据子女的实际需要、父母的负担能力和当地的实际生活水平确定。"

2.7 离婚衡平机制研究[*]

夏吟兰

追寻自由是人类固有的本性。"文化上的每一个进步，都是迈向自由的一步。"[1] 自由是与束缚、强制、限制相对应的，是在社会关系中人与人之间关系的一种状态。但是，"自由是社会中的自由，不是孤立的、无联系的、个人的自私的自由。此时，自由是一种状态，自由是通过平等的限制来实现的。自由又是一种结构，个人的自由、团体的自由和众人的自由都不能找到任何凭借和渠道来侵犯社会中任何个人或任何类别的人的自由。从而认为这种自由只是正义的代名词，是与正义的同一"。[2] 正义通常被认为是法律应努力达到的目的的道德价值，是一个法律制度通过承认某些利益并将它们限定在应该被认可的那些利益范围之内来完成法律秩序的目的。因此，可以说，自由是正义的内容之一，正义连接了自由和平等。也可以说，自由的限度是正义，为了实现正义，人类必须对自由作出某种程度的限制。正如著名的哲学大师罗尔斯教授在《正义论》中所指出的："一个正义的社会，应当符合两项原则：一是自由的原则，二是差异的原则。社会的公正应当这样分配：在保证每一个人享受平等自由权利的前提下，强者有义务给予弱者以各种

---

[*] 本文发表于《中华女子学院学报》2004 年第 5 期，第 30~36 页。

〔1〕 中共中央马克思恩格斯列宁斯大林著作编译局编：《马克思恩格斯选集·第 4 卷》，人民出版社 1995 年版，第 456 页。

〔2〕 ［英］埃德蒙·柏克：《自由与传统：柏克政治论文选》，蒋庆等译，商务印书馆2001 年版，第 105~106 页。

最基本的补偿，使弱者能够像强者一样有机会参与社会的竞争。"[1] 保护弱者的正义观历来是法律的重要价值理念。因此，保护婚姻家庭中的弱者利益，以保证婚姻的社会价值和家庭的社会职能的正常实现是婚姻家庭立法的正义所在，也是妇女权益保障法所追寻的目标。保障离婚妇女的合法权益就是要在保障离婚自由的前提下，通过对离婚当事人中弱者的利益予以救济，对其所受的损害予以补偿，最终达到各方利益的平衡。

一、离婚自由：人类不懈的追求

人类的离婚制度经历了从禁止离婚主义到许可离婚主义、从专权离婚主义到平权离婚主义、从限制离婚主义到自由离婚主义、从过错离婚主义到无过错离婚主义、从有责离婚主义到无责离婚主义的发展过程。尽管"这几大主义"的演变并非是截然分开的不同历史阶段，它常常是扭结在一起，共同存在于某一历史阶段的，但人类追寻离婚自由的脚步是明晰可见，从未间断的。

人类早期的婚姻制度是以男尊女卑、男权文化为基础，与家族利益、传宗接代联系在一起的，东西方的法律文化概莫能外，这从各自对婚姻的定义中即可看出。罗马早期法学家莫德斯汀认为："结婚是男女之间的结合，是生活各方面的结合，是神法与人法的结合。"[2] 中国古代《礼记·昏义》称："婚礼者，将合两姓之好，上以祀宗庙，下以继后世也。"日耳曼习惯法认为，婚姻的目的不是个人感情的满足，而是合法继承人的再产生。[3] 因此，亲属立法必须以保障家族利益为能事，婚姻解除的理由自然与此相关。结婚既然不考虑当事人个人的感受，离婚也就不可能有个人的自由。这正是专权离婚主义下男性片意离婚制度的语境。无论是古罗马有夫权婚姻中的片意离婚，还是中国古代的丈夫

---

〔1〕 ［美］约翰·罗尔斯：《正义论》，何怀宏等译，中国社会科学出版社 1988 年版，第 3 页。

〔2〕 ［意］斯奇巴民选编：《婚姻、家庭和遗产继承》，费安玲译，中国政法大学出版社 2001 年版，第 31 页。

〔3〕 贺卫方："天主教的婚姻制度和教会法对世俗法的影响"，载李静冰编：《民法的体系与发展——民法学原理论文选辑》，中国政法大学出版社 1991 年版，第 89 页。

休妻均只是男性享有离婚的权利与自由,女性是没有任何权利与自由的。

禁止离婚主义滥觞于欧洲中世纪的教会法,当婚姻被教会法视为"神作之合"时,人便不可离异之。夫妻一旦缔结婚姻关系,便无离异的可能。换言之,禁止离婚主义是禁止一切情形之下的离婚,无论当事人之间出现何种问题,一律不准离婚。由于禁止离婚极不符合人性,教会法创设了婚姻无效[1]制度与别居制度[2],以作为双方无法共同生活的救济。

在15、16世纪的婚姻还俗运动中,禁止离婚主义逐渐退出历史舞台,许可离婚主义成为欧洲各国离婚法的主流。早期的许可离婚主义以限制离婚为特征,尽管资产阶级提出天赋人权,主张婚姻关系是契约关系,应当允许离婚自由,但同时仍强调婚姻契约的神圣性,对离婚进行种种限制。即在离婚立法中实行过错离婚主义和有责离婚主义。一方犯有重婚、遗弃、虐待等主观过错或因客观上有重大不治之疾病、精神病或不能"人道"等客观原因致使婚姻目的不能实现时,无过错或无责的一方有请求离婚的权利,并以获得离婚扶养费或损害赔偿费作为救济。而有过错或有责的一方则无请求离婚的权利。

自由离婚主义滥觞于苏联十月革命之时,其特征是尊重当事人的离婚意愿,对离婚的主体和离婚的理由在法律上不作限制。20世纪60年代末始自美国的离婚革命,以无过错离婚主义取代了过错离婚主义,将"婚姻无可挽回的破裂"作为离婚的唯一理由。在裁判离婚的法定理由方面真正实现了自由离婚主义的理念。自由离婚主义是一种平权离婚主义,即享有离婚权的主体在法律上地位是平等的。夫妻任何一方,无论是男方还是女方,有过错方还是无过错方,均可依照法定程序提出离婚。自由离婚主义更加符合婚姻的本质,是现代离婚立法的发展趋势。[3]无过错离婚主义在离婚时不需要当事人提供具体的离婚理由,

---

[1] 因教会法上的障碍,如血缘关系或有婚约在先,婚姻自始无效。

[2] 双方分床分食,不共同生活,但婚姻关系依然存在。

[3] 杨大文主编:《婚姻家庭法》,中国人民大学出版社2000年版,第158页。

这就减少了当事人在法庭上的相互指责，减少了举证责任，同时也减少了当事人作伪证，或者双方联手共同欺骗法庭的情形的发生。

到 20 世纪末，世界上已有许多国家采纳了无过错离婚主义。无过错离婚主义的破裂原则的采用，不仅超越了法系，也超越了社会制度体系。亦即不分大陆法系或英美法系、亦不论资本主义国家或社会主义国家均有采用，而成为离婚发展的世界性共同趋势。[1] 我国也在 1980 年《婚姻法》中实行了无过错离婚制度。无过错离婚之法定离婚理由的立法模式主要有两种：一是实行彻底的破裂离婚主义。如英国、澳大利亚在离婚中将婚姻关系破裂作为离婚的唯一理由，以分居一定期间推定婚姻破裂。二是兼采破裂主义与有责主义，如法国民法典既规定了合意离婚、破裂离婚，又规定了有责离婚（《法国民法典》第 230～240 条）。日本民法在具体列举四种离婚理由（不贞行为、恶意遗弃、生死不明、精神病）外，又规定其他使婚姻难以继续的重大事由作为抽象的离婚理由。

人类社会经过漫长岁月的不懈努力，终于实现了离婚自由的理想。当人类享受着无过错离婚带来的自由与宽松的社会环境时，无过错离婚所面临的社会问题也正在引起各国学者越来越多的关注和研究：

第一，离婚率上升。无过错离婚改革后，实行无过错离婚的各国离婚率均有所上升。如美国的离婚数仅从 1970 年到 1980 年即上升了两倍。目前，每年有 100 多万对夫妻离婚，占当年结婚总数的一半以上。[2] 而中国离婚立法的变化也伴随着离婚率的上升。1980 年《婚姻法》首次将"夫妻感情确已破裂"作为判决离婚的法定标准后，1981年离婚绝对数即大幅上扬，较 1980 年增长了 4.8 万对，1 年间离婚增长率高达 14.1%。2001 年 4 月《婚姻法修正案》颁布施行后，2001 年较 2000 年离婚绝对数上升了 3.7 万对；2003 年 8 月国务院颁布的《婚姻

---

〔1〕 王洪：《婚姻家庭法》，法律出版社 2003 年版，第 151 页。

〔2〕 田岚："中国改革开放后的离婚率研究"，载《婚姻家庭法国际研讨会论文集》（未刊稿），第 145 页。

登记条例》大大简化了在民政部门办理登记协议离婚的手续，[1] 当年的离婚绝对数字就达到自 1949 年以来的顶点——133.1 万对，其绝对值比 2002 年上升了 15.4 万对，1 年间离婚增长率高达 13.1%。从离婚的绝对数来看，2003 年我国离婚总量已经达到 133.1 万对，与 1978 年离婚总量 28.5 万对相比，离婚绝对值增长了 104.6 万对，其增长率高达 36%。[2]

第二，离婚妇女及其抚养的子女生活贫困化。离婚妇女及其抚养的子女生活贫困化是一个具有世界意义的普遍问题。中国最近的一份名为《关注单亲女性》的调查报告暴露了已离异女性生活困境的冰山一角。该调查用分层多阶段概率抽样方法对上海 50 个居民委员会 440 个单亲家庭和 500 个双亲家庭进行的入户调查显示：单亲女性的年均收入是男性的 79%，其中离异女性是离异男性的 81%。对于离婚后抚养子女的母亲来说，即使加上孩子父亲给付的子女抚养费，其家庭人均年收入仍仅为双亲家庭的 55%。有 44% 的离异女性表示物质生活水平有所下降或明显下降。[3] 这一结果与外国学者的类似调查结果相同。美国学者魏兹曼的调查发现：离婚后 1 年中，男性的生活水平提高了 42%，女性的生活水平降低了 73%，她认为，法官根据男女平等原则错误地推断妇女在离婚后有能力和其前夫获得同样多的经济收入，其结果是剥夺了离婚妇女特别是老年家庭主妇及有低龄子女的妇女在婚姻中应享有的经济利益。[4]

第三，离婚对子女产生不利影响。婚姻的本质或它的社会属性决定了离婚并不是一个个人行为，它不仅会给对方造成一定的影响，更会对子女在心理、行为模式等方面产生重大影响。美国对离婚与孩子关系的

---

〔1〕 自愿离婚的当事人双方不再需持本人所在单位或村民委员会、居民委员会出具的介绍信，也不再需要经历苦等 1 个月以内的审查期限。只要离婚当事人自愿离婚且双方已共同签署离婚协议书，婚姻登记员对符合离婚条件的当事人，应当当场予以登记，发给离婚证（《婚姻登记条例》第 11 条~第 13 条）。

〔2〕 田岚："中国改革开放后的离婚率研究"，载《婚姻家庭法国际研讨会论文集》（未刊稿），第 430 页。

〔3〕 徐安琪："关注单亲女性"，载《中国妇女报》2003 年 4 月 29 日。

〔4〕 夏吟兰：《美国现代婚姻家庭制度》，中国政法大学出版社 1999 年版，第 148 页。

跟踪调查研究显示，父母离婚对子女的负面影响大于正面影响，而且这种影响是全方位的，包括心理、行为、学业、健康、人际关系、婚恋观念等等，甚至父母的离婚还会代际相传，增加子女自己婚姻变动的危险。[1] 我国学者的研究也表明，离婚家庭的孩子在各种心理状态上都比正常家庭同龄儿童差，他们容易形成抑郁、憎恨、易怒、自卑、多疑、嫉妒、胆小、孤僻等心理特征。[2]

上述问题的实质是离婚自由与社会正义之间关系的定位。相对于过错离婚主义，无过错离婚制度充分体现了当事人的自由意志，但不能由此推论绝对的、完全不受法律和社会利益约束的离婚自由是文明的标志，是符合正义理念的。恰恰相反，绝对的离婚自由与实行无过错离婚主义的初衷不相契合。英国法律改革委员会在《离婚理由的改革——选择的领域》中提出，良好的离婚法的基本任务除解除婚姻纽带外还包括巩固婚姻关系，它能够并且应该确保离婚并非太容易，以引导当事人努力使婚姻成功尤其是克服暂时的困难，它也能够确保为和解提供鼓励措施，而且程序不应该成为阻碍和解的障碍。如果婚姻已无可挽回地破裂，则应该允许解除法律上的纽带，而且应该为它提供一个体面的丧礼，即在安葬时应该确保对所有的当事人（包括子女和配偶）都公平，并只引起最小的尴尬和屈辱。[3] 自无过错离婚主义取代过错离婚主义以来，各国都在不断地探索和完善对离婚自由的衡平机制，以减少因离婚所产生的各种问题及其对个人与社会的影响。

二、以正义之名：离婚自由的衡平机制

离婚自由的衡平机制包括在特定条件下对离婚自由进行适当限制，在离婚财产清算时对弱势一方的倾斜规定，以及实行离婚扶养费、补偿费、离因补偿和离婚损害赔偿等救济方式。随着离婚自由程度的提高，利益衡平机制也在不断地发展演变，各国的离婚法试图通过提高离婚成

〔1〕 叶文振："离婚标准的国际比较与启示"，载郑晨主编，家庭杂志社家庭研究中心编：《中国婚姻家庭：历程·前瞻》，中国妇女出版社 2001 年版，第 175 页。

〔2〕 程鑫："离婚家庭对子女的心理发展的影响"，载《辽宁税务高等专科学校学报》2003 年第 6 期。

〔3〕 徐安琪："关注单亲女性"，载《中国妇女报》2003 年 4 月 29 日。

本平衡离婚利益，最终实现正义的目的。

（一）对离婚自由的适当限制

在一定条件下对离婚自由予以适当的限制，是离婚自由衡平机制中很重要的方面。当然，这种限制是法律为了保障每个人自由的实现，保障所有人的利益和社会公众的共同利益所设立的。正如西塞罗所说：我们都是法律的奴隶。正因为如此，我们才是自由的，如果没有法律所强加的限制，每一个人都可以随心所欲，结果必然是因此而造成的自由的毁灭。[1]

对离婚自由予以适当的限制，可以防止当事人的草率离婚，可以对有特别困难的一方提供保护，也有利于实现子女的最佳利益。同时，把离婚限定在合理的难度内，在平衡个人选择权利的自由时，也会使更多的人愿意对家庭投入较多的时间和精力，以共享婚姻中的可期待利益，最终实现巩固婚姻关系的目的。目前在实行无过错离婚的国家中对离婚自由采取的限制手段主要有：

第一，在离婚诉讼中规定和解期间。通过设立和解期，给当事人一段考虑的时间，避免草率离婚。如《法国民法典》规定，无论是一方要求离婚还是双方协议离婚，法官均应当进行和解是强制性步骤，即使当事人不愿意也必须进行。一般情况下，法官在调解时应当给当事人不超过 8 天的考虑期，如果法官认为必要，还可将考虑期延长至最多 6 个月，并应当在考虑期内进行新的和解尝试。[2]《俄罗斯联邦家庭法典》也规定了在诉讼离婚中，如果夫妻一方不同意离婚，法院有权采取使夫妻和解的措施，并有权延期审理案件，同时为夫妻双方指定不超过 3 个月的和解期限。[3]

第二，在离婚条件上附加严酷条款。通过附加严酷条款，对离婚时正处于困难境地的一方当事人和未成年子女予以保护。如《德国民法

---

〔1〕［英］彼得·斯坦、约翰·香德：《西方社会的法律价值》，王献平译，中国人民公安大学出版社 1990 年版，第 176 页。

〔2〕罗洁珍译：《法国民法典》，中国法制出版社 1999 年版，第 82~83 页。

〔3〕鄢一美译："俄罗斯联邦家庭法典"，载中国法学会婚姻法学研究会编：《外国婚姻家庭法汇编》，群众出版社 2000 年版，第 471 页。

典》规定，即使婚姻已经破裂，在以下情形仍然不应离婚，即：如果并且在此期间，为了该婚姻所产生的未成年子女的利益而存在特别的理由表明作为例外必须维持婚姻，或者如果并且在此期间，因为特殊的具体情况，对于拒绝离婚的申请相对人而言，离婚将成为如此严重的严酷状态，以至于即使考虑到申请人的利益仍然应当作为例外而维持婚姻。[1]

第三，在行政程序离婚中规定限制条款。在一些允许通过行政程序离婚的国家，为了保护未成年子女的最佳利益，即使夫妻双方均同意离婚，但有未成年子女的，也不允许他们通过行政程序离婚，而必须通过诉讼程序，由法官确定是否应当解除婚姻关系。如《俄罗斯民法典》规定，没有共同的未成年子女的夫妻协议离婚之时，必须在户籍登记机关办理离婚。[2]

在无过错离婚主义原则下，对离婚自由的适当限制与过错离婚主义原则下的限制具有实质性的不同。首先，对请求离婚的主体要求不同。在过错离婚主义的原则下只有无过错方有权提起离婚诉讼，过错方无此权利；而无过错离婚主义则无此限制，双方均有提起离婚诉讼的权利。其次，是否准予离婚的法定条件不同，依据过错离婚主义原则，只有过错方的行为符合法定过错，如重婚、虐待、遗弃等法院才准予离婚；无过错离婚则以婚姻关系是否破裂为裁判标准，无论是否有过错，只要婚姻确已破裂，即可离婚。因此，无过错离婚主义原则下对离婚自由的适当限制，是以衡平当事人的利益，防止草率离婚的程序性限制为特征的。通过和解、调解、强制诉讼程序和附加严酷条款，挽救可以不离的婚姻关系，保护处于困境的当事人特别是子女的利益。

在许多国家正在反思实行彻底的无过错离婚给社会和当事人及其子女所带来的有害后果时，我国的离婚法及其相关规定却愈加开放自由，对离婚的限制无论在程序上还是实体上均微乎其微，可以说我国目前是世界上离婚最自由的国家之一。当我们面对不断升高的离婚率，更多的

〔1〕 郑冲、贾红梅译：《德国民法典》，法律出版社 1999 年版，第 344 页。

〔2〕 鄯一美译："俄罗斯联邦家庭法典"，载中国法学会婚姻法学研究会编：《外国婚姻家庭法汇编》，群众出版社 2000 年版，第 470 页。

因父母离婚而受到伤害的儿童以及因离婚而陷入贫困和痛苦的一方当事人时，我们必须有所行动。我们应该建构一套有效的制度和程序，以确保将离婚给当事人的伤害降至最小，并切实保障离婚后经济上处于弱势的一方及未成年子女的生活不因离婚而陷入贫困。

（二）在离婚财产分割方法上体现正义理念

离婚财产分割方法是离婚自由利益衡平机制的重要一环。夫妻财产制度及其离婚时分割方法的演进反映了在世界范围内妇女地位的不断提高和社会正义理念的逐步实现。从妻子离婚后一无所有的财产并吞制到可以拿回部分嫁妆价金的统一财产制、从夫妻各自所有的分别财产制到离婚时有权获得一半财产的共同财产制，直至结婚后实行分别财产制，离婚时有权分享增值的分享财产制，更多的国家接受了婚姻是伙伴关系的理论，对家务劳动给予与职业劳动等同价值的评价。无论夫妻双方是否均外出工作，是否有经济收入，对家庭所作的贡献视为相同，因此，即使在婚姻关系存续期间实行分别财产制，根据离婚时公平财产分割法，一方仍有权分得对方的财产。公平分割财产的机制就是要在离婚时，主要不考虑婚姻期间财产的状况和财产的来源，而重点考虑当事人的具体情况和需要，因此，各方面条件处于弱势的一方，不仅可以分割一半共有财产或分享对方增值的财产，而且还可以获得更多的比例。

综合各国的规定，离婚时公平分割财产应考虑的因素主要有：①夫妻双方各自的就业能力、商业机会；②夫妻双方各自的受教育程度、经济状况；③夫妻双方各自的身体状况、年龄差异；④个人财产的数量和质量；⑤婚姻持续的时间和各自对家庭的贡献。有些国家还会考虑一方的过错以及因过错给对方造成的损害。

依照我国《婚姻法》的规定，夫妻婚后所得的共同财产离婚时适用均等分割原则，以及照顾子女和女方权益、照顾无过错方等原则。但这些貌似公平的原则，在具体实施中所引致的后果常常使当事人感觉不公平，违背正义的理念。这是因为，尽管对夫妻共同财产平等分割的原则隐含着保护无社会工作、承担主要家务劳动一方的利益的理念，但这只是肯定了家务劳动的价值，是对家务劳动付出的回报。但是，从事家务劳动一方减损的人力资本并没有得到补偿，也无法分享因其贡献而提高了人力资本一方的预期利益。

我们的研究发现，对于夫妻双方在婚姻关系存续期间各自人力资本的评估及其预期利益的分割在各国的立法和司法中均未能得到足够的重视。所谓人力资本指的是工作机会、劳动技能等能够带来经济收益的能力，是无形财产。一方牺牲自己提高人力资本的机会为对方提高人力资本作出了贡献，是因为他（她）相信在婚姻生活中，自己可以分享因对方提高的人力资本而带来的利益。尽管在婚姻关系这种亲密的关系当中，利他主义可能发挥了一定的作用，但是眼前的和将来的可期待的利益仍然是促使夫妻作出这些牺牲的一个强大的动力。[1] 如果夫妻有合理的理由确信他们在将来能够得到回报的话，那么他们就很有可能去作出这些牺牲。反过来，如果因这些牺牲而导致自己的人力资本减损以及对方基于自己的牺牲而提高的人力资本的预期利益在离婚时得不到肯定和合理的分配的话，那么夫妻任何一方都不会愿意选择那些可以使家庭利益得到提高的决定。

笔者认为，在实行无过错离婚理由的制度下，为了鼓励夫妻为提高整个家庭的利益作出牺牲，应该把因这些牺牲而导致的人力资本的变化及其所产生的预期利益作为婚内财产的一种形式在离婚时进行公平的分割。在有了这样法律上的保障之后，婚姻关系中的配偶们就会更多地以家庭利益为出发点来调整他们之间的位置和角色，对家庭作出更多的投入。在这样一个良性互动的过程当中，走向成功的婚姻将越来越多，而走向解体的婚姻将越来越少，这才是离婚制度所要追求的终极目标。

（三）通过离婚救济保障正义理念的实现

离婚救济制度是法律为离婚过程中权利受到损害的一方提供的权利救济方式，是为弱势一方提供的法律救助手段。传统的离婚救济制度包括离婚损害赔偿、离婚扶养费、离因补偿、离婚经济帮助等等形式。

离婚救济制度的目的在于法律在保障离婚自由的同时要实现保护弱

---

〔1〕 Allen M. Parkman，"The ALI Principles and Marital Quality"，*Duke Journal of Gender Law &Policy*，Spring /Summer，2001.

者利益的社会正义。在实行无过错离婚主义同时，法律对于在婚姻中由于另一方的过错而受到伤害或因离婚而遭受损失或离婚后将面临巨大生活压力的弱势一方应给予相应的救济，以平衡其利益，慰抚其精神，尽可能减少离婚事件给当事人的生活以及社会安定所带来的负面影响。离婚救济制度通过强制过错方补偿无过错方的损害，抚慰受害者的精神，达到明辨是非、分清责任的目的，实现法律正义，通过离婚扶养费、补偿费和经济帮助的方式在一定程度上消除离婚时的弱势一方在经济上的后顾之忧，保障离婚自由的真正实现。

离婚损害赔偿。离婚损害赔偿制度是一项古老的离婚救济方式，早在实行过错离婚主义的 1804 年《法国民法典》中就明确规定：如离婚被判为过错全属夫妻一方，则该方得被判赔偿损害，以补偿他方因解除婚姻而遭受的物质或精神损失。这一规定一直沿用至今。[1] 尽管现代社会盛行无过错离婚主义，一些国家仍将离婚损害赔偿作为重要离婚的救济方式。因为，过错可以不作为是否准予离婚的法定条件，但法律对确因一方过错所引起的离婚不应无所作为，只有追究有过错方的损害赔偿责任，才符合法律的正义。

但是，近年来，对在无过错离婚的背景下是否还应采用离婚损害赔偿制度在一些国家出现了反思与讨论。有学者认为，离婚损害赔偿制度背离了无过错离婚原则，加大了离婚成本，有使纠纷时间延长、扩大当事人之间的鸿沟、延缓当事人走出阴影之嫌。[2] 这种反思在制定法律上得到了反映，如 2000 年修订的《瑞士民法典》亲属编取消了离婚损害赔偿制度，设立了易于操作的离婚扶养制度，对婚姻关系中弱势的一方——生活困难者与遭受损失者通过离婚扶养予以保护和救济。在谈到取消离婚损害赔偿制度的缘由时，瑞士的家庭法学研究专家帕斯卡（Pascai）指出其理由有三：一是因为它有悖于无过错离婚的理念，在请求损害赔偿时必须追究出何方是有过错的一方；二是离婚扶养不考虑有无过错，免除了当事人举证的困难，使当事人的实质性权利易于实

---

〔1〕 罗洁珍译：《法国民法典》，中国法制出版社 1999 年版，第 87 页。
〔2〕 罗丽："论日本的离婚抚慰金制度"，载《法学评论》2002 年第 2 期。

现；三是减少了当事人在法庭上的相互指责与尴尬，特别是由此造成的对孩子的伤害。

离婚扶养。现代各国的离婚扶养制度，权利主体是平等的，原则上是基于需要，是对于没有独立生活能力的原配偶提供的必要的救济方法，以公平和补偿为理念，不考虑当事人的过错情况。离婚扶养与夫妻之间的扶养性质不同，离婚已解除了夫妻之间的身份关系和财产关系，双方自婚姻关系解除之日起相互扶养的权利义务即已消灭。但对于因离婚而陷于生活困难，或生活水平严重下降的一方，则通过离婚扶养的方式，补救因离婚所产生的消极后果，补偿当事人一方因结婚所产生的对婚姻信赖利益的损失。设立离婚扶养制度意在确保离婚自由的同时，有效保护当事人的合法权益，特别是婚姻关系中弱者的利益，以实现法律的公平正义，维护社会稳定，减轻社会负担。所以有学者认为，离婚扶养请求权是因夫妻身份而生之扶养义务在离婚时的延伸和表现，或者说是离婚导致的婚姻生活保持请求权的丧失之填补或救济，是对离婚不良后果的有效弥补。[1] 离婚扶养制度变化的趋势是更加追求公平正义，注重保护弱者利益，逐渐摒弃过错理念，不拘泥于形式平等。

例如，《美国统一结婚离婚法》第308条第1款明确规定，离婚时一方只要具有下列条件，法庭就可以裁决另一方应当提供扶养费：①其财产，包括分得的财产，不足以维持其合理的生活需要；而且②不能通过从事适当的工作维持其生活需要，或者作为子女的监护人，而子女的状况和环境又不允许监护人离家外出工作。其他又如《德国民法典》对离婚扶养请求权的资格规定得比美国法更为详尽、适用范围也更大，包括：因照管子女而要求生活费、因年老而要求生活费、因疾病或残疾而要求生活费、在获得适当就业之前的生活费、因就业培训、进修或转职教育以及出于公平理由而应当支付的生活费。[2]

离因补偿。离因补偿是指离婚时一方当事人向另一方支付一定的财

〔1〕 陈小君主编：《海峡两岸亲属法比较研究》，中国政法大学出版社1996年版，第209页。

〔2〕 郑冲、贾红梅译：《德国民法典》，法律出版社1999年版，第344~347页。

产，以弥补对方因离婚而遭受的损失。离因补偿重在公平，保障离婚当事人不因离婚而造成生活水平严重下降，减少离婚给当事人以及社会造成的负面影响。同时，离因补偿的请求权人无须负担他方有过错的举证责任，只要负责举证离婚使自己的生活水平下降或遭受了某种损害即可，是否应当给予补偿，则由法官根据具体情节裁判。如《法国民法典》第 270 条规定：离婚时，一方配偶得向另一方配偶支付旨在补偿因婚姻中断而造成的各自生活条件差异的补偿金。补偿的数额，依受领方的需要以及给付方的收入情况而定，但一般应当考虑离婚时双方的生活水平以及在可预见的将来此种情况的变化。也有一些国家把离因补偿中对生活水平下降的补偿作为判决离婚扶养费或经济帮助的考虑因素之一，而不再另外设立离因补偿制度。

离婚经济帮助。离婚经济帮助是指离婚时对生活困难的一方，另一方有扶养能力的应当从其个人财产中给予困难方一定的资助的制度。离婚经济帮助是我国自 1950 年《婚姻法》颁布以来一直沿用的离婚救济方式。我国 2001 年修订的《婚姻法》在 1980 年《婚姻法》规定的离婚时应对困难一方给予经济帮助的基础上，增设了离婚损害赔偿制度与家务劳动补偿制度，强化了经济帮助的内容，形成了较为完整的离婚救济制度体系。它反映了我国有关离婚指导思想的重大变化，由"保障离婚自由，反对轻率离婚"发展为"保障离婚自由，实现保护弱者利益的社会正义与法律公平"。这是一个可喜的变化，但不可否认的是，这一离婚救济体系仍存在一些问题，今后需要在相关法律如《妇女权益保障法》、民法典中的婚姻家庭法修订时予以完善。[1] 首先，立法观念仍显落后，一些法律条文只注重追求形式上的平等，而未充分考虑实际结果的公平与平等，这就使表面上公平平等的规定难以落到实处，身处弱势一方的利益难以得到救济。如修订后的离婚经济帮助仍然存在条件苛刻、帮助时间短、适用范围窄，受助者难以得到真正帮助的问题。其次，各种相关规定仍过于抽象、有些规定不符合实际情况，如关于离婚

---

[1] 夏吟兰："论对离婚妇女权益的保障"，载巫昌祯主编：《婚姻法执行状况调查》，中央文献出版社 2004 年版，第 215~235 页。

时对家务劳动的补偿规定就几乎是形同虚设。[1] 再次，程序公平的重要性没有得到重视，如损害赔偿的取证难就是由于举证规则没有从受害方的视角为他们着想，其结果必然造成离婚损害赔偿难以真正实现其本应有的作用和价值，甚至引起负面影响。

笔者认为，如何将公平原则、补偿原则、衡平理念实质性地体现在我国的离婚制度和保护妇女离婚权益的妇女权益保障法中，制定出一套不拘泥于形式平等，更加追求公平正义，注重保护弱者利益，周密严谨、操作性强的离婚衡平制度仍然是我们所面临的重大课题。

---

〔1〕 夏吟兰："离婚救济制度之实证研究"，载《政法论坛》2003 年第 6 期。

2.8 婚姻关系理论与离婚法律制度之流变

——以个人自由与社会正义的关系为线索*

夏吟兰 邓 丽**

自 20 世纪末以来，我国即以迅疾的步伐奔向"现代化"，与此同时，人们热烈地向往并主张"自由"，包括在最寻常也最普遍的婚姻家庭问题上也是如此。曾经有报道称，传统老者花费数十年时光历经波折誓要离婚，[1] 这是由特定历史环境下离婚法律制度的滞后造成的；但如今的媒体频频惊呼，现代青年结婚后即旋风般离婚竟至不断更新最短婚姻纪录，[2] 这使我们不得不对当前离婚制度进行新的思考和探究。

自 1985 年至 2004 年，中国的离婚对数从 45.8 万对上升到 166.5 万对，离婚率从 0.9‰上升至 2.5‰。[3] 这固然表明中国社会确已接纳离婚自由，但同时也警醒我们去关注离婚率的上升带来的负面效应。无疑，离婚会使绝大多数当事人的生活发生重大变化，这种变化可能存在

---

* 本文发表于《比较法研究》2005 年第 6 期，第 30~37 页。

** 邓丽，女，中国政法大学法学博士；中国社会科学院法学研究所副研究员。

〔1〕 张策、王晓红、刘术胜："七旬夫妇跨越 50 年离婚终如愿"，载《北京晚报》2002 年 10 月 23 日版。

〔2〕 参见东北新闻网报道："相爱简单相处太难 一对年轻人结婚 15 天就拜拜"。另，据千龙网 2003 年 8 月 12 日报道，"北京民政部门曾经受理过刚认识 3 天就来登记的新人，以及刚结婚一天就来离婚的夫妻"。参见："'新婚姻登记'：触动敏感神经 凸显人性权利"。前述两文网址分别如下：http：//news.nen.com.cn/72344575162712064/20030226/1087649.shtml。http：//www.qianlong.com/3317/2003/08/11/100@1533361.htm。

〔3〕 本数据来自《中国统计年鉴 2005》："中国主要年份几个地区婚姻登记和离婚情况统计（1985~2004）"。

于物质生活层面，也可能存在于心理层面，或多或少都会使他们的生活经历一番变动和重新适应的过程。而孩子，则只能用天真童稚的眼睛表示他们的不解和迷茫，他们的命运如何主要取决于父母能否通过沟通和协商（有时是一番争吵和较量）保证他们衣食无忧，保证他们继续求学，以及在较为理想的状态下保证他们仍然拥有足够的亲情和关爱。但不幸的是，有相当比例的孩子在其父母离婚后会遇到经济状况恶化、与父母在一起的时间缩短、来自父母的爱减少等问题。

如果说离婚本身实现了当事人的个人自由，那么离婚所带来的后续问题则可能关系到社会正义。显而易见，当事人之所以能够选择离婚、提出离婚并实现离婚，是因为在现代法律体制下他们拥有这种自由。而离婚事件的发生往往会使婚姻关系当事人或者相关利害关系人（以孩子最为典型）受到某种形式的损害，这种损害需要以"正义"之名加以救济和补偿，以此来平复离婚事件给当事人和社会带来的动荡。于是，在处理离婚问题的过程中，个人自由和社会正义就成为相互联系、不可分割的价值标准。在个人自由与社会正义的考量中，一个不容回避的问题是：婚姻到底是怎样一种法律关系，自由更重要还是正义更重要，二者之间是对立的还是统一的？主观的价值判断必须与事物的内在要求相一致，婚姻关系的根本属性才是决定何时需要自由何时需要正义的关键，离婚制度中的自由与正义之度量不过是婚姻关系中自由与正义关系的自然延伸和组成部分。于是婚姻家庭领域的根本问题——婚姻关系理论就在追根溯源中以不可轻视的姿态进入我们的视野。

实际上，婚姻关系理论从来都是婚姻制度的实质性基础，对婚姻关系有着怎样的认识将决定离婚制度的指导思想和对离婚案件的具体处理。个人自由与社会正义之间的冲突，固然鲜明地体现在离婚制度中，但其最深刻的渊源，存在于对婚姻关系的界定和解释中。本文拟对婚姻关系中的个人自由与社会正义进行简要的法理探讨，然后以此为线索考察婚姻关系理论与离婚法律制度之间的本质联系，并试图在反思婚姻关系理论的基础上揭示离婚法律制度的改进方向。

一、婚姻制度中的"自由"与"正义"之辩

"自由"和"正义"都是重要的法律价值、法律理念，是人类社会不懈追求的终极目标。在婚姻家庭领域如何具体地把握这两大理念所蕴含的深刻内涵是本文首先要探讨的问题。

婚姻源于两性结合，而欲望本身及与欲望紧密相连的"爱情"，其天性都是崇尚自由的。从某种意义上来说，婚姻的自然属性决定了婚姻自由具有天生的正当性，因为理想婚姻中的亲密关系只有在双方自愿时才能真正得以实现。于是在两性之间的聚散离合中，就有了婚姻的缔结与解除，当然，两者之间是婚姻关系存续期内的隐秘空间，正如哲学家所言，"丈夫和妻子都必须明白，无论那法律如何规定，他们在自己的私生活中必须是自由的"〔1〕。在现代社会，适格的当事人自主自愿地缔结婚姻或解除婚姻都是再正常不过的事了，没有人会怀疑他们是否有此权利，因为婚姻法中写着"婚姻自由"。

所谓自由，"是我们所拥有的、享受我们有理由珍视的那种生活的可行能力"〔2〕。而"一个人的'可行能力'指的是此人有可能实现的、各种可能的功能性活动组合"〔3〕。洛克则更加明确地指出，一个人如果有一种能力，可以按照自己心里的选择和指导来思想或不思想，来运动或不运动，那么，这就是自由了。在个人那里，自由就等于自主，就等于在各种欲望对象、各种可能性之间进行选择。〔4〕因此，通俗地说，自由意味着一个人有权按照其自身意愿实现各种不同的生活方式。毫无疑问，婚姻状况属于生活方式的重要方面，法律规定我们在这个问题上享有自由就意味着我们可以按照自己的意志、不受他人干涉地决定是否缔结婚姻或解除婚姻，并自主安排婚姻内事务。值得注意的是，这里的"自由"已经被我们赋予多种意义了：有时它是一方当事人可独立行使的自由，如提出结婚或离婚；有时它必须由双方当事人共同协作才能实

〔1〕 ［英］伯特兰·罗素：《婚姻革命》，靳建国译，东方出版社 1988 年版，第 97 页。

〔2〕 ［印度］阿马蒂亚·森：《以自由看待发展》，任赜、于真译，中国人民大学出版社 2002 年版，第 286 页。

〔3〕 ［印度］阿马蒂亚·森：《以自由看待发展》，任赜、于真译，中国人民大学出版社 2002 年版，第 62 页。

〔4〕 何怀宏：《契约伦理与社会正义——罗尔斯正义论中的历史与理性》，中国人民大学出版社 1993 年版，第 91 页。

现，如办理结婚登记或离婚登记，或以婚姻契约的形式自主安排婚姻内事务。以上各种自由，现代法律都在不同的程度上予以承认。它们都是针对私人行为和私人抉择而言的，所以可称之为"个人自由"。

但作为一种制度性的存在，婚姻从来都是对人类两性关系的制约和规范，只有按照一定社会规范建立起来的两性关系才具有婚姻的意义。从历史上来说，婚姻关系的产生与婚姻形式的演进是人类在自然选择规律与社会生产状况的共同作用下自觉限制两性关系的结果。到了文明时代，社会政治、文化直接影响着婚姻制度的理念。正因为如此，婚姻兼具来自人类本能欲望的自然属性和来自人类理性文明的社会属性。婚姻制度正是要使人类在两性关系上的自由天性相融于社会文化，服从于社会秩序。因为，人类在进入社会之前的自然状态中拥有一种天然的自由，此时，他不受任何人间权利的约束，而只以自然法作为他的准绳，而一旦进入政治社会之后，他所享有的自由始终是与法律联系在一起的自由，是在法律指导和规定下的自由。[1] 因此，自由除了要受到自身理性的限制，还要受到社会秩序和法律制度的制约。作为社会制度的组成部分，婚姻制度有其特定的价值诉求，这就是正义。因为"正义是社会制度的首要价值，正像真理是思想体系的首要价值一样"。[2] 对此论断，美国学者约翰·罗尔斯是这样来论证的："……表达我们作为自由平等的理性存在物的本性这一欲望，只能通过按照具有优先性的正当和正义原则去行动才能满足。……为实现我们的本性，我们除准备保持着我们的正义感使之调节我们的其他目标之外别无选择。"[3] 他认为，对正义的追求使人与"偶然性和巧合事件"相区别并超越后者。[4] 正因为如此，正义感不能仅仅被看作是诸多欲求中的一种，还必须肯定其在

---

〔1〕 何怀宏：《契约伦理与社会正义——罗尔斯正义论中的历史与理性》，中国人民大学出版社 1993 年版，第 92 页。

〔2〕 ［美］约翰·罗尔斯：《正义论》，何怀宏等译，中国社会科学出版社 1988 年版，第 3 页。

〔3〕 ［美］约翰·罗尔斯：《正义论》，何怀宏等译，中国社会科学出版社 1988 年版，第 578 页。

〔4〕 ［美］约翰·罗尔斯：《正义论》，何怀宏等译，中国社会科学出版社 1988 年版，第 4 页。

性质上处于更高层次，它不仅仅是诸多价值中的一种，还应被尊奉为社会制度之第一美德。[1]

在罗尔斯笔下，"正义"是针对社会基本制度而言的，因此表现为"社会正义原则"，这种原则"提供了一种在社会的基本制度中分配权利和义务的办法，确定了社会合作的利益和负担的适当分配"。[2] 这只是揭示了社会正义原则的意义和内容，但权利和义务、利益和负担究竟怎样分配才是"正义的"？罗尔斯给出的标准是模糊的："在某些制度中，当对基本权利和义务的分配没有在个人之间作出任何任意的区分时，当规范使各种对社会生活利益的冲突要求之间有一恰当的平衡时，这些制度就是正义的。"[3] 这段论述至少告诉我们这样两个要点，一是"不在个人之间作出任何任意的区分"，即平等；二是利益之间要达到平衡。正是以此为基础，罗尔斯提出了正义的两大原则：第一个原则是，每个人对于其他人所拥有的最广泛的基本自由体系相容的类似自由体系都应有一种平等的权利。第二个原则是，社会和经济的不平等满足两个条件方可被认为是正义的，即：其一，可合理期望此种分配适合于每一个人的利益；其二，此种分配与地位和职务相联系，并在这一意义上向所有人开放。简要来说，我们可以将前一个原则称作平等原则，而将后一个原则称作差别原则。前者是要确定与保障公民的平等自由，包括公民在个人生活中的自由；后者则大致可用于分配收入和财富，以及运用权力、责任方面的不相等或权力链条上的差距来设计组织机构。从效力上来说，第一个原则优先于第二个原则，这意味着，对第一个原则所要求的平等自由制度的违反不可能因较大的社会经济利益而得到辩护或补偿；财富和收入的分配及权力的等级制，必须同时符合平等公民的

---

〔1〕〔美〕迈克尔·J. 桑德尔：《自由主义与正义的局限》，万俊人等译，译林出版社2001年版，第28~29页。

〔2〕〔美〕约翰·罗尔斯：《正义论》，何怀宏等译，中国社会科学出版社1988年版，第4页。

〔3〕〔美〕约翰·罗尔斯：《正义论》，何怀宏等译，中国社会科学出版社1988年版，第5页。

自由和机会的自由。[1] 因此，罗尔斯关于正义的原则也可以表述如下：
"所有社会价值——自由和机会、收入和财富、自尊的基础——都要平
等地分配，除非对其中的一种价值或所有价值的一种不平等分配合乎每
一个人的利益。"[2] 在这些关于正义的论述中，我们可以发现，另一种
理念——"平等"——在正义与否的判断中起着非常重要的作用。罗
尔斯的正义理论中，第一个原则关于权利义务的分配问题明确地提到了
"平等"，第二个原则隐含着这样一种认识，即在决定是否实行某种不
平等分配时不对主体区别对待，也就是说，该原则本身必须平等地适用
于各个主体。

在罗尔斯看来，人们的不同生活前景受到政治体制和一般的经济、
社会条件的严重限制和影响，也受到人们出生伊始显现的不平等的社会
地位和自然禀赋的深刻而持久的影响，而且，这种对人一生影响最大的
不平等恰恰是个人无法选择的，因此，这些最初的不平等就成为正义原
则的最初应用对象。罗尔斯的社会正义原则主要是从平等公民的地位、
收入及财富的不同水平来评价社会体系的，但它也适用于由确定的自然
特征所确定的地位，比如"两性的差别"。罗尔斯称，如果男人在基本
权利的分配中较为有利，这种不平等就只能被一般意义上的差别原则如
此辩护：只有当这种不平等有利于妇女，并能为她们接受的情况下才是
正当的。[3] 也可以说，社会正义实际上可以理解为自由与平等的调和，
也就是通过差别原则达到"补不足"的目的，即用形式上的不平等手
段达到实质上平等的效果。一方面，如果不减轻自然存在的偶然因素对
分配的影响，社会文化中存在的偶然因素也不可能完全地排除；另一方
面，只要家庭制度存在，排除社会和后天条件的任意影响的公平机会原
则实际上也不可能完全地实行，因此，仅仅主张机会上的公平平等原则

---

〔1〕 〔美〕约翰·罗尔斯：《正义论》，何怀宏等译，中国社会科学出版社 1988 年版，
第 61 页。

〔2〕 〔美〕约翰·罗尔斯：《正义论》，何怀宏等译，中国社会科学出版社 1988 年版，
第 62 页。

〔3〕 〔美〕约翰·罗尔斯：《正义论》，何怀宏等译，中国社会科学出版社 1988 年版，
第 99 页。

是不够的，还必须把这一原则与一种有助于减轻自然因素对分配的影响的差别原则联系起来，要符合最少受惠者的最大利益。如果一切都根据最少受惠者的利益来取舍，长此以往，可望达致一个不仅实现了权利平等，而且最大限度地实现了福利平等的社会。[1]

如果将上述平等、正义理念应用于婚姻家庭领域，我们是不是可以这样来把握社会正义的含义：首先，婚姻中的权利（包括自由）义务应平等地由双方当事人享有或承担。婚姻自由本身公平地适用于所有主体，在法律规定的限度内，所有人均享有平等的自由和权利，任何人无权限制和干涉。其次，如果婚姻关系当事人及其利害关系人由于性别、年龄、地位的差异而存在不平等，则必须通过某种制度对家庭中最少受惠者或对受损害一方的利益加以特别的考量，从而尽量矫正这种不平等的实质影响，最终达到实质的平等。最后但并非不重要的是，对自由和平等的保障具有优先地位，不能以社会利益为由侵犯自由和平等本身。这里值得强调的是，"我们不能把社会正义的期望与一种先定的个人自由概念对立起来，这是因为，如同自由应当如何分配一样，什么可以算作自由也是依赖于我们如何理解正义本身的"[2]。

如此看来，个人自由包含于社会正义原则所要分配的对象之中，社会正义应一视同仁地保障所有主体的个人自由，但当这种个人自由造成不公正后果时，社会正义原则要求给予弱者以救济。这或许是对个人自由与社会正义之间的关系所能做的最简要总结。

具体来说，婚姻关系中的自由与正义考量大体包括如下几个方面：其一，婚姻家庭制度是否赋予当事人足够的（此处判断是否"足够"应考虑具体的时代背景）自由；同时可将此作为评判婚姻关系是否正义的一个指标，若婚姻关系并未剥夺当事人应有的自由，则该婚姻关系为正义，否则为非正义。当然，这种自由应当包含当事人放弃或否定现有

---

〔1〕 〔美〕约翰·罗尔斯：《正义论》，何怀宏等译，中国社会科学出版社 1988 年版，第 101~106 页。

〔2〕 〔英〕戴维·米勒：《社会正义原则》，应奇译，江苏人民出版社 2001 年版，第 16 页。

婚姻即离婚的自由。其二，婚姻法律制度所设计的财产制度是否科学，能否保证当事人选择离婚时能够在彼此之间合理分配利益，若答案为肯定则该婚姻制度为正义，否则为非正义；而这同时亦构成自由的考量范围，因为财产分配会在相当程度上影响甚至左右当事人在离婚问题上的抉择。其三，婚姻关系中当事人之间紧密程度如何，是"捆绑式"还是"松散式"？这不仅关系到婚姻关系存续期间各方当事人的自由，还会影响到当事人离婚后的境况和救济，因此又可归于正义的考量范围。由此可见，在婚姻关系中，个人自由与社会正义虽是互相独立的价值理念，两者却也相互联系、相互呼应。

法律在调整离婚法律关系时所面对的正是这样两个方面的价值判断与价值选择：一方面是提起离婚的当事人（可能是一方也可能是双方）所秉持的"自由"价值观，另一方面则是在解决争端时须在双方当事人之间实现的"正义"和在判决离婚时须在当事人与其他利害关系人（最大的利害关系人是孩子）之间实现的"正义"。

那么，究竟该如何处理个人自由与社会正义之间的关系？一种思路是：收缩个人自由，尊崇社会正义。这里的逻辑前提是——保有婚姻、保有家庭对个人和社会最有利。抽象地来看，其论据确为充分：许多研究表明，与婚姻中人相比，离婚的人群更易遭遇经济困难、心理状况更差、健康问题更多、更为贫穷也更少快乐，而且死亡率也更高；而经历了父母离婚的孩子也不像由两个生身父母抚养的孩子那样有好的表现，他们往往心理调整能力更差、健康问题更多、更易有不当性行为、同居或婚前生育的可能性更大，也更易于卷入各种反社会活动和违法行为中，而且他们自身离婚的可能性也更大。[1]

但是，抽象的理论和道理并不能解决个人在婚姻中的痛苦和不适。对个体的人文关怀亦是人类文明孜孜以求的价值理念，我们无法权衡更不可能要求当事人牺牲其在私人生活领域所应享有的快乐和满足而换得社会的表面安宁。因为缺乏或限制退出婚姻的机制对于个人来说无疑是

---

〔1〕 Stephen J. Bahr, Social Science Research on Family Dissolution: What It Shows and How It Might Be of Interest to Family Law Reformers, *4 Journal of Law and Family Studie*, 2002, pp. 8~9.

生命的窒息，而对于社会来说则是不定时炸弹。

另一种思路是：放开个人自由，兼顾社会正义。美国社会似乎遵循着这一路线：从其当前的离婚率来看，大约有 1/2 的婚姻最终会以离婚而告终，大约 40% 的儿童会经历父母的离婚事件，等他们年满 18 岁，大约有 1/2 的孩子经历单亲家庭的生活。[1] 在离婚如此普遍的社会中，当事人选择离婚也许不会有太多的顾虑，个人自由似乎可以得到最大的满足。但是麻烦也接踵而至——离婚对于当事人的不利后果和对于孩子的严重影响正是产生于实现个人的离婚自由之后。为了解决这些问题，美国社会支付了昂贵的成本，也就是说，追求社会正义是要有物质基础的：据美国学者研究，2001 年犹他州的 9735 例离婚使州和联邦政府直接和间接花销达近 300 000 000 美元，并由此推断，离婚的直接和间接的经济后果是每 100 万美国人要花费约 125 000 000 美元（每人 125 美元），或每年 33 300 000 000 美元，相当于每个家庭花费 312 美元。这些钱主要用在福利补助、医疗花销以及诉讼成本上。有趣的是，该学者虽然评估出离婚给当事人、周围社区、州和联邦政府带来的负面影响，但仍表现出对于婚姻不幸人群的深切同情，并强调离婚对于那些高度冲突的婚姻（约占到离婚案件的 30%）来说仍是理想的选择，从而为之支付的成本也就是有意义的和必要的。[2]

即便如此乐观和宽容，美国社会也在多方寻求减少离婚、稳定婚姻的药方。近十年来，美国每个州都至少采取了一项措施或至少制定了一项政策以加强婚姻的稳定性并鼓励婚姻主体维持双亲家庭。其中较为显著的举措是，有三个州（据美国学者介绍，其他州正在考虑之中）制定了有关"盟约婚姻"的法律，该法律允许当事人在结婚时选择缔结盟约婚姻。其效力在于：要求双方当事人寻求婚前咨询；明确缔结盟约婚姻；在提出离婚前进行婚姻咨询；只能在出现严重违反盟约的情形下

〔1〕 Stephen J. Bahr, Social Science Research on Family Dissolution: What It Shows and How It Might Be of Interest to Family Law Reformers, *4 Journal of Law and Family Studie*, 2002, p. 5.

〔2〕 David G. Schramm, The Public Economic Consequences of Divorce in the United States of America, Papers for the International Conference on Divorce: *Causes and Consequence*, 2004, p. 135.

（如通奸、暴力等）才可提出离婚。[1] 可以说，在无过错离婚制度的大背景下，选择盟约婚姻是当事人自愿对其离婚自由加以限制的表现。

"盟约婚姻"的提出是在"契约婚姻"基础上的进一步尝试与思考，它表明一向注重实用的美国人为了解决离婚问题而追溯至对婚姻关系本身的思考。这是否意味着，如果我们要从根本上解决离婚的社会问题，也必须在理论上重新检视对婚姻关系的认识，在实践中积极启动塑造美满婚姻的社会工程？对婚姻关系中个人自由与社会正义的"度"的把握，决定着离婚制度的设计思路和离婚案件的处理方式。

二、以婚姻关系模型解读离婚法律制度的变迁

许多学术问题都经历过从具体到抽象的发展历程，婚姻关系理论也不例外，对婚姻关系的法律性质进行界定的成文法并不多见，但这并不妨碍我们从具体法律制度中加以概括和提炼，而且学者们历来对此问题也相当关注，先后提出诸多主张：契约说、婚姻伦理说、信托关系说、制度说、身份关系说。[2] 这些由来已久的学说和主张，已载入婚姻法的教科书中，并得到广泛的宣扬，似不必在此赘述。

但近来有学者不仅重温婚姻关系契约论、提出婚姻关系盟约论，还以经济分析的方法提出婚姻关系公司论、婚姻关系合伙论、婚姻关系特许论，引起笔者的莫大兴趣：这些理论所指为何？是否具有说服力？论者为何提出如此观点？

由此，笔者尝试着根据视野之内的法律制度和理论学说为婚姻关系

---

[1] Lynn D. Wardle, Divorce Consequences: The American Experience with Unilateral No-Fault Divorce, Papers for the International Conference on Divorce: *Causes and Consequence*, 2004, p. 200.

[2] 契约说由康德首倡，后发展为西方国家法学界占统治地位的学说；婚姻伦理说由黑格尔最先提出，该学说认为"婚姻是精神的统一"，"实质是伦理关系"；信托关系说由当代一些英美法学家提出，他们认为婚姻是国家与个人之间的信托关系，国家自己作为委托人，将配偶置于受托人的地位，给予他们在处理家庭问题上的一系列权利，同时又保留了婚姻利益中一些对社会有潜在影响的权利；制度说由法国学者卢斐林始创，该学说认为婚姻当事人仅有制度上的权能，故婚姻当事人结婚后，制度上的效力立即发生，而与婚姻当事人的意思如何无任何关系；身份关系说认为，婚姻法律关系本质上是一种身份关系，婚姻双方在财产上的权利义务关系是附随于人身上的权利义务的。以上各种学说的概括归纳，参见巫昌祯主编：《婚姻家庭法新论》，中国政法大学出版社 2002 年版，第 29~32 页。

建立起一个又一个模型。对这些婚姻关系模型进行品评，就会发现此理论与彼理论之间的分歧根源于其对个人自由与社会正义的具体权衡，恰似两种化学元素以不同的含量组合成不同的物质。

至少，我们可以建立起如下几种婚姻关系模型：

第一，历史上的统一体模型。在漫漫人类史上，在相当长的时期内，婚姻被视为夫与妻的统一体，其特点在于夫的人格当然地吸收妻的人格。这种婚姻关系模型存在于罗马法，存在于教会法，亦存在于古代中国法，但在不同的法域中又表现为不同的制度。

譬如在罗马法中，婚姻分为"有夫权婚姻"和"无夫权婚姻"两种。在"有夫权婚姻"中，如妻在未嫁前为他权人，则摆脱生父的家长权而处于夫权或夫的家长权下，其所携嫁奁要归丈夫或丈夫的家长所有；如未嫁前为自权人，则摆脱监护权而处于夫权或夫的家长权下，妻受人格小变更，由自权人变为他权人，脱离原来的家庭加入丈夫的家庭，消灭一切原有的家祀、继承、监护等法定关系，其原有的财产也要归丈夫或丈夫的家长所有。妻在家庭中处于丈夫的女儿的地位，夫对妻有惩戒权。只有在罗马共和国末年帝政时期，先前的市民法上视同姘合的"无夫权婚姻"渐渐得到承认，妻子的地位才有所提高。[1] 在教会法中，婚姻的统一性几乎是绝对的，夫妻不可离异，而且夫妻之间是不平等的，"丈夫受托对他的妻子行使权力，这是教会的法律，也是国家的法律，……顺从是妻子的职责"。[2] 在古代中国法中，婚姻的统一体中尤其显出男性的绝对权威，封建伦理明确提出"夫为妻纲"，夫休妻有"七出"之由，而妻只能以"三不去"来抗辩。

虽然表现不同，这些统一体的模型都表现出对当事人离婚自由的严格限制，同时极力维护家庭的完整和男性的权威。后者或许就是当时社会所认可的"正义"。

第二，始创于个人主义时代的契约模型。14 世纪欧洲文艺复兴运

---

〔1〕 周枏：《罗马法原论》，商务印书馆 1994 年版，第 195~200 页。

〔2〕 ［英］丹宁勋爵：《法律的正当程序》，李克强等译，群众出版社 1984 年版，第 171 页。

动兴起以后，"自由、平等"的观念逐渐在西方盛行起来，在这一社会背景下，婚姻契约论应运而生。康德最早提出"婚姻是契约"的理论。他对"契约"所下的定义是：通过两个人联合意志的行为，把属于一个人的东西转移给另一个人，这就构成契约（合同）。[1] 而"婚姻就是两个不同性别的人，为了终身互相占有对方的性官能而产生的结合体……它是依据人性法则产生其必要性的一种契约。"[2] 资产阶级革命爆发以后，1791 年《法国宪章》第 7 条确认"法律仅承认婚姻是一种民事契约"。1804 年《法国民法典》第 146 条明确规定，"未经双方同意，不得成立婚姻"。该法典还冲破了教会法的桎梏，规定了离婚制度。此后现代婚姻契约理论就逐渐发展完善起来。根据这一理论，婚姻主要是作为平等个体的夫与妻之间缔结的共同生活的契约，此外，国家也是婚姻契约的一方当事人，因为婚姻关涉社会公共利益。婚姻契约的实质内容主要是经济合伙和共同生活，围绕这两方面衍生出夫妻之间的具体人身关系和财产关系。婚姻既然被视为独立个体以契约为基础的结合，故而是可分的，即当事人享有离婚的自由。

契约模型切中了现代婚姻关系最根本的特点，即双方当事人是独立的个体，但这一模型对于婚姻双方在某些利益上的"胶着"状态难以作出准确的阐释和分析。因为契约本身具有明确性、物质性，但在婚姻中，还有可感而不可见的爱、信任、关心和奉献这些非物质性的东西存在，而且这些因素往往使得婚姻中一方当事人甘愿为了家庭的整体利益放弃自身的可实现利益。纯粹的契约分析可能会导致对经济上处于弱势地位的配偶不公平的结果，尤其是在婚姻解体从而使重新分割财产利益成为不可避免之时。

第三，以伙伴关系为理论的合伙契约模型。这是美国学者在离婚财产法领域提出的具体契约论，它通过将婚姻类比为商业合伙关系的方法

〔1〕［德］康德：《法的形而上学原理——权利的科学》，沈叔平译，林荣远校，商务印书馆 1991 年版，第 89 页。

〔2〕［德］康德：《法的形而上学原理——权利的科学》，沈叔平译，林荣远校，商务印书馆 1991 年版，第 95~96 页。

来说明平等所有权、平等分配婚姻财产的合理性。合伙是契约的一种，所以此种理论似乎并未对契约模型的基本内容作出修正，只在财产法领域抵制契约模型下当事人享有的约定财产权利的绝对自由，强调公平地估量当事人对婚姻作出的财产性贡献和非财产性贡献。该理论认为：配偶是婚姻中的伙伴，他们各自对婚姻作出形式不同但同等重要的贡献，非财产性贡献应当被充分地估量，如此才能使一方配偶待在家里从事家务、照顾孩子，这些对家庭来说具有与财产性贡献同等重要的意义。因此，每一方配偶都有权分享婚姻中的财产，因为他们都作出了贡献。[1]在视婚姻为伙伴的合伙契约模型中，离婚是享有充分自由的，而且在离婚之际，对基于合伙关系而产生的婚姻财产，不论这些财产由何方主体直接获取，婚姻关系中的任何一方均享有平等的权利，可要求平等地分割婚姻财产。

第四，新兴起来的盟约模型。这是西方社会新近提出的旨在"回归"婚姻融合状态的理论和实践。在离婚率高居不下、由此引发的社会问题层出不穷和越来越多的人选择不稳定的同居而放弃稳定的婚姻的情形下，美国社会想要通过一些措施增加婚姻的吸引力，其中一项就是向当事人提供缔结"盟约婚姻"的选择权。迄今美国有三个州允许夫妻选择缔结盟约婚姻，它们是亚利桑那州（Arizona）、阿肯色州（Arkansas）和路易斯安那州（Louisiana）。盟约婚姻"禁止离婚，除非出现了极端的情况如通奸、遗弃或者像阿肯色州的法律所说'残忍野蛮的对待'"。盟约婚姻还要求夫妻参与结婚前和离婚前的咨询，而且"与那些适用现有的无过错离婚的案件相比，他们的等待期延长到两年半"。[2]学者们认为，盟约婚姻提供了婚姻的内在安全感，从而使得夫妻能够在对方身上、孩子身上和婚姻本身自由地投资，不必顾虑无过错

---

〔1〕 Developments in the Law－The Law of Marriage and family：V. Marriage as Contract and Marriage as Partnership：The Future of Antenuptial Agreement Law, *Harvard Law Review* 116, 2002~2003, p. 2075.

〔2〕 Developments in the Law－The Law of Marriage and family：V. Marriage as Contract and Marriage as Partnership：The Future of Antenuptial Agreement Law, *Harvard Law Review* 116, 2002~2003, p. 2090.

离婚的问题，因此使婚姻更具吸引力。[1]

与契约模型相比，盟约模型更强调婚姻的统一性，强调婚姻的神圣，对社会公共利益考虑得更多一些，并通过引进国家对婚姻的控制而限制离婚。然而，不可忽视的一点是，盟约模型中至关重要的"自我限制"的性质恰恰反映出尊重当事人自治的理念，从这个意义上来说，可将这种限制视为当事人缔约内容的一部分。所以，就其本质而言，盟约模型只是开拓了缔约主体行使缔约自由的范围和领域，它本身并没有超出契约模型的框架，更未对契约模型构成根本性的否定。

第五，典型经济分析学派的公司模型。这种模型强调结婚后双方当事人在婚姻关系中尤其是在与孩子有关的问题上具有极大的共同利益，因此更确切地说，这是一个关于包含婚姻关系在内的整个家庭的模型。在这种模型下，婚姻家庭的角色分工是为了达到效率最大化，而在个人工作和分工上丈夫和妻子之间存在讨价还价的过程。与公司一样，成功的婚姻意味着婚姻中的伙伴对对方和对婚姻要进行特别的投资，但是，当婚姻关系不稳定时，婚姻伙伴就会更倾向于对自己的职业等进行投资，而非对孩子和彼此之间的关系进行专注或额外的投资。

公司模型把婚姻当事人视为独立的、受理性支配的投资个体，同样忽视了这种特殊的"投资者"的特殊动机——亲近和爱，忽视了婚姻家庭中温馨的、感性的、非物质性的方面。而且，公司有严格的组织性，如决策机关、执行机关和监察机关等，这与婚姻意志的形成和表示相差甚远。此种模型最大的不足在于，婚姻解体源自内部当事人之间不再具有维持同财共居关系的一致意愿，而公司解体则往往是因为其资产无法及时清偿外债，所以婚姻与公司虽都为组织体，两者在"内"与"外"的侧重点上却是不同的。

第六，针对解体家庭的特许模型。这种模型仅仅是就解体之后的原家庭成员而言，意指在夫妻离婚之后，家庭关系虽然不再具有法律效力却依然很重要，原家庭成员之间依然保有共同利益，并且依然存在延续

---

[1] Matthew R. Hall, From Contract to Covenant: Beyond the Law and Economics of the Family, 3 *Journal of Law and Family Studie*, 2001, p. 104.

的信任，因而每个家庭成员（受许人）都会尽力履行由于曾经共同拥有一个家庭而带来的义务，比如离了婚的父母继续对孩子的福利进行共同投资。

这种特许模型将离婚后当事人之间的权利义务关系作为一个专门的课题提出来，可以提醒我们去观察离婚给各方当事人带来的持续效应，也启发我们去构建良性的离婚后权利义务关系。也许只有那些能够在离婚后依然友好相处、协力合作的配偶才是真正理性的明智的离婚当事人。

在以上数种模型中，统一体模型早已在社会形势的发展和更替中随历史而远去；盟约模型与传统的契约模型比较相近，而公司模型和特许模型则像是新发明出来的婚姻观察镜。但值得注意的是，这三种新近提出的模型无不是从一个或几个方面强调婚姻关系使当事人存在某种共同利益，而之所以有同样的出发点，乃是因为它们关注同一个焦点——离婚问题。

于是我们可以发现，与其说学者们在为婚姻关系本身的性质而争执，不如说他们是在争辩：何种婚姻关系理论对解决离婚的现实问题更有助益？

三、婚姻关系模型理论对构建离婚制度的影响

婚姻关系模型理论对构建离婚法律制度产生了重大的影响：首先，对婚姻关系的认识决定离婚标准的宽严、离婚模式的繁简；其次，对婚姻关系的认识决定婚姻财产制度的设计，从而直接影响离婚时的财产分割模式；最后，对婚姻关系的认识还决定离婚后当事人之间的权利义务关系是否"彻底消灭"，并决定离婚后给付制度的存废。下文分而论之。

（一）对婚姻关系的认识决定着离婚标准的宽严、离婚模式的简易

一般来说，注重个人自由的婚姻关系模型下，对婚姻解体持较为宽容的态度，允许当事人选择离婚，而且所确定的离婚标准弹性较大，离婚程序也较为简单。

在上述几种具体模型中，只有统一体模型是典型的严格限制或者说

否认个人自由的模型，因此其婚姻家庭制度的中心在于确立婚姻家庭内的秩序，离婚制度往往沦为男性单方抛弃妻子的机制。

罗马法非常重视婚姻要有持续的婚意，因此罗马的婚姻可因配偶一方或双方失去"婚意"而解除。优士丁尼在《新律》22 中解释说："相互合意创造……婚姻……，但婚姻缔结后，可以在不受处罚或受处罚的情况下解除它，因为人们之间达成的一切均可解除。"[1] 为了维护婚姻的道德性，罗马法禁止明确约定不得离婚或约定在离婚情况下支付罚款。离婚就其性质而言不要求形式，就像婚姻不要求形式一样。简单的口头通知、书面通知或通过传信人通知就足够了。但是存在着一些很普遍的社会形式，如向妻子宣告："你自己管理你的物。"在帝国时代，一般采用寄发书面的休妻通知的做法。但是在相当长的历史时期，这种"自由"只是丈夫的特权，处于家父权和夫权控制下的妇女是不可能提出与其丈夫离婚的。只有到了共和国末期，丧失婚意的妻子才可以提出离婚，并要求丈夫通过"要式退卖"或"解除祭祀婚"等行为放弃夫权。[2]

中世纪时教会法认为婚姻是一种圣礼，"是上帝和他的创造物之间、基督与其教会之间联合的一个标志"，[3] 所以婚姻是不可解除的。可以解除的不是婚姻，而只是那种呈现着婚姻外观的非婚姻关系，即无效的婚姻。导致婚姻无效的情况有很多种，大致包括未及适婚年龄、不能性交、重婚、近亲、宗教上的原因（比如基督徒与异教徒的婚姻，曾许"守童身愿""贞洁愿"等）、欠缺真实意思、欠缺必要的方式（如没有在司祭和两名证人面前举行仪式）。对真正的婚姻的救济只有别居（即"桌子与床的分离"，separation from bed and board），别居分为"永久别居"和"暂时别居"，分别有不同的法定原因。别居后，双方依然存在

---

〔1〕 转引自［意］彼德罗·彭梵得：《罗马法教科书》，黄风译，中国政法大学出版社1992 年版，第 151 页。

〔2〕 转引自［意］彼德罗·彭梵得：《罗马法教科书》，黄风译，中国政法大学出版社1992 年版，第 148~149 页。

〔3〕 贺卫方："教会法研究：历史发展、婚姻制度及其对世俗的影响"，中国政法大学1985 年硕士学位论文，第 33 页。

婚姻关系，因此当事人无权再婚，而且男性依然要承担扶养妻子的责任。

注重个人自由的婚姻关系模型则对婚姻解体持较为宽容的态度，允许当事人选择离婚。这种离婚自由是经过多次法律改革才发展起来的，主要表现在从过错离婚原则向无过错离婚原则的转变。在 20 世纪 60 年代以前，各国离婚制度的一个共同特点就是采过错离婚原则。只有存在通奸、虐待、遗弃等一定的过错行为时，另一方配偶才有离婚请求权，国家为惩罚过错行为人而课以离婚负担。从 20 世纪 60 年代后半期至 80 年代后半期，美国、英国（英格兰、威尔士）、法国、联邦德国、瑞典等国家都对离婚制度进行了旨在使离婚相对容易的较大改革，我国也在 1980 年对 1950 年的《婚姻法》进行了修改。此次离婚法改革浪潮正是从过错离婚原则转向无过错离婚原则和合意离婚原则的混合形态，少数国家（如英国、法国）为了适应复杂的社会形势，也暂时保留了过错离婚原则的某一方面。合意离婚是以当事人自由地形成离婚意思为前提的。根据无过错离婚原则，当夫妻之间不能达成离婚合意时，只要法院能够确认婚姻破裂即可判决当事人离婚。

确立离婚自由的理论依据正是婚姻契约论。既然承认婚姻是由适格当事人达成合意缔结的，其必然的逻辑就是双方当事人若达成解除婚姻关系的合意即可准予离婚，如果当事人不能达成合意，则另一方当事人可根据有关法律规定请求法官判决解除婚姻关系。从过错离婚原则到无过错离婚原则，离婚自由正是沿着婚姻契约论所指引的方向逐步深化的。此后的各种婚姻关系理论大都坚持对离婚自由的保障，只有盟约理论例外。也许是出于矫枉还需过正的考虑，该理论对当事人的离婚自由进行了严格的限制，几乎是过错离婚原则的"复辟"，但由于盟约婚姻只有在当事人自愿选择的前提下才适用，故在性质上属于当事人自治范畴，与法律的强制实施还是有本质区别的。

可以说，自契约婚姻模型以后的各种婚姻关系理论在离婚标准和离婚程序方面都没有本质性的分歧，这是对个体自由最基本的保障。

（二）对婚姻关系的认识决定着婚姻财产制度的设计，从而直接影响离婚时的财产分割

历史上的婚姻统一体模型在婚姻财产制度上往往规定妻的嫁奁归夫家所有，或者由夫对全部婚姻财产进行管理和使用，而一旦婚姻解体（通常是妻被休掉），妻最多只能带走当初的嫁奁，而无权要求分割婚姻关系存续期内增加的财产。但是在以契约婚姻模型为代表的现代婚姻制度下，由于在婚姻关系内部亦强调男女之间的平等和独立，故而婚姻当事人的基本财产权利是得到承认和尊重的。通常，现代婚姻制度既规定法定财产制又规定约定财产制，前者一般视婚姻关系存续期内增加的财产为夫妻共有，后者允许当事人自主约定财产权利。那么，在婚姻解体（或是登记离婚或是诉讼离婚，但任何一方当事人都有权提出离婚主张）的情形下，当事人有权要求取走自己名下的财产并分割共有财产中自己所拥有的份额。

但现代婚姻模型在这个层面上开始形成差异。特许模型主要针对解体后的婚姻家庭而言，我们可以先放在一边。契约模型可能更看重当事人在财产问题上的意思自治。逻辑上如此，事实上也的确如此：在美国，统一婚前协议法（the Uniform Premarital Agreement Act，UPAA）被认为进一步提升了契约婚姻理论，其重要表现就在于，这部法律以与普通契约相似的方式处理婚前协议，只是在一些特别的政策上对婚前协议的执行力加以限制。比如说，该法第3条允许当事人就任何不违反公共政策或规定刑罚的成文法的问题缔结契约，还允许当事人约定该协议适用的法律，而绝大多数法院似乎把这些协议中的择法条款与那些普通商业契约中的此类条款同等对待。[1]

当婚前协议具有强制执行力与无过错离婚原则成为一般规则时，将婚姻视为伙伴关系的观点却在离婚法中盛行起来。这是两股方向有所不同的潮流，也是不同理论之间的竞争。传统上，以婚姻契约论为基础的

---

〔1〕 Developments in the Law—The Law of Marriage and family：V. Marriage as Contract and Marriage as Partnership：The Future of Antenuptial Agreement Law，*Harvard Law Review* 116，2002~2003，p. 2079.

分别所有制下的离婚制度完整地保留当事人对其财产的所有权,任何财产的转移都是通过离婚赡养费的形式进行,属于离婚救济问题。但是随着无过错离婚制度的进一步推进,离婚赡养费制度遭到质疑,于是从20世纪60年代开始,实行分别财产制的州开始制定公平分配财产的成文法,其理论根据就是婚姻伙伴关系论。而实行共同财产制的州则预先就存在这样一个推定:"在公平分配财产的机制中,各方配偶会得到其自身的独立财产和一半的共有财产。"[1] 从结果来看,在美国各州,实行共同财产制和实行分别财产制的法律体系对于离婚时的财产分割问题的处理是相似的:它们都存在着一个平等分配的推定或者"起点",而由法庭作为最后的裁决者。这正是建立在伙伴关系模式上的离婚财产分配体系:平等分配财产才是公平的,才是正义的。

与契约模型相比,盟约模型和公司模型都更加强调婚姻双方的共同利益,势必在婚姻财产制度上也更强调公平,而限制当事人完全以契约主体的身份对财产进行自由安排。盟约模型的提出旨在创造一个稳定而安全的环境,从而使丈夫和妻子能够摒除疑虑,积极地对彼此及其婚姻进行投资。为此,提倡此种模式的学者建议在裁判补偿金或财产分配中仍应考虑过错,或者明确肯定一方对配偶职业前景的投资。而公司模型中也存在"投资"的概念,该模型是这样来分析婚姻财产问题的:虽然利他主义在婚姻家庭内的分工上起着主导作用,但即使在夫妻都工作的情况下,女性仍会承担大部分洗衣的工作和其他传统的家务劳动。而且,丈夫和妻子仍需要不断地讨价还价重新缔约以适应其角色的变化。他们之间这种博弈的结果依赖于这样两个因素:一是建立在财产、权利和社会关系之上的当事人的交易地位,二是他们对风险和利他主义所持的态度。通常,妻子在交易中处于弱势地位,她们并不出外工作,收入较少,因此考虑到她们的投资期待,婚姻中的"可期待的收益"应当

---

[1] Developments in the Law–The Law of Marriage and family: V. Marriage as Contract and Marriage as Partnership: The Future of Antenuptial Agreement Law, *Harvard Law Review* 116, 2002~2003, p. 2092.

共享。[1]

由此可见，无论是伙伴关系理论，还是盟约婚姻理论和公司婚姻理论，实际上是殊途同归，它们都针对契约理论对当事人缔约自由的纵容进行矫正，力图更公平地在婚姻当事人之间分配财产和利益，从而达到社会正义。

（三）对婚姻关系的认识关系到离婚后当事人之间的权利义务关系是否"彻底消灭"，从而直接决定离婚救济制度的形态

离婚主张源自一方或双方当事人逃离旧有婚姻、寻求新生活的愿望，离婚制度的存在正是法律对这种自由的认可和保障。但另一方面，离婚往往会造成一方当事人生活质量的下降甚至是贫困，在社会力量不足的情况下可否以曾经存在的婚姻关系为由要求对方当事人承担扶助的义务？这也许是现代离婚制度所面临的重大困境之一。

我国从 1950 年《婚姻法》开始即在离婚制度中规定了经济帮助制度，其根据何在？学界通说认为，夫妻间的扶养权利义务随婚姻关系的终止而终止，对困难一方的经济帮助是基于婚姻关系解除所派生的社会道义上的责任。换言之，尽管离婚后当事人在法律上没有权利义务了，但基于曾经的夫妻身份，一方也应当对另一方给予帮助。因此，笔者认为在离婚经济帮助的背后存在着这样的社会观念：居主流地位的婚姻观视婚姻为神圣的、长久的结合，当事人之间的关系至为密切，离婚多是出于不得已之情由，即使婚姻破裂，当事人之间的关系无论在其自身看来还是在他人看来依然是特殊的，因此在无其他救济手段时求助于曾经的配偶也是情理之中。

而在契约观主导的美国社会，"离婚赡养费是向被损害的妻子补偿违反婚姻契约所带给她的损失，如果其夫没有错误地结束这段婚姻，她当然会享有这些利益。"[2] 但是随着婚姻契约论的进一步深入，对离婚

---

〔1〕 Matthew R. Hall, *From Contract to Covenant*: *Beyond the Law and Economics of the Family*, 3 Journal of Law and Family Studie, 2001, p. 108.

〔2〕 Developments in the Law-The Law of Marriage and family: V. Marriage as Contract and Marriage as Partnership: The Future of Antenuptial Agreement Law, *Harvard Law Review* 116, 2002~2003, p. 2092.

自由的捍卫促成无过错离婚制度的实施,进而,为了保障离婚后当事人能够不受羁绊地开始新生活,"彻底决裂"的离婚理念也开始盛行,至此离婚赡养费制度遭到严厉批判。于法理上而言,婚姻既然是契约,离婚就是契约的解除,双方当事人不再具有夫妻之间的权利义务关系,自然无理由要求对方继续给付赡养费(至于孩子的抚养则是另一个问题)。于情理上而言,离婚后当事人尚有再婚的可能,如果一味地使之陷于过去婚姻所带来的经济负担中,势必影响其开始新生活,甚至可能限制其再婚自由。

当社会保障体系的思想提出并在许多国家落实为制度时,对离婚当事人的救济就部分地转移到政府或者公共财政的头上,这也是无过错离婚制度以及"彻底决裂"的离婚理念兴起的重要背景。但即使在经济发达国家(如美国),学者们也要为政府算经济账,看看它为离婚自由付出了多少成本,从前述数据来看,这是一笔不小的开销,公共财政有不堪重负之虞。即使如此,离婚后当事人的生活质量仍然不可避免地有所下降。美国学者称,离婚对于家庭成员来说无异于经济灾难,每年美国离婚者的净资产以 3.5% 的速度减少,而结婚的夫妻则以每年高于 7% 的速度增加其家庭净资产。结婚的人年均收入有 65 000~70 000 美元,而离婚的人年均收入仅有 33 670 美元,未婚的人年均收入约 35 000 美元,鳏寡之人年均收入则为 42 275 美元。无怪乎克林顿总统的家庭政策顾问威廉·盖斯顿(William Galaston)说:"稳定的、由双亲构成的家庭是美国儿童抵御贫穷的最好屏障,这一点都不夸张。"[1] 美国最近的研究表明,近 40% 由离婚的母亲所组织的家庭收入低于联邦规定的贫困标准。[2]

既然社会财富远不足以解决贫困问题,因离婚而使一方当事人陷于

〔1〕 Lynn D. Wardle, Divorce Consequences: The American Experience with Unilateral No-Fault Divorce, Papers for the International Conference on Divorce: *Causes and Consequence*, 2004, p. 205.

〔2〕 Lynn D. Wardle, Divorce Consequences: The American Experience with Unilateral No-Fault Divorce, Papers for the International Conference on Divorce: *Causes and Consequence*, 2004, p. 206.

生活困境或生活质量下降就成为离婚制度必须要正视的问题。对这一问题的解决,究竟选择什么途径,把它归于财产分配制度还是归于离婚救济制度?纯粹的契约模型既然已经提出"彻底决裂"的离婚理念,自然排除了离婚赡养费制度的适用,唯一可行的就是在财产分配制度中限制当事人的绝对缔约权,以达到相对公平。伙伴关系理论亦是通过平等分配婚姻财产来保障公平,似乎也不存在采用离婚赡养费制度的可能。盟约模型可能会被视为退回到过错离婚制度,而且其倡导者还建议在裁断补偿金或财产分配中仍要考虑过错,这几乎推翻了契约婚姻理念近年来的发展和深化。但该理论与公司理论一起强调婚姻中的非财产性投资和贡献,因此其着重点也在于婚姻财产的分割,而非离婚后的救济。只有特许模型可能会根据原家庭成员之间所延续的信任和利益而主张强化离婚后给付制度。

从以上分析可知,婚姻关系理论对个人自由与社会正义的具体认识至少会在离婚原则、离婚财产分割和离婚后给付三个方面决定或影响离婚制度的设计。这不仅直接关系到婚姻当事人的利益,也会间接影响到孩子的利益,因为离婚后拥有监护权的家长其生活水平和生活状态对孩子的成长具有重大影响。对包括婚姻在内的整个家庭的认识还可能直接影响离婚制度对孩子的利益安排。可见,婚姻关系理论和离婚法律制度实际上是密切相关的,两者一同在个人自由与社会正义的两极之间不断移动、不断寻求平衡。

四、结语

从不同婚姻关系模型的比较来看,西方久已盛行的婚姻契约论对现代婚姻关系仍具有一定的说明力。以婚姻契约论为指导的婚姻法律制度有力地推动了两性在婚姻关系中的平等和自由,但对社会正义问题关注不够。在当今社会,男女两性远未达到完全平等,其在婚姻中的合作方式依然很传统,在婚姻关系中推行绝对的契约自由,势必会在当事人之间产生不公平的结果,最终损害社会正义。此外,父母追求婚姻自由的权利可能与孩子健康成长的权利发生冲突。这都使我们认识到单纯强调个人自由的离婚制度对婚姻和家庭的整体性认识存在缺失和不足。因此，我们应当在更深刻的层面上理解和应用对离婚法律制度起指导作用的婚姻关系基础理论，尤其是对婚姻契约论进行修正的伙伴关系论，不仅推动契约自由，也必须关注契约正义问题。

实际上，当婚姻法律制度在契约婚姻论的引领下越来越偏向于个人自由时，以伙伴关系论为代表的后继学说正着力从社会正义的角度对之进行批评和矫正。在离婚制度中，社会正义存在于两个方面：离婚当事人之间的利益平衡和离婚当事人与重大利害关系人之间的利益平衡。由此，离婚法律制度的改进方向得以明确：推行离婚咨询和离婚调解，促使当事人客观地认识其婚姻质量并理智地对待离婚问题，同时也唤醒他们对孩子、对社会的责任感，从而挽救那些本无必要离异的婚姻；在财产分割中公平评价当事人对婚姻所作的分工不同但同等重要的贡献；重塑婚姻中的共同利益观，促进当事人在婚姻解体后客观、妥当地处理彼此间的关系从而使孩子的利益达到最大化。如此，则离婚制度将使个人自由与社会正义达到较好的平衡状态，真正成为理性的选择。

最后，需要强调的是，虽然婚姻关系理论是离婚法律制度的基础，并且鲜明地体现在离婚法律制度的具体制度中，但其实践领域绝非仅限于制度层面，对民众婚姻观的塑造和引导更具建设意义。学者的任务乃是推动并继续关注婚姻观念和婚姻制度的演变，继续寻找个人自由与社会正义的最佳结合点。

2.9 对中国登记离婚制度的评价与反思[*]

夏吟兰

我国实行双轨制的协议离婚制度，即要求离婚的当事人双方可以在自愿达成离婚协议后到婚姻登记机关通过行政程序解除婚姻关系，也可以诉至人民法院经法院调解达成离婚协议后解除离婚关系。2003 年我国颁布了新的《婚姻登记条例》，开创了我国婚姻登记从单位监管到自己责任的新时期。但不可否认的是，新的登记离婚制度也存在着法律规定过于宽松、自由有余、限制不足、未能有效地体现保护家庭中弱势者利益的法律价值等问题。

一、从单位监管到自己责任——我国登记离婚制度的现代化进展

我国有关婚姻登记的单行法规一共有三部，都与《婚姻法》的制定、修改及我国婚姻关系状况的发展变化密切相关。1980 年《婚姻法》颁布之后，1986 年 3 月 15 日民政部颁布的《婚姻登记办法》明确规定了结婚登记与离婚登记的条件和程序，其中第 7 条第 1 款规定了离婚登记的条件和程序："男女双方自愿离婚，并对子女抚养和财产处理达成协议的，必须双方亲自到一方户口所在地的婚姻登记机关申请离婚登记。申请时，应持居民身份证或户籍证明和《结婚证》。婚姻登记机关查明情况属实，应准予登记，发给《离婚证》，收回《结婚证》。"1994年 2 月 1 日，民政部发布了《婚姻登记管理条例》。该条例分别对婚姻管理的原则、机关、婚姻登记、档案和婚姻关系证明、监督管理和附则

---

* 本文发表于《法学杂志》2008 年第 2 期，第 13~16 页。

作出了明确的规定，强调了婚姻登记机关对当事人婚姻登记行为的行政管理职能。第 14 条至第 20 条明确规定了离婚登记的条件和具体程序。与 1986 年的《婚姻登记办法》相比，《婚姻登记管理条例》在登记离婚时出具的证明中增加了"所在单位、村民委员会或者居民委员会出具的介绍信"一项，并在办理离婚登记的程序中增加了离婚申请审查期的规定等内容。在 2001 年《婚姻法》修订之后，2003 年 7 月 30 日民政部再次颁布《婚姻登记条例》，对 1994 年的《婚姻登记管理条例》进行了比较大的修订。其中第 10 条至第 14 条对离婚登记作出了规定。与 1994 年颁布的《婚姻登记管理条例》相比，2003 年的《婚姻登记条例》在登记离婚制度的规定中有以下三个重大变化：

第一，制度价值的变化。《婚姻登记条例》改变了《婚姻登记管理条例》的名称，去掉了"管理"二字，由此淡化了婚姻登记的行政管理色彩，突出了民事登记的特征。通过对当事人自愿达成的离婚协议进行登记，婚姻登记机关可以对要求进行离婚登记的当事人是否符合婚姻法规定的协议离婚的条件进行审查，并对能够证明该登记行为合法的相关证明文件的真实合法性进行审核，凡符合离婚条件的即可依法予以登记。按照《婚姻登记条例》和《婚姻登记工作暂行规范》（2003 年 9 月 25 日颁布）的规定，婚姻登记机关对离婚当事人离婚协议的审查主要是形式审查，即当事人双方的主体资格是否合法——是否具有合法的夫妻关系（须提交结婚证件）；是否自愿达成离婚协议——精神病患者及其他无行为能力或限制行为能力者不得通过登记程序离婚；离婚协议的内容是否完备——协议书中的内容是否包含了对财产的处理、子女的抚养等离婚效力的各项要求。对当事人是否感情破裂，离婚协议是否公平，离婚后对子女的安排是否符合子女的最大利益等均不作实质审查。因此，可以说，2003 年的《婚姻登记条例》更加体现了尊重离婚当事人意思自治，保护当事人离婚自由的司法理念。

第二，改变了婚姻状况证明方式。1994 年的《婚姻登记管理条例》要求登记离婚时须提交所在单位、村民委员会或者居民委员会的介绍信。其目的有二：一是提供婚姻状况证明，由单位或基层组织证明当事人处于合法的婚姻状况；二是表明单位了解当事人离婚的情况，甚至表明单位同意该人离婚。这就使得离婚不仅仅是个人私事，且具有了公权力介入的痕迹。而此次取消离婚时须提交单位证明的规定则抹去了这一痕迹。由当事人自行提供结婚证和离婚协议书，对自己的婚姻状况负责并承担由此而产生的离婚法律后果。婚姻状况证明方式的改革，体现出离婚登记立法理念由义务本位过渡到权利本位，由依赖单位的管理模式过渡到相信个体的自律模式，由单位承担监管职责过渡到当事人自己承担相应责任，使离婚行为彻底成为个人私事。

第三，取消了离婚申请审查期。1994 年的《婚姻登记管理条例》规定，婚姻登记机关对当事人的离婚申请进行审查，自受理申请之日起 1 个月内，对符合离婚条件的，应当予以登记，发给离婚证，注销结婚证。2003 年颁布的《婚姻登记条例》取消了离婚审查期，其第 13 条规定："婚姻登记机关应当对离婚登记当事人出具的证件、证明材料进行审查并询问相关情况。对当事人确属自愿离婚，并已对子女抚养、财产、债务等问题达成一致处理意见的，应当当场予以登记，发给离婚证。"这一规定取消了离婚申请审查期，对离婚登记的办理时效未作规定。凡婚姻登记人员经审查询问后认为符合法定条件的，当场即可办理。这一规定显然与上述两个变化——婚姻登记制度价值的变化和离婚登记立法理念上的变化相一致。强调个人意思自治，强调"自己决定权"，即自己的私事由自己自由决定的权利。

从上述分析中我们可以看到，我国的登记离婚制度在长期以来受到公权力强力介入之后，2003 年的《婚姻登记条例》以充分保障公民私权利为主导思想，更加体现婚姻自由原则，充分张扬"个人意思自治""自己责任""自己决定权"等私法自治理念，离婚自由得到了充分保障。从比较法的角度看，就笔者的视野所能涉猎的大陆法系、英美法系等主要国家的协议离婚制度中，我国的登记离婚制度已是世界上最自由的离婚制度之一。

二、自由充分，限制不足——对我国登记离婚制度的反思

离婚自由是相对自由，是法定范围内的自由。法律对离婚自由的干

预应当反映立法者深层次的道德导向，国家对离婚自由的干预应当通过明确和正当的立法途径来加以规定，在干预的正当理由和实现干预的措施之间，应当遵守相称性原则，而且必须受到监督。[1] 在当事人的离婚自由与公权力介入之间，法律如何划定自由的范围，公权力如何介入婚姻家庭，其介入的方式与底线如何，的确仍然是世界各国婚姻家庭法面临的挑战。

20 世纪中期以来，婚姻家庭法深受福利国家的介入主义影响，许多国家通过立法及司法有选择地介入离婚领域。一方面，尽可能地保护公民的离婚自由权利，充分尊重当事人的意思自治，不使其受到国家和他人的任意干涉；另一方面，也特别注意在离婚时维护家庭中弱势者的权益，以改变历史上形成的不平等状态。离婚不仅仅是个人私事，其效力将会对对方、子女和社会产生影响。因此，许多国家在允许协议离婚的同时，对协议离婚还规定了限制性条款，以维护婚姻关系的稳定，防止轻率离婚。这些限制性的规定主要有三项：

第一，在一定期限内，限制离婚请求权的行使。一些国家规定，结婚届满一定期限，方可提出离婚申请。虽然各国规定的期限不同，但均在 1 年以下。《法国民法典》第 230 条规定：结婚最初 6 个月内不得提出双方同意的离婚。[2]《荷兰离婚法》《墨西哥民法典》均规定，结婚须满 1 年后才能提出离婚。

第二，设立离婚考虑期。提出离婚申请后须经过一定时期的考虑期方可正式进入离婚程序。如《法国民法典》第 231 条规定：夫妻双方如坚持离婚的意愿，法官应向双方指出其申请应在 3 个月的考虑期以后重新提出。如在考虑期届满后 6 个月内未重新提出申请，该共同申请即失效。比利时、奥地利、瑞典规定的考虑期为 6 个月。《俄罗斯联邦家庭法典》第 19 条第 3 款规定：从提交离婚申请之日起满 1 个月，户籍登

---

〔1〕 国际人权法项目编写组编：《国际人权法教程》，中国政法大学出版社 2002 年版，第 201 页。

〔2〕 罗结珍译：《法国民法典》，法律出版社 2005 年版。

记机关办理离婚并发给离婚证明。[1]

第三，双方须无未成年子女。《俄罗斯联邦家庭法典》第 19 条第 1 款规定：没有共同的未成年子女的夫妻协议离婚时，在户籍登记机关办理。有未成年子女者须经诉讼程序离婚。《墨西哥民法典》也要求协议离婚的双方须无共同的未成年子女（第 272 条）。在实行协议离婚的国家中，一方面，各国均强调协议离婚以尊重当事人的意思自治，保护公民的离婚自由权利为原则，并为保证这一原则的实现作出了各种具体规定；另一方面，各国也都对协议离婚规定了明确的程序和条件，甚至是限制性条件。这说明，在法律的范畴内，即使是双方自愿的协议离婚，也不可能是绝对自由的，只能是在法律限度内的相对自由。而且，为了确保当事人自愿达成的协议符合公平、公正原则，有利于保护未成年子女的利益，尽管协议离婚为越来越多的国家所采纳，但适用行政登记程序协议离婚的国家仍然较少，大陆法系和英美法系的主要国家或适用司法程序的协议离婚，作为与裁判离婚相并行的离婚程序；或只承认裁判离婚程序。他们认为，解除身份关系的法律行为对个人、对社会、对国家具有相当的重要性，只有受过法律职业教育，具备专业水准的法官才可以确认身份关系的解除。

我国的登记离婚制度作为协议离婚的一种类型，在条件和程序上与各国的规定基本相同，但需要引起我们关注的是多数允许协议离婚的国家在一般条件和程序之外还附加了一些特殊限制条件，而且许多国家规定协议离婚须经登记机关或法院的实质审查。但我国 2003 年的《婚姻登记条例》在改变了婚姻状况证明方式、取消了离婚申请审查期的规定、对离婚不再作任何实质审查后，只注重了保障离婚自由，没有关切到离婚时家庭中弱势者的权益，对那些离婚意思表示不真实的一方，对没有任何选择权利的未成年子女，法律没有规定保护或救济措施。所以，笔者以为，2003 年的《婚姻登记条例》是自由充分、限制不足。登记离婚在实践中主要存在以下问题：

---

〔1〕 鄢一美译："俄罗斯联邦家庭法典"，载中国法学会婚姻法学研究会编：《外国婚姻家庭法汇编》，群众出版社 2000 年版。

第一，草率离婚有所增加。从 2003 年 l0 月 1 日开始实行《婚姻登记条例》、简化离婚登记程序之后，登记离婚数量大幅上升。2003 年全国民政部门办理离婚登记 69.1 万对，比上年增加 11.8 万对。2004 年全国民政部门办理离婚登记 104 万对，比上年增加 34.9 万对。2005 年全国民政部门办理离婚登记 118.4 万对，比上年增加 14.4 万对。2006 年全国民政部门办理离婚登记 129.1 万对，比上年增加 l4.7 万对。[1] 四年共计增加了 75.8 万对，且呈持续上升态势。

再以上海市为例，2005 年，上海市有 100 297 对恋人登记结婚，与此同时，30 745 对夫妇办理了离婚登记。和 2004 年相比，由于受到"鸡年无春不结婚"的传统说法影响，2005 年上海结婚登记的人数比上一年减少了 22 741 对，下降了 18% 左右，而协议离婚的人数比上年上升了 12%，增加了 3369 对，平均每天有 84 对夫妻劳燕分飞。而在登记离婚数量大幅上升的同时，复婚率却有所上升。2005 年上海复婚登记的人数达到 3301 对，占总数的 3.29%，比 2004 年上升了 22% 左右。[2]

据《贵阳晚报》报道，2004 年 1~10 月，在贵阳市三城区进行复婚登记结婚的约有 263 对，大约是去年的 3 倍，呈明显上升趋势。复婚登记增加的原因，大多是因办理离婚登记时过于草率，复婚者以 30 岁至 50 岁者居多。在这些复婚的夫妇当中，有 90% 以上是因为离婚后还是觉得"原配"好，才选择复婚的。据婚姻登记处的工作人员介绍，许多复婚夫妻，当初离婚并不是因为感情破裂，而是为琐碎小事争吵，一时冲动做出了离婚的决定。分开一段时间后，便念起对方的好，于是选择"破镜重圆"。[3]

第二，未成年子女的利益没有得到应有的重视。在草率离婚增加的同时，孩子付出了更大的代价。我国的登记离婚制度没有充分考虑和认真关切到离婚后的子女权益问题。在我国的登记离婚程序中，虽然要求离婚当事人须对子女的直接抚养方、子女抚养费等涉及离婚后子女利益

---

〔1〕 数据来自于 2002 年~2005 年民政事业发展统计报告。

〔2〕 数据来自于东方网 2006 年 2 月 14 日报道。

〔3〕《贵阳晚报》2004 年 11 月 5 日。

的问题达成一致协议，但是，《婚姻登记条例》既没有要求当事人所达成的有关子女抚养问题的协议必须符合子女的最大利益，有利于子女的健康成长，也没有要求婚姻登记人员对这一协议进行合法性审查，因而，对于当事人有关离婚后子女抚养的协议是否符合婚姻法的有关规定，是否有利于子女健康成长，实际上是没有任何评估和监督的。而且对登记离婚所达成的协议是否必须考虑到未成年子女的愿望未作规定。在诉讼离婚程序中，根据最高人民法院司法解释的规定，对于年满 10 周岁的未成年子女，在离婚后随父还是随母生活，法院在调解和判决时应当考虑子女的意愿，以有利于子女的身心健康。[1] 而在登记离婚中，子女对关涉到他们重大利益的这一生活变故是否发表了他们的意见，当事人自行达成的协议是否考虑了子女的愿望，《婚姻登记条例》未作任何规定。在实际生活中，绝大多数父母是不会征求子女意见的。显然，这是《婚姻登记条例》的一个重大疏漏。

第三，对离婚时意思表示不真实的当事人，法律缺乏救济手段。通过登记程序协议离婚的最重要的条件之一是缔结协议的双方当事人意思表示真实、自愿，而当事人具有完全的民事行为能力，双方意思表示真实、达成一致是协议有效的前提条件。但在实践中，有多种情况会导致当事人的意思表示不真实。例如，当事人一方为无行为能力或限制行为能力人；因一方胁迫、诈欺所缔结的协议；当事人双方通谋欺骗婚姻登记机关所作的虚假意思表示；当事人未亲自到场作出同意离婚的意思表示等。对上述情况，只要婚姻登记机关未能及时发现，当场办理了离婚登记，离婚即刻发生法律效力。对此，原《婚姻登记管理条例》第 25 条曾经规定："申请婚姻登记的当事人弄虚作假、骗取婚姻登记的，婚姻登记机关应当撤销婚姻登记……，对离婚的当事人宣布其解除婚姻关系无效并收回离婚证，并对当事人处以 200 元以下的罚款。"2003 年《婚姻登记条例》取消了这一规定，但并未规定受欺骗或受损害的一方可以通过何种途径得到救济。笔者认为，对于在离婚时因意思表示不真

---

[1] 最高人民法院《关于人民法院审理离婚案件处理子女抚养问题的若干具体意见》第 5 条。

实而受到损害的当事人，法律不应无所作为，应当提供一定的救济途径，以保护当事人的合法权益。

三、"自己责任"不等于放任自流——完善离婚登记立法之思考

（一）有条件地规定离婚考虑期

2003 年《婚姻登记条例》取消离婚申请审查期的原因是立法者认为，申请离婚登记首先要达成离婚协议，在离婚协议形成的过程中，当事人已对离婚问题进行了反复考虑，离婚申请审查期显得多余。另外，离婚是当事人之间的个人私事，当事人一般不愿意将个人婚姻问题搞得满城风雨、人人皆知，为保护当事人的隐私权，就不必调解了，起码不需要留出专门时间进行调解。[1] 笔者认为，婚姻关系与一般的社会关系不同，一方面，它是一种相当重要的身份关系，其深度与广度是其他社会关系无法比拟的，它的建立和解除对个人、家庭和社会都会产生很大的影响，当事人会相当慎重，反复考虑；另一方面，婚姻关系的密切性和情感因素又使得当事人极易感情用事，他们甚至会因为一语不合，一拍即散。所以，实际上，婚姻当事人在离婚之前有两种可能，一种是经过反复思考，反复协商，确已下定离婚决心者，另一种是未经认真考虑，在气愤之时，甚至是匆忙之间做出了离婚的决定。对于前者，当然可以当场办理离婚登记，使当事人可以尽快解除不幸的婚姻。但对于后者，则应当给当事人一段考虑的时间，避免因一时意气用事，轻率离婚而造成其后的痛苦。

因此，对当场办理离婚登记的规定应设立前提条件。婚姻登记人员对当事人的离婚登记申请应当进行审查和调解，经审查调解后，确信当事人确属自愿离婚，并已对子女抚养、财产、债务等问题达成一致处理意见的，可以当场予以登记，发给离婚证。如经审查调解后，认为当事人属于意气用事，尚未考虑成熟的，也可以不当场予以登记，给当事人一个月的考虑期，考虑期后，当事人仍然坚持离婚的，再办理离婚登记手续。规定离婚考虑期可以使当事人对已经达成的离婚协议进行认真

---

〔1〕《婚姻登记条例知识问答》本书编写组编：《婚姻登记条例知识问答》，法律出版社 2003 年版，第 93~94 页。

的、冷静的考虑，确保当事人对离婚本身及因此而产生的各种后果都能够充分地理解并能够承担协议中规定的相应责任。

如前所述，离婚考虑期是大多数允许协议离婚国家的规定，但考虑期间的长短规定不一，如俄罗斯规定为 1 个月，瑞士规定为 2 个月，法国定为 6 个月。考虑到我国的具体情况和立法传统，笔者认为，将离婚考虑期规定为 1 个月比较符合国情。

（二）有 10 周岁以下未成年子女者，不得适用登记离婚程序

在离婚过程中要保障未成年子女的利益，使他们能够享受到家庭、社会和国家为其未成年地位给予的必要保护，就应当在立法中充分考虑到子女无权的状况，对他们采取必要的保护措施。对于子女而言，生活在一个父母双全的幸福家庭，当然是儿童健康成长的重要环境，但当父母处于极度不和谐状态，婚姻关系已经完全破裂时，离婚对父母而言可能是唯一的选择。但对子女来说，他们是无助的，他们的命运掌握在父母的手中。这时，他们需要社会、国家的介入和保护。

有 10 周岁以上未成年子女者，在协议离婚时，应征询子女的意见，双方达成的协议须经婚姻登记机关审查核准。10 周岁以上的未成年人是限制行为能力人，他们有一定的识别能力，在父母离婚确定直接抚养方时，他们可以做出自己的选择，但父母的协议是否考虑了子女的意见，是否有利于子女健康成长，符合子女的最大利益，还应由婚姻登记机关进行实质审查。

10 周岁以下的未成年子女是无行为能力人，他们无法表达自己的意志，掌握自己的命运，需要由他们的家长、社会或国家给以必要的关注和特殊保护。

我国的登记离婚协议是由离婚当事人自行达成的，尽管我们可以相信所有的父母都是爱自己的孩子的，他们会为子女的利益考虑，但这种建立在道德基础上的推定无法保证所有的父母所签订的协议都是最有利于子女健康成长的。因此，法律应当介入其中，保护家庭中处于最弱势地位的子女的利益。凡有 10 周岁以下未成年子女者应当经过诉讼程序离婚，在法官的主持下达成有关子女利益的协议，由法官确认这一协议

是否符合子女最大利益，有利于子女健康成长。

（三）建立登记离婚的无效制度

对于不符合法定条件或违反法律规定而登记离婚的，应由婚姻登记机关宣告离婚无效。其目的一是要制裁各种违法的协议离婚，以确保登记离婚时意思表示的真实性，以及所达成的离婚协议的有效性；二是对违法协议离婚的受害方或善意一方予以救济，使他们可以通过请求登记离婚无效而达致公平。离婚协议是民事法律行为，根据《民法通则》的规定，凡导致民事行为无效的情形，应当成为导致协议离婚无效的原因：其一，主体不适格。当事人一方或双方为无民事行为能力或限制民事行为能力人，其所作出的关于离婚的意思表示没有法律效力。离婚登记无效。其二，意思表示有瑕疵。当事人一方以诈欺或胁迫等手段迫使另一方同意离婚，达成离婚协议的，离婚登记无效。其三，当事人双方通谋欺骗婚姻登记机关，或提供虚假证明的，离婚登记无效。离婚登记无效的请求权人可以是当事人、利害关系人、近亲属、婚姻登记机关。因诈欺或胁迫而登记离婚的，离婚登记无效请求权人为当事人，并应自其知悉被诈欺或胁迫后一年内提出离婚登记的无效请求。宣布离婚登记无效的机关应为婚姻登记机关，宣布离婚登记无效后，应收回离婚证，当事人之间恢复原有的夫妻身份关系。如当事人一方或双方在宣布离婚登记无效前已经再婚，须在宣告离婚登记无效后重新办理离婚登记，或诉讼离婚，否则构成重婚。由于婚姻登记机关的登记人员在离婚审查过程中的问题而导致离婚无效的，除宣告离婚登记无效外，应当对婚姻登记人员给予相应的处分。当事人对宣告离婚登记无效不服的，可以依照《行政复议法》的规定申请复议。对复议决定仍然不服的，可以依照《行政诉讼法》的规定提起诉讼。

2.10 对离婚率上升的社会成本分析[*]

夏吟兰

进入 21 世纪以来，中国的离婚率进入快速车道，对此，应当引起社会的高度重视。和谐家庭是和谐社会的基础，所谓"家和万事兴"，"天下之本在国，国之本在家"。尽管我们不能说离婚率升高必然导致社会不和谐，但我们应当以史为鉴，以他国已经付出的社会代价为鉴，不可忽视离婚率升高对社会和谐与社会稳定的影响。

一、中国已进入离婚率快速上升阶段

进入 21 世纪以来，特别是 2003 年《婚姻登记条例》颁布以来，我国离婚数量持续走高。从民政部每年的民政事业统计数据我们可以清楚地看到，离婚的绝对数量大幅度增加：2002 年我国离婚总量为 117.7 万对，2003 年为 133.1 万对，2004 年为 166.5 万对，2005 年为 178.5 万对，2006 年已经达到 191.3 万对。与 1978 年的离婚总量 28.5 万对相比，27 年后的离婚绝对值增长了 162.8 万对。2005 年结婚对数为 823.1 万对，与离婚对数相比，离结率为 21.69%，与总人口相比，粗离婚率为 2.73‰ [2]。这个数字与西方发达国家的离结率大多超过 30% 开始接

---

　*　本文发表于《甘肃社会科学》2008 年第 1 期，第 23~27 页。

　〔2〕　关于离婚有两种计算方法：一种是统计部门常用的粗离婚率，即在一定时间内，离婚人口占总人口的千分比。另一种计算方法被称作离结率，即在某段时间内，通常为当年离婚对数与结婚对数之比。所有数据来源于民政部官方网站，2003、2004、2005、2006 年《中国民政事业发展统计报告》。

近[1]。而我国一些大城市的离结率早在几年前已经达到了 30%，如北京市，2003 年的结婚对数为 9.3 万对，离婚对数为 3.1 万对，离结率达到 33.3%。同年，上海市结婚对数为 10.5 万对，离婚对数为 2.8 万对，离结率为 31.4%[2]，也就是说，这一年在这两个大城市，平均每不到三对夫妻结婚，就有一对夫妻离婚。

面对新一波的离婚高潮，在有些人认为"简化了离婚登记手续，提高了工作效率，极大地方便了当事人办理离婚登记，使我们的离婚制度更加人性化，更受人民群众欢迎和拥护的时候"[3]，我们还必须考虑问题的另一面，离婚制度的人性化是否仅指离婚自由，自由是否是法律正义的全部。离婚率上升是一个复杂的社会现象，它是一个社会政治、经济、民族文化、家庭结构、立法规定、司法控制、伦理道德观念、人口结构等多元因素交互影响的复合机制，是这些社会现象和社会道德观念的发展变化在婚姻关系中的综合反映。笔者认为，现代社会离婚率的上升主要有以下几个原因：

（一）社会聚合力的弱化，导致离婚率上升

城市化、工业化程度越高的地区，离婚率相对就会提高，也可以说离婚率的提高是都市化、工业化的社会效应之一。20 世纪 60 年代以后，西方欧美国家进入后工业社会阶段，离婚率大幅度提高[4]。而 20 世纪 90 年代以后，亚洲国家随着经济的发展，城市化、工业化程度的提高，离婚率也随之提高。城市化程度较高，社会较开放的地区，人们的价值观和生活方式相对开放和多元，职业和地域流动也比较频繁，因人口迁移、两地分居所导致的家庭亲和力减弱，使夫妻关系甚至亲子关系均受到影响。同时，家庭结构的核心化，以及生育率的下降，减少了

---

〔1〕 巫昌祯："当代婚姻新潮"，载巫昌祯、王德意、杨大文主编：《当代中国婚姻家庭问题》，人民出版社 1990 版，第 12 页。

〔2〕 中华人民共和国国家统计局编：《中国统计年鉴·2004》，中国统计出版社 2004 年版，第 23~24 页。

〔3〕 民政部官方网站：2003 年《民政事业发展统计报告》。

〔4〕 据《环球时报》2006 年 5 月 17 日报道，韩国的离婚率已经上升至世界排名第三，印度的离婚率在近 10 年间也翻了一倍。

亲属网络对夫妻冲突的缓冲作用以及大家庭的凝聚力，而这些都会弱化社会聚合力，增加夫妻关系破裂的风险，导致离婚率上升。

（二）婚姻观念的变化，导致离婚率上升

现代婚姻观念的变化是全方位，多角度的。无论东方西方，传统的婚姻都是以娶妻生子、传宗接代为目的的。但随着西方社会自由、博爱、平等的人文主义思想的传播，随着社会生产力的提高，甚至是避孕技术的产生，追求浪漫爱情和个人享乐主义的婚姻已经在相当程度上改变了传统的以单纯满足生理和传宗接代需要为目的的互助式婚姻。在我国，"搭伙过日子"的婚姻模式正在逐渐退出历史舞台。随着社会生活的多元化趋势，现代社会的夫妻双方更强调感情的融合，志趣的相投，生活的幸福，人们已经不再满足于高稳定、低质量的"维持会"式婚姻。现代年轻人对婚姻质量的期望值远远高于上一辈，一旦婚后的现实与婚前的期望产生矛盾且不可调和，离婚就是必然的选择。2003年婚姻法执行状况调查显示，以性格不合为由起诉离婚的仍是离婚的第一大原因，占离婚案件的60%[1]。这与过去"生是夫家人，死是夫家鬼"的观念有天壤之别。而在性格不合之后的潜台词可能有许多内容，诸如婆媳不和、经济纠纷、一方不顾家，甚至是性生活不协调。既然婚姻的目的是享受爱情，享受快乐，当爱情变成亲情，婚姻生活被柴米油盐酱醋茶的琐事所充斥的时候，婚姻就被一些人视为爱情的坟墓，冲出围城就不需要其他理由了。当这种观念为社会所接受，自然就会得出离婚率上升是社会进步的结果，是社会文明的体现，是人文主义精神胜利的结论。而婚姻观念的变化必然会引起社会对离婚制约作用的减少。在中国，自1980年《婚姻法》确立破裂主义离婚原则的20多年来，民众对于离婚的态度由过去的一概否定，逐渐演变为既有否定，又有理解和肯定，演化至今，已由否定变为肯定，甚至被一些人视为时尚了。对离婚行为从厌恶、鄙视到宽容、理解，从双方势不两立到好离好散，这些观念上的转变，使离婚完全成为个人私事，而不再受到社会舆论和道德观

---

〔1〕 巫昌祯主编：《婚姻法执行状况调查》，中央文献出版社2004年版，第4页。

念的制约，正是在这种宽容和多元化的社会环境下，当夫妻关系出现问题时，更多的人直接选择了离婚，而不是设法解决他们之间的问题。

（三）离婚立法的变化，在客观上导致了离婚率的上升

尽管有学者提出影响婚姻稳定的是整个社会风气，自由离婚法是反映而不是产生了这种风气；离婚只是死亡婚姻的葬礼，而不是死亡婚姻的原因[1]。但西方国家的高离婚率出现在离婚革命之后已是不争的事实，正如美国学者 L. 魏茨曼所说："无过错离婚的重要规则之一，无须同意的后果是鼓励——或者至少大大地推进了——离婚。此外，新法通过授权给寻求离婚的当事人可以单方面地做出决定的形式，大大地增加了离婚在事实上发生的可能性。最后，无须同意规则与无过错制一起使离婚变得更容易，支付更少的费用，从而排除了离婚的另一重要障碍。"[2] 里奥拉·弗里德伯格通过对美国自无过错离婚以来各州的离婚率水平的比较后指出：一个州所实行的单方离婚法律制度是离婚率升高的症结所在。最严格意义上的单方离婚法律制度是指法律没有法定别居期的规定，在分割财产时也不考虑任何一方的过错。这一制度使每千人中，离婚率增加了 0.549 个百分点。这意味着，在同时期，当全国离婚率增长的平均水平为 4.6%的情况下，该州的增长率为 11.9%。她估计，法律改革使 1968 年到 1988 年美国离婚率增长了 17%[3]。在中国，每一次婚姻立法的改革变动都会导致离婚率的上升。1950 年我国第一部《婚姻法》颁布之后，1953 年人民法院受理的离婚案件高达 117 万件，在被封建婚姻束缚数千年的古老中华大地上出现了第一次离婚井喷。1980 年《婚姻法》首次将"夫妻感情确已破裂"作为判决离婚的法定标准后，1981 年离婚绝对数即大幅上扬，较 1980 年增长了 4.8 万件，1年间离婚增长率高达 14.1%。2001 年 4 月《婚姻法（修正案）》颁布施行后，2001 年较 2000 年离婚绝对数上升了 3.7 万对；2003 年 8 月国

---

〔1〕 谈大正：《性文化与法》，上海人民出版社 1998 年版，第 155 页。

〔2〕 L. 魏茨曼："离婚法革命——美国的无过错离婚"，载张贤钰主编：《外国婚姻家庭法资料选编》，复旦大学出版社 1991 年版，第 413 页。

〔3〕 ［英］安东尼·W. 丹尼斯、罗伯特·罗森编：《结婚与离婚的法经济学分析》，王世贤译，法律出版社 2005 年版，第 246、272、240 页。

务院颁布的《婚姻登记条例》大大简化了在民政部门办理登记离婚的手续[1]，这一方面保障了离婚自由，另一方面也给那些冲动型离婚或草率型离婚打开了方便之门。2003年当年的离婚绝对数字就达到自新中国成立以来的顶点——133.1万对，2004年为166.5万对，2005年已经达到178万对，两年间增长了近45万对。

（四）妇女地位的提高，使她们有能力挑战传统的性别分工模式，导致离婚率上升

就世界范围而言，在离婚案件中，由女性作为原告的，约占60%~70%左右。随着父权制家长社会的解体，机械化大生产的发展，特别是第二次世界大战之后女权运动的高涨，为妇女走出家庭，走向社会创造了良好的外部社会条件，妇女就业率大幅提高。到1980年，女性受雇者人数占全部受雇者人数的比例，瑞典最高，为45.17%，美国为41.86%，英国为39.17%，日本为38.67%[2]。中国妇女自1949年新中国成立之后，获得了极大的解放，成为社会主义建设真正的"半边天"。2004年底，中国城乡女性就业人数为3.37亿人，占全部从业人员的44.8%；城镇单位女性就业人员为4427万人，占城镇单位就业人员总数的38.1%。尽管妇女的广泛就业，使妇女的社会地位、经济地位大幅提高，但传统的性别观念与现实妇女地位的矛盾使得妇女在家庭中的角色并未发生实质性的变化。这才是导致女性作为原告要求离婚者增多的重要原因。因此，必须明确的是："女性劳动不管发展到什么程度，单单一个方面并不能促使离婚的发生、引起家庭崩溃。即使女性（特别是有配偶女性）全部进入劳动市场，只要没有其他特别的理由，她们也不会解除婚姻，但当家庭条件阻挡她们进入劳动市场，与她们相对立时，她们首先就会想到离婚。哈利斯也暗示过，对女性劳动来说，成为

---

〔1〕 自愿离婚的当事人双方不再需持本人所在单位或村民委员会、居民委员会出具的介绍信，也不再需要经历苦等1个月以内的审查期限。只要离婚当事人自愿离婚且双方已共同签署离婚协议书，婚姻登记员对符合离婚条件的当事人，应当当场予以登记，发给离婚证（《婚姻登记条例》第11~13条）。

〔2〕 ［日］利谷信义等编：《离婚法社会学》，陈明侠等译，谢怀栻校，北京大学出版社1991年版，第53~54页。

其障碍的家庭条件不管怎么说，首先就是传统的两性任务体系，也就是认为做饭和生儿育女等家务是女性专有的工作体系。只要这个体系维持着，女性就会处于一边从事社会劳动，一边负责一切家务的困难境况。当女性开始对这种家长制的任务体系产生疑问时，她们就会对自己的婚姻产生怀疑。"近年来，随着女性自我意识的增强，挑战原有的"男主外，女主内"的性别分工模式的要求愈加强烈，而对于重新建构两性性别关系，男性并没有充分的准备，这两者之间的矛盾，必然会导致离婚率的增高。

离婚率的持续上升将是今后中国离婚状况发展的大趋势。除上述四个具有世界共同性的原因之外，笔者认为还有两个具有中国特色的原因将决定未来中国离婚率的发展走向：其一，逐步加快的城市化进程使更多的农村人口涌入城市，出现更多的两地分居且婚姻观念、道德观念急速变化的农民工，这就势必把原是低离婚风险的农村人口转变为高离婚风险的城镇居民，对离婚率的继续上扬将发挥推波助澜的强化作用。对此，我们应有高度的警觉。其二，21世纪以来，我国第一代独生子女开始进入婚姻，他们在成长时期受到家长及家庭其他成员的高度关注和众星捧月，大多习惯于以自我为中心，不擅家务，不会处理家庭关系和夫妻矛盾，对待婚姻也比较随性，如果不能有针对性地提出婚姻家庭纠纷争议解决机制，"80后"人群具有高离婚率的潜在危险。可以预计，按照目前的状况持续下去，如果法律和社会任其自行发展，未来中国的离婚率将持续走高，并极有可能很快逼近西方社会的离婚率水平。

二、离婚率上升的社会负面效应

在我们欢呼离婚自由解放人性，保护人权的同时，也应当冷静地看到高离婚率对社会的负面影响及其所产生的社会问题。当人类享受着无过错离婚带来的自由与宽松的社会环境时，离婚率不断攀升所面临的社会问题也正在引起各国学者越来越多的关注和研究。

（一）离婚妇女及其抚养的子女生活贫困化

离婚妇女及其抚养的子女生活贫困化是一个具有世界意义的普遍问题。各种研究都证实，单亲家庭丧失了规模经济，所依赖或利用的收入、劳动和社会资本只有双亲家庭的一半，而且不再从双亲的劳动分工中获得好处。2005 年北京市社科院与北京市妇联对北京市城八区单亲母亲状况的调查显示，83.8%的单亲母亲与子女共同生活，65.1%的单亲母亲家庭住房低于北京市的人均面积（18.7 平方米），不到 30 平方米。在被调查的 597 个单亲母亲家庭中，享受最低生活保障的有 332人，超过了总数的一半。未享受最低生活保障的，家庭月收入也大多在501～1000 元之间[1]。这一结果与外国学者的类似调查结果相同。美国学者魏兹曼的调查发现：离婚后一年中，男性的生活水平提高了 42%，女性的生活水平降低了 73%。她认为，法官根据男女平等原则错误地推断妇女在离婚后有能力和其前夫获得同样多的经济收入，其结果是剥夺了离婚妇女特别是老年家庭主妇及有低龄子女的妇女在婚姻中应享有的经济利益[2]。

（二）离婚不利于未成年子女身心健康

婚姻的本质或它的社会属性决定了离婚并不是一个个人行为，它不仅会给对方造成一定的影响，更会对未成年子女在心理、行为模式等方面产生重大影响。美国一项对离婚与孩子关系的跟踪调查研究显示，父母离婚对子女的负面影响大于正面影响，而且这种影响是全方位的，包括心理、行为、学业、健康、人际关系、婚恋观念等等，甚至父母的离婚还会代际相传，增加子女自己婚姻变动的危险。有证据表明，在单亲家庭中长大的女孩，比双亲而又稳定的家庭中长大的女孩做未婚妈妈的可能性高三倍；单亲家庭的孩子结婚后比双亲家庭的孩子结婚后的离婚率高两倍[3]。我国学者的研究也表明，离婚家庭的孩子在各种心理状态上都比正常家庭同龄儿童差，他们容易形成抑郁、憎恨、易怒、自卑、多疑、嫉妒、胆小、孤僻、情绪不稳定等心理特征[4]。

---

〔1〕《北京市单亲母亲困难家庭现状调查》，2005 年未刊本。

〔2〕夏吟兰：《美国现代婚姻家庭制度》，中国政法大学出版社 1999 年版，第 148 页。

〔3〕叶文振："离婚标准的国际比较与启示"，载郑晨主编，家庭杂志家庭研究中心编：《中国婚姻家庭：历程·前瞻》，中国妇女出版社 2001 年版，第 175 页。

〔4〕程鑫："离婚家庭对子女的心理发展的影响"，载《辽宁税务高等专科学校学报》2003 年第 6 期。

在家庭破裂，夫妻行将离婚时，对子女最具有悲剧性的境遇是由子女决定随何方一起生活。在行使对子女的监护权时，父母更多的是从自己的感情出发，很少考虑子女本人的愿望。这个时期对孩子来说，是一个充满动荡不安的时期，他们不知道自己将和谁在一起生活，监护权的争夺战会给孩子的情绪带来无法分身迁就双方的极大痛苦。当孩子被要求由自己决定随父亲或母亲一方共同生活时，孩子心灵所受的痛苦与挣扎十分巨大的，因为对他们而言，选择了父亲就要舍弃母亲，而他们并不愿意做这样的选择题。因此，耶鲁儿童研究中心主任阿尔伯特·李尔尼特说：离婚是威胁儿童的最严重和最复杂的精神健康危机之一[1]。

（三）离婚率与犯罪率有正相关的关系

就全球而言，未成年人的犯罪比例持续上升，而这与离婚率的升高密切相关。美国芝加哥大学社会学教授罗伯特·桑普森的研究发现：无论该地区的经济和种族组成如何，都可以根据离婚率预测任一相应地区的抢劫率。桑普森研究了 171 个人口 10 万以上的美国城市，在这些城市的社区中，他发现离婚率越低，正式和非正式社会控制的程度越高，犯罪率越低。来自美国威斯康星州的数据显示，父母离异的少年罪犯监禁率高出与已婚父母在一起生活的少年儿童 12 倍[2]。中国的相关调查也反映出同样的问题。如北京市海淀区少年法庭 2004 年 1 月～12 月受理的未成年刑事案件中，来自单亲家庭的占少年犯总数的 26.4%，来自继亲家庭的占少年犯总数的 6.3%，两者相加为 32.7%。对北京市未成年犯管教所的 100 名少年犯的问卷调查也显示，他们当中来自父母离异家庭的为 29%，单亲家庭的为 7%，总计为 36%。正如美国儿童心理学家索克所说：对孩子而言，父母的离婚带给孩子的创伤仅次于死亡[3]。

（四）高离婚率影响公众对婚姻的信心

在一个离婚已经成为司空见惯、习以为常甚至成为标准生活方式的

---

〔1〕 王延平主编：《西方社会病》，人民日报出版社 1992 年版，第 147 页。

〔2〕 柏瑞克·F. 凡根、罗伯特·瑞克特："离婚对美国的影响"，载《交流》2003 年冬季刊，第 40 页。

〔3〕 尚秀云："预防未成年人犯罪，为构建社会主义和谐社会而努力"，载《中国律师与未成年人保护》2005 年第 9 期，第 23～25 页。

社会里，不仅有更多不幸福的婚姻会以离婚告终，而且更多婚姻会变得不幸福。由于人们对婚姻的持久与向往的预期大幅下降，他们对婚姻会做出不乐观的判断，这就会导致两个结果，一是人们更不愿意把自己——无论是时间、资源、梦想还是始终如一的承诺——充分投入在婚姻当中，使婚姻进入恶性循环，婚姻不幸福者不幸的程度提高，范围扩大。二是结婚率下降。尽管许多学者的研究都证明，婚姻是社会不可取代的结构，而婚姻家庭的幸福与否应当是和谐社会的重要指标。但婚姻前景的不可预知性使更多的人愿意留在婚姻殿堂之外。当婚姻不再是以永久共同生活为目的时，它的神圣性和吸引力就大打折扣。其结果必然导致非婚同居与非婚生子女数量的增加。在美国，自20世纪70年代初离婚率大幅上升的同时，结婚率也有较大幅度的下降，到1990年，成年人结婚的比例从72%降到62%。60年代美国的单亲家庭只有9%，现在已经达到27%，只有50%的美国人将结婚作为自己的家庭价值观的一部分[1]。自1996年以来，我国的结婚人数就不断下降。2002年全国办理结婚登记的对数比2001年减少19万对；2005年全国办理结婚登记的对数比2004年减少44.1万对。

三、离婚成本的经济学分析

从经济学的角度看，婚姻是人们为了满足自然属性并降低交易费用而实现效用最大化的一种组合形式。对于建立在自由、平等基础上富于效率的婚姻市场来说，婚姻意味着双方签订契约，交易成功[2]，结婚双方均对交易有预期利益。从法经济学的角度分析，婚姻的预期利益主要包括：

第一，分工协作以期比较利益和报酬递增。通过夫妻分工协作优势互补，优化组合，可以促进资源的充分利用，获取规模经济效益，达到收益最大化，最终获得比较利益和报酬递增。正如"烛光效应"，一人

---

〔1〕 深圳市社科院性别文化研究中心编：《婚姻家庭何处去？——来自大洋彼岸的声音》，2005年版，第24~25页。

〔2〕 〔美〕加里·斯坦利·贝克尔：《家庭论》，王献生、王宇译，商务印书馆1998年版，第113~116、348~349页。

一支烛光要比两人一支烛光的成本高。

第二，获得性的满足和情感的寄托。婚姻使性伴侣长期化、稳定化、使性生活安全化。就世界范围而言，婚外性市场都存在合法程度不高，管理不善，交易成本高，风险大的问题，因而，无论正式或非正式的制度安排，均对婚外性行为有所制约，婚姻是获得性满足和情感寄托的主要途径。

第三，基于信赖利益获得生活保障。男女双方缔结婚姻后，无论从法律上还是道德上，当事人都有责任相互扶养、相互扶助，相互关怀，患难与共，同舟共济。这种基于婚姻关系所产生的安全感与信赖利益，是其他两性关系所无法替代的。

第四，互相提供信用，协调人力资本投资的收益。结婚后，夫妻双方既是投资者，也是受益者。双方会根据各自的情况，决定人力资本的投资方向并共同享受因人力资本增加而产生的收益。如一方支持另一方继续学习深造或发展新的技能，最后实现总效用的增加。

显然，婚姻内的人力资本投资与分工协作、优势互补是婚姻的重要预期利益和特有资本的积累，但离婚率的持续升高使离婚预期加大，并导致当事人减少婚姻特有资本的积累。离婚法的发展证明，离婚法是以改变人们在婚姻内的投资来改变离婚率的。如果离婚是困难的，想要离婚的一方配偶必须补偿想保持婚姻的另一方配偶；如果离婚是容易的，想要保持婚姻的一方配偶必须补偿给想要离婚的另一方配偶。在困难离婚制度下，能够保障从事家务劳动的妻子实现其婚姻的预期利益。假设一方配偶（通常是妻子）想要致力于非市场的活动或者投资具体婚内技能，在困难离婚制度下，她知道她的丈夫不能单方面和她离婚。因为家务劳动专业化在困难离婚制度下比在任意离婚制度下更安全，所以夫妻们发现在婚内实行家务劳动专业化更有利。如果没有她的同意就不能够离婚，妻子就有可能辞去她在外面的工作并且投资于对婚姻有很高价值的婚内家务劳动[1]。丈夫们也会更多的关注家庭，愿意为家庭付出

---

〔1〕〔英〕安东尼·W. 丹尼斯、罗伯特·罗森编：《结婚与离婚的法经济学分析》，王世贤译，法律出版社 2005 年版，第 246、272、240 页。

更多的时间、精力，为整个家庭的发展和幸福生活不断努力获得人力资本的增加和报酬递增。现代社会的高离婚率导致夫妻减少了对婚姻的投入，他们只会投入较少的专用于婚姻的财产，更少人将婚姻中的家务劳动专业化。父母一方将更加不愿意牺牲自己的人力资本的发展而留在家中照顾子女，夫妇将不要孩子或减少孩子的数量。由于婚姻的脆弱性，丈夫不愿意或减少对生育子女的投资，他们将无法享受或减少享受子女给生活带来的天伦之乐，而妻子也不愿意为生育付出，因为婚姻的不稳定，生育子女后，她将冒因为离婚而独自抚养子女的风险，这一风险包括付出的全部经济、社会和心理等所必需的成本[1]。美国著名法学家理查德·A. 波斯纳在分析离婚自由的成本时指出："婚姻越是容易解除，人们对婚姻的承诺就会越少，因此，如果允许想离就离，那么结婚者花费在婚姻搜寻上的时间就会更少。结果是，夫妻更不般配，这转过来又会破坏婚姻的伴侣性，并由此增大了离婚的可能。并且，由于离婚非常容易，夫妻俩也都会更少花费时间来努力促使婚姻成功。因此，在一个想离就离的离婚体制下，趋势是一连串时间较短的、或许不再是伴侣性的婚姻替代了持久的单一伴侣婚姻"[2]。

因此，离婚预期会减少婚姻特有资本的积累。而结婚时间越长，婚姻资本积累越多，婚姻的价值增加越大，离婚的机率就会减少。这也从另一个角度解释了为什么结婚的前几年离婚率相对较高的原因。同时，对离婚的妇女而言，年幼的孩子增加了离婚妇女寻找另外配偶的成本，并且严重减少了离婚妇女的净资源。或许正是这些因素，增加了她们再婚失败的可能性[3]。美国学者称，离婚对于家庭成员来说无异于经济灾难，每年美国离婚者的净资产以 3.5% 的速度减少，而结婚的夫妻则

---

〔1〕 J. Mark Ramseyer, "Law and The New American Family Response Toward Contractual Choice in Marriage", *Indiana Law Journal*, 1998, p. 73.

〔2〕 〔美〕理查德·A. 波斯纳:《性与理性》，苏力译，中国政法大学出版社 2002 年版，第 329 页。

〔3〕 David G Schramm, "The Public Economic Consequences of Divorce in the United States of America", papers for the International Conference on Divorce: *Causes and Consequence*, 2004, p. 135.

以每年高于 7% 的速度增加其家庭净资产。结婚的人年均收入为 6.5 万~7 万美元，而离婚的人年均收入仅有 3.3 万美元，未婚的人年均收入约 3.5 万美元，鳏寡之人年均收入则为 4.2 万美元。无怪乎美国前总统克林顿的家庭政策顾问威廉·盖斯顿（Willian Galston）说："稳定的、由双亲构成的家庭是美国儿童抵御贫穷的最好屏障，这一点都不夸张。"[1] 美国最近的研究表明，近 40% 由离婚的母亲所组织的家庭收入低于联邦规定的贫困标准[2]。

除此之外，离婚的成本还包括，婚姻缔结前的沉没成本，主要是双方在缔结婚姻前的交易成本，婚姻持续时间越长，沉没成本越大；解除婚姻所需的交易成本，如诉讼的费用、耽误的时间和精力，对家庭、对自己心灵伤害的成本，对下一次婚姻的负面影响等都是离婚当事人所要承担的成本。

离婚的社会成本除上述各项之外，高离婚率还将导致社会的经济成本增加。据美国学者研究，2001 年犹他州的 9735 例离婚使州和联邦政府直接和间接花销达近 300 000 000 美元，并由此推断，离婚的直接和间接的经济后果是每一百万美国人要花费约 125 000 000 美元（平均每人 125 美元），或每年 33 300 000 000 美元，相当于每个家庭花费 312 美元。这些钱主要用在福利补助、医疗花销以及诉讼成本上[3]。

社会学研究表明，社会的高离婚率存在着巨大的、长期的私人性和公众性的成本。私人成本影响到离婚后的成人和孩子的身体、心理、情绪和经济状况。公众成本包括医疗卫生系统的压力、增加的福利成本、

---

〔1〕 ［美］加里·斯坦利·贝克尔：《家庭论》，王献生、王宇译，商务印书馆 1998 年版，第 113~116、348~349 页。

〔2〕 Lynn·D. Wardle, "Divorce Consequences, The American Experience with Unilateral No—Fault Divorce", paper for the International Conference on Divorce：*Causes and Consequence*, 2004, p. 205, 206.

〔3〕 Lynn·D. Wardle, "Divorce Consequences：The American Experience with Unilateral No—Fault Divorce", paper for the International Conference on Divorce：*Causes and Consequence*, 2004, p. 205, 206.

高犯罪率、低毕业率和增加的惩罚犯罪的司法费用[1]。

笔者认为，在中国这样一个人均 GDP 刚刚达到 2000 美元的发展中国家，社会保障体系还相当不完善，社会福利水平也比较低下，离婚率的上升将意味着更多的低收入或无收入的夫妻一方，特别是女性一方离婚后陷入生活贫困化，意味着他们曾经的付出没有得到预期利益，意味着更多的孩子将生活在相对贫困的单亲家庭，当然也意味着整个社会将要付出更高的社会成本，包括经济成本。对公民个人离婚自由权利的保护，应当符合社会正义，考虑社会成本。婚姻关系的本质属性是社会属性。婚姻关系的存废，既是个人权利，具有自然属性，也负载着社会功能，具有社会属性。迄今为止的文明社会，婚姻都不仅仅是自然本能的私人行为，它负载着繁衍生命、养老育幼、维系伦理亲情的功能。因此，婚姻与家庭关系的稳定与否，涉及当事人的利益、子女利益和社会公共利益，必然直接或间接地影响社会的稳定与和谐。正如马克思在《论离婚法草案》中所指出的："几乎任何的离婚都是家庭的离散"，对于离婚，我们不能"抱着幸福主义的观点，不能仅仅想到两个人而忘记了家庭"。"婚姻不能听从已婚者的任性，相反地，已婚者的任性应当服从婚姻的本质。"[2] 维系和稳定婚姻与家庭关系，为当事人之间的矛盾和纠纷提供适当的争议解决机制和救济方法，不仅仅是个人的愿望，也是社会的责任，法律的使命。

---

〔1〕 Stephen·J. Bahr, "Social Science Research on Family Dissolution What It Shows and Hew It Might Be of Interest to Family Law Reformers", *6 Journal of Law & Family Studies*, 2004, p. 4.

〔2〕 Stephen·J. Bahr, "Social Science Research on Family Dissolution What It Shows and Hew It Might Be of Interest to Family Law Reformers", *6 Journal of Law & Family Studies*, 2004, p. 4.

2.11 中国内地离婚救济制度之发展*

夏吟兰　邓　丽**

2001 年内地《婚姻法》修正案确立了较为完整的离婚救济体系，这项立法举措有其深刻的社会原因，也反映出内地法制理念的进步。但由于此次修正只是阶段性、过渡性的步骤，离婚救济制度难谓尽善尽美，仍有可更臻完善的余地。

引言

2001 年内地最热闹的立法举措应该是《婚姻法》的修正了，举国上下各抒己见，争论不休。《婚姻法》的修正之所以产生"全民大动员"的效果，一是因为《婚姻法》与民众的生活息息相关，二是因为《婚姻法》较为"通俗"，民众参与不存在太多的专业障碍，三是因为大陆目前的婚姻状况比较复杂，存在许多需要思考和解决的问题。

在民众的广泛参与和热情推动之下，2001 年 4 月 28 日，全国人大常委会第二十一次会议通过并颁布施行了《中华人民共和国婚姻法》（修正案）。该修正案针对内地改革开放以来婚姻家庭领域中出现的新情况、新问题，对 1980 年《婚姻法》进行了补充和修改，在《婚姻法》的建设和完善上取得阶段性的成就，为调整婚姻家庭关系提供了新的依据。

婚姻法修正案共分 6 章 51 条，在内容上的突破主要有：①依据宪

＊ 本文发表于《青年研究学报》，香港青年协会出版社 2002 年第 1 期。

** 邓丽，女，中国政法大学法学博士；中国社会科学院法学研究所副研究员。

法精神在总则中增设第 4 条："夫妻应当互相忠实、互相尊重；家庭成员间应当敬老爱幼、互相帮助，维护平等、和睦、文明的婚姻家庭关系。"这就为社会主义婚姻家庭建设指明了方向，有助于抵制婚姻家庭生活中的不良倾向，引导公民建设美好、文明的家庭关系。②强化了五项基本原则，有针对性地补充了禁止性条款，一是扩大了禁止违反一夫一妻制的行为，在禁止重婚的同时，补充规定了"禁止有配偶者与他人同居"。二是增加了"禁止家庭暴力"的条款。③《婚姻法》修正案在结婚一章中增设了无效婚姻制度，对于无效婚姻的原因、申请无效的程序和无效的后果作了明确的规定。这一举措不仅填补了立法空白，维护了《婚姻法》的权威性，也为执法部门处理违法婚姻提供了法律依据。④针对改革开放以来夫妻财产关系的变化，完善了夫妻财产制度，包括界定夫妻共同财产的概念、明确夫妻个人财产的范围、充实约定财产制。⑤设立离婚损害赔偿制度及家务劳动补偿制度，强化了离婚时的经济帮助，形成了完整的离婚救济制度体系。

离婚救济制度是法律为离婚过程中权利受到损害的一方提供的权利救济方式，或者是为弱势一方提供的法律救助手段。此次《婚姻法》修正案首度在我国内地设立较为完整的离婚救济制度体系，在 1980 年《婚姻法》规定的离婚时应对困难一方给予经济帮助的基础上，增设了离婚损害赔偿制度与家务劳动补偿制度，强化了经济帮助的内容。它反映了内地有关离婚指导思想的重大变化：由保障离婚自由，反对轻率离婚发展为保障离婚自由，实现保护弱者利益的社会正义与法律公平。

一、设立离婚救济制度的社会原因及其意义

（一）设立离婚救济制度的社会原因

《婚姻法》修正案设立与完善离婚救济制度有其深刻的社会原因。首先，改革开放使内地的经济发展有了实质性的飞跃，夫妻财产在数量与质量上均较之过去有很大的提高，且个人拥有财产的不均等已是普遍现象，这就为离婚救济制度的确立提供了经济基础上的支持。另外，由于经济形势的飞速发展，人们的生活形态和思想观念也发生急剧的变化，一些人对婚姻不再追求永久，一方面造成婚姻在事实上容易分化和

解体，另一方面这种态度又反过来影响或强化了婚姻的不稳定性。在这个特定的历史时期，婚姻所遭受到的冲击最突出地反映在离婚率的变动上。根据《中国法律年鉴》和有关方面的统计，自 20 世纪 80 年代以来，我国离婚率（指一定时期内离婚对数与结婚对数之比）不断上升。1980 年我国结婚 716.7 万对，离婚为 34.1 万对，离婚率 0.7%。至 1995 年，结婚为 929.7 万对，离婚则达到 105.5 万对，离婚率为 1.8%。15 年间，离婚率上升了近 3 倍[1]。而从 1990 年起，人民法院在《中国法律年鉴》中关于民事案件的综述中，就一直强调离婚案件中"婚姻家庭观念和家庭财产关系发生了较大的变化"。这就要求法律对离婚问题给予更多的关注，尤其是离婚当事人的利益分配。正是基于这种现实的要求，《婚姻法》修正案增设了离婚损害赔偿制度，并进一步完善了离婚时的经济帮助制度。

同时，立法还着眼于宏观意义上的婚姻家庭内部结构。大陆经济体制由计划经济向市场经济转化，使得婚姻家庭领域出现很多新情况，婚姻内部夫妻双方的地位和角色也相应发生了变化，1993 年至 1994 年中国社会科学院重点科研项目"七城市婚姻家庭研究"调查报告有两项调查结果可资参考：一是关于经济体制改革后夫妻收入状况的调查，该调查通过比较 1983 年与 1992 年的丈夫月收入与妻子月收入，发现在经济体制改革之前，各城市的妻子月收入的均值尽管比起她们的丈夫来都要小，但相差不大，一般只相差 20~40 元（人民币，下同），广州略高，也只相差 64 元左右；而 1992 年，各城市丈夫的平均月收入与其妻子的同期平均月收入拉开了距离[2]。最多的仍然是广州，相差约 200 元；其次是上海相差约 125 元。丈夫平均月收入多于妻子平均月收入数额最小的是哈尔滨与南京，均为约 63 元。由此得出结论，"经济体制改革所带来的家庭主要成员之收入格局的变化一般是以男性主要成员（丈夫）的收入的显著增加为其外显特征"。二是关于家务劳动承担及其与

---

〔1〕 参见历年《中国法律年鉴》统计资料部分《全国居民婚姻登记情况统计表》。

〔2〕 具体到每对夫妻来说，这种差距的情况——究竟是丈夫的收入高于妻子还是妻子的收入高于丈夫及其差距的大小都不会完全一样。

夫妻收入差的关系的调查。首先，在家务劳动的承担方面，该调查将家务劳动的承担模式分为：丈夫家务做得多、妻子家务做得多、夫妻家务做得大致相等三类，根据有关统计资料，一南一北两大城市——广州和哈尔滨，丈夫家务做得多的比例最低，广州为 4.61%、哈尔滨为5.19%，其次是北京、南京、成都、兰州与上海（12.29%）。妻子家务做得多的比例最低的城市是成都（58.35%），其次是北京、南京、上海、兰州、广州与哈尔滨（76.77%）。夫妻家务做得差不多的，比例最低的城市是哈尔滨（18.05%），其次是上海、兰州、南京、广州、北京与成都（31.77%）。这表明，不管城市的地理位置及开放程度如何，妻子承担大部分家务劳动仍是一个普遍的家务分工模式（尽管城市之间可能会有一个程度上的差别）。其次，该调查考察了夫妻月收入差与家务劳动承担情况的关系。从具有代表性的北京的资料来看，北京夫妻的收入差对家庭中家务劳动的分工是存在影响的，但对妇女来说，由于高收入的人数不多，而且，即使有了高收入，在家中她们仍然要担当一个主妇的角色，所以妇女的高收入对家务分工的影响显然很小，完全不足以改变以往的家务劳动分工的格局。因此妇女仍是家庭中的家务劳动的主力。而且，一旦妻子收入不占优势时，妻子家务做得多的比例就开始大幅上升。

这些资料告诉我们一些重要的信息，一是现代工业社会中，虽然女性的经济收入在不断提高，以至从女性阵营中发出要求彻底摆脱男性经济资助的呼声，但从实际情况来看，女性在经济地位上依然难以与男性相抗衡，这也许涉及整个人类社会对两性劳动的价值还未达到普遍的科学认识，短期内无法改变；二是在婚姻家庭中，要正确对待女性承担较多家务劳动的事实，虽然不能无视两性的自然差别而在家务劳动量上追求男女的绝对平等，至少要防止这种自然分工在劳动价值的计量上造成婚姻中两性之间的不公平。于是，引发出离婚时对从事家务劳动较多者予以适当补偿的问题。

上述两个方面的考虑，大大丰富了内地的离婚救济制度理念。根据修正后的《婚姻法》，离婚救济制度有三个方面的内容：家务劳动补偿、离婚损害赔偿和离婚后经济帮助。

（二）设立离婚救济制度的意义

长期以来，在内地的法律理论与实践中，主导处理离婚问题的指导思想都是在保障离婚自由的同时反对轻率离婚。但在具体措施上非常不足。对于这一缺憾，此次《婚姻法》修正案所确立的离婚救济制度应该说是一项有力的立法举措。

第一，离婚救济制度使得《婚姻法》在保障离婚自由的同时能够实现保护弱者利益的社会正义。"婚姻自由"是我国婚姻法的基本原则之一，其内容包括结婚自由和离婚自由。为了保障离婚自由，我国婚姻法采取的是无过错离婚主义，同时并不限制过错方的离婚请求，以夫妻"感情破裂"作为判定婚姻死亡的根本标准。但是对于在婚姻中由于另一方的过错而受到重大伤害或因离婚而遭受损失或离婚后将面临巨大生活压力的弱势一方应给予相应的救济，以平衡其利益、慰抚其精神，尽可能减少离婚事件给当事人的生活以及社会安定所带来的负面影响。婚姻法修正案正是通过新增设的离婚损害赔偿制度、离婚补偿制度和修正后的经济帮助条款共同构成的离婚救济制度达到上述目标的。离婚救济制度通过损害赔偿强制过错方补偿无过错方的损害，抚慰受害者的精神，达到明辨是非、分清责任的目的，实现法律正义，通过家务劳动补偿和经济帮助在一定程度上消除离婚时的弱势一方在经济上的后顾之忧，保障离婚自由的真正实现。

第二，从某种意义上来说，离婚救济制度的实施将会使离婚成本有所提高，法律以此警示世人应慎重对待婚姻。这在当前离婚率居高不下、婚姻问题层出不穷的社会形势下具有非常重要的现实意义。

二、大陆离婚救济制度的演进

1950年4月13日中央人民政府委员会第七次会议通过、1950年5月1日中央人民政府公布的《中华人民共和国婚姻法》是中华人民共和国最早出台的法律之一。该法第17条第1款规定："男女双方自愿离婚的，准予离婚。男女一方坚决要求离婚的，经区人民政府和司法机关调解无效时，亦准予离婚。"由此确立公民享有离婚权。关于离婚救济制度，仅在第七章"离婚后的财产和生活"中的第 25 条规定了经济帮助："离婚后，一方如未再行结婚而生活困难，他方应帮助维持其生活；帮助的办法及期限，由双方协议；协议不成时，由人民法院判决。"根据中央人民政府法制委员会 1950 年 4 月 14 日向中央人民政府委员会第七次会议所作的《关于中华人民共和国婚姻法起草经过和起草理由的报告》，当时确立经济帮助制度，其根据在于"社会现实情况和人民法院判例"，同时，起草婚姻法时还曾特意将"苏俄婚姻、家庭和监护法典"翻译过来，而且研究了苏联出版的一部分有关苏联婚姻家庭问题的书籍、小册子和有关东南欧新民主主义国家的婚姻家庭法问题的论文，以及朝鲜民主主义人民共和国的男女平等法令及实施细则等[1]。但与当时的《苏俄婚姻、家庭和监护法典》相比较而言，1950 年的婚姻法虽然规定了离婚后有经济能力的一方须向生活困难的另一方提供经济帮助，但过于空泛，没有具体的规定。

1980 年 9 月 10 日第五届全国人民代表大会第三次会议通过、1980 年 9 月 10 日全国人民代表大会常务委员会令第 9 号公布的《中华人民共和国婚姻法》保留了离婚后经济帮助的条款，只是在语句上有所修正，第 33 条规定："离婚时，如一方生活困难，另一方应给予适当的经济帮助。具体办法由双方协议；协议不成时，由人民法院判决。"1984 年 8 月 30 日最高人民法院颁布的《关于贯彻执行民事政策法律若干问题的意见》第 14 条对经济帮助作出了明确具体的规定：离婚时，一方生活确有困难的，另一方应给予适当的经济帮助。一方年轻有劳动能力，生活暂时有困难的，另一方可给予短期的或一次性的经济帮助；结婚多年，一方年老病残、失去劳动能力而又无生活来源的，另一方应在居住和生活方面，给予适当的安排；在执行经济帮助期间受资助的一方另行结婚的，对方可终止给付，原定经济帮助执行完毕后，一方又要求对方继续给予经济帮助的，一般不予支持。1993 年 11 月 3 日最高人民法院颁布的《关于人民法院审理离婚案件处理财产分割问题的若干具体

---

〔1〕 参见中央人民政府法制委员会："关于中华人民共和国婚姻法起草经过和起草理由的报告"，刘美革主编：《婚姻法学参考资料》，中国人民大学出版社 1989 年版，第 45~46 页。

意见》中，第 14 条对如何在离婚后的住房问题上给予经济帮助作出明确规定："婚姻存续期间居住的房屋属于一方所有，另一方以离婚后无房居住为由，要求暂住的，经查实可据情予以支持，但一般不超过 2 年。无房一方租房居住经济上确有困难的，享有房屋权的一方可给予一次性经济帮助。"1996 年 2 月 5 日最高人民法院颁布的《关于审理离婚案件中公房使用、承租若干问题的解答》对一方对另一方婚前承租的公房无权承租的情况作了类似的规定。

根据 2001 年 4 月 28 日第九届全国人民代表大会常务委员会第二十一次会议通过的《关于修改〈中华人民共和国婚姻法〉的决定》，修正后的《婚姻法》在社会现实的推动下大大补充和丰富了离婚救济制度，增加了家务劳动补偿和离婚损害赔偿两大内容，与原有的经济帮助共同构成完整的制度体系。其一，离婚补偿。《婚姻法》修正案第 40 条规定："夫妻书面约定婚姻关系存续期间所得的财产归各自所有，一方因抚育子女、照料老人、协助另一方工作等付出较多义务的，离婚时有权向另一方请求补偿，另一方应当予以补偿。"其二，经济帮助。《婚姻法》修正案第 42 条规定："离婚时，如一方生活困难，另一方应从其住房等个人财产中给予适当帮助。具体办法由双方协议；协定不成时，由人民法院判决。"其三，离婚损害赔偿。《婚姻法》修正案第 46 条规定："有下列情形之一，导致离婚的，无过错方有权请求损害赔偿：①重婚的；②有配偶者与他人同居的；③实施家庭暴力的；④虐待、遗弃家庭成员的。"

三、离婚救济制度体现的法律理念

古罗马前期的有夫权婚姻中，妻子被完全置于丈夫的管理之下，妻子结婚时所带来的财产，以及此后她通过劳动或赠与获得的财产都为丈夫所有，这种地位不平等的夫妻关系自然不会提供所谓的离婚救济。当无夫权婚姻开始盛行的时候，婚姻关系变得松弛，妻子完全独立于丈夫，双方在婚姻中享有完全的行动自由和对各自财产的所有权，这时的婚姻制度亦不包含损害赔偿的内容，被看作是婚姻契约比普通商业契约更少约束力的表现。

教会法时期，婚姻被视为一种永久性的结合，即使夫妻"从饭桌和床"分离（类似于现代法律上的分居），也不得解除婚姻关系。而且，婚姻缔结后，妻子的人格完全融入丈夫人格中，她不再有自己的财产，不能完成任何法律上的行为，自然无从向丈夫提起诉讼。

进入近代社会，资产阶级革命在全世界宣扬人格平等、人格独立的理念，进而以这种理念来规范婚姻关系，于是在许多国家的民法典中都出现了离婚救济的内容：《德国民法典》第四编"亲属法"第七节"离婚"第二目详尽规定了离婚配偶在法律规定的情形下享有扶养请求权；《意大利民法典》第六章"婚姻"第156条规定了"在宣告分居时，如果配偶一方没有适当的个人收入，则法官可以为非分居责任人的利益，规定没有适当的个人收入的配偶有权从另一方配偶处获取维持生活的必要费用"；《瑞士民法典》第四章"离婚"有"离婚时的支付"，分别情形规定了离婚时一方可向另一方请求支付"损害赔偿""抚慰金"和"扶养金"。

中华人民共和国成立以来，《婚姻法》历经半个世纪的发展，才确立了较为完善的离婚救济制度。这首先是因为内地的经济改革和经济发展给人们带来许许多多不同于传统文化和近代文化的观念，如人格独立与平等的意识和"权利与救济"的法制理念。修正后的《婚姻法》确立离婚损害赔偿制度，鲜明地反映了这种法律意识。中国人传统的婚姻家庭文化惯于把婚姻、家庭视为一体，把夫和妻视为一体，并且不屑于用金钱去计量情感上的损害与补偿（虽然技术上也存在一定的困难，但这种"不屑为之"的主观意识确实是导致精神损害赔偿制度在内地确立的过程中产生诸多争议的重要因素）。而离婚救济制度从某种意义上来讲，恰恰是在亲密的夫妻关系中进行利益的衡量，既有物质利益方面的，也有精神利益方面的。这当然只能是在夫妻双方人格独立的基础之上才能够想象和操作的。

此外，确立离婚救济制度也体现出大陆法制已经开始认同和贯彻"有损害就应当有救济"的理念。在婚姻中，如果一方有重大过错行为，另一方势必会遭受身体上的伤害或者精神上出现"愤怒、恐惧、焦虑、沮丧、悲哀、羞辱等情感障碍或反应"。在旧有的观念中这些都被视为人们在追逐爱情和婚姻幸福的过程中所付出的必要代价，从而忽视了对其进行救济。但是离婚损害赔偿制度的确立将纠正法律一贯对婚姻关系中产生的损害所持的不正当的漠视态度，允许无过错方提出损害赔偿的请求，以法律之力要求过错方向无过错方支付一定的损害赔偿金，以填补"被侮辱与被损害者"的物质利益损失并抚慰其遭受情感伤害的精神。

除了彰显夫妻人格独立、体现法律致力于损害与救济之间的衡平之外，离婚救济制度也深刻地体现出在经济意识深度渗透的氛围中现代法律制度的精细化特征。金钱不能完全弥补感情上的缺憾，却能够现实地帮助精神遭受损害的一方在经济上享受的较多一些，这或许有助于恢复其心理上的平衡、更好地重新投入生活。这种逻辑似乎也只是在当今经济意识深入人心的现代社会才能得到较多的认同。而法律的设计者如此细致入微地体察人心，不可谓不精细了。

如果说对离婚救济制度的如上描述会使传统伦理道德观的捍卫者痛感现代婚姻失去单纯温馨的面纱，那么离婚救济制度中的"经济帮助"的内容或许更难得到现代行为准则的激进实践者的认同。为什么在双方费尽周章终于摆脱痛苦婚姻（同时也是从对另一方负有的种种义务中摆脱出来）时还要让他们承担互相保障对方生活的责任？在现实生活中，大多数人在离婚时双方很难做到"友好分手"，在恶劣的心态下，还要对一个似乎已经毫无关系的人负责，是不是法律在强人所难？实际上在众多国家的法律体系中，存在最多的离婚救济形式正是离婚后一方对生活困难的另一方提供经济资助。毕竟，曾经共同生活过几年甚至几十年的两个人很难说是完全没有关系的人，无论从法律还是从社会道义上，有能力的一方都应对有困难的一方伸出援手。这不仅是由于社会经济水平和保障体系仍然不够发达所致，而且也与本文中所谈到的经济收入上的性别倾斜有关。

四、关于进一步完善大陆离婚救济制度的思考

虽然《婚姻法》修正后已有了较为完整的离婚救济制度体系，但这一制度一如整体上的《婚姻法》本身那样简洁而概括，这就产生两方面的不足：一是法律制度本身不周全，二是置司法机关于"不得不进行大量解释"的尴尬境地。这与内地立法界所持的婚姻立法分两步走的设想是有关系的。

第一，就《婚姻法》中早就存在的"经济帮助"来说，如果此次修正旨在建设一个体系完备、内容全面、逻辑严密的婚姻家庭法，是完全有条件将司法实践中总结出来的有关具体规则上升至法律，构成有机的、完整的、详尽的经济帮助制度的。但事实上没有，这就使得法律在这个问题上的规定欠缺了一些基本的内容，如经济帮助的条件和方式[1]。另外，经济帮助的内容应以居住和生活方面为主，尤其侧重于较为欠缺且对生活有重大影响的经济资源，在大城市可能是住房，在中小城市可能是金钱。

第二，有关家务劳动补偿制度的范围过窄。当婚姻解体时，为家庭付出较多劳动以至在自身的工作或事业中有所牺牲的一方有权得到补偿，以弥补其因离婚而使已经付出的劳动无法得到回报所遭受的损失。问题在于法律规定离婚经济补偿应以"夫妻书面约定婚姻关系存续期间所得的财产归各自所有"为前提，那么我们就要怀疑，到底有多少人在离婚时能够现实地获得家务劳动的补偿？就内地目前的情况来讲，夫妻约定实行分别财产制的数量很少，这从媒体把个别的事例作为新的现象加以报道、探究就可以看出来。这不仅是因为内地的经济还没有发展到个人普遍拥有大量财产的程度，而且也与内地多数人在观念上仍将夫妻视为一体有关。所以现实地讲，将离婚时家务劳动补偿请求权仅限于夫妻约定实行分别财产制的离婚情形，所产生的一个实际后果就是极大地限制了这一救济制度的适用。这应当是与立法者的初衷相违背的。从另一个角度来考察，如果不作如此限定，是不是就无从实行这一制度了

---

〔1〕 在司法实践中掌握的经济帮助的条件是：①一方必须是有生活困难的，所谓生活困难包括无劳动能力，无生活来源或不足以维持生活的；②经济帮助仅限于离婚时，对离婚时不困难，离婚以后发生困难的，不予帮助；③经济帮助方须有负担能力，无负担能力的，可以不帮助。

呢？在夫妻共同财产制下，先按法律规定分割共同财产，然后从承担家庭劳动较少的一方所分得的财产中拿出一些作为对承担家务劳动较多的另一方的补偿，应该是可行的。

关于离婚时的损害赔偿，也有需要完善之处。其一，修正后的《婚姻法》第 46 条规定有权请求损害赔偿的"无过错方"在司法实践中是容易产生歧义的。据笔者看来，这里的无过错应指没有该条所规定的四项情形中的任何一项。其二，该条所列举的四种过错似乎不足以涵盖所有对婚姻当事人造成严重伤害的行为，比如说长期通奸行为。通奸行为情节严重的，对另一方配偶所造成的精神损害可能不亚于"有配偶者与他人同居"。其三，应明确离婚损害赔偿请求权是一项实体权利，不仅适用于诉讼离婚，也应适用于登记离婚。在登记离婚中，无过错方提出损害赔偿请求的，男女双方应该就离婚损害赔偿问题与财产分割、子女抚养一并达成协议，不能达成协议、无过错方又坚持自己权利的，应当通过诉讼离婚机制解决。其四，关于离婚损害赔偿的范围，《婚姻法》修正案未作明确规定，从法理上来说，这里所要弥补的损害既包括人身损害、财产损害，还应包括精神损害。对于精神损害的赔偿可参照 2001 年 3 月 8 日最高人民法院颁布的《关于确定民事侵权精神损害赔偿责任若干问题的解释》执行。

时代在发展，观念在更新，顺应时代潮流并能够引导时代潮流的，就是先进的法律制度。尽管此次内地《婚姻法》的修正仅仅是初步的、阶段性成果，离婚救济制度在细节上仍有可完善之处，但我们毕竟已经建立起一套较为完整的制度体系，因此，我们有理由相信新颁布的《婚姻法》修正案必将引领内地婚姻家庭关系走向更为文明进步的明天！

2.12 离婚救济制度之实证研究*

夏吟兰

离婚救济制度是法律为离婚过程中权利受到损害的一方提供的权利救济方式，也是为离婚时处于弱势的一方提供的法律救助手段，包括离婚经济补偿、离婚损害赔偿与离婚时的经济帮助。离婚救济作为一个新的理念和一项较为完整的制度体系是 2001 年《婚姻法》修订时的重点与亮点，为了解离婚救济制度实施的情况，我们将对离婚救济制度的实证研究作为中国法学会课题——《婚姻法执行中的问题》[1] 的重点调研内容，对有代表性的北京（政治、文化中心）、厦门（最早对外开放的经济特区之一，经济发达）、哈尔滨（北方重要工业城市，受经济体制改革的影响较大，经济发展相对滞后）三个城市的有关情况作了调查，时间跨度是《婚姻法》修正案颁布的 2001 年 4 月至 2002 年 12 月。[2]

一、离婚案件基本情况

离婚案件的基本情况主要包括离婚当事人的年龄、婚姻关系存续时

---

* 本文发表于《政法论坛》2003 年第 6 期，第 149~155 页。

〔1〕《婚姻法执行中的问题》由中国政法大学教授、中国法学会婚姻家庭法学研究会会长巫昌祯担任项目主持人，中国政法大学教授、中国法学会婚姻家庭法学研究会副会长夏吟兰担任项目执行主任。北京分项目主持人由中国政法大学教授、中国婚姻家庭法学研究会理事田岚担任，厦门分项目主持人由厦门大学教授、中国婚姻家庭法学研究会常务理事蒋月担任，哈尔滨分项目主持人由黑龙江大学教授、中国婚姻家庭法学研究会常务理事王歌雅担任，本文是在上述三个分项目报告的基础上撰写的。

〔2〕 由于各地情况不同，具体的调查时间跨度略有不同。

间、离婚原因、夫妻财产状况以及适用离婚救济制度的状况。

离婚当事人的年龄集中在 26 岁到 55 岁之间。从调查数据可看出，当事人离婚的年龄主要是 26 岁到 55 岁之间，如在哈尔滨占被调查案件离婚总数的 79%。[1] 其中，男女的离婚年龄与男女结婚年龄的婚龄差呈正相关，男性离婚年龄集中在 30 ~ 50 岁之间，女性集中在 26 ~ 45 岁之间。值得注意的是，这一年龄段正是大多数夫妻在养老育幼的同时，须努力工作，打拼天下，工作、生活负担均较为沉重的阶段。

离婚当事人的婚姻关系存续时间以 1 ~ 15 年为多，如在厦门占离婚案件的 78%；而婚姻关系存续 25 年以上的，离婚率较低；婚姻存续 26 ~ 30 年的，离婚率仅占 1%。换言之，在婚姻的激情期、磨合期、平淡期内，离婚率均较高，而当婚姻持续 25 年以上，激情已为亲情所替代之后，婚姻开始处于相对稳定状态，离婚率大幅下降。在行使离婚经济帮助请求权的案件中，双方的婚姻存续时间大多集中在 7 ~ 20 年，北京的调查显示这一阶段占要求经济帮助案件的 69%。这说明，结婚生育以后，特别是人到中年，子女尚未成年的这一阶段是夫妻的多事之秋，在身体状况及经济状况上均易出现问题。双方共同生活多年之后，大多有一方因为对家庭贡献较多从而牺牲了自己的学习、提高，甚至就业或更好就业的机会。由于年龄、身体、精力、受教育水平等各方面的原因，一旦离婚，奉献较多的一方就有可能陷入没有收入来源或生活水平急剧下降的情况。这样一个基本事实应当引起立法及司法工作者的重视。

离婚原因呈多元化趋势。解读感情确已破裂，除《婚姻法》列举的四大理由外，还出现了一些与信息时代和现代社会相关的离婚理由，如上网聊天不理家事，或双方均另有所爱等。但引人关注的是，主要的离婚理由与 20 年前的调查结果有惊人的相似之处，即性格不合仍是首要原因[2]，在北京的调查中占 60.5%。其他的原因则与法定理由相同

---

〔1〕 本报告所称各类数字的百分比，除特别标注外，均为被调查案件的百分比，下文不再特别说明。

〔2〕 曾毅主编：《中国 80 年代离婚研究》，北京大学出版社 1995 年版，第 95 页。

或相似，如感情不和长期分居；家庭暴力；一方与他人通奸或同居；双方因经济问题、生活琐事、生活困难等发生矛盾；虐待、遗弃对方；不抚养子女；等等。这说明，尽管社会的经济文化状况均发生了重大变化，但人们对和谐幸福生活的追求不曾改变。

适用婚后所得共同制者占大多数。在离婚的夫妻中，绝大多数对其财产未作任何约定，适用法定的婚后所得共同财产制，如北京占被调查案件总数的97.4%。但也有少数对财产进行了约定，厦门适用分别财产制的有2%，适用限定共同制的有3%。这一方面说明法定共同财产制符合我国国情，约定财产制尽管适用者较少，仍有其存在的价值导向作用。但另一方面，调查的结果也提醒我们，当制定与财产制度相关的规定时，必须面对国情，以现实为基础，远离现实的法律规定是难以落到实处的。

夫妻拥有房屋产权者已超过半数。随着经济的发展，生活水平的提高，特别是由福利分房向福利购房和按揭购房过渡，公民拥有个人住房所有权的比例有所提高，但贫富差距拉大，解决居住需要的情况也较以往复杂。厦门的调查显示出这一趋势：在离婚当事人中，2001年，拥有1套公寓房的占49%；有2套公寓房的占14%；拥有无产权的房屋的占20%；通过承租房屋满足居住需要的占8%；拥有祖传房产的占6%；另有3%的当事人拥有3处以上房产。到了2002年，有1套公寓房的占55%；拥有2套公寓房的占4%；拥有无产权房屋的占22%；通过承租房屋满足居住需要的占7%；拥有祖传房产的占4%；而拥有3处以上房产的当事人已达8%。哈尔滨的调查也印证了这一趋势：2002年，有将近50%的离婚当事人拥有房屋产权，其中，有1套公寓房的占34%；有2套公寓房的占15%；有3套以上的占8%；无独立房屋所有权的占38%。这一趋势一方面为解决离婚后双方的房屋居住问题提供了更多的途径，使双方分割房屋产权或为无房一方提供住房成为可能，但同时也给司法实践提出了如何更好地保护当事人合法权益，特别是更好地保护妇女儿童合法权益的课题。

离婚救济制度未能有效适用。调查显示，在离婚时提出损害赔偿的案件数量较少，获得赔偿的数量更少。在哈尔滨市随机抽取的 100 件二审离婚案件中，尽管有 24 件提出损害赔偿，但因举证等问题，无一例获得赔偿。厦门市某区的 398 件一审案件中只有 4 例提出损害赔偿，其中，仅有 1 例获得赔偿。从请求权行使的主体看，以女性为多，厦门 4 例均为女方。要求赔偿的理由除婚姻法规定的 4 种法定理由外，还有一方通奸等其他理由。法定的离婚损害赔偿理由偏少、当事人举证困难是在司法实践中适用离婚损害赔偿的比例低、获得赔偿的可能性也低的重要原因。其结果就使得这项为保护无过错方设立的意在填补损害、抚慰精神、惩戒过错方的制度，无法达到应有的效果。而实践中提出离婚经济补偿者数量更少，厦门的 398 件案例中只有 1 例，女方以抚养子女较多、对家庭作出贡献较大为由要求男方对其予以经济补偿，但因双方未实行分别财产制而未获法院批准。如前所述，在我国目前夫妻适用分别财产制的不到 5%，而法律却以此作为实行一项制度的前提条件，这种超前性的规定就使得这一制度目前难以达到其设定的目标。从调查的结果可以看出，经济帮助仍然是老百姓最经常适用的离婚救济方法。

二、离婚经济帮助在审判实践中的适用状况

经济帮助是我国传统的离婚救济方式，对于离婚时生活困难的一方，我国自 1950 年《婚姻法》后一直采取经济帮助的方式予以救济。2001 年修订的《婚姻法》沿袭了经济帮助的规定，但对帮助的财产来源作出了较为明确的规定，其中第 42 条规定：离婚时，如一方生活困难，另一方应从其住房等个人财产中给予帮助。对于何为生活困难，最高人民法院于 2001 年 12 月 25 日发布的《关于适用〈中华人民共和国婚姻法〉若干问题的解释（一）》（以下简称《2001 年解释》）中采用了绝对困难论，即必须是指离婚后依靠分得的共同财产和个人财产，无法维持当地基本生活水平[1]。

（一）离婚案件中请求生活困难经济帮助的比例

如前所述，离婚时寻求救济者以经济帮助为最，但比例仍然较低。

_____

〔1〕 黄松有主编：《婚姻法司法解释的理解与适用》，中国法制出版社 2002 年版，第 95～96 页。

在三个城市中，北京的比例最高，厦门最低。在北京市第二中级人民法院 2001 年 5 月至 2002 年 12 月所审结的所有涉及离婚的 1032 件上诉案件中，涉及离婚生活困难经济帮助的案件有 76 件，占 7.3%；哈尔滨市中级人民法院 2002 年度审结的 439 件离婚上诉案中，涉及经济帮助的为 24 件，占 5.46%；厦门市某区法院 2001 年至 2002 年审结的 240 件离婚案件中，涉及经济帮助的为 6 件，占 2.5%。

离婚时提出经济帮助要求的人数偏低，是否当事人生活不困难不需要帮助，从对当事人的职业和收入状况分析可以看出并非如此。

哈尔滨市随机抽取的 100 件离婚案件中，男方职业以工人为多，占 30%；第二位是农民，占 17%；第三位是无业和事业单位员工，均占 12%；第四位是公司职员，占 10%；第五位是个体户，占 6%。女性职业中居首位的是无业，占 23%；第二位是农民，占 21%；第三位是工人，占 19%；第四位是公司职员，占 11%；第五位是事业单位员工，占 8%；第六位是商业服务行业，占 7%；此外，在押犯人、审判员、退休干部、工人、打工等职业也有不同程度的体现，但所占比例仅为 1%~2%。

其中，男性收入在 1000 元以下者占 70%；1000~2000 元者占 13%；2000~3000 元者占 1%；3000~4000 元者占 1%；4000~5000 元者占 1%；无收入者占 3%；5000 元以上者为零；离婚诉讼时，未体现收入者占 11%。女性收入在 1000 元以下者占 75%；1000~2000 元者占 7%；2000~3000 元者占 1%；3000~4000 元者占 1%；4000~5000 元者占 2%；无收入者占 3%；5000 元以上者为 0；未体现收入者占 11%。

北京市对要求经济帮助的当事人双方职业的统计数据显示，男方职业中居首位的为工人，占被调查案件总数的 25%；第二位是干部，占 22.4%；第三位是无业，占 19.7%；第四位是农民，占 15.8%；第五位是企业职员，占 11.8%。女方职业居首位的是无业，占 31.6%；第二位是农民，占 25%；第三位为工人，占 22.4%；第四位是企业职工，占 13.2%。此外，工程师、教师、医生、个体户等职业所占比例很小。

上述数字说明：其一，丈夫的经济条件较妻子要好，职业相对稳定，工资收入较高。其二，无业比例相当大，尤其是女性，在哈尔滨、北京及厦门（女性为无业的占 32%）的调查中无业均居职业之首。显然，无业者无固定收入或根本没有收入，离婚后失去原有的生活保障，很有可能生活水平急剧下降，甚至陷入需要社会救济的境地。其三，经济帮助制度需要重构，以帮助当事人开始新的生活，减少社会负担。在这些有可能面临生活困难、离婚时亟待帮助的当事人中，只有很少一部分提出了生活困难，要求经济帮助，显然，除了法制观念不强、法律宣传不到位之外，这种现实与制度设计中存在的缺位及不周延密不可分。

（二）离婚时请求予以生活困难经济帮助方的情况

1. 请求经济帮助的主体。尽管《婚姻法》对有权请求经济帮助主体的规定没有性别之分，但实践中，请求经济帮助的主要是女方。调查显示，离婚时，女性要求经济帮助的占比，哈尔滨最高，占被调查案件总数的 91%；北京次之，占 90.8%；厦门最低，也占 71.43%。其原因主要有二：一是与离婚当事人的职业分布、收入状况相关，女性无业或从事低收入职业者大大多于男性，离婚后面临生活困境具有必然性。二是住房状况男性明显好于女性，离婚时，大多数房屋所有权归男方，或者双方租住男方单位之房，或者双方租住男方父母之房，即使是双方共同所有的房屋，也大多是从男方单位购买的福利房，致使女方很难分得房屋的所有权甚至是居住权，使女方在离婚时面临居住困难。

2. 请求经济帮助的原因和理由。从三地的调查可以看出，没有住房、没有收入或没有固定收入、身患疾病、子女上学是请求经济帮助的四大主要原因。以北京为例，请求经济帮助的首要原因是无房居住，占52.6%；其次为无业，占 25%，加上失业的 9.2%，因无工作而致生活困难的占 34.2%；再次是由于患病，占 22.4%，居第三位。调查显示，女性在中老年时期普遍体弱多病，在债务负担的调查项中，女方因治病而负债的，占 7.9%，而男方则无一例因病负债。第四位是因子女上学而请求帮助的，占 10.5%。住房、医疗、教育三大门类是当今普通中国家庭的主要消费，且所占比重较大，完整家庭尚可应付，若离婚时一方患病在身，或单方抚养子女供其上学，或无房居住的，生活的贫困程度可想而知，若不依照法律给予一定的救济，将使贫困一方的合法权益得不到保护，权利平等难以实现。

3. 请求提供经济帮助的方式。请求提供经济帮助的方式从大类上分，主要可分为金钱帮助和住房帮助两大类。请求金钱帮助的超过半数以上，北京为51.3%，哈尔滨为87.5%。从要求的数额看，各地有较大的差别，主要与当地的生活水平及当事人的观念有关。如哈尔滨以一次性帮助3000~5000元为多，占33.3%，高于8000元的占16.7%，而北京则大部分要求在1万元以上，其中多数为2.1~5万元，有6.6%的要求的数额超过10万元。从我国目前的经济水平以及当事人的职业状况看，数额要求普遍偏高。同时，还有当事人提出以每月提供生活费的方式予以帮助，以求得稳定的生活保障。请求住房帮助的又可分为要求住房所有权、居住权、暂住权等，在北京要求提供住房所有权的，占34.2%；要求提供住房暂住2年的占2.6%，要求提供住房无限期居住权的有8件，占10.5%，此外在补充填写项中还有"提供生活费及住房"等要求，也大多与住房有关。说明住房作为最基本的生活资料是实现公民生存权的重要内容，因而它既是造成生活困难的主要原因，也是解决生活困难的重要方面。这一结果说明，《婚姻法》修订后将住房作为经济帮助的重要内容是符合我国国情、有利于保护当事人合法利益的。

（三）法院审理结果分析

1. 当事人请求经济帮助的比例较低，法院准予经济帮助的比例较高。请求经济帮助比例最低的是厦门，仅2.5%，最高的是北京，也只有7.3%；而在当事人职业中，厦门有32%，北京有31.6%的妇女处于无业状态。综合所阅案卷的情况看，生活困难的比例远远高于请求帮助者，究其原因：一是当事人不具备帮助能力。通过访谈交流，当事人表示，如果双方收入都低，甚至无业，请求生活困难的经济帮助不可能获得支持，离婚时也就没有提出的必要。二是法定的生活困难帮助的条件偏高。城市实行最低保障制度后，无收入公民的基本生活可依靠这一制度获得最基本的保障。如果当事人已获得社会最低生活保障通常会被视为已不具备"不足以维持生活"的条件，当事人认为没有可能性故放弃权利。

由于当事人经过反复权衡后作出的经济帮助的请求符合法定条件者多，法院对离婚时提出的经济帮助请求大多予以准许。在厦门14件请求经济帮助的案件中，只有一件未准予，北京的76件案件中，有13件未被准予，也只占17.1%。

这一方面说明，法院能够严格执法，对于符合经济帮助条件者能够依法保护当事人的合法权益，另一方面也说明由于法律规定的门槛过高，使许多本应有权要求经济帮助的当事人得不到帮助。

2. 法院判决准予离婚经济帮助的原因和结果。调查显示，判决准予离婚经济帮助的原因和请求离婚经济帮助的理由大致相同，分布状况也几近一致。在北京，"无房居住"仍然居于首位，占58.7%；其次是一方无工作，占23.5%；居第三位的仍然是患病，占19.0%。哈尔滨无房居住的占42.5%，患病和收入低各占12.5%。当事人的请求与法律的规定和法院在执行中所认同的经济困难的标准是基本一致的，这说明《婚姻法》和最高人民法院司法解释中确定的经济困难的原因是符合实际情况的，解决离婚当事人的住房问题及生存困难是经济帮助的焦点。

尽管无房居住是首要困难，但直接以房屋予以经济帮助者甚少，法院实际判决的经济帮助方式中大多为金钱帮助，有的只是杯水车薪，点到为止。如北京准予帮助的63件案件中，以住房所有权的形式提供帮助的只有1例，占1.6%；以提供住房居住2年的有3例，占4.8%；提供住房无限期居住的有4例，占6.4%。此外，还有一例判决提供住房至其有房或者再婚时止。离婚时提供住房予以经济帮助的共计有9例，占14.2%。其余均为金钱帮助，且在数额上与请求帮助的数额相比也普遍偏低，大多集中在2万元以下。其中，3000元以下的占15.8%；3000~10 000元的占32%；10 000~20 000元占19%；2万元以上的占19.1%。这说明，在实践中，并未解决无房居住者的住房困难，金钱帮助的数额也偏低，难以真正解决当事人的困难。经济帮助的方式和数额除取决于当事人的经济状况外，也取决于审判者的社会性别意识和公正尺度。对此，尚未引起立法者和司法者的关注。在审判实践中如何在衡平当事人双方利益的前提下，更好地保护弱者的利益，是一个需要深入研究的课题。

三、思考与探讨

通过对本项目调查的数据及其分析可以看出，离婚救济制度目前在司法实践中未能得到有效适用。特别是离婚经济补偿制度和离婚损害赔偿制度，适用者寥寥无几，这需要从制度的层面进行反思与探讨，并对其进行体系化的梳理。

1. 离婚经济补偿。设立离婚经济补偿是要使那些在分别财产制度下对家庭生活和他方事业发展付出义务较多、贡献较大的夫妻一方得到一定的补偿。其目的，一是承认家务劳动或协助工作的价值，二是弥补分别财产制度存在的实际上的不平等。在夫妻分别财产制度下，离婚时双方无共同财产，如不作出一定的补偿，作出贡献的一方的价值就无从体现。因此，适用分别财产制的夫妻一方应在离婚时对作出贡献或贡献较大的另一方予以补偿，以平衡夫妻双方的利益关系，体现法律的公平正义。

目前的离婚补偿制度由于以双方在婚姻关系存续期间适用分别财产制度为前提条件，使其适用范围大大受限。依笔者之见，离婚经济补偿制度的规定具有一定的超前性，正如允许夫妻约定财产制度一样，对当事人而言是一种授权性的规定，随着我国公民权利意识的发展、我国经济水平的提高和观念的变化，相信当事人选择适用分别财产制度的比例会有所提高。

问题的关键在于，在不实行分别财产制度的情况下，如何承认家务劳动或协助对方工作或对对方事业、学业提高作出贡献的价值。有学者提出，共同财产制本身就承认了家务劳动与社会劳动具有同等价值，否则，只从事家务劳动的一方无权分割共同财产。但实际情况并非如此简单明了，在夫妻双方均外出工作的情况下，对从事家务劳动较多的一方如何予以补偿，法律并没有作出规定。目前我国双薪家庭仍然是主流，但妇女外出工作并没有完全改变传统的夫妻分工模式[1]，在许多家庭中，妻子既要主外，也要主内，而离婚时，对妻子从事的家务劳动并不承认其价值。同时，男女双方结婚或者组成家庭，需要双方不断地投入感情、时间、精力、经济等各方面来经营。但在实际生活中，夫妻双方对婚姻家庭的贡献和从中获得的利益往往是不平衡的。承担家务较多的一方，或作出牺牲的一方，往往其职业发展和其他方面受到了较大的牵制，社会地位与谋生能力相对较弱。而另一方，则基于对方的奉献和牺牲从中获得巨大利益，如学业的进步、事业的发展，以及经济地位的提高等。若婚姻关系继续，付出较多的一方必然能够从未来的共同生活当中得到因自己的奉献和牺牲所带来的回报；一旦离婚，付出较多义务的一方因将其心血或精力大多数倾注于经营家庭，没有谋生能力或谋生能力较低，原有的生活水平必然会急剧下降，或无法达到预期的生活水平。如果在共同财产制下，对一方所作的贡献或付出，法律不予认可的话，法律的公平性必然受到质疑。因此，笔者认为，对一方的家务劳动价值的承认不应仅限于适用分别财产制度，在保留离婚经济补偿制度的同时，应将肯认家务劳动价值的理念适用于分割夫妻共同财产中。即在分割夫妻共同财产时，也要将一方从事家务劳动和协助另一方工作以及对另一方事业发展所做的贡献作为分割夫妻共同财产时考量的因素。只有肯定夫妻一方从事家务劳动的价值和对另一方事业发展所作的贡献，对尽义务较多、贡献较大者适当多分财产，在目前我国的夫妻财产状态下才有可能通过对一方的救济和补偿实现法律的公平和正义。

2. 离婚损害赔偿。离婚损害赔偿制度是基于公平正义理念与维护离婚当事人合法权益的需要而新增设的制度，如何才能使这一制度真正起到填补损害、慰抚精神、制裁过错方的作用，也是此次调查中所到之处提出的问题。

笔者认为，第一，应适当扩大离婚损害赔偿的过错范围。离婚损害赔偿的前提是一方有导致离婚的过错。根据民事责任理论，过错是不法

---

〔1〕 夏吟兰："中国内地离婚救济制度之发展"，载《青年研究学报》2002年第1期，第83~91页。

加害行为的主观要素。它在本质上是指社会对个人行为的非道德性、反社会性的价值评断。过错标志着行为人在实施行为时对社会利益和他人利益的轻慢,以及对义务和公共行为准则的漠视。换言之,它是指行为人应当预见其行为会产生危害后果但仍然实施该行为的心理状态。目前,我国《婚姻法》所规定的离婚损害赔偿行为的过错是法定过错,这些过错实际上是婚姻一方故意或过失违反婚姻义务的结果。这些过错包括重婚、有配偶者与他人同居、实施家庭暴力或虐待、遗弃家庭成员四种。这些过错行为都是对他方权利的严重侵害,应当承担民事责任,对受害方给予损害赔偿。但事实上,婚姻关系中的过错行为甚至是严重的过错行为远不止这些。这也是其他国家和地区对婚姻过错的具体情形不作明确规定的重要理由。因此,我国在立法技术上应考虑采取列举性规定与概括性规定相结合的方式,在列举性规定之后增加一个概括性规定:其他导致离婚的重大过错。具体何种行为构成重大过错可由法官根据过错情节与伤害后果确定。

第二,对离婚损害赔偿数额的确定应规定法定情形,以确保实现损害赔偿制度所要达到的对权利的补救和对过错行为制裁的功能。法定情节主要应当考虑一方的过错程度以及具体情节、过错给他方所造成的损失的程度和后果,包括财产损失的具体情况和精神痛苦的程度,兼而考虑当事人的年龄、健康状况、生活水平、就业能力。

第三,对涉及隐私权的过错认定应实行过错推定原则。过错推定是将民事责任的主观要件的举证责任的负担以否定的形式分配给加害人一方,从而避免了受害人因不能证明对方的过错而无法获得赔偿的情形。按照过错推定规则,如果原告不能证明自己没有过错,法律上就推定他有过错并确认他应负民事责任[1]。婚姻关系及与此相关的关系往往具有隐秘性,如姘居就是不以夫妻名义的同居生活,因此,无过错一方举证相当困难,甚至还要冒着侵犯隐私权的风险,即使获取了证据,因证据渠道的问题,也难以为法院认定。这必然造成离婚损害赔偿难以真正

---

〔1〕 王卫国:《过错责任原则:第三次勃兴》,中国法制出版社 2000 年版,第 266~269 页。

实现其本应有的作用和价值，甚至引起负面影响。若能采用过错推定原则，对受害方的救济与保护才能实质性地得到实现。

3. 离婚经济帮助制度。离婚经济帮助是此次调查的重点，调查发现，尽管这一制度已实行多年，但依然存在许多问题。一是适用的条件过于苛刻，受助者范围小，忽视了婚姻中贡献较多一方的利益；二是住房帮助的规定难以落实，帮助的方式仍以金钱为主；三是金钱帮助数额偏低，仅具有安慰性质；四是经济帮助与财产分割混淆，实际上没有到位。因此，笔者认为应当对经济帮助制度进行重构。

第一，对生活困难应重新定义。《婚姻法》第 42 条规定：离婚时，如一方生活困难，另一方应从其住房等个人财产中给予帮助。对于何为"生活困难"，《2001 年解释》中采用了绝对困难论，即必须是指离婚后依靠分得的共同财产和个人财产无法维持当地基本生活水平。这一生活困难的标准是以当事人能够生存为条件的，没有考虑双方在婚姻关系存续状态时的生活水平、因婚姻所获得的有形或无形利益、一方对另一方或家庭生活所做的贡献或牺牲，以及一方在离婚后为谋求职业或提高就业能力所需的培训与教育成本以及其他具体情况，显然，这一定义只适合于 1980 年《婚姻法》所处的计划经济和全民均处于相对生活水平较低的状况，毕竟在那个时代能够维持温饱已属不易。但在人民生活水平普遍提高，市场经济已经相对发达，社会竞争日趋激烈的 21 世纪，这一标准已无法真正保障需要帮助的人，实现法律的实质公平。因此，应采相对困难论界定经济困难，即离婚后依靠分得的共同财产和个人财产，无法维持当地基本生活水平的属于生活困难，离婚后一方即使能够维持自己的生活，但生活水平比婚姻关系存续期间大大下降或明显降低的，也可视为生活困难。

第二，经济帮助的方式应灵活多样。根据被帮助人的具体情况，可以是长期性的，也可以是暂时性的，还可以提供一次性帮助。对于年老病残、无劳动能力、无生活来源者，应提供长期经济帮助；对于暂时无生活来源有劳动能力的生活困难者，可以提供暂时性或一次性经济帮助，帮助受助方接受培训或其他教育以提高技能，自立生存。在经济帮助期间，受助方再婚或死亡的，帮助方可终止帮助。

由于经济帮助的情况比较复杂，应规定较为具体的考量因素，作为法官在确定是否给予帮助、帮助的具体数额时的尺度，以免法官自由裁量权过大，有失公平。

第三，对无房居住的困难一方应以房屋予以帮助。经济帮助作为传统的离婚救济方式，在对 1980 年《婚姻法》修订之前，主要是采取金钱等物质帮助。由于修改后的婚姻法明确规定了夫妻一方个人财产的范围，最高人民法院以前关于一方所有的不动产等贵重物品经双方共同生活一定时期后转为夫妻共同所有的司法解释不再适用，在目前主要由男方准备婚姻住房、女方准备供婚后使用的电器、细软的现实情况下，不利于保护女方的利益，甚至会出现女方净身出屋的情况。因此，《婚姻法》修正案出台后，《2001 年解释》强调离婚后一方无房居住属于生活困难，另一方应当予以帮助。"一方以个人财产中的住房对生活困难者进行帮助的形式，可以是房屋的居住权或者房屋的所有权"。调查显示，一方住房有困难的较多，但实际以住房予以帮助者甚少，对此，应引起司法部门的关注。考虑到房屋产权的复杂性，以房屋进行经济帮助的，可以是临时居住权、长期居住权，也可以是房屋所有权。

2.13 在国际人权框架下审视中国离婚
财产分割方法*

夏吟兰

平等的概念不单单意味着以同样方式对待所有的人。给不同处境的人以同等的待遇只会使不公平长期存在下去，而不会使之消失。只有努力解决并纠正这些处境上的不平衡，才会产生真正的平等。正是这种更广阔的平等观念在争取妇女人权得到承认和接受的斗争中成了指导原则和最终目标。[1]

妇女的财产权利是妇女人权的重要组成部分，它是妇女行使其他权利的基础。财产权的不平等使妇女总体上在婚姻家庭关系和社区中处于较低的经济地位，也是导致家庭暴力的重要原因之一。国际人权法，特别是《消除对妇女一切形式歧视公约》通过制定国际社会认可的标准和保障机制，成为各国审视其国内法的现有规定、挑战妇女所面临的不平等财产权状况的有力工具。

目前我国法律所规定的离婚财产均等分割方法，没有充分考虑在经济转型期间妇女所面临的经济地位的劣势和离婚妇女在传统文化和习俗中所遭遇的特有困难。同时，对妇女所从事的家务劳动对其家庭发展、对包括丈夫在内的家庭成员的发展所做出的贡献和由此给妇女自身发展

---

* 本文发表于《环球法律评论》2005 年第 1 期，第 45~49 页。

〔1〕 联合国人权办公室编：《对妇女的歧视问题：公约和委员会》导言第三段，2001 年版。

所造成的制约作用，均未能得到应有的评估和重视。因此，我们应当在国际人权的框架下，对我国的离婚财产分割方法重新予以审视。

一、妇女的经济地位与离婚妇女的贫困化

随着我国离婚率的逐年递增，离婚妇女的人群正在扩大。尽管社会已逐渐视离婚为一种常态的家庭结构或生活方式，不再歧视离婚妇女，但我们不应忽视她们所面临的问题和生存状态。

与中国封建社会以"出妻"为标志的男性专权离婚相比，经过几代人的努力，现代女性终于冲破了传统观念的藩篱，不仅在法律层面上，而且在社会舆论与道德评价方面享有了与男性平等的离婚自由权。无论国际还是国内的统计，离婚案件中女性原告均占 70% 左右，显示了女性在离婚问题上所享有的自主权。但享有平等的离婚权并不能掩盖已离婚妇女在离婚后所面临的尴尬和困境。最近的一份名为《关注单亲女性》的调查报告暴露了离婚妇女生活困境的冰山一角。该调查用分层多阶段概率抽样方法对上海 50 个居民委员会 440 个单亲家庭和 500 个双亲家庭进行入户调查，调查结果显示：单亲女性的年均收入是男性的79%，其中离异女性是离异男性的 81%。对于离婚后抚养子女的母亲来说，即使加上孩子父亲给付的子女抚养费，其家庭人均年收入仍仅为双亲家庭的 55%。有 44% 的离异女性表示物质生活水平有所下降或明显下降[1]。这一结果与外国学者的类似调查结果相同。美国学者魏兹曼的调查发现：离婚后 1 年中，男性的生活水平提高了 42%，女性的生活水平降低了 73%。她认为，法官根据男女平等原则错误地推断妇女在离婚后有能力和其前夫获得同样多的经济收入，其结果是剥夺了离婚妇女特别是老年家庭主妇及有低龄子女的妇女在婚姻中应享有的经济利益。[2]

根据北京美兰德信息公司在全国 31 个省会、自治区首府和直辖市对年龄介于 18~69 岁的当地市区居民的调查，我国目前城市中男女市民在权利、财富和机会等方面存在一定差距，女性在职业、社会阶层、

---

〔1〕 徐安琪："关注单亲女性"，载《中国妇女报》2003 年 4 月 29 日。

〔2〕 夏吟兰：《美国现代婚姻家庭制度》，中国政法大学出版社 1999 年版，第 148 页。

收入和受教育水平等主要方面和男性相比仍处于劣势。从事收入较低的半技术劳动工人、服务性行业以及处于下岗、失业、待业的女性明显高于男性，而每月收入 5001 元以上的女性则大大低于男性，仅占 14.4%，女性接受大学以上高等教育的比例也比男性低 5.5 个百分点。[1] 2001年第二期中国妇女社会地位调查主要数据报告显示，城镇在业妇女的年均收入是男性的 70.1%。在高收入人群中，女性的比例仅有 33.5%，而男性则高达 66.5%，在最低收入人群中，这一分布则呈相反的态势。越接近最低收入者，女性的比例越高，而越接近于高收入者，男性的比例越高。同时，尽管男女的收入均值都随着教育程度的提高在增加，但在同等教育程度（如高中或大学）分组中，女性的平均收入都无一例外地明显低于男性。调查还显示，近 10 年新进入劳动力市场的男女两性的收入随着市场机制的引入而正在拉大。而家务劳动对收入的影响是负值。由于传统的社会分工模式的影响，女性在业者从事家务劳动的时间是男性的近 2 倍（女性为 173.69 分钟/天，男性为 74.68 分钟/天）。家务劳动对女性在业者的影响存在一个互动的过程，家务劳动时间长会影响在业者劳动投入的质量和数量，同时，对女性劳动价值的低估也会带给女性劳动者负面的反馈，使其把更多的时间用于家庭。结果，只能使女性的劳动就业能力更为降低，收入也会随之下降。[2]

而这种整体经济地位低于男性的状况不可能在离婚后得到根本性的改变，因此，离婚妇女生活贫困化是由妇女整体经济实力相对低下的状况所决定的，大多数妇女在离婚后如得不到法律的特殊保障，其生活水平与其婚姻关系存续期间相比必然要显著下降。

同时，离婚后子女特别是低幼年龄子女随母生活较多，已离异母亲大多是家庭事业双肩挑，既要做好母亲，照料子女生活，支撑整个家庭，又要做好工作，甚至要做兼职工作，以提高子女的生活水平。许多人不仅经济捉襟见肘，体力和精力也严重透支。而人到中年的离异女

---

〔1〕 "性别公平状况调查"，载《中国妇女报》2003 年 3 月 31 日。

〔2〕 蒋永萍："中国城镇男女两性的收入差距及原因分析"，载蒋永萍主编：《世纪之交的中国妇女社会地位》，当代中国出版社 2003 年版，第 42~57 页。

性，往往没有较好的教育背景，缺乏经济资源，更要面临再婚困难。

由此可见，在保障离婚自由的同时，只有对婚姻关系中处于弱势地位的一方和抚养子女的一方（主要是女方）切实地提供法律救济手段和保障机制，才能够实现法律的公平正义和对弱者的人文关怀，体现我国法律扶弱济贫、保护弱势群体利益的人权理念与精神，也才能够真正实现离婚自由对人性解放的真谛。

二、离婚均等分割财产原则不能达到结果正义

依照我国《婚姻法》的规定，夫妻婚后所得的共同财产离婚时适用均等分割原则，以及照顾子女和女方权益、照顾无过错方等原则。这一规定是我国男女平等原则和保护妇女儿童合法权益原则在分割夫妻共同财产规定中的体现。但不可否认的是，这一规定过于抽象，且没有充分考虑婚姻关系中处于弱势一方的利益。因此，这些貌似公平的原则，在具体实施中所引致的后果常常使当事人感觉不公平，违背正义的理念。

关于什么是正义，著名的哲学大师罗尔斯教授在《正义论》中提出："一个正义的社会，应当符合两项原则：一是自由的原则，二是差异的原则。社会的公正应当这样分配：在保证每一个人享受平等自由权利的前提下，强者有义务给予弱者以各种最基本的补偿，使弱者能够像强者一样有机会参与社会的竞争。"[1] 保护弱者的正义观历来是法律的重要价值理念。因此，保护婚姻家庭中的弱者利益，以保证婚姻的社会价值和家庭的社会职能的正常实现是婚姻家庭立法的正义所在。而离婚法的正义就是要在保障离婚自由的前提下，通过对离婚当事人中弱者的利益予以救济，对其所受的损害予以补偿，最终达到各方利益的平衡。

夫妻财产制度及其离婚时分割方法的演进反映了在世界范围内妇女地位的不断提高和社会正义理念的逐步实现。从妻子离婚后一无所有的"财产并吞制"到可以拿回部分嫁妆价金的"统一财产制"、从夫妻各自所有的分别财产制到离婚时有权获得一半财产的共同财产制，直至结

---

〔1〕 ［美］约翰·罗尔斯：《正义论》，何怀宏等译，中国社会科学出版社2003年版，第3~62页。

婚后实行分别财产制，离婚时有权分享增值部分的分享财产制，更多的国家接受了婚姻是伙伴关系的理论，对家务劳动给予与职业劳动同等价值的评价。无论夫妻双方是否均外出工作，是否有经济收入，对家庭所做的贡献应视为相同。因此，即使在婚姻关系存续期间实行分别财产制，根据离婚时公平财产分割法，一方仍有权分得对方的财产。

公平分割财产的机制，就是要在离婚时主要不考虑婚姻期间财产的状况和财产的来源，而重点考虑当事人的具体情况和实际需要，以达到和实现结果正义。因此，各方面条件处于弱势的一方，不仅可以分割一半共有财产或分享对方增值的财产，而且还可能获得比一半更多的比例，甚至全部。唯此，才符合公平正义的理念。

美国学者认为，为了实现让离婚后的妇女与丈夫在经济地位上平等的结果，许多妇女需要获得比传统平均分割财产所能得到的更多的财产。传统财产分割按照传统上认为合理的、狭义的方法定义婚姻财产，并在分割时适用严格的平等概念。在这方面，男女两性在法律面前人人平等规则的胜利一直是以实际上牺牲公平正义为代价的。[1] 对夫妻共同财产分割适用均等原则，隐含着保护无社会工作、主要承担家务劳动一方利益的理念，但这只是在一定程度上肯定了家务劳动的价值，对家务劳动的付出予以回报。对于既承担社会工作，又承担家务劳动一方的家务劳动价值，以及因从事家务劳动遭受贬损的人力资本及其预期利益的价值并没有得到真正的评估和补偿，这种所谓均等的规定实际上是以表面上的平等掩盖了实际上的不平等。

在我国妇女经济地位仍然落后于男性，离婚后未成年子女多数由母亲抚养的情况下，以均等分割作为离婚时共同财产分割原则的结果是造成实际后果的不公平，它是导致离婚妇女生活贫困化的重要和直接原因之一。因此，应当以公平分割原则取代均等分割原则，即在离婚时，对于夫妻共同财产可以均等分割，也可以根据当事人的具体情况，为了达到公平正义的目的，对处于弱势地位的一方多分割财产，甚至分割全部

---

〔1〕 ［美］兰吉塔·西尔娃·艾尔维斯编：《美国的离婚及其经济后果》，妇女权益保护专门工作组会议资料，2004 年 8 月，第 129 页。

财产，而不仅仅是绝对的均等，各自获得 50%。

为了保证法官正确行使自由裁量权，真正保护弱势一方的利益，法律规定还必须尽可能地具体化，即对公平分割的原则做出具体量化的标准，综合各国的规定，离婚时公平分割财产应考虑的因素主要有：①夫妻双方各自的就业能力、商业机会；②夫妻双方各自的受教育程度、经济状况；③夫妻双方各自的身体状况、年龄差异；④个人财产的数量和质量；⑤婚姻持续的时间和各自对家庭的贡献。有些国家还会考虑一方的过错以及因过错给对方造成的损害。

三、充分评估家务劳动对夫妻各自的人力资本及其预期利益的影响

《消除对妇女一切形式歧视公约》第 16 条第 1 款规定，"缔约各国应采取一切适当措施，消除在有关婚姻和家庭关系的一切事务上对妇女的歧视，并特别应保证妇女在男女平等的基础上：……（h）配偶双方在财产的所有、取得、经营、管理、享有、处置方面，不论是无偿的或是收取价值酬报的，都具有相同的权利"。家务劳动是无偿劳动，但它对配偶一方（主要是男方）的发展、对家庭的发展、对社会的发展都是有重大意义的，因此，《消除对妇女一切形式歧视公约》特别规定了从事无偿劳动与从事有偿劳动者在婚姻财产权利上平等。

但我们的研究发现，对于夫妻双方在婚姻关系存续期间各自人力资本的评估及其预期利益的分割在各国的立法和司法中均未能得到足够的重视。所谓人力资本，指的是工作机会、劳动技能等能够带来经济收益的能力，是无形财产。婚姻关系是伙伴关系，结婚是以永久共同生活为目的，结婚者有理由相信，配偶一方的发展就是整个家庭的发展，自己也必然分享因发展所获得的成果。一方牺牲自己提高人力资本的机会从事家务劳动或为对方提高人力资本在经济上和生活上予以支持，是因为他（她）确信在婚姻生活中，自己可以分享因对方提高的人力资本而带来的利益。尽管在婚姻关系这种亲密的关系当中，利他主义可能发挥了一定的作用，但是眼前的和将来的可期待的利益仍然是促使夫妻做出这些牺牲的一个强大的动力。[1] 如果夫妻有合理的理由确信他们在将来能够得到回报的话，那么他们就很有可能愿意做出这些牺牲。反过来，如果因牺牲而导致自己的人力资本减少以及对方基于自己的牺牲而导致其人力资本增加，在离婚时得不到肯定和合理的分配，那么就会出现夫妻任何一方都不会愿意为家庭做出牺牲甚或不愿意结婚的情形。因此，法律对人力资本所产生的预期利益的忽视不符合离婚的正义理念，也不利于促进婚姻家庭关系的发展。

从理论上讲，夫妻双方中为家庭付出较多的一方有可能是男方，也有可能是女方，但放眼现实，尽管妇女解放运动已经轰轰烈烈地开展了这么多年，但是在我国以及世界上几乎所有的国家里，婚姻家庭生活中往往都是妻子为抚育子女，承担家务而放弃了个人的事业追求，以其自己独特的方式和途径对丈夫的成就和地位进行投资。[2]

根据《第二期中国妇女社会地位抽样调查主要数据报告》的统计数据显示，在85%以上的家庭里，做饭、洗碗、洗衣、打扫卫生等日常家务劳动主要由妻子承担，女性平均每天用于家务劳动的时间达4.01小时。不可否认，在丈夫所获得的这些能为其带来可观收益的成就和地位中是包含着妻子所做的贡献和牺牲的。反过来，妻子在做出这些牺牲旨在成就丈夫的同时，也放弃了发展自己的机会，从而阻碍了自身人力资本的正常增加。如果婚姻不中断，那么妻子的这些牺牲将在未来的婚姻生活中因分享丈夫的收益、从丈夫和孩子身上得到感情的慰藉以及拥有一个稳定的婚姻和家庭而得到平衡。但是，一旦要离婚，那么这些以做出牺牲为代价的可期待利益将化为泡影。毫无疑问，这对于妻子来说是非常不公平的。

在一些国家的司法实践中，一般将家务劳动的贡献作为分割财产时的考虑因素，即对于在婚姻中因照顾子女、承担家务而无收入或收入较

---

〔1〕 Allen M. Parkman, "The ALI Principles and Marital Quality", *Duke Journal of Gender Law &Policy*, Spring /Summer. 2001.

〔2〕 苏力："冷眼看婚姻"，载李银河、马忆南主编：《婚姻法修改论争》，光明日报出版社1999年版，第44页。

低的一方在离婚分割财产时可以照顾，适当多分。我国《婚姻法》在离婚财产分割的规定中也规定了照顾子女和女方利益的原则，但没有对此作出明确具体的规定。同时，法律也试图以离婚经济帮助的方法解决离婚妇女生活困难的问题。如果一方配偶在离婚时经济困难，不足以维持当地的基本生活水平，另一方如果有负担能力，应该给予一定的经济上的帮助。其他国家也有许多类似于此的在分割财产之外的救济方式，试图更好地保护弱者的利益。但是，这种看似向弱者利益倾斜的制度构建实质上却隐含着对做出牺牲一方的不公平。

第一，如果一方（大多是丈夫）因另一方（大多是妻子）的牺牲而获得的成就和地位已经转化为有形的物质财富，那么依据上述思路，做出牺牲的一方有可能会在离婚时得到一笔财产。从表面上看，这的确是一个值得赞许的结果，但是，这使得原本对属于自己的财产的取回变成了对方对自己的怜悯和施舍，且照顾的数额也难以真正体现公平。如笔者对北京市某中院 2001 年 5 月至 2002 年 12 月审结的 1032 件离婚案件的调查显示，仅有 63 例案件作出了准予经济帮助的判决，其中，离婚时提供住房予以经济帮助的共计有 9 例，占 14.2%。其余均为金钱帮助，且在数额上与请求帮助的数额相比也普遍偏低，大多集中在 2 万元以下。3000 元以下的占 15.8%，3000~10 000 元的占 32%，10 000~20 000元占 19%，2 万以上的占 19.1%。这说明，在离婚时，当前实践既未解决无房居住者的住房困难，金钱帮助的数额也偏低，无法体现公平。

第二，如果一方因另一方的牺牲而获得的成就和地位没有转化为有形的物质财富，这种不公平就更加明显了。例如妻子负担全部或者大部分的家务劳动并以自己的收入支持丈夫接受教育和培训，而丈夫却在毕业或者获得学位、职业资格后提出离婚的情形。根据传统的对婚内财产的界定，此时丈夫所取得的能够带来高收入的人力资本还尚未转化为有形财产，不能作为夫妻共同财产进入离婚财产的分割。同时，由于做出牺牲的一方往往还将原本大多由自己的劳动所产生的共同财产拿出来支付另一方学习和培训的费用，使得在离婚时她（他）们可分割的共同财产更是微乎其微。那么在这种情形下离婚，即使将共同财产全部判归做出牺牲的一方所有也将是非常不公平和不合理的。

可见，否认了人力资本这一无形的财产形式就等于否认了妻子的付出和牺牲，使得离婚变成了对被离异妻子的一种无情的剥削和掠夺。这是与一直致力于实现男女平等，保护弱者利益的婚姻家庭法的基本原则相违背的。因此，正确界定婚姻关系中财产的范围至关重要。

的确，在一个知识经济和无形资产已经日益并且可能成为最为重要财产的社会中，如果婚姻财产的分割还仅仅局限于有形财产，那显然是一个时代的错误。[1] 在把人力资本确定为财产的一种形式之后，我们就可以把婚姻对当事人双方人力资本的影响看作是夫妻间的一种债务负担，一种基于婚姻的消耗和牺牲所产生的债务。这些牺牲和消耗在婚姻关系的存续中是作为一种可期待利益的基础而存在的，而在婚姻关系解除并进行法定的财产分配的时候，它就转化为债务的形式，产生一方向另一方进行支付的义务。即在离婚时，应该把因这些牺牲而导致的人力资本的变化所产生的预期利益作为婚内财产的一种形式在离婚时进行公平的分割。首先要充分评估家务劳动对夫妻各自人力资本及其预期利益的影响，并在此基础上，在对一方因增长的人力资本而取得的预期利益进行分割的同时，对于另一方减损的人力资本予以适当补偿。只有这样，离婚财产分割的方法才能够从表面上平等的规定过渡到实质平等，真正切实保护妇女的财产权利，并最终达到法律公平正义的目的。

---

〔1〕 苏力："冷眼看婚姻"，载李银河、马忆南主编：《婚姻法修改论争》，光明日报出版社1999年版，第48页。

2.14 离婚经济帮助制度之比较研究[*]

夏吟兰　郑广淼^{**}

　　离婚经济帮助制度是《中华人民共和国婚姻法》（以下简称《婚姻法》）中传统的离婚救济制度。一般认为，该制度乃是一种道义上的责任，并不是夫妻间扶养义务在婚后的延续。在最近的一些实证调查中，[1] 离婚经济帮助制度的法律适用状况不是十分理想。有学者因此对经济帮助制度存在的合理性提出了异议。还有一些学者根据比较法研究以及理论研究的成果，对此制度也表示出了怀疑的态度。[2] 他们的共同倾向是：废除现有的经济帮助制度，建立完善的、有中国特色的离婚后扶养制度。此一观点涉及了制度变革的问题，兹事体大，需要仔细论证和考量。

　　本文认为，《婚姻法》中规定的经济帮助制度在我国具有内在的历史理性，也符合我国国民的道德价值取向。虽然在制度设计与法律适用中均存在一些问题，但这并非经济帮助制度本身之过，以离婚后扶养制度取而代之并非良策。本文试图通过对我国离婚经济帮助制度与国外离婚后扶养制度的比较，找出不同制度之间的差异，在对差异成因分析的基础上，提出坚持与完善我国离婚经济帮助制度的建议与构想。

---

　　* 本文发表于夏吟兰、龙翼飞主编：《和谐社会中婚姻家庭关系的法律重构》，中国政法大学出版社 2007 年版，第 288~302 页。

　　** 郑广淼，男，中国政法大学法学博士；北京市信访矛盾分析研究中心主任，副研究员。
　　〔1〕 巫昌祯主编：《婚姻法执行状况调查》，中央文献出版社 2004 年版。
　　〔2〕 张学军：《论离婚后的扶养立法》，法律出版社 2004 年版。

一、国外离婚后扶养制度之比较分析

（一）英国、美国离婚后扶养制度

在英国，最初的"离婚后的扶养"只不过是丈夫扶养妻子这一普通法义务的延续。[1] 实际上，在整个中世纪，英国只存在所谓的"分居"，而不存在离婚，"生活费只不过是丈夫的婚姻义务在分居之后的延续"。[2]

到了近代，虽然英国承认了离婚制度，但无论是 1857 年的《婚姻诉讼法》还是 1866 年的《婚姻诉讼法》都将早前的制度或多或少地保留了。例如，在 1857 年《婚姻诉讼法》中，如果丈夫采取按年给付定期金，持续期间不得超过妻子的生存期间。[3] 换言之，丈夫要负责对妻子终身扶养的义务。在 1866 年《婚姻诉讼法》中，法院也可以要求丈夫在双方都生存的期间内，按周或按月向妻子给付生活费。[4]

进入现代社会以来，给予一方终身扶养费的案件越来越少，但并非绝无仅有。1973 年英国法律委员会的说明很有代表性，他们认为："①离婚后的扶养符合婚姻为终生的、永久的结合之需要……③夫妻一方应对对方承担终生扶养义务尽管只能在很少的案件中才能落实，但该原则本身所具有的优点不应当受到任何影响。④夫妻一方对对方负担终身扶养义务有利于保护妇女利益……"[5] 到了 1996 年，英国婚姻法作了较大的修改，但是仍然保留了终身扶养制度。

早期的美国作为英国的殖民地是不允许离婚的。美国独立之后，各州之间对于离婚的态度也存在着差异。就通过了离婚法的州而言，他们对离婚后扶养问题的态度与英国有着惊人的相似，最明显的一点就是

---

〔1〕 Judith Areen, *Cases and Materials on family law*, The Foundation Press, Inc, 1992, p. 712.

〔2〕 Haary D. Krause, *Family Law*, West Publishing Company, 1986, p. 346.

〔3〕 Brenda M. Hoggett and David S. Pearl, *Family, Law and Society: Cases and Materials*, London: Butterworth, 1987, p. 193.

〔4〕 Brenda M. Hoggett and David S. Pearl, *Family, Law and Society: Cases and Materials*, London: Butterworth, 1987, p. 193.

〔5〕 S. M. Cretney, *The Principles of family law*, London: Sweet & Maxwell, 1990, pp. 763~765.

"妻子可以无限期地得到离婚后的扶养"[1]，直至死亡或再婚。

这种状况到了 20 世纪 60 年代开始有了变化。美国在漫长的司法实践中，通过判例发展而来的恢复性扶养制度开始为成文法所采用。恢复性配偶扶养鼓励受扶养方寻找工作机会或接受将来有利于寻找职业的教育和培训。有学者认为，恢复性的扶养制度表明永久性的扶养制度开始受到限制。[2]

（二）德国、法国、日本的离婚后扶养制度

在德国统一前，德国各个邦适用不同的法律。德国统一后，"在必要的情况下，无过错配偶对有过错配偶享有扶养请求权"。不过，德国地方法院曾经作出的判决明确表示：离婚之后，男方对女方不再负担扶养义务。[3] 1896 年《德国民法典》对离婚后的扶养问题作了规定，但是没有明确期限。20 世纪 60 年代末，"联邦政府也觉得婚姻法之改革已迫不及待……司法部成立婚姻法规委员会，从事婚姻法、离婚法之修正准备工作。"[4] 该委员会提交的草案包括原则和具体构想，其中认为："……②因为夫妻离婚后不再拥有共同经济，所以各方应尽可能地自行独立生活。不过，在离婚的余后效力中，还包含着使离婚后的扶养义务得以产生的夫妻相互之间的经济责任，其理由是夫妻基于双方的合意在共同生活中进行了分工"。[5] 但是司法部长提出的讨论稿却对终身享有的、无限制的余后效力予以明确否认。尽管联邦政府提出的草案对离婚后的扶养仅给予"例外的、暂时的承认"的观点受到了广泛的批评，但最终，联邦议会法律委员会原则上支持了政府的草案，离婚后一方对他方仅负有例外的、短期的扶养责任。

---

〔1〕 Lenore J. Weitzman, *The Divorce Revolution*: *The Unexpected Social and Economic Consequence for Women and Children in American*, The Free Press, 1985, p. 16.

〔2〕 James S. Ford, "Rehabilitative Alimony—A Matter of Discretion or Direction?", 12 *Florida State University Law Review* 285, 1984, p. 291.

〔3〕 ［日］本尺巳代子:《离婚给付之研究》，一粒社 1998 年版，第 176 页。转引自张学军:《论离婚后的扶养立法》，法律出版社 2004 年版，第 126 页。

〔4〕 林菊枝:《亲属法专题研究》，五南图书出版公司 1985 年版，第 225~226 页。

〔5〕 ［日］本尺巳代子:《离婚给付之研究》，一粒社 1998 年版第 177 页。转引自张学军:《论离婚后的扶养立法》，法律出版社 2004 年版，第 128 页。

对于法国历史上的离婚后扶养制度的具体渊源，限于资料，本文无法具体考察。不过从整个西方宗教史来看，法国在漫长的中世纪禁止离婚主义下也是不允许夫妻离婚的。到了现代，法国承认离婚后扶养制度。原则上，给付扶养费有一定的期限，但例外情况下，也可以维持至配偶的终生。不过，在1975年新修订的《法国离婚法》中，"扶养责任"被明确的废除，原有的扶养费制度（alimony）被新的补偿金制度（compensatory payment）所取代。[1]《法国离婚法》的这个做法很有象征意义，虽然补偿金制度与原来的扶养费制度的作用和最终效果基本相同，但离婚后扶养制度在现在的法国法中似乎已经不合时宜。

在古代，日本受到了中华法制的影响，采片意离婚制度。丈夫在离婚时必须给付妻子"休书"，否则会受到法律制裁。有日本学者认为："……要对妻子给予扶养费的做法似乎是存在的。"[2]

在法制现代化进程中，日本采西方法制。一些学者和立法者主张设立离婚后扶养制度。他们认为，离婚后夫妻之间的扶养是亲族之间扶养的补充，所以在人情上也给予承认。[3] 不过，当时也有人认为该种制度与日本固有习惯不合，不应当设立。

1896年的《日本民法》没有规定离婚后扶养制度。在当时，日本最高法院以及地方法院通常以精神损害补偿的方法来达到维护一方配偶利益之目的。1927年，日本在修改民法时，最终确定了离婚后扶养制度。[4] 但在"二战"之后，逐渐以离婚时财产分与制取代了离婚后扶养制度。[5]

---

〔1〕 Hugues Fulchiron：*The New French Divorce Law*，*The International Survey Law* 2005 *Edition*，2005，Cromwell press，Trowbridge，Wiltshire，pp. 240~251.

〔2〕 ［日］熊谷开：《婚姻法成立史序说》，酒井书店1970年版，第189页。转引自张学军：《论离婚后的扶养立法》，法律出版社2004年版，第169页。

〔3〕《民事议事速记录》，第27~28页。转引自张学军：《论离婚后的扶养立法》，法律出版社2004年版，第175页。

〔4〕 张学军：《论离婚后的扶养立法》，法律出版社2004年版，第180页。

〔5〕 林秀雄：《家族法论集》，辅仁大学法学丛书编辑委员会1987年版，第132~133页。

（三）对上述各国离婚后扶养制度差异之比较以及成因探讨[1]

1. 各国离婚后扶养制度差异之比较。通过对上述各国的立法考察，我们可以发现，虽然上述各国都存在"离婚后扶养制度"，但无论在价值判断还是在具体内容上，都存在着比较大的差别。

（1）以现有的材料看，现代仍然承认"终身扶养制度"的国家似乎仅仅是英国。而其他国家则基本上不承认终身扶养制度，这其中德国的态度比较坚决，法国的立场也比较明确。尽管美国没有明确表示放弃终身扶养制度，但却创设了恢复性扶养制度，该制度已有取代终身扶养制度之势。

（2）各国对离婚后扶养制度之制度价值的认识不甚相同。这其中，英国认为：离婚后的扶养符合婚姻为终生的、永久的结合之需要；而日本认为：离婚后夫妻之间的扶养是亲族之间扶养的补充；德国却对配偶终身享有的、无限制的余后效力予以明确否认。从此也可以看出，尽管在具体制度设计上，各国的离婚后扶养制度大体相同，但他们对离婚后扶养制度本身的制度价值的认识却大相径庭。

（3）各国之间构成离婚后扶养制度的基础不甚相同。在法、德、日，离婚后扶养制度由法典构基。而在英国，"迄今为止，在家庭法、继承法、侵权行为法方面，仍然没有进行全面的法典编撰"。[2] 美国的离婚后扶养制度在不同州之间，表现的情况也不是十分一致。

2. 成因探讨。对各国制度之差异形成原因的探讨可以为是否移植、引入法律制度提供充分的论证基础。本文认为，对于上述各国离婚后扶养制度之差异，可以从各国的法制发展史以及所处的社会环境中找出原因。

（1）宗教性因素。基督教曾经统治欧洲相当长的一段时间。根据教会的观点和主张，男女之婚姻不仅是世俗肉体之结合，更是主之光芒

---

[1] 各国法律制度之间的差异比较以及成因之分析，是一个很大的课题。此处仅就前面所论述到的材料作一肤浅分析。

[2] ［德］K. 茨威格特、H. 克茨：《比较法总论》，潘汉典等译，法律出版社 2003 年版，第 297 页。

照耀下的精神结合。故而,夫妻之间不存在离婚之可能,而只存在永久的分居。依时下的观点,在此种条件下,虽然夫妻双方已经"事实离婚",但却不能获得国家的认可,只能是一种准离婚状态。那么,夫对妻的扶养就是一种基于婚姻基础而负担的义务。这个宗教性传统因素在英国、法国等受到宗教影响较大的世俗国家,一定会有比较强大的习惯势力。这样就可以解释,到了现代,在夫妻能够离婚的情况下,为什么存有"终身扶养"的疑问。因为,一国基于历史传统的遵循和认可,保留一些原来的制度和惯例本身就是顺理成章之事。[1]

然而,统一之前的德国四分五裂。宗教的习惯势力在这些分裂的若干个邦国之间应当是存在的。不过,近代的德国是作为一个世俗国家被统一的,经济因素和日耳曼人的国家意识乃是德国统一的根本动因。如是,一个世俗政权在建立、发展的过程中,必然会基于主权意识,重新统一、塑造意识形态,有时甚至会割断与过去的联系。这其中也包括法律[2]。所以,在对待"离婚后扶养制度"的态度方面,德国表现出与其他国家迥然不同的态度,就可以被理解。

(2)在法学传统的发展过程中,各国的情况也极不相同。英国属于日耳曼法律传统的分支,法、德虽然都根源于罗马法传统,但前者制定法律的蓝本是《法学阶梯》,后者则在罗马法基础上发展出了学说汇纂体系。实际上,这三个国家的法律传统、法学方法以及法学理念,代表了当今世界上影响最大的三种法律制度。从对其他国家的影响上看,英国法对美国法的影响最深刻,日本法则是先承袭法国法,后改弦易辙德国法。

这些国家发展本国法律传统,或者承袭他国法律传统时,必然会使自身的法律制度建设符合各自国家的历史情势。如是,在离婚后扶养制

---

〔1〕 不过,随着离婚法的进一步现代化,法国法废除"扶养责任"的做法似乎给我们发出了一个信号:历史传统的承认和遵循也在不断的修正和进化中,对终身扶养制度以及对离婚后扶养制度的坚持似乎并非是一个不能变革的态度。从法国的情况中,我们也可以认为,在调整离婚后夫妻之间的关系时,离婚后抚养制度也并非是一个必须遵循和选择的制度。

〔2〕 实际上,《德国民法典》的编撰过程产生了学说汇纂体系,而这个体系恰恰是重新树法意识形态和法学方法论的过程。经过学说汇纂体系的发展,日耳曼法传统几乎荡然无存。

度中，出现不同的制度安排，甚至出现迥然而别的价值判断就不足为奇。历史的传统、客观情势以及不同国家研究问题的理论偏好已经决定了各国之间法律制度的分歧。依此角度论之，应当区别基于不同价值判断而建立的"离婚后扶养制度"。[1]

二、我国"离婚经济帮助制度"与外国"离婚后扶养制度"之比较分析

（一）我国离婚经济帮助制度的历史演进

我国最早的离婚经济帮助可以追溯至古代为限制男性专权离婚的"七出"制度而设立的"三不去"。根据《大戴礼记·本命》，"三不去"包括："有所取，无所归，不去；与更三年丧，不去；前贫贱，后富贵，不去"。所谓"有所取，无所归"是指"妇被出时，家中父母不在，并无归处，则不得而出之"。[2] 倘若出之，将使弃妇无以为生，有悖仁的要求。清末法学家薛允升在《唐明律合编》中说："七出者，义之不得不去；三不去者，情之不得不留，总以全夫妇之伦也。"这里所谓的"伦"，乃伦理道德也。因此也可以说，为防止出现被休之后，妻子无家可归，无人扶养的情况，基于伦理道德的要求，古代法通过限制丈夫离婚自由以达到避免出现妻子生活无着状态的目的。

1911 年《大清民律草案》第 53 条规定，呈诉离婚者得准用前条之规定，即妻之特有财产归妻所有。因夫之过错而离婚的，应暂给妻以生计程度相当之赔偿。这是我国在施行近代法制过程中，有关离婚经济帮助制度的法律渊源。

比较明确地提出离婚经济帮助制度的是中国共产党在根据地发布的一些法律文件。1931 年 11 月 26 日《中华苏维埃共和国婚姻条例》是共产党领导下的苏区的第一部婚姻立法。该法第 19 条规定：离婚后男

---

〔1〕 正是因为这个原因，我们在研究离婚后扶养制度时，应当根据各国历史特点和情况的不同，将它们分别考察和分析，而不能仅以"离婚后扶养制度"的名义"统一考察"。另外，日本本来有机会建立本国特色的"离婚后扶养制度"。在制定现有的离婚后扶养制度过程中，一些有识之士也提出了反对。但其最终在所谓的与西方保持一致的进程中，全盘引入，丝毫没有顾忌自己的传统。我国应当注意这个教训。

〔2〕 陈顺远：《中国婚姻史》，商务印书馆 1998 年版，第 251 页。

女均不愿离开房屋时，男子须将他的一部分房子，赁给女子居住。第20条规定：离婚后，女子如未再行结婚，男子须维持其生活，或代种田地，至其再行结婚为止。[1] 这是离婚经济帮助制度第一次在中国的立法中出现，其奠定了随后我国离婚经济帮助制度立法的基础。此后的1934年《中华苏维埃共和国婚姻法》、1943年《晋察冀边区婚姻条例》、1946年《陕甘宁边区婚姻条例》等革命根据地的婚姻立法均坚持了离婚帮助制度（有的称之为赡养费）。

1950年4月13日颁布的中华人民共和国第一部《婚姻法》第25条对经济帮助制度作出了明确规定："离婚后，一方如未再行结婚而生活困难，他方应帮助维持其生活；帮助的办法及期限，由双方协议；协议不成时，由人民法判决。"

1980年9月10日颁布的第二部《婚姻法》仍然保留了离婚经济帮助制度，但作了一些技术性的修改。修改后的条文（第33条）表述为："离婚时，如一方生活困难，另一方应给予适当的经济帮助。具体办法由双方协议；协议不成时，由人民法院判决。"

2001年我国在修改《婚姻法》时，对离婚经济帮助制度作了进一步完善。修改后的条文（第42条）表述为："离婚时，如一方生活困难，另一方应从其住房等个人财产中给予适当帮助。具体办法由双方协议；协议不成时，由人民法院判决。"

（二）我国离婚经济帮助制度之涵义及其价值取向

目前，我国涉及离婚经济帮助制度的法律条文有两个，分别规定在《婚姻法》第42条和最高人民法院《关于适用〈中华人民共和国婚姻法〉若干问题的解释（一）》第27条中。《婚姻法》第42条规定："离婚时，如一方生活困难，另一方应从其住房等个人财产中给予适当帮助。具体办法由双方协议；协议不成时，由人民法院判决。"最高人民法院《关于适用〈中华人民共和国婚姻法〉若干问题的解释（一）》第27条第1、2款规定："婚姻法第42条所称'一方生活困难'，是指

---

[1] 刘素萍主编：《婚姻法学参考资料》，中国人民大学出版社1989年版，第27页。

依靠个人财产和离婚时分得的财产无法维持当地基本生活水平。一方离婚后没有住处的，属于生活困难。"根据这两个条文的规定，我国离婚经济帮助的条件是：离婚时，一方有生活困难。所谓"困难"是指，依靠个人财产和离婚时分得的财产无法维持当地基本生活水平或没有住房。

由此看出，我国的离婚经济帮助制度，系采单要件主义，只要离婚时一方有生活困难，即应给与经济帮助。尽管学理解释也包括给付方是否有帮助的能力，但在法律规定和司法解释中均未对此作出明确规定。[1] 在理解何谓"困难"时，采用的是狭义的"困难"涵义，即绝对困难标准。[2]

关于离婚经济帮助制度的制度价值，最为常见的观点是，这种制度可以更为妥善地维护妇女以及未成年子女的权益。从司法实践看，情况也大抵如此。然而，考察离婚经济帮助制度本意，其乃是为离婚时陷入困难的配偶一方提供的救济措施。维护妇女和未成年子女之权益，确实是离婚经济帮助制度实施所带来的积极效果，但从此结果反向理解离婚经济帮助制度之制度价值，恐非全面。

本文认为，离婚经济帮助制度之制度价值有三：①离婚经济帮助制度本身是一种伦理道德的法律化。通过此一制度，占社会支配地位的伦理道德观念[3]能够实现对社会生活的规范和调整。②离婚经济帮助制度，将解决离婚后一方生活困难的义务和责任交由另一方承担，减轻了国家和社会之负担，间接地以私法之手段解决了公法之需要。此点与扶养制度之制度价值相近。③离婚经济帮助请求权为婚姻生活保持请求权的丧失人填补了请求权。[4] 尽管在现代社会婚姻以永久共同生活为目

---

〔1〕 没有能力提供经济帮助与困难之间尚有区别。前者，一方提供经济帮助后，自身或可陷入经济困顿，如不提供帮助则尚可维持一般生活水平；后者，依我国现行观点，乃指不能维持一般生活水平而言。

〔2〕 黄松有主编：《婚姻法司法解释的理解与适用》，中国法制出版社 2002 年版，第 95 页。

〔3〕 有关占社会支配地位道德之观念的论述，参见［德］卡尔·拉伦茨：《德国民法通论》，谢怀栻等译，法律出版社 2003 年。

〔4〕 史尚宽：《亲属法论》，中国政法大学出版社 2000 年版，第 520 页。

的并未写进法律，但配偶一方对他方是有信赖利益和预期利益的，在离婚时对困难一方予以帮助是对一方保持婚姻生活不被破坏之期望的填补。

（三）离婚经济帮助制度与离婚后扶养制度之差异及其启示

1. 经济帮助制度与离婚后扶养制度的相同点。通过考察我国《婚姻法》第42条以及最高人民法院《关于适用〈中华人民共和国婚姻法〉若干问题的解释（一）》第27条，经济帮助制度与国外离婚后扶养制度在内容上多有重叠之处：

（1）两种制度都承认在离婚时配偶一方应对另一方予以"补偿"、"扶养"或"帮助"。我国《婚姻法》中经济帮助制度的规定在结果上，同国外的离婚后扶养制度并无实质性不同。

（2）两种制度在"补偿"方式上大体相同。在我国，经济帮助的具体方式主要是：金钱帮助、住房帮助以及金钱帮助和住房帮助的结合。在金钱帮助方面，可以一次性支付也可以分期支付。这同国外的离婚后扶养制度比较一致。

（3）最终的价值取向比较相同。无论是我国的经济帮助制度，还是国外的离婚后扶养制度，最终的价值取向都是通过物质性给付，给离婚后陷入困难的一方以适当照顾，给予人文关怀，并减轻国家对离婚后困难一方的福利性照顾和支持。

（4）无论是离婚经济帮助制度还是离婚后扶养制度，在法律适用方面都有一定的条件。只不过，我国离婚经济帮助制度采单要件主义，而国外的离婚后扶养制度采多要件主义。

2. 经济帮助制度与离婚后扶养制度的不同点。如前所述，国外的立法，虽然可以以"离婚后扶养制度"统一，但其中对制度价值之认识多有不同。在考察经济帮助制度与离婚后扶养制度的相异点时，需要区分这些不同的离婚后扶养模式。

（1）从对制度价值的认识上看，经济帮助制度与英、美之离婚后扶养制度不同，但与德国相近。在我国，通常认为，经济帮助乃是一种道义上的责任，而不是婚姻效力的延续，这与英国的观念恰恰相反，反而与德国的例外的、暂时的给予离婚后扶养的观念相近。

（2）两种制度在帮助（扶养）期限上有较大差异。我国的经济帮助制度只是一种暂时的、临时的、道义上的帮助，一般而言，不存在"终身帮助"方式。然而，在英、美等国家中直到目前仍然存在着"终身扶养"方式。

（3）两种制度在对"困难"的理解上不尽相同。我国离婚经济帮助制度中的"困难"是指依靠个人财产和离婚时分得的财产无法维持当地基本生活水平。[1] 而在国外的离婚后扶养制度中，"困难"一词的理解则广泛得多，其要参考婚姻持续期间的生活水平来确定。这种观念较我国的经济帮助制度更为先进，也更符合客观情况，颇值参考。

（4）两种制度的历史发展进程极为不同。我国离婚经济帮助制度的历史源远流长，甚至可以追溯到古代的"七出""三不去"制度，而西方国家离婚后扶养制度的历史源头多与宗教观念有关。可以说，我国的离婚经济帮助制度完全是一种"世俗"伦理制度，而西方的离婚后扶养制度则带上了一些宗教的"神圣"味道。

3. 启示。通过上面的比较可以看出，离婚后经济帮助制度与离婚后扶养制度有很大的相似性，在离婚后所起到的作用也相当近似。是否有必要改变在我国已经实行 50 多年，且运行良好，被国民和社会普遍接受的一种制度，改用另一个名称不同、内容相近的制度呢？本文认为，大可不必。

（1）"离婚后扶养"并不符合我国对"扶养"一词的学理解释。所谓扶养，"谓一定亲属间有经济能力者，本于身份关系，对于无力生活者，应予以扶助维持"。[2] 身份关系是产生扶养的前提条件。因此，在民国时代，我国学者多将离婚后扶养费称之为"赡养费"，[3] 以示区别。通说认为，离婚后，离婚双方之间所有权利义务关系全部解除，已

---

〔1〕 2001 年最高人民法院《关于适用〈中华人民共和国婚姻法〉若干问题的解释（一）》第 27 条。

〔2〕 史尚宽：《亲属法论》，中国政法大学出版社 2000 年版，第 751 页。

〔3〕 史尚宽：《亲属法论》，中国政法大学出版社 2000 年版，第 520 页。

形同路人，自不存在身份关系。身份关系既已解除，任何一方均不承担法律上的扶养义务，如要以"离婚后扶养"取代"离婚经济帮助"，极易混淆因身份关系所生之法定扶养义务与因伦理道德关系所生之经济帮助责任。如是，"离婚后扶养"一词在逻辑上难言周全，徒然混淆视听。

（2）离婚后扶养同我国固有传统道德观念以及民事习惯格格不入。我国古代休妻制度中被休之妻仍回其父母之家，由其家族扶养，离婚后男方不承担扶养义务。此种制度千年以降，至 20 世纪初才渐次退出历史舞台，但其观念已经深入人心，绝非朝夕能改。民国时期，中国共产党领导的各根据地施行自己的法律和政策，其中与离婚有关的法律和政策奠定了中华人民共和国成立后离婚帮助制度的基础。可以说，从始至终，我国的广大民众就没有离婚后对另一方的扶养观念（离婚不离家者除外），具有的仅是最质朴的与中华民族道德息息相关的乡土意识——帮助观念。显然，离婚后扶养制度会被强大的民事习惯势力挡在门外，失去生存的土壤。

（3）没有变更离婚经济帮助制度的必要。我国的经济帮助制度固然存在着一些缺憾，但总体来说，其与离婚后扶养制度异曲同工，最终的价值取向和所欲求的结果基本相似，甚至相同。它们在不同的社会经济生活中发挥了各自的效应，解决了各自所处社会中所要解决的问题。从两种制度的比较中发现，它们之间并不存在先天设计方面的优劣高下之分。因此，我们似乎并没有必要彻底否定离婚经济帮助制度，换之以容易产生歧义的离婚后扶养制度。

三、我国离婚经济帮助制度之完善

通过上面的论述，本文认为，在离婚经济帮助制度与离婚后扶养立法之间，不存在优劣高下之分。但是，必须看到，离婚经济帮助制度仍然存在一些缺憾，在调解社会经济生活方面，仍有制度失灵之表现，因此需要进一步完善。

1. 应当进一步完善离婚经济帮助制度的构成要件。构成现行离婚经济帮助制度的法规和司法解释是《婚姻法》第 42 条以及最高人民法院《关于适用〈中华人民共和国婚姻法〉若干问题的解释（一）》第27条。如果从这两个条文进行理解，我国离婚经济帮助制度采纳的是单要件主义，即只要离婚一方有经济困难，另一方即应当给予帮助，而没有考虑到经济帮助方的经济条件和帮助能力。这不利于经济帮助制度在实践中的运用。

参考国外有关离婚后扶养立法的规定及内容，我国的离婚经济帮助制度应当采双要件主义：①离婚时一方存在经济困难；②负有经济帮助义务的一方有经济帮助之能力。这样，在确定离婚经济帮助制度时，综合考量了离婚双方的经济能力以及物质条件，立法思想更为公允，法律适用也会更为顺畅。

2. 应当改变对"生活困难"的理解。最高人民法院《关于适用〈中华人民共和国婚姻法〉若干问题的解释（一）》第27条第1、2款规定："婚姻法第42条所称'一方生活困难'，是指依个人财产和离婚时分得的财产无法维持当地基本生活水平。一方离婚后没有住处的，属于生活困难。"2001年《最高人民法院民事审判第一庭关于适用〈中华人民共和国婚姻法〉若干问题的解释（一）》的起草说明也明确指出："这里的生活困难是有固定标准的，应以当地最基本生活水平为限。"这实际上是采取了对"困难"的狭义理解方式。[1]

从更为广泛的意义上来理解，"生活困难"既可以指离婚后陷入"生活困顿的困难"，也可以指离婚后"因离婚而降低原有生活水平的困难"。本文认为，在理解经济困难时，应当采原有生活水平主义。原因是，原有生活水平主义可以灵活地照顾到各个家庭不同的实际情况，能够最大程度地照顾到离婚双方以及子女的权益，也更加符合公平原则。这也比较符合国际上离婚后扶养的通常做法。

3. 经济帮助的方式应灵活多样。根据受助方的具体情况，经济帮助可以是长期性的，也可以是暂时性的，还可以在离婚时提供一次性帮助。对于年老病残，无劳动能力，无生活来源的生活困难者，应提供长

---

[1] 实际上，这是造成我国离婚经济帮助额不高的原因之一。

期经济帮助；对于暂时无生活来源，有劳动能力的生活困难者，可以提供修复性经济帮助，在经济帮助的费用中，增加学费、培训费等费用，帮助受助方接受培训或其他教育以提高技能，自立生存。在经济帮助期间，受助方再婚或死亡的，帮助方可终止帮助。

4. 应当规定明确具体的考量因素。由于经济帮助的情况比较复杂，应规定较为具体的考量因素，作为法官在确定是否给予帮助和帮助的具体数额时的尺度，以免法官自由裁量权过大，有失公平。应当考量的因素主要包括：①离婚时的财产状况；②一方对他方成长所做的贡献；③婚姻存续时间的长短；④双方的年龄、健康状况；⑤离婚前的生活水平；⑥离婚后双方的就业能力；⑦离婚后是否与子女共同生活。

四、结论

本文主要是将离婚后扶养制度与我国的离婚经济帮助制度从比较法的角度进行了比较、分析和论述。本文认为，从制度设计上看，离婚后扶养制度与离婚经济帮助制度异曲同工，在不同的社会经济环境中起到的作用及其所要达到的目的基本相同。在最终的价值取向方面，离婚后扶养制度与离婚经济帮助制度并无本质不同，但二者的制度价值取向不甚相同。一些国家认为离婚后扶养乃是婚姻效力的延续，并基于此建立了离婚后扶养制度；然而我国一直认为，离婚后帮助不过是伦理道德在离婚双方之间所做的规划和调整。据此，本文认为，离婚经济帮助制度更加符合我国国民的价值认同感，并且从其创立、实施至今已经形成了一种传统和路径，而这种传统和路径应当被尊重和保留。

本文还认为，我国的离婚经济帮助制度存在缺陷，需要加以完善以便更能适应时下客观情势的发展。我国《婚姻法》应当将目前的单要件主义变为双要件主义，以便从立法的角度更加公允的考量离婚双方的利益。在理解"困难"时，需采广义的"困难"标准，即采用"原有生活水平"主义来考察困难。此外，我国《婚姻法》还应制定灵活多样的经济帮助方式和考量因素，为离婚时生活困难一方提供更为切合实际的帮助。

三、家庭关系论

3.1 对中国夫妻共同财产范围的社会性别分析

——兼论家务劳动的价值*

夏吟兰

一、夫妻共同财产制的意义

夫妻共同财产制是夫妻财产制中的重要制度，它是指将夫妻财产的一部或全部合并为共同财产归夫妻共同所有，至婚姻关系终止时分割。基于共同财产的范围不同，共同财产制还可分为一般共同制、动产和所得共同制、婚后所得共同制、劳动所得共同制等多种形式。一般共同制的共同财产范围最大，不论是夫妻的婚前财产还是婚后财产，是动产还是不动产，一律归夫妻共同所有。动产和所得共同制是指夫妻在结婚时的全部动产和婚后所得归夫妻共同所有。婚后所得共同制是指夫妻关系存续期间的财产属于夫妻共同所有。劳动所得共同制则是仅以夫妻在婚姻关系存续期间的劳动收入作为夫妻共同所有。

我国《婚姻法》自 1950 年采取婚后所得共同制，虽历经修改，不断补充完善，但将婚后所得共同制作为法定夫妻财产制度的原则仍保持不变，究其立法意图，主要有三：

一是符合婚姻关系的特点。夫妻共同财产制的特点是将夫妻的婚后生活视为一个整体，共同管理、使用、处分其婚后所得财产，它反映了夫妻共同生活、共同居住的现实，使夫妻的经济生活与身份关系趋于一致，有利于婚姻关系的稳定。同时，夫妻关系是至为密切的社会关系，

---

* 本文发表于《法学杂志》2005 年第 2 期，第 71~74 页。

一方在婚姻关系存续期间所得的财产，尽管另一方收入很低，甚至没有职业，也应视为夫妻双方共同努力的结果，因为，在一方获得的财产收益中，包含了另一方在操持家务、抚养子女、协助工作以及情感支持等方面的投入。就这个意义而言，婚后所得共同制确认了家务劳动的价值，为从事家务劳动的一方提供了有力的保护。因而，这一制度有利于保护妇女合法权益。

二是符合中国的国情。夫妻财产制与夫妻身份制一样，总是与一定的社会制度相适应的。目前，我国仍然是发展中国家，大多数公民的收入和财产数量仍然不高，共同财产制鼓励夫妻同甘共苦，可以使双方有限的收入发挥最大的效益，提高家庭的生活水平。同时，"同财共居"是中国几千年的婚姻习俗，共同财产制符合绝大多数人对婚姻的心理期待和社会认同。尽管有些学者认为分别财产制更能体现夫妻的独立人格和独立地位，更能体现男女平等原则，但就我国目前的状况看，仍不具备以分别财产制作为法定财产制的社会条件。一方面，妇女在受教育程度、就业、薪酬方面普遍低于男性，许多已婚妇女因从事家务劳动使职业发展受到很大影响[1]，实行分别财产制将致妇女于不利地位。另一方面，实践中大多数人仍然不能接受分别财产制，以分别财产制作为法定财产制不符合中国国情。

三是有利于交易安全。夫妻财产制不仅规范夫妻之间的财产关系，规定静态的"所有"安全，而且也规范夫妻与第三人之间的债权债务关系，保护动态的交易安全。适用法定的共同财产制使第三人在通常情况下可以推定夫妻间的财产就是共同财产，除非当事人明确告知第三人夫妻之间实行了分别财产制，否则第三人与夫妻一方发生的债权债务关

---

[1] 2001年第二期中国妇女社会地位调查主要数据报告显示，城镇在业妇女的年均收入是男性的70.1%。越接近最低收入者，女性的比例越高，而越接近于高收入者，男性的比例越高。同时，尽管男女的收入均值都随着教育程度的提高在增加，但在同等教育程度（如高中或大学）分组中，女性的平均收入都无一例外地明显低于男性。调查还显示，近10年新进入劳动力市场的男女两性的收入随着市场机制的引入而正在拉大，而家务劳动对收入的影响是负值，对女性劳动价值的低估也会带给女性劳动者负面的反馈，使其把更多的时间用于家庭。结果，只能使女性的劳动就业能力更为降低，收入也会随之下降。

系就是以夫妻双方的共同财产作为保证的。同时，在夫妻共同财产制下，夫妻对共同财产享有平等的处分权，因此，对第三人而言，一方对财产的处分，可以视为夫妻双方的共同意思表示，即使是夫妻一方单独擅自处分，第三人仍有理由相信该处分行为是夫妻双方共同意思表示，夫妻中的另一方也不得以不知道或不同意为由对抗善意第三人[1]。

二、夫妻共同财产制的性别盲点

夫妻共同财产制源于中世纪的日耳曼法。与现代法的共同财产制理念不同，它是夫妻一体主义的产物。共同财产制顾名思义，是以夫妻一体的观念为基础而以夫妻之财产为夫妻共有的制度，表面上看似非常公平，其实不然。传统的夫妻共同财产制夫权色彩非常显著，丈夫是夫妻共同体的主人，对于共有财产可以行使绝对的权利。1804 年的《拿破仑民法典》规定，夫为婚姻共同体之首长，单独管理共有财产，不须妻之同意可以将共有财产出卖、转让或抵押，而且于管理上对妻无报告义务（1421 条）。此外，丈夫还可以管理妻之特有财产，且收取其所生之果实或利益。如此，妻对于自己之特有财产也仅有"虚有权"而已，故处分时，往往需要夫之协力。[2] 自近代以来，这种夫权色彩浓厚的夫妻共同财产制已逐渐被夫妻权利平等的共同财产制度所取代。现代的夫妻共同财产制已基本摈弃了以夫权为主导的夫妻一体主义，以夫妻各自人格独立、男女平等和保护夫妻弱势一方利益为立法原则。但是，如果我们以社会性别的视角，站在女性既存的社会性别制度化中所处的实际上不平等的特殊地位上，去审视现存的家庭角色分工，就可以看到夫妻共同财产的范围界定仍然存在着性别盲点。

女性主义学者认为，造成女性与男性不平等的因素不是两性之间在生理上的差异，而是两性的社会性别差异。把男女两性通过婚姻结合组成的生活单位定义为家庭，是以存在劳动和角色的社会性别分工为前提的，是既定的社会性别文化的产物，即家庭是由一个赚钱的丈夫和父

---

〔1〕 最高人民法院《关于适用〈中华人民共和国婚姻法〉若干问题的解释（一）》第17条。

〔2〕 林秀雄：《夫妻财产制之研究》，中国政法大学出版社 2001 年版，第33页。

亲，一个没有收入但照料家务的妻子和母亲，以及一个或多个子女组成[1]。在这种典型的家庭模式假定下确立的夫妻共同财产制，让没有工作的妻子获得丈夫收入的一半，似乎是对妇女的尊重和对她家务劳动价值的肯定。但我们不禁要问：没有任何社会工作的妻子的财产所有权能够真正实现吗？在现代大多数女性参与社会工作的情况下，如何看待家务劳动的价值？现行的夫妻共同财产范围是否充分考量了妻子的贡献？家庭中的无形资产应当如何评估？

（一）家庭中角色分工的社会性别分析

据联合国统计司和提高妇女地位司的调查发现，在大多数国家，妇女无论是否就业，都承担着家务劳动，尤其是要承担照料子女及其他家人的主要责任。在发达地区，2/3 至 3/4 的家务劳动是由妇女承担的。2001 年第二期中国妇女地位调查资料显示，中国的城镇妇女每周花在家务劳动上的时间平均是 21 个小时，比男性的 8.7 个小时要多近 2 倍，而她们中的大多数与男性一样是全职工作者。

家庭中的性别角色分工是决定家庭关系和女性地位的基础，性别角色分工虽然与生理因素有直接关系，但却不是由生理因素决定的，它是社会文化塑造的结果。决定家庭中性别角色分工和女性从属地位的根源在于以男性为中心的父权制社会。女性承担大部分生儿育女负担的"生理现实"是父权制产生并持续维持稳定的渊源；父权制规范产生的基础不是生物和生理上的原因，而是由于社会接受了男权统治的价值体系和意识观念；在父权制这种经济关系下，家庭成为男性免费使用和支配女性劳动力的场所。家庭中的男权中心是社会中男权中心系统的一个组成部分，社会中的性别不平等通过种种渠道渗透到家庭的权力结构中，而家庭中的性别不平等又反过来成为社会创造社会性别不平等范式的渠道之一。因此，家庭中的性别不平等应该是社会中两性关系不平等的延伸。

女性社会角色的变化将推动家庭性别分工从"传统的"性别角色

---

[1] 鲍晓兰主编：《西方女性主义研究评价》，生活·读书·新知三联书店 1995 年版，第 2~5 页。

分工向"平等的"性别角色分工模式转变。调查显示，目前我国大多数家庭性别角色分工已经处于"传统的"与"平等的"两种范式之间，妇女的收入占家庭总收入比例的平均水平已由 20 世纪 50 年代的 20% 提高到 20 世纪 90 年代的 40%，尽管实际上家务劳动的主要承担者仍然是女性，但赞成家务劳动应由男女共同承担的人已达到 86.5%[1]。显然，对于家庭中性别角色分工的态度转变快于行为的转变，但我们相信态度的转变正是行动转变的先导。

（二）家务劳动在夫妻共同财产中的意义

是否需要评估家务劳动的价值，以及如何评估家务劳动价值的问题，早在 20 世纪中叶就已经在许多国家开始产生争论，并逐渐被女性主义者纳入其研究的领域。1960 年，日本的学者矶野富士子教授在《妇女解放的混迷》一文中提出，家务劳动不仅有用，而且产生价值。他认为，是否承认家务劳动的价值，关系到妇女在社会和家庭中的地位，只要承认妻子具有独立的人格，则妻应当对于自己的劳动，有要求相当报酬的权利。家务劳动是劳动力再生产所不可缺少的生产手段，当然产生价值，此价值构成劳动力即商品价值之一部分，因此，家庭主妇可以从丈夫的职业所得中要求因家务劳动所附加的价值部分。他的这一观点，得到许多学者的赞同。林秀雄进一步指出，家务劳动非商品交换的劳动，故对社会而言，无经济的价值；但于社会关系中无经济价值的劳动，于家庭关系中，未必就无价值。事实上，家务劳动对整个家庭或丈夫而言，不仅有用，而且有价值。妻为家务劳动，则不必支付对价与他人，家计费用即可减少，而其减少部分，对家庭而言，就是家务劳动的价值。家务劳动之防止家庭中积极财产流出的功能，即为其获得评价的主要根据[2]。

这些对家务劳动价值的肯定性观点在一些国家的立法和司法实践中

---

〔1〕 谭琳、陈卫民：《女性与家庭：社会性别视角的分析》，天津人民出版社 2001 年版，第 84～87 页。

〔2〕 林秀雄：《夫妻财产制度之研究》，北京，中国政法大学出版社 2001 年版，第 147～155 页。

有所体现。如《瑞士民法典》亲属编在婚姻的一般效力中规定：负责料理家务、照料子女或扶助配偶方从事职业或经营事业的配偶一方，有权请求他方支付一笔合理的款项，供其自由处分（第164条）。英国的关于婚姻及离婚的王室委员会在其报告的第九编"夫妻间财产上诸权利"的一般考虑事项中提出：婚姻为夫妻平等运作的合伙，妻通过家事之照料、子女之养育而对共同事业的贡献，与夫之维持家计、扶养家庭具有同等价值（1950年）。日本在司法实务中也承认家务劳动具有价值。日本最高裁判所在其判决中认为，以女性在25岁结婚离职为理由，而不承认25岁以后所造成的逸失利益的原审判决为不当，而应以妻之家务劳动亦生财产上之利益为由，承认逸失利益之损害赔偿（《民集》第28卷5号，第872页）。[1]

虽然有关承认家务劳动价值的理论与实践都将家务劳动视为妻子的当然职能，即所谓"主妇的权利"，仍然没有摆脱传统的"男主外，女主内"的家庭分工模式，但毕竟对承认家务劳动的社会和经济价值在理论上进行了梳理和探讨，并在一些国家的法律或实务上予以了肯认，这是一个重大的进步。如前所析，家庭角色分工模式的转变，由男女双方共同承担家务劳动，或真正全面地实现家务劳动的社会化，尚须时日，在此之前，明确家务劳动的社会价值和经济价值，有利于保障从事家务劳动的妻子的权利。

我国因1950年《婚姻法》就开始实行夫妻共同财产制，似乎家务劳动的价值已经在共同财产制中得到体现，无须再另行规定了。但夫妻婚后所得共同财产制并没有解决家务劳动价值的问题。这一方面表现在获得夫妻共同财产的前提是基于夫妻身份，而不是夫妻协力，这使专门从事家务劳动的一方因其劳动不被社会承认，不具有经济价值而实际上处于仰人鼻息、受人恩惠的境地（重大家庭事务仍以丈夫决策为主，81%的住房以丈夫的名义登记，存款登记在丈夫名下的也占到69.3%），

---

〔1〕 全段冶良坚：《家事劳动の法的评价》，法学セミナ一昭和四九年十月号16页。

共同财产所有权无法真正行使[1]，法律上规定的独立人格也难以真正落到实处。而另一方面，许多既外出工作，又要承担主要家务劳动的一方所从事的家务劳动在夫妻共同财产中没有得到任何体现。由于家庭角色分工的传统观念没有发生实质性的改变，在愈来愈多的妇女进入职业领域，从事有偿劳动的同时，家务劳动仍然主要由妇女承担，特别是在目前竞争愈加激烈的社会转型期，妇女所承担的社会压力更为严重，角色冲突也就愈加明显。因此，社会不仅要承认她们的职业劳动的价值，也应当承认家务劳动的价值。

承认家务劳动的价值，不仅可以在一定程度上促进家庭成员认识到家务劳动对家庭的贡献，同时也促使社会尽快认识家务劳动对家庭和社会的贡献，承认从事家务劳动的妇女所付出的时间成本和机会成本。按照我国签署和承诺的第四次世界妇女大会《北京宣言》的要求[2]，应当由国家制定政策和法律，如制定对家务劳动等无酬劳动的评估方法，并将其列入国民核算体系。我国《婚姻法》应对从事家务劳动的价值作出肯定性规范，承认家务劳动的经济价值。在离婚分割夫妻共同财产时也应将家务劳动作为需要考量的因素。通过政策和法律导向，最终促使有关家庭角色分工的不平等状况向平等的方向发展。

三、无形财产应纳入夫妻共同财产范围

无形财产是与没有实体或实物存在形式的财产客体相关的法定权利[3]。2001 年修订的《婚姻法》虽然对夫妻共同财产的范围作出了更为明确具体的界定，但除规定知识产权的收益属于夫妻共同财产外，对无形财产中的文凭、执照、资格等具有预期利益的法定权利未作明确规定。笔者认为，此类财产也应当纳入夫妻共同财产范围。

在传统的财产法律中，文凭、执照、资格等无形财产并不属于财产之列。各国的婚姻家庭法中，也缺乏将其视为婚姻财产的相应法律依

---

〔1〕 蒋永萍主编：《世纪之交的中国妇女社会地位》，当代中国出版社 2003 年版，第 28～29 页。

〔2〕 《北京宣言》，战略目标 H. 3. 206.（g）。

〔3〕 《牛津法律大辞典》，光明日报出版社 1988 年版，第 438 页。

据。但 20 世纪末，一些国家对此问题开始反思。如美国一些州的判例，就确认配偶一方因对方的帮助所取得的成就、学位、执照、资格等，应当属于衡平法上的婚姻财产。其理由是：①一方的贡献和努力增加了对方事业的价值；②婚姻财产，是指在婚姻关系存续期间所获得的财产，而不论其财产形式如何；③婚姻财产不必以是否具有交换价值来作为评价标准。如行医执照被认为有助于增加收入，故而持有者的配偶如果对此作出贡献，就可以分得其中的份额；④婚姻是双方彼此贡献的经济合伙，一方的成就、学位、执照、资格等包含了对方的贡献和投入，它应当是衡平法上分割婚姻财产时的决定因素[1]。

如前文所述，在家庭共同生活中，往往是妻子为了家庭的整体利益、对方事业的发展，在对方学习、培训期间，承担全部或主要的家务劳动，牺牲自己的发展机会，为对方的发展提供没有后顾之忧的家庭保障甚至是承担全部的生活费用和学习费用，帮助对方获得文凭、执照或资格。对此类文凭、执照、资格等无形财产，目前我国《婚姻法》及司法解释均未视为夫妻共同财产，只是对于在婚姻关系存续期间文凭、执照或资格已经转化为物质财富的，如提高的收入可以作为夫妻共同财产，但若尚未转化为有形的物质财富，则不视为夫妻共同财产。例如妻子负担全部或者大部分的家务劳动并以自己的收入支持丈夫接受教育和培训，而丈夫却在毕业或者获得学位、职业资格后提出离婚的情形，根据目前对夫妻共同财产的界定，此时丈夫所取得的能够带来高收入的文凭、执照、资格因尚未转化为有形财产，不能作为夫妻共同财产参与离婚财产的分割，而妻子则已将自己的收入支付了丈夫的学习和培训费用。其结果是，双方除丈夫的文凭、执照、资格外，几乎没有其他财产，离婚时夫妻可供分割的共同财产微乎其微。

可见，否认了在婚姻关系存续期间获得的文凭、执照、资格等无形财产作为夫妻共同财产实际上就否认了妻子的付出和牺牲，使得离婚变成了对被离异妻子的一种无情的剥削和掠夺。这是与致力于实现男女平

---

〔1〕 李进之等：《美国财产法》，法律出版社 1999 年版，第 88~89 页。

等、保护弱者利益的《婚姻法》的基本原则相违背的。因此，正确界定婚姻关系中财产的范围至关重要。

婚姻是一个共同体，婚姻关系是双方为共同利益而努力的伙伴关系。结婚是以永久共同生活为目的的，结婚者有理由相信，配偶一方的发展就是整个家庭的发展，自己也必然分享因发展所获得的成果及预期利益。一方牺牲自己的时间成本和机会成本从事家务劳动，为对方获得文凭、执照、资格在经济上和生活上予以支持，是因为她（他）确信在婚姻生活中，自己可以分享对方获得的成果和带来的相应经济利益。尽管在婚姻关系这种亲密的关系当中，利他主义可能发挥了一定的作用，但是眼前的和将来的可期待的利益仍然是促使夫妻作出这些牺牲的一个强大的动力[1]。在获取这一成果的过程中，取得文凭、执照、资格的一方，需要亲自参加学习、培训，是直接贡献者；夫妻另一方从事家务劳动，外出工作，维持家计，甚至用自己的工作收入支付学费或培训费，是间接贡献者，这两种贡献应当具有同等的价值。

文凭、执照、资格等法定权利能够证明一个人的受教育程度、知识或技术水平，反映了持有者的身份和资格利益，具有人身专属性。但文凭、执照、资格等的取得要付出一定的时间、精力和相应的金钱投入，在一定意义上可以视为其他财产权转化的产物。同时，文凭、执照等又是一个人的就业能力、收入能力的证明。通常情况下，文凭愈高，专业能力愈强，获得较高收入的工作机会愈大，换言之，其获得的预期利益也就愈大。由此看来，文凭、执照、资格中确实包含着一定的经济利益，具有经济价值。但是，这种经济利益除了体现为已经实现的收入之外，又是无形财产，难以像有体物一样予以占有和使用。从价值的实现上来看，文凭、执照、资格等法定权利的物质利益是可预期的而且具有可持续性。夫妻婚后所得财产的内容应当包括所有的财产形式，不应仅仅包括有形财产及无形财产中的收益，否则，就人为地缩小了夫妻财产的外延，在立法上背离了夫妻共同财产制的本质，不利于保护当事人特

---

[1] Allen M. Parkman, "The ALI Principles and Marital Quality", *Duke Journal of Gender Law & Policy*, Spring/Summer, 2001.

别是为一方取得这些无形财产而协力贡献的妻子一方的利益。的确，在一个知识经济和无形资产已经日益并且可能成为最为重要财产的社会中，如果婚姻财产的分割还仅仅局限于有形财产，那显然是一个时代的错误。[1]

综上所述，在婚姻关系存续期间，夫妻一方取得的文凭、执照、资格等，应当属于夫妻共同协力的成果，对于因此所产生的利益，包括预期利益均应作为夫妻共同财产，列入夫妻共同财产的范围。

---

[1] 苏力："冷眼看婚姻"，载李银河、马忆南主编：《婚姻法修改论争》，光明日报出版社1999年版，第48页。

3.2 论夫妻共同财产的认定与分割

——以三市离婚案件调查数据分析为路径[*]

夏吟兰　薛宁兰[**]

夫妻共同财产的认定与分割，是夫妻共同财产制的核心内容。我国 2001 年修订后的现行《婚姻法》坚持以婚后所得共同制为法定夫妻财产制的类型。所谓"婚后所得共同制"，是婚姻关系存续期间夫妻双方或一方所得的财产，除法律另有规定外，均为夫妻共同所有的制度。[3] 这一制度是否符合我国社会生活实际，为民众认可？认定夫妻共同财产的规则是什么？离婚司法实践中，法官如何区分与认定夫妻共同财产和夫妻个人财产？法官分割夫妻共同财产时遵循哪些原则？这些问题一直为中国法学会婚姻家庭法学研究会所关注。

2010 年，国家社会科学基金项目"民法典体系中的婚姻家庭法新架构研究"课题组选择北京、上海、哈尔滨三地基层法院，以 2008 年该院审结的离婚案卷为样本，按月随机抽样，调阅 391 件离婚案件，对当前我国大城市诉讼离婚特点和《婚姻法》相关制度的实施状况有了初步了解。新近公布施行的《最高人民法院关于适用〈中华人民共和国婚姻法〉若干问题的解释（三）》（以下简称《司法解释（三）》）

---

* 本文发表于夏吟兰、龙翼飞主编：《家事法研究·2011 年卷》，社会科学文献出版社 2011 年版，第 219~234 页。

** 薛宁兰，女，中国社会科学院法学研究所研究员，博士生导师，社会法研究室主任。

〔3〕 巫昌祯、夏吟兰主编：《婚姻家庭法学》，中国政法大学出版社 2007 年版，第 113 页。

以夫妻财产关系规制为重点，其 19 个条文中有关夫妻财产归属认定、夫妻共同财产分割的条文达 9 条[1]，占全部条文的 47.36%。可见，对夫妻财产的认定和分割确是离婚司法实务中重要的、易引发争议的问题。

本文以 2008 年北京、上海、哈尔滨三地基层法院审结的 391 件离婚案件调查数据为依据[2]，对我国婚后所得共同所有制中夫妻共同财产的认定与分割问题进行探讨。

一、"同财共居"仍是夫妻双方首选

目前，我国夫妻财产制的立法结构由法定夫妻财产制和约定夫妻财产制组成。通说认为，约定财产制是法律尊重婚姻生活的特殊性与个性的体现，依民法原理，约定财产制在适用上具有优先于法定财产制的效力。当事人双方有关夫妻财产制的约定合法有效，其财产所有关系便适用约定财产制，而不适用法定财产制。约定财产制因此被称为"正常的夫妻财产制"，法定财产制则被称为"补充的夫妻财产制"。[3]

然而，在我国，夫妻婚前或婚后对夫妻财产制类型作出约定的很少。这是一个普遍的共识，也得到相关调查数据的支持。2002 年，由婚姻家庭法学研究会部分理事承担的中国法学会"《婚姻法》执行中的问题"课题组在北京、哈尔滨、厦门三市对离婚诉讼案件开展调查。结果显示：离婚夫妻中，绝大多数对其财产未作任何约定，适用法定婚后所得共同财产制占案件总数的比例，哈尔滨为 85%，北京则高达 97.4%。厦门分项目报告虽未有具体数据，但其描述性结论称"婚后所

---

[1]《司法解释（三）》有关夫妻财产认定的条文有 4 条，包括第 5 条一方婚前财产婚后孳息和自然增值归属认定、第 7 条婚后父母出资购房产权认定、第 10 条一方婚前按揭购房产权认定、第 12 条用夫妻共同财产购买父母房改房产权认定。《司法解释（三）》有关夫妻共同财产分割的条文有 5 条，它们是：第 4 条婚内财产、第 13 条离婚时尚未退休一方的养老金分割、第 14 条以离婚为条件的财产分割协议的效力、第 15 条尚未分割遗产的离婚分割、第 18 条离婚后尚未分割财产的再行分割。

[2] 391 件被调查案件包括：上海市某区法院 128 件、哈尔滨市某区法院 120 件、北京市某区法院 143 件。

[3] 史尚宽：《亲属法论》，中国政法大学出版社 2000 年版，第 332 页。

得共同财产制是本次调查范围内的当事人夫妻财产制的普遍情形"。[1]

6年后，在我国大城市中，夫妻采取法定婚后所得共同制的情形有无变化，抑或与先前相同？国家社会科学基金项目"民法典体系中的婚姻家庭法新架构研究"课题组的调查统计数据显示，这种状况依旧如前。在391件被调查案件中，体现夫妻财产制类型的277件，其中，明确实行法定婚后所得共同制的，哈尔滨有63件、北京141件、上海61件。当事人约定财产归各自所有的8件、约定财产部分各自所有、部分共有的4件。具体情形如图1：

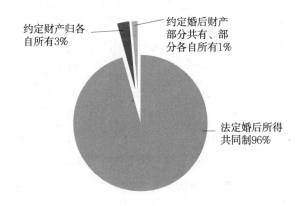

图1　离婚当事人实行的财产制形式

如何看待这一现象？已有研究认为，社会生产力发展水平及人们的收入状况、家庭职能、妇女经济地位，以及文化传统等，是立法确定夫妻共同财产制类型的参考因素。[2] 共同财产制比分别财产制更能反映夫妻关系的本质和特征。[3] 我国选择婚后所得共同制为法定财产制与我国社会生产力发展水平相适应，也与夫妻关系的特性相吻合。它使得

---

〔1〕　巫昌祯主编：《婚姻法执行状况调查》，中央文献出版社2004年版，第5、91、165页。

〔2〕　裴桦：《夫妻共同财产制研究》，法律出版社2009年版，第52~59页。

〔3〕　马忆南："共同财产制更能反映夫妻关系的本质和特征"，李银河、马忆南主编：《婚姻法修改论争》，光明日报出版社1999年版，第319页。

夫妻经济生活与身份生活趋同一致，有利于促进婚姻稳定，发挥家庭养老育幼的职能。它还有利于承认家务劳动与社会劳动具有同等的价值，为在婚姻中献身家庭和孩子的配偶一方（主要是妻子）提供了有力的保护，有利于实现夫妻家庭地位的事实上平等。[1]

除此之外，调查数据也强有力地表明，"同财共居"是当前中国人对婚姻普遍持有的观念，我国实行婚后所得共同制符合绝大多数夫妻婚姻生活的实际。林秀雄认为，"完全合理、平等的法定夫妻财产制下，夫妻财产制契约（作者注——即约定财产制）实无用武之地。""在法定夫妻财产制无法适应新的社会形态时，蛰伏已久的夫妻财产制契约又有发挥其修正机能的机会。"[2] 这表明，在夫妻财产制结构中，约定财产制具有弥补法定财产制不足的机能。换言之，当一国法定夫妻财产制类型与人们的婚姻传统和社会发展阶段相适应，有利于实现夫妻财产地位事实上平等时，男女在婚前或婚后另行约定夫妻财产制类型的比例便不会太高。在我们的调查中，实行约定夫妻财产制（包括约定分别所有和约定部分共有、部分各自所有）的夫妻仅占 4%。可见，我国现行《婚姻法》以婚后所得共同制为法定夫妻财产制体现了上述立法宗旨，是合理的，也是符合绝大多数夫妻意愿的。

婚姻住房是夫妻财产的重要组成部分。近年来，我国住房制度改革逐步从福利分房向福利购房和按揭购房过渡，离婚当事人婚姻住房的产权类型与产权登记因此呈现多样化特点。从房屋产权归属看，三市 391 件被调查案件中，房屋为夫妻双方所有的 69 件、男方所有 25 件、女方所有 10 件、家庭共有 17 件，共计 121 件。房屋所有权归属情形如图 2 所示：

---

〔1〕 蒋月："我国夫妻财产制立法的基本问题"，陈苇："夫妻财产制立法研究——瑞士夫妻财产制研究及其对完善我国夫妻财产制的启示"，载梁慧星主编：《民商法论丛·第 15 卷》，法律出版社 2000 年版，第 272、331 页。

〔2〕 林秀雄：《夫妻财产制之研究》，中国政法大学出版社 2001 年版，第 196~197 页。

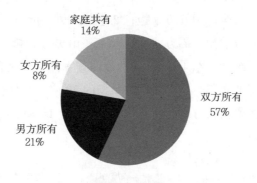

图2　离婚当事人的婚姻住房情况

可见，即便在经济相对发达的大城市中，婚姻住房仍以夫妻共有和家庭共有为主。在43件明确记载房屋产权登记的案件中[1]，属于婚前一方以个人财产全款购房，婚后取得房产证，房屋产权登记在自己名下的8件；属于婚前一方以个人财产全款购房，婚后取得房产证，房屋产权登记在对方名下的1件；属于婚后双方以共同财产购买房屋，房屋产权登记在一方名下的24件；属于其他情形的10件，如房屋由一方婚前首付，婚后一方继续偿还，产权登记在自己名下，或房屋由男方出资，登记在男方父亲名下。可见，虽然当事人购买婚姻住房方式呈多样化态势，但仍以双方共同购买为主。

家务劳动不是商品交换的劳动。对于家庭，它不仅有用，而且有价值。一方面，一方从事家务、照顾老人和抚育子女的付出，使对方能够解除后顾之忧，在社会上全力打拼，赚取更多收入，养家糊口；另一方面，一方所为的家务劳动，也使家庭免去了雇佣家政工的劳务费用支出，使家庭开支相应减少。因此，家务劳动对夫妻共同财产的形成和保有具有直接的经济价值，它也表明夫妻共同财产的形成是夫妻协力的结果。

关于离婚案件中当事人家务劳动承担的情况，本次调研设计了专门

---

〔1〕　哈尔滨查阅到相关案件27件，北京查阅到相关案件11件，上海查阅到相关案件5件，总计43件。

的问题清单，从①全部由女方承担；②全部由男方承担；③男女平均承担；④主要由女方承担，男方协助；⑤主要由男方承担，女方协助等9个方面逐案进行统计。结果是仅14件被调查案件中对此有显示，其中，全部由女方承担的4件，全部由男方承担的2件，主要由女方承担男方协助的5件，主要由男方承担女方协助的3件。具体比例如图3所示：

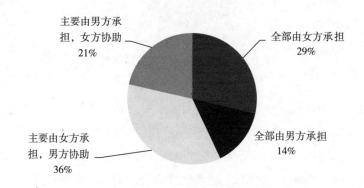

图3　离婚当事人家务承担情况

据此，我们对三市离婚案件中夫妻家务劳动承担情况做两点初步推断：一是女方较男方承担家务劳动的比例要高。第①④⑤项相加比例为86%；二是家务劳动呈现出男女共同分担的趋势。第④⑤项相加比例高于第①②项之和，为57%。从全国情况看，2001年第二期中国妇女社会地位调查显示，与1990年第一期妇女社会地位调查相比，我国城乡以女性为主承担家务劳动的格局仍然没有改变。女性平均每天做家务的时间长达4小时14分钟，比男性多2小时41分钟。与1990年相比，其时（1999年），我国夫妻从事家务劳动时间的差距只缩短了6分钟。城镇在业女性每天的家务劳动时间平均为2小时54分钟，仍比男性多1小时39分钟。[1] 两相比较，本次调查虽显示在中国政治、经济发达的三市中有夫妻分担家务劳动的趋势，但并不能由此推论全国总体发展趋

---

〔1〕　全国妇联、国家统计局：《第二期中国妇女社会地位抽样调查主要数据报告》，2001年9月。

势。我国城乡差别、地区差别显著，农村人口占人口总数的一半以上，可以推断家务劳动女性化是普遍的现象。由此可见，我国以婚后所得共同制为法定夫妻财产制是保护女性婚姻财产权益的有力措施。它有利于弥补男女之间社会经济地位的差距，促进夫妻间的社会性别公正。

二、夫妻共同财产的认定规则与价值导向

我国《婚姻法》第 17 条第 1 款规定："夫妻在婚姻关系存续期间所得的下列财产，归夫妻共同所有：①工资、奖金；②生产、经营的收益；③知识产权的收益；④继承或赠与所得的财产，但本法第十八条第三项规定的除外；⑤其他应当归共同所有的财产。"第 18 条又规定，"有下列情形之一的，为夫妻一方的财产：①一方的婚前财产；②一方因身体受到伤害获得的医疗费、残疾人生活补助费等费用；③遗嘱或赠与合同中确定只归夫或妻一方的财产；④一方专用的生活用品；⑤其他应当归一方的财产。"这两条均采取例示性规定。其优点在于，明确列举哪些财产属于夫妻共有，哪些属于一方个人所有，增加了法律的可操作性；列举之后，又有兜底条款，具有适应复杂多变社会生活需要的作用，也为立法解释和司法解释留有空间。然而，这也在一定程度上增加了实际区分共同财产和个人财产的难度。

调研中，我们结合《最高法院关于适用〈中华人民共和国婚姻法〉若干问题的解释（二）》（以下简称《司法解释（二）》）对《婚姻法》"其他应当归共同所有的财产"的解释[1]，对 391 起离婚案件中涉及法官对夫妻财产认定的进行统计。在 40 起案件中，法官对属于"其他应当归共同所有的财产"有认定。包括已经被法律和司法解释明确规定的财产，如婚后夫妻一方或双方从事生产、经营的收益，婚后夫妻一方实际取得或应当取得的住房公积金、住房补贴等，也包括法律没有明确界定的其他财产，如无法认定为属于夫妻一方所有的他人赠与，

---

〔1〕《司法解释（二）》第 11 条规定："婚姻关系存续期间，下列财产属于婚姻法第 17 条规定的'其他应当归共同所有的财产'：①一方以个人财产投资取得的收益；②男女双方实际取得或者应当取得的住房补贴、住房公积金；③男女双方实际取得或者应当取得的养老保险金、破产安置补偿费。"

用于偿还房贷的财产，夫妻婚后共同购买的生活用品，让与车位使用权的折价，以及双方婚后购买但登记在夫妻一方名下的婚姻住房、车辆等。具体如图4所示：

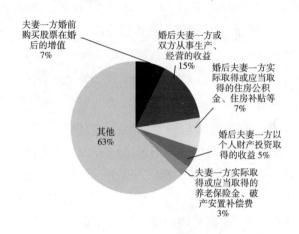

图4　法官认定的夫妻共同财产

在58起案件中，法官对夫妻个人财产有认定。这些财产包括：女方结婚时的陪嫁物品，婚前男方或男方父母为女方购买的"三金"（项链、戒指、耳环），婚后一方因身体受到伤害获得的医疗费、残疾人生活补助费等费用，遗嘱或赠与合同中确定归夫或妻一方所有的财产，一方专用的生活用品，以及一方对公司的投资，一方承租单位的住房，解除劳动关系的经济补偿金、风险抵押金等。这其中，有些财产属于《婚姻法》第18条明确列举的应当归夫妻一方所有的财产，有些则不是，而是"其他应当归个人所有的财产"。其比例如图5所示：

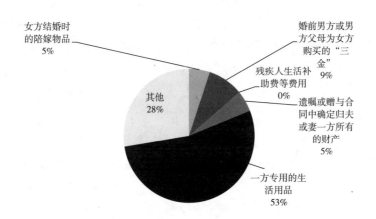

图 5　法官认定的个人财产

可见，不论司法解释是否对《婚姻法》第 17 条、第 18 条的兜底条款作出解释，现实生活中出现的"其他"应当归夫妻共有或一方所有的财产类型呈现多元化特点。法官判案时，还需按照一定规则，进行自由裁量，这使讨论夫妻共同财产认定的基本规则显得十分必要。

2001 年《婚姻法》修正案，对 1980 年以来我国实行的婚后所得共同制的共同财产范围作出修改。它通过列举性规定夫妻共同财产，增设夫妻个人财产，来限定（缩小）夫妻共同财产范围。因此，我国现阶段实行的婚后所得共同制与此前（1981~2001 年）实行的婚后所得共同制不同，它是部分的婚后所得为夫妻共有的共同制。尽管如此，从这一制度的性质出发，仍然可以得出一个基本判断：除法律另有规定（如《婚姻法》第 18 条）外，夫妻一方或双方婚后取得的财产，原则上都是夫妻共有财产。[1] 因为，婚后所得共有制的法理基础是承认夫妻之间存在的协力关系，这在我国学界得到普遍认同。[2] 夫妻之间的"协

〔1〕 裴桦：《夫妻共同财产制研究》，法律出版社 2009 年版，第 66 页。许莉："夫妻个人财产婚后所生孳息之归属"，载《法学》2010 年第 12 期，第 12 页。
〔2〕 夏吟兰：《美国现代婚姻家庭制度》，中国政法大学出版社 1999 年版。蒋月：《夫妻的权利与义务》，法律出版社 2001 年版。裴桦：《夫妻共同财产制研究》，法律出版社 2009 年版。

力"贯穿整个婚姻生活。只要婚姻关系存在，便可认定夫妻之间存在着"协力"关系，而不考虑双方情感状况、家务劳动分配以及对家庭经济贡献的大小等因素。共同财产制认可夫妻之间的"协力"，目的在于维护婚姻的稳定，引导婚姻当事人以家庭整体利益为重，鼓励配偶之间互相支持与扶助。因此，如果认为婚姻在当代社会中仍具有不可替代的作用，认可夫妻之间的"协力"就是法定夫妻财产制度的必然选择。[1]

婚后所得共同制对夫妻共同财产范围的界定，介于一般共同制与劳动所得共同制之间。与一般共同制相比，它既排除一方婚前个人财产（如女方结婚时的陪嫁物品等）为夫妻共有，又排除婚后取得的那些具有人身属性且不是夫妻协力所得的财产为夫妻共有。与劳动所得共同制相比，婚后所得共同制不仅将夫妻劳动所得作为共有财产，还将体现夫妻协力（直接贡献和间接贡献）所得的财产也作为共同财产。这一制度隐含着一个基本规则，即：在法律未作明文规定的情况下，婚姻关系存续期间夫妻一方取得的财产，首先应推定为夫妻共有财产。这样的规则在其他国家和地区民事立法中已有存在。例如，《法国民法典》第1402条规定，"任何财产，不论动产还是不动产，如不能证明其依据法律之规定，属于夫妻一方的自有财产者，均视为共同财产"。《埃塞俄比亚民法典》第653条规定，"除非配偶一方证明他是某项财产的唯一所有人，得推定所有财产为共同财产"。可见，即便在其他类型的夫妻财产制中，推定共有规则也有存在的必要。

婚后所得推定共有规则在我国《婚姻法》中一直没有明确规定。这在一定程度上是法官对夫妻婚后所得财产归属认定产生困惑的原因。最高人民法院《关于适用〈中华人民共和国婚姻法〉若干问题的解释（三）》有关夫妻财产认定的规定引发争议，也就在所难免。我们认为，长远看，我国未来制定民法典婚姻家庭编时，需明确夫妻婚后所得推定共有的基本规则。近期，司法解释在对立法的弹性条款或规定不明确之处作出解释时，应遵循婚后所得共同制的基本原理。在价值取向

---

〔1〕 薛宁兰、许莉："我国夫妻财产制立法若干问题探讨"，载《法学论坛》2011年第2期，第23~24页。

上，应以维护婚姻共同体稳固、有利于家庭养老育幼功能发挥为基本点，同时兼顾保护个人财产所有权。在婚姻家庭领域，个人财产所有权不是绝对的，认定某项财产归属时（如一方婚前财产婚后孳息、一方婚前按揭购房婚后共同还贷房屋），应转变目前完全（或严格）遵循《物权法》等民法财产法规则的做法。在夫妻财产认定上，婚姻家庭法有关法定夫妻财产制规定具有优先适用的效力。某项财产是否为夫妻共同所有抑或个人所有，是《婚姻法》确立的法定夫妻财产制适用的结果，而不是依照《物权法》或其他财产法的结果。

三、离婚分割夫妻共同财产原则在司法实践中的适用

我国《婚姻法》第 39 条第 1 款规定："离婚时夫妻的共同财产由双方协议处理；协议不成时，由人民法院根据财产的具体情况，照顾子女和女方权益的原则判决。"最高人民法院《关于审理离婚案件处理财产分割问题的若干具体意见》规定："人民法院审理离婚案件对夫妻共同财产的处理……坚持男女平等，保护妇女、儿童的合法权益，照顾无过错方，尊重当事人意愿，有利生产、方便生活的原则，合情合理地予以解决。"该意见第 8 条规定："夫妻共同财产，原则上均等分割。根据生产、生活的实际需要和财产的来源等情况，具体处理时也可以有所差别……"学者们根据上述规定，将离婚财产分割原则概括为四原则[1]或六原则[2]，主要包括：男女平等原则，照顾子女和女方原则，照顾无过错方原则，尊重当事人意愿原则，有利生产、方便生活原则，不损害国家、集体和他人利益原则。

为了解离婚时分割夫妻共同财产原则在司法实践中的适用情况，我们在三地基层法院的案卷调查中特别设计了一个选择题：法官裁定分割夫妻共同财产适用的原则是：①男女平等；②照顾子女和女方；③照顾无过错一方；④尊重当事人意愿；⑤有利生产、方便生活；⑥其他。

在哈尔滨某区法院查阅到相关案件 40 件，北京市某区法院查阅到相关案件 42 件，上海市某区法院查阅到相关案件 27 件，总计 109 件。

---

〔1〕 巫昌祯主编：《婚姻与继承法学》，中国政法大学出版社 2001 年版，第 183 页。

〔2〕 杨大文主编：《婚姻家庭法》，中国人民大学出版社 2001 年版，第 192 页。

其中，适用尊重当事人意愿原则，共计 47 件，占 43%；男女平等原则，共计 36 件，占 33%；照顾女方和子女利益原则共计 13 件，占 11%；有利生产、方便生活原则共计 7 件，占 6.4%；照顾无过错方原则和其他各 3 件，各占 2.75%。

109 起案件中，法官适用最多的原则是尊重当事人意愿，共计 47 件，占 43%。这反映了法官在审理离婚案件时进行了大量的调解工作，能够尊重当事人的意愿，或者说调解程序在审理离婚案件时得到了比较充分的运用，取得了良好的效果。男女平等原则次之，共计 36 件，占 33%。所谓男女平等原则，在离婚财产分割中就是对夫妻共同财产的均等分割。据此，双方对于夫妻共同财产各自享有 50% 的权利，在离婚时应当可以各自分割 50% 的份额。这一原则是法官在行使裁判权时适用的最主要原则。我们的调查显示，在当事人未能达成协议的 62 个案件中，有 33 起案件，即 58% 的案件适用了男女平等原则，均等分割了夫妻共同财产。适用照顾女方和子女利益原则的共计 13 件，占 11%。照顾女方和子女利益是《婚姻法》保护妇女儿童权益原则在财产分割中的具体体现，在司法实践中法官会根据具体案情适用这一原则，对抚养子女的一方或女方在分割夫妻共同财产时适当多分割财产，但显然所占的比例不大。适用有利生产、方便生活原则的共计 7 件，占 6.4%。这一原则要求法官在具体分割财产时要考虑到财产的使用价值，考虑双方和子女的实际需要进行分割。在司法实践中，法官会斟酌考虑夫妻共同财产的价值和实际使用情况进行分割，但绝大多数不将其作为财产分割的原则使用，且适用的比例很低。适用照顾无过错方原则和其他各 3 件，仅各占 2.75%。照顾无过错方的前提是分清是非，确定有过错方的过错，鉴于实践中原告方的举证困难，法官难以认定，一般不以照顾无过错方作为分割夫妻共同财产的原则。其比例如图 6 所示：

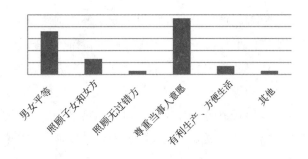

图6　法官分割共同财产所适用的原则

四、对离婚分割夫妻共同财产原则的再思考

离婚夫妻共同财产分割，是因夫妻身份解除而产生的重要财产效力。离婚时夫妻共同财产的分割原则应当体现夫妻共同财产制的立法理念，是当事人进行协商和达成协议的依据和基础，是法官进行审判活动的裁判准则。

审判实践中适用最多的"尊重当事人意愿"原则，实质上是法官对《婚姻法》规定的调解程序的应用。对于夫妻共同财产分割，法官首先也要进行调解，由当事人协商，凡当事人经过协商能够达成一致的，法官尊重其意愿，根据当事人的协议分割夫妻共同财产。尊重当事人的意愿符合私法自治理念，有利于增进双方的交流并减少因婚姻失败而产生的敌对、冲突和痛苦，也有利于分割夫妻共同财产协议的执行。但是，尊重当事人意愿不应作为分割夫妻共同财产的原则，而是法官审理离婚案件分割夫妻共同财产时适用的程序与方法。

分割夫妻共同财产的原则是指导离婚财产分割的最基本准则，目前的"多原则"分不清主次，反而降低了原则的地位，使离婚财产分割原则位阶不清。因此，应当以"均等"原则取代"男女平等"原则作为离婚时夫妻共同财产的分割原则，在均等分割原则的前提下，设立公平原则予以限制，规定分割夫妻共同财产时应当考量的各种因素，以保护未成年子女及其相对弱势一方的利益。

男女平等原则是我国宪法原则，也是《婚姻法》的基本原则，它当然适用于《婚姻法》的各项规定之中，《婚姻法》中的所有规定，均

347

不得与男女平等原则相违背。因此，以男女平等原则作为离婚分割夫妻共同财产的原则实际上降低了男女平等原则的位阶，审判实践中在离婚分割共同财产时法官所适用的男女平等原则就是夫妻双方各自分得共同财产的一半，就是均等分割。所谓"均等分割"，是指无论夫妻共同财产的取得权人及其形式上的所有权人是何方，只要在法律上被认定为夫妻共同财产，离婚时，夫妻双方就有权要求各半分享，各自获得该项共同财产的一半。均等分割原则的前提是承认夫妻双方对于其共同财产享有平等的所有权，无论双方对夫妻财产增值的贡献大小，双方的收入状况差别如何，双方都有平等分割的权利。均等分割原则很好地体现了夫妻在共同生活中相互扶助、同财共居、休戚与共的理念[1]，更适合作为分割夫妻共同财产的原则，应当以均等原则取代男女平等原则作为分割夫妻共同财产的原则。

在坚持以均等分割作为基本原则的前提下，还应设立公平原则，将原有的多个原则中的"照顾女方和子女利益""照顾无过错方"作为考量因素的部分内容，以体现《婚姻法》的公平理念和社会性别视角。《婚姻法》上的公平与财产法上的公平具有同等的法的价值，然其内涵又不尽相同。对离婚分割夫妻财产而言，就是要考虑到夫妻双方在婚内对从事家务劳动、抚养子女、照顾老人的付出，一方离婚后生存发展等等具体情况。在经济、社会的转型时期，我国妇女整体经济地位目前仍低于男性，妇女离婚后面临着由传统文化和习俗带来的种种偏见和困难，离婚妇女再婚困难，离婚后，未成年子女又多由母亲抚养，如果简单机械地按照民法共同共有原理，只均等分割夫妻共同财产，将会导致对女方和子女非常不利的后果。因此，法律必须在均等分割原则之外，确立体现保护女方和未成年子女利益，保证婚姻的社会价值和家庭社会职能实现的公平分割原则。

在均等分割原则之外，我国还需增设公平原则。均等分割是基本原则，公平原则具有弥补、矫正均等分割不足的辅助作用。为确保公平原

---

[1] 夏吟兰：《离婚自由与限制论》，中国政法大学出版社 2007 年版，第 201、210~213 页。

则的实现，可以根据国情，制定若干法官处理具体案件时应考虑的因素，以确保实现法律的公平正义和保护弱者利益的价值理念。这些因素包括：

1. 照顾子女的利益。在分割夫妻共同财产时，应当根据未成年子女的实际需要，对直接抚养子女的一方在分割财产时予以适当照顾，确保子女在父母离婚后的生活水平不下降或不致严重下降。

2. 照顾婚姻中处于弱势一方的利益。实践中主要体现在照顾女方的利益、照顾残疾人的利益、照顾无生活来源者的利益等。

3. 照顾无过错方的利益。尽管我国采取的是无过错离婚主义，但也将法定过错作为确定夫妻感情确已破裂的具体情形。对于具有法定过错者，《婚姻法》还规定有离婚损害赔偿制度[1]，通过离婚损害赔偿对受害方给予救济。但对因其他过错而导致离婚的，则无损害赔偿的规定。因此，将一方的过错作为离婚财产分割的考虑因素之一，对无过错的一方在离婚时给予一定的照顾，适当多分割财产，以弥补其感情上、精神上遭受的伤害和痛苦，体现了法律的公平正义精神。我们认为，未来我国民法典婚姻家庭编应对离婚财产分割与离婚救济制度作体系化设计，适当扩大离婚损害赔偿的范围，取消其作为离婚财产分割的考虑因素。

4. 考虑一方婚内从事的家务劳动。我国传统的"男主外、女主内"的家庭角色分工对女性事业的发展和谋生能力的提高影响较大。在丈夫所获得的能为其带来可观收益的成就和地位中，包含了妻子做出的贡献和牺牲，而妻子在做出这些牺牲，成就丈夫的同时，也放弃了自我发展的机会。有必要将一方从事家务劳动和协助另一方工作作为分割夫妻共同财产时考虑的因素，在离婚时对从事家务劳动较多、对配偶帮助较多的一方适当地多分割财产，以补偿她（他）们在婚姻中的付出，体现法律的公平。

---

〔1〕 2001年《婚姻法》修正案第46条规定："有下列情形之一，导致离婚的，无过错方有权请求损害赔偿：①重婚的；②有配偶者与他人同居的；③实施家庭暴力的；④虐待、遗弃家庭成员的。"

5. 考虑婚姻存续时间的长短及双方健康状况。婚姻持续时间的长短，对当事人的影响甚大。如前所述，传统的家务劳动分工模式，使得从事家务劳动时间越长的一方，对另一方的经济依赖越大。一方对婚姻的预期利益依赖越大，其谋生能力和挣钱能力与另一方的差距也就越大。年老体弱，健康状况较差的一方在离婚后也难以开始独立生活。对这些人，在离婚时，都应在均等分割的前提下，适当考虑多分割夫妻共同财产，以保护婚姻关系中弱者的利益。

我们认为，离婚财产分割时在均等分割前提下，兼顾公平，符合夫妻共同财产制本质，符合保护弱者利益的婚姻家庭法理念。它也赋予法官处理离婚财产分割时有一定的自由裁量权。至于离婚财产分割时的一些技术性规定，如不损害国家、集体和他人利益，有利生产、方便生活等，可以作为离婚财产分割的方法另作规定。

3.3 我国夫妻共同债务推定规则之检讨[*]

夏吟兰

夫妻婚后所得共同共有，是我国法定的夫妻财产制。在当事人没有约定的情形下，夫妻间当然适用共同财产制。夫妻共同财产包括积极财产和消极财产，夫妻共同债务作为夫妻共同的消极财产，双方应当承担连带的清偿责任。如何确定夫妻一方或双方所欠债务是夫妻共同债务还是夫妻一方的个人债务，《婚姻法》及有关婚姻法的司法解释先后制定了三项夫妻共同债务推定规则。三项推定规则在司法实践中存在着冲突与矛盾，导致夫妻一方与第三人恶意串通，以虚假债务损害另一方利益的情况，在离婚分割夫妻共同财产时屡见不鲜，非举债一方配偶的合法权益受到了严重侵害。

一、夫妻共同债务推定规则之演进

自 1950 年《婚姻法》颁布以来，我国《婚姻法》对于夫妻共同债务的推定规则从目的推定制逐渐发展为合意推定制、利益分享推定制。1950 年《婚姻法》第 24 条规定，"离婚时，原为夫妻共同生活所负担的债务，以共同生活时所得财产偿还"，其精神在 2001 年《婚姻法》修正案第 41 条中得以保留："离婚时，原为夫妻共同生活所负的债务，应当共同偿还。共同财产不足清偿的，或财产归各自所有的，由双方协议清偿；协议不成时，由人民法院判决。"所借债务目的推定制是我国离婚分割夫妻共同财产、确认夫妻共同债务时适用的第一个规则，即离

---

* 本文发表于《西南政法大学学报》2011 年第 1 期，第 30~34 页。

婚时一方或双方所欠的债务，属于夫妻共同债务还是夫妻一方的个人债务，以所欠债务的目的、用途作为划分标准。凡所欠债务是为了夫妻共同生活之用，即可推定为夫妻共同债务，反之，则为夫妻一方的个人债务。这也是我国《婚姻法》及其司法解释多年来坚持的推定规则。

1993 年 11 月 3 日最高人民法院《关于人民法院审理离婚案件处理财产分割问题的若干具体意见》第 17 条明确规定："夫妻为共同生活或为履行抚养、赡养义务等所负债务，应认定为夫妻共同债务，离婚时应当以夫妻共同财产清偿。下列债务不能认定为夫妻共同债务，应由一方以个人财产清偿：①夫妻双方约定由个人负担的债务，但以逃避债务为目的的除外。②一方未经对方同意，擅自资助与其没有抚养义务的亲朋所负的债务。③一方未经对方同意，独自筹资从事经营活动，其收入确未用于共同生活所负的债务。④其他应由个人承担的债务。"1993 年的这一司法解释在坚持所借债务目的推定制的基础上，根据司法实践的需要，提出了夫妻双方合意推定制。据此，在婚姻关系存续期间不是用于夫妻共同生活所欠的债务，要确定为夫妻共同债务，以双方意思表示一致为必要条件。凡以夫妻双方名义所欠债务，或虽以夫妻一方名义所欠债务但经过对方同意的，均可推定为夫妻共同债务。以一方名义所欠债务且未经对方同意，又非用于夫妻共同生活或其经营活动的收入确未用于共同生活的，应推定为夫妻一方的个人债务。至此，离婚时确认夫妻共同债务的标准采取双重推定制：所借债务目的推定制和夫妻双方合意推定制。

2003 年 12 月 4 日最高人民法院《关于适用〈中华人民共和国婚姻法〉若干问题的解释（二）》（以下简称《婚姻法司法解释（二）》）第 23 条规定："债权人就一方婚前所负个人债务向债务人的配偶主张权利的，人民法院不予支持。但债权人能够证明所负债务用于婚后家庭共同生活的除外。"第 24 条规定："债权人就婚姻关系存续期间夫妻一方以个人名义所负债务主张权利的，应按夫妻共同债务处理。但夫妻一方能够证明债权人与债务人明确约定为个人债务，或者能够证明属于婚姻法第 19 条第 3 款规定情形的除外。"[1] 对于夫妻以一方名义所欠债务应如何推定的问题，《婚姻法司法解释（二）》提出了第三个规则：利益分享推定制，即夫妻是否分享了该债务所带来的利益。尽管夫妻事前或事后均没有共同举债的合意，但该债务发生后，夫妻双方共同分享了该债务所带来的利益，则同样视为共同债务[2]。这包括婚前夫妻一方以个人名义所欠债务和婚后夫妻一方以个人名义所欠债务两种情况。

夫妻一方婚前以个人名义所欠债务，如用于夫妻婚后共同生活，应推定为夫妻共同债务。夫妻一方婚前以个人名义所欠债务，在夫妻婚后所得共同制下，应当属于其个人债务，不应以夫妻共同财产偿还。但如果夫妻一方婚前所欠债务用于夫妻婚后共同生活，且夫妻在婚后共同分享该债务所带来的利益，则不再视为个人债务，应推定为夫妻共同债务。

夫妻一方婚后以个人名义所欠债务，应推定为夫妻共同债务。也即是说，只要在婚姻关系存续期间，无论以夫妻双方共同名义，还是以一方个人名义所欠的债务，无论对方是否知晓、是否同意，均认定为夫妻双方分享了利益，应当推定为夫妻共同债务。可以对此提出抗辩的只有两种情形：一是夫妻一方可以证明债权人与债务人明确约定为个人债务，二是夫妻对于婚姻关系存续期间所得的财产约定归各自所有，且第三人知道该约定。将夫妻一方在婚姻关系存续期间以个人名义所欠债务推定为夫妻共同债务，既能够减轻财产交易的成本，便于及时、合理地解决纠纷，又符合日常家事代理的基本法理[3]。

二、现行夫妻共同债务推定规则之困局

《婚姻法司法解释（二）》的利益分享推定制看起来很好：可以保护交易安全，保护债权人的利益，降低财产的交易成本，体现了市场经

---

〔1〕 我国《婚姻法》第 19 条第 3 款规定："夫妻对于婚姻关系存续期间所得的财产约定归各自所有的，夫或妻一方对外所负债务，第三人知道该约定的，以夫或妻一方所有的财产清偿。"

〔2〕 蒋月：《夫妻的权利与义务》，法律出版社 2001 年版，第 206 页。

〔3〕 黄松有主编，最高人民法院民事审判第一庭编著：《最高人民法院婚姻法司法解释（二）的理解与适用》，人民法院出版社 2004 年版，第 217 页。

济的规则；可以维护夫妻共同财产制，体现了夫妻共享的理念。这一针对夫妻一方以个人名义所欠债务的规定，实质上是以推定夫妻共同债务为原则，以推定个人债务为例外。这一规定在实践中容易造成法官解读适用的困惑与冲突，造成审判结果的实质不公平，将非举债一方配偶置于不利地位，侵犯其财产权益。[1] 以至于不少法官在进行判决时，尽可能地避开第 24 条的规定，以求实质公平[2]。

笔者认为，利益分享推定制违反了《婚姻法》确立的目的推定规则，以日常家事代理权作为基本法理，没有《婚姻法》的依据。对于日常家事代理权，我国《婚姻法》没有任何规定，只是在第 17 条夫妻共同财产制中规定了"夫妻对共同所有的财产，有平等的处理权"。何谓平等的处理权？如何区分夫妻财产的对内效力和对外效力？2001 年 12 月 24 日最高人民法院《关于适用〈中华人民共和国婚姻法〉若干问题的解释（一）》（以下简称《婚姻法司法解释（一）》）第 17 条的规定作出了进一步的解释："婚姻法第 17 条关于'夫或妻对共同所有的财产，有平等的处理权'的规定，应当理解为：①夫或妻在处理夫妻共同财产上的权利是平等的。因日常生活需要而处理夫妻共同财产的，任何一方均有权决定。②夫或妻非因日常生活需要对夫妻共同财产做重要处理决定，夫妻双方应当平等协商，取得一致意见。他人有理由相信其为夫妻双方共同意思表示的，另一方不得以不同意或不知道为由对抗善意第三人。"学界普遍认为，这一规定就是我国婚姻法司法解释关于夫妻日常家事代理权规定的雏形[3]。《婚姻法司法解释（一）》确立

---

〔1〕 兰州首例夫债妻还案：戴某向张某借款 15.3 万元逾期未还，张某将戴某及其妻子邵某告上法庭，要求其夫妻共同偿还借款。戴某下落不明未应诉，邵某以早在借款行为发生前半年就已同戴某分居为由进行抗辩。法院查明戴某向张某借款时，邵某和戴某系合法夫妻，依据《婚姻法司法解释（二）》第 24 条的规定，判决戴某和邵某共同偿还张某借款 15.3 万元。参见李郁军："兰州首例'夫债妻还'案维持原判"，2004 年 10 月 25 日，http://www.chinacourt.org/public/detail, php? id =136146，访问时间，2010 年 12 月 7 日。

〔2〕 裴桦、刘接昌："论夫妻一方所负债务对债权人的效力"，载夏吟兰等主编：《婚姻家庭法前沿——聚焦司法解释》，社会科学文献出版社 2010 年版，第 116 页。

〔3〕 薛宁兰、金玉珍主编：《亲属与继承法》，社会科学文献出版社 2009 年版，第 134 页。

了夫妻债务的对外规则，通过表见代理的方式，解决了夫妻双方通谋以约定财产或离婚的方式逃避债务、损害债权人利益的情况。但何谓家事代理权以及家事代理权的权限，这一司法解释并没有明确规定。由于界限模糊，法官在司法实践中的自由裁量权过大，且因理解不一，导致裁判结果迥异。基于日常家事代理权建立的利益分享推定制超越了日常家事代理的权限，只要夫妻一方不能够证明债权人与债务人明确约定为个人债务，或者债权人知道夫妻间约定适用分别财产制，均一律认定为夫妻共同债务，不考虑夫妻一方所欠债务是否用于夫妻共同生活，是否属于日常家事代理的范畴。其结果是：夫妻一方与第三人恶意串通，以虚假债务损害另一方配偶利益的情况，在离婚分割夫妻共同财产时屡见不鲜。

利益分享推定制不考虑当事人在举债时的意思表示是否一致，推翻了原有的夫妻共同债务合意推定制，以身份关系作为确定夫妻共同债务的唯一要素。只要双方具有夫妻身份，即使一方举债未经对方同意，且并非用于夫妻共同生活，一律认定为夫妻共同债务。这对于完全不知情的另一方配偶而言，是非常不公平的。例如，一方举债资助了与自己没有法定扶养义务的亲友，或该债务是一方在夫妻双方分居期间所借的债务，甚至是一方为了满足自己的私欲（赌博、嫖娼）所欠债务，也均认定为夫妻共同债务。这不仅违反了《婚姻法》关于夫妻对共同财产享有平等处理权的规定，也与民法的意思自治原则相矛盾。

利益分享推定制将举证责任完全分配给否认夫妻共同债务的一方配偶，只有在该方配偶举证证明债权人与债务人明确约定为个人债务，或者债权人知道夫妻之间采取了约定分别财产制的情况下，才无须与举债方共同承担债务。这种举证责任对不知情的配偶一方而言过于严苛，几乎是不可能完成的任务。就债权人与债务人明确约定为个人债务的情形而言，在夫妻共同财产制之下，债权人为保障自己债权的实现，一般不会将债务约定为举债一方的个人债务。即使有这样的约定，未参与举债的另一方配偶也无法知晓，故难以举证。关于债权人是否知道夫妻间采取约定的分别财产制，则因实践中采取约定分别财产制的夫妻数量很少，又无夫妻财产制公示的规定，即使约定了分别财产制，在不知对方已经举债的情况下，也无从知道举债方是否已告知债权人，非举债一方面临举证不能的困难。因此，由于否认夫妻共同债务的配偶一方举证责任过重，甚至举证不能，自然会导致司法实践中为了保护债权人利益而损害配偶另一方利益的情况。

三、夫妻共同债务推定规则的重构

我国《婚姻法》没有构建夫妻共同债务制度，只在处理离婚财产分割问题时，提出了认定夫妻共同债务的目的推定规则。司法解释的权限不是建构制度，而是在司法实践中对现有法律规定不明确的具体问题进行解释，提出法官执法的具体方法与措施。完善夫妻共同债务制度，应当作为《婚姻法》修订时的重要内容。

在修订《婚姻法》时，应当明确规定日常家事代理权制度。许多国家的亲属法都在婚姻的效力部分，对日常家事代理权有明确规定。例如，《瑞士民法典》第 166 条规定："配偶双方中任何一方，于共同生活期间，代表婚姻共同生活处理家庭日常事务。"夫妻因日常家庭事务与第三人所为之法律行为，视为夫妻共同的意思表示，并由夫妻双方共同承担法律责任。夫妻在日常家庭事务范围内互为代理人，互享代理权。超出日常家事代理范围的行为，由行为人自己承担责任。但第三人有理由相信行为人有代理权的，可以适用表见代理。关于日常家庭事务的范围，史尚宽先生在其所著的《亲属法论》中指出"为夫妻共同生活通常必要的一切事项，一家之食物、光热、衣着等之购买，保健（正当）、娱乐、医疗、子女之教养，家具及日常用品之购置，女仆、家庭教师之雇佣，亲友之馈赠，报纸杂志之订购等。"[1] 在日常家事代理权范围之内，即使是夫妻一方所欠之债，也应认定为夫妻共同之债，双方应当共同承担清偿责任。但超越日常家事代理权范围之外，以一方名义所欠债务，应当认定为个人债务。例如，一方未经对方同意贷款购买汽车、房屋等所负之巨额债务，应当认定为个人之债，除非第三人有理由

---

〔1〕 史尚宽：《亲属法论》，中国政法大学出版社 2002 版，第 316 页。

相信行为人有代理权，才可以适用表见代理。确定夫妻一方以个人名义在婚姻关系存续期间所欠债务的性质，其重要前提是确定家事代理权及其范围、权限，这也是平衡配偶的财产权利保护与债权人权利保护之间冲突的重要手段。我国《婚姻法》应当根据夫妻身份关系的特点和保护市场经济交易安全的需要，对家事代理权的概念、范围、权限作出明确具体的规定。

在日常家事代理权之外所负之债均应经过双方同意，这是由我国法定的夫妻婚后所得共同制的性质所决定的。夫妻双方对共同共有的财产有平等的处理权，夫妻共同债务作为夫妻共同的消极财产，在日常家事代理权之外必须经过双方同意：或以双方名义共同举债，或经过对方同意后以一方名义举债。未经对方同意，又非日常家事代理权权限范围内所欠的债务，应当作为举债人的个人之债，由其个人承担清偿责任。

为解决司法实践中的上述问题，《最高人民法院关于适用〈中华人民共和国婚姻法〉若干问题的解释（三）征求意见稿》（以下简称《婚姻法司法解释（三）征求意见稿》）第18条对夫妻共同债务的推定规则作出了新的规定："离婚时，夫妻一方主张婚姻关系存续期间以个人名义所负债务由双方共同偿还的，举债一方应证明所负债务基于夫妻合意或用于夫妻共同生活、经营。"这一规定修正了《婚姻法司法解释（二）》中过于保护交易安全、保护债权人利益的倾向，坚持了我国《婚姻法》与司法解释多年适用的夫妻共同债务目的推定与合意推定相结合的规则。夫妻一方在婚姻关系存续期间以个人名义所欠之债，只在两种情况下才可以推定为夫妻共同债务：一是双方就举债问题达成了一致意见，双方同意以夫妻一方的名义向债权人举债，以夫妻共同财产共同清偿；二是为了家庭共同生活、经营需要所欠之债，尽管夫妻一方在举债时未就该项债务征得对方同意，但只要是为了家庭共同生活所欠之债，应当可以认定为夫妻共同债务。在没有修改《婚姻法》之前，认定家庭共同生活需要的范围，可以根据1993年11月3日最高人民法院《关于人民法院审理离婚案件处理财产分割问题的若干具体意见》第17条的规定处理。对于共同经营，应当理解为夫妻一方为了家庭共同生活需要所进行的经营活动，或者经营活动所得收益已经作为夫妻共同财产。对此，《婚姻法司法解释（三）征求意见稿》应当进一步作出明确规定，以免在司法实践中引起歧义。

《婚姻法司法解释（三）征求意见稿》将主张共同债务的举证责任分配给举债一方是恰当的，因为只有举债一方才清楚是否与债权人将该债务约定为举债方的个人债务，是否告知债权人夫妻双方约定采取分别财产制。为了保护不知情的配偶一方的财产权益和债权人的利益，要求确认以一方名义所欠之债为夫妻共同债务的，由举债一方承担举证责任，既考虑了夫妻身份关系，保护了非举债一方配偶的利益，又考虑了交易安全，保护了债权人的利益。同时，这一规定实际上也隐含着如下要求：债权人在与夫妻一方形成债权债务关系时，应当尽到审慎的注意义务，包括举债的用途、举债方所适用的夫妻财产制度，甚至可以要求举债的夫妻双方共同签字，确定双方有举债的共同意思表示。否则，就有可能面临夫妻一方以个人名义所欠债务只能以个人财产清偿的风险。因此，笔者认为，《婚姻法司法解释（三）征求意见稿》应当进一步作出明确规定：离婚时，夫妻一方主张婚姻关系存续期间以个人名义所负债务由双方共同偿还的，举债一方应证明所负债务基于夫妻合意或用于夫妻共同生活、经营。举债一方不能提出证明的，由债权人负举证责任。双方均不能提出证明或证据不被采信的，由举债方以个人财产清偿。

3.4 夫妻之间婚内侵权行为的中美法比较[*]

夏吟兰　罗满景[**]

婚内侵权行为是侵权行为之一种，侵权主体包括夫妻及婚外第三人，客体包括夫妻作为一般民事主体而享有的人格权、财产权及配偶权。根据侵权主体以及侵害的权利有无特殊性，婚内侵权行为可分为夫妻之间婚内侵权行为与第三人干扰婚姻关系行为。前者是指具有配偶一方基于故意或重大过失，违法侵害另一方的人格权与财产权而应承担法律责任的行为。本文旨在研究夫妻之间婚内侵权行为的法律地位、美国法对其规制的历史与现状、中国法上的现状与制度建构，通过对美国与中国相关立法与司法的分析比较，对上述问题作出回应。

一、夫妻之间婚内侵权行为的美国法规制及其评析

美国法上夫妻之间婚内侵权行为的外延宽泛，涵盖了侵害人格权与财产权的一般情形，但学者侧重于对其中的典型行为予以研究，这主要包括夫妻之间家庭暴力（domestic violence）、婚内强奸（marital rape）、错误陈述亲子关系（tortious misrepresentation of paternity）、配偶间传播性传播疾病（tortious transmission of disease）等行为。

（一）夫妻之间家庭暴力的法律规制

1. 一般私法规制。从立法层次而言，美国联邦法与州法协同构建

---

[*] 本文发表于《比较法研究》2012 年第 3 期，第 54~62 页。

[**] 罗满景，男，中国政法大学民商法学博士，金融学博士后。现任中国再保险（集团）股份有限公司董事会办公室高级副经理、中国大地财产保险股份有限公司董事会办公室处长（交流）。

了家庭暴力法律体系；从诉因而论，受害人可根据一般侵权行为的诉因寻求救济：其一，联邦立法开创性地为家庭暴力提供民事救济。1994年，美国国会颁布《反针对妇女暴力的法案》（Violence Against Women Act），规定受害人有权就其全部损害获得赔偿，包括补偿性与惩罚性赔偿金。可赔偿范围包括与身体、精神或心理照顾有关的医疗服务费用；身体治疗和职业疗法或康复的费用；必要的运输费用，暂时居住的费用及照看子女的费用；收入损失；律师费，因申请民事保护令而产生的费用；因侵害造成的其他合理损失。[1] 该立法曾面临合宪性争议，联邦最高法院在 United States v. Morrison 案中认为国会不应对单纯的私人行为予以规制，[2] 但随着合作型联邦主义对联邦与州之间利益协同的强调，各州可在根据联邦标准进行管理与由联邦法对州法的内容予以预先规定之间进行选择，[3] 使得联邦法得以进驻传统上由州法管辖的领域，该法案也逐渐得到了各州广泛认同。其二，家庭暴力可适用一般侵权行为的诉因。尽管有学者与法院主张设立特殊侵权行为（specific tort of spousal abuse）或特殊诉因，但由于家庭暴力与其他侵权行为并无本质不同，当事人可利用侵权法中的一般诉因寻求救济，这主要包括过失（negligence）、过失导致精神痛苦（negligent infliction of emotional distress）、疏忽责任（negligence per se）、诽谤（defamation）、欺骗与欺诈性错误陈述（deceit and fraudulent misrepresentation）、非法拘禁（false imprisonment）、故意导致精神痛苦（intentional infliction of emotional distress）、错误致死（wrongful death）、殴打和侵犯人身（assault and battery）等。

2. 特殊私法规制——民事保护令。民事保护令的期限因类型不同而有所差异：单方申请的紧急保护令（ex parte emergency order）多是在紧急情况下申请的，大多数州设定的最长有效期为 30 天以内；永久性

---

〔1〕《美国法典诠注》〔8 U. S. C. A. § 2264（b）〕。

〔2〕 United States v. Morrison, 529 U. S, 598, U. S. 2000.

〔3〕 Sally F. Goldfarb, "The Supreme Court, the Violence against Women Act, and the Use and Abuse of Federalism", *Fordham Law Review*, 71, october, 2002, p. 79.

民事保护令（permanent order）的有效期则较长，不少州采取了 1 年的最长有效期，也有州将其设定为 2~5 年。无论是哪种保护令，法院可采取的措施主要包括限制申请相对人实施家庭暴力；授权申请人独占、使用双方共同使用的住所；允许申请人取得对双方未成年子女临时性的监护权或探视权等。违反民事保护令将承担刑事责任：各州多采取监禁、罚金等形式，并区分了家庭内外行为的责任。除弗吉尼亚等州外，大多数州将违反保护令的行为认定为轻罪，并设定了最高 1 年的监禁，多数州同时规定了最高 1000~5000 美金不等的罚金。

（二）婚内强奸的法律规制

婚内强奸历经由豁免到归责的变迁。截至 2003 年，已有 25 个州和地区废除婚内强奸豁免，26 个州保留了一定形式的婚内强奸豁免。在后者中，有 20 个州承认一方在对方无意识和不能作出同意表示时实施性行为的可以豁免，有 15 个州规定在符合特定条件时允许排除豁免原则。[1] 总之，各州对其可归责性的认识尚存差异：其一，很多州对使用暴力的婚内强奸予以规制。例如，加利福尼亚州规定"配偶一方违背另一方的意志，采取暴力、威胁或恐吓立即实施非法的身体伤害……而为的性行为构成强奸";[2] 内华达州也认为配偶一方采取暴力或威胁采取暴力的方式实施的性侵犯构成婚内强奸。[3] 其二，一些州对特定期间内的强奸予以规制，这主要包括离婚期间、别居期间、申请或获得民事保护令的期间等。例如，阿拉斯加、堪萨斯等 13 个州规定夫妻在处于别居或离婚时实施性侵害的，应承担法律责任；堪萨斯和路易斯安那州分别规定一方申请与获得民事保护令时不再适用豁免。[4] 其三，一些州对符合特殊条件者追究法律责任，即主要通过及时控诉来限定婚内

---

〔1〕　Michelle J. Anderson, "Marital Immunity, Intimate Relationships, and Improper Inferences: A New Law on Sexual Offences by Intimates", *Hastings Law Journal*, 54, June, 2003, pp. 1468-1472.

〔2〕　《加利福尼亚州刑法典》（Cal. Penal Code 262, West2007）。

〔3〕　《内华达州修订制定法》（Nev. Rev. Stat. § 200. 373, 1997）。

〔4〕　Sally F. Goldfarb, "The Supreme Court, the Violence against Women Act, and the Use and Abuse of Federalism", *Fordham Law Review*, 71, october, 2002, pp. 1494-1495.

强奸的适用，而婚外强奸则无此要求。例如，北卡莱罗纳州和南卡莱罗纳州要求当事人在 30 日之内将婚内强奸的事实报告给执法部门。[1] 其四，一些州在法律责任上区分了婚内与婚外强奸，亚利桑那州、南卡莱罗纳州、田纳西州对前者的惩罚要明显轻于后者，[2] 一些州将前者与后者分别定为轻罪和重罪。[3]

（三）一方错误陈述亲子关系行为的法律规制

错误陈述亲子关系意指在婚姻关系存续期间，妻子明示或默示其生育的孩子是其丈夫的子女，但丈夫并非该子女亲生父亲的情形。美国法院曾普遍拒绝受理该诉，明确规定婚姻关系存续期间的子女系婚生子女，丈夫须承担抚养义务，但目前一些法院正在检讨这一规定并以公平为由逐渐承认并受理该诉。

1. 美国多数法院拒绝予以救济。多数美国法院基于公共政策的考虑，拒绝受理丈夫以欺诈、故意导致精神痛苦等诉因提出的损害赔偿请求。理由是：其一，社会学意义上的父子关系比生物学意义上的父子关系更重要，更有利于实现未成年子女利益的最大化。其二，错误陈述亲子关系之诉构成法律规避。该诉是以妻子在婚姻关系存续期间与第三人实施通奸或其他性行为为前提，与普通法上已废除的心灵慰藉之诉非常类似，[4] 实乃规避法律。其三，错误陈述亲子关系所造成的损害未达到侵权法所要求的严重程度。大多数错误陈述亲子关系之诉以故意导致精神痛苦为诉因，美国《侵权法重述（第二次）》第 46 条第 1 款规定：一个人故意或鲁莽地实施了极端且残暴的行为，造成另一个人严重精神痛苦时，前者应对此承担责任。"极端且残暴的行为"是指行为性质残暴、程度极端、超出了社会礼仪的底线、被视为是令人震惊的、完

---

〔1〕《南卡莱罗纳州法典诠注》 ［S. C. Code Ann. 1976 §16-3-615（B）；S. C. Code Ann. §16-3-658〕。

〔2〕 以南卡莱罗纳为例，其对婚外主体与配偶分别设定了最高 30 年和 10 年的刑期，参见 S. C. Code Ann. 1976 §16-3-652，S. C. Code Ann. 1976 §16-3-615。

〔3〕 Douglas E. abrams, et al. , *Contemporary Family Law*, Thomson/West, 2006, p. 360.

〔4〕 心灵慰藉之诉（heart balm actions）包括离间夫妻感情之诉、通奸之诉、诱奸之诉和违反婚约之诉。

全无法为文明社会所容忍。[1] 很多法院认为错误陈述亲子关系并未达到这一程度。第四，并非所有的过错与损害均引致法律责任。有法院认为司法无法对所有过错行为提供救济。与法律的无动于衷相比，法律救济将会造成更大的社会损害。[2]

2. 美国一些法院以公平为由提供救济。一些法院逐渐承认该诉，认为其不违反公共政策。理由是：其一，否定该诉将使过错方免予承担法律责任，有失公平。有法院指出：公共政策不应保护错误陈述亲子关系者，不允许被告利用她的女儿来逃避其欺诈责任。[3] 其二，该诉并未规避法律。有法院认为公共政策并非否定以故意导致精神痛苦之诉来解决婚内侵权，如果立法者有意废除婚内的其他侵权行为，势必会明确表态，立法者未明示废除时，诉求应得到支持。[4] 其三，在离婚诉讼之外单独提起错误陈述亲子关系之诉不违反一事不再理原则。"近年来，很多法院都认为夫妻间的故意侵权之诉应独立于其离婚之诉"，"离婚之诉的目的在于解除夫妻之间的婚姻关系，而侵权之诉旨在为民事过错所造成的损害提供赔偿"。[5]

（四）配偶间传播性传播疾病行为的法律规制

各州法院普遍允许对受害人提供侵权法救济，其特点是：其一，补偿性和惩罚性损害赔偿金并存。早在 Crowell v. Crowell 案中，丈夫隐瞒事实将性病传染给妻子，法院判决被告承担 1 万美元的损害赔偿金，即包括惩罚性损害赔偿金。[6] 近年来惩罚性赔偿金数额大幅上升，如 Maharam v. Maharam 案中，丈夫将生殖器疱疹传染给妻子，法院最终认为丈夫因过失传播性疾病而应承担赔偿责任，其中包括 25 万美元的惩罚性赔偿金。[7] 其二，注意义务与损害的可预见性原则成为归责的重

〔1〕《侵权行为法重述（第二次）》［Restatement (Second) of Torts §46, 1965］.

〔2〕 Day. v. Heller, 653N. W. 2d475, 480, Neb. 2002.

〔3〕 Koelle v. Zwiren, 672 N. E. 2d 868, 875, Ill. App. 1 Dist. , 1996.

〔4〕 G. A. W. Ⅲ v. D. M. W. , 596N. W. 2d 284, 286-291, Min. App. 1999.

〔5〕 Koepke v. Koepke, 556 N. E. 2d 1198, 1198-1199 Ohio App. 1989.

〔6〕 Crowell v. Crowell, 105 S. E. 206, N. C. 1920.

〔7〕 Domestic Torts, *Family violence*, *Conflict and Sexual Abuse* (*Revised Edition*), Volume 1, Thomson/West, 2005, p. 259.

要标准。有法院指出"我们认为一个人在与他人保持性关系之前，应负法律上的合理注意义务，告知对方其患性病的事实"。[1] 一方面，注意义务基于婚姻的忠实义务与信任义务而产生。有法院认为"存在着婚内性忠实的义务。违反此种义务造成配偶人身伤害是可诉的"。[2] "有亲密关系的人之间都存在一定程度的信赖，至少性伙伴应向对方表明他或她不会得性病或其他危险的传染病。"[3] 有法院直言"丈夫负有法律义务，应向其……妻子透露他的情况。违反了这一义务构成过失"。[4] 另一方面，损害的可预见性成为注意义务的判断标准。有学者指出：损害的可预见性是确定义务的关键性因素，其已经得到了美国法院的大力支持。[5] 法院注重采取客观标准来解释可预见性原则，考虑诸如原告损害程度、被告行为与损害发生的关联性、被告行为应受道德谴责的程度、阻止损害发生的政策、被告承担义务的范围及其社会影响、分散风险的保险措施的可行性与费用等因素。[6] 其三，法律规制体现了对公共利益的优先保护。正如有法院所言：性病的传播是对公共卫生的严重威胁，控制性病传播具有首要的重要意义。与州阻止性病传播的巨大利益相比，要求被告公开其性生活细节的负担并不算重。可见，让被告承担法律责任并不侵害其宪法上的隐私权，隐私权不应成为被告免于承担故意或过失传播性病法律责任的借口。[7]

（五）对上述内容的评析

美国法上多样化的夫妻之间婚内侵权行为背后势必存在着相同或相似的规律，彰显着个性与共性的有机统一，亦为中国婚内侵权法律制度的构建提供了直接的对比与参考。其一，美国法对夫妻之间婚内侵权行为经历了从豁免到归责的嬗变。美国于 19 世纪 60 年代首度承认夫妻婚

---

〔1〕 Deuschle v. Jobe, 30 S. W. 3d 215, 218~219, Mo. App. W. D, 2000.

〔2〕 McPherson v. McPherson, 712 A. 2d1043, 1045, Me. 1998.

〔3〕 Kathleen K. v. RobertB. , 198Cal. Rptr. 273, 276~277, Cal. App. 2 Dist. 1984.

〔4〕 Maharam v. Maharam, 510 N Y. S. 2d 104, 106~107, N, Y. A D, 1 Dept. 1986.

〔5〕 Louis A. Alexander, "dability in Tort for the Sexual Transmission of Disease: Genital Herpes and the Law", *Cornell Law Review*, 70, November , 1984, p. 114.

〔6〕 Crowell v. Crowell, 105 S. E. 206, N. C. 1920, pp. 251~252.

〔7〕 Doe v. Roe, 267 Cal. Rptr. 564, 568, Cal. App. I Dist 1990.

内侵权豁免原则（interspousal tort immunity），其在随后 50 年里成为全美普适的原则。该原则在 1910 年 Thompson v. Thompson 案后逐渐式微，到 20 世纪 70 年代，已沦为少数州所采的规则。[1] 截至 2008 年，路易斯安那成为全美唯一保留该原则的州，但该州对其设定了例外。[2] 美国《侵权法重述（第二次）》第 895F 条第 1 款规定：丈夫或妻子不能仅仅因为婚姻关系而免除其对另一方的侵权责任。夫妻之间婚内侵权由豁免到归责的变迁，伴随着由夫尊妻卑到夫妻平等、由夫妻人格不独立到夫妻人格独立、道德在婚姻关系中占据主导地位到道德与法律并重等运动，最终奠定了夫妻之间婚内侵权行为在当代美国法中的格局。其二，美国法规制夫妻之间婚内侵权行为旨在对夫妻进行平等保护。对夫妻的平等保护既与法律的形式正义理念相符，也与夫妻平等的法律地位相称。尽管婚姻的隐私性与封闭性决定了其较之其他的社会组织存在着更频繁的利益冲突，但当配偶一方造成的损害超过了另一方的容忍程度、道德允许的边界时，应允许法律介入。对有过错的一方追究侵权责任，既能够填补损害，又能够实现对另一方的公平保护。其三，夫妻之间婚内侵权行为为侵权行为之一种，又有其特殊性。一方面，家庭暴力、配偶间传播性传播疾病行为的受害人可以提起侵权之诉，错误陈述亲子关系的受害人在一定条件下可以提起侵权之诉，这些行为符合侵权行为的一般构成要件，说明其理应纳入侵权行为的体系之中。另一方面，夫妻之间婚内侵权行为有其特殊性。这主要体现在该行为的司法认定往往有更严格的要求，即行为应造成受害人严重损害或实质性损害。有美国学者认为，尽管目前趋势是侵权法已扩张至家庭领域，侵权法在抑制侵权行为与尊重家庭隐私之间寻求平衡，法院和立法者建议家庭成员之间的行为应根据不同的、更宽恕的标准来评判。例如，陌生人之间可诉的"暴行"未必会引起家庭成员之间的法律责任；追究过失责任

---

[1] Carl Tobias, "Interspousal Tort Immunity in America", *Georgia Law Review*, 23, Winter, 1989, p. 359.

[2] 《路易斯安那州修订制定法》, La Rev. Stat. §9：p. 291。

通常适用的合理性标准并不能适用于父母对子女抚养的案例中。[1] 许多美国法院提出，家庭内部侵权行为的标准应与处理陌生人之间损害的标准不同。[2] "婚内侵权豁免原则的废除，并不意味着在确定侵权责任时要忽视婚姻的存在。"[3] 总之，婚内侵权行为应具有更高的门槛，从而彰显其特殊性。

二、中国法上夫妻之间婚内侵权行为的制度现状

我国尚未建立完整的夫妻之间婚内侵权行为法律制度。立法虽为其法律适用预留了空间，但未对该行为予以明确规定；司法解释拒绝承认特定类型的夫妻之间婚内侵权行为；法院与学理存在肯定论与否定论，肯定论在学理中已渐成主流。

（一）立法现状

一方面，《民法通则》与《侵权责任法》均未对该行为作出特别规定。无论是《民法通则》第 106 条第 2 款还是《侵权责任法》第 2 条、第 6 条第 1 款均未区分侵权行为人的主体身份，为夫妻之间婚内侵权行为的侵权法适用预留了空间。但该法未对该行为作特殊规定，难以兼顾婚内侵权认定与责任承担上的特点。另一方面，《婚姻法》亦未直接调整夫妻之间婚内侵权行为。《婚姻法》对家庭暴力、虐待等婚内过错行为设置了行政责任与刑事责任，几乎未涉及民事责任。尽管第 46 条为家庭暴力、虐待这两种婚内侵权设定了离婚损害赔偿责任，但离婚为适用该条的近因，婚内侵权仅为远因。可见，该条并未直接调整夫妻之间婚内侵权，亦未承认其在婚姻关系存续期间的可救济性。

（二）司法现状

1. 婚姻法司法解释的态度。《最高人民法院关于适用〈中华人民共和国婚姻法〉若干问题的解释（一）》第 29 条第 2、3 款规定："人民法院判决不准离婚的案件，对于当事人基于婚姻法第 46 条提出的损害

---

〔1〕 以南卡莱罗纳为例，其对婚外主体与配偶分别设定了最高 30 年和 10 年的刑期。S. C. Code Ann. 1976 § 16-3-652, S. C. Code Ann. 1976, pp. 369-370.

〔2〕 以南卡莱罗纳为例，其对婚外主体与配偶分别设定了最高 30 年和 10 年的刑期。S. C. Code Ann. 1976 § 16-3-652, S. C. Code Ann. 1976, p382.

〔3〕 Hakkila v. Hakkila, 812P. 2d 1320, 1323, N. M. Ct. App. 1991.

赔偿请求，不予支持。在婚姻关系存续期间，当事人不起诉离婚而单独依据该条规定提起损害赔偿请求的，人民法院不予受理。"多数学者认为该条否定了婚内侵权行为，婚内侵权损害赔偿无法得到法院支持。司法实践也认为出现了《婚姻法》第46条所列情形诉至法院要求损害赔偿的，只要不起诉离婚或判决不准离婚，法院一概不予支持。[1] 而部分学者完全或部分承认婚内侵权行为，认为受害配偶可根据一般侵权行为的规定寻求救济。这些学者或者认为该解释只限制了四种法定情形的婚内侵权请求权，或者认为其并未限制婚内侵权请求权。

本文认为，该规定旨在表明"在婚姻关系存续期间，当事人不起诉离婚而单独就有过错方配偶的重婚、与他人同居、实施家庭暴力、虐待或遗弃家庭成员的行为提起损害赔偿的，法院不予支持"之意，意在区分离婚损害赔偿与婚内侵权损害赔偿。该解释限制了夫妻之间特定的婚内侵权请求权，受害配偶无法就家庭暴力与虐待行为寻求损害赔偿，但其并未提及其他类型的夫妻之间婚内侵权行为，受害方在现有立法格局下可根据《民法通则》与《侵权责任法》的规定寻求救济。

2. 司法实践的态度。目前，人民法院的态度可分为肯定论与否定论。我国首例支持夫妻婚内侵权损害赔偿的案例是张某某诉杨某案。原告怀疑其丈夫有婚外情而实施了过激行为，后被丈夫带人绑进精神病院强制住院。妻子遂起诉丈夫请求精神损害赔偿。2001年3月，武汉市汉阳区人民法院判决被告侵犯原告名誉权，应赔偿精神抚慰金。[2] 否定论的代表是《最高人民法院公报》2000年第2期所载的石某诉邓某婚内人身损害赔偿案。初审法院没有支持石某的婚内损害赔偿请求，石某遂提起上诉。海口市中级人民法院以邓某除与石某的夫妻共同财产外没有个人财产，邓某不存在对夫妻之间发生的损害进行婚内赔偿的前提条件和物质基础为由，判决驳回上诉，维持原判。

（三）学理现状

我国学者的态度可分为肯定论与否定论，前者已渐成主流。否定论

---

〔1〕 最高人民法院民事审判第一庭著，黄松有主编：《婚姻法司法解释的理解与适用》，中国法制出版社2002年版，第104页。

〔2〕 杨遂全等：《婚姻家庭法典型判例研究》，人民法院出版社2003年版，第171页。

的理由包括：一是婚姻关系的强伦理性使得其更多地应由道德规范调控，法律的作用有限；二是承认该行为将会造成婚姻关系的紧张；三是承认该行为存在执行困难，毕竟我国夫妻个人财产相对较少，而夫妻共同财产面临如何分割的实际困难；四是婚姻法对婚内过错行为设定的行政、刑事责任以及离婚损害赔偿等救济措施已能够实现救济；五是证成该行为还存在证据与实际操作的困难。肯定论的理由包括：一是通过道德调整婚姻关系存在缺陷，加之婚姻关系对个人、公共利益均有影响，法律应予以干预；二是夫妻具有平等、独立的法律地位，侵权之诉不应受到婚姻关系的影响；三是婚内侵权之诉只是解决争议的一种方式，不会破坏夫妻关系并造成离婚率的上升；四是侵权人承担财产责任与非财产责任是可行的，责任承担与夫妻共同财产制的矛盾可以通过非常财产制和债权凭证制度等解决；五是婚内侵权行为与婚内过错行为的刑事、行政责任及离婚损害赔偿不同，有其独立价值；六是我国从未承认夫妻婚内侵权豁免原则。

三、中国法上夫妻之间婚内侵权行为的制度建构

（一）夫妻之间婚内侵权行为的法律定位

1. 外部定位：婚姻法与侵权法的选择。婚姻法与侵权法存在交集：基于对夫妻之间婚内侵权的特殊性与重要性、婚姻法法律责任体系完整性等因素的考虑，夫妻之间婚内侵权行为更适合规定在《婚姻法》中，但其同时可适用《民法通则》与《侵权责任法》的一般性规定。其一，夫妻之间婚内侵权行为的重要性要求其明确化。由于婚姻关系的封闭性与亲密性，夫妻一方侵害另一方的人格权与财产权是一个渐进的发展过程，且极易造成严重的损害后果。夫妻之间婚内侵权行为制度作为权利救济和利益平衡的重要工具，有必要在立法中予以明确。其二，侵权行为的类型化决定了其更适合规定在《婚姻法》中。大陆法系强调一般侵权行为与特殊侵权行为的划分：前者适用侵权法一般条款，无需予以类型化的解构；后者具有强法定性，依据特殊归责原则而存在，只有前者无法包容的情况下才能存在。夫妻之间婚内侵权以过错责任为归责原则，属于一般侵权行为，殊无必要在《侵权责任法》中单独规定，可

直接适用一般条款。但该行为在司法认定和责任承担方面有其相对特殊之处，法律实有必要将其明确化。作为调整婚姻人身与财产关系的专门法，《婚姻法》更适合完成这一使命。其三，婚姻法法律责任体系的完善呼唤该行为的"加盟"。《婚姻法》的责任配置重惩罚轻赔偿，忽视了民事责任的规定。一方面，夫妻之间婚内侵权行为在侵权主体、举证责任及法律责任的认定与承担等方面存在特殊之处，我国民事一般法并未对该行为加以特别规定，《婚姻法》因此可对其进行专门规定，以夯实婚姻关系法律责任；另一方面，《婚姻法》仅规定了四种情形在离婚时可以要求损害赔偿，内容狭窄且操作困难，在逻辑上难谓周延。《婚姻法》实有必要补充夫妻之间婚内侵权行为及其责任，在完善婚姻法律责任体系的同时，实现与《侵权责任法》等民事立法的平滑对接。

2. 内部定位。作为《婚姻法》中的两项民事救济措施，夫妻之间婚内侵权行为与离婚损害赔偿具有不同的制度构架与价值，应共存于《婚姻法》之中。

尽管两者存在共同之点，但下述不同足以让两者独立存在：一是诉讼期间不同。离婚损害赔偿之诉的直接前提是离婚，其不能在婚姻关系正常存续期间提起；夫妻之间婚内侵权的起诉期间并未限于婚内或离婚之后，当事人有权在诉讼时效期间内起诉。二是两者与离婚之诉的关联性不同。离婚是离婚损害赔偿之诉的直接原因，两者关系密切；我国法律未对夫妻之间婚内侵权之诉与离婚之诉的关系作出规定。三是涵盖的事由不同。离婚损害赔偿涉及重婚、同居、家庭暴力或虐待、遗弃等特定行为，具有较强的法定性；夫妻之间婚内侵权行为涉及夫妻作为一般民事主体的人格权与财产权，具有更强的开放性。四是主观状态要求不一。离婚损害赔偿应以故意为主观要件，而夫妻之间婚内侵权的主观要件应包括故意和过失。五是两者的请求权基础不同。家庭暴力和虐待行为侵犯的是绝对权，其请求权基础应为侵权责任；重婚、同居和遗弃行为侵犯的是配偶权，而配偶权在夫妻之间应为相对权，故其请求权基础为《民法通则》第 106 条所规定的不履行其他义务的民事责任。而夫妻之间婚内侵权的请求权基础恒为侵权责任。

（二）夫妻之间婚内侵权之诉与离婚之诉的关系

1. 美国法的做法。美国法院对两者关系的态度不一：其一，一些法院允许两者合并审理。有法院允许在离婚之诉中提出婚内侵权之诉，有法院允许但不鼓励两者合并，有法院则要求两者合并进行。例如，新泽西州最高法院认为两者的合并一般而言是强制性的。当子女福利、子女抚养与监护与解除婚姻关系、解决婚内侵权交织在一起时，法院应将婚内侵权之诉与离婚之诉合并解决，但主审法官有权决定将两者分立审理。[1] 德克萨斯州最高法院鼓励而非强制要求诉讼合并。[2] 威斯康星州最高法院认为，强制要求离婚之诉与侵权之诉合并将会不合理地延长离婚之诉的期间，并造成延缓决定子女监护与抚养等不利后果。将两者合并是可允许的，但强制合并有违公共秩序。[3] 其二，一些法院不鼓励或不允许两者合并审理。马萨诸塞州最高司法法院认为不应将两者合并，而应分别为之。[4] 纽约上诉法院也认为将人身损害之诉与离婚之诉合并审理并不适当。两者的目的不同、救济方式不同、要求的证据类型不同，将两者合并将会延长离婚之诉，并使其复杂化。这与迅速完成诉讼、将诉讼对当事人及其家庭造成的损害降至最低的目的相左。[5] 其三，一些法院实施个案审查进而作出决定。其没有预先规定对两诉采取合并或分立，而是认为主审法官有权根据事实来决定是否合并审理。法官考量的因素常常包括侵权之诉的权利人是否要求陪审团审理，或者离婚是否采取无过错主义等。[6]

2. 中国法的选择。本文认为，美国法中允许而非强制两诉合并的做法可为我国法借鉴。我国法应允许当事人选择同时或分别提起两类诉讼，由法院合并或分立审理；同时允许法院向当事人提出建议，实现法

---

〔1〕 Brennan v. Orban, 678A. 2d 667, N. J. 1996.

〔2〕 Twyman v. Twyman, 855 S. W. 2d619, Tex. 1993.

〔3〕 Stuart v. Stuart, 143 Wis. 2d 347, 421 N. W. 2d 505, Wis. 1988.

〔4〕 Heacock v. Heacock, 402 Mass, 21, 520N. E. 2d 151, Mass. 1988.

〔5〕 Chenv. Fischer, 810N. Y. S. 2d 96, 98~99, N. Y, 2005.

〔6〕 以南卡莱罗纳为例，其对婚外主体与配偶分别设定了最高 30 年和 10 年的刑期，S. C. Code Ann. 1976 § 16-3-652, S. C. Code Ann. 1976, p. 396.

院对诉讼程序选择的有力指导。其一，当事人对诉讼程序拥有处分权是我国民事诉讼的基本原则，也符合国家对婚姻关系的有限干预，我国不应将两诉强制分立。其二，夫妻之间婚内侵权之诉与离婚之诉在目的、构成要件等方面的区别，使得我国法难以对其强制合并审理。其三，法院在考量具体因素后，有权对诉讼程序提出建议。一方面，法院基于对司法资源的掌握和审判经验，对诉讼程序选择拥有更权威的话语权；另一方面，基于两诉可能涉及相同的事实，法院对诉讼程序的建议显得尤为必要。

（三）夫妻之间婚内侵权行为民事责任的可执行性

夫妻之间婚内侵权行为理应适用我国《民法通则》与《侵权责任法》中侵权责任的一般规定，停止侵害、损害赔偿、赔礼道歉、消除影响、恢复名誉等非财产与财产责任形式均可适用。由于非财产责任不存在执行障碍，本文将讨论财产责任的执行问题。

第一，夫妻个人财产是夫妻之间婚内侵权行为财产责任的物质基础。无论采取何种财产制，夫妻会拥有法定或约定的个人财产，其成为财产责任执行的首选。

第二，对于夫妻共同财产制而言，非常财产制成为婚内侵权财产责任执行的可行路径。非常财产制是指在特殊情况下，出现法定事由时，依据法律之规定或经夫妻一方（或夫妻之债权人）的申请由法院宣告，撤销原法定或约定的共同财产制，改设为分别财产制。在立法例上，瑞士、意大利等国分别设有通常法定财产制与非常财产制，法国、德国则设有共同财产制的解除或撤销制度。[1] 就夫妻之间婚内侵权行为而言，当夫妻一方的财产无法清偿其债务时，另一方有权向法院申请宣告改采分别财产制。其一，我国《婚姻法》应增设非常法定财产制度。在采取共同财产制时，如果夫妻能够就婚内侵权的债务承担达成合意，自无申请宣告改采分别财产制的必要；当夫妻无法就债务承担达成合意时，任何一方均有权向法院申请，要求将共同财产制改为分别财产制。自法

---

[1] 范李瑛："婚内损害赔偿与夫妻共同财产制的冲突和协调"，载《烟台大学学报（哲学社会科学版）》2006年第3期。

院宣告之日，夫妻分别财产制开始生效。其二，在现有体例下，采取共同财产制的夫妻仍可要求分割共同财产。一是我国《物权法》第99条规定："……没有约定或者约定不明确的，按份共有人可以随时请求分割，共同共有人在共有的基础丧失或者有重大理由需要分割时可以请求分割……"尽管尚不明确何为"重大理由"，但通过法律解释，可将其用于夫妻婚内侵权财产责任的执行之中。二是《最高人民法院关于适用〈中华人民共和国婚姻法〉若干问题的解释（三）》第4条规定，"一方有隐藏、转移、变卖、毁损、挥霍夫妻共同财产或者伪造夫妻共同债务等严重损害夫妻共同财产利益行为的"，允许法院在婚姻关系存续期间分割共同财产，为侵害财产权的婚内侵权救济提供了依据。

第三，夫妻个人财产的自愿登记制与婚姻关系存续期间所得财产的报告义务之设定。一方面，个人财产的自愿登记制有利于明晰夫妻婚前及婚内所得的个人财产，保障婚内侵权责任之执行。有学者认为："对于婚前财产，男女在结婚登记时，可以向婚姻管理机关申请进行婚前个人财产登记，载入婚姻登记档案，发给夫妻财产登记证书；或者在结婚登记后，夫妻双方共同制作婚前财产清单，并经双方签名后生效。对于婚后所得的价值较大的夫妻特有财产，夫妻可在取得财产所有权后的一年内，双方共同制作财产清单，并经双方签名后生效；或者向公证机关申请办理夫妻个人财产公证，取得公证的夫妻财产证书。"[1] 另一方面，夫妻婚内所得财产的报告义务有利于非常财产制的执行。我国《婚姻法》在修订时可增设夫妻就婚内财产的报告义务，并要求相关单位（如银行等）和个人承担一定的协助义务，保障婚内侵权责任的实现。

四、结语

无论是夫妻之间婚内侵权行为在美国法中由豁免走向规制的历史足迹，还是其在美国法中逐渐得到承认与有力规制的现实景象，抑或其兼具侵权行为之一般特点与特殊性的品质，无疑为尚未确立夫妻之间婚内侵权行为制度的中国法提供了借鉴与参考。从夫妻之间婚内侵权行为的

---

〔1〕 陈苇：《中国婚姻家庭法立法研究》，群众出版社2000年版，第198~199页。

一般性出发，在逻辑上构建夫妻之间婚内侵权行为的完善体系，在司法中充分考量其特殊性，在实践中尽量保证其可操作与可执行。这既有利于该制度的理论建构，也有助于该行为的实践规制。

3.5 美国 1996 年福利法案对子女抚养规定的重大变革 *

夏吟兰

美国保罗·K. 莱格勒（Paul K. Legler）律师在《美国家庭法季刊》（1996 年秋季）发表了题为"即将到来的子女抚养政策变革：1996 年福利法案之蕴义"的论文，对 1996 年《个人责任与就业机会一致性法案》（The Personal Responsibility and Work Opportunity Reconciliation Act of 1996）中有关子女抚养费制度的变革进行了全方位、多层面的评介。值此中国《婚姻法》修改之际，笔者特向中国的学界同仁和各界读者推荐介绍这篇论文，以期对完善我国子女抚养制度有所裨益。

一

美国的家庭结构在近 30 年中经历了戏剧性的变化，非婚生子女的比例和单亲家庭的数量均不断攀升。在这些家庭里，担任监护的父母一方往往是唯一的抚养费支付者，而这些监护人多数为低收入的母亲，因此，数以百万的美国儿童生活在贫困线以下。如何努力解除单亲家庭中儿童的贫困问题，是长期以来受到美国社会各界广泛关注的问题。

早在 1975 年，美国国会就通过《社会保障法》的修正案，要求各州制定自己的子女抚养费执行计划——这就是众所周知的"IV-D"计划。[1] 它所建立的子女抚养费执行系统，是由联邦政府和州政府共同

---

* 本文发表于《外国法译评》1998 年第 3 期，第 32~37 页。

〔1〕 IV-D 是指美国社会福利法案第四篇第四部分。

努力的合作体，即联邦政府为"IV-D"计划提供部分资金和实施监督管理以及提供技术帮助。[1] 为实施这一计划，联邦政府还制定并实施了帮助确定父母所在地法案。州政府在实施他们自己的"IV-D"计划时，享有充分的自主权，但不得有悖于联邦政府的规定。

自 1975 年该计划实施以来，获得了较大的成功。处于各种不同婚姻状况的妇女接受子女抚养费的比例不断增长，其缴付款项的数额从 1987 年的 39 亿美元上升到 1995 年的 108 亿美元，并有不断增长的趋势。Aid to Families with Dependent Children（对有未成年子女的家庭给予帮助的项目）的缴付数额也在增长，从 1987 年的 13 亿增长到了 1995 年的 27 亿。确认生父的数量已经超过了 1987 年的 2 倍，从 26.9 万上升到 1995 年的 66 万。[2]

尽管 IV-D 计划取得了一些成就，但仍有待改进。一份 1994 年发表在《都市研究院》上的报告指出，现今的儿童抚养费的缴付数额与理论上所应缴付的数额之间存在着巨大的差距。如果儿童抚养费的需求量是以建立在供给所有的非父亲监护的子女基础之上，并完全满足这些需求，子女抚养费的支付总额在 1990 年应达到 482 亿美元，而真正缴付的仅有 144 亿美元。

美国国情调查局的数据同样显示了这一问题：1991 年在 1150 万有资格享有子女抚养费的监护人中，46%的人在法院判决中没有获得这一权利，其他 11%的人虽然经判决获得了这一权利，但事实上没有得到抚养费。故总共有 650 万的家庭应当得到但没有得到抚养费。即在有资格获得抚养费者中只有 24%的人既获得权利又实际收到费用。

1993 年 6 月，克林顿总统指定一个"工作小组"负责制定福利改革方案，其中包括改革子女抚养费的强制执行手段，解决"IV-D"系统所存在的问题。1994 年 6 月，子女抚养费强制执行的改革方案作为 1994 年《就业与责任法案》的组成部分得以公布，不久又作为议案提交国会讨论，几经周折后，它被合并进 1996 年的《个人责任和就业机

---

〔1〕 目前由联邦政府支付行政费用的 66%及启动费用的 16%。

〔2〕 1994 年国会第 19 个年度报告。

会一致性法案》，该法案在 1996 年 8 月 22 日由国会通过，并经克林顿总统签发。

该法案对于子女抚养费的强制执行主要在两个方面作出了重大修改，一是完善确认生父制度，二是完善子女抚养费强制执行系统。

二

该法案授权修改的有关确认生父的法规，是在近 10 年中，由三个方面的因素所促成的，即社会各界逐渐达成的共识，在医院确认生父制度的建立和先进的基因检查。

所谓在医院确认生父是指在新生儿出生后 60 天内，其生父在医院签署自愿认领书，并进行宣誓。[1] 自愿认领书自签署之日起即发生确认生父的效力，生父的姓名即可登录在子女的出生证上，并承担不可反悔的父权责任。自愿认领书不仅在签署州有效，在其他州同样得到认可和尊重。

该法案还要求各州采取若干步骤以简化父权认定的程序。简化后程序中的关键一步是"公开"的基因检查，检查一经完成，父权认定的关键问题就解决了。基因检查对生父的确认非常准确，在很大程度上（往往超过 99%）可以认定亲生父亲。面对这样的检查结果，大部分的父亲通常都当即承认其父权，并签署自愿认领书。

实行公开基因检查，可以避免繁琐的司法程序，子女抚养代理机构（Child Support Agency）可直接完成所有的初始手续：要求推定父亲提供被检查基因，安排检查，签署认领书。然后，由子女抚养代理机构就该事实向法院提出报告，并在重要记录登记处登记。若无异议，即可产生法律效力。

为了建立这些简化的程序，法案要求各州授予子女抚养代理机构有要求进行基因检查的权力，而"不需要得到任何司法或行政上的批

---

〔1〕 艾思沃特伯格在 1991 年发表的调查报告表明，非婚生子女的母亲几乎都知道孩子的父亲是谁，2/3 的非婚生子女的父亲在孩子出生时去过医院，80% 的未婚父亲在其子女出生后的 1 年内以不同的方式照顾他们的孩子。这些调查证明：孩子在医院出生时是确认生父的最重要时刻。

准"。并由州的机构提供基因检查的经费（如果证据成立，则由父权认定后的法定父亲支付），在对首次检查结果有争议时，可进行二次检查，检查费用则由提出异议者支付。

事实上，在每一例"IV-D"父权认定案中，都可进行公开基因检查。如果推定父亲不否认，根据检查的结果就可确认父权。绝大多数的父亲在这一事实面前都会自觉地认领其子女，因为这是一个不可抗拒的事实。它杜绝了那些企图玩弄技巧拖延时间的想法。其结果，大多数的常规的"IV-D"案件均可及时得到处理。因此，父权认定的程序主要由子女抚养代理机构采用行政手段办理，而不再经过法院。当然，偶然还会有一些特殊的案件需要裁决，但这些案件不会对整个系统构成威胁，因为大量的正常的案件会很快、很简单地得到解决。

三

子女抚养费的支付必须是自动的、不可抗拒的，"就像死亡和纳税一样"。人们的这一期望促进了美国子女抚养法制的完善。它主要表现在如下三个方面：①信息的获取，即追踪义务人和其财产的能力；②同类案件的处理，即利用计算机、自动控制和信息处理的技术，对同类案件进行处理的能力；③更积极的强制执行的手段，即自动的行政强制执行的能力，而不仅仅依赖于诉讼程序。这三个方面相互作用、相互依存。

（一）信息的获取

获取信息是有效地强制执行子女抚养费的先决条件，已逐渐为人们所认识。除自愿支付的子女抚养费外，没有支付的子女抚养费只能通过义务人的收入或所拥有的财产缴扣。如果找不到非监护父母一方，就不可能让他（她）资助其家庭。只有在确切了解非监护父母一方的地址、收入和财产的情况下，才有可能使子女抚养费的判决得以很好地执行。

该法案的规定使子女抚养代理机构在获取信息的能力上得到了很大的提高。首先，该法案建立了一个全国性的跟踪调查违法义务人职业的系统。这个系统的建立，使子女抚养费的缴扣就像交纳税款一样不可抗拒。正如从工资中扣除应交纳的税款被证明是最有效的纳税方法一样，直接从工资中扣除子女抚养费亦是获取子女抚养费的最有效办法。自动扣除子女抚养费，改变了过去主要依靠自愿缴纳的办法，使子女抚养费的缴扣形成了一个自动的、强制性的系统。

对于那些有经济来源但拒不交纳子女抚养费的义务人，直接从义务人的工资中扣除子女抚养费，早在 1984 年就已成为州政府的规定。1988 年的《家庭抚养法》（The Family Support Act of 1988），把扣除部分工资的做法应用到了所有新的子女抚养费裁决中（有充分的理由或签约人双方都同意修改协定者除外）。目前，其缴扣系统所得资金的 55%（1994 年超过 50 亿美元）来源于对义务人工资的扣除。《家庭抚养法》还规定，所有从工资扣除的资金都由一个由州政府指定的公开的机构管理，并登记在册，以便检查。[1]

工作单位的变更是高效采用工资扣除法的最大障碍。故此该法案规定，在这个新的全国性的系统中，美国国内所有的雇主都要在雇用新雇员后的 20 天内，向由所在州的州政府指定的机构报告其雇员的情况。这些情况将首先与该州有关子女抚养的信息相对照，从而找到那些在本州没有交纳子女抚养费的义务人。然后，州的抚养机构把新雇员的材料提交全国新雇员名录，将其与子女抚养费裁决的联邦档案登记处中的记录相对照，以确定在本州工作，在外州未缴纳抚养费的义务人。全国新雇员名录处和联邦档案登记处有权使用来自各种渠道的联邦资料，由此，大大增强了该职业追踪系统的信息核查能力。[2]

由于该系统能极大地提高跨越州界追踪违法父母的能力，必将对州际间的子女抚养费的强制执行产生革命性的影响。目前，大约 30% 的有关子女抚养费的案件属于这种跨州的案件，因此，子女抚养费征收数额的潜在增长力是相当巨大的。

此外，该法案强令各州执行《统一州际家庭抚养法》（Uniform Interstate Family Support Act）。根据《统一州际家庭抚养法》的规定，[3]

---

〔1〕 1988 年《家庭抚养法》第 101 条 b 款，第 102 条。

〔2〕 1988 年《家庭抚养法》第 316 条。

〔3〕 《统一州际家庭抚养法》由美国统一州法委员会会议制定。

州的抚养代理机构可跨越州界，把扣除收入令直接下达给雇主。[1] 由此，那些非监护父母之一方，在其他州工作期间的收入从工作之始就被扣除，而他或她的孩子即刻就可收到抚养费。据统计，新雇用报告在全国的实施，可为子女抚养费的征收额增加 64 亿美元，在 10 年的时间内，将为联邦政府在福利方面的开支节省 11 亿美元。

除此之外，该法案还大大地拓宽了使用其他方面信息的途径。该法案第 325 条规定，州的子女抚养代理机构拥有使用两类重要记录的权利。第一类是州政府和地方政府的卷宗，包括重要的统计数字；州和地方政府所收税款和年收入的数字；有关个人动产和不动产的记录；有关个人所有或控股的公司、合伙企业以及经济实体的记录；职业和专业证书的记录；就业保险记录；社会救济记录；汽车部门的记录以及法律执行情况的记录等。另外，通过美军追踪系统可以立刻查找出军内人员的所在地点。

子女抚养机构可以查阅的第二类记录是那些掌握在私营实体中的记录。它包括公用设备和有线电视公司的用户档案，以及掌握在救济院的被救济人的资料（包括财产和债务）。此外，在制定、变更子女抚养费判决及强制执行令时还可以参考义务人的信用记录。

该法案进一步规定：各州必须与在其州经营的金融机构达成协议，建立一个资料核查系统，由金融机构提供那些过期未付子女抚养费的，在该机构中拥有账户的非监护父母一方的姓名、住址和社会保险号码，金融机构的这些信息将为通过"银行核查"程序征收子女抚养费提供简便有效的途径。当查出账户持有人是未付子女抚养费的义务人时，"IV-D"机构的工作人员将核实其所拖欠的子女抚养费是否还未缴付。对确未缴付的，"IV-D"机构即可发出扣留令，该金融机构即向"IV-D"机构支付拖欠的款项，直至付清为止。

由于利用法案所赋予的广泛获取信息的特权，在美国任何地方的未付子女抚养费的义务人（仅有极少的例外），都将无处逃遁。因为，绝

---

〔1〕 根据《统一州际家庭抚养法》第 341 条，在扣留薪金或收入的规定中，均以收入替代了薪金。无论其来源如何，当事人的合法所得均为收入。

大部分的义务人都会留有一些记录，并被子女抚养代理机构在追踪时利用，比如，驾驶证、银行账户及汽车、公用设备或有线电视的记录。未付子女抚养费的义务人可以逃跑，但已无处藏身。

对各种信息如此广泛地涉猎，引起了一些人对个人隐私权的担忧，实际上这是没有必要的。该法案在保护隐私权方面已经作了若干详尽的规定。它特别制定了大量的保护性措施，以防止为不正当的目的而泄露个人隐私。另外，它严格界定了使用范围，以防止对个人隐私的利用超出这个计划的需要。[1]

（二）同类案件的处理

同类案件的处理——利用先进的技术处理同类案件，是未来缴扣系统的另一个关键要素。一些专家认为，强制执行子女抚养费需要像现代商务中的经营活动一样：运用计算机、自动控制系统和信息处理技术。面对 1700 万件案件和不断增加的等待处理的案件，不可能采取简单地增加工作人员的办法去实现缴扣计划。常规的案件必须批量地进行处理。

过去的子女抚养费执行系统存在的一个主要问题是，各个案件分开单独处理，一段时间处理一件案件。这种办法是按照传统的处理此类案件的司法模式发展起来的，在这个程式中，子女抚养费的强制执行有赖于个人按照必要的司法程序向法院起诉。无论原告或委托律师必须向法庭递交起诉书，等待判决结果。但随着单亲父母数量的急剧增长，这种低效的处理方法已经不能满足迅速增长的需求。大部分案件处于部分的或完全得不到支付的境地，只有那些能够雇得起律师、比较富裕父母的需要才能够得到满足。大多数人没有经济能力获得法律的帮助，对穷人的法律援助从来都是微乎其微的。几乎没有一个地方检察官把子女抚养费的强制执行，作为福利案件予以优先处理。一些监护父母不得不向私人缴扣机构寻求帮助，尽管这些机构收取的费用高达缴扣费的 40%。近 10 年来，越来越多的有关子女抚养问题的专家，开始意识到要满足强

---

〔1〕《统一州际家庭抚养法》第 316 和 325 条。

制执行子女抚养费服务的要求，只有对同类案件实行统一处理。

同类案件的处理包括两个步骤：①将未交抚养费的义务人的账单与其财产和收入的记录进行核查；②从义务人处扣除与所欠子女抚养费相等的薪金和必要的财产。第一个步骤需要获得信息，第二个步骤需要用自动控制的手段，即对有薪金收入的义务人实施工资扣留，对有财产的义务人行使扣押权。

依据现行法律，未支付的子女抚养费本身就是合法的裁决。因此，该法案规定，对没有交付子女抚养费的债务可依法行使扣押权，而且扣押权可以通过行政手段实施。这两项规定使子女抚养代理机构有权对拖欠子女抚养费的财产行使扣押权，而不需要在发出扣押令前获得法院的判决或扣押令。扣押的手段包括：税款返还折抵，吊销各类执照，查封银行账户，扣押政府发放的福利金，中奖彩票以及其他不受法律豁免的财产。各州在行使扣押权无须通过司法程序的前提下，有权自主地制定适合本州的规定。

扣押权还可跨州缴扣子女抚养费。根据该法案，各州必须给予其他州的扣押权以相同的信任和支持，而无需在该州另行登记。对跨州案件，各州必须在接到其他州要求帮助的请求后，5 天内协助实行扣押。[1] 在大多数案件中，银行存款可能是最快、最容易得到的扣押品。

（三）统一登记、统一缴扣和统一支付

根据该法案第 323 条的规定，各州对子女抚养费的裁决须实行统一登记，统一缴扣和统一支付。

州子女抚养费裁决统一登记处，是保存当前的所有子女抚养费裁决记录的部门。在现行系统中各个案件是由不同的工作人员或法院经手的，因而，难以通过已有的记录去确定哪些案件是已经处理过的。这个由州统一登记的规定，正是针对现行系统中各种记录相对分散而制定的。由州案件登记处摘取出的基本信息（姓名、社会保险号码和案卷鉴定）将被送往联邦案卷登记处与全国新雇工名录和其他信息资源进行对

---

〔1〕《统一州际家庭抚养法》第 323 和 368 条。

照核查。州子女抚养费裁决统一登记处还要与其他要求协作的州的缴付中心和支付单位协同工作。

统一缴扣和统一支付系统是由一个单一的自动化中心管理的子女抚养费的支付系统。它有很多的潜在的优势。最为突出的优点是效率高，因为在交付和分发的整个过程中均使用自动控制系统。它也使雇主在交付扣留款时的手续变得简便易行，他们只需按要求把所有扣除的抚养费送往或寄到同一地方即可。并且这一系统还可保证其交付和分发过程的准确性，而整个过程仅在一天内即可完成。

统一缴扣和统一支付系统与统一登记中心的共同作用，既可对抚养费的支付实施监督，又便于立刻查找有关案件的记录。由此，简化了处理同类案件的程序（计算机核对资料、行使扣押权、查封银行账户、扣留失业补助金和工作人员补助金以及其他州政府分发的福利金），保证了较好的支付记录和较高的征收金额。[1] 那些在跟踪征收和分配上花费时间的社区一级的子女抚养代理机构的工作人员，现在可以把精力集中在其他有关子女抚养费的事务上，比如那些剩余的不适宜用同类案件的处理手段处理的案件。

该法案在子女抚养政策方面的变革是非常巨大的。父权认定将成为人们关注的焦点，父权认定率将会继续上升。更强有力的强制执行子女抚养义务的手段将成为法则。子女抚养费的支付也从自由决定型变为强迫型的自动执行程序。其结果将带来缴扣资金的急剧增长，这将对数百万的有监护权的父母一方及其子女提供有力的经济保障。

---

〔1〕 各州的统一缴扣、统一支付的实践证明了该系统的简便易行和高效准确。

3.6 建立我国的亲权制度[*]

夏吟兰　高　蕾^{**}

一、亲权制度概述

亲权源于罗马法和日耳曼法，在罗马法称为家父权（patria potes-tas），有支配权利之意义，在日耳曼法称为"Mundium"（Munt，Mund），有保护权利之意义。[1] 现代亲权制度就是在罗马法和日耳曼法的父权制度的基础上经历了两千多年的历史变迁发展而成的，是大陆法系国家所普遍采用的用来规范父母子女之间权利义务关系的一项重要制度，指的是基于父母子女的身份关系而产生的专属的、为保护未成年子女利益的权利和义务。

根据上述定义，我们可以总结出亲权的如下几个法律特征：①亲权是父母基于其身份所享有的法定的权利，也就是说父母子女间的亲子关系是亲权发生的前提。②亲权是一种基本身份权。③亲权虽名为权利，实际上也是义务，是权利义务的综合体。④亲权是专属于父母的权利，是父母对于未成年子女所行使的权利。⑤亲权制度的设立以保护教养未成年子女为目的。⑥亲权是支配权。这种支配并非专制的人身支配，而是以教育、保护未成年子女为目的，对未成年子女的人身和财产进行的支配。⑦亲权具有可分离性。亲权并不是一个单一的权利，而是由多个子权利所组成的一个权利的集合，因此父母在行使亲权的时候，可以根

＊　本文发表于《中华女子学院学报》2005 年第 4 期。

＊＊　高蕾，女，中国政法大学硕士研究生，北京市妇联宣传部副部长。

〔1〕　史尚宽：《亲属法论》，中国政法大学出版社 2000 年版，第 656 页。

据具体的情况进行适度的调整。

二、我国亲权法律关系[1]的立法现状及其存在的问题

我国现行法上并无亲权的概念，但法律上父母对未成年子女有抚养教育或管教保护的规定实际上却为亲权的内容。这些内容散见于《婚姻法》《民法通则》《未成年人保护法》《收养法》的法律条文中以及《最高人民法院关于人民法院审理离婚案件处理子女抚养问题的若干具体意见》（以下简称《抚养意见》）和《最高人民法院关于贯彻执行〈中华人民共和国民法通则〉若干问题的意见（试行）》（以下简称《民通意见》）等若干个司法解释中，这些关于父母与未成年子女间权利义务的规定共同构成了我国目前亲权制度的全貌。从这个意义上可以说，我国已初步建立了实质意义的亲权制度。毋庸置疑，上述规定对保护未成年子女利益、促进亲子关系稳健发展发挥了重要作用，并且这些规定所体现的两性平等、保护未成年子女利益等价值与理念在亲权法的立法完善中仍应得到坚持。但是，我们也不难发现，这些规定过于概括抽象，权利义务要求极不明确，欠缺可操作性，同时，区区数个条文，尚不足以涵盖亲权制度的全部内容，已远远不能适应调整日益复杂的亲子关系的要求。概括来说，我国亲权法律关系的立法特征及存在的问题主要在以下几个方面：

（一）采用大监护概念给我国的法律理论和司法实践带来的混乱

根据大陆法系的民法理论，亲权和监护在一定程度上有相似之处，都包括对行为能力欠缺的人的人身和财产进行保护和管理的内容，但二者也存在着诸多不同：

1. 性质不同。亲权是建立在血缘关系之上的，带有浓厚感情色彩的亲子关系，因而亲权是父母特有的对未成年子女进行保护、教养的权利和义务的统一体。而监护即为法律对监护人规定的一种职责，更多的是义务而无实质性的权利的性质。

---

〔1〕 我国法律体系中并没有亲权的概念，通说也认为我国并不存在明确的制度化的亲权体系，此处所称"亲权法律关系"实指我国现行法律中带有亲权性质的关于父母对未成年子女权利义务的相关规定，为了叙述的方便，笔者用"亲权法律关系"来代替表述，特为说明。

2. 立法原则不同。亲权立法采取放任主义，立法上对亲权人的限制较少；而监护立法采取限制主义，立法对监护人的活动进行了严格的限制。

3. 发生的基础不同。亲权是因父母子女关系而自然发生，是父母的天然的权利，无需经过特别的批准；而监护权则必须经过一定严格的法律程序才可发生。

4. 主体范围不同。亲权是父母保护教育未成年子女的权利和义务，其权利义务主体即为亲权人，权利相对人为未成年子女。而在监护关系中，监护人既可以是被监护人的近亲属，也可以是亲属之外的人，甚至可以是单位或者社会组织。而监护权的相对人，即被监护人也不仅仅包括未成年人，而是指所有没有完全民事行为能力的人。

5. 权利内容不同。亲权和监护权设置的目的虽然都是对行为能力欠缺的权利相对人进行保护。但是亲权人对未成年子女的权利义务不仅仅包括经济上的供养，人身上和财产上的保护，更重要的是对未成年子女的精神上的培养与教育。而监护权则只强调对其的保护，而不具有教养权的内容。

由此我们可以看出，亲权和监护是有区别的。尽管二者在权利主体，权利内容上都有一些相重合的内容，但是这种重合是交错进行的，并不存在谁包含谁的问题。亲权制度包含不了监护制度，监护制度也同样无法涵盖亲权关系的所有内容。监护和亲权是两种不同的制度，自成体系，如果非要将两者糅合成一个制度来进行规范，势必会损害立法的科学性，妨碍这两种制度各自依其内在要求的发展完善和各自功能的实现。最终造成的结果只能是，大监护概念徒有虚名，立法和司法实践各行其道。正如张俊浩先生所说，在中国人的生活中，双亲的地位是不同于其他亲属的，也就是说，在习惯法的层面上是有亲权存在的。对此，《民法通则》是无法否认的，仅凭一纸文件是无法改变的。[1]

（二）关于父母对未成年人权利义务的规定过于笼统，不易操作

我国现行法律中关于父母对未成年人权利义务的规定十分简单，存

---

〔1〕 张俊浩主编：《民法学原理》，中国政法大学出版社 2000 年版，第 161 页。

在着严重的内容缺失。

第一，在权利义务的主体上，我国《婚姻法》只概括地规定了父母对子女有管教保护的权利义务。尽管随后又用 3 个条文说明了婚生子女与非婚生子女地位平等，养父母子女关系及形成抚养关系的继父母子女关系适用关于父母子女关系的规定，但仍然不能适应亲子关系的复杂性。在不同的亲子关系下，其保护教养权的归属也需有符合其性质的特殊规则。

第二，在权利义务的内容上，虽然《婚姻法》《未成年人保护法》《民法通则》及《民通意见》中加起来总共用了十几个条文的篇幅，但是规定的都十分简略，而且相当多的内容还是重复的。

第三，在权利义务的变动上，现行法律中仅在《未成年人保护法》第 12 条以及《民法通则》第 18 条中作了一个概括的规定，而且只包括当父母不履行监护职责或者侵害被监护的未成年人的合法权益时，人民法院可以根据有关人员或者有关单位的申请，撤销其监护人的资格，另行确定监护人，即父母因剥夺而丧失权利这一种变动形式。对于父母因丧失行为能力等法律上的原因或者因患病、长期外出等事实上的原因而无法行使对未成年子女的权利时，权利应该如何变动；以及父母对于未成年子女的权利因被剥夺或者其他事实上或者法律上的原因而丧失之后，能否在条件成就的情况下基于法定的理由予以恢复；还有父母对未成年子女的权利将在何种情况下完全灭失并不再恢复等等问题，在我国现行的法律中都找不到相应的答案。并且对于剥夺亲权的法定理由，现行法律也没有具体的规定。

（三）关于父母对未成年子女权利义务的法律规定之间存在明显的不协调

如前所述，我国现行法律中关于父母对未成年人权利义务的规定散见于《婚姻法》等几部民事法律规范中。由于这些法律规范制定的时代不同，有些甚至前后相差十几年，再加上我国的法典化程度相对还比较低，因此这几个法律规范在规定父母对未成年子女权利义务关系的问题上各自成一套，相互之间缺乏体系上的一致和内容上的协调，不但有大量重复的规定，甚至还有互相矛盾的地方。此外，这种不协调不仅表现在不同的法律规范之间，即使是同一部法律规范之中，也存在着同样的问题。

（四）未将子女最佳利益原则作为判定父母离婚后亲权归属的最高原则

根据《婚姻法》第 36 条第 2 款[1] 以及《民通意见》第 21 条[2] 的规定，可以判断出我国实行的是离婚后的父母共同亲权主义。但是从《抚养意见》中 21 个条文的规定来看，其对父母离婚后对未成年人的亲权归属的态度又是以单独亲权主义为原则，而以轮流行使亲权为例外的亲权归属模式。从而形成了我国所独有的理论上的共同亲权主义和实际上的单独亲权主义的"分立的并行"，在实践中产生了很多问题。

而根据《抚养意见》的规定，我国在确定子女抚养权的归属问题上虽然注意到了未成年子女利益的保护，但是并非是以"为子女利益"为最高原则的，甚至还有"为家长利益"的倾向。如《抚养意见》第 3 条中规定，当父母双方均要求子女随其生活的，对于已做绝育手术或因其他原因丧失生育能力的一方，以及没有其他子女而另一方有其他子女的一方，可予优先考虑。这一规定从父母的角度来看是很人性化的，但是对未成年子女的健康成长来说却并不一定是最好的做法。

通过上述对我国亲权法律关系的立法现状的分析，笔者认为，要解决我国现行法律中关于父母对未成年子女权利义务的规定中存在的概念不清、内容不全、体系混乱、法律规范之间缺乏协调性等问题，必须建立我国的亲权制度。

三、对建立我国的亲权制度的立法建议

（一）在名称上采纳亲权的概念

亲权概念的采纳是建立亲权制度的逻辑起点。没有一个具有高度概括性的概念，就无法以之为中心形成完备的制度体系。

对我国来说，使用亲权概念，不仅可以把父母对未成年人的保护教

---

〔1〕 "离婚后，父母对子女仍有抚养和教育的权利和义务。"

〔2〕 "夫妻离婚后，与子女共同生活的一方无权取消对方对该子女的监护权……"

养从监护制度中分立出来，从而形成亲权与父母之外的其他人对未成年人的监护既相互分离，又相互衔接的逻辑体系。同时，对亲权概念的采纳还可以使我国现行法中有关亲权的内容有所依归，并进一步修正完善我国的亲子法律关系，从而建立起适应我国社会发展需要的亲权制度提供契机。

（二）在体例上明确区分亲权与监护

对于亲权和监护之间的区别，我们之前已经做过了十分详尽的讨论。亲权与监护的这些差异，决定了在立法例上应将作为不同制度的亲权与监护进行区分，分别规范。我国现行法上已确立了监护制度，《民法通则》扩大了监护概念，将亲权强行纳入未成年人监护，父母对未成年人的管教保护亦为监护。此种合并立法无视监护与亲权之差异，缺乏理论支撑与科学性，并不妥当。退一步讲，即使以监护吸收亲权，但由于亲权不同于监护的特殊性，监护无法完全地包容亲权，因此关于父母对未成年子女之监护与父母外的人对未成年子女之监护的规定也不得不有所区别，从而使监护制度人为地复杂起来，得不偿失。

此外，将亲权纳入监护权的立法体例，不仅仅是对父母依其父母的身份对未成年子女实施保护和教养的权利义务的一种漠视和伤害，也不利于监护制度本身的完善和发展。因此笔者认为，将亲权与监护分别立法，不仅有利于亲权制度的建构，使亲权人能正确的行使亲权，也有利于监护制度的完善，保护监护人应有的权利，而两种制度各自完善的最终结果，仍然是为未成年人提供完整而连续的保护。

（三）充实亲权制度的内容

亲权的内容是亲权制度的核心，在立法上概括性地规定亲权人的抚养教育或管教保护等权利义务固然重要，但是在此种立法方式下，由于权利义务要求不明确，适用难度较大。为了增强操作性，在立法上应具体明确地规定亲权制度的各项内容。

1. 应该详细规定在不同亲子关系状况下，亲权人应如何认定：

（1）对于婚生子女，父母双方均健在且处于正常的婚姻状态下的，父母双方为共同亲权人。父母一方死亡（包括宣告死亡）或丧失行为能力的，则由生存一方父母或行为能力未丧失一方的父母作为单独亲权人。

（2）养父母是养子女的亲权人。养父母于收养关系存续期间死亡，本生父母的亲权并不恢复；收养关系依法解除后，本生父母的亲权恢复。

（3）与继子女形成抚养教育关系的继父母，享有对该继子女的亲权。

（4）未经生父认领的非婚生子女，生母为单独亲权人。经生父认领的非婚生子女，可由生父母协商决定亲权归属。协商不成时，由法院根据子女利益，决定生父或生母一方或双方为共同亲权人。

2. 应该详细地规定亲权制度的各项具体权能。应该把父母对未成年子女的亲权分为亲权人身权和亲权财产权两部分。在亲权人身权中，要突出父母对未成年子女的保护和教育两个方面的功能，笔者建议应该规定如下几个权能：抚养权，居所指定权，子女交还请求权，对子女身份行为及身上事项的代理同意权。

（1）抚养权，主要是指父母对未成年子女提供经济上的供养。父母对未成年子女的抚养方式包括直接抚养和间接抚养两种。直接抚养是指让亲权人和未成年子女一起生活，直接进行养育。直接抚养有利于未成年子女的身心健康发展，是亲权人抚养子女的原则。间接抚养则是指由亲权人给付现金或实物，进行间接的养育。间接抚养主要用于因事脱离于亲权人的未成年子女，此外离婚后仍享有亲权且不与未成年子女共同居住的一方父母也主要采用这种方式来行使抚养权。

（2）居所指定权和子女交还请求权，都是亲权人顺利行使亲权的重要保障。为了保护未成年子女的人身安全，父母可以为其指定居所，未成年子女不得随意离开父母为其指定的居所。当未成年子女被人非法扣留时，亲权人有请求交还子女的权利，请求的方式分为自力救济和公力救济两种，在亲权人自行请求交还子女不成的情况下，可以求助公安机关的帮助。

（3）对子女身份行为及身上事项代理同意权，主要包括：亲权人对未成年子女是否从事职业以及从事何种职业拥有决定权；亲权人对送养未成年子女行为的代为承诺权；亲权人对于未成年子女因疾病休学、患病动手术等身上事项的决定权及同意权；亲权人对未成年子女身份上诉讼行为的代理权。

（4）关于惩戒权，虽然笔者认为其应该是亲权制度的一项当然的权利内容，但是笔者并不建议在我国将要设立的亲权制度中用法律的形式将惩戒权的内容固定下来。原因如下：其一，我国自古以来就有父母亲可以随意惩戒子女的传统习惯，所谓"棍棒底下出孝子""不打不成材"等谚语均是这一传统习惯的体现。现代家庭中，子女在家中遭受父母一定程度的体罚也是司空见惯的事情，甚至还存在大量过量体罚子女，以致家庭暴力产生的情况。因此，如果法律再明文赋予父母惩戒未成年子女的权利，在我国的法制现状下，恐怕会造成惩戒权的滥用。其二，法律虽然不明文规定父母的惩戒权，但是也没有明文禁止父母对未成年子女适度的惩戒，因此，在亲权制度中略去惩戒权并不会影响父母对未成年子女身心的健康教育以及道德品质的培养。其三，我们可以借鉴法国的做法，在需要对子女实施教育性救助的时候，赋予亲权人向有关机关提出申请的权利。

亲权人对未成年子女的亲权财产权，是指亲权人以处理自己事务为同一之注意，对未成年子女特有财产的管理、使用、收益、处分以及代理未成年人为财产上法律行为的权利和义务，其权利内容包括：财产管理权、符合财产性质的合理的使用收益权、必要的处分权、产行为的法定代理权。

3. 应该明确规定亲权的变动体系。亲权的变动是亲权制度中保护未成年子女利益的一种救济措施，主要规定父母对未成年子女的亲权在何种情况下丧失，在何种情况下恢复，以及在何种情况下永久地归于消灭。

（1）亲权的丧失。父母对未成年子女的亲权的行使不是永恒的、无限制的，当其因某种事实上或者法律上的原因不能行使亲权时或者当其滥用亲权、不履行亲权义务而对未成年子女的人身和财产造成损害或者威胁时，为了保护未成年子女的利益，法律应规定暂时地停止亲权人的亲权。

（2）亲权的恢复。亲权的恢复是亲权丧失后的可能的结果之一，应规定丧失亲权的亲权人，在导致其失去亲权的理由消除之后，经相关权利人[1]的申请，通过法定程序可以为其恢复亲权。当然，如果导致其丧失亲权的理由一直存在，则亲权不得恢复，但是并不影响其所具有的恢复的可能性。这是亲权的丧失和亲权的消灭之间最重要的区别。

（3）亲权的消灭。当未成年人死亡或者成年之后，由于再无亲权存在的必要，因此亲权绝对的消灭。如果亲权人死亡，则对于该亲权人来说，由于权利主体不复存在了，则其对未成年子女的亲权自然归于消灭。但该未成年子女仍然需要保护，因此是一种相对的消灭，此时由其他亲权人行使亲权，如果双方亲权人均死亡的，则对未成年人开始实施监护。此外，收养关系的解除也是导致亲权相对消灭的原因之一。

（四）明确规范父母离婚后亲权的归属及行使

经过上述的分析，笔者认为，在决定离婚后父母对未成年子女亲权的归属时，应该注意以下一些问题：

第一，应该确立"子女的最佳利益"为判定父母离婚后对未成年子女亲权如何归属的最高原则。[2]摒弃父母权利本位思想，将"子女最佳利益"置于"父母在法律上的权利"之上，使子女亲权归属问题的焦点从"谁有权担任亲权人"转变成"由谁担任亲权人对子女最为有利"，从而使保护儿童的原则内化到婚姻家庭法律制度之中，经过法制化、规范化，以确保儿童利益。

第二，建议我国确立单独亲权主义和共同亲权主义的双轨制，最为

---

〔1〕 此申请人的范围与亲权丧失的申请人的范围应该一致。

〔2〕 在判断是否符合子女最佳利益的原则时，可以考虑如下因素：①未成年子女的年龄及人数；②10 周岁以上有识别能力子女的意愿及子女生活、学习环境；③父母在监护权行使上的愿望；④父母的思想品德、职业、健康状况，照料子女生活的能力及经济能力、生活状况；⑤父母一方或其近亲属有优先行使监护权的特殊情形；⑥未成年人保护机关或监护机关调查报告；⑦父母子女间或未成年子女与其他共同生活的人之间的感情状况；⑧应考虑的其他因素。

符合子女的利益。个案应采用何种方式，应先允许父母双方协商；协商不成的，由法院依据未成年子女最佳利益原则判决。

第三，如果采用双轨制中的单独亲权主义，则对于有选择能力的未成年子女，在决定对其的亲权究竟应该归属于父母何方的时候，应该首先考虑的是该未成年子女的选择权。

第四，无论是由父母双方共同行使亲权，还是由一方单独行使亲权，不与未成年子女共同生活的一方父母都有探望该未成年子女的权利，除非进行探望会对未成年子女的身体、精神、道德或感情的健康造成严重的危害，不得剥夺该方父母的探望权。我国新修改的《婚姻法》中增加了对离婚父母的探望权的规定，对我国亲子关系的立法完善迈出了重要的一步。

3.7 比较法视野下的"父母责任"*

夏吟兰

亲子关系是家庭关系中的重要组成部分，亲子关系法是婚姻家庭法的重要内容。所谓亲子关系，在法律上是指父母和子女之间的权利义务关系。其中，父母对于子女特别是未成年子女权利义务的行使和负担是基于亲子关系的身份所产生的涉及人身关系和财产关系的义务和责任。正如恩格斯所指出的："父亲、子女、兄弟姐妹等称谓，并不是简单的荣誉称号，而是一种负有完全确定的、异常郑重的相互义务的称呼，这些义务的总和便构成这些民族的社会制度的实质部分。"[2]

抚养和教育未成年子女[3]是我国《宪法》《婚姻法》《未成年人保护法》的明确规定，是父母的法定义务。《婚姻法》在第三章"家庭关系"第23条中明确规定："父母有保护和教育未成年子女的权利和义务。在未成年子女对国家、集体或他人造成损害时，父母有承担民事责任的义务。"但这一规定过于原则，父母抚养教育子女的内涵、边界及如何承担法律责任不明确、不具体，没有充分体现子女本位及子女利益

* 本文发表于《北方法学》，2016 年第 1 期，第 25～34 页。本文系教育部国家人权教育与培训基地项目"以保障儿童人权为导向建构国家监护制度研究"（项目编号 14JJD820017）的阶段性研究成果。

〔2〕《马克思恩格斯全集》，人民出版社 1965 年版，第 40 页。

〔3〕 本文中所称未成年子女（人）与《儿童权利公约》中所称儿童均指 18 周岁以下者，在不同语境下使用不同用语。为避免重复，本文中的子女除特别标明外均指未成年子女。

优先的立法理念，在司法实践中问题重重。[1] 笔者拟从保护儿童人权的视角，对确立父母法律责任的原则、宗旨、体系框架、法律术语及其内涵等方面进行实证法及比较法的深入探讨，以期在制定民法典婚姻家庭编时，充分体现子女本位的立法理念，进一步修改及完善我国的亲子关系法。

一、子女本位与父母责任

近代以降，亲子关系立法的宗旨从家族利益优先的"家本位亲子法"到父母利益优先的"亲本位亲子法"，再发展至子女利益优先的"子本位亲子法"。[2] 当今社会，以父母履行责任与义务，保障子女最大利益为特征的子女本位立法已成为各国亲子关系立法发展的大趋势。

（一）子女本位立法理念之人权法渊源

在漫长的人类历史长河中，儿童在传统上一直不曾被看作是权利的主体，而是法律保护的客体。儿童的权利不能得到充分的关注和切实的保障。所以，儿童人权的实现必须从重新定义儿童在家庭和社会中的地位开始。[3]

子女本位的现代亲子法的立法原则可以追溯至1924年《日内瓦儿童权利宣言》。[4] 在此后的1959年《儿童权利宣言》、[5] 1979年《消

---

〔1〕 近年来，因父母不履行或不当履行抚养义务，导致未成年子女被殴打致伤、致残、致死，自杀，或被饿死家中的案例屡见不鲜。

〔2〕 陈明侠："完善父母子女关系法律制度（纲要）"，载《法商研究（中南政法学院学报）》1999年第4期，第24页。

〔3〕 徐显明主编：《国际人权法》，法律出版社2004年版，第393页。

〔4〕 《日内瓦儿童权利宣言》第2条规定："儿童必须受到特别的保护，并应在健康的正常的方法以及自由、尊严的状况下，获得身体上、智能上、道德上、精神上以及社会上的成长机会。为保障此机会应以法律以及其他手段来订定。为达成此目的所制定的法律，必须以儿童的最佳利益为前提作适当的考量。"

〔5〕 1959年《儿童权利宣言》原则二规定："儿童应享受特别保护，并应以法律及其他方法予儿童以机会与便利，使其能在自由与尊严之情境中，获得身体、心智、道德、精神、社会各方面之健全与正常发展。为达此目的制定法律时，应以儿童之最大利益为首要考虑。"原则七第2款规定："负儿童教育与辅导责任者应以儿童之最大利益为其指导原则；此种责任首应由父母负之。"

除对妇女一切形式歧视公约》、[1] 1986 年《关于儿童保护和儿童福利、特别是国内和国际寄养和收养办法的社会和法律原则宣言》[2] 等若干国际人权文件中均重申和进一步发展了儿童最大利益原则,并明确将儿童人权视为普遍性人权的组成部分。儿童最大利益原则和子女本位的立法理念构成了 1989 年《儿童权利公约》的价值基础。"儿童也是平等的人;作为人类成员,儿童拥有与成人一样与生俱来的价值。"[3] 儿童作为独立的权利主体,享有权利并得到保护。《儿童权利公约》第 3 条第 1、2 款明确规定:"关于儿童的一切行动,不论是由公私社会福利机构、法院、行政当局或立法机构执行,均应以儿童的最大利益为一种首要考虑。缔约国承担确保儿童享有幸福所必需的保护和照料,考虑到其父母、法定监护人、或任何对其负有法律责任的个人的权利和义务,并为此采取一切适当的立法和行政措施。"[4]

(二)父母对子女的生存与发展承担首要责任

《儿童权利公约》在明确规定保护儿童人权是缔约国的国家责任的同时,也强调了家庭和父母对于儿童的保护、养育和发展具有重要责任。"深信家庭作为社会的基本单元,作为家庭所有成员、特别是儿童的成长和幸福的自然环境,应获得必要的保护和协助,以充分负起它在社会上的责任"。[5] 父母或其他负责照顾儿童的人负有在其能力和经济

---

[1] 《消除对妇女一切形式歧视公约》第 5 条(b)项规定:"保证家庭教育应包括正确了解母性的社会功能和确认教养子女是父母的共同责任,但了解到在任何情况下应首先考虑子女的利益。"第 16 条第 1 款(d)项规定:"不论婚姻状况如何,在有关子女的事务上,作为父母亲有相同的权利和义务。但在任何情形下,均应以子女的利益为重。"(f)项规定:"在监护、看管、受托和收养子女或类似的制度方面,如果国家法规有这些观念的话,有相同的权利和义务。但在任何情形下,均应以子女的利益为重。"

[2] 《关于儿童保护和儿童福利、特别是国内和国际寄养和收养办法的社会和法律原则宣言》第 5 条规定:"在亲生父母以外安排儿童的照料时,一切事项应以争取儿童的最大利益特别是他或她得到慈爱的必要并享有安全和不断照料的权利为首要考虑。"

[3] 李双元、李赞、李娟:《儿童权利的国际法律保护》,人民法院出版社 2004 年版,第 289 页。

[4] 联合国人权事务中心译:《人权国际文件汇编》,第 159 页。以下所引儿童权利公约均根据这一版本,不再标注。

[5] 参见 1989 年《儿童权利公约》序言第 5 段。

条件许可范围内确保儿童发展所需生活条件的首要责任。[1] 人权事务委员会认为：保证儿童受到必要的保护的责任落在家庭、社会和国家身上。虽然公约没有说明这种责任应如何分配，但家庭，特别是父母对创造条件，促进儿童个性的和谐发展，使他们享受公约确认的各项权利负有主要责任。[2]

家庭是最有利于儿童健康成长的环境。父母与子女之间存在着天然的血缘联系，具有人伦关系，体现了人类个体的生命成长和延续的规律。父母既是子女的自然抚养人，也是法定抚养人，具有保障子女健康成长的使命和责任，对子女的生存和发展当然应承担首要责任。正如费孝通先生在他的《乡土中国 生育制度》中提到的："所以能使男女长期结合成夫妇是出于人类抚育作用的两个特性：一是孩子需要全盘的生活教育；二是这教育过程相当的长。孩子所依赖于父母的，并不是生活的一部分，而是全部。"[3]《儿童权利公约》要求缔约国应尽其最大努力，确保父母双方对儿童的养育和发展负有共同责任的原则得到确认。"……父母，或视具体情况而定的法定监护人对儿童的养育和发展负有首要责任。儿童的最大利益将是他们主要关心的事。为保证和促进公约所列举的权利，缔约国应在父母和法定监护人履行其抚养儿童的责任方面给予适当协助，并应确保发展育儿机构、设施和服务。"[4] 父母对子女不仅有权利，而且有义务照管和监督子女，而其他有关公权力机关及社会团体仅作为有益补充。只有在亲子关系不彰的情形之下，后者才能强力介入，以弥补前者欠缺。[5]

1989 年《儿童权利公约》推动了各国亲子法由"父母本位"向"子女本位"发展。许多国家先后对其国内的亲子法、儿童法等相关立法进行修订，将子女最大利益原则作为立法的基本原则，以子女本位作为确立和规范父母责任的基本宗旨，并为此修改了原有的法律术语和法

---

〔1〕 参见 1989 年《儿童权利公约》第 27 条。

〔2〕 徐显明主编：《国际人权法》，法律出版社 2004 年版，第 399 页。

〔3〕 费孝通：《乡土中国 生育制度》，北京大学出版社 1998 年版，第 122 页。

〔4〕 参见 1989 年《儿童权利公约》第 18 条第 1、2 款。

〔5〕 张鸿巍：《儿童福利法论》，中国民主法制出版社 2012 年版，第 85 页。

律体例。例如，德国亲属法将亲权改称为父母照顾、[1] 英国儿童法将父母监护改称为父母责任，强调父母身份是责任而非权利。[2] 俄罗斯家庭法将"未成年子女的权利"单独成章，专门作出明确的保障性规定。[3] 上述这些立法在法律术语、名称、体例上的变化均体现出父母子女法律地位平等，儿童具有独立的主体地位，儿童最大利益原则的立法理念。[4] 这种以父母履行责任与义务，保障子女最大利益为特征的亲子关系立法，就是具有现代亲子法精神的子女本位立法。

我国 2006 年修订的《未成年人保护法》明确规定了"未成年人享有生存权、发展权、受保护权、参与权等权利，国家根据未成年人身心发展特点给予特殊、优先保护，保障未成年人的合法权益不受侵犯"。并在"家庭保护"一章中规定"父母或者其他监护人应当创造良好、和睦的家庭环境，依法履行对未成年人的监护职责和抚养义务。"强调父母抚养未成年子女是其法定的职责和义务，国家对未成年子女的权利给予优先和特殊的保护。但我国在 2001 年修订《婚姻法》时，对亲子关系未作修订，未能将儿童最大利益原则纳入修法的内容。未来在制定民法典婚姻家庭编时，应当充分体现子女本位的立法理念，以子女最大利益为核心，构建我国亲子关系立法的框架结构、法律术语、具体内容，强化父母责任与义务，保护未成年子女利益。

二、我国亲子关系立法中法律术语与体例框架的选择

（一）以"父母责任"作为上位法律术语

亲权是近现代大陆法系各国普遍适用的、父母对子女在人身和财产

---

〔1〕 参见《德国民法典》第 1626 条：父母有照顾未成年子女的义务和权利（父母照顾）。父母照顾包括对子女的照顾（人的照顾）和对子女的财产的照顾（财产照顾）。以父母照顾（elterlicheSorge）取代亲权（elterlicheGewalt）。

〔2〕 参见 1989 年《英国儿童法》第一部分第 3 条：父母责任（parental responsibility）是父母对其未成年子女及其财产的所有权利（right）、义务（duties）、权力（powers）和责任（responsibility）及权威（authority）的总称。以父母责任（parental responsibility）取代父母权力（parent power），并取消了监护权的概念。

〔3〕 参见 1995 年《俄罗斯联邦家庭法典》第十一章。

〔4〕 夏吟兰："离婚亲子关系立法趋势之研究"，载《吉林大学社会科学学报》2007 年第 4 期，第 65 页。

方面权利义务的总称。在子女本位的立法理念下，亲权已由传统的父母对未成年子女的控制、管理权利转变为父母照顾、抚养、保护未成年子女的权利和义务。现代各国的亲权多以保护、抚养、教育未成年子女为中心，不仅表现为权利，而且还表现为义务。权利与义务并行，可知亲权已经改变，其本质不仅是权利，而且含有义务。[1] 如《法国民法典》在第 371-1 条中将亲权定义为"以子女利益为最终目的的各项权利和义务之整体"。[2]

在子女本位的立法理念下，为了彰显父母对子女承担的是义务、是责任，而不是一种权利，《德国民法典》亲属编率先将"亲权"改称为"父母照顾"，根据该民法典第 1626 条第 1 款的规定，父母有照顾未成年子女的义务和权利。父母照顾未成年子女的义务和权利的总和，就是父母照顾。它包括人的照顾和财产照顾。[3] 父母照顾权实为利他性的权利，是一种具有关心照顾特点的权利；它是一种以法律的形式，为了子女的利益而行使的权利，所以，它实际上是一种义务[4]。欧洲家庭法委员会[5]为形成有关儿童权利和福利的欧洲普遍价值观，提出统一欧洲各国关于父母亲权（监护）的术语为"父母责任"，并将其定义为：促进和保护子女福利的权利和义务的集合。目前，已有英国等一些国家的儿童法或亲子法用父母责任取代了监护或亲权。英国 1989 年《儿童法》第 3 条规定：本法所称父母责任，是指父母对子女及其财产依法享有的权利、权力、权限及承担的义务和责任。[6] 父母责任这一概念彰显了子女被视为父母财产的时代一去不复返，亲子关系的最主要目的是照顾和抚养未成年子女，使其成为身心良好发展的成年人。英国卫生部发布的《儿童法指引》指出：父母责任这一概念强调了照顾和

---

〔1〕 林秀雄：《婚姻家庭法之研究》，中国政法大学出版社 2001 年版，第 192 页。

〔2〕 罗结珍译：《法国民法典》，北京大学出版社 2010 年版，第 114 页。

〔3〕 陈卫佐译注：《德国民法典》，法律出版社 2006 年版，第 509 页。

〔4〕 王丽萍："论家庭对未成年人的保护——以父母照顾权为中心"，载《法商研究》2005 年第 6 期，第 126 页。

〔5〕 欧洲家庭法委员会（CEFL）成立于 2001 年 9 月。由 26 名来自欧盟和非欧盟的其他欧洲国家的专家组成。该委员会的主要目标在于为欧洲家庭法的统一提供理论和实践支持。

〔6〕 蒋月等译：《英国婚姻家庭制定法选集》，法律出版社 2008 年版，第 138 页。

抚养子女并使其成为道德、身体和精神健康的义务是亲子关系中的基础任务，也是给予父母权利的唯一正当性根据。[1]

"父母责任"更符合现代子女本位的亲子立法理念，应当以父母责任为上位法律术语，作为父母对于子女人身关系和财产关系的权利义务的总称。有学者在民法典草案建议稿中提出应当采监护与亲权二元结构，设立亲权制度，完善我国现行的亲子关系立法。[2] 笔者认为，父母抚养教育子女的权利义务与其他监护人履行监护职责有实质性的不同，为了体现父母抚养教育子女的身份属性、权利义务的双重属性，以及作为专属性权利之权利实现的绝对性，应在亲子关系法中设立一套独立于监护制度的父母对子女承担权利义务之制度，但不应再沿用传统的法律术语称之为亲权制度。

就各国亲子立法的内容来看，现代意义上的亲权、父母照顾、父母责任的内涵基本趋同，我国在修改《婚姻法》时适用何种术语的关键是应当考虑我国的语境、我国的文化以及立法传统。我国自 1950 年《婚姻法》起就从未使用过亲权的概念，在我国的语境下，亲是指父母，权是指权利，亲权从字面理解就是指父母的权利。虽然在理论上可以将其解释为是义务权，但使用这一术语容易产生子女服从父母、父母管理子女、父母支配子女之联想。[3] 1950 年《婚姻法》没有使用亲权的概念，就是要建立"新民主主义社会中父母子女间的新型亲属关系的法律规范，也是中国劳动人民行之已久的传统道德——慈、孝、仁、义等在新民主主义社会内容的发扬光大"。[4] 当然也是要涤除"父为子纲"的以家长权、父权和夫权为特征的宗法家族传统文化。因此，在现代以子女为本位的立法理念下，更不应该使用亲权这一术语，避免公众

---

〔1〕 参见欧洲家事法委员会官方网站：http://ceflonline.net/wp-content/uploads/Austria-Parental-Responsibilities.pdf，访问时间：2014 年 11 月 2 日。感谢刘征峰博士生及其学生团队对欧洲家庭法委员会组织撰写的《欧洲各国亲子法国别报告》所作的翻译工作。

〔2〕 王利明主编：《中国民法典草案建议稿及说明》，中国法制出版社 2004 年版，第 369 页。

〔3〕 王丽萍：《亲子法研究》，法律出版社 2004 年版，第 152 页。

〔4〕 陈绍禹："关于中华人民共和国婚姻法起草经过和起草理由的报告"，载刘素萍主编：《婚姻法学参考资料》，中国人民大学出版社 1989 年版，第 68 页。

产生误解。"父母照顾权"是以德国家庭法为代表的现代大陆法系一些国家创设的新术语，意在强调抚养照顾子女是父母的义务。父母照顾权是指父母对未成年子女养育、照顾、保护的义务和权利的总称。[1] 我国也有学者提出在完善婚姻家庭法时应当借鉴这一术语。[2] 笔者认为，父母照顾在中国语境下覆盖面过窄且有些偏狭。所谓"照顾"根据《现代汉语词典》的解释，其核心意思是指考虑、注意，[3] 可以扩展理解为关照、照管。这一概念无法涵盖父母对子女抚养、照顾、教育、保护等所有的权利义务，容易造成立法限缩了父母所应承担义务范围的误解。

父母责任比较适合中国的语言习惯和立法理念。在现代中国语境下，责任就是分内应做之事，未做好分内之事，就应当追究责任。[4] 第一层词义中的"责任"比较宽泛，在法理中可以理解为广义的法律责任，就是一般意义上法律义务的同义语。第二层词义中的"责任"在法理中应解释为狭义的法律责任，是由违法行为所引起的不利法律后果。[5] 父母责任一词体现的就是父母具有排除他人，负有抚养、照顾、教育、保护子女的权利和义务的总和，是义务权。其一，"父母责任"一词强调父母基于身份对未成年子女应承担义务，其重点是义务、是责任。父母对未成年子女首先应承担义务，其次才享有一定的权利，而且设立权利的目的同样是为了保护子女的利益，如父母的法定代理权、子女返还请求权，因此，从这个意义上理解，权利也是责任。其二，"父母责任"一词的中国涵义及准确性均较"父母照顾"更好，更本土化，涵盖面更广。抚养、照顾、教育、保护都是责任，是必须履行的义务。

---

〔1〕 王利明主编：《中国民法典草案建议稿及说明》，中国法制出版社 2004 年版，第 369 页。

〔2〕 参见梁慧星教授主持的《中国民法典草案建议稿附理由：亲属编》，法律出版社 2006 年版；王丽萍撰写的《亲子法研究》，法律出版社 2004 年版。

〔3〕 中国社会科学院语言研究所词典编辑室编：《现代汉语词典》，商务印书馆 1989 年版，第 1461 页。

〔4〕 中国社会科学院语言研究所词典编辑室编：《现代汉语词典》，商务印书馆 1989 年版，第 1461 页。

〔5〕 张文显主编：《法理学》，高等教育出版社 2001 年版，第 120~121 页。

其三,"父母责任"的效力更明确,父母未能履行或未能全面履行法定的义务,就应当承担不利的法律后果。最后,也是最重要的,"父母责任"体现了子女本位,儿童利益优先,保护未成年人合法权益的立法理念。故此,用"父母责任"取代"亲权",更能体现现代亲子立法的子女本位精神;用"父母责任"取代"父母照顾",更能准确反映父母对子女应承担义务的内涵,"父母责任"作为父母对子女的权利义务总称之法律术语既符合法理也便于被公众理解。

(二)我国婚姻家庭法应设亲子关系专章

我国修改《婚姻法》时应单独设立亲子关系一章,规定子女在家庭中的权利以及父母责任。我国现行婚姻法将亲子关系放在家庭关系之下,并将离婚后的亲子关系放在离婚制度中,导致了亲子关系体系的割裂。1950年《婚姻法》明确将父母子女关系作为第四章,凸显了亲子关系的重要性。1980年《婚姻法》将父母子女关系与夫妻关系合并成为家庭关系,并将祖孙关系和兄弟姐妹关系放在家庭关系之中,当时的立法目的是要扩大法律调整的家庭关系,但却淡化了亲子关系的重要性,家庭关系中的寥寥数条,难以全面涵盖和规范亲子关系,且导致多年以来我国亲子关系立法内容阙如的状况未能得到改善。如亲子关系的确认制度,涉及亲子身份关系的推定与否认,关乎子女利益、血统真实与身份安定,是建立和解除亲子身份关系的基石,但却从未在《婚姻法》中作出过明确规定。涉及子女最大利益的父母抚养教育子女的权利义务也仅作出了概括性的规定,具体内容适用其他相关法律及司法解释。离婚后的父母子女关系作为离婚的效力之一,放在《婚姻法》的"离婚"一章规定,作为离婚的效力之一,体现的是父母本位的立法思想,导致了亲子关系立法逻辑的断裂。应将离婚后的亲子关系放在亲子法中,作为父母抚养教育子女的一种形式。离婚解除的只是夫妻关系,父母子女间的权利义务内容并没有改变,变化的仅仅是父母抚养子女的形式,从逻辑上看仍然隶属于亲子关系法。

(三)父母责任应当独立于监护制度

监护制度的核心是亲属监护,但自1986年我国制定《民法通则》

以来，监护制度就成为民事主体制度的一部分，并采取了英美法系大监护的概念，将父母对子女抚养教育作为监护权的一种类型，致使在我国的民事法律体系中，对于父母抚养教育子女的权利义务适用不同的法律术语。《民法通则》第 16 条规定：未成年人的父母是未成年人的监护人。《婚姻法》第 21 条规定：父母对子女有抚养教育的义务。值得注意的是，目前已经出版的民法典专家建议稿在监护与亲权制度的设立中有的仍持矛盾的态度。一方面，在总则编中规定"父母是未成年子女的法定监护人"，另一方面在婚姻家庭编中又专门规定了亲权，"父母对未成年子女依法享有亲权"。[1] 正处于起草进程中的民法典总则应当避免出现这种相互矛盾的情况。

大陆法系民法典亲属编的体例大多包括婚姻、亲属、监护三大部分，并采取小监护的概念，分别设立亲权制度（父母责任）与监护制度。[2] 以婚姻、亲属、监护作为婚姻家庭法基本的体例样态体现了婚姻家庭法内部的逻辑关系，婚姻关系是亲属关系产生的渊源与基础，亲属关系是婚姻关系的结果与延续，监护与保佐是亲属关系的重要内容与职能，这是一个逻辑严密、体系完整、体例一致的婚姻家庭立法的体例结构，对建构我国民法典体系下的婚姻家庭编具有借鉴意义。[3] 就法律体系而言，监护制度与民事主体制度的关联度小于与亲属制度的关联度，因此，作为一项具体的法律制度，监护不应当规定在民法典总则之中，而应当规定在婚姻家庭编中。这样既保留了监护制度的独立性，又维持了民法典的整体性和协同性。[4] 笔者认为，正在起草的民法典总则，应当充分考虑民事法律体系一体化及其逻辑性，在总则中用一个条文规定监护的概念及其功能，而将监护制度的具体内容规定在婚姻家庭

---

〔1〕 参见《中国民法典草案建议稿》第 27、462 条；王利明主编：《中国民法典草案建议稿及说明》，中国法制出版社 2004 年版，第 7、68 页。

〔2〕 《德国民法典》第四编"亲属法"分为三章：第一章"民法上的婚姻"；第二章"亲属"；第三章"监护、法律上的照管、保佐"。其中，父母照顾作为单独的一节设立在第二章"亲属"中。

〔3〕 夏吟兰："民法典体系下婚姻家庭法之基本架构与逻辑体例"，载《政法论坛》2014 年第 5 期，第 143 页。

〔4〕 王竹青、杨科：《监护制度比较研究》，知识产权出版社 2010 年版，第 232 页。

编中，并采用小监护的概念，将监护制度与父母责任分离，分别规定亲子关系、监护制度。亲子关系规定父母子女间的权利义务，包括父母责任；无父母照管的未成年人则由监护人承担监护职责。监护作为弥补未成年人和成年人行为能力不足的制度，仅适用于不在父母抚养教育责任之下的未成年人和无行为能力、限制行为能力的成年人。

三、父母责任之法律内涵及其救济

基于血缘、抚养和收养关系所建立的亲子关系是维系子女与父母及其他监护人的最为重要和直接的纽带，是履行父母责任的必要条件。无论父母的婚姻状况如何，是已婚、未婚、离婚或婚姻无效、事实分居均不应影响父母双方共同履行父母责任，父母双方均需承担父母对子女的义务，父母双方的权利义务平等。父母责任应当以子女的利益和需要为前提，包括照顾子女的义务和为子女利益做决定的权利。父母有责任确保其子女在身体、心理、精神和道德上的发展，最充分地发展子女的个性、才智和身心能力。

（一）父母责任之法律内涵

现代亲子法以子女为本位，以宪法为依据，从子女的权利规定父母责任和义务。父母责任主要包括照顾、教育、保护、共同居住、确定姓名、法定代理、财产管理等。欧洲家庭法委员会在《欧洲家庭法有关父母责任之原则》中指出，父母责任是旨在促进和保护子女福利的权利和义务的集合，包括：照顾、保护和教育；维系人身关系；居所决定；财产管理，以及法定代理。[1]《俄罗斯联邦家庭法典》明确规定保护子女的权利和利益是父母的责任，并设专章规定了未成年子女的权利，从未成年子女的角度规定父母的责任：每个子女有权在家庭中生活和受教育、有权知道自己的父母、有权受父母的照顾、有权与父母共同居住、有权与父母及其他近亲属来往、有权维护自己的合法权益、有权表达自

---

〔1〕 参见欧洲家事法委员会官方网站：http：//ceflonline. net/wp-content/uploads/Austri-a-Parental-Responsibilities. pdf，访问时间：2014 年 11 月 2 日。

己的意见，对因赠与、继承或合法收入所得的财产享有所有权等。[1]
《德国民法典》亲属编第五节"父母照顾"以规定父母责任为出发点，
第 1627 条明确规定：父母必须以自己的责任并彼此一致地为子女的最
佳利益进行父母照顾。父母对未成年子女人身的照顾包括：照料、教
育、监督子女和决定其居留地的义务和权利。对子女的法定代理、在充
分考虑子女的才能和爱好的前提下确定子女的教育和职业，以及请求返
还子女的权利。同时，法律也赋予了父母有管理教育、约束子女的责
任，但这种管教约束以不得实施暴力为前提。第 1631 条明确规定了子
女有权获得无暴力教育。不能对子女进行体罚、心灵上的伤害和其他侮
辱性的教育措施。[2] 同时，《德国民法典》对这些父母照顾的内涵用
11 个条文作出了具体的规定。第 1638~1664 条还规定了父母照顾未成
年子女财产的内容、管理方式及其限制条件。其中第 1641 条规定，父
母不得在代理子女时作出赠与，合于道德上的义务或礼仪上所做考虑的
赠与除外。在英国，父母责任至少应当包括以下内容：为子女提供居
所；与子女接触；抚养、保护和管教子女；提供和决定子女的教育、宗
教信仰；同意子女的医疗、收养、护照申请、移民；管理子女的财产；
在法律程序中代表子女、为子女指定监护人等。父母可以对子女进行适
度的责罚包括体罚，但不得超过合理的界限。[3]

我国《婚姻法》对父母抚养教育未成年子女的责任有原则性规定，
但不完整、不详尽、不具体。涉及父母责任的规定分散在《婚姻法》
《民法通则》《未成年人保护法》《预防未成年人犯罪法》等相关法律法
规中，相互之间缺乏衔接，导致我国亲子间权利义务的规范用语不一
致，体系不完整，内容不周延。除《民法通则》及其司法解释规定了

---

〔1〕 参见鄢一美译：《俄罗斯联邦家庭法典》第十一章第 54~57 条、第十二章第 64 条，
载李忠芳主编：《外国婚姻家庭法汇编》，群众出版社 2000 年版，第 483~488 页。

〔2〕 陈卫佐译注：《德国民法典》，法律出版社 2006 年版，第 510~513 页。

〔3〕 ［英］尼格劳维：《子女抚养国别报告：英格兰和威尔士》，资料来源于欧洲家事法
委员会官方网站：http://ceflonline.net/wp-content/uploads/Austria-Parental-Responsibili-
ties.pdf，访问时间：2014 年 11 月 2 日。

监护人的职责外，[1] 我国法律还规定了"父母或者其他监护人应当创造良好、和睦的家庭环境，依法履行对未成年人的监护职责和抚养义务"，[2] 规定了父母对未成年子女有抚养教育的义务、[3] 共同生活的义务、[4] 确定姓名的义务、[5] 保护教育的义务[6]以及听取子女意见的义务等。[7] 但是，这些规定大多过于原则、概括，缺乏具体内容。同时，对于子女交还请求权、对子女身份的代理义务、同意义务以及财产管理的条件、权限等法律尚未做出明确规定。未来应当将涉及子女权利及父母责任的规定统一在婚姻家庭法中，更加系统、全面、具体地规范父母责任，实现对未成年人权利的保护。

（二）父母责任与国家责任

父母责任是必须履行的法定义务，非依法定情形，不得抛弃或让与。对于不履行、不当履行、不能全面履行父母责任的许多国家均规定了允许公权力强力介入进行救济。为了监督父母履行责任，保护未成年子女的利益，有的国家规定了一整套的救济路径：其一，强制报告义务。知情的医护人员、教育工作者、社工等必须向有关机构报告。其二，调查安置。根据强制报告或其他知情人的举报，有权机构可以对父母进行调查，受虐儿童暂时被安置在儿童庇护机构或紧急收养家庭。其三，司法审判。法庭可依法全部或部分终止父母责任，将儿童安置在永久性收养家庭中，情节严重的追究父母的刑事责任。[8]

许多国家在亲属法或相关法中明确规定了父母责任（亲权、照顾权）丧失、恢复的情形、程序和效力。综观各国的规定，构成父母责任

---

〔1〕 参见《民法通则》第一章第二节、《最高人民法院关于贯彻执行〈中华人民共和国民法通则〉若干问题的意见（试行）》第10条。

〔2〕 参见《未成年人保护法》第10条。

〔3〕 参见《婚姻法》第21条。

〔4〕 参见《预防未成年人犯罪法》第19条。

〔5〕 参见《婚姻法》第22条。

〔6〕 参见《婚姻法》第23条。

〔7〕 参见《未成年人保护法》第14条。

〔8〕 胡巧绒："美国儿童虐待法律保护体系介绍及对我国的启示"，载《青少年犯罪问题》2011年第5期，第63页。

丧失的情形主要有虐待、遗弃、忽视子女，父母对子女的人身构成犯罪或自身有吸毒、酗酒等恶习影响子女健康成长等等。如《法国民法典》第378条规定，父母对于其子女人身实施犯罪并被判刑的同时，剥夺其全部亲权。此外，父母因虐待子女、经常酗酒、使用毒品、行为不轨或者忽视子女的，亦可被剥夺全部或部分亲权。剥夺亲权的效力及于与亲权相关的人身权和财产权。同时，检察机关可向法院提起对此类父母监管下的儿童采取教育性救助措施。[1]《俄罗斯联邦家庭法典》规定：父母怠于履行父母义务、滥用父母权利、残酷地虐待子女、长期吸食毒品或酗酒将丧失亲权。对于情节不太严重，证据不够充分，但父母的行为使留在其身边的子女可能有危险的，法院可以作出限制亲权的判决，即将子女从父母身边带离，由其他近亲属或监护和保护机构暂时监护。6个月后父母仍未改正的，可以终止其亲权。如果限制亲权的理由已经消失，法院可依据父母或父母一方的请求，以子女利益为依据，在考虑子女的意见之后，判决撤销对亲权的限制，恢复父母亲权。[2]

除剥夺亲权外，一些国家还采取多种干预措施，督促父母履行其法定义务，排除对子女最佳利益的危害。如《德国民法典》第1666条第3款规定了可能的措施包括：法院可以要求父母寻求公共救助、要求父母遵守教育义务；为了避免子女受到家庭暴力的危害颁发禁止令，禁止使用家庭住所或特定的其他住所，禁止停留或靠近子女通常停留的特定区域；禁止和子女联系或会面；法院可以代替有权进行父母照顾的人作出意思表示；法院还可以提出告诫或警告，要求或禁止特定行为，将子女安置在某处所或其他家庭。只有在上述措施均不能达到目的时，才会部分或全部的剥夺父母照顾，采取将子女与家庭分离的措施。[3]

我国法律对于父母不能履行监护职责或侵害被监护人合法权益的在相关法律中也明确规定应当撤销监护人资格。其中，《民法通则》第18

---

〔1〕 罗结珍译：《法国民法典》，北京大学出版社2010年版，第126页。

〔2〕 鄢一美译：《俄罗斯联邦家庭法典》第69～76条，载李忠芳主编：《外国婚姻家庭法汇编》，群众出版社2000年版，第490～493页。

〔3〕 ［德］迪特尔·施瓦布：《德国家庭法》，王葆莳译，法律出版社2010年版，第364页。

条第 3 款规定:"监护人不履行职责或者侵害被监护人的合法权益的,应当承担责任;给被监护人造成财产损失的,应当赔偿损失。人民法院可以根据有关人员或者有关单位的申请,撤销监护人的资格。"《未成年人保护法》第 53 条规定:"父母或者其他监护人不履行监护职责或者侵害被监护的未成年人的合法权益,经教育不改的,人民法院可以根据有关人员或者有关单位的申请,撤销其监护人的资格,依法另行指定监护人。被撤销监护资格的父母应当依法继续负担抚养费用。"但由于上述规定过于原则,撤销监护权的条件及提起撤销监护权申请人的范围不明确、不具体,致使司法实践中无人愿意提起申请,使监护权撤销制度成为"僵尸条款"。

2014 年 12 月 18 日最高人民法院、最高人民检察院、公安部、民政部联合发布《关于依法处理监护人侵害未成年人权益行为若干问题的意见》,首次明确规定了申请撤销未成年人监护人资格的诉讼主体,细化了可以判决撤销监护人资格的七种情形,包括监护人有性侵害、出卖、遗弃、虐待、忽视、暴力伤害未成年人的,胁迫、教唆、诱骗、利用未成年人乞讨、实施违法犯罪行为的,或者监护人有吸毒、赌博、长期酗酒等恶习不履行或不能正确履行监护职责的,以及其他严重损害未成年人身心健康或者严重侵害未成年人合法权益行为的。同时,对于监护人侵害未成年人权益的行为规定了报告和处置、临时安置和人身安全保护裁定、申请撤销监护人资格诉讼、撤销监护人资格案件审理和判后安置等具体措施和程序。笔者认为,这一规定非常重要也非常及时,在现有法律框架下,剥夺父母的监护权是国家行使监督和督促父母履行法定义务的手段,既是对严重侵害未成年人权益的父母进行惩戒,也是对其他不当履行父母责任者的警戒。父母对未成年人的健康成长具有首要责任,抚养照顾孩子是父母的天职,是父母的法定义务,但当父母不适格,不尽法定义务,致未成年子女于危险境地时,国家和社会必须挺身而出。在对父母提供必要的帮助、辅导、告诫之后仍不悔改的,应当通过剥夺监护人的监护权,撤销其监护人资格,并将监护责任强制转移至国家指定的机构或个人的方式,实行国家监护。国家监护作为对家庭监护和父母责任的补充，可以给未成年人健康成长提供良好的环境和条件。但目前四部门的规定位阶过低，效力有限，且有些措施及程序尚需完善，应在未来修改婚姻法时，在亲子关系法中建构起一套有关父母责任丧失、转移及恢复的完整制度。

四、结语

我国的亲子关系立法，应当以子女本位为理念，以子女最大利益为原则。应当充分考虑亲子关系的重要性，在婚姻家庭法中单独设立亲子关系章，将父母责任作为上位法律术语，涵括父母对于子女在人身关系和财产关系方面的所有权利义务。父母责任应当独立于监护制度，在亲子关系章中规定父母子女间的权利义务，包括父母责任；无父母照管的未成年人及无行为能力或限制行为能力的成年人则由监护人承担监护责任。应当进一步充实和完善父母权利义务的具体内容，细化父母责任。父母责任应当以子女的利益和需要为前提，父母有责任确保其子女在身体、心理、精神和道德上的发展，最充分地发展子女的个性、才智和身心能力。对于不履行或不当履行父母责任的，应当明确规定父母责任丧失、转移和恢复的条件与程序，由国家公权力介入，对未成年子女实行国家监护，及时有效地保护子女的合法权益。

3.8 离婚亲子关系立法趋势之研究[*]

夏吟兰

一、从亲子立法理念的变化看离婚亲子关系立法的演进

以家父权、家长权为特征的"家族本位"立法曾普遍存在于人类早期的亲属制度中，无论是大陆法系、英美法系，还是中华法系、伊斯兰法系概莫能外。古罗马时期，家父即家长，最年长的男性尊亲属是家族的绝对统治者。在人身上，家父握有生杀之权，对他的子女[1]、家庭像对待奴隶一样，不受任何限制。[2] 在财产上，家父又是全部家庭财富的唯一所有权代表，家庭财产集中于家长，家长对于其拥有完全的自物权，一切家庭事务都由家长作主。在整个罗马时代，罗马私法就是"家父"或"家长"的法。[3] 与古罗马同时代的中国古代宗法社会同样也实行父权、家长权，一家之内以家长为首，在内统率家属，总摄家政；对外代表全家，独揽大权。家中一切权力集于家长，家长对子女有教令权、生杀权、主婚权。家长对全家财产有支配权、处分权，卑幼不得擅自动用。[4]

以 1804 年《法国民法典》为代表的近代民法典，创设了亲权制度，

---

* 本文发表于《吉林大学社会科学学报》2007 年第 4 期，第 63~71 页。

[1] 鉴于本文的内容，为避免赘述，文中提到的子女除特别表述之外，均为未成年子女。

[2] [英] 梅因：《古代法》，沈景一译，商务印书馆 1959 年版，第 71 页。

[3] [意] 彼德罗·彭梵得：《罗马法教科书》，黄风译，中国政法大学出版社 1992 年版，第 116 页。

[4] 瞿同祖：《中国法律与中国社会》，中华书局 2003 年版，第 6~28 页。

亲子关系由"家族本位"发展为"父权本位"。随着家长权的衰微，家长权逐渐演变为父权，父亲为一家之长，而不再是男性尊亲属。早期的亲权制度带有浓厚的封建家族色彩，保留了古代家长权的痕迹。如1804 年《法国民法典》的亲权制度，重父系，轻母系，男女不平等相当严重，强调父亲对子女的控制、支配、管束的权利。首先，尽管将家长权限制为父母权利，但仍规定以父亲行使亲权为常态，以母亲行使亲权为补充。法定亲权人是未成年子女的父亲。父母婚姻关系存续中，亲权由父亲单独行使之（第 373 条）。父母离婚时，关于未成年子女的亲权和监护也归属于父亲，母亲不享有亲权（第 286、287 条）。只有在父亲死亡后，母亲才可以行使有限亲权（第 394~396 条）。其次，尽管亲权制度将亲权的内容限制在父母对子女的身份权和财产权方面，父母对子女不再享有生杀予夺之权，但父母对子女仍拥有十分广泛的支配、管束权利。子女在成年或亲权解除前，均处于父母权利之下（第 327 条），子女人身、财产均由亲权人控制、支配。父亲有权请求将未成年子女予以拘留，依父亲的请求而发出的拘留令，无须记明理由（第 376~378条）。亲权人有权管理未成年子女的财产，对其财产享有用益权（第374、375、384 条）。[1] 近代亲子法初期实质上尚未失去其家长的实质。家族共同体虽废，父仍保有为家父之权力，父于家族制度意识的残余上，拥有虚位而握有实权。这时的亲子法，家族共同体已不存在，但家族制度的传统及理论依然残留，为亲者得托家族制度之虚名而美化及实行其专断与自私。[2]

自第一次世界大战结束以来，随着各国经济的发展，妇女地位的提高，近代亲权制度逐渐向现代亲权制度过渡，由父权本位发展为父母本位。如《法国民法典》修订时将"父母婚姻关系存续中，亲权由父亲单独行使"改为由"父母双方共同行使"（第 372 条），离婚后父母对子女的亲权也由一律由父亲行使，改为根据未成年子女的利益，对子女

〔1〕 李浩培、关传颐、孙鸣岗译：《法国民法典（拿破仑法典）》，商务印书馆 1979 年版。

〔2〕 史尚宽：《亲属法》，中国政法大学出版社 2000 年版，第 533 页。

的照管可托付于夫妻一方或他方（第 287 条），并取消了父母对子女人身支配和管束的权利。[1] 父母本位的亲子法，既强调父母子女关系中父母对于子女的权利以及子女应服从父母，也强调父母对于子女的抚养、教育义务。

子女本位的现代亲子法的立法原则可以追溯至 1924 年《日内瓦儿童权利宣言》[2]，儿童最大利益（best interest of the child）的表述在国际文件中首次出现。在此后的 1959 年《儿童权利宣言》[3]、1979 年联合国《消除对妇女一切形式歧视公约》[4]、1986 年《关于儿童保护和儿童福利、特别是国内和国际寄养和收养办法的社会和法律原则宣言》[5] 等若干国际文件中，这一原则得到了重申和进一步发展。1989年《儿童权利公约》的制定和颁行被认为是确立儿童最大利益原则的里程碑。《儿童权利公约》第 3 条第 1 款明确规定："关于儿童的一切行动，不论是由公私社会福利机构、法院、行政当局或立法机构执行，均应以儿童的最大利益为一种首要考虑。"[6] 在公约中确立了一个重要理念，即将儿童作为独立的权利主体，享有权利并得到保护，而不是将儿童视为权利客体从而认为对儿童的保护是一种可怜和施舍，"儿童也是平等的人；作为人类成员，儿童拥有与成人一样与生俱来的价值"[7]。《儿童权利公约》是世界上加入国家最多、影响最广泛的公约之一，对各国的国内立法和儿童权利保护产生了深远的影响，并由此带

---

〔1〕 马育民译：《法国民法典》，北京大学出版社 1982 年版。

〔2〕 例如"必须以儿童的最大利益为前提作适当的考量""必须以儿童的最大利益为其辅导原则"。参见 1924 年《日内瓦儿童权利宣言》第 2、7、8 条规定的内容。

〔3〕 1959 年《儿童权利宣言》原则二规定："儿童应享受特别保护，并应以法律及其他方法予儿童以机会与便利，使其能在自由与尊严之情境中获得身体、心智、道德、精神、社会各方面之健全与正常发展。在为此目的，制订法律时，应以儿童之最大利益为首要考虑。"

〔4〕 该公约第 5 条（b）项规定："保证家庭教育应包括正确了解母性的社会功能和确认教养子女是父母的共同责任，但了解到在任何情况下应首先考虑子女的利益。"

〔5〕 该宣言第 5 条规定："在亲生父母以外安排儿童的照料时，一切事项应以争取儿童的最大利益特别是他或她得到慈爱的必要并享有安全和不断照料的权利为首要考虑。"

〔6〕 联合国人权事务中心译：《人权国际文件汇编》，纽约和日内瓦联合国出版物 1994年版，第 159 页。

〔7〕 李双元、李赞、李娟：《儿童权利的国际法律保护》，人民法院出版社 2004 年版，第 289 页。

动了各国亲属立法由"父母本位"发展为"子女本位"。一些国家对其国内亲子法进行修订，不仅将子女最大利益原则作为亲子法中的基本原则，还抛弃了原有的法律术语，以彻底改变父母本位的亲子法，实行子女本位的亲子法。例如，德国亲属法将亲权改称为父母照顾[1]、英国儿童法将父母监护改称为父母责任，强调父母身份是责任而非权利[2]。俄罗斯家庭法将"未成年子女的权利"单独成章，专门作出明确的保障性规定[3]。这些立法在法律术语、名称、体例上的变化均体现出父母子女法律地位平等、子女具有独立的主体地位、子女最大利益的立法理念。同时，由于离婚率的逐步上升，亲属立法也强化了离婚后父母子女关系的规定。子女最大利益原则成为离婚亲子关系立法的准则，在确定离婚后父母子女关系、子女抚养费数额、一方对子女的探望等问题时，强调父母对未成年子女责任的持续性，重视父母双方在决定有关子女利益事项中的积极参与。同时，在确定子女与父母的居住权、联络权时要充分考量和尊重子女的意愿，将子女利益放在首位，以保障父母离婚后子女最佳利益的实现。有学者指出，现代亲权或监护权是一种基于父母身份而产生的对未成年子女身体上和财产上管教保护的权利义务综合体，以关心、照顾未成年子女为特点，是一种以法律形式为子女利益而行使的权利，实际上就是一种义务，也称为义务权。[4] 这种以重视子女利益，保护子女权利，强调父母对于子女的义务和责任的立法，就是具有现代亲子法精神的子女本位立法。

自 20 世纪下半叶以来，《德国民法典》《法国民法典》《日本民法

---

〔1〕《德国民法典》第 1626 条规定：父母有照顾未成年子女的义务和权利（父母照顾）。父母照顾包括对子女的照顾（人的照顾）和对子女的财产的照顾（财产照顾）。以父母照顾（elterliche Sorge）取代亲权（eherliche Cewalt）。

〔2〕 1989 年《英国儿童法》第一部分第 3 条规定：父母责任（parental responsibility）是父母对其未成年子女及其财产的所有权利（right）、义务（duties）、权力（powers）和责任（responsibility）及权威（authority）的总称。以父母责任（parental responsibility）取代父母权力（parent power），并取消了监护权的概念。

〔3〕 参见 1995 年《俄罗斯联邦家庭法典》第十一章。

〔4〕 详细论述请参见 ［德］卡尔·拉伦茨：《德国民法通论》，谢怀栻等译，法律出版社 2003 年版，第 263 页。

典》、1995 年《俄罗斯联邦家庭法典》、1996 年《美国联邦福利法案》、1989 年《英国儿童法》、1995 年《苏格兰儿童法》、1995 年《澳大利亚家庭改革法》等法律相继颁布，许多国家在其亲子立法的改革中，程度不同地体现了子女最大利益原则，并将父母责任与义务的理念贯穿在离婚亲子关系的立法中。

概言之，世界大多数国家的亲子法包括离婚亲子关系立法均经历了从家族本位到父权本位到父母本位再到子女本位的发展轨迹。在现代社会，以父母履行责任与义务，保障子女最大利益为特征的子女本位立法作为确立离婚亲子关系的基本原则不仅超越了法系，也超越了社会制度。无论大陆法系或英美法系，无论何种国家体制或社会体制，均有国家采用，已经成为 21 世纪离婚亲子关系立法发展的世界性大趋势。

二、共同监护是子女最大利益原则在离婚亲子关系中的体现

世界范围内的离婚率上升现象使子女最大利益原则能否体现及如何体现在离婚亲子关系中成为具有世界意义的论题。

各国的研究均表明，离婚不利于未成年子女身心健康。婚姻的本质或它的社会属性决定了离婚并不是一种个人行为，它不仅会给对方造成一定的影响，更会对未成年子女在心理、行为模式等方面产生重大影响。美国一项对离婚与孩子关系的跟踪调查研究显示，父母离婚对子女的负面影响大于正面影响，而且这种影响是全方位的，包括心理、行为、学业、健康、人际关系、婚恋观念等，甚至父母的离婚还会代际相传，增加子女自己婚姻变动的危险。有证据表明，在单亲家庭中长大的女孩，比双亲而又稳定的家庭中长大的女孩做未婚妈妈的可能性高 3 倍；单亲家庭的孩子结婚后的离婚率高 2 倍。[1] 因此，如何做到尽可能减少离婚对子女的负面影响，使离婚后子女能够最大限度地得到父母双方的关爱和照顾，以实现子女的最大利益，是现代各国亲属立法的重要内容。

---

〔1〕 叶文振："离婚标准的国际比较与启示"，载家庭杂志社家庭研究中心编：《中国婚姻家庭：历程·前瞻》，中国妇女出版社 2001 年版，第 75 页。

（一）共同监护符合父母离婚后的子女最大利益

父母离婚不改变父母与子女的权利义务关系，子女仍然是父母双方的子女。但离婚后父母抚养子女的形式会发生变化，传统的亲子法将之称为亲权或监护权[1]行使方式的变化。综观世界各国的亲属立法，离婚后父母对子女行使监护权的方式可以概括为单方监护与双方监护、部分监护与完全监护、身心监护与法律监护。

单方监护与双方监护。单方监护是指离婚后父母一方取得对子女的监护权，与子女共同生活，并承担由此所产生的所有与子女相关的权利义务。另一方仅行使探视权，可以看望子女。这种方式简便易行，但剥夺了另一方对子女照顾和教育的权利，在现代社会遭到普遍诟病。双方监护是指尽管一方取得了子女日常生活照顾权，但与未取得该权利的一方在其他权利和义务上具有平等的地位，有关子女教育、生活方式等与子女利益相关的问题必须经过双方协商同意，由双方分享对子女的监护权。

部分监护与完全监护。部分监护是指离婚后由一方主要行使监护权，与子女共同居住，照顾子女日常生活起居，决定日常生活的安排与教育，但在涉及子女重大利益如升学、出国、重大医疗决定时必须经过协商，达成一致协议。完全监护是指离婚后由一方全面行使监护权。子女在父母离婚后与有监护权的一方共同生活，子女的日常生活及其教育、生活方式等一切与子女利益相关的问题均由有监护权的一方决定，他方无权过问。完全监护割裂了子女与父母一方的关系，已被现代社会亲子法所淘汰。

身心监护与法律监护。身心监护是指父母分享与子女作伴、共同生活并负责日常生活与教育的责任与义务，也称之为轮流监护。法律监护是指在身心监护的情况下，凡涉及子女重大利益的决定必须由父母双方

---

[1] 大陆法系称之为亲权、英美法系称之为监护权，我国《民法通则》亦称之为监护权，为避免赘述，以下统称为监护权。

共同作出，否则该决定不产生法律效力，以保障子女的最佳利益。[1]

除单方监护与完全监护外，双方监护、部分监护、身心监护与法律监护尽管在监护形式上有所区别，但都强调离婚后无论子女随何方生活，均不改变父母对子女共同行使监护权的实质，为便于表述，笔者姑且将其统称为共同监护。

离婚后由父母双方共同行使监护权符合父母子女关系持续性的理念已被国际社会所认可。《儿童权利公约》在序言中强调：深信家庭作为社会的基本单元，作为家庭所有成员、特别是儿童的成长和幸福的自然环境，应获得必要的保护和协助，以充分负起它在社会上的责任，确认为了充分而和谐地发展其个性，应让儿童在家庭环境里，在幸福、亲爱和谅解的气氛中成长。即使父母离婚，国家的法律和公共政策也应确保子女能够享受到来自父母双方的爱与关怀，而不是隔离与冷漠。因此，《儿童权利公约》在第 18 条第 1 款明确规定：缔约国应尽其最大努力，确保父母双方对儿童的养育和发展负有共同责任的原则得到确认。

公约的这一原则正逐渐为各国亲属立法所接受。许多国家都倾向于即使父母离婚，也应当由父母双方共同行使对未成年子女的监护权，由父母双方继续共同照顾子女符合子女的最大利益，不能将父母的恩怨和痛苦让子女承担。如爱尔兰家庭法规定，离婚后父母双方均是监护人，即使子女仅跟一方居住。父母应当共同决策并承担监护职责以确保未成年子女受到保护、引导和支持。[2]《俄罗斯联邦宪法》和《俄罗斯联邦家庭法典》均规定，照顾并抚养未成年子女是父母双方的权利和义务。离婚后，父母无论是否与子女共同居住，均是子女的法定代理人。因此，离婚后父母的法律地位平等，没有一方是单独拥有监护权的家长，抚养子女是具有父母身份者不可剥夺的权利与义务。法律鼓励父母对子女抚养共同决策，通常法院的任务仅仅是解决涉及子女居住地点的

---

〔1〕 Khazova, "Allocation of parental right and responsibilities after separation and divorce under mssian law", *Family Law Quarterly*, 39, 2005.

〔2〕 Blaer, Weiner, "Resolving parental right and responsibility A comparative exploration", *Family Law Quarterly*, 39, 2005.

纠纷。[1] 德国、英格兰和威尔士、瑞典以及澳大利亚的家庭法都规定，父母对子女的监护权是由父母身份自动产生的法律事实，无须法院另行确定。《法国民法典》也强调，离婚后以父母共同监护子女为常态，以一方单独监护子女为例外（第 287 条）。1989 年《英国儿童法》以父母责任代替以往的父母权力，表明儿童作为履行义务的对象，而非权力施受者，以减少权力带来的敌意和歧义。父母的权利来源于父母的义务，虽然父母在现代社会仍对子女拥有权利，但不再是至高无上或是绝对的，实则是子女拥有权利，父母承担责任。父母责任对已婚的父母是自动产生的，父母离婚时也不发生转移，只是有常住方父母和非常住方父母之分，但双方的法律地位平等。[2] 因此，《英国儿童法》以居住裁定取代了监护裁定。法官不再对离婚后的父母对子女的监护权作出裁定，法官所要作出的只是父母离婚时子女随何方居住的生活安排的居住令，而且这一安排是可以随情势变更而变更的。

共同监护强调的是父母双方基于身份关系而产生的抚养义务与持续责任，而不是父母的权利与愿望。毋庸置疑，让离婚的父母共同协力照顾、保护、教育子女，共同参与子女的生活，对子女的重大利益作出共同的决定，最接近子女内心的自然需求和愿望，这种需求和愿望是由血缘亲情关系所决定的，是自然产生、与生俱来的，在通常情况下当然符合子女的最大利益。[3]

（二）共同监护中父母责任分担之要素

共同监护意味着离婚后父母双方均承担对子女的义务和责任，但离婚后父母各自居住的状态又必然导致共同行使监护权的形式会发生变化。无论是身心监护与法律监护，还是轮流监护与部分监护都强调子女在与父母一方共同生活期间，另一方应当承担的相应责任和义务。事实上，不容否定的是，无论各国法律如何规定，都必须在离婚的夫妻双方

---

〔1〕 Khazova, "Allocation of parental right and responsibilities after separation and divorce under mssian law", *Family Law Quarterly*, 39, 2005.

〔2〕 ［美］凯特·斯丹德利：《家庭法》，屈广清译，中国政法大学出版社 2004 年版，第 250~258 页。

〔3〕 父母有侵害子女利益等违法犯罪行为的除外。

中确定一方与子女共同生活，照顾子女日常生活起居，另一方通过给付抚养费、参与作出涉及子女重大利益的决定以及保持与子女的沟通联络、探视、看望来履行抚养子女的义务和责任。因此，在共同监护中首先应确定的是与子女共同生活的一方，即英国儿童法所称的居住令，德国、美国家庭法中所称的照顾子女方。

确定离婚后与子女共同生活一方的基本准则是符合子女最大利益，最大限度地有利于子女的健康成长。如何确定子女最大利益，许多国家的亲属法或相关法规作出了进一步明确的规定。[1] 概其要者，主要有以下因素：

第一，子女的意愿。子女被《儿童权利公约》确认为独立的权利主体，有权表达自己的意见，子女享有居住权，父母离婚后，子女有权选择与父母何方居住。但由于未成年子女身心、智力等尚有待成熟，各国的立法和司法实践大多为相对承认，认为子女的意愿在确定直接抚养人时只起参考作用，不能作为决定因素。[2] 通常而言，子女应成熟到可以分辨判断、可以表达自己选择父母的想法的年龄[3]，而且"子女年龄越大，法院对其观点越为重视"[4]。

第二，幼年推定与性别认同。基于幼年子女的自然需要和母爱的不可替代性，一般情况下大都推定婴儿与母亲共同生活符合其最大利益。而较为年长的儿童，依据心理学和社会学理论，对于同性别父母的认同极为重要，与同性别父母共同生活较为自在，有利于孩子个性的发展。[5] 由此，可以在综合权衡其他因素的基础上考虑将幼年子女交由

---

〔1〕《英国儿童法》《加拿大家庭法》《美国统一结婚离婚法》《澳大利亚家庭法》《德国民法典》《法国民法典》等对此都有具体规定。

〔2〕例如在美国，儿童达到一定的成熟程度时，法官通常会对儿童的意愿予以适当考虑。参见哈里·D. 格劳秀斯：《家庭法》，法律出版社1999年版，第298页。

〔3〕具体的年龄界定并不一致。例如，《罗马尼亚人民共和国家庭法典》规定应听取10周岁的子女的意见；《埃塞俄比亚民法典》第304条规定为"年满15周岁"；《意大利民法典》第316条规定为"年满14岁"；日本家事审判规则规定为"子女满15岁以上"。

〔4〕徐妮娜译：《家庭法：最新不列颠法律袖珍读本（英汉对照）》，武汉大学出版社2004年版，第156~157页。

〔5〕夏吟兰：《美国现代婚姻家庭制度》，中国政法大学出版社1999年版，第288页；

母亲抚养，对年龄较长的子女则考虑其性别认同。

第三，主要照顾者推定。如果在离婚前的日常共同生活中父母一方对子女承担了主要照顾责任，则应考虑使子女目前、将来受到照料的状况保持一致性，在离婚后由该方父母直接抚养子女。

第四，父母抚养子女的能力与行为。直接抚养子女的一方，其自身条件应能够支持其较好地照顾子女、促进子女的身心健康发展。对父母能力进行判断时需要综合考虑多种因素，如经济能力与职业状况、个人品行、生活条件与环境、身体健康状况、与子女的感情及相互关系状况等。

第五，环境的变化与适应。法院应当考虑生活环境的变化以及儿童的适应能力。一般而言，法院倾向于尽量使子女于父母离婚后的成长环境维持与父母离婚前相类似或一致[1]，使子女目前以及未来的教育、发展获得一致。需要考虑其稳定性与继续性的环境因素，主要包括子女的居住条件、社区环境、家庭关系状况、就读学校及伙伴情况等。在确定何为子女最大利益时，许多国家都规定应综合考虑上述各种因素，而非某一种因素。有些国家还明确规定各种因素原则上具有同等重要的意义，法官应在不同案件中根据个案情况确定其中的重要因素[2]综合决定。

共同监护与单独监护的重要区别就在于对涉及子女利益的决定由何方作出。共同监护强调对涉及子女重大利益的决定必须由父母双方共同作出，以符合子女的最大利益，与子女共同生活的一方仅可以就子女的日常生活起居自行作出决定。如子女的姓氏、教育就学、收养、出境、医疗等重大决定一方不得单独做出。这不是基于父母的权利，恰恰是基于父母的责任和考虑到子女的最大利益。尽管因父母离婚发生了在具体监护内容上的分离，但这种分离不影响监护作为整体而存在，只是监护职责具体履行方式发生了改变。父母双方共同监护强调的是父母对于子女责任义务的持续性，在这种模式下，子女能够继续处于父母双亲的抚

---

〔1〕 王洪："论子女最佳利益原则"，载《现代法学》2003年第06期，第31~35页。

〔2〕 王洪："论子女最佳利益原则"，载《现代法学》2003年第6期。

养教育之下。与父母双方保持密切的联系和交流，有利于子女的生理、心理和情感的健全发展。同时，凡是与子女重大利益相关的决定必须由父母双方协商一致，也确保了这些决定能够最大限度地符合子女的最大利益。

三、中国离婚亲子关系立法之观念变革与制度完善

中华人民共和国成立后制定和修订的 1950 年《婚姻法》、1980 年《婚姻法》和 2001 年《婚姻法》修正案都在离婚亲子关系中确认了父母对子女的共同监护模式[1]：父母与子女的关系，不因父母离婚而消除。离婚后，子女无论由父或母直接抚养，仍是父母双方的子女。离婚后，父母对于子女仍有抚养和教育的权利和义务（现行《婚姻法》第36 条第 1、2 款）。最高人民法院《关于贯彻执行〈中华人民共和国民法通则〉若干问题的意见（试行）》第 21 条规定：夫妻离婚后与子女共同生活的一方无权取消对方对孩子的监护权，但是，未与该子女共同生活的一方，对子女有犯罪行为、虐待行为或者对该子女有明显不利的，人民法院认为可以取消的除外。我国《婚姻法》将离婚后对子女的抚养分为直接抚养和间接抚养，体现的正是共同监护的理念，任何一方在离婚后均有监护子女的权利，只是监护的方式发生变化，由婚姻关系存续期间的父母子女共同生活，夫妻共同监护子女，改为离婚后的一方与子女共同生活，另一方通过行使探望权、支付抚养费与直接抚养方分担对子女的共同监护责任。这些规定一方面体现了我国婚姻立法在离婚后亲子关系中强调父母双方均对子女有抚养教育的权利与义务，与现代各国采共同监护之立法理念相一致。另一方面，在立法技术与法律用语上也反映了我国在离婚亲子关系立法中仍保有"父母本位"立法的痕迹，与真正体现子女最大利益原则的立法尚有一段距离。

1.《婚姻法》及其相关司法解释的规定在体系和用语上仍表明离

---

〔1〕 1950 年《婚姻法》第 20 条规定：父母与子女的血亲关系，不因父母离婚而消灭。离婚后，子女无论由父方或母方抚养，仍是父母双方的子女。离婚后父母对于所生的子女，仍有抚养和教育的责任。1980 年《婚姻法》第 29 条第 1、2 款规定：父母与子女的关系，不因父母离婚而消除。离婚后，子女无论由父或母直接抚养，仍是父母双方的子女。离婚后，父母对于子女仍有抚养和教育的权利和义务。

婚时确定离婚后父母与子女的关系是以父母为主导的。离婚后的父母子女关系作为离婚的效力之一，放在《婚姻法》的"离婚"一章规定，表面上确定的是离婚后由父母何方担任直接抚养方，行使与子女共同生活、直接抚养教育子女的权利，何方作为间接抚养方，行使探望权、履行支付抚养费义务的共同监护问题，实际上确定的是子女的归属问题，谁有权与子女共同生活，担任子女的直接抚养人。既然离婚后的亲子关系不变，它就不应是离婚问题，而是亲子关系问题，应当作为亲子法的内容，而非离婚法的内容，否则就会出现体系混乱、具体规定相互矛盾、不具有可操作性的状况；既然子女是法律上的独立主体，具有独立的法律地位，子女也就应当是离婚亲子关系的主体，而不应成为离婚时被确定归属的客体；既然父母与子女的关系是责任和义务，而非仅仅是权利，在法律用语上也应尽量与这一理念保持一致，如将离婚后探望子女作为父母一方权利的规定本身就是典型的亲子关系父母本位主义立法的体现。"父母本位"的立法理念是中国传统子女观的体现，中国传统的子女观是从社会和家庭整体利益的角度认识子女价值的，子女的价值似乎主要在于承载成年人特别是父母对于家庭的社会地位的期望。因此，在成年人的眼中子女必须依附于父母或其他成年人，他们的自我意识和独立人格完全被忽视，更谈不上作为独立主体享有相应的权利了。这种观念在我国影响深远，至今仍未完全退出历史舞台。

我国 21 世纪的离婚亲子关系立法应当明确树立子女本位的指导思想，彻底摒弃父母权利本位思想，将"子女最大利益"置于"父母的法律权利"之上，使焦点从"谁有权担任直接抚养人"转变成"由谁担任直接抚养人对子女最为有利"。只有彻底摒弃父母本位的立法思想，才有可能真正转变法律规定中的共同监护与司法实践中的单独监护相互矛盾的尴尬、并引导社会转变观念，不再将子女视为父母的私有财产和附属物。

2.《婚姻法》在确定离婚亲子关系时，没有充分考虑子女的意愿。在我国，未成年子女是无行为能力或限制行为能力人，其表达意愿的能力受到限制。《婚姻法》对涉及离婚亲子关系中未成年子女利益的规定更多的是保护，而且大多是从父母的视角审视子女利益，对子女利益的保护是以间接方式实现的，尚未考虑到尊重子女权利的层面。因此，《婚姻法》对子女在确定离婚后的直接抚养方时的作用只字未提。尽管最高人民法院《关于人民法院审理离婚案件处理子女抚养问题的若干具体意见》第5条规定：父母双方对10周岁以上的未成年子女随父或随母生活发生争执的，应考虑该子女的意见。但这一规定存在以下缺失：

第一，预设了限制性前提，即父母未能就确定直接抚养方达成一致协议。如父母双方已经达成协议，自然无须征求子女的意见，但父母所达成的意见是否符合子女的利益，是否考虑了子女的意愿，显然是司法解释没有考虑的。

第二，仅适用于诉讼程序，通过行政登记程序离婚的父母无须就监护问题征求子女的意见。在我国的登记离婚程序中，虽然要求离婚当事人须对子女的直接抚养方、子女抚养费等涉及离婚后子女利益的问题达成一致协议，但是，《婚姻登记条例》既没有要求当事人所达成的有关子女抚养问题的协议必须符合子女的最大利益，有利于子女的健康成长，也没有要求婚姻登记人员对这一协议进行合法性审查，因而，当事人有关离婚后子女抚养的协议是否符合《婚姻法》的有关规定、是否有利于子女健康成长，实际上是没有任何评估和监督的。而且对登记离婚所达成的协议是否必须考虑到未成年子女的意见和愿望未作规定。根据这一规定，实际上只有很少一部分的父母在离婚确定子女直接抚养方时需要征求子女的意见，考虑子女的意愿。这显然还是立法理念的问题，是"父母本位"立法思想的反映，将离婚子女直接抚养方的确定视为与父母利益攸关的子女归属问题，而没有将其视为与子女利益攸关的亲子关系问题。

联合国《儿童权利公约》第12条明确规定："缔约国应确保有主见能力的儿童有权对影响到其本人的一切事项自由发表自己的意见，对儿童的意见应按照其年龄和成熟程度给以适当的看待。为此目的，儿童特别应有机会在影响到儿童的任何司法和行政诉讼中，以符合国家法律的诉讼规则的方式，直接或通过代理人或适当机构陈述意见。"子女在父母离婚后只能与父母一方共同生活，与何方生活更有利于子女的身心健康，这当然关乎子女的最大利益，是影响到其本人的重大事项。许多国家都明确规定应当征求子女的意见。如《俄罗斯联邦家庭法典》第57条规定：子女有表达自己意见的权利。在家庭中任何涉及子女利益的问题时，子女有权表达自己的意见，有权在任何法庭审理和行政审理过程中被听取意见。

我国的离婚亲子立法应当明确规定，无论父母是通过行政程序离婚还是诉讼程序离婚，在确定子女直接抚养方时，都应当征求子女的意见，考虑他们的愿望，对于10周岁以上子女的意见应当作为确定子女直接抚养方的重要参考因素。此外，对于行使共同监护的间接抚养人的责任和义务的具体内容法律也应作出明确的规定，以确保在涉及子女利益的重大问题上，应由父母双方作出决定，而且这一决定是符合子女最大利益的。

3. 婚姻法有关父母探望权的规定悖离了子女最大利益原则。我国《婚姻法》规定"不直接抚养子女的父或母，有探望子女的权利"。这一规定存在以下不足：

第一，在确定探望权的问题上，完全没有考虑被探望者的意愿，既未规定探望权的行使需征求子女的意见，也未就探望的时间、地点、方式等考虑子女的需求，被探望者只有被动接受探望的义务。

第二，探望权的主体过窄，仅限于离婚后不直接抚养子女的一方，将子女作为探望权的客体而非探望权的主体，仍然是"父母本位"立法思想的反映。我国学界的通说认为：探望权的规定既可以满足不直接抚养子女的父母一方思念子女的情感需求，有助于实现其抚养子女的权利和义务，也有利于子女的健康成长，同时，依法行使探望权还可以预防、减少纠纷，有利于家庭秩序、社会秩序的稳定。[1]

上述有关探望权的规定和解读都是以家长的视角和社会的视角来定位探望权及其意义的，而没有从子女的视角考虑他们的感受和愿望，其

---

〔1〕 杨大文、龙翼飞主编：《婚姻家庭法学》，中国人民大学出版社2006年版，第201页。

结果就是悖离了子女最大利益原则，不符合《儿童权利公约》中关于"缔约国应尊重与父母一方或双方分离的儿童同父母经常保持个人关系及直接联系的权利"的规定。《德国民法典》第 1684 条明确规定：子女有权与父母的任何一方交往，父母的任何一方有义务和权利与子女交往。父母离婚不应影响子女这一权利的实现。《俄罗斯联邦家庭法典》第 55 条也明确规定：子女有与父母双方、祖父母、外祖父母、兄弟、姐妹和其他亲属来往的权利。父母离婚、确认婚姻无效或者父母分居不影响子女的权利。因此，从儿童最大利益原则和子女本位的现代亲子法理念出发，应当确认子女是探望权的主体，不直接抚养子女的父母一方有探望子女的责任。探望权的设立不应当仅从父母利益考量，更应当考量子女的权利和需求。

在我国离婚亲子立法中应当改变设立探望权制度的立法理念，适当扩大探望权的主体，不仅要将子女扩大为探望权的主体，还应将与该子女关系密切的祖父母、外祖父母和兄弟姐妹均扩大为探望权的主体。在确定探望权的行使和具体行使方式、时间时，应当了解子女的愿望，征求他们的意见，对于 10 周岁以上子女的意见和愿望应当作为确定探望权的重要考虑因素。

综上所述，我国离婚亲子立法应当明确树立"子女本位"的立法思想，以子女最大利益作为指导离婚亲子关系的基本准则，确立子女在亲子关系中与父母平等的主体地位和权利意识，并将其贯彻至婚姻法的体系、具体制度甚至是法律术语中，将"子女最大利益"置于"父母法律权利"之上，使子女的权利和利益真正成为父母的责任和义务，而不是父母在离婚之后争夺的利益或相互伤害的工具。

3.9 民法典未成年人监护立法体例辩思[*]

夏吟兰

监护是保护无民事行为能力人或者限制民事行为能力人的合法权益，弥补其民事行为能力不足，协助其通过民事法律行为实现自身利益的法律制度。监护制度与民事主体制度、婚姻家庭制度等具有高度相关性，是民法典中不可或缺的重要制度，也是此次《民法总则》重点完善的制度之一。《民法总则》建构起监护制度的基本框架，规定了监护制度的基本原则与基本内容，初步确立了"以家庭监护为基础，社会监护为补充，国家监护为兜底"[1]的具有中国特色的未成年人监护体系。"民法典的制定乃基于法典化的理念，即将涉及民众生活的私法关系，在一定原则之下作通盘完整的规范。"[2] 在民法典体系下，婚姻家庭编父母子女关系以及监护制度的编纂，如何反映总则与分则之间的总分关系，体现《民法总则》监护制度所确立的基本原则与基本框架，更好地明晰父母子女之间的权利义务关系，强化父母责任，最大限度地优先保护未成年人[3]的权利，维护未成年人的利益，弘扬社会主义婚姻家

---

* 本文发表于《法学家》，2018 年第 4 期，第 1~15 页。

〔1〕 李建国（全国人民代表大会常务委员会副委员长）："关于《中华人民共和国民法总则（草案）》的说明（2017 年 3 月 8 日第十二届全国人民代表大会第五次会议）"，载《民法总则立法背景与观点全集》编写组编：《民法总则立法背景与观点全集》，法律出版社 2017 年版，第 8 页。

〔2〕 王泽鉴：《民法总则》，北京大学出版社 2009 年版，第 24 页。

〔3〕 本文中所称未成年人（子女）与《儿童权利公约》中所称儿童均指 18 周岁以下者。为尊重《婚姻法》《未成年人保护法》《儿童权利公约》的表述习惯，本文在不同语境下使用不同用语。另外，为避免重复，本文中的子女除特别标明外均指未成年子女。

庭核心价值观，实现民法典的体系逻辑自洽，是婚姻家庭编立法必须认真权衡考量的问题。

一、《民法总则》对未成年人监护制度的传承与发展

（一）《民法总则》初步建立具有中国特色的未成年人监护制度体系

《民法总则》在第二章第二节规定了监护制度，包括未成年人监护与成年监护两大类型。第 27 条至第 39 条对法定监护人范围、顺位、指定监护、遗嘱监护、协议监护、监护争议解决程序、监护人的职责、监护人履行监护职责应遵循的原则、撤销监护人资格、恢复监护人资格、国家监护等作出了明确的规定，其中有 10 条涉及未成年人监护。《民法总则》对未成年人监护的规定在传承《民法通则》规定的同时，更新了监护制度的理念，丰富了具体措施，进一步完善了我国的未成年人监护制度，初步确立具有中国特色的未成年人监护制度体系。

《民法总则》在《民法通则》监护制度的基础上，将儿童最大利益原则以及儿童自主权原则作为未成年人监护的基本理念及基本原则，并将这一理念体现在未成年人监护制度的具体规定中，彰显了尊重和保障人权的宪法精神以及保护未成年人生存权、发展权、受保护权、参与权的立法理念。在第 31 条明确规定了指定监护人的原则，为尊重被监护人的意见，最有利于被监护人的利益，[1] 并在第 35 条监护职责的履行中再次予以明确规定。

《民法总则》进一步拓展了公权力适度介入亲属监护的方式，体现了国家监护的理念。现代监护制度是为被监护人的利益而设立的，对无行为能力或限制行为能力的自然人通过设立监护补足其行为能力，保护其法定权利。监护不仅涉及公民的私权利，也需要国家公权力适当介入以保障其功能的实现，因此，监护制度的私法公法化已经成为现代各国监护制度发展的整体趋势，并成为此次《民法总则》监护制度修改的

---

〔1〕 参见《民法总则》第 31 条第 2 款规定："居民委员会、村民委员会、民政部门或者人民法院应当尊重被监护人的真实意愿，按照最有利于被监护人的原则在依法具有监护资格的人中指定监护人。"

重要内容。最高人民法院在 2016 年 5 月 31 日公布了 12 起侵害未成年人权益被撤销监护人资格的典型案例[1]，其中卢某某被撤销监护人资格一案[2]是由民政部门申请撤销未成年人亲生父母监护权并最终担任监护人的典型案例。该案体现了通过公权力介入家庭监护，全面实现儿童最大利益原则的理念。《民法总则》通过指定监护人、设立临时监护，以及在必要的情况下由相关机构、民政部门担任临时监护人或者监护人，初步建立对未成年人的国家监护，强化政府的监护职能，[3] 构建了"以家庭监护为基础，社会监护为补充，国家监护为兜底"[4] 的具有中国特色的未成年人监护体系。此外，《民法总则》还增设了监护种类，除法定监护、指定监护外，增加了遗嘱监护、协议监护、临时监护以及国家监护等多种形式，并明确规定监护人的指定程序、撤销监护人资格的情形、撤销的程序以及撤销的后果、救助措施。总之，《民法总则》设立的未成年人监护制度试图通过多种措施、多种形式、全方位地保护未成年人的权益。

但是，我们也必须注意到，《民法总则》在第 27 条第 1 款明确规定父母是未成年子女的监护人。在第 2 款规定，未成年人的父母已经死亡或者没有监护能力的，由有监护能力的亲属、个人或者组织按照顺序担任监护人。这一规定将父母与其他监护人，父母责任与监护职责混为一

---

〔1〕 最高人民法院关于侵害未成年人权益被撤销监护人资格典型案例，载最高人民法院官网 http://www.court.gov.cn/zixun-xian-gqing-21481.html，2018 年 4 月 8 日最后访问。

〔2〕 卢某某系卢某一的父亲，卢某某明知卢某一未满 14 周岁且精神发育迟滞，仍与其发生性关系并导致卢某一怀孕，因此获罪被判刑入狱。四川省泸州市纳溪区民政局向法院申请撤销被申请人卢某某监护权。泸州市纳溪区人民法院依法判决撤销被申请人卢某某对卢某一的监护人资格，指定泸州市纳溪区民政局担任卢某一的监护人。参见《民法总则》第 31 条第 2 款规定："居民委员会、村民委员会、民政部门或者人民法院应当尊重被监护人的真实意愿，按照最有利于被监护人的原则在依法具有监护资格的人中指定监护人。"

〔3〕 参见《民法总则》第 31 条第 3 款、第 32 条、第 36 条。

〔4〕 李建国（全国人民代表大会常务委员会副委员长）："关于《中华人民共和国民法总则（草案）》的说明（2017 年 3 月 8 日第十二届全国人民代表大会第五次会议）"，载《民法总则立法背景与观点全集》编写组编：《民法总则立法背景与观点全集》，法律出版社 2017 年版，第 8 页。

谈，采用了大监护的立法体例，与《民法通则》一脉相承。[1] 这种传承引发了笔者对于民法典未成年人监护制度立法体例的思考：如果说在《民法通则》时代采用大监护制度具有历史的必然性和局限性，是当时立法的权宜之计，在经过此后 30 余年的民事、家事立法，司法、学理研究之后制定的中国民法典，未成年人监护制度不应再迁就《民法通则》立法传统，而应当以保护子女最大利益为原则，按照民事与家事立法的价值体系与逻辑结构确定婚姻家庭编中父母子女关系立法与未成年人监护制度立法的体例与内容。

（二）民法总则监护制度立法体例观点交锋及立法机关的选择

在《民法总则》起草过程中，就监护制度的立法体例有过许多的讨论。专家学者主要有四种观点：一是广义监护说。该说主张在《民法总则》中规定比较完善的监护制度，不在婚姻家庭编中另行规定。监护制度的核心功能在于对自然人行为能力进行补足。20 世纪中叶以后，人们把自然人放在更核心的地位，整个规则是以对人的权利的尊重和救济为主要思路，将监护制度放在自然人一章中的"民事权利能力和民事行为能力"之后，是合适的，具有理论基础性、体系逻辑性和制度衔接性。[2] 二是狭义监护说。该说主张《民法总则》只对监护作原则性规定，具体内容在婚姻家庭编中单独专章规定。"现在正在起草的民法典已经明确将亲属法包括进来，故监护应放在亲属法中而不是自然人制度中更合理。而从逻辑上看，在无行为能力与限制行为能力人后，应该理所当然地规定对行为能力欠缺的救济制度，即法定代理。至于对生活、教育等照顾，则应当是亲权的内容。"[3] 三是单行法规说。该说主张

---

〔1〕 1986 年《民法通则》确立了我国的未成年人监护制度，其中第 16 条规定，未成年人的父母是未成年人的监护人。未成年人的父母已经死亡或者没有监护能力的，由其祖父母、外祖父母、兄、姐或者是关系密切的亲属、朋友以及未成年人的父母所在单位、村（居）委会按照顺序根据其意愿及能力担任监护人。

〔2〕 李建国（全国人民代表大会常务委员会副委员长）："关于《中华人民共和国民法总则（草案）》的说明（2017 年 3 月 8 日第十二届全国人民代表大会第五次会议）"，载《民法总则立法背景与观点全集》编写组编：《民法总则立法背景与观点全集》，法律出版社 2017 年版，第 585 页。

〔3〕 李永军：《民法总论》，法律出版社 2009 年版，第 263~464 页。

《民法总则》作原则性规定，以单行法的形式全面规定监护制度。四是两种均可说。该说认为将监护制度放在《民法总则》的"自然人"部分，或是放在婚姻家庭编，从理论上和逻辑上，都是可以讲得通的，也是行得通的。现在的立法关键是充实监护制度的内容，进一步健全并形成完善的监护制度。[1] 从多次研讨会以及相关学者的研究成果看，婚姻家庭法学界的大多数学者支持第二种观点，在立法技术、体例编排上，我国监护制度应当形成民法总则编和婚姻家庭编分工协作、有机互补、有序结合、统一协调的立法架构。[2] 从立法的科学性、体系化出发，应当在《民法总则》的自然人一章中对监护作原则性规定，确立监护的基本原则以及制度架构，对于监护制度的具体内容与具体规定放在婚姻家庭编中作专章规定。

立法机关在总结司法实践经验的基础上部分接受了专家学者的意见，在《民法总则》中确立了未成年人监护制度的基本架构，并拓展完善了相关规定。立法机关将监护放在《民法总则》中的主要考虑是：[3] 其一，《民法总则》第一章第一节规定了民事权利能力和民事行为能力，其中将民事行为能力分为完全民事行为能力、限制民事行为能力和无民事行为能力。监护是保障无民事行为能力人和限制民事行为能力人的权益，弥补其民事行为能力不足的法律制度，紧接着自然人民事行为能力制度作出规定，具有逻辑合理性。其二，我国的监护制度不仅包括家庭监护，还包括社会监护和国家监护。如果说在"自然人"一章规定监护制度存在体例问题，在婚姻家庭编中规定社会监护和国家监护也同样存在体例问题。其三，《民法通则》规定的监护制度已经实施了 30 年，实践中出现了很多新情况新问题急需解决，若放在婚姻家庭编规定，还要经过较长时间才能出台，不利于当前实践需要。由此可

---

〔1〕 石宏主编：《〈中华人民共和国民法总则〉条文说明、立法理由及相关规定》，北京大学出版社 2017 年版，第 59 页。

〔2〕 薛宁兰："关于民法总则监护制度的立法建议"，载夏吟兰、龙翼飞主编：《家事法研究·2016 年卷》，社会科学文献出版社 2016 年版，第 245 页。

〔3〕 石宏主编：《〈中华人民共和国民法总则〉条文说明、立法理由及相关规定》，北京大学出版社 2017 年版，第 59~60 页。

见，一方面，《民法总则》关于监护制度的修改完善已经考虑了监护制度与相关制度之间的关系；另一方面，《民法总则》关于监护制度的修改完善还不是终局结果，是考虑社会实践需要的暂时做法。因此，监护制度在婚姻家庭编编纂制定时仍有修改完善的空间，关键是如何设计能实现民法典中未成年人监护制度的逻辑自洽，以及通过制度完善实现儿童利益最大化。

二、对《民法总则》采大监护体例的质疑

（一）未成年人监护相关概念辨析

我国现行法律体系中关于父母对未成年子女权利义务的规定比较分散，主要体现在《民法总则》《民法通则》《婚姻法》《未成年人保护法》以及相关司法解释和部门规章及地方性法规中。[1] 这些规定构成了未成年人监护制度的基本内容，表明我国现行民事法律体系采用大监护概念，未将亲权与监护分立，设立统一的未成年人监护制度。但是，我们应当看到，在《民法通则》的大监护概念下，未将父母对子女的责任与其他监护人对未成年人的监护职责作出区分，导致多年来在我国的相关法律研究及法律规定中抚养（直接抚养与间接抚养）、亲权（父母照顾权）、监护三个概念纠缠不清，并直接造成在司法实践中使用抚养权、直接抚养权、监护权以及随某某共同生活等术语时的混乱。因此，讨论民法典背景下的未成年人监护立法体例的问题，首先应当厘清监护、亲权、抚养三个概念，在同一概念体系下讨论术语的含义及其如何使用。

法学语境下的监护，滥觞于罗马法。罗马法中的监护是指由市民法赋予的、对那些因年龄原因不能自我保护的自由人给予保护的一种权利。监护人的含义来源于他们对被监护人的保护，他们犹如看守寺庙的人被称为寺庙保护人一样。[2] 尽管现代监护制度均来源于罗马法，但

---

〔1〕 参见《民法通则》第 16 条第 1 款、《民法总则》第 27 条、《婚姻法》《未成年人保护法》"家庭保护"章。

〔2〕 保罗《论告示》第 38 编，参见［意］桑德罗·斯奇巴尼选编：《婚姻·家庭和遗产继承》，费安玲译，中国政法大学出版社 2001 年版，第 151 页。

近代以来，关于父母对未成年子女的监护，一直有大监护与小监护之别。所谓大监护，也称之为广义监护制度，形成于盎格鲁-萨克森法的英美法系，英美法系在立法传统上没有亲权的概念，对所有的未成年子女，无论其是否有父母均适用监护制度（custody of children）。[1] 广义监护制度是对所有未成年人以及无行为能力和限制行为能力人的人身、财产权益进行监督和保护的制度。所谓小监护，也称之为狭义监护制度，大陆法系各国多采用亲权与监护并行的制度模式，对有父母的未成年子女以亲权制度（parent power）予以监督和保护，对不在亲权照护之下的未成年人以及精神病人等无行为能力和限制行为能力人则适用监护制度。因此，小监护的制度特征是将亲权与监护制度各自分离并相互独立，监护制度是亲权制度的延伸或补充。大陆法系国家仅将未受父母亲权（父母照顾权）保护的未成年人作为设立监护人的对象。在父母双方均死亡或均无能力担任监护人，或者均被剥夺监护资格，或者无法查明家庭状况时，才需要为未成年人设立监护人。《德国民法典》明确规定当未成年人不在父母照顾之下，或父母处于无权代理或父母状况不明的，可以为其设立监护人。监护的成立必须符合法定条件，法院通常依职权发出监护的命令，选任监护人。[2]

亲权在罗马法称为父权（patria potestas），有支配权利之意义。在日耳曼法称为"Mundium"（Munt，Mund），有保护权利之意义。近代立法已具有由支配权利而趋于保护权利的趋势。亲权系父母基于其身份，对于未成年子女以教养保护为目的之权利义务的集合。[3] 时至今日，亲权制度已从父母的权利演化为父母的责任与义务。在联合国《儿童权利公约》[4] 的影响下，现代各国亲子关系立法已经由"父母本

---

〔1〕 "custody of children"，指父母对未成年子女的照顾、管理、教育和抚养。参见薛波主编：《元照英美法词典》，法律出版社 2003 年版，第 361 页。

〔2〕《德国民法典》第 1773~1895 条。参见陈卫佐译注：《德国民法典》，法律出版社 2015 年版，第 530~551 页。

〔3〕 史尚宽：《亲属法论》，中国政法大学出版社 2000 年版，第 656~658 页。

〔4〕 1989 年联合国《儿童权利公约》于 1990 年 9 月 2 日正式生效，我国于 1990 年加入该公约，目前已有 193 个国家成为《儿童权利公约》的缔约国。

位"逐渐发展为"子女本位"。一些国家的亲属法将"父母权力""亲权""监护权"这些传统法律术语转变为"父母照顾""父母责任"。[1]即使一些国家仍然沿用原有术语,其亲子立法也强调亲权和监护权的实质是责任,是职责,是义务。因此,当代意义的亲权(父母责任)是指父母基于身份对未成年子女以教养保护为目的而履行的责任与义务,学者也将其称为"义务权"。[2]《法国民法典》第371-1条将亲权定义为"亲权是以子女的利益为最终目的的各项权利与义务的整体"。[3]在大陆法系国家,子女出生后,父母是当然亲权人(责任人),负有身份照护和财产照护义务;亲权人均死亡或丧失、被剥夺亲权时,才为未成年人选任监护人。

抚养是独立于亲权(父母责任)或监护之外的父母对子女在经济上扶助供养、提供衣食住行、生活照料的法定义务。抚养是基于父母与子女之间的身份法律关系而由法律明确规定的法定义务,具有强制性。几乎所有国家的相关法律都明确规定父母有抚养未成年子女的义务,并作为独立的义务或作为扶养义务的一部分专门作出规定。抚养义务具有伦理学和社会学的意义,父母与子女是最近的直系血亲,父母生育与养育子女是源于血缘亲情的本能以及制度的保障。正如费孝通先生所说,生育制度是人类种族绵延的人为保障。从生物层面上讲,生殖是损己利人的,新的生命的产生没有不靠母体消耗和亏损的,而对孩子的生活供养也是父母自己的牺牲。[4]父母是抚养义务人,未成年子女是被抚养的权利人,只有义务人履行义务,才能保证权利人实现权利。父母作为子女生命的给予者,在子女来到这个世界时,便将自己置于一种责任关系——对子女的养育之责中。父母对子女的抚养义务是生活保持义务,

---

〔1〕 参见《德国亲属法》将亲权改称为父母照顾、《英国儿童法》将父母监护改称为父母责任,强调父母身份是责任而非权利。

〔2〕 〔德〕卡尔·拉伦茨:《德国民法通论》,谢怀栻等译,法律出版社2013年版,第283页。

〔3〕 罗结珍译:《法国民法典》,法律出版社2005年版,第344页。

〔4〕 费孝通:《乡土中国·生育制度·乡土重建》,商务印书馆2011年版,第153~154页。

不以抚养人有抚养能力为条件，无论父母的生活条件、抚养能力如何，都应当在自己的能力范围内为子女提供衣食住行，父母不得因给付子女抚养费会危害或降低自身的生活水平而不承担抚养义务。如《德国民法典》第 1603 条第 2 款规定，父母有义务将所有可处分的资金平均使用于自身生计和子女的抚养。[1] 父母对子女的抚养义务具有人身专属性，与人身权利密切相关，子女受抚养的权利不得转让，不得放弃，也不得被剥夺。父母抚养子女的义务是强制性义务，父母不履行义务必须承担相应的法律责任。

　　我国自 1950 年《婚姻法》以来就明确规定父母有抚养子女的义务。1950 年《婚姻法》将父母子女关系单独成章，并在该章中用 4 条规定了父母子女间的权利义务关系。其中第 13 条明确规定，父母对于子女有抚养教育的义务。1980 年《婚姻法》以扩大法律对家庭成员的调整范围为目的，将父母子女关系与夫妻关系合并，改称家庭关系，仍然将"父母对子女的抚养教育义务"作为父母的首要义务，并增加规定了父母不履行抚养义务时，未成年的或不能独立生活的子女，有要求父母付给抚养费的权利（第 15 条）。同时，增加了父母责任的规定，"父母有管教和保护未成年子女的权利和义务，在未成年子女对国家、集体或他人造成损失时，父母有赔偿经济损失的义务"（第 17 条）。2001 年《婚姻法修正案》在 1980 年《婚姻法》的基础上，强化了父母的法律责任：父母有保护和教育未成年子女的权利和义务。在未成年子女对国家、集体或他人造成损失时，父母有承担民事责任的义务（第 23 条）。为了强化父母对子女的抚养义务，2011 年《最高人民法院关于适用〈中华人民共和国婚姻法〉若干问题的解释（三）》（以下简称《婚姻法解释（三）》）第 3 条进一步强调："婚姻关系存续期间，父母双方或者一方拒不履行抚养子女义务，未成年或者不能独立生活的子女请求支付抚养费的，人民法院应予支持。"换言之，当父母双方或一方拒不履行抚养子女义务，导致未成年子女或不能独立生活的成年子女的受抚

---

　　[1] 《德国民法典》第 1773~1895 条。参见陈卫佐译注：《德国民法典》，法律出版社 2015 年版，第 494 页。

养权被侵犯时，子女享有向法院起诉追索抚养费之权利。我国历次《婚姻法》都明确规定，无论子女是否与父母共同生活，均为父母双方的子女。父母双方离婚，解除的只是配偶之间的权利义务关系，父母子女之间的权利义务关系并未解除，父母仍然是未成年子女的法定抚养人。抚养又分为直接抚养和间接抚养。子女在父母未婚、分居、离婚或一方死亡的情况下均有可能只能与父母一方生活，从这个意义上讲，我国法将父母对未成年子女的抚养分为直接抚养与间接抚养。与未成年子女共同生活的父母一方为直接抚养方，对子女行使的是直接抚养的权利义务，包括对未成年子女生活起居的照顾、部分生活费与教育费的负担以及对日常生活事务的决定权。不能与未成年子女共同生活的一方为间接抚养方，对未成年子女行使的是间接抚养的权利与义务，对未成年子女承担支付抚养费的义务并享有未成年子女重大事项的参与决定权及探望未成年子女的权利。[1]

显然，我国《婚姻法》多年来明确规定父母对子女有抚养义务，但未将抚养义务与亲权（父母责任）区别开来，编纂婚姻家庭编时，一方面应当坚持这一立法传统，仍然明确将父母对子女的抚养作为父母的首要义务，突出父母履行抚养义务的重要性；另一方面要单独规定父母责任，将父母对未成年子女人身和财产上的权利义务单独成节，区分父母的抚养义务与父母责任。

（二）大监护体例消解了父母与其他监护人的重要区别

大监护将父母与其他监护人均设立在监护制度之下，尽管父母是首要监护人，只有在父母死亡，或父母没有能力担任监护人时才按照监护顺序确定监护人，但我们必须看到，父母之于未成年子女的亲权（父母责任）[2]与一般监护人之于被监护人监护权的产生、依据、内容、性质，特别是立法理念上具有重要区别，而如果采用大监护体例，则在立

---

〔1〕 参见 2001 年《婚姻法》第 36、37、38 条。

〔2〕 亲权是大陆法系各国亲属法传统上规定父母承担的教养、保护子女的权利义务的总称。在当代该术语已有所变化，本文认为应当以父母责任取代亲权，下文中将专门讨论。为避免讨论前读者或有疑惑，此处仍然使用亲权，将父母责任放在括号中以体现作者的观点。

法上消解了这些区别，不利于维护婚姻家庭的伦理关系，不利于保护未成年子女的权益。

第一，性质不同。父母对未成年子女的亲权（父母责任）具有自然属性，本质上属于人伦关系。父母与子女是血缘关系最近的直系血亲，无论是从血缘关系、伦理亲情还是法理依据上考量，子女出生之后，父母对未成年子女都天然地具有抚养照顾的权利与义务。"抚育作用所以能使男女长期结合成夫妇是出于人类抚育作用的两个特性：一是孩子需要全盘的生活教育；二是这教育过程相当的长。孩子所依赖于父母的，并不是生活的一部分，而是全部。"〔1〕 亲权（父母责任）的设立以亲子关系的产生为基础，无须批准，自然取得。监护本质上具有行为能力补足之功能，是人为的制度设计，与亲权在性质上有根本的不同。因此，监护权的设立与取得必须经过法定程序，非依法定程序不产生法律效力。如《日本民法典》规定，未成年人没有对其行使亲权的人，或行使亲权的人没有管理权的，可以为其设立监护人。监护的成立必须符合法定条件，家庭法院在作出监护开始的裁定时，依职权选任监护人。〔2〕

第二，法律依据不同。父母对未成年子女的权利以及未成年子女对父母的权利是公民的基本权利，具有宪法依据。家庭关系是最基本的社会关系，受到国家的特殊保护。父母子女关系作为家庭关系的重要部分，是国际人权公约、各国宪法以及相关法律规定的基本权利。《儿童权利公约》明确规定："家庭作为社会的基本单位，作为家庭所有成员、特别是儿童的成长和幸福的自然环境，应获得必要的保护和协助，以充分负起它在社会上的责任。"〔3〕《德国基本法》第 6 条第 1 款规定婚姻和家庭受国家之特别保护；第 2 款规定照料和照顾子女为父母之自然权利，亦为其至高义务。德国家庭法深受宪法中基本权利的影响，强

---

〔1〕 费孝通：《乡土中国·生育制度·乡土重建》，商务印书馆 2011 年版，第 167 页。

〔2〕《日本民法典》，第 838~843 条。参见渠涛编译：《最新日本民法典》，法律出版社 2006 年版，第 178~179 页。

〔3〕《儿童权利公约》序言第 5 段。参见联合国人权事务中心译：《人权国际文件汇编》，联合国出版物 1994 年版，第 161 页。

调父母对未成年子女承担重要的责任。[1] 我国《宪法》第49条明确规定，婚姻、家庭、母亲和儿童受国家的保护；父母有抚养教育未成年子女的义务。婚姻家庭立法应当充分体现宪法精神，明确规定父母对未成年子女的抚养义务以及父母的亲权（父母责任），确保父母实现抚养教育未成年子女的基本权利，非因特殊原因及法律规定，不得违反父母的意愿使未成年子女与家庭分离。监护制度的设立就是在父母不能履行或不当履行其亲权（父母责任）时，法律为未成年人设立的保护措施。因此，亲权（父母责任）是人身专属权，关涉基本权利和人权，也是父母必须履行的义务。而未成年人监护是人为设置的制度，只是对亲权的延伸与补充，其人权及宪法基础是未成年人权利受法律的特殊保护，国家及社会在未成年人权利受到侵害或有侵害之虞时通过监护制度予以干预或补充。在特定情况下，监护通过法律程序将父母对未成年子女的照顾事务转让给其他监护人或组织。

第三，立法理念不同。亲子立法对亲权（父母责任）基于信任而采取放任主义。如前所述，亲权（父母责任）是基于血缘亲情、亲子身份关系而产生的父母对未成年子女的义务与责任，故立法者相信父母较之其他人更关心子女的利益，为了子女的生存与发展更愿意付出和奉献，更不计较利害得失。直至今日，父母和家庭对于子女的人格形成和个性教育仍然具有其他社会关系无法替代的作用。因此，各国的亲属法大多基于信任而对亲权（父母责任）立法采取放任主义，立法对亲权人的限制较少，也未设立亲权监督机构。当然，各国为了保护未成年子女的利益，均明确规定了对不当使用或滥用亲权者剥夺亲权的程序和法律后果。[2] 监护制度具有社会法的属性，是为了保护无行为能力及限制行为能力人设立的，因此，各国立法大多采限制主义，法律对监护产生的条件、程序、监护职责及其履行，监护权的剥夺与终止均有明确规

---

〔1〕 ［德］迪特尔·施瓦布：《德国家庭法》，王葆莳译，法律出版社2010年版，第261页。

〔2〕 为了保护未成年人，许多国家规定了强制报告义务，那些在工作中有可能与未成年受害者接触的机构及其工作人员都有向有权机构强制报告的义务。

定；为了防止监护人滥用监护权，还专门规定监护监督制度，监护人行使监护权须受法院、监护当局或其他监护监督人的监督，以确保被监护人的权益得到实现；为了确保监护人更好地履行监护职责，许多国家规定监护人可以获得一定的报酬，酬劳的数额根据监护事务的范围和难度确定。

第四，权利义务内容不同。父母对未成年子女的权利义务内容相当广泛，监护人的监护职责则受到一定的限制。父母对未成年子女的亲权（父母责任），除法律另有规定外，囊括几乎一切事项，父母对于未成年子女的人身和财产均具有一定的决定权，包括子女姓名决定权、居所指定权、交往限制权、子女交还请求权以及法定代理权、财产管理权等等。父母行使亲权不得采取暴力方式，但在一定条件下可以采取强制性手段。如《日本民法典》第 822 条规定了惩戒权，行使亲权的人在必要的范围内可以亲自惩戒其子女，或经家庭法院的许可，将其送入惩戒所。监护人对被监护人的监护职责包括身心监护、财产监护和法定代理，与亲权相比受到一定的限制，《日本民法典》第 857 条规定，未成年人监护人对于变更既定的教育方法及居所、将未成年人送入惩戒所、许可其营业或撤销其许可以及对营业的限制等，有监护监督人时，须取得其同意。[1]

第五，公权力介入力度不同。亲子关系在本质上仍属于私法领域，公权力的介入受到比例原则的限制。尽管近年来亲子关系立法有私法公法化趋势，但各国亲属法仍明确规定公权力的介入必须以谦抑的态度保持一定限度，符合比例原则，[2] 并尽量采取替代性措施，不使子女简单轻易地脱离亲权（父母责任）。如《法国民法典》规定了"教育性救助"作为替代性措施，在出现亲权不彰的情形时，法官将尽量让家庭参与救助措施，受到教育性措施帮助的儿童的父与母继续行使与此种措施

---

〔1〕《日本民法典》第 838~843 条。参见渠涛编译：《最新日本民法典》，法律出版社 2006 年版，第 175、182 页。

〔2〕 国家对父母权利的干预措施，必须和父母不履行义务的严重程度以及维护子女利益的要求相适应，即具有必要性、适当性、足够性。

不相抵触的全部亲权权能。在执行教育性救助措施期间，非经少年法官允许，父母不得解除对子女的亲权。[1]《德国民法典》第 1666a 条亦作出了类似的规定，即只有在"危险不能以其他方式，亦不能通过公共救济免除时，始得准许采取与子女脱离父母家庭有关的措施"。因此，亲权之下的未成年子女由其父母履行教养和保护职责，在其不当履行或不能履行亲权时，经替代性措施也无法改变现状的，公权力才会介入。当然，国家公权力的介入并不消除家庭在监护制度中的重要作用，取消家庭的监护职能。父母不能担任亲权人时，亲属关系依然是确定监护人的重要人选，国家公权力只是作为监护制度的制定者、监督者以及最后责任的承担者，确保未成年人、限制行为能力及无行为能力人权益的实现。

监护制度兼具私法与公法双重属性，私法公法化是现代监护制度的重要特点。为更好地保障未成年人和其他无行为能力、限制行为能力人的权益，许多国家对监护制度加大了公权力干预和监督的力度，一方面从司法程序上介入和干预监护，如设立专门的监护法院、监护法官，由家庭法院或监护法院、监护法官选任监护人、指定监护监督人以确保被监护人的利益；另一方面，通过设立专门的行政机构，如未成年人保护机构协助监护等方式介入具体的监护事务。如德国的青少年福利局是官方监护人，代表国家行使监护权。瑞士的未成年人保护机构为不在亲权下的子女指定监护人并对监护人实施监护监督。[2] 一般认为，对需要照顾的人提供充分保护不仅是国家的任务，同时也是一项公共任务。但实际上，由于多方面的原因，完成这一任务的不是机关，而是私人，所以监护人和被监护人、照管人和被照管人之间的关系仍属于私法范畴。公法在该领域的影响主要表现在：这些法律关系必须经过法院行为才能

---

〔1〕《法国民法典》第一卷"人"第九编"亲权"第二节"教育性救助措施"。参见罗结珍译：《法国民法典》，法律出版社 2005 年版，第 360~369 页。

〔2〕《德国民法典》第 1773~1895 条。参见陈卫佐译注：《德国民法典》，法律出版社 2015 年版，第 530~551 页。于海涌、赵希璇译：《瑞士民法典》第 327 条，法律出版社 2016 年版，第 123~424 页。

成立和消灭。此外，监护法院还承担着监督照管人行为的义务。[1]

亲权（父母责任）是基于亲子之间的血缘关系自然产生并受到法律确认的，处于亲权保护之下的未成年人，其利益已能得到充分保护，无须通过监护制度另行保护。对未成年人而言，监护制度是亲权制度不能发挥作用时的有效补充和延伸，无论从价值体系还是逻辑结构，我国都应明确采取监护与亲权（父母责任）分离的立法模式，以实现民法典的逻辑完整，体例完备。

（三）大监护体例不利于传承中国优秀家庭文化与伦理道德

中华民族许多优秀的婚姻家庭伦理道德传统，在维系婚姻家庭乃至社会和谐稳定方面发挥了重要作用，也构成制定婚姻家庭法律制度重要的自然法与习惯法渊源。民法典婚姻家庭编立法要引导人们树立积极、健康、文明的婚姻家庭观念和生活方式，在全社会形成夫妻和睦、家庭和谐、父慈母爱、子孝孙贤的氛围和风尚。[2]

中国的法文化传统中虽然没有亲权制度，但父母抚养教育子女的责任与义务深入人心，所谓"养不教，父之过"。"父慈子孝"是中国传统文化的核心，古代礼法处理亲子关系的基本原则就是"亲亲""爱亲"，"亲亲"就是仁，而"孝悌"为仁之本。[3] 疼爱、教育子女，孝顺、体恤父母是中华民族优良的传统文化与伦理道德，是古代社会调整亲子关系的重要道德规范与法律规制。中国近代婚姻家庭立法始于清末，1930 年国民政府公布的民法亲属编，从形式上完成了中国亲属法从古代向近、现代的过渡。尽管 1930 年民法亲属编未采纳亲权的概念，但明确继受小监护体例，第 1091 条规定："未成年人无父母，或父母均不能行使负担对于其未成年子女之权利义务时，应置监护人。"此外，该编还对传统亲权的内容作了明确具体的规定。虽然此时的亲权内容仍

---

〔1〕 ［德］迪特尔·施瓦布：《德国家庭法》，王葆莳译，法律出版社 2010 年版，第 444 页。

〔2〕 "融入社会主义核心价值观 引领婚姻家庭新风尚"，载检察日报官网方站，http://newspaper.jcrb.com/2016/20161130/20161130_001/20161130_001_3.htm，访问时间：2018 年 3 月 1 日。

〔3〕 杨大文主编：《亲属法》，法律出版社 1997 年版，第 265 页。

带有浓厚的封建色彩，存在明显的性别歧视，[1] 但父母对子女养育、照顾、保护的亲权内容已成为亲属编立法的重要内容。新中国成立以后，1950 年《婚姻法》彻底废除了封建主义婚姻家庭制度，对父母子女间的关系作专章规定，在规范父母子女间的权利义务关系时，保留了养老育幼的优良传统文化和伦理道德，明确规定男女平等。在第 13 条第 1 款中明确规定："父母对于子女有抚养教育的义务；子女对于父母有赡养扶助的义务；双方均不得虐待遗弃"。1980 年《婚姻法》在此基础上增加了父母对未成年子女有管教和保护责任的规定，其第 17 条拓展了父母对未成年子女权利与义务的规定。2001 年《婚姻法修正案》坚持了这一规定。由此可以看出，抚养教育，照顾保护未成年子女在中国几千年的伦理道德和法文化中一以贯之，是亲子关系的核心内容。只是抚养教育的目的从宗法社会的传宗接代，家族本位逐渐向现代社会的子女本位，子女最大利益转变。因此，可以说，中国的婚姻家庭立法虽无亲权之概念，但实有亲权的理念。父母对未成年子女之权利义务与其他自然人或组织对未成年人的监护职责在性质上有根本的不同，中国社会"血浓于水"的传统文化强调的正是父母对子女无法割舍的血缘亲情，对未成年子女教养和保护的全情投入以及不计得失、不求回报、无怨无悔的付出与奉献，这种血缘亲情的道德责任在婚姻家庭法上就构成了父母对子女的不可推卸、不能转让、不得放弃的法律义务。

习近平总书记对法治与德治的关系有过非常精辟的论述："法律是成文的道德，道德是内心的法律。法律和道德都具有规范社会行为、调节社会关系、维护社会秩序的作用，在国家治理中都有其地位和功能。法安天下，德润人心。法律有效实施有赖于道德支持，道德践行也离不开法律约束。法治和德治不可分离、不可偏废，国家治理需要法律和道

---

〔1〕 中国的家族是父权家长制的，父祖是统治的首脑，一切权力都集中在他的手中，并得到法律对其统治权的承认和支持。参见瞿同祖：《中国法律与中国社会》，商务印书馆 2010 年版，第 5~6 页。

德协同发力。"[1] 在婚姻家庭领域，法律与道德密不可分，中国传统的优秀的家庭文化与伦理道德在调整婚姻家庭关系中具有不可替代的作用。我国亲子关系立法应当传承优秀的婚姻家庭传统文化与伦理道德观念，体现养老育幼的社会主义婚姻家庭的核心价值观，构建平等、和睦、文明的婚姻家庭关系。

三、婚姻家庭编应采父母责任与监护之二元结构

（一）父母子女关系章应明确规定"父母责任"一节

鉴于父母责任与其他监护人履行监护职责有实质性的不同，我国应当在编纂婚姻家庭编时采取小监护的二元结构，区分父母责任与监护，并应明确规定"父母责任"作为上位概念，统领父母对子女的权利义务关系。

婚姻家庭编应当改变 1980 年《婚姻法》以来将父母子女关系列入家庭关系混合立法的方式，将父母子女关系单独成章，独立规定，凸显亲子关系的重要性。为了体现父母照顾保护子女的身份属性、权利义务的专属性、集合性以及权利义务的双重属性，应在父母子女关系章中规定独立的父母对子女承担权利义务的制度，但其上位术语不能再沿用传统的"亲权"；应当明确将"父母责任"作为父母对子女的权利义务总称之法律术语。在父母子女关系章中单列"父母责任"一节，就父母对未成年子女应当承担的照顾、教育、保护、共同居住、姓名确定、法定代理、财产管理等责任作出明确具体的规定。

就大陆法系各国 21 世纪以来修改的亲子立法可知，现代意义上的亲权、父母照顾、父母责任的内涵基本趋同，我国在编纂婚姻家庭编时适用何种术语的关键是要考虑我国的语境、文化以及立法传统。有学者提出我国亲子关系立法应当采用大陆法系普遍适用的亲权一词作为父母

---

〔1〕 习近平总书记在中共中央政治局 2016 年 12 月 9 日就我国历史上的法治和德治进行第三十七次集体学习上的讲话，载中华人民共和国中央人民政府网，http：//www.gov.cn/xinwen/2016-12/10/content_5146257.htm，访问时间：2017 年 4 月 14 日。

对子女权利义务的上位概念。[1] 笔者认为，我国立法上从未使用过"亲权"的概念，且"亲权"已被质疑具有父母威权的意蕴，国外的立法也正在逐渐抛弃这一概念，因此，不必要也不适合在此时引入我国亲子关系立法，避免新法出台即面临概念过时之窘境。有学者提出要师法德国，引入"父母照顾权"。[2] 笔者认为"父母照顾权"一词在汉语语境下内容狭窄，从字面理解无法涵盖父母对子女照顾、养育、教育、保护等所有的权利义务的内容，难以作为上位概念。[3]

"父母责任"是子女本位立法理念下国际社会倡导使用的术语。联合国《儿童权利公约》第27条第2款规定："父母或其他负责照顾儿童的人负有在其能力和经济条件许可范围内确保儿童发展所需生活条件的首要责任。"人权事务委员会认为，保证儿童受到必要保护的责任落在家庭、社会和国家身上。虽然公约没有说明这种责任应如何分配，但家庭，特别是父母对创造条件，促进儿童个性的和谐发展，使他们享受公约确认的各项权利负有主要责任。[4] 欧洲家庭法委员会提出统一欧洲各国关于父母亲权（监护）的术语为"父母责任"，并将其定义为：促进和保护子女福利的权利和义务的集合。1989年《英国儿童法》第3条规定："本法所称父母责任，是指父母对子女及其财产依法享有的权利、权力、权限及承担的义务和责任。"[5] 笔者认为，"父母责任"较之"亲权"或"父母照顾"更适合中国的语言习惯和立法理念。在现代中国语境下，责任就是分内应做之事，要求做好某件事或行事达到一定标准。未做好分内之事，就应当追究相应的责任。第一层词义中的

---

〔1〕 一些学者在早期研究中提出要建立中国的亲权制度。如李莉："我国亲权制度的建立和完善新论"，载《吉林大学社会科学学报》1999年第3期，第49~53页；蒋月、韩珺："论父母保护教养未成年子女的权利义务——兼论亲权与监护之争"，载《东南学术》2001年第2期，第19~24页；张竞芳："亲权制度研究"，载《商丘师范学院学报》2006年第3期，第95~97页。

〔2〕 王丽萍：《亲子法研究》，法律出版社2004年版，第152页。

〔3〕 根据《现代汉语词典》的解释，所谓"照顾"是指考虑、注意，可以扩展理解为关照、照管。

〔4〕 参见人权事务委员会1989年第35届会议，第17号一般性意见，第24条。

〔5〕 蒋月等译：《英国婚姻家庭制定法选集》，法律出版社2008年版，第138页。

"责任"比较宽泛，在法理中可以理解为广义的法律责任，即一般意义上法律义务的同义语。[1] 第二层词义中的"责任"在法理中应解释为狭义的法律责任，是由违法行为所引起的不利法律后果。[2] 父母责任是指父母具有排除他人的照顾、教育、保护子女的权利和义务的总和，是义务权。其一，"父母责任"一词强调父母基于身份对未成年子女应承担的义务，其重点是义务、是责任。父母对未成年子女首先应承担义务，其次才享有一定的权利，而且设立权利的目的同样是为了保护子女的利益，如父母的法定代理权、子女交还请求权，因此，从这个意义上理解，权利也是责任。其二，"父母责任"一词的中国含义及准确性均较"亲权""父母照顾"更好，更本土化，涵盖面更广。照顾、教育、保护都是责任，是必须履行的义务。其三，"父母责任"的效力更明确，父母未履行或未全面履行法定义务，就应当承担不利的法律后果。最后，也是最重要的，父母责任体现了子女本位，儿童利益优先，保护未成年人合法权益的立法理念。故此，用"父母责任"取代"亲权"，更能体现现代亲子立法的子女本位精神；用"父母责任"取代"父母照顾"，更能准确反映父母对子女应承担义务的内涵，"父母责任"作为父母对子女的权利义务总称之法律术语既符合法理也便于被公众理解。[3]

父母责任主要涵盖父母对子女人身与财产上的责任。父母对子女人身上的责任是指父母对未成年子女的人身进行照顾、保护、教育的权利与义务，主要包括对未成年子女日常生活起居的照料，为其确定姓名、指定居所、予以保护、对其进行教育约束并确保其接受义务教育的责任，但父母不得滥用上述权利，采取不适当的教育措施；父母一方有保证子女与另一方父母或者其他近亲属交往的责任；在未成年子女被他人拐骗、劫持、隐藏或收留时，父母享有子女交还请求权。在涉及未成年

---

〔1〕 商务国际辞书编辑部编：《现代汉语词典》，商务印书馆国际有限公司2017年版，第1329页。

〔2〕 张文显主编：《法理学》，高等教育出版社2007年版，第167页。

〔3〕 夏吟兰："比较法视野下的'父母责任'"，载《北方法学》2016年第1期，第29页。

子女重大利益时，父母应当告知子女本人，并有听取和参考达到一定年龄或有识别能力的未成年子女意见的责任。对子女财产上的责任主要是对未成年子女的财产及其收益享有管理权及法定的用益权。未成年子女因继承、受赠、劳动所得或因其他原因无偿取得的财产及其收益均属于其个人财产，享有所有权。父母对未成年子女的个人财产及其收益有管理和保护的责任，父母管理子女财产时应尽到如同管理自己财产一样的谨慎义务。父母对子女财产只有在为未成年子女利益时才有有限的用益权，用益权负担的费用主要包括子女的生活费用、教育费用、医疗费用等等。如子女患重大疾病医疗费用过高，父母的财产不足以负担时，为了子女的利益，父母可以代为出售子女名下的房产，所得款项应当全部用于未成年子女本人。《西班牙民法典》第 164 条即规定，双亲管理子女财产应尽到如同管理自己财产一样的谨慎注意义务，履行各种管理义务和抵押法中规定的各项特别义务。[1] 父母是未成年子女的法定代理人，有权代理子女实施法律行为、诉讼行为及其他法律允许的行为，但不得损害子女的合法权益。未成年子女给他人造成损害的，父母应当承担民事责任。

（二）在婚姻家庭编中应专门设立监护章

我国民法典的体例是总则统领分则，采取"提取公因式"的方法，将民事法律制度中具有普遍适用性和引领性的规定抽象、概括于总则之中。从体系化的结构分析，监护作为弥补法律主体行为能力的一项制度，应当由总则作出原则性、框架性的规定，具体内容则应当放在婚姻家庭编的监护章中予以细化规定。这样既保留了监护制度的独立性，又强调了"父母责任"的重要性，同时还能够维持民法典的整体性和协同性。

监护制度是亲权制度的延伸，作为弥补亲权的方法与亲属制度密切相关。大陆法系的多数国家均将监护制度置于亲属编或人法之中。如《德国民法典》将监护置于第四编亲属编中的第三章，在第二章"亲属

---

〔1〕 潘灯、马琴译：《西班牙民法典》，中国政法大学出版社 2013 年版，第 68~69 页。

关系"之后；《意大利民法典》将监护置于第一编"人与家庭"中的第十章，在"亲权"之后；《日本民法典》也将监护置于第四编亲属编中的第五章，在第四章"亲权"之后；《魁北克民法典》将监护放在"人法"中，将未成年人监护和成年人的保护性监管分别规定；我国在《民法总则》中规定监护的基本框架及主要内容，在婚姻家庭编中还应单列监护制度一章，既能够体现民法典价值体系和逻辑结构的和谐、统一，也能够进一步完善细化监护制度，更好地保护未成年人利益，使民法典未成年人保护立法体例形成有机结合、有序互补、协调一致的体系化格局。

监护制度内容繁杂，作为具有统领性的民法总则不可能铺陈开来详尽规定。尽管《民法总则》已经对未成年人的法定监护人范围和顺序、监护种类、监护争议解决程序、监护人的职责、监护人履行监护职责应遵循的原则、撤销监护人资格以及恢复监护人资格等均作出了明确的规定，但是，一方面，总则的规定仍有需要完善细化之处；另一方面，对总则的规定也需要在具体内容以及程序方面进一步具体化，以便于更好地在司法实践中贯彻实施。将监护制度单列一章，可以克服监护制度简约、原则、缺乏可操作性的不足，有利于监护制度的完善。

应当在监护种类中增设委托监护。《民法总则》在《民法通则》的基础上进一步丰富了监护的种类，除法定监护、指定监护外，增加了遗嘱监护、协议监护、临时监护、国家监护等。但从我国国情出发，为了更好地保护未成年人的利益，笔者认为还应当明确规定委托监护制度，以解决留守儿童因父母外出打工而疏于监护甚至无人监护的问题。[1]从20世纪80年代初至今，随着市场经济的发展，我国流动人口规模与增长速度，都呈现快速增长的态势。留守儿童的数量也随之快速增长。2010年，全国18岁以下留守儿童数量达6973万人，其中农村留守儿童

---

〔1〕 2016年2月14日国务院颁布《关于加强农村留守儿童关爱保护工作的意见》，将留守儿童界定为"留守儿童是指父母双方外出务工或一方外出务工另一方无监护能力、不满16周岁的未成年人"。

规模高达 6103 万人。[1] 这些远离父母的留守儿童，或者由祖父母、外祖父母及其他亲属履行照顾、教育等监护职责，或者处于疏于监护甚至无人监护的状态，突发事件、人身伤害案件等各类事件频发。因此，应当设立委托监护制度，允许暂时不能履行父母责任者将全部或部分监护职责委托给具有监护能力的人。《民法通则》颁布之后，《最高人民法院关于贯彻执行〈中华人民共和国民法通则〉若干问题的意见（试行）》（以下简称《民通意见》）与《未成年人保护法》对委托监护有过明确规定，[2] 但因这些规定过于概括简单，未能得到真正的贯彻实施。婚姻家庭编应当在监护一章中，对委托监护作出明确具体的规定，包括委托监护的形式、任职资格、双方的权利义务以及对受托方履行监护职责进行监督的方式等内容。

应当在监护一章中增加监护监督制度。监护监督制度是通过设立监护监督人，对监护人的行为进行监督和约束，以更好地保护被监护人的利益。监护监督人的监督贯穿监护始终，可以在被监护人权益受侵害之前阻止侵害的发生，也可以在侵害行为发生之初及时发现、及时阻止，防止侵害后果的进一步扩大。监护监督人的设置是国家对监护人进行监督的手段，通过监护监督人，国家对监护人的监督可以达到及时、高效的效果。[3] 大陆法系许多国家的民法典亲属编或相关法律中均规定了监护监督制度，当未成年人父母之外的其他自然人或组织担任监护人时，由监护监督人对监护人的监护行为进行监督，促使监护人认真履行监护职责，防止监护人因个人私利而侵害被监护人的利益。在未成年被监护人受到侵害时，监护监督人应当及时向有关部门报告。

各国规定的具体监护监督制度有所不同，各有特点。如《法国民法

---

〔1〕 段成荣："解决留守儿童问题的根本在于止住源头"，载《武汉大学学报（人文科学版）》2016 年第 2 期，第 15~18 页。

〔2〕 参见《未成年人保护法》第 16 条规定："父母因外出务工或者其他原因不能履行对未成年人监护职责的，应当委托有监护能力的其他成年人代为监护"。《民通意见》第 22 条规定"监护人可以将监护职责部分或者全部委托给他人"。

〔3〕 王竹青："论未成年人国家监护的立法构建——兼论民法典婚姻家庭编监护部分的制度设计"，载《河北法学》2017 年第 5 期，第 106~116 页。

典》采用亲属会议与监护法官相结合的监护监督机制。由亲属会议从其成员中任命一名监护监督人。监护人在实施任何重大行为之前，均应通知监护监督人并听取其意见。监护监督人在认定监护人履行监护职责中有过错时，应当立即向监护法官报告，否则应对未成年被监护人承担责任。[1]《德国民法典》则规定家庭法院和政府青少年福利局相结合的监督机制。除父母指定监护监督人外，家庭法院负责选任监护监督人。监护人是青少年福利局的，不需要选任监护监督人。青少年福利局在德国未成年人监护制度中起重要作用，它既可以为法院选任监护人提供咨询意见，也可以直接担任监护人，在不担任监护人时，还可以被选任为监护监督人。监护监督人的职责包括要求监护人报告监护职责的执行情况、查阅与监护相关的文件、向家庭法院报告监护人违反义务的行为及其他应当由家庭法院裁判的事件等。对监护人违反义务必须立即报告家庭法院，家庭法院有权干预。[2] 日本对监护人的监督是通过家庭法院和监护监督人（亲属或检察官）共同进行的。家庭法院根据未成年被监护人及其亲属或未成年人的监护人的请求，或者依职权可以选任未成年人的监护监督人。监护监督人的权利包括随时要求监护人报告监护事务或者提出财产目录，或者对监护事务或被监护人的财产状况进行调查。[3] 日本亲属法改革后建立了更加严密的监护监督体系，除有司法权的法院通过选任监护人进行直接监督外，对监护人皆设监护监督人，以更加细密地保护被监护人。[4]

由国家公权力监督监护人的履职情况和保障被监护人的利益是必要且可行的。考虑到我国社会重伦理、重亲情的传统，可以采取多层次监护监督模式。首先，可以在被监护人的近亲属或关系密切的朋友（如邻

---

〔1〕《法国民法典》第 409~410 条。参见罗结珍译：《法国民法典》，法律出版社 2005 年版，第 385~396 页。

〔2〕参见《德国民法典》第 1774~1851 条。参见陈卫佐译注：《德国民法典》，法律出版社 2015 年版，第 530~548 页。

〔3〕《日本民法典》第 838~843 条。参见渠涛编译：《最新日本民法典》，法律出版社 2006 年版，第 180~181 页。

〔4〕[日] 宇田川幸则："浅论日本关于成年人监护制度的修改"，载渠涛主编：《中日民商法研究》，法律出版社 2003 年版，第 382~396 页。

居）中指定监护监督人，发挥他们关心被监护人的利益、距离近、熟悉情况的优势。其次，可以由特定的机构担任监护人，如居（村）民委员会对于其区域内的监护人和被监护人的情况较为了解，可以担任监护监督人。再次，设立专门的行政监督机构，对监护人履行职责的情况进行必要的监督。在我国现有的行政框架下，民政部门担任行政监督机构较为合宜。[1] 最后，检察机关可以代表国家作为监护的司法监督机关。我国《宪法》明确规定，检察机关是国家的法律监督机关（第 134条）。2012 年《民事诉讼法》第 14 条将"人民检察院有权对民事审判活动实行法律监督"修改为"人民检察院有权对民事诉讼实行法律监督"，扩大了检察机关监督权的范围。监护人出现违反监护职责的情形时，监护监督人或者其他有监护资格的人及相关机构均可以向检察机关报告，由检察机关向人民法院起诉。检察机关代表国家行使监护监督的权力，更有利于保护被监护的未成年人的利益，也能够充分体现国家监护的作用和力度。

此外，还应当进一步明确遗嘱监护、协议监护的条件及效力，细化监护人的监护职责，增设监护人监护费用及报酬请求权，增设监护人拒绝与辞任条款，增设监护关系终止时财产清算条款，明确国家监护的具体路径和方法等。未成年人监护制度应当鼓励和监督监护人尽职尽责地履行监护责任，最大限度地帮助未成年被监护人免受伤害、虐待，维护其身体、心理及情感的需求与健康，实现儿童的最大利益。

（三）二元结构的设立应以儿童最大利益为基本原则

无论是亲子关系章中的父母责任，还是监护章中的未成年人监护制度的设立，均应以儿童最大利益为基本原则。儿童最大利益原则不仅是《儿童权利公约》的基本原则，同时也是评估儿童权利的基本标准。在处理与儿童相关的问题时，应以儿童利益为首要的考虑，将儿童利益置于优先地位。儿童最大利益原则的作用可以从以下三个方面理解：首先，强调把儿童作为个体权利主体而不是作为一个家庭或群体的成员来

---

〔1〕 夏吟兰、林建军、黄晶："民法典体系下监护制度完善建议报告"，载夏吟兰、龙翼飞主编：《家事法研究》，社会科学文献出版社 2016 年版，第 244 页。

加以保护；其次，该原则被作为处理儿童事务的准则；再次，它是对各国儿童保护立法和司法提出的纲领性条款。[1] 在亲子关系及未成年人监护立法中，儿童最大利益原则至少应包括以下几点：

第一，儿童利益优先，给予儿童特殊保护。所谓儿童利益最大化，就是在儿童的生存权、发展权、受保护权、参与家庭、文化和社会生活的权利等方面均应以儿童利益作为首要出发点，给予儿童特殊保护。在亲子关系与监护关系中，确保儿童利益最大化，就是要确保儿童在家庭生活中，在父母与监护人的能力范围内最大限度地获得抚养、照顾、教育和保护，使其在生理、心理等方面都能达到最佳状态。因此，在亲子关系章中，应将未成年子女作为权利主体，规定其应享有的人身权利和财产权利，包括未成年子女享有受抚养权、受教育权、受保护权以及个人财产的所有权等。父母应当全面履行抚养、教育、保护未成年子女的义务，应当妥善管理、保护未成年子女的财产。父母是未成年子女的法定代理人，有权代理子女实施法律行为，但不得损害子女的利益。应当强调父母作为未成年子女的首要责任人，必须恪尽职守，履行父母责任，否则将承担行政、民事、刑事等各种法律责任。在监护章中，应当明确规定对未成年监护人设立的监护措施，必须符合儿童最大利益原则。监护人必须为被监护人提供必要的生活条件，照顾与教育被监护人，及时编制被监护人的财产清单，妥善管理被监护人的财产，除非为了被监护人的利益，不得处分被监护人的财产。监护人有义务保护被监护人免受人身和财产侵害。

第二，涉及未成年人利益时应听取其意见，尊重儿童自主权。儿童作为社会成员的重要组成部分，同成年人一样具有独立的权利主体地位。现代社会儿童不再仅仅是易受社会及父母伤害、需要保护的对象，而是拥有自主决定权、人身完整性和人格尊严的权利主体。《儿童权利公约》第12条确立了尊重儿童意见的原则，强调尊重儿童的发言权，要倾听儿童意见。这一条显现出对儿童作为权利主体的认可。虽然儿童

---

〔1〕 王雪梅："儿童权利保护的'最大利益原则'研究"，载《环球法律评论》2002年第4期，第493~497页。

由于年龄、智力的问题无法完全独立地行使权利，但这并不代表儿童不享有作为一个独立个体所应享有的权利。因此，在涉及儿童重大利益时应当听取达到一定年龄或者具有一定辨识能力的儿童的意见。

儿童相对成年人而言，是年龄较小且缺乏社会经验和生活经验的弱势群体，因此，儿童的年龄和成熟程度是国际法律文件和国内法律规范的标准要素。儿童权利委员会一贯强调，儿童是积极的权利主体，对于儿童的意见应根据其年龄和成熟程度给予考虑。各国国内立法在寻求儿童自主权与儿童保护之间的平衡时，也重点强调儿童的年龄和成熟程度。例如，有些国家适用年龄标准，《德国民法典》规定7周岁以上为限制行为能力人，可以独立进行与其年龄、智力相适应的民事活动；《俄罗斯婚姻家庭法典》规定在处理涉及子女利益的问题时，必须考虑10周岁以上的未成年子女的意见。有些国家适用成熟度标准，没有关于年龄的限制性规定；《法国民法典》将"有辨识能力"作为儿童行使自主权的条件。[1] 年龄较小、明显不成熟的儿童比年龄较大相对成熟的儿童应当受到更多的保护和照顾，而后者在决定自身事务时享有更多的自主参与权、自主决定权。我国《民法总则》较之《民法通则》下调了限制民事行为能力的未成年人的年龄标准，由10周岁降低为8周岁，以更好地尊重未成年人的自主意识，尊重他们的参与权。在亲子关系立法中，涉及子女身份的确认、子女抚养、父母离婚时直接抚养方的确定、父母探望权以及子女的教育、医疗、家庭生活等涉及子女重大利益问题时应当明确规定须征询8周岁以上或有辨识能力的未成年子女的意见。在为儿童设立监护人时，也应当考虑8周岁以上或有辨识能力的未成年人的意见。我国《民法总则》第35条第2款规定，未成年人的监护人履行监护职责，在作出与被监护人利益有关的决定时，应当根据被监护人的年龄和智力状况，尊重被监护人的真实意愿。当然，在征询儿童意见时，年龄和成熟程度应当一并作为考量的因素，不应当把年龄作为唯一标准而妨碍年龄较小、具有一定辨识能力的儿童发表意见。总

---

〔1〕 参见《德国民法典》第106条、《俄罗斯婚姻家庭法典》第57条、《法国民法典》第388-1条。

之，在涉及儿童利益的问题时，允许有辨识能力的未成年子女表达意见，尊重他们的参与权，符合儿童的最大利益，有利于维护儿童权益。

例如，北京市高级人民法院、北京市人力资源和社会社会保障局与北京市妇联于2016年12月6日发布的北京市维护妇女儿童权益典型案例[1]中，刘某诉单某变更抚养权案的审理即体现了儿童最大利益原则与尊重儿童自主权原则。法院在判决离婚后父母对子女直接抚养权的变更时，首先要考虑变更抚养权是否符合儿童最大利益，要在了解父母双方的工作及生活状况，子女的生活居住、学习环境以及身心发育状况，与父母的互动沟通情况等诸多因素后综合做出判断。其次要尊重儿童自主权，征询有辨识能力的8周岁以上孩子的意见，最后作出有利于未成年子女健康成长的裁判。

第三，公权力的介入是实现儿童最大利益的保障性措施。父母及监护人的利益与儿童的利益并不总是一致，在一些情形下会发生冲突或具有冲突的现实危险，为了保护处于弱势的儿童的利益，父母或监护人行使权利，不得危害或者存在伤害儿童身心健康及其财产状况的可能性。当父母责任承担者的利益与儿童利益发生冲突时，司法机构应当任命其他人或者主体作为儿童的特殊代理人，代表儿童或者由具有识别能力的儿童自行行使权利。这意味着在父母或监护人与儿童利益冲突中，公权力应当及时介入，确保儿童利益优先。《德国民法典》规定，为避免子女受到危险而在特定事务上剥夺父母的照顾权（第1666条第1款）。在保佐范围内，父母照顾受到相应的限制。父母对设立了保佐的事项没有管理权，也没有法定代理权（第1630第1款）。[2]一些国家对子女权益根据不同情况规定了不同的保护措施，受害人及其公权力机构可根据不同的情况加以选择，包括为子女任命特殊代理人，限制父母与子女的接触，限制甚至剥夺父母履行父母责任的权利，公权力机构也可以任命其他人监督父母责任承担者对儿童财产的管理活动。我国《民法总则》

---

〔1〕 北京市维护妇女儿童权益典型案例，载北京市妇联网站，http://www. bjwom-en. gov. cn/uploads/ebook/ pdf201701/，访问时间：2018年4月9日。

〔2〕 陈卫佐译注：《德国民法典》，法律出版社2015年版，第505、510页。

第 36 条原则性地规定了剥夺监护人资格的情形及路径：监护人实施严重损害被监护人身心健康的行为，怠于履行监护职责，或者无法履行监护职责并且拒绝将监护职责部分或全部委托给他人，导致被监护人处于危困状态或者实施其他严重危害被监护人行为的，人民法院可以根据有关个人或组织的申请，撤销其监护人资格，安排必要的临时监护措施，并按照最有利于被监护人的原则依法指定监护人。显然，为了保护未成年子女的利益，我国亲子关系章应当进一步明确规定剥夺或者限制父母责任的具体情形以及公权力介入亲子关系的具体路径及方法。

四、结论

民法典未成年人监护立法体例应当形成有机结合、有序互补、协调一致的体系化格局。未成年人监护体例应当以保护未成年人的权益为目标，以儿童人权理念为指导，将儿童最大利益原则作为确立未成年人监护体例及亲子关系、监护制度的基本原则。依据民法总则确立的"以家庭监护为基础，社会监护为补充，国家监护为兜底"的原则性规定，在婚姻家庭编中采取小监护的二元结构，强化父母责任，完善监护制度。一方面，要在亲子关系章中强化父母责任，明确父母作为子女的首要责任人地位，明晰父母对子女的具体权利义务关系，全面保护未成年子女利益；另一方面，要在监护章中完善监护制度，细化监护内容与监护类型，明确监护职责及监护监督模式。最终形成父母、亲友、社会、国家四位一体全方位对未成年人的保护机制和监护体系。父母是未成年人保护的第一环，未成年子女在家庭中应当得到父母尽职尽责的抚养、关爱、教育和保护。在第一环出现问题时，其他亲属及有意愿、有能力的个人或社会组织是未成年人保护的第二环，他们必须按照有关监护的规定认真履行监护职责，接受监护监督人及相关组织的监督，确保未成年被监护人利益的实现。在第二环出现问题时，相关的社会团体及基层群众性组织是未成年人保护的第三环，通过直接担任临时监护人、提供辅导帮助或担任监护监督人等方式承担社会监护职责。最后一个保护环是国家监护。国家有关部门应当代表国家通过协助父母、帮助家庭、担任监护人、履行监护监督职责等各种方式，完成"国家兜底"的未成年人守护者的国家责任，确保未成年人健康成长、快乐生活，真正实现未成年人利益最大化。

3.10 特留份制度之伦理价值分析[*]

夏吟兰

家庭成员间的爱与亲情，不求回报的付出以及源于情感的没有对价关系的相互扶养与继承使家庭成为"一切社会之中最古老且唯一的自然社会"[1]。这个自然社会的伦理价值是以保护所有家庭成员的利益，维系家庭的稳定与发展，实现家庭的幸福与和谐为最终价值取向的。

和谐家庭是和谐社会的基础，所谓"家和万事兴""天下之本在国，国之本在家"，如果我们承认家庭的价值，承认家庭是社区、社会和国家赖以建立的基础，是一个安全、公正和有凝聚力的社会的核心，国家和政府出台的所有法律和公共政策，就应当尊重婚姻家庭的伦理价值，赋予亲属身份以特殊的意义，给予特殊的保护，从而维护家庭的价值，鼓励家庭成员和谐相处，珍重家庭共同生活，以实现家庭的和谐，社会的稳定。

遗嘱自由是世界各国继承立法普遍适用的重要原则，但许多国家在遗嘱继承中设立特留份制度对遗嘱自由予以一定的限制，即遗嘱人在处分其遗产时必须为特定近亲属保留一定的份额。通过对特定近亲属的继承期待权的保护，维护亲属身份的伦理价值，保护近亲属的继承权益，从而维护家庭的稳定，实现家庭养老育幼的功能。

一、特留份制度及其伦理价值

特留份制度主要是大陆法系国家普遍适用的通过对特定的法定继承

---

[*] 本文发表于《现代法学》2012 年第 5 期，第 41~45 页。

[1] [法] 卢梭：《社会契约论》，何兆武译，商务印书馆 1996 年版，第 9 页。

人规定一定的应继份额来限制遗嘱自由的制度。即法律规定遗嘱人不得以遗嘱取消特定的法定继承人继承的份额，遗嘱人在设立遗嘱时，如果没有给特留份权利人保留法定份额，将会导致其相应部分的遗嘱处分无效。特留份制度渊源于罗马法的"不合义务遗嘱之告诉"，遗嘱人必须为其近亲属保留法定的继承份额，否则，因为遗嘱人严重地未履行自己的法定义务，并因对近亲属的忽视而对该近亲属造成侵权，执法官有权以非常方式撤销遗嘱法定继承份额，在优士丁尼以前的法中是无遗嘱继承份额的 1/4。优士丁尼规定：如果法定继承人为 4 人或少于 4 人，法定继承份额为 1/3；如果超过 4 人，则为 1/2[1]。"不合义务遗嘱之告诉"后被发展为特留份制度，并为后世大陆法系的许多国家所承袭，如法国、德国、瑞士和日本等国家的继承编中均明确规定了特留份制度。《瑞士民法典》第 470 条规定：被继承人有直系卑血亲、父母或配偶为继承人的，其对继承人特留份范围以外的财产有遗嘱处分权。第 471 条规定：直系卑血亲的特留份各为其法定继承权的 3/4；父母中的任何一方的特留份为其法定继承权的 1/2；尚生存的配偶的特留份为其法定继承权的 1/2。《德国民法典》第 2303 条规定，特留份权利人包括被继承人的晚辈直系血亲、父母和配偶，特留份为法定应继份的价额的一半。第 2305 条规定：未给特留份权利人保留足够的特留份额的，特留份权利人可以向共同继承人请求按照应继份的价额补足特留份。

设立特留份制度对遗嘱人立遗嘱自由的适当限制符合"社会本位"的立法原则，可以平衡个人自由与公平正义、公共利益之间的冲突。尽管各国关于特留份制度适用的主体范围、适用条件、保留的应继份份额的规定有所不同，但均体现了限制遗嘱自由、防止遗嘱人恣意妄为，兼顾个人利益与社会利益，彰显了社会本位的立法理念。遗嘱自由是民法意思自治精神的体现，但法律上的自由不是绝对自由而是相对自由。正如拉伦茨所说：伦理学上的人格主义以每个人都具有自主决定以及自己承担责任的能力为出发点，将尊重每一个人的尊严上升为最高的道德命

---

〔1〕 〔意〕彼德罗·彭梵得：《罗马法教科书》，黄风译，中国政法大学出版社 2005 年版，第 377~378 页。

令。不过，仅凭这种人格主义，而不另外加入社会伦理方面的因素，那也还无法构筑某项法律制度，就连构筑私法法律制度也是不够的[1]。对遗嘱自由的限制正是考虑了继承法的身份属性和它所承载的社会伦理道德价值。

特留份制度的设置是基于法定继承人的亲属身份关系，不考虑该继承人是否有劳动能力、有生活来源，且明确规定了特留份的应继份额。其实质是对特定的近亲属的继承期待权的保护，目的在于维护亲属身份的伦理价值，保护近亲属的继承权益，从而维护家庭的稳定，实现家庭的养老育幼的功能。

（一）一定的亲属身份关系是确定特留份权利主体的依据

将自己的财产留给自己的子女是继承制度产生的原始动因。恩格斯在《家庭、私有制和国家的起源》一书中明确指出"随着财富的增加，一方面给了丈夫在家庭中比妻更有权势的地位，另一方面，又产生了利用这个增强了的地位来为了他的子女的利益而改变传统的继承制度的意图。'一夫一妻'是建立在男性的支配权之上，这种支配权的明白的目的便是生育出确凿无疑的父亲的子女。这种父系血统的不可争辩性是必要的，因为子女将来要以直接继承者资格承继他们父亲的财产。"[2] 直至今日，单系继承早已为双系继承取代，但在许多国家第一顺序的法定继承人仍然是子女及其直系血亲卑亲属。为自己最近的亲属保留一定的遗产是最古老、最原始的继承习俗和伦理道德。

继承法是身份财产法，规定的是基于一定身份关系的财产移转方式。从本质上看，继承法具有强烈的身份法性质，遗产的移转没有对价，也与等价有偿无关，不符合商品经济规律，而是与亲属身份密切相关，一定的亲属身份是获得继承权的唯一依据，亲属间的血缘关系和伦理关系决定了法定继承人的范围、继承顺序以及继承份额。尽管各国继

〔1〕 ［德］卡尔·拉伦茨：《德国民法通论》，谢怀栻等译，法律出版社 2003 年版，第 58 页。

〔2〕 ［德］恩格斯：《家庭、私有制和国家的起源》，张仲实译，人民出版社 1956 年版，第 53、59 页。

承法对继承人范围的规定殊不相同，但在法定继承中都以亲属关系的亲疏远近作为获得法定继承权的基本依据。夫妻关系是现代社会家庭关系的核心，由此发生父母子女之间、祖孙之间、兄弟姐妹之间不同身份关系的亲属网络。父母、子女是血缘关系最近的直系血亲，配偶是血亲的源泉，姻亲的基础，在世界各国他们都是最主要的亲属，是关系最密切的家庭成员，也是大多数设立特留份制度的国家所明确规定的特留份权利主体。

（二）养老育幼、相互继承是亲属间的基本伦理关系

家庭是社会的基本单位，家庭成员间的亲属身份关系是社会最基本的伦理关系，夫妻之间相濡以沫，相互尊重，相互扶持，亲属之间血脉相连，亲情相交，尊敬和赡养老人，抚养和教育子女，扶助缺乏劳动能力没有经济来源的家庭成员是为大多数国家所尊崇的伦理道德和善良习俗。被继承人死后为法定的近亲属保留一定份额的遗产，将部分财产留在家庭内部，不仅有利于保障家庭成员的基本生活，也通过财产传承的形式表达了对其他感情密切的近亲属的关怀与惦念，这种通过家庭财产传承而产生的对生者情感上的慰藉，对死者的崇敬怀念，是最淳朴自然的家庭伦理道德观念，是社会最基本的秩序。黑格尔在《法哲学原理》一书中指出：遗嘱依个人意志处理财产，其中有很多偶然性、任意性、追求自私目的的企图等因素在起作用，承认有权任意订立遗嘱，很容易造成家庭伦理关系的破坏[1]。而特留份制度的设立正是通过对遗嘱自由的适当限制来维护亲属之间的伦理关系与善良习俗。

（三）亲属间的相互扶助、相互支撑、共同生活是继承期待权受法律保护的重要依据

继承权的产生以亲属身份为前提，配偶之间、父母子女之间的相互扶助、相互支撑、共同生活是被继承人努力工作、积累财富的最重要的动力，被继承人所遗留的财产与他们的支持与帮助，鼓励与关怀，甚至共同努力、共同创造密不可分。基于此，史尚宽先生指出：被继承人死

---

〔1〕［德］黑格尔：《法哲学原理》，范扬、张企泰译，商务印书馆 1982 年版，第 191 页。

亡后，其财产应由共同生活的一定范围的亲属继承，法律虽然承认和保护遗嘱自由，但不能任由遗嘱人自由地将全部遗产转移给亲属之外的其他人。个人死亡后，应该把自己的财产或财产的一部分传给法定继承人，因为个人财产的发展与家庭成员的协同有密切的关系[1]。特留份制度确认了近亲属在遗产积累过程中的贡献，使近亲属的继承期待权在继承开始之前就已经受到保护。

（四）亲属间的相互扶养、相互继承是维系家庭关系的重要方式

现代社会科学技术高度发达，但家庭仍然承担着一个民族与国家种的繁衍、延续传承的重要职责，而亲属间的相互扶养、相互继承正是确保实现这一职责，维系家庭关系的重要方式。扶养职能是家庭的基本职能，继承是亲属之间相互扶养权利义务的延伸，继承制度在一定程度上保障了家庭扶养职能的实现，被继承人死亡后，其财产由与其有法定扶养义务的继承人继承，就可以使遗产继续发挥实现家庭成员间相互扶养的职能，维系了家庭关系的延续和发展。继承人受扶养的权利是以扶养义务人的财产为标的物的，扶养义务人死亡后，作为扶养权利人，当然有权利获得义务人的遗产，以继续完成扶养义务人所应履行的义务。因此，亲属立法上的扶养权利人与继承法上继承人的范围和顺序的规定相一致。陈棋炎先生指出：在固有法上，因家产制度延行颇久，即以家产为家长与家族之共同共有，而家族个人可赖家产以图生存，故未曾存有特留份制度。但现代民法虽有家制，而无维持家制之家产制度，故非有效运用特留份规定，以期保障共同继承人最低利益（即特留份），使共同继承人设法维持其家，则民法有关家制规定，不但等于具文，而且旧日良俗，势将破毁无遗，诚堪令人焦虑[2]。

即使现代一些西方发达国家的社会保障制度已经相当完备，但为特定的近亲属保留一定的遗产份额制度并没有因社会保障制度的发达而取消，近亲属间的相互扶养、相互继承仍然是表达亲情、爱情，维系家庭关系、维持家庭的发展与凝聚力的不可替代的重要方式。

---

〔1〕 史尚宽：《继承法论》，中国政法大学出版社 2000 年版，第 4~5 页。

〔2〕 陈棋炎：《亲属、继承法基本问题》，三民书局 1980 年版，第 436~437 页。

二、我国必继份制度的局限性及其发展完善

1985 年制定的《中华人民共和国继承法》（以下简称《继承法》）第 19 条、第 28 条为缺乏劳动能力又没有生活来源的继承人设立了必继份制度，即遗嘱人必须为缺乏劳动能力又没有生活来源的法定继承人保留必要的遗产，遗产分割时应当保留胎儿的继承份额。最高人民法院《关于贯彻执行〈中华人民共和国继承法〉若干问题的意见》第 37 条、第 45 条规定则对必继份制度在司法审判实践中的适用及其法律后果做出了进一步的规定：遗嘱人未保留缺乏劳动能力又没有生活来源的继承人的遗产份额，遗产处理时，应当为该继承人留下必要份额。所剩余部分才可参照遗嘱确定的分配原则处理。继承人是否缺乏劳动能力又没有生活来源，应当按遗嘱生效时该继承人的具体情况确定。应当为胎儿保留的遗产份额没有保留的应从继承人所继承的遗产中扣回。

（一）我国必继份制度的局限性

必继份制度是我国《继承法》为保护缺乏劳动能力又没有生活来源的法定继承人的生存权对遗嘱自由的限制，是法律通过对被继承人处分自己个人合法财产的一种强制性限制，来实现继承制度养老育幼功能的具体措施。因此，必继份制度对于保护缺乏劳动能力又没有生活来源的继承人合法权益具有非常重大的意义。

但 1985 年《继承法》设立的必继份制度有其历史局限性，当时的个人财产以日常生活用品为主，无论数量还是质量均相当有限，适用遗嘱者更是寥寥无几，人们的观念也相对纯朴，规定这一制度意在法律的指引与宣示。而以今日之视角观之，必继份的内容过于原则且缺乏可操作性，没有充分体现继承法所应蕴涵的伦理价值，主要存在以下三个问题：其一，适用必继份的权利主体范围过窄，仅包括缺乏劳动能力又没有生活来源的继承人，忽视了继承法的身份特点以及伦理价值，对遗嘱自由的限制作用非常有限。现实生活中发生的遗嘱人不顾亲情，感情，将全部遗产留给情人、保姆甚至宠物的情况并不鲜见，不仅伤害了配偶、子女的感情，也触碰了社会的道德底线，由此所引发的社会舆论的哗然，影响了公众对法律公平正义的信仰，对家庭价值的尊重。其二，

适用必继份的权利主体的标准模糊，何谓缺乏劳动能力又没有生活来源的法定继承人，由法官根据案件的具体情况酌情确定，给法官的自由裁量权过大，既不利于保护被继承人立遗嘱的自由，也不利于法律的具体操作与执行；其三，必须保留的"必要的遗产份额"标准不确定，过于原则缺乏可操作性，实践中同样由法官根据实际情况而定，既要考虑缺乏劳动能力又没有生活来源的法定继承人的实际需要，也要考虑当地的基本生活水平，还要考虑被继承人所留遗产的数额，其结果有可能导致执法尺度不一，甚至同案不同判，容易引起家庭纠纷，不利于家庭的和睦团结，不利于社会的和谐稳定。

（二）设立特留份制度，完善我国继承法

必继份制度对遗嘱自由的限制没有充分体现《继承法》的伦理价值，不利于家庭的和睦团结，在目前中国社会保障制度尚不发达，家庭成员主要由家庭承担扶养责任的情况下，必将影响社会公共利益，不利于社会的和谐稳定。继承法的修订就应当以社会本位为立法基础，改必继份制度为特留份制度，正确处理遗嘱自由与家庭成员利益的冲突，在尊重遗嘱人遗嘱自由的前提下，有限度地保护近亲属的法定继承期待权，维护社会的基本伦理关系，维护社会的公共利益。

特留份制度主要包括特留份主体的范围、特留份份额的确定、特留份权利的保护三个方面。首先，我国特留份权利主体的范围应限制在配偶、子女、父母。为了保障遗嘱自由，我国《继承法》不宜将特留份主体的范围规定得过大，应考虑与现行《婚姻法》《继承法》相衔接，将特留份权利主体的范围限制在第一顺序法定继承人——配偶、子女、父母。以共同生活且相互间负有直接扶养义务的配偶、子女、父母作为特留份的权利主体既有法律依据，又符合民众的继承伦理与继承习惯。其次，特留份份额的确定应当采取全体特留份主义。即特留份的比例额是就财产的全部而确定，并可以考虑将特留份份额确定为法定应继份的1/3。换言之，被继承人遗产的1/3必须保留给自己的配偶、子女、父母，其余的2/3遗产可以自由处分，这样既保障了遗嘱自由，尊重遗嘱人自由处分其财产的权利，也在一定程度上保护了第一顺序法定继承人的继承期待权，维系家庭关系。最后，应通过扣减之诉对特留份权利进行保护。遗嘱人未保留特留份或保留的特留份份额不足，特留份权利人的权益受到侵害时，应赋予特留份权利人以相应的扣减权，通过扣减之诉，对于遗嘱人违反特留份规定而进行的财产处分因扣减权的行使将归于无效或部分无效。

修订与亲属身份密切相关的《继承法》，既要遵循财产法的规则，保护公民个人财产的所有权，保护其处分财产的自由权，也要考虑亲属身份的特殊属性，考虑人情、伦理以及传统习俗。家庭自古以来就是中国人的根基，是社会的基本细胞，保护家庭的价值，维护婚姻家庭关系的和谐稳定，达到情理法的内在统一，是制定一部以人为本，符合中国国情的善法、良法的必要条件。

四、反家暴立法论

4.1 家庭暴力法律干预现状调查结果分析[*]

2001 年，我们对北京市宣武区及辽宁省的大连市、鞍山市、阜新县、台安县（以下简称辽宁）的人大、法院、检察院、公安机关、司法行政机关通过问卷调查和焦点小组讨论的形式对司法部门工作人员对有关妇女家庭暴力认知程度及法律干预现状进行了调查。通过对问卷调查的数据和焦点小组讨论所作记录的分析，对此次调查得出如下结论：

一、对"男女平等"的认知存在表面化的问题

在被调查的司法人员中对男女平等是基本国策的认知率很高，北京市宣武区达99.3%，辽宁省达96.4%，访谈中也没有一位被访者表现出对男女平等国策的无知。但对"男女平等原则应贯彻在哪些法律中"的看法则参差不齐，约20%的被调查者认为，男女平等原则只应贯彻在保护妇女权益的法律中，只有约60%的被调查者认为应贯彻在所有的法律当中。

两地的调查结果都表明：对男女平等原则的认识存在肤浅性、表面化的问题。

二、只有半数人认为家庭暴力不是个人私事

绝大多数被调查者都认为，中国存在对妇女的家庭暴力，但仍有2%的被调查者认为不存在家庭暴力。

对何种行为构成家庭暴力看法也不一致，对妇女的精神和性的伤害

---

[*] 本文为《司法干预状况问卷调查》分项目，发表于《法律与生活》2003 年第 3 期，第 9 页。

是否构成暴力在认识上存在较大的差异。如辽宁省的样本中70%~80%的司法工作者认为"迫使妻女卖淫""遗弃女婴""因妻子不育或不生男孩而歧视虐待对方""对女儿或姐妹进行性接触或发生性关系""丈夫在妻子不愿意时也要与她过性生活""辱骂女性家庭成员"是属于家庭暴力行为，而"耻笑妻子的缺陷或弱点""丈夫长期不与妻子说话""丈夫长期拒绝与妻子过性生活""限制妻子女儿与朋友和同事的交往"则有相当多的人不认为是家庭暴力。

对家庭暴力不是个人私事的认识也比较模糊，只有不到50%的被调查者认为家庭暴力不是个人私事，只要发生就应当予以干涉，另有27.5%被调查者认为只有在本人求救时才可以受理，22.6%的被调查者认为只有在发生严重暴力时才适用法律手段。这既说明法律应对家庭暴力作出明确界定，以免执法不一，也说明仍有相当一部分的司法人员受中国传统观念的影响，对家庭暴力的认知程序还需要进一步提高。

同时，对家庭暴力状况的认知程度受性别、学历、职位、年龄的影响较大。女司法工作者对家庭暴力的认知程度、对相关法律规定及应采取法律手段予以干预的认知程度明显高于男司法工作者。学历高、职位高、年龄小的司法工作者对家庭暴力的认知程度、对相关法律规定及应采取法律手段予以干预的认知程度也相对学历低、职位低、年龄大的司法工作者要高。

三、对家庭暴力的法律干预普遍认为力度不够

第一，被调查的司法工作者普遍认为对家庭暴力应该采取法律手段予以干预（辽宁省为74.8%，北京宣武区为72.5%），但相当一部分人认为当前对家庭暴力的法律干预力度不够。在评价所在地区对家庭暴力案件的处理现状时，近一半的人选择了一般，还有10%~15%的人选择了不力或很不力，而且学历越高、职位越高对家庭暴力处理的现状评价越低。大多数被调查者将处理家庭暴力不力的原因归咎于认识不足和无法可依，这一结果也真实地反映了目前我国反家庭暴力中存在的最主要问题。

第二，对处理家庭暴力案件最好采取何种途径，被调查者看法也不

一致。在北京宣武区有32.7%的被调查者认为解决家庭暴力案件最好的途径是追究刑事责任，31.6%认为是调解，17.3%认为是进行说服，12.9%认为是行政处罚。女性司法工作者中认为应追究刑事责任的比率占41.4%，明显高于男性（27.2%），而男性认为应当调解和行政处罚的比率分别占34.9%和14.8%，高于女性（26.3%和9.1%）。这种不同的看法，反映了司法工作者对家庭暴力的认识与定性的不同。

由此可见，目前我国对家庭暴力的立法仍很薄弱，提高司法人员的反家暴意识至关重要。

四、对有关家庭暴力的立法满意度较低

大多数被调查者认为我国目前现有的有关防治家庭暴力的立法不完善，在辽宁省占被调查者的74.9%，在北京市宣武区占75%，其中，女性司法工作者（79.2%）认为我国当前的法律对家庭暴力的规定是不完善的比率高于男性（73.2%），两性相差6.0个百分点。而学历越高、职位越高的司法工作者对我国当前的法律对家庭暴力规定的完善程度评价越低。

同时，对我国刑法规定虐待罪实行不告不理的制度认为不适当的，在辽宁省有57.7%，在北京市宣武区有60.3%。

绝大多数的司法工作者认为有必要制定全国性的防治家庭暴力的法律或法规，在辽宁省占被调查者的96.4%，在北京市宣武区占被调查者的93.3%。

因此，应当全面检审、修订现有的有关处理家庭暴力的立法，将性别意识纳入到相关的法律法规中，并尽快制定全国性的防治家庭暴力的法律法规，为防止和制裁家庭暴力提供更全面、具体，具有操作性的法律依据。

4.2 在妇女人权框架下研究家庭暴力*

夏吟兰

"国家尊重和保障人权"在中国第一次入宪，不仅彰显了我国人权保障取得的巨大成就，也是今后我国人权立法及人权保障的基本准则，是保障妇女人权、防治家庭暴力立法的重要依据。

一、针对妇女的家庭暴力是妇女人权问题

"妇女和女童的人权是普遍性人权中不可剥夺和不可分割的一个组成部分。使妇女能在国家、区域和国际各级充分、平等地参与政治、公民、经济和文化生活，消除基于性别的一切形式歧视，这是国际社会的首要目标。"妇女人权概念的产生是世界妇女运动发展和世界人权运动发展的必然结果。家庭暴力是当今妇女运动关注的重要人权领域。在妇女人权的框架下研究家庭暴力，不仅丰富了妇女人权的内涵，也使家庭暴力走出家庭，走出私人领域，成为备受关注的社会问题和法律问题。

针对妇女的家庭暴力是家庭成员以暴力、胁迫或其他手段侵害女性家庭成员的身体、精神和性方面权利的行为，这种行为使女性家庭成员的生命、健康、自由、人身安全以及人格尊严受到威胁造成了损害。因此，它主要是对妇女人权中的基本权利——生命权、身体权、健康权以及人格权的侵犯。家庭暴力造成的后果直接和长期地影响妇女的身心健康、限制妇女的生活和发展，影响儿童的正常成长和成年后的婚姻生活，影响家庭稳定和社会安定。因此，反对家庭暴力，保障妇女人权正

---

* 本文发表于《法制日报》2004年3月18日，第11版。

成为国际社会和各国制定政策和立法的关切主题。

二、将家庭暴力视为妇女人权问题是当今国际社会的共识

消除对妇女的暴力包括家庭暴力已经写入国际公约和联合国文件，是国际社会共同的行动目标。1979 年 12 月联合国大会通过了《消除对妇女一切形式歧视公约》（以下简称《消歧公约》）规定，为消除对妇女的歧视，缔约国负有"在所有领域，特别是在政治、社会、经济、文化领域，采取一切适当措施，包括制定法律，保证妇女的充分发展和进步，其目的是为确保她们在与男子平等的基础上，行使和享有人权和基本自由。"但《消歧公约》限于当时的历史条件，未提及对妇女的暴力问题。家庭暴力仍被认为是家庭内部的事务，因而得到了社会特别是各国政府有选择的容忍。

1985 年在内罗毕召开的第三次世界妇女大会，将对妇女的暴力认定为和平的一个主要障碍，同年在米兰召开的联合国关于预防犯罪和犯罪者待遇第七次大会的决议进一步认定，家庭暴力往往是掩盖下的虐待，它们在全世界范围内肆虐，严重破坏妇女个人和社会的发展。1992 年 1 月联合国消除对妇女歧视委员会第十一次会议通过了执行《消歧公约》的"一般建议第 19 号"，正式扩大了对性别歧视的一般禁止范围，将基于性别的暴力包括在内。该建议第 6 段将其定义为："因为女人是女人，而对之施加的暴力，或对妇女危害特别严重的暴力。它包括施加身体的、心理的或性的伤害或痛苦，威胁施加这类行动、胁迫和其他剥夺自由行动。" 1993 年 12 月，联合国大会通过了《消除对妇女的暴力行为宣言》，指出家庭暴力是在家庭内发生的身心方面和性方面的暴力行为。并要求缔约各国通过对家庭暴力予以谴责，制定相关法律法规及采取拨款、教育、培训、研究等各项措施，以确保消除对妇女的家庭暴力行为。1995 年 4 月，在北京召开的第四次世界妇女大会制定并通过了《北京宣言》和《行动纲领》，将消除对妇女的暴力作为提高妇女地位 12 个关切领域之一，作为观察改善妇女人权状况的一个重要内容。

三、国家对消除针对妇女的家庭暴力负有责任和义务

目前，世界上已有 44 个国家和地区制定了单项反对家庭暴力的立法，通过刑事、民事、行政等多种手段重新构建法律框架，应对家庭暴力行为。

一些国家将家庭暴力明确规定为犯罪行为，实行强制逮捕、强制起诉，而不再作为自诉案件处理。如韩国《惩治家庭暴力专项法案》不仅明确规定了家庭暴力罪，而且由专门的家庭事务法庭审理，以确保快速及时地惩治犯罪、保障受害人的利益。民事保护令则是通过民事的救济手段保护家庭暴力的受害者，强制施暴者离开居住场所。如日本《关于防止配偶暴力及被害人保护的法律》，对民事保护令作出了明确而详尽的规定，施暴者必须离开与被害人的共同住所，并不得接近被害人，甚至不得在被害人的住所、工作单位及其他通常所在的场所附近徘徊。同时，许多国家的相关法律都明确规定，对于家庭暴力的报警，警察必须立即到达现场，严格执法，并采取相应的措施及时制止家庭暴力。

四、防治家庭暴力单项立法是保障妇女人权法律规范体系中的重要组成部分

"禁止家庭暴力"已经写入我国 2001 年修订的《婚姻法》，但禁止家庭暴力涉及刑法、民法、行政法、诉讼法等各个部门法。我国基本法律中关于禁止和制裁家庭暴力的现行法律规定，均散见于各类法律法规中，缺乏系统性、科学性和周延性，应当尽快制定一部家庭暴力防治法。目前，妇女权益保障法的修订已经纳入全国人大常委会的五年立法规划，作为一部具有综合性质的社会法，对禁止家庭暴力会较为明确的规定。因此，应当以妇女权益保障法作为保障妇女人权的核心立法，在此基础上，制定和完善一系列保护妇女权益或与妇女权益密切相关的具体法律法规，形成保障妇女人权的法律规范体系。鉴于家庭暴力的受害者以女性为主，而针对妇女的家庭暴力是妇女人权问题，防治家庭暴力单项立法应当是这一体系中的重要组成部分。

制定家庭暴力防治法既要从我国的实际出发，也要借鉴国外立法经验。可以考虑设立民事保护令制度，增设家庭暴力罪等新罪名，在诉讼程序、举证责任以及社会干预、警察介入、多机构合作等方面均应当对现有法律法规有所突破，为预防和惩治家庭暴力提供全面、系统、具有可操作性的法律依据。

4.3 家庭暴力离婚案财产分割的
社会性别分析[*]

夏吟兰

家庭暴力的受害者 80% 以上是女性，人民法院受理的离婚案件中也发现很多女性当事人控诉对方有打骂或将其赶出家门等暴力行为。人民法院在审理因家庭暴力导致离婚分割夫妻共同财产的案件时，应当考虑到此类案件的特殊性，从社会性别视角出发，充分运用最高人民法院关于离婚财产分割的司法解释中确立的保护无过错方和女方利益的原则，保护家庭暴力中女性受害者的合法利益。

一、家庭暴力是父权制文化的产物

在中国传统文化中，丈夫打老婆天经地义，"娶来的妻，买来的马，任我骑来任我打"。延续几千年的家庭暴力虽然与生理因素有直接关系，但却不是由生理因素决定的，它是社会文化塑造的结果，是父权制文化的产物。把男女两性通过婚姻结合组成的生活单位定义为家庭，是以存在劳动和角色的社会性别分工为前提的，是既定的社会性别文化的产物。在这种社会性别文化下，家庭成为男性免费使用和支配女性劳动力的场所，妻子是家庭的奴婢和丈夫的出气筒，丈夫正是通过暴力手段达到使妻子就范显示其在家庭中的控制权力的。可以说，家庭暴力的核心是男性在家庭中的权力与支配地位。家庭中的男权中心是社会中男权中心系统的一个组成部分，社会中的性别不平等通过种种渠道渗透到家庭

---

* 本文发表于《人民法院报》2008 年 11 月 25 日第 5 版。

的权力结构中，而家庭中的性别不平等又反过来成为创造社会性别不平等范式的渠道之一。因此，家庭中的性别不平等实际上是社会中两性关系不平等的延伸。尽管中国妇女的社会地位在新中国成立后有了显著的提高，但长期以来家庭暴力仍被认为是家庭内部的私事，公权力不适宜介入。直至 2001 年修订的《婚姻法》才第一次在法律层面上明确规定禁止家庭暴力，要求居民委员会、村民委员会、当事人所在单位以及公安机关通过制止、劝阻、调解、给予行政处罚等方式尽快介入家庭暴力，制止家庭暴力行为的发生。家庭暴力也首次作为离婚损害赔偿的法定过错之一。

因此，人民法院在审理因家庭暴力导致的离婚案件时，应当考虑到从历史延续至今并被社会文化所认可的女性在家庭中的无权地位和在此背景下双方能力的悬殊，考虑到她们所从事家务劳动的价值，考虑到她们为家庭付出所遭受的自身价值的贬损及未来收入的减少，在分割夫妻共同财产时应当通过适当多分的方式予以补偿。

二、在分割夫妻共同财产时应当承认家务劳动的价值

在我国以及世界上大多数国家里，妻子仍然是家务劳动的主要承担者。我国现行的夫妻婚后所得共同财产制并没有解决家务劳动价值的问题。这一方面表现在获得夫妻共同财产的前提是基于夫妻身份，而不是夫妻协力，这就使专门从事或主要从事家务劳动的一方因其劳动不被社会承认，不具有经济价值而实际上处于仰人鼻息、受人恩惠的境地（盖房、买房、投资、贷款等重大家庭事务仍以丈夫决策为主，81%的住房以丈夫的名义登记，存款登记在丈夫名下的也占到 69.3%），共同财产所有权无法真正行使，法律上规定的独立人格也难以真正落到实处。而另一方面，许多既外出工作，挣钱养家，又要承担主要家务劳动的一方所从事的家务劳动在夫妻共同财产中也没有得到任何体现。由于家庭角色分工的传统观念没有发生实质性的改变，在愈来愈多的妇女进入职业领域，从事有偿劳动的同时，家务劳动仍然主要由妇女承担。因此，法律不仅应当承认她们的职业劳动的价值，也应当承认家务劳动的价值。特别是家庭暴力的受害妇女大多在家庭中处于无权地位，是家务劳动的主要承担者，可以考虑将家务劳动作为分割财产时的重要考虑因素，无论受害方是否有收入，收入多寡，都应当通过适当多分的方式予以补偿，承认其家务劳动的价值，体现保护无过错方利益的共同财产分割原则。

三、对家庭暴力受害方人力资本的补偿

所谓人力资本，指的是工作机会、劳动技能等能够带来经济收益的能力。牺牲自己，成全丈夫是"男主外，女主内"的另一种表现形式。当夫妻双方需要作出谁可以获得更多发展机会的选择时，无论妻子是否愿意，社会性别角色分工的传统文化都会使妻子相信，夫贵可以妻荣，丈夫应该成为在社会上有地位、能挣钱的家庭的顶梁柱，丈夫应该获得更多的发展机会。因为丈夫的发展就是整个家庭的发展，妻子牺牲自己提高人力资本的机会从事家务劳动，为对方提高人力资本在经济上和生活上予以支持，就可以分享因对方提高的人力资本而获得的成果和带来的利益。特别是家庭暴力的受害女性，由于长期受侵害，自尊心和自信心受到很大的打击，与他人沟通和协商的能力较低，长期的家庭暴力使她们相信自己一无所用，一些没有谋生能力或被迫在家从事家务劳动的受害妇女，甚至在离婚后没有独立生活的能力。

人民法院在处理此类离婚财产分割案时，应该充分考量因家庭暴力受害女方的牺牲和对家庭的贡献而导致的人力资本的变化所产生的预期利益，并将其作为婚内财产的一种形式在离婚时进行公平的分割。在对一方因增长的人力资本而取得的预期利益进行分割的同时，对于另一方减损的人力资本予以适当补偿。换言之，人民法院在分割夫妻共同财产时，一方面要对丈夫因人力资本提高将要获得的预期利益作为夫妻共同财产进行分割，又要对由于妻子的牺牲而导致其离婚时工作能力下降，收入降低，生活水平下降的状况通过适当多分割夫妻共同财产的方式予以补偿。使得妻子在离婚后可以通过学习、培训等方式恢复或提高劳动技能、工作能力。只有这样，才能充分体现最高人民法院关于离婚财产分割保护女方利益的原则，离婚财产分割的方法才能够从表面上的平等过渡到实质意义上的平等，真正全面保护受暴妇女的财产权利，并最终达到法律公平正义的目的。

4.4 家庭暴力法律防治理念刍议

——女性主义视角下的社会正义观 *

夏吟兰 郝佳**

一、引论——暴力与社会正义

暴力，是自人类社会产生之始就存在的一种社会现象，并遍布社会生活的各个角落。"只要考察帝国如何兴起和衰败，个人威望如何确立、宗教如何分裂，财产和权力如何继承和转移，思想家的权威如何增强，精英的文化享受如何建立在被剥夺者的辛劳和痛苦之上，就足以发现暴力无时不在、无处不在。"[1] 以静态看来，暴力体现为一种人与物的关系，施行暴力者总是要将他人压制在物的状态或者彻底消灭。由动态观之，暴力的形成经过了三个阶段：授权，惯例化和人性的丧失。授权，是由于环境非常确定以使得每个人都免除了做出个人道德选择责任的一个过程；惯例化，是由于行为是相当有组织的，以至于没有提出道德问题的机会的一个过程；人性的丧失，是由于行为人对行为目标及其自身态度使得他们没有必要也没有可能从道德的角度出发来考虑他们二者的关系[2]。由此，可以得出导致暴力的两个基本原因，一是个体原因，

---

* 本文发表于《妇女研究论丛》2010 年第 3 期，第 8~19 页。

** 郝佳，女，中国政法大学民商经济法学院博士研究生；西北政法大学民商法学院副教授。

[1] ［法］保罗·利科：《历史与真理》，姜志辉译，上海译文出版社 2004 年版，第 224 页。

[2] ［英］韦恩·莫里森：《理论犯罪学——从现代到后现代》，刘仁文等译，法律出版社 2004 年版，第 193 页。

即施暴主体对对方人格的蔑视以及故意地减损；二是制度原因，即社会环境和社会制度对暴力的容忍及固化。环境、制度的暴力支持了个体的暴力，个体的暴力使制度的暴力成为现实。因此，单从个案角度探讨暴力问题是不全面的，暴力应当被视为一种制度性问题，进行全方位的分析讨论。

正义，是人类社会不懈追求的终极目标。柏拉图（Plato）将其看作是一个人或城市内的敌对部分处于适当和协调的状态；[1] 20世纪著名的道德哲学家伊莉莎白·安斯康柏（Elizabeth Anscombe）认为正义是好人的一种美德[2]；迈克尔·桑德尔（Michael J. Sandel）更是将正义视为社会制度之第一美德[3]。约翰·罗尔斯（John Rawls）则从制度层面对正义进行了注解，他认为："在某些制度中，当对基本权利和义务的分配没有在个人之间作出任何任意的区分时，当规范使各种对社会生活利益的冲突要求之间有一恰当的平衡时，这些制度就是正义的。"[4] 可见，正义首先是一种价值目标，其次体现为一种道德范式，最终，要落实到制度层面，使每一个生活在社会中的个人，都能充分享有人之所以为人的基本要素，如自由平等、生命安全、人格尊严，等等。

反观暴力，其对正义的冲击和消解体现在三个方面：其一，暴力作为一种不道德的、反人性的行为模式，是对正义目标和美德的冲击；其二，从社会环境和制度的角度来看，暴力是对制度正义的消解。容忍并纵容暴力的制度将暴力作为解决社会利益冲突的主要手段，无法达至社会生活利益间的"恰当的平衡"，无法实现制度正义。其三，在具体的暴力关系中，受害者的身体、人格、自由、尊严受到攻击，作为一个独

〔1〕 Plato, *Republic*, trans. by Robin Waterfield（Oxford：OUP, 1984）.

〔2〕 Elizabeth Anscombe, "Modern Moral Philosophy", *Philosophy* 33, 1958, pp. 1~19. See further Alasdair MacIntyre, *After Virtue*（2nd edition, London：Duckworth, 1985）；Onora O′Neill, *Towards Justice and Virtue*（Cambridge：CUP, 1996）, chapter 1.

〔3〕 ［美］迈克尔·J. 桑德尔：《自由主义与正义的局限》，万俊人等译，译林出版社2001年版，第29页。

〔4〕 ［美］约翰·罗尔斯：《正义论》，何怀宏等译，中国社会科学出版社1988年版，第5页。

立的、能够自我决定的人的主体性被剥夺。可以说，暴力是从价值、制度、个案层面对正义的全方位的颠覆。

家庭暴力是暴力众多形式中的一种，指发生在家庭成员之间的暴力。于是，我们是不是可以对家庭暴力做这样的理解：首先，家庭暴力是对人类对美好和睦家庭生活追求与向往的冲击；其次，如果将家庭视为一种制度性存在，家庭暴力就是对这种制度下家庭成员及家庭整体所处的"恰当的平衡"的破坏；最后，家庭暴力是对家庭关系网中个体间亲密关系的破坏，是对家庭成员的尊严、身体、自由等主体性要素的剥夺。

"家庭是社会的基本组成单元，是一切社会制度中最基本的制度。"[1] 要实现全面的社会正义，必须首先实现家庭领域内、家庭制度中的正义。面对家庭暴力这一侵蚀成员主体性、破坏家庭和睦关系的毒瘤，用法律手段予以铲除，是一切追求与崇尚正义的文明社会的选择。相应的，家庭暴力的法律防治也始终以实现正义为其基本理念，并且，随着历史的发展，这种理念经历了不断升级深化的过程。

二、禁止家庭成员间的暴力——反家暴正义观的初步确立

如前所述，家庭暴力实质上是家庭成员一方对另一方的物化，是对对方的身体、人格、自由等主体性要素的剥夺。这种物化和剥夺的实现和存在与家庭这一基本社会制度的样态有密切的关系。当家庭制度呈现为一种以权力为结点的不平等的样态时，暴力就被容忍甚至被支持。打破这种不平等的暴力制度，重构一种在家庭生活各利益间的适当平衡，才能保障家庭成员享有其所为人的基本要素。这是实现家庭领域正义价值目标的第一步。这一过程的起步，可以追溯至罗马法。

（一）主体性之发觉

罗马早期的家庭在学理上被称为"罗马家庭"，"实质是一种政治组织，是单纯由权力联合在一起的人的团体，在这一团体中，一人对他

---

〔1〕 ［美］J. 罗斯·埃什尔曼：《家庭导论》，潘允康等译，中国社会科学出版社1991年版，第73页。

人行使权力，以实现比维护家秩序更高的宗旨"[1]。在古代罗马，是由"家父"集中代表和行使这种权力的。"家父对于家子的权力具有与政治肌体中的君权相同的性质"[2]，马库斯·图留斯·西塞罗（Marcus Tullius Cicero）更是断言"没有权力，便不可能存在任何家庭"。[3]家父是家子的法官，对于他们所犯的过错，他有权以任何可能的方式加以惩罚，包括采用监禁、身体刑、甚至死刑，他也可以出卖或出租家子，遗弃或杀死新生儿。[4]罗马国家承认并支持这种权力的存在和实行。《十二铜表法》第四表明确规定：家属终身在家长权的支配下。家长得监察之、殴打之、使作苦役，甚至出卖之或杀死之；纵使子孙担任了国家高级公职的亦同。[5]家庭成员间的关系集中地体现为家长与家属之间的不平等的权力控制关系，家长对家属的暴力被认为是家长权力的应有之义。[6]

共和国末期，一种"自然家庭"形态逐渐取代"罗马家庭"，成为罗马社会主要的家庭制度形式。自然家庭是一种以维护两性间关系的伦理秩序、繁衍和子女教育为目的的制度[7]。这种制度区别于"罗马家庭"那种单向控制的政治性的权力体，其基本结构呈现为双向的两性伦

----

〔1〕 ［意］彼德罗·彭梵得：《罗马法教科书》，黄风译，中国政法大学出版社 1992 年版，第 114 页。

〔2〕 ［意］彼德罗·彭梵得：《罗马法教科书》，黄风译，中国政法大学出版社 1992 年版，第 125～126 页。

〔3〕 ［古罗马］西塞罗：《论共和国 论法律》，王焕生译，中国政法大学出版社 1997 年版，第 225 页。

〔4〕 ［意］彼德罗·彭梵得：《罗马法教科书》，黄风译，中国政法大学出版社 1992 年版，第 126 页。

〔5〕 世界著名法典汉译丛书委员会编：《十二铜表法》，法律出版社 2000 年版。

〔6〕 需要说明的是，这种绝对的"家长权"并非完全不受限制。现实中，对家长权的限制和规制主要靠"习惯"来完成。"这种习惯特别要求家父不得在未先听取亲属意见的情况下给予处罚"所谓"亲属的意见"通常由亲属会议（concilium domesticnm）作出。家长惩罚家子或丈夫休妻等重大事由，要征求它的意见。其作用是制止家长滥用家长权或丈夫滥用夫权。但亲属会议毕竟只是一种非法定的咨询机构，家长或丈夫不接受其意见时只受宗教和舆论的制裁，而不受法律的制裁，因此其对家长权的限制非常有限。

〔7〕 ［意］彼德罗·彭梵得：《罗马法教科书》，黄风译，中国政法大学出版社 1992 年版，第 140 页。

理关系。在"自然家庭"取代"罗马家庭"的过程中，绝对的家父权力开始被限制，公元前 89 年，《庞泊亚法》取消了祖父对孙子、丈夫对妻子、家长对媳妇的生杀权；[1] 特拉雅努斯（Trajanus）帝时，禁止虐待子女，违者勒令家长将其解放，使之脱离家长权；[2] 哈德良（Hadrianus）也曾宣布放逐一名以残酷方式对犯有过错的家子施用生杀权的家父。[3] 保罗（Paul）在《论判决》中指出：窒息新生的孩子和弃孩子于街头拒绝抚养他的人，以及将孩子抛弃于公共场所让他人怜悯的人都被认为是杀害孩子的人。[4] 公元 2 世纪时，家长对家子已仅有一般的惩戒权，重罚必须经过法院的判决。帝政以后除轻微处罚由家长自己进行外，重大处罚均须通过官厅，经官厅同意后，再由家长为之。君士坦丁一世就规定，杀害儿子与杀害父亲一样论罪，科刑重于一般的杀人罪。[5] 家庭内以权力为基础的暴力逐渐被禁止，家庭成员的主体性逐渐发觉。正如有学者所说："在罗马，历史始终朝着这样的方向演进：家父权不断遭到限制，最终缩小在一个极其狭小的范围之内。与之相适应的，是家子地位的改善，直至有愈来愈多的'个人'出现"。[6]

（二）主体性的确立——一种初步的正义

自罗马法始，人的这种独立性、主体性不断被发掘、深化。基督教在中世纪的广泛传播，使得独立主体开始走向平等，因为，即使是奉行人与神间绝对的不平等的基督教教义，也肯认人与人之间的平等。基督教认为，上帝是无差别地把整个人类而不是人类中的某些部分当作她的对象的。[7] 自然法学说的创立使得这种平等观的理性基础得以显现，

〔1〕 周枏：《罗马法原论》，商务印书馆 1994 年版，第 151 页。

〔2〕 周枏：《罗马法原论》，商务印书馆 1994 年版，第 151 页。

〔3〕 ［意］彼德罗·彭梵得：《罗马法教科书》，黄风译，中国政法大学出版社 1992 年版，第 127 页。

〔4〕 ［意］桑德罗·斯奇巴尼选编：《婚姻·家庭和遗产继承》，费安玲译，中国政法大学出版社 2001 年版，第 135 页。

〔5〕 周枏：《罗马法原论》，商务印书馆 1994 年版，第 151 页。

〔6〕 梁治平："个人"，载梁治平：《寻求自然秩序中的和谐》，中国政法大学出版社 2002 年版，第 121 页。

〔7〕 赵文洪："中世纪西欧的平等观念"，载《世界历史》2004 年第 1 期。

根据托马斯·阿奎那（Thomas Aquinas）的自然法理论，上帝赋予人类理性能力。理性的人是独立的人，他们之间是不存在支配与被支配的不平等关系的。教会法中更是明确承认人作为人的这种理性的自由意志。教皇尼古拉斯（Nicolas）曾说："如果双方不能同时同意，不可以缔结婚姻，那种为仍在摇篮中的孩子订婚的行为是一种恶习，这样的婚姻即使双方父母同意，也不能算有效，除非等孩子到一定年龄并懂得是否该同意为止。"[1] 此后，经过罗马法的复兴、文艺复兴、宗教改革、启蒙运动等思想解放运动的洗礼，理性的人开始从神的桎梏中解放出来，人之所以为人，并非因其被上帝赋予理性，而是因其与生俱来的理性。在此基础上，资产阶级革命进一步启发并确立了人的主体性地位。

主体性的确立，意味着主体享有人之为人的所有基本要素的地位的确立，意味着主体间的一种平等关系的确立，理论上也意味着利益主体间"适当的平衡"即正义的达成。但是，实际上，这一主体性确立的过程和结果都存在着一项关键性的缺失，即性别的缺失。无论是在古罗马"罗马家庭"到"自然家庭"的演进过程中，还是在文艺复兴、人文主义的大潮下，无论是在古代、中世纪，还是近代社会，主体性的确立都是以男性作为中心和目标的，女性始终未能逃脱被物化和附属化的命运。柏拉图认为："总的来说，女人劣于男人"[2]。德国哲学家阿图尔·叔本华（Arthur Schopenhauer）亦表示："妇女的天职是服从，这可以由以下事实说明，每一妇女，若处于不合理地位，她便立即会依附某个男人，听其指导和统治。"[3] 在中世纪的家庭生活中，丈夫为一家之主处于特权地位，妻子依附于夫权，服从丈夫。丈夫有权支配和管理妻子的全部财产及其全部收益，妻子被认为是丈夫的私有财产的组成部

---

〔1〕 Emilie Amt ed，"Women's Lives in Medievd Europe：A Source Book"，*New York*，80，1993. 转引自何玲丽："探寻西方婚姻法发展的历史轨迹——以教会法中的无效婚姻制度为视角"，载《理论界》2008 年第 3 期。

〔2〕 叶铭："西方妇女社会地位的历史演变"，载《湖南工业职业技术学院学报》2007年第 3 期。

〔3〕 叶铭："西方妇女社会地位的历史演变"，载《湖南工业职业技术学院学报》2007年第 3 期。

分，必要时可以被出卖。妻子在法律上没有独立的行为能力，未经丈夫允许不能单独缔约和到法庭诉讼。[1]女性主义史学家凯利加多尔（Kellykador）更是尖锐地指出：在文艺复兴时期，当男性随着资本主义的发展而增加一个机会时，相对地就使女性丧失她们在封建制度下享有的一份实际权力。[2] 1800 年前后，主流的观点是："妇女的位置是在家中，和她的孩子们在一起，这是她本性的结果。男人的位置则是在户外世界。……被动消极和感情外露被归于妇女，理性和积极则归于男士。"[3] 即便是在《人权宣言》中自豪地宣称：人生来是自由平等的，《法国民法典》还是规定妻子应当服从丈夫，原则上妻子没有行为能力。[4]

主体性确立过程中的性别盲点，直接导致了在制度构建中对女性的忽视。法律制度、家庭制度均以男性为标准、以男性的视角进行设置与安排。女性被视为男性的附庸，其诉求得不到反映，其之所以为人的基本要素得不到认可。即使法律明确禁止家庭成员间的暴力，被物化了的女性也难逃暴力的魔掌，进而也无法享受到制度的正义。因此，笔者认为，此一阶段，所谓的正义，仅仅是停留在法律文本上和各式理论中的形式上的初步正义。缺少了社会的重要一级——女性，就无从谈及各利益间"适当平衡"的达成。但不容否认的是，这种主体性的确立，为日后女性主体性的获得提供了范式，这种初步正义，也为防治理念向实质正义的演进提供了基础。

三、禁止针对妇女的家庭暴力——正义观的升级

如果说文艺复兴是一场发现人、肯定人的人文主义运动，那么发端于 19 世纪末 20 世纪初的女权主义运动则是一场发现女性、肯定女性的

---

〔1〕 王松亭："试议中世纪西欧妇女的社会地位"，载《内蒙古民族师院学报（哲学社会科学汉文版）》1991 年第 3 期。

〔2〕 Kelso, *Ruthdoctrine for the Lady of the Renaissance*, Urbana：University of Ilinois Press, 1956, p. 94.

〔3〕 ［奥］迈克尔·米特罗尔、雷因哈德·西德尔：《欧洲家庭史——中世纪至今的父权制到伙伴关系》，赵世玲、赵世瑜、周尚意译，华夏出版社 1987 年版，第 117 页。

〔4〕 何勤华主编：《外国法制史》，法律出版社 2003 年版，第 177 页。

革命。这场运动的成果之一就是引发了国际社会对针对妇女的家庭暴力的关注。

（一）女性主体性的发现——社会性别理论的贡献

女权运动者的初衷是：自然、法律和造物者对人都是公平的，无论是男性还是女性。妇女在生活、自由和对幸福的追求上具有和男子相同的权利。对于女性被物化、客体化的不平等的社会制度与现实，西蒙·德·波伏娃（Simone de Beauvoir）进行了极为深刻的剖析，她指出："一个女人之所以为女人，与其说是天生的，不如说是'形成'的。没有任何生理上、心理上或经济上的生命，能决断女人在社会中的地位，而是人类文化整体，产生出这居于男性与无性中的所谓'女性'。"[1]因此，女性的一切所谓软弱、服从等"劣性"的特点，都是为不平等的社会制度所强加的，女性的主体性，也因这种制度而被剥夺。正如斯威斯特（Siweisite）所说："男性和女性在身体特征上只有细微差别，他们在政治化过程中才形成了不同的主体身份，这种身份通过劳动分工、个性形成、地位的分派、权力的分配不断得以强化，女性地位的非自主性只是不平等的男权社会的政治文化标志。"[2]

由此，女性作为社会制度的主体，有着与男性同样的正当性、伦理性基础。女性本就是社会主体之一极，只是由于不平等的社会环境和制度的压制，其主体性一直以来得不到肯认。一个奉行平等、力求实现正义的社会理应纠正此种不平等的现状，给予女性应有的社会地位和法律地位。

（二）禁止针对妇女的家庭暴力——一种全面的正义

以女性的物化和客体化为特征的不平等的男权社会是滋生针对女性的暴力尤其是家庭暴力的制度温床。1989年，英国内政部通过对青少年男女社会化方式的分析指出，青少年的社会化模式是以灌输传统的性别角色为定向的，这种传统的社会化灌输模式甚至这样教育孩子们：在

---

〔1〕 ［法］西蒙·波伏娃：《第二性》，舒小菲译，西苑出版社 2009 年版。

〔2〕 周平安：《性别与法律：性别平等的法律进路》，法律出版社 2007 年版，第 19 页。

一定情况下，暴力行为是正常的和可以接受的。[1]根据世界银行的统计，20 世纪全世界有 25%～50%的妇女都受到过与其关系密切者的身体虐待。联合国妇女发展基金的调查显示，全世界每 3 名妇女中，至少有 1 名在她一生中经历过基于性别的暴力。[2]据调查，在英国，有 90%～97%的暴力行为都是由男人以女人为对象施予的；[3] 在法国，95%的暴力受害者为女性，其中 51%是遭受配偶的暴力；1987 年，加拿大被谋杀妇女中有 62%是死于亲属或亲密伴侣之手；[4]在中国，根据全国妇联 2004 年的调查，在 2.7 亿个中国家庭中，30%存在家庭暴力，受害者 85%以上都是妇女；2007 年发布的一项针对农村家庭暴力问题的调查表明，农村女性遭受家庭暴力的比例达 67.9%；[5] 江苏省妇联曾对南通监狱进行过一次调查，在收回的 513 份有效问卷中，237 个家庭中存在家庭暴力，其中有 160 个是丈夫对妻子的暴力。[6] 可见，针对女性的家庭暴力并非简单的个案暴力，而是以不平等的社会制度为基础的全面的制度性暴力。

马克思（Karl Marx）在《1844 年经济学——哲学手稿》中说："人和人之间的直接的、自然的、必然的关系是男女之间的关系……从这种关系可以判断人的整个教养程度"。套用这一标准，男性对女性的暴力就是对男性群体的教养的否定，更进一步的，针对女性的男权社会

〔1〕 依芙林·吉兰："走尊重之路"，载中国法学会、英国文化委员会、中国法学会法学婚姻研究会、中国人民大学婚姻家庭研究所编著：《防治家庭暴力研究》，群众出版社 2000 年版，第 176 页。

〔2〕 "联合国妇女发展基金：中国 35%婚姻中存在暴力"，载《中国反对家庭暴力网络通讯》2008 年 4 月，第 32 页。

〔3〕 亚伯拉罕 1994 年的相关著述及 1998 年《英国犯罪调查》，转引自玛丽安·海斯特："家庭暴力，英国调研概览"，载中国法学会、英国文化委员会、中国法学会法学婚姻研究会、中国人民大学婚姻家庭研究所编著：《防治家庭暴力研究》，群众出版社 2000 年版，第 46 页。

〔4〕 黄列："两种反对家庭暴力战略评析"，载荣维毅、宋美娅主编：《反对针对妇女的家庭暴力——中国的理论与实践》，中国社会科学出版社 2002 年版，第 119 页。

〔5〕 陈苇等："我国农村家庭暴力调查研究——以对农村妇女的家庭暴力为主要分析对象"，载《法商研究》2007 年第 6 期。

〔6〕 中央电视台《今日说法》栏目组编：《聚焦婚姻》，中国人民公安大学出版社 2002 年版。

的制度性暴力就是对整个社会本身文明教养的否定。联合国秘书长潘基文指出："暴力侵害妇女的行为仍然是当今最可憎、最普遍、最常见的践踏人权行为之一，是对所有妇女的威胁，阻碍所有社会促进发展、和平和两性平等的一切努力。"[1] 由此，改变男权社会的不平等现状，反对针对女性的暴力，支持女性主体性的自我享有，从而实现全面的、为男女两性所共享的正义是人类社会文明进步的现实需要。

1979 年联合国大会通过《消除对妇女一切形式歧视公约》，认为歧视妇女是违背妇女人格尊严的行为，对妇女全面发挥潜力构成障碍。1985 年联合国第三次妇女大会报告文件《内罗毕前瞻性战略》明确地提出：针对妇女的暴力是妇女生活的最大障碍[2]。1992 年，消除对妇女歧视委员会通过了第 19 号一般性建议，明确地将性别暴力界定为针对妇女的、由于她是女性而实施的，或不合比例地影响到妇女的暴力。这是国际社会第一次以公约的形式禁止针对妇女的暴力，包括家庭暴力。1993 年，维也纳第二次世界人权大会的最终文件《维也纳宣言和行动纲领》更是将妇女权利视为普遍的人权不可剥夺和不可分割的组成部分，对妇女的侵犯构成侵犯人权法。1995 年第四次世界妇女大会通过《北京行动纲领》，确认"针对妇女的暴力侵犯了和伤害了妇女的基本人权和基本自由"。可以说，这是对女性主体性地位在国际法层面上的肯定和保护。

在国家法律层面，针对妇女的暴力也在逐步被禁止。1994 年，美国颁布了关于家庭暴力的《示范法典》，大多数州都采用了这一法典，家庭暴力行为和违反家庭暴力保护令的行为被认为是犯罪；新加坡政府于 1997 年通过《妇女宪章修正法令》，将家庭暴力问题首次写入宪章，对其定义与处罚规定做了明确阐述。南非于 1998 年颁布《反家庭暴力法》，该法指出将采用各种方法以确保国家的相关机构能对其条款予以

---

[1] "联合国秘书长潘基文在第九个消除暴力侵害妇女行为国际日致辞"，载《中国反对家庭暴力网络通讯》2008 年 4 月。

[2] [美] 凯利·D. 阿斯金、多萝安·M. 科尼格编：《妇女与国际人权法·第 1 卷，妇女的人权问题概述》，黄列、朱晓青译，生活·读书·新知三联书店 2007 年版，第 257 页。

完全意义的实施，这表明国家已经承诺为消除家庭暴力而努力。日本于2001年4月制定了《防止来自配偶者的暴力以及保护受害者的法律》；此外，韩国、马来西亚、意大利等国也分别制定了反对家庭暴力的专门法律或在民法、刑法等基本部门法中增加有关反对家庭暴力的条款和规定。

以法律形式禁止对妇女的家庭暴力，代表着社会已经开始发现并肯定女性的社会主体地位。这不单是为女性脱离暴力的魔爪提供可能，更是社会制度由压迫、不平等走向自由、正义的自我救赎。自此，人类社会的反暴力活动由单极的形式上正义转向以全人类包括女性在内的全面的正义。

四、反家暴行动的拓展——正义观念的深化

在实现法律制度上的转向后，反对家庭暴力的行动也随之展开，并向纵深发展。同时，家庭暴力的防治理念也得到进一步的深化和升级，人（包括女性）的主体性内容得到进一步的发掘和丰富，正义理念向着更为现实和深刻的方向迈进。

第一，在反对身体暴力的同时，精神暴力、经济控制等其他暴力形式开始被关注。人们意识到，这些暴力形式给受害人带来的伤害不亚于身体暴力所带来的伤害。人作为社会的存在，不仅需要物质形式的生存，更需要精神世界的享受和自身的发展。因此，情感、自由等抽象的精神因素亦是人之主体性的重要内容。精神暴力、经济控制是超越身体暴力的对主体性的剥夺手段，当那些精神性的主体性因素被发现和认可，此类暴力形式就应当被禁止。联合国消除对妇女歧视委员会1992年作出的"第19号一般性建议：对妇女的暴力行为"第23条就明确将精神暴力和经济控制列为对妇女的暴力形式[1]。

第二，保护令等一系列可操作性的措施开始为各国反家暴立法所采用。单纯的法律文本上的禁止性规定无法直接起到具体的防治效果，要

---

〔1〕 根据该条规定，针对妇女的暴力包括殴打、强奸、其他形式的性攻击、精神方面的暴力以及由于传统观念而长期存在的其他形式的暴力。因缺乏经济独立，许多妇女被迫处在暴力关系中，男子不承担其家庭责任的行为，也是一种形式的暴力和胁迫。

实现禁止暴力的目的，实现制度的实质正义，就需施以具体的措施。保护令制度是 20 世纪末英美法系国家专门为防止和制裁家庭暴力而设立的一项法律制裁和救济制度。民事保护令内容涉及被害人的人身安全、自由、财产使用、子女监护、抚养费的支付等多方面。目前，美国、英国、意大利、中国台湾地区等许多国家和地区都采用此种方式作为防治家庭暴力的主要手段。

第三，更为强调国家责任。既然国家是社会资源最大的掌控者，是社会制度转型和升级的最直接的推手，那么国家就有义务和责任对暴力行为采取措施。除反家暴的立法工作外，国家还应承担起对受害人援助的责任。由联合国秘书长发起的"团结起来，制止针对妇女暴力行为"要求各国必须履行承诺，防止暴力，将肇事者绳之以法，并向受害者提供补救措施[1]。目前，国家对受害人的补救措施，主要体现在设立或支持设立家庭暴力受害者援助中心和庇护所等保护机构。日本在《防止来自配偶者的暴力以及保护受害者的法律》中规定设立配偶暴力咨询援助中心；加拿大在对暴力者的改造活动中提供干预性咨询；丹麦的庇护机构全部是由州政府资助；挪威一半由中央政府资助，一半由州政府提供；瑞典的大部分来自政府，不足部分由社会募集；马来西亚是政府提供一部分，其他由国际基金及社会热心人士捐赠；美国的避难所也多由政府拨款[2]。

以上措施，一方面使人的不断丰富的主体性内容被认可和保护，另一方面又使得暴力受害者能够得到及时的救助与补偿。不难推知，家庭暴力的防治理念正由抽象正义走向具体正义，毕竟，为人类所切实享有的正义才是真正的正义。

---

〔1〕 "联合国秘书长潘基文在消除对妇女的暴力行为国际日致辞"，载《中国反对家庭暴力网络通讯》2008 年 12 月。

〔2〕 "妇女庇护所 如何不再飘摇"，载《北京青年报》2003 年 6 月 23 日。

4.5 中国反对家庭暴力立法进程及其发展分析*

夏吟兰

　　1995年在北京召开的第四次世界妇女大会拉开了中国反家暴立法的帷幕，开启了反家暴立法的航程。1995年之前，在中国的法律术语里没有家庭暴力，《刑法》《民法通则》《婚姻法》《继承法》等相关法律中只有对虐待、遗弃、侮辱、伤害、杀害等行为的规定，而没有家庭暴力，当然更没有针对家庭暴力的任何救助手段。父母打孩子，丈夫打妻子是司空见惯的家庭私事，"清官难断家务事"的观念被社会普遍认同。1995年第四次世界妇女大会所达成的《北京宣言》《行动纲领》在联合国通过的《消除对妇女一切形式歧视公约》的基础上强调和重申了国际社会反对家庭暴力的态度和决心，家庭暴力问题在中国开始引起关注，学术界从翻译介绍国际公约，国外、境外的反对家庭暴力立法和研究成果开始，对中国家庭暴力的现状、防治家庭暴力的理念、干预家庭暴力的方式和手段进行了持续不断地深入研究，取得了卓有成效的研究成果，并推动了中国反对家庭暴力立法的进程。

一、国际公约的发展及对中国反对家庭暴力立法的影响

　　家庭暴力在世界各国普遍存在，而基于性别的针对妇女的暴力则是广泛存在的社会现象。根据世界银行的统计，20世纪全世界有25%～50%的妇女都受到过与其关系密切者的身体虐待。联合国妇女发展基金

---

　　* 本文发表于《社会工作》2010年第8期上半月，第5~9页。

的调查显示，全世界每三名妇女中，至少有一名在她一生中经历过基于性别的暴力[1]。在英国，有90%～97%的绝大多数暴力行为都是由男人以女人为对象实施的[2]；在法国，95%的暴力受害者为女性，其中51%是遭受配偶的暴力；1987年，加拿大被谋杀妇女中有62%是死于亲属或亲密伙伴之手[3]；可见，针对女性的家庭暴力并非简单的个案暴力，而是以不平等的社会制度为基础的全面的制度性暴力。

联合国针对这种制度性的男权文化下的暴力行为从保护妇女人权的高度通过了一系列的国际公约与联合国文件，消除对妇女的家庭暴力已经成为国际社会共同的行动目标。

1979年12月联合国大会通过《消除对妇女一切形式的歧视公约》（以下简称《消歧公约》），认为歧视妇女是违背妇女人格尊严的行为，对妇女全面发挥潜力构成障碍。该公约要求各国必须采取措施，尊重、保护和履行妇女的平等权利。各国有义务确保法律中不存在任何对妇女直接或间接的歧视，并确保妇女免遭歧视。国家有责任通过有效的政策和方案提高妇女的实质地位，解决法律、社会结构、机构以及个人行为中普遍存在的性别不平等和根深蒂固的陈规陋习。为消除对妇女的歧视，该公约第3条规定缔约国负有"在所有领域，特别是在政治、社会、经济、文化领域，采取一切适当措施，包括制定法律，保证妇女得到充分发展和进步，其目的是为确保证她们在与男子平等的基础上，行使和享有人权和基本自由"。《消除对妇女一切形式歧视公约》是关于妇女人权的最重要国际文件。它确立了对妇女歧视的规范和标准，以及实质性平等和国家义务。

作为国际妇女权利法案，《消歧公约》为妇女的国际人权保护提供

---

〔1〕 "联合国妇女发展基金：中国35%婚姻中存在暴力"，载《中国反对家庭暴力网络通讯》2008年4月，第32页。

〔2〕 亚伯拉罕1994年的相关著述及1998年《英国犯罪调查》，转引自玛丽安·海斯特："家庭暴力，英国调研概览"，载中国法学会、英国文化委员会、中国法学会法学婚姻研究会、中国人民大学婚姻家庭研究所编著：《防治家庭暴力研究》，群众出版社2000年版，第46页。

〔3〕 黄列："两种反对家庭暴力战略评析"，载荣维毅、宋美娅主编：《反对针对妇女的家庭暴力——中国的理论与实践》，中国社会科学出版社2002年版，第119页。

了必要的、充分的法律依据[1]。但《消歧公约》限于当时的历史背景，未提及对妇女的家庭暴力问题。家庭暴力仍被认为是家庭内部的事务，因而得到了社会特别是各国政府有选择的容忍[2]。

1985 年在内罗毕召开的联合国第三次世界妇女大会所形成的联合国文件《内罗毕前瞻性战略》中，第一次明确地提出：针对妇女的暴力是妇女生活的最大障碍。将对妇女的暴力认定为和平的一个主要障碍。

1992 年 1 月，"消除对妇女歧视委员会"通过了执行消歧公约的第 19 号一般性建议，正式扩大了对性别歧视的一般禁止范围，将基于性别的暴力包括在内，明确地将性别暴力界定为针对妇女的、由于她是女性而实施的，或不合比例地影响到妇女的暴力。并在第 23 条中指出："家庭暴力是对女性的最有害的暴力形式之一，它在所有的社会都普遍存在"。这是国际社会第一次以公约的形式禁止针对妇女的暴力包括家庭暴力。

1993 年，维也纳第二次世界人权大会的最终文件《维也纳宣言和行动纲领》更是将妇女权利视为普遍的人权不可剥夺和不可分割的组成部分，妇女人权应该成为联合国人权活动中一个组成部分，包括促进有关妇女的所有人权文书。这个纲领确定了妇女人权在人权中的地位和意义，标志着妇女人权概念正式受到国际社会的承认和接受。之后，联合国召开的人权会议都重申了妇女人权是普遍人权中不可剥夺、不可分割的一个组成部分的原则立场。

1993 年 12 月 20 日，联合国大会通过了第 48/104 号决议《消除对妇女暴力宣言》，明确将家庭暴力定义为：在家庭内发生的身心方面和性方面的暴力行为，包括殴打、家庭中对女童的性凌虐、因嫁妆引起的暴力行为、配偶强奸、阴蒂割除和其他有害于妇女的传统习俗、非配偶的暴力行为和与剥削有关的暴力行为。要求缔约各国通过对家庭暴力予

---

〔1〕 白桂梅等编著：《国际法上的人权》，北京大学出版社 1996 年版，第 133 页。

〔2〕 ［加］丽贝卡·J. 库克编著：《妇女的人权：国家和国际的视角》，黄列译，中国社会科学出版社 2001 年版，第 591 页。

以谴责，制定相关法律法规及采取拨款、教育、培训、研究等各项措施，以确保消除对妇女的家庭暴力行为。

1995 年第四次世界妇女大会通过的《行动纲领》，确认"针对妇女的暴力侵犯了和伤害了妇女的基本人权和基本自由"，"对妇女的暴力行为一语是指公共生活或私人生活中发生的基于性别原因的任何暴力行为。这种暴力行为造成或可能造成妇女受到身心或性方面的伤害或痛苦，也包括威胁采用此种行为，胁迫或任意剥夺自由"。《行动纲领》将私生活领域的家庭暴力纳入基于性别的暴力之中，指出，妇女的社会和经济地位低下既可以是对妇女的暴力行为的起因，也可以是其后果。各国政府和其他行动者在处理对妇女的暴力行为问题时，应推行将性别观点纳入所有政策和方案的积极和明显的政策，以便在作出决定之前，可以就各项政策和方案对男女的影响分别进行分析。《行动纲领》将消除家庭暴力作为提高妇女地位 12 个关切领域之一，作为观察改善妇女人权状况的一个重要内容。[1]

联合国通过这一系列的国际公约和联合国文件明确了妇女问题是人权问题，针对妇女的家庭暴力是侵害妇女人权的社会问题，而不是私人问题、家庭事务。经过联合国及其相关机构十几年的努力，国家和政府有责任采取一切措施预防和制止家庭暴力的观念逐渐成为国际社会的共识和共同遵守的基本准则。中国作为联合国《消歧公约》的签署国，《北京宣言》《行动纲领》的发起国和签署国，作为国际社会负责任的最大的发展中国家，负有消除家庭暴力，保护妇女人权的国际义务和国家责任。正是基于国家责任，1992 年颁布的《中华人民共和国妇女权益保障法》全面系统地规定了保护妇女的政治权利、文化教育权益、劳动权益、财产权益、人身权益以及婚姻家庭权益六大基本权益；2001 年颁布的《中华人民共和国婚姻法（修正案）》第一次在基本法层面规定"禁止家庭暴力"；2005 年颁布的《中华人民共和国妇女权益保障法（修正案）》明确"禁止对妇女实施家庭暴力"，并规定了公安、民

---

〔1〕 上述国际公约和联合国文件引自联合国相关出版物及陈明侠等主编：《家庭暴力防治法基础性建构研究》，中国社会科学出版社 2005 年版，第 346~395 页。

政、司法等部门和组织的反对家庭暴力职责。婚姻法和妇女法的规定进一步影响了中国的相关立法、司法解释以及地方立法。可以说，国际公约和联合国文件中有关反对针对妇女暴力的各项原则和有关禁止家庭暴力的各项规定影响和推动了中国反对家庭暴力立法规范的出台及其进一步的发展。

二、中国反对家庭暴力立法之进路

地方立法推动国家立法，国家立法进一步指导地方立法是自 1995 年第四次世界妇女大会之后中国反对家庭暴力立法进程的真实写照。

中国反对家庭暴力立法始自地方立法。1996 年，湖南省长沙市通过中国第一个反对家庭暴力的地方性政策《关于预防和制止家庭暴力的若干规定》，2000 年 3 月湖南省人大常委会通过了中国第一部反对家庭暴力的地方性法规《关于预防和制止家庭暴力行为的决议》，对家庭暴力的定义、公安机关、检察机关、人民法院制止家庭暴力的职责、政策及有关组织、社会团体的职责作了规定。"家庭暴力"第一次写进立法中，成为法律术语。

2001 年 4 月 28 日修订的《中华人民共和国婚姻法》（以下简称《婚姻法》）第一次在基本法层面上明确规定禁止家庭暴力，规定了对家庭暴力的救助措施和对施暴者的行政处罚。家庭暴力受害人可以请求其居住地的居民委员会、村民委员会或其所在单位进行劝阻、调解，对于正在实施的家庭暴力公安机关应当出面制止。受害人可以请求公安机关依法对施暴人进行行政处罚。对实施家庭暴力或虐待遗弃家庭成员构成犯罪的，依法追究其刑事责任。此外，实施家庭暴力还是判决准予离婚的法定情形之一。受害人可以遭受家庭暴力为由提起离婚之诉，解除双方的夫妻关系，同时还可以一并提出损害赔偿的请求，即通过离婚损害赔偿制度使家庭暴力的受害者解除婚姻关系，脱离暴力环境并因曾经受到的家庭暴力而获得经济赔偿。为了贯彻实施 2001 年婚姻法修正案，最高人民法院在 2001 年 12 月 24 日发布的《关于适用〈中华人民共和国婚姻法〉若干问题的解释（一）》中对家庭暴力进行了较为明确的界定：家庭暴力是指行为人以殴打、捆绑、残害、强行限制人身自由或者其他手段，给其家庭成员的身体、精神等方面造成一定伤害后果的行为。就反对家庭暴力立法而言，2001 年修订的《婚姻法》有重大突破，是反对家庭暴力立法的里程碑，具有标志性的意义。从此，家庭暴力成为国家法律禁止的行为，使得反对家庭暴力立法在相关法律法规中得到进一步的深化和发展。

2005 年 8 月 28 日修订的《妇女权益保障法》在婚姻家庭权益中明确规定禁止对妇女实施家庭暴力，规定了多机构合作预防和制止家庭暴力的干预模式，"国家采取措施，预防和制止家庭暴力。公安、民政、司法行政等部门以及城乡基层群众性自治组织、社会团体，应当在各自职责的范围内制止家庭暴力，依法为受害妇女提供救助"。多机构合作的模式为公安、民政、司法行政等政府部门干预家庭暴力提供了直接的法律依据，并且规定受害妇女有权向公安机关提出行政处分的请求，也可以向人民法院提起民事诉讼。2006 年 12 月 19 日修订的《未成年人保护法》也明确规定了"禁止对未成年人实施家庭暴力"，以保障未成年人在家庭关系中人身权益的实现，全面保护未成年人的身心健康。

2008 年 3 月，最高人民法院中国应用法学研究所发布了法官办案的参考性指南《涉及家庭暴力案件审理指南》（以下简称指南），指南作为一本指导法官审理家庭暴力案件的专业资源手册，对家庭暴力的理论、审理家庭暴力案件的原则和要求、人身安全保护措施、证据、财产分割、子女抚养和探视、调解等问题进行了全面系统地阐述，提出了适合审理家庭暴力的规范性要求，并在全国选择了 9 个基层法院作为指南的试点法院，在审理离婚案件中，试点法院根据指南发布了人身安全保护令，及时地制止了家庭暴力，保护了家庭暴力的受害者，指南的试行取得了良好的效果，现正在逐步推广。

2008 年 7 月 31 日，全国妇联联合中宣部、最高人民检察院、公安部、民政部、司法部和卫生部，下发了《关于预防和制止家庭暴力的若干意见》（以下简称七部委意见），对各地各部门开展预防和制止家庭暴力工作做出了统一的规范性指导。七部委意见按照反对家庭暴力工作中的预防、介入、制止、惩处、救助、服务的顺序，分别对宣传部门、司法行政部门、公安机关、检察院、卫生部门、民政部门和妇女的职责进行了规定，并在工作原则、经费和机制保障以及加大反对家庭暴力宣传和业务培训方面提出了要求，对家庭暴力构建起事前预防、事中干预、事后救助的工作格局。七部委意见对于推动中国的反对家庭暴力工作，推动中国出台统一的专门性的家庭暴力防治法迈出了重要的关键性的一步。[1]

在国家立法的指导下，2001 年之后许多省相继根据本省本地区的具体情况制定了专门的预防和制止家庭暴力的地方性法规和规范性文件，这些地方性法规和规范性文件按照反对家庭暴力工作开展的顺序，对宣传教育、基层调解、逮捕起诉、法院审判、救助庇护、法律责任等方面，分部门和责任主体进行规定，在明确职能部门责任、构建反对家庭暴力工作机制方面做出了有益的尝试，取得了一定的实际效果。目前，我国共有 27 个省、直辖市、自治区出台了专门的预防和制止家庭暴力的地方法规和规范性文件。[2]

三、制定全国性的专门的家庭暴力防治法势在必行

尽管中国的反对家庭暴力立法从国家到地方已经取得了重大进展，但与禁止家庭暴力有关的基本法的规定仍然过于原则，缺乏体系化和可操作性，而地方性法规的位阶过低，其规定无法超越上位法，在反对家庭暴力的司法实践中存在着取证难，认定难，救助难，追究法律责任更难的困境。因此，应当制定全国性的专门的预防和制止家庭暴力法，明确界定家庭暴力的定义、范围，建立多元化的社会干预机制和家庭暴力防治体系，确立民事保护令制度，制定有利于保护受害者的证据规则，合理分担证据责任，构建系统的家庭暴力法律责任体系。

（一）制定家庭暴力防治法的必要性

家庭暴力普遍存在，侵害受暴者的基本人权，有效规制家庭暴力亟

---

〔1〕 张彦红："妇联组织在反对家庭暴力工作中的角色和作用"，载《反对针对妇女的歧视与暴力：跨学科视角国际研讨会会议手册》，第 176 页。
〔2〕 刘延东：《我国反家暴地方法评述》，载《反对针对妇女的歧视与暴力：跨学科视角国际研讨会会议手册》，第 184 页。

待制定全国性的专门的家庭暴力防治法。调查显示，我国的家庭暴力发生率高达 29.7%~35.7%，且受害人多为妇女、儿童和老人。2004 年~2008 年间，我国妇联系统受理的家庭暴力投诉年均达 4 万~5 万件，占全部投诉的 1/10，并且仍有增长的趋势。2007 年的一项对 31 个省市农村家庭暴力现状的调查显示，农村家庭暴力现象依然严重，有 62.02% 的被调查者表示，近两年来在其所在居住地的村发生过家庭暴力。[1] 家庭暴力不仅侵犯了公民的基本人权，使受害人的身、心、性遭受摧残；还严重威胁着社会肌体的基本细胞——家庭的和睦安宁；甚至还影响到孩子、邻居等更多的人或工作场所、社区等更大的环境，严重危害着社会的和谐稳定。家庭暴力的危害也不仅局限于暴力发生之际，还往往蔓延导致受害人自杀或者以暴制暴、目睹儿童成为潜在施暴者，使暴力手段代际传递。家庭暴力已经成为破坏家庭和社会稳定，影响社会和谐发展的严重问题。因此，为有效规制家庭暴力，保障公民基本人权，维护家庭稳定，促进社会和谐，亟需制定家庭暴力防治法。

现行法律法规难以有效应对家庭暴力，制定基本法层面的统一的家庭暴力防治法迫在眉睫。目前，我国宪法及婚姻法、妇女权益保障法等明确禁止家庭暴力，全国 27 个省、市、自治区出台了相应的地方性法规，2008 年中央宣传部、最高人民检察院、公安部、民政部、司法部、卫生部、全国妇联联合制定了《关于预防和制止家庭暴力的若干意见》，上述法律法规对遏制家庭暴力起到了重要作用，但仍存在以下问题：其一，缺乏全面禁止家庭暴力的全国性专门立法，已有的相关规定散见于不同的法律法规之中，相互之间缺乏衔接，体例不够系统、规范，内容不够周延、完整；其二，现行法律法规的规定过于抽象笼统，存在立法空白，缺乏可操作性，难以在审判实践中被切实遵从；其三，部门规章和地方性法规法律位阶较低，对于法律程序、举证责任、救助措施等基本法层面的现有规定难以有实质性的突破；其四，现有规范侧重于事后惩治，对正在实施的家庭暴力和持续发生的暴力行为欠缺及

---

〔1〕 数据引自陈苇、倪丹："我国农村家庭暴力调查实证研究"，载夏吟兰、龙翼飞、张学军主编：《婚姻法学专题研究（2007 卷）》，中国人民公安大学出版社 2008 年版。

时、有效的事先干预和防范。为此，制定全国性家庭暴力防治法，是有效应对家庭暴力，解决现行法律不完善、相互不衔接、内容不周延等法律局限性的迫切需要。

我国的现行立法与国际社会反对家庭暴力立法的现状尚有较大差距，制定家庭暴力防治法是国际社会强化对弱者利益保护立法的大势所趋。1995 年第四次世界妇女大会通过的《北京宣言》和《行动纲领》强调和重申了国际社会反对家庭暴力的决心和态度。目前，《消除对妇女暴力宣言》等一系列国际公约明确禁止包括家庭暴力在内的一切形式的暴力，世界上已有 60 个国家制定了专门的家庭暴力防治法，7 个国家制定了反对性别暴力专门法，专门立法规制家庭暴力已成为国际发展趋势。因此，我国制定专门的家庭暴力防治法，是强化对弱者利益保护，融入法律昌明的国际发展潮流、进一步提升国际形象的现实需要，乃大势所趋。

（二）制定家庭暴力防治法的可行性

现有的立法及司法实践为家庭暴力防治法的制定提供了立法依据及本土经验。我国宪法及婚姻法、妇女权益保障法等已对禁止家庭暴力作出了原则性规定，为制定专门的家庭暴力防治法提供了法律依据；近年来，全国妇联、公安部、民政部等 7 部门联合颁布了《关于预防和制止家庭暴力的若干意见》以及我国 27 个省、自治区、直辖市出台了预防和制止家庭暴力地方性法规，这些部门规章或地方性法规的出台和实施，为制定专门的家庭暴力防治提供了立法经验；最高人民法院的相关司法解释以及各级法院近 10 年的审判实践则为制定家庭暴力防治法提供了很好地司法实践经验和立法的本土资源。

学术研究及学术活动为家庭暴力防治法的制定提供了理论支撑。

近年来，家庭暴力问题逐步引起中国政府及社会各界的广泛关注，以反对家庭暴力为主题的学术研究空前活跃，学术活动相当频繁，这些学术研究及学术活动有力提升了反家庭暴力理论，深化了反家庭暴力研究，推动了反家庭暴力实践，为预防和制止家庭暴力立法提供了有力的理论支撑。

公众的理解及认同为家庭暴力防治法的制定提供了社会基础。1995年第四次世界妇女大会以来，家庭暴力问题日益受到公众的关注，家庭暴力的危害性日益为公众所了解，家庭暴力应当为立法所全面禁止日益得到公众普遍认可。制定防治家庭暴力的专门法，具有稳固的社会基础。有调查显示，绝大多数被调查者都认为有必要制定一部较为完善的专门规范家庭暴力的单项法律[1]。

国际公约及其国外立法为家庭暴力防治法的制定提供了国际经验与参考。我国签署和参与制定的《消除对妇女一切形式歧视公约》《消除对妇女暴力宣言》《北京宣言》《行动纲领》等国际公约均表示消除对妇女的暴力包括家庭暴力是国家责任，国际社会及其各国据此制定了一系列的相关文件和法律法规。中国作为联合国常务理事国，国际社会负责任的最大的发展中国家，负有保护妇女人权，消除家庭暴力的国际义务和国家责任。目前已有的80多个国家和地区的相关立法为我国家庭暴力防治法的制定提供了具有可借鉴意义的经验与参考。

我国家庭暴力防治法的制定，应当本着科学立法的指导思想，以理论研究和实地调研为基础，在立足中国国情，中国经验、本土资源的基础上，充分借鉴国外的立法经验，注重内容的科学性和具体规定的可操作性，同时还应当充分考虑与现行相关法律的衔接，以避免冲突，最大限度地利用现有法律资源。

《家庭暴力防治法》主要应当包括以下内容：其一，将人权观念和社会性别观念作为立法的主要指导思想，以禁止一切形式的家庭暴力、国家责任和受害人本位为原则；实施教育、矫治与惩罚相结合的全方位的预防和制止家庭暴力的措施。其二，明确界定家庭暴力的概念。包括主体、范围以及行为方式，最大限度地保护家庭暴力的受害者。其三，确立社会干预机制，构筑多元化防治体系和服务网络。其四，设立反家庭暴力专门机构，负责协调多机构合作、多元化干预机制。其五，确立民事保护令制度，强化家庭暴力的事前预防。包括保护令的内容、程序

---

〔1〕 荣维毅、宋美娅主编：《反对针对妇女的家庭暴力》，中国社会科学出版社2002年版，第29页。

以及违反保护令的法律责任。其六，完善证据规则，合理分担证明责任。包括证据的认定、证明标准、举证责任的分配与转移等方面，应适当减轻家庭暴力受害人的举证责任，降低受害人的举证困难。其七，明确法律责任，构建系统的家庭暴力责任体系。家庭暴力的防治是一个综合性、体系化的工程，因而在其责任设置上也必须予以全面、综合的考虑。应当弥补现行法律对于家庭暴力民事救济不足的问题，完善法律责任体系。

4.6 家庭暴力主体及范围分析[*]

夏吟兰

制定家庭暴力防治法的重要内容之一是界定家庭暴力的概念，法律概念应当是"对各种法律事实的概括，并基于此种概括抽象出他们的共同特征而形成的权威型范畴。"[1] 家庭暴力概念中对主体范围的界定，体现了立法者对家庭暴力的认识、定位以及对受暴者的保护范围及保护力度。因此，明确规定家庭暴力主体的范围对于法律适用的范围及其能否达到防治家庭暴力的目的有着重大的意义。

一、我国相关法律法规之回溯

我国现行《婚姻法》及其相关规定对于家庭暴力主体及范围或未明确规定，或规定的语焉不详，界定不清。

2001 年修订的《婚姻法》明确规定禁止家庭暴力，但对何谓家庭暴力未作规定。同年出台的最高人民法院《关于适用〈中华人民共和国婚姻法〉若干问题的解释（一）》（以下简称《婚姻法司法解释（一）》）第 1 条规定："……'家庭暴力'，是指行为人以殴打、捆绑、残害、强行限制人身自由或者其他手段，给其家庭成员的身体、精神等方面造成一定伤害后果的行为……"这一规定将家庭暴力界定为发生在家庭成员之间的引起一定伤害后果的暴力行为，即家庭暴力的主体是家庭成员，但对于家庭成员的范围、构成，司法解释并未作出进一步

---

[*] 本文发表于《妇女研究论丛》2014 年第 5 期，第 48~51 页。

[1] 梁慧星：《民法解释学》，中国政法大学出版社 2000 年版，第 287 页。

的明确规定。

此后，相继修订的《妇女权益保障法》《未成年人保护法》《老年人权益保障法》对禁止家庭暴力均作出了原则性、宣誓性的规定，但对家庭暴力的主体及范围仍未作出明确规定。

对于家庭成员的范围，调整民事法律关系的《民法通则》及调整婚姻家庭法律关系的《婚姻法》亦无明确规定。《民法通则》及其司法解释[1]未规定家庭成员，但对近亲属的范围有明确规定：近亲属包括配偶、父母、子女、兄弟姐妹、祖父母、外祖父母、孙子女、外孙子女。《婚姻法》也未明确对家庭成员作出规定，但在第三章"家庭关系"中规定的相互间有权利义务关系的亲属包括夫妻、父母、子女、祖父母、外祖父母、孙子女、外孙子女、兄弟姐妹。《民法通则》及其司法解释与《婚姻法》规定的近亲属的范围在表述和排序上略有不同，《民法通则》以"配偶"代替《婚姻法》中的"夫妻"，在承担监护责任的排序上兄弟姐妹的排序高于祖父母、外祖父母、孙子女、外孙子女。因此，由于《民法通则》与《婚姻法》的规定不尽一致，且近亲属不等于家庭成员，家庭暴力防治法不能直接适用《民法通则》或《婚姻法》的相关界定。

由于依据现有的法律法规，对家庭暴力主体的范围没有明确的规定，直接导致了司法实践中对家庭暴力认定标准的不一致，执法尺度的不统一，故我国的家庭暴力防治法应当对家庭暴力主体及其范围作出明确规定。

二、外国相关规定之比较

国际社会对于构成家庭暴力主体的范围主要有三种立法例：

第一，限定性规定，将家庭暴力的主体限定为家庭成员，如韩国《惩治家庭暴力专项法案》将家庭暴力定义为：造成家庭成员身体、精神和性伤害的行为。同住家庭成员可以寻求家庭暴力保护：配偶（包括任何法定结婚的人）和任何有配偶关系者；任何是或曾是其或其配偶的

---

[1] 参见《民法通则》第17条，《最高人民法院关于贯彻执行〈中华人民共和国民法通则〉若干问题的意见（试行）》第12条。

直系尊亲属或后代的（包括法定领养、血亲关系）；任何与其继父母有或曾有父母子女关系的，是或曾是其父亲法定配偶的私生子的；任何有直系亲属关系并且共同居住的亲属。[1]

第二，扩大性规定，将家庭暴力的主体从家庭成员扩大至亲密关系，或以亲密关系取代家庭成员；如南非1998年的反家庭暴力法案保护以下关系中的人不遭受家庭暴力：婚姻；同居或曾经同居但并未结婚；同居或曾经同居的同性伴侣；已订婚或约会中，或双方自愿的亲密关系或性关系；通过血缘、婚姻或领养联系起来的家庭成员，以及同住一个屋檐下的人。

第三，延展性规定，将家庭暴力从家庭成员、亲密关系延展至共同生活的照料者或以暴力发生的空间或事实来判定。如印度尼西亚《关于消除家庭暴力的法律》（2004年第23号法律）将家庭暴力延展至家庭雇工。[2] 2006年巴西"Maria da Penha"女权保护法第5条包括了在"家庭单位"中实施的暴力，即在共享的永久性空间中犯下的暴力，无论是否有家庭纽带。[3]

从上述规定可以看出，外国反家暴法对家庭暴力主体的界定有从亲缘关系逐渐扩大延展的趋势。首先，各国家庭暴力主体的范围仍然以亲缘关系为主，即以婚姻关系、血亲关系、姻亲关系为中心。其次，同居关系、伴侣关系已被一些国家视为家庭暴力的重要关系，纳入反家暴法中。最后，各国的亲属关系、亲密关系已不再局限于当下，前配偶、前同居者、前伴侣等均已扩大至家庭暴力的主体之中。而对于雇佣的照料者是否纳入家庭暴力的主体仍有不同的争议，争议的关键在于家庭雇工能否视为家庭成员，目前有些国家已将他们从家庭暴力的主体中排除。如南非法律明确且特意将业主与租户、家政从业人员与雇主从符合受到

---

〔1〕 陈明侠等主编：《家庭暴力防治法基础性建构研究》，中国社会科学出版社2005年版，第460页。

〔2〕 "反对针对妇女暴力良好立法实践"，载《联合国专家小组会议报告》2008年5月26日，第27页。

〔3〕 夏吟兰主编：《家庭暴力防治法制度性建构研究》，中国社会科学出版社2011年版，第81页。

家庭暴力保护的关系清单中排除。但新西兰的残疾人虐待问题专家则认为，国家家庭暴力法应把雇佣的照料人纳入考虑范围，基于其在残疾人生活的角色和随之而来的虐待风险。因此，遭受虐待的残疾人曾特别主张把雇佣的照料人纳入定义。[1]

三、我国家庭暴力防治法应明确规定家庭暴力的主体及其范围

我国制定反家暴立法时必须明确规定家庭暴力的主体及其范围。确定家庭暴力的主体及其范围应以现行的法律法规为依据、考虑中国国情，并且要顺应社会的发展及国际反家暴立法的趋势。

第一，根据《婚姻法》和《婚姻法司法解释（一）》的规定，应当明确家庭成员是家庭暴力的主体。对于家庭成员的范围应考虑中国的国情及与现有法律规定的衔接，将亲属关系中的具有权利义务关系的亲属作为划定家庭成员范围的基本标准。因为，法律上具有权利义务关系的亲属包括婚姻关系、血亲关系、姻亲关系，他们以爱情或亲情为纽带，大多共同生活，同财共居，或相互间有抚养、扶养、赡养的关系，对他们之间的关系，法律应当给予特殊的保护。根据现行婚姻法的规定，法律上具有权利义务关系的家庭成员包括：夫妻、父母子女、兄弟姐妹、祖孙关系。

第二，要顺应社会的发展及国际反家庭立法的趋势。同居关系、伴侣关系以及离异的配偶、分手的恋人等在中国现有的法律框架下不属于家庭成员，也不受《婚姻法》的调整和保护。但据《国际妇女百科全书》介绍，高达50%的男人在他们的妻子或恋人提出分手或实际分手后，会继续以殴打或其他形式威胁或恐吓她们，迫使她们留在自己身边或回到自己身边，或者对她们的离去进行报复。我国也有相关发现，与配偶暴力相比，恋人和离异配偶间暴力的发生率更高，后果更严重。[2]因为他们之间没有法律的保障，体力强势的一方更可以通过暴力行为胁迫弱势的一方。世界上有越来越多的国家将家庭成员扩大至亲密关系，

---

[1] 联合国多机构支持中国反家暴立法工作组：《联合国〈中国反家庭暴力立法国际经验交流会〉成果技术报告》。

[2] 陈敏：《涉家庭暴力案件审理技能》，人民法院出版社 2013 年版，第 2~3 页。

将同居关系、恋爱关系、伴侣关系以及曾经的配偶关系及其他亲密关系均纳入家庭暴力的主体范围内。更大范围、更全面地保护家庭暴力的各种受害人，有利于对各种形式的家庭暴力进行全方位的预防、救助和制裁。

考虑到中国的国情，与现行法律的衔接以及公众的接受程度，直接将前配偶以及具有或曾经具有恋爱关系、伴侣关系、同居关系者均纳入家庭成员的范围既不符合法律概念的抽象概括原则，不符合我国的法律体系逻辑，也难以被公众所理解与接受。可以考虑将他们之间发生的暴力行为视为家庭暴力，受害人可以申请庇护、法律援助、保护令等各种救助措施，因以暴制暴构成犯罪的可以考虑依法减轻或从轻处罚。

4.7 论我国家庭暴力概念

——以反家庭暴力法（征求意见稿）为分析对象*

夏吟兰

家庭暴力的概念是反家庭暴力法的重要内容之一，是制定反家庭暴力法必须解决的核心问题。家庭暴力概念的内涵主要包括家庭暴力的主体及其范围、构成家庭暴力的行为类型及其具体形式等。法律概念应当是"对各种法律事实的概括，并基于此种概括抽象出他们的共同特征而形成的权威型范畴。"[1] 界定家庭暴力概念，应当是在对涉及此类行为的种种情形及法律事实进行分析概括，抽象出他们的共同特征之后进行提炼的结果。对家庭暴力概念的界定应当具有概括性和确定性，有明确的内涵和外延，同时又要具有包容性和开放性，为反家庭暴力法与其他法律、法规的衔接留有余地，以便发挥法律的整体效应。[2] 家庭暴力概念中对主体范围及其行为类型的界定，体现了立法者对家庭暴力的认识、定位以及对受害者的保护范围及保护力度。2014 年 11 月 25 日，国务院法制办公布了《中华人民共和国反家庭暴力法（征求意见稿）》（以下简称征求意见稿），向社会公开征求意见。本文以征求意见稿中拟定的家庭暴力概念为分析对象，试图通过对我国相关法律法规的梳理，域外法的比较研究，反家庭暴力理念及司法实践的分析，力证我国

---

* 本文发表于《中华女子学院学报》2015 年第 2 期，第 12~19 页。

[1] 梁慧星：《民法解释学》，中国政法大学出版社 2000 年版，第 287 页。

[2] 李明舜："反家庭暴力法应合理界定家庭暴力的概念"，载《妇女研究论丛》2012年第 3 期。

家庭暴力概念对主体范围及其行为类型的界定应当在现有法律法规的基础之上采用概括与列举相结合的方式，明确规定且适当扩大主体范围与行为类型，以达到制止家庭暴力，保护受害人合法权益的立法目的。

一、我国现行法律法规对家庭暴力概念规定之演进

我国现行《婚姻法》没有明确规定家庭暴力的概念，之后颁布的相关法律法规对于家庭暴力的概念或未明确规定，或规定的概念过于狭窄，难以全面涵盖涉及家庭暴力的主体及行为。

2001年修订的《婚姻法》明确规定禁止家庭暴力，将实施家庭暴力作为诉讼离婚中法官认定感情确已破裂准予离婚的法定事由之一，并对因家庭暴力导致离婚的无过错一方规定了损害赔偿等救济措施，但对家庭暴力的概念未作规定。同年出台的最高人民法院《关于适用〈中华人民共和国婚姻法〉若干问题的解释（一）》（以下简称《婚姻法司法解释（一）》）第1条规定："……'家庭暴力'，是指行为人以殴打、捆绑、残害、强行限制人身自由或者其他手段，给其家庭成员的身体、精神等方面造成一定伤害后果的行为。持续性、经常性的家庭暴力，构成虐待。"这一规定将家庭暴力界定为发生在家庭成员之间的身体暴力及因身体暴力所引起的具有一定身体及精神伤害后果的暴力行为。此一概念开创了中国家庭暴力概念之先河，对家庭暴力的主体、行为类型及其表现形式作出了明确规定。但鉴于当时的司法实践及理论研究之限制，家庭暴力的概念狭窄，且对于家庭成员的范围、构成，婚姻法司法解释一也未作出进一步的具体规定。

此后，相继修订的《妇女权益保障法》《未成年人保护法》《老年人权益保障法》《残疾人权益保障法》对禁止家庭暴力均作出了原则性、宣誓性的规定，并进一步规定了对家庭暴力的保护机制，但对家庭暴力的主体范围及其行为类型仍未作出明确规定。

我国各省、市、自治区颁布的反对家庭暴力的地方性法规大多沿用了婚姻法司法解释一的定义。但也有一些地方性法规对构成家庭暴力的概念作出了突破性的规定，有的明确了家庭成员的范围，有的将性暴力作为构成家庭暴力的行为之一。如《海南省预防和制止家庭暴力规定》

中规定了家庭成员的范围："本规定所称的家庭成员是指夫妻、父母（养父母）、子女（养子女），以及有扶养关系或者共同生活的继父母、继子女、祖父母、外祖父母、孙子女、外孙子女和兄弟姐妹等。"《湖南省人民代表大会常务委员会关于预防和制止家庭暴力的决议》中规定："本决议所称家庭暴力，是指发生在家庭成员之间的，以殴打、捆绑、禁闭、残害或者其他手段对家庭成员从身体、精神、性等方面进行伤害和摧残的行为。"福建省政法委等六部门联合下发的《关于福建省预防和制止家庭暴力的意见》中规定："本意见所称家庭暴力是指施暴人以殴打、捆绑、残害、威胁、强行限制人身自由或者其他手段，给家庭其他成员的身体、精神、性权力等方面造成伤害的行为。"当然，地方性法规的法律位阶过低，它对全国性的反家庭暴力立法而言只有先行先试的意义。

近日国务院法制办公布的《中华人民共和国反家庭暴力法（征求意见稿）》第2条规定了家庭暴力的概念："本法所称家庭暴力，是指家庭成员之间实施的身体、精神等方面的侵害。本法所称家庭成员，包括配偶、父母、子女以及其他共同生活的近亲属。具有家庭寄养关系的人员之间的暴力行为，视为家庭暴力。"这一条规定中对家庭暴力概念的界定，是在我国上述法律法规的基础上总结司法实践的经验，经过抽象概括发展而来。笔者认为对家庭暴力概念的界定，不仅应以现行的法律法规为依据、考虑中国国情、本土资源，而且还要顺应社会的发展变化，充分借鉴国外的立法经验及国际反家庭暴力法的发展趋势。

二、家庭暴力概念之比较法分析

国际社会反对家庭暴力始于反对针对妇女的暴力，并逐渐将针对妇女的家庭暴力从一般暴力中区分出来。

1985年在国际层面的两个发展使人们开始关注家庭暴力问题。一个发展是在《内罗毕提高妇女地位前瞻性战略》里认定对妇女的暴力为和平的一个主要障碍；另一个发展则是第七次预防犯罪和犯罪者待遇大会的决议，即家庭暴力往往是掩盖下的虐待，严重破坏妇女的个人和社会的发展，并且违反社会利益。[1]

在 1993 年世界人权大会通过的《维也纳宣言和行动纲领》中首次体现了对妇女的暴力是对人权的侵犯这一理念。同年，联合国大会通过的《消除对妇女暴力行为宣言》进一步指出："在家庭内发生的身心方面和性方面的暴力行为，包括殴打、家庭中对女童的性凌辱、因嫁妆引起的暴力行为、配偶强奸、阴蒂割除和其他有害于妇女的传统习俗、非配偶的暴力行为和与剥削有关的暴力行为。"《消除对妇女暴力行为宣言》认为："对妇女的暴力行为是严酷的社会机制之一，它迫使妇女陷入从属于男子的地位。"[2] 1995 年第四次世界妇女大会的成果文件《行动纲领》以及 2000 年联大特别会议通过的《实施〈北京宣言〉和〈行动纲领〉的进一步行动和倡议》专门列举了对妇女的暴力行为，其中最主要的形式是对妇女的家庭暴力。

1996 年联合国人权委员会第 25 届会议通过了特别报告员拉迪卡·库马拉斯瓦米女士（Radhika Coomaraswamy）起草的《家庭暴力示范立法框架》。这一示范立法框架概述了家庭暴力全面立法的重要元素，为家庭暴力立法提供了宝贵的指导。立法框架确立的家庭暴力的概念为："无论是在家庭内部还是在其他的人际关系中针对妇女施加的暴力都是家庭暴力。"联合国妇女地位委员会于 2013 年 3 月 15 日通过的《消除并阻止对妇女和女童一切形式暴力决定》建议各国"通过制定、强化并执行禁止伴侣间暴力，明确惩罚措施并建立充分保护的法律法规来处理并消除这种暴力行为。"

在国际公约和国际文件的影响下，世界各国各地区大多对于家庭暴力的概念作出了明确的规定。其中，对于主体及其范围的规定主要可归纳为以下三种立法例[3]：

第一，限定性规定，将家庭暴力的主体限定为家庭成员，并将家庭成员的范围限制为列举的法定亲属。如韩国《惩治家庭暴力专项法案》

---

〔1〕 黄列：《家庭暴力从国际到国内的应对》，载《环球法律评论》2002 年春季号。

〔2〕 参见《消除对妇女的暴力宣言》序言，第 6 段。

〔3〕 夏吟兰："家庭暴力概念中的主体范围分析"，载《妇女研究论丛》2014 年第 5 期。

将家庭暴力定义为：造成家庭成员身体、精神和性伤害的行为。同住家庭成员可以寻求家庭暴力保护：配偶（包括任何法定结婚的人）和任何有配偶关系者；任何是或曾是其或其配偶的直系尊亲属或后代的（包括法定领养、血亲关系，此后类同）；任何与其继父母有或曾有父母子女关系的，是或曾是其父亲法定配偶的私生子的；任何有直系亲属关系并且共同居住的亲属。[1] 2001 年该法修订时扩大了家庭成员的范围，将家庭成员的范围修改为：配偶（包括事实婚当事人。以下亦同）或曾为配偶者；自己或配偶的直系卑亲属（包括事实上的养亲子关系。以下亦同）或曾为上述关系者；继父母子女关系或嫡母或庶子关系者，或曾为上述关系者；同住亲属。[2]

第二，扩大性规定，将家庭暴力的主体从家庭成员扩大至亲密关系，或以亲密关系取代家庭成员；如南非 1998 年的《反家庭暴力法案》保护以下关系中的人不遭受家庭暴力：婚姻；同居或曾经同居但并未结婚；同居或曾经同居的同性伴侣；已订婚或约会中，或双方自愿的亲密关系或性关系；通过血缘、婚姻或领养联系起来的家庭成员，以及同住一个屋檐下的人。

第三，延展性规定，将家庭暴力从家庭成员、亲密关系延展至共同生活的照料者，或以暴力发生的空间或事实来判定。如印度尼西亚《关于消除家庭暴力的法律》（2004 年第 23 号法律）将家庭暴力延展至家庭雇工。[3] 该法第 2 条规定的家庭成员包括：丈夫、妻子和孩子；与户主同住，并与第 1 款中的个人因血缘、婚姻，或者因为接受共同哺乳、照看及监护而产生家庭关系的人；与户主同住的家庭成员。[4] 2006 年巴西（Maria da Penha）《女权保护法》第 5 条包括了在"家庭

---

〔1〕 陈明侠等主编：《家庭暴力防治法基础性建构研究》，中国社会科学出版社 2005 年版，第 460 页。

〔2〕 夏吟兰主编：《家庭暴力防治法制度性建构研究》，中国社会科学出版社 2011 年版，第 651 页。

〔3〕 参见联合国：《反对针对妇女暴力立法良好实践——专家小组会议报告》，2008 年。

〔4〕 夏吟兰主编：《家庭暴力防治法制度性建构研究》，中国社会科学出版社 2005 年版，第 750 页。

单位"中实施的暴力，即在共享的永久性空间中犯下的暴力，无论是否有家庭纽带。[1]

从上述规定可以看出，域外反家庭暴力法对家庭暴力主体的界定有从亲缘关系逐渐扩大延展的趋势。首先，各国各地区家庭暴力主体的范围仍然以亲缘关系为主，即以婚姻关系、血亲关系、姻亲关系为中心。其次，同居关系、伴侣关系已被一些国家视为家庭暴力的重要关系，纳入反家庭暴力法中。最后，各国的亲属关系、亲密关系已不再局限于当下，前配偶、前同居者、前伴侣等均已扩大至家庭暴力的主体之中。而对于雇佣的照料者是否纳入家庭暴力的主体仍有不同的争议，争议的关键在于家庭雇工能否视为家庭成员，目前有些国家已将他们从家庭暴力的主体中排除。如南非法律明确且特意将业主与租户、家政从业人员与雇主从符合受到家庭暴力保护的关系清单中排除。但新西兰的残疾人虐待问题专家则认为，国家家庭暴力法应把雇佣的照料人纳入考虑范围，基于其在残疾人生活的角色和随之而来的虐待风险。因此，遭受虐待的残疾人曾特别主张把雇佣的照料人纳入定义。[2] 笔者认为，家庭暴力的主体范围不应包括家政工，家政工不是家庭成员，也不是亲密关系。家政工与雇主之间不具有以控制对方为目的的暴力行为的周期性、反复性以及相互依赖性的特点，且作为受雇者他们受到合同法、劳动法、侵权法、刑法等法律的保护，一旦发生违反合同法、劳动法的规定，或受到暴力侵害的，可以立即解除合同，离开雇主并请求法律保护。而雇主如果遭受家政工的暴力或虐待，也同样可以立即解除劳动合同，并请求法律保护。

三、我国家庭暴力概念中主体范围应适当扩大

我国反家庭暴力法的概念首先必须明确规定家庭暴力的主体及其范围。但征求意见稿中规定的家庭暴力的主体范围偏于狭窄，应适当扩

---

〔1〕　陈明侠等主编：《家庭暴力防治法基础性建构研究》，中国社会科学出版社 2005 年版，第 81 页。

〔2〕　参见联合国多机构支持中国反家暴立法工作组：《中国反家庭暴力立法国际经验交流会成果技术报告》，2014 年。

大。确定家庭暴力概念中的主体及其范围既要考虑法律概念的确定性、包容性，也要考虑法律概念的开放性与先进性。

（一）应当根据婚姻法和婚姻法司法解释一的规定，明确家庭成员是家庭暴力的主体

征求意见稿将家庭成员作为家庭暴力概念中的主体，比较容易被社会理解并接受。对于何谓家庭成员，以及家庭成员的范围，调整民事法律关系的民法通则及调整婚姻家庭法律关系的婚姻法均无明确规定。一般而言，同居一家共同生活的近亲属是家庭成员。[1] 在反家庭暴力法中确定家庭成员的范围应考虑我国的国情及与现行法律规定的衔接，将亲属关系中的近亲属作为划定家庭成员范围的基本标准。

《民法通则》及其司法解释[2]未规定家庭成员，但对近亲属的范围有明确规定：近亲属包括配偶、父母、子女、兄弟姐妹、祖父母、外祖父母、孙子女、外孙子女。《婚姻法》也未明确对家庭成员作出规定，但在第三章"家庭关系"中规定的相互间有权利义务关系的亲属包括夫妻、父母、子女、祖父母、外祖父母、孙子女、外孙子女、兄弟姐妹。尽管《民法通则》及其司法解释与《婚姻法》规定的近亲属的范围在表述和排序上略有不同，但其实质内容是相同的。我国法律规定的具有权利义务关系的近亲属包括婚姻关系、血亲关系、拟制血亲关系，他们以爱情或亲情为纽带，大多共同生活，同财共居，或相互间有抚养、扶养、赡养的关系，对他们之间的关系，法律应当给予特殊的保护。

根据《民法通则》及《婚姻法》的上述规定，法律上具有权利义务关系的近亲属不包括姻亲关系，但笔者认为应将直系姻亲纳入家庭暴力的主体范围。一方面，直系姻亲在亲属法的理论上是亲属关系中的重要组成部分，现代各国大都根据亲属产生的原因，将亲属划分为配偶、血亲和姻亲三类。许多国家的亲属法中对直系姻亲均有明确规定。如

---

〔1〕 巫昌祯主编：《婚姻家庭法新论》，中国政法大学出版社 2002 年版，第 64 页。

〔2〕 参见《民法通则》第 17 条，《最高人民法院关于贯彻执行〈中华人民共和国民法通则〉若干问题的意见（试行）》第 12 条。

《德国民法典》亲属编第1590条规定：配偶一方的血亲与另一方互为姻亲。姻亲关系的系和等，按照使姻亲关系结成的血统关系的系和等定之。即使姻亲关系所由建立的婚姻已解除，姻亲关系也存续。[1] 另一方面，直系姻亲在社会生活中是关系相当密切的亲属。尤其在中国现实的国情下，公婆、岳父母与儿媳、女婿共同生活帮助子女照看孙子女、外孙子女的情形非常普遍，而且因多年的独生子女政策，直系姻亲间的关系更为亲密，互动频繁。在公婆、岳父母年老需要照顾时独生子女的家庭往往需要承担更大的责任。因此，作为家人，无论他们是否共同生活，直系姻亲之间均存在发生家庭暴力的可能性，如果将他们纳入一般的暴力行为，不利于对老年人权利的保护和救助，只有将他们纳入家庭暴力的主体才能更有利于对老年人权益的保护。

征求意见稿中对有权利义务关系的近亲属进行了限缩，除配偶、父母、子女外，其他近亲属之间实施的暴力行为以同居生活为条件，不同居生活的不属于家庭暴力，而属于一般暴力。那些有着婚姻、血缘和姻亲关系，但不共同生活的近亲属，例如不同居一家的儿媳女婿与公婆岳父母、成年已婚单过的兄弟姐妹、不在一家共同生活的祖孙之间发生的暴力，因此被排除在外。显然这一规定既不符合亲属法原理，也不符合社会生活实际。对于家庭成员范围的确定，在现行《婚姻法》修改完善之前，可以参照最高人民法院《关于贯彻执行〈中华人民共和国民法通则〉若干问题的意见（试行）》第12条作出的界定，并适当扩大，在反家庭暴力法中明确列举规定为：配偶、父母、子女、公婆、岳父母、儿媳、女婿、兄弟姐妹、祖父母、外祖父母、孙子女、外孙子女。

（二）要顺应社会的发展变化将同居关系以及前配偶关系纳入反家庭暴力法的主体范围中

同居关系以及前配偶关系在我国现有的法律框架内不属于家庭成员，也不受《婚姻法》的调整和保护。但是，随着社会观念的发展变

---

〔1〕 陈卫佐译：《德国民法典》，法律出版社2006年版，第492页。

化，婚恋观念的发展变化，同居关系目前在我国是比较普遍的现象，不仅有年轻人的"试婚式"同居，也有老年人的"无奈式"同居。据一项全国人口"性"随机抽样调查显示：2000 年试婚或同居者仅占所有未婚者的 6.9%，而 2006 年就上升为 23.1%。据广东省民政厅 2003 年的调查，在全省 1976 万多个家庭中，近 1/10 即 200 万个家庭是由没有办理结婚登记的同居伴侣组建的。[1] 同居也称之为非婚同居，是同居者之间未履行结婚登记程序，持续、稳定的共同生活，并以组织共同生活为目的。[2] 同居虽然没有婚姻的名义，也不是法律意义上的夫妻关系，但却是一种以持续公开的共同居住为基本模式的共同生活关系，在感情、经济以及性等方面形成了相互依赖的生活共同体，其生活的实质内容与婚姻关系几乎是相同的。与恋爱、约会关系相比，同居关系具有公开性和持续性，更易举证。当前，我国虽然还没有调整同居关系的法律，但现实生活中，同居者之间发生的暴力行为是客观存在的，反家庭暴力法不应完全忽视。同时，离婚后的暴力普遍存在，一些家庭暴力受害人离婚之后继续受到前配偶的伤害、跟踪或骚扰，暴力关系并未随着婚姻关系解体而终止。施暴者在离婚后还会有心理优势，并继续以"前配偶"的身份通过实施暴力的方式控制、纠缠对方，在传统观念下这种暴力行为也为社会所容忍。

有立法者认为，有恋爱、同居、前配偶等关系人员之间发生的暴力行为，与一般社会成员之间发生的暴力行为没有实质区别，应由《治安管理处罚法》《刑法》等法律调整。[3] 对此笔者不敢苟同。笔者认为同居关系、前配偶关系者之间发生的暴力行为与一般的暴力行为有重要的区别，而与家庭成员之间发生的暴力行为有共同的特征。

---

〔1〕 我国迄今没有关于非婚同居全国性的调研与数据，这些数据均来自学者或相关机构的调研。参见潘绥铭等：《中国性革命成功的实证——全国成年人口随机抽样调查结果简报，2000 年与 2006 年的对照研究》，万有出版社 2008 年版，第 48 页；王薇：《非婚同居法律制度比较研究》，人民出版社 2009 年版，第 92 页。

〔2〕 罗结珍译：《法国民法典》，北京大学出版社 2010 年版，第 515 页。

〔3〕 关于《中华人民共和国反家庭暴力法（征求意见稿）》的说明，参见《中国妇女报》2014 年 11 月 26 日。

同居关系及前配偶关系与夫妻关系之间暴力行为的共同特征主要体现为双方关系的依赖性、暴力行为的周期性、反复性、隐蔽性且以控制对方为目的。一是双方之间具有依赖性。具有同居关系以及前配偶关系的当事人双方之间正在或曾经共同生活，存在或曾经存在着情感的、经济的、相互扶助的依赖关系。二是此类暴力行为反复发生，具有周期性。具有同居关系以及前配偶关系的当事人之间发生的暴力与婚姻关系当事人之间发生的暴力相同，是反复发生且具有周期性规律的，大多经历了双方关系的紧张期、暴力期和平静期的反复循环。而且此类亲密关系之间的暴力大多发生在居住地或其他相对隐秘的地方，暴力行为具有隐蔽性，外人难以知晓。三是加害人实施暴力行为的动机是为了控制对方。与一般的暴力不同，施暴本身不是目的，而是施暴方为达到控制受害方的目的而采取的手段。殴打的效果不能仅仅被看做是针对受害人身体的实际暴力，还应该包括怎样通过威胁、利用受害人害怕受到伤害的恐惧心理来控制受害人。[1]

鉴于同居关系及前配偶关系与夫妻关系之间发生的暴力行为有共同特征，应当将同居者与前配偶纳入反家庭暴力法的主体范围中。否则，此类亲密关系或曾有亲密关系者之间的暴力行为将不能得到有效遏制。

（三）要考虑与国际反家庭暴力立法的趋势相一致，借鉴国外立法通行的范例

1996 年，联合国经济及社会理事会人权委员会通过的《家庭暴力示范立法框架》，建议各国立法界定家庭暴力时"采用尽可能宽泛的有关家庭暴力行为以及在家庭暴力中的各种关系的定义"。目前，绝大多数国家和地区的反家庭暴力法确定的主体范围既包括亲属关系（婚姻关系、血亲关系、姻亲关系），也包含同居关系、伴侣关系等亲密关系，并且不限于当下的关系，前配偶、前同居者、前伴侣关系也包含其中。更大范围、更全面地保护家庭暴力的各种受害人，有利于对各种形式的家庭暴力进行全方位的预防、救助和制裁。据《国际妇女百科全书》

---

[1]　[美]谢丽斯·克拉马蕾、[澳]戴尔·斯彭德主编：《路特里奇国际妇女百科全书：精选本》，"国际妇女百科全书"课题组译，高等教育出版社 2007 年版，第 216 页。

介绍，高达50%的男人在他们的妻子或恋人提出分手或实际分手后，会继续以殴打或其他形式威胁或恐吓她们，迫使她们留在自己身边或回到自己身边，或者对她们的离去进行报复。我国也有相关资料发现，与配偶暴力相比，恋人和离异配偶间暴力的发生率更高，后果更严重。[1]因为他们之间没有法律的保障，体力强势的一方更可以通过暴力行为胁迫控制弱势的一方。

考虑到我国的国情，与现行法律法规的衔接以及公众的接受程度，难以将所有的恋爱、约会、同居、伴侣等亲密关系均纳入法律调整的范围，直接将同居关系、前配偶关系纳入家庭成员的范围也不可行。因为这不符合法律概念的抽象概括原则，不符合我国的法律体系逻辑，也难以被公众理解与接受。但可以考虑将具有一定确定性且易于举证的同居关系、前配偶关系之间发生的暴力行为视为家庭暴力，将其纳入准用条款。征求意见稿第2条第3款即属于准用条款[2]，建议将第3款改为："具有同居关系、前配偶关系以及家庭寄养关系的人员之间的暴力行为，视为家庭暴力。"根据准用条款，非家庭成员的上述受害人也可以申请专门机构的庇护、心理辅导、法律援助、人身安全保护裁定等各种救助措施，以便于及早干预、制止和制裁此类暴力行为，更好地保护受害人的权益，防止家庭暴力升级，维护社会的和谐稳定。

反家庭暴力法不是婚姻家庭法，是社会法，[3]它的主体范围可以不与婚姻家庭法完全一致。将调整范围通过准用的方式扩展至同居关系及前配偶关系，不表示法律承认了他们是合法的婚姻关系或仍然存在婚姻关系，只是鉴于他们之间发生的暴力与家庭暴力具有共同特征，从保护受害者利益的角度，对受害者提供相同的保护、救济措施。这是国际反家庭暴力立法经验的总结，且已在其他国家及地区实施，取得了良好效果。

---

[1] 陈敏：《涉家庭暴力案件审理技能》，人民法院出版社2013年版，第2页。

[2] 将有家庭寄养关系的人员之间的暴力行为视为家庭暴力，有利于被寄养人，尤其是未成年人利益保护，值得称道。

[3] 薛宁兰："反家暴立法的宗旨及其对幸存者的救助"，载《妇女研究论丛》2014年第5期。

四、性暴力应纳入我国家庭暴力概念的行为类型

家庭暴力概念中的行为类型是确定家庭暴力的重要内容。征求意见稿将家庭暴力的行为类型限定为身体暴力和精神暴力，略显狭窄，且对身体暴力及精神暴力的具体表现形式未做明确规定，未能全面反映及规范实施家庭暴力的各种行为，也不利于司法实践中对家庭暴力行为的认定及其具体操作。

关于家庭暴力的行为类型及其具体表现形式，联合国人权委员会制定的《家庭暴力示范立法框架》规定为："所有这些由家庭成员对家庭中的妇女施加的以性别为基础的肉体上的、精神上的以及性的侵害行为，从简单的攻击到严重的肉体上的殴打、绑架、威胁、恐吓、强迫、盯梢、口头上的侮辱漫骂、强行或非法闯入住宅、纵火、损坏财产、性暴力、婚内强奸、因嫁妆或聘礼引起的暴力、女性生殖器残害、强迫卖淫、对家务工作者的暴力以及具有上述行为倾向的行为都可视为'家庭暴力行为'。"[1] 联合国关于"反对针对妇女暴力立法良好实践"报告中指出，家庭暴力立法应当包含对家庭暴力的综合定义，包括身体、性、心理和经济暴力[2]。

各国对于家庭暴力的类型及具体表现形式的规定，因其文化传统、社会习俗、经济发展水平的不同而有所差别，但近年来有逐渐趋同之势。就立法技术而言，主要存在概括性规定、列举性规定及例示性规定三种。一是概括性规定，即只对家庭暴力类型做抽象的概括性表述，而不具体列举其表现形式。《意大利民法典》第 342 条Ⅱ规定："家庭暴力是配偶或共同生活一方的行为对配偶或共同生活者另一方的身体、精神的完整性或自由造成严重损害的行为。"[3] 二是列举性规定，即不对家庭暴力行为做抽象的概括性表述，而是列举具体的行为方式，凡在法定的相应主体间发生所列举的行为即可被认定为家庭暴力。例如：《马

---

〔1〕 参见《家庭暴力示范立法框架》第 3 条、第 11 条。

〔2〕 参见联合国专家小组会议报告《反对针对妇女暴力良好立法实践》，2008 年 5 月 26 至 5 月 28 日，第 26 页。

〔3〕 费安玲等译：《意大利民法典》，中国政法大学出版社 2004 年版。

来西亚家庭暴力法》第 2 条对法律的解释中就明确列举了"故意、蓄意或试图使受害人陷于害怕遭受身体伤害的恐惧中";"通过一些明显或可能导致身体伤害的行为，使受害人遭受身体伤害的行为";"用武力强迫或威胁受害者做一些不愿做的动作或行为，如性交，而受害者本来是有权拒绝这些行为的";"限制或阻止受害者按自己的意愿行事";"故意损害或破坏受害人财产"[1] 五项家庭暴力行为。例示性规定是概括性规定加列举性规定，即在对家庭暴力行为进行抽象的概括性表述之后列举具体行为方式或附加兜底条款。如《南非反家庭暴力法》第 1 条定义中，就在列举肉体虐待、性虐待、经济虐待、恐吓、损害财产等九项家庭暴力行为之后，附加规定任何其他的针对原告的控制和虐待行为均构成家庭暴力[2]。就目前反家庭暴力立法的趋势而言，多数国家和地区采取了概括性规定加列举性规定的例示主义。一方面对家庭暴力的主体及类型进行抽象性概括：造成家庭成员身体、精神和性伤害的行为是家庭暴力。另一方面再对家庭成员的范围以及具体施暴的情形作出明确的列举性规定，通过列举性规定使其成为具有明确指引性和确定性的法律规范和操作标准，从而增强反家庭暴力法的可操作性。例示主义既有利于法官和司法工作者执法，也有利于公民知法守法。

根据国际反家庭暴力的理论研究及立法经验，以家庭暴力行为所侵犯的客体权益为标准进行分类，家庭暴力的行为类型主要可以分为：身体暴力、精神暴力、性暴力和经济暴力四种。

在家庭暴力行为类型中增加性暴力，其理由有四：其一，性暴力是性别间暴力的典型形式，是基于性别而产生的暴力，且主要是丈夫违反妻子的意愿，强行实施性行为或性虐待。其二，性暴力的隐蔽性和特殊性决定了对其认定的复杂性，但夫妻间的同居义务并不导致任何一方有权利采用违法或犯罪手段强制对方履行义务。换言之，法律不应认可民

---

〔1〕 参见《马来西亚家庭暴力法》（1994 年第 521 号法案），载中国法学会反家暴网络（研究中心）资料室编：《反对家庭暴力资料集》，2006 年 4 月。
〔2〕 参见《南非反家庭暴力法》（1998 年），载中国法学会反家暴网络（研究中心）资料室编：《反对家庭暴力资料集》，2006 年 4 月。

事权利主体以非法行为实现其权利的合法性。[1] 其三，性暴力对受害人身心的损害后果非常严重、时间持久且难以平复。婚姻生活中的性暴力包括婚内强奸、性虐待、性蹂躏等，它是对受害人身心健康、人格尊严的严重侵害，对受害人的影响和伤害比单纯的精神暴力和身体暴力均更为严重。其四，长期的性暴力使受害者遭受了难以言说的屈辱，成为引发以暴制暴的诱因。由于夫妻间的性行为是婚姻家庭关系中最为私密之事，加之"家丑不可外扬"传统观念的制约，许多妇女在遭受性暴力之后只能默默承受痛苦。对这种有损人格尊严的暴力侵害，如果不纳入法律规制范围，极易形成家庭暴力的恶性循环，并成为一些女性实施"以暴制暴"违法犯罪行为的直接诱因。鉴于性暴力在家庭暴力中的特殊性及危害性，应当将性暴力明确界定为家庭暴力的行为类型之一。

家庭暴力是损害家庭成员身体、精神和性的行为，其表现形式多种多样。在确定家庭暴力的行为类型之后，反家庭暴力法还应进一步列举实施家庭暴力的具体表现形式，以增强法律的可操作性与可执行性。

五、结论

我国反家庭暴力法对家庭暴力概念的界定应当采取概括性规定与列举性规定相结合的例示主义，明确规定家庭成员是家庭暴力的主体，并将配偶、父母、子女、公婆、岳父母、儿媳、女婿、兄弟姐妹、祖父母、外祖父母、孙子女、外孙子女均列举为反家庭暴力法所称之家庭成员。同时将同居关系、前配偶关系、寄养关系纳入准用条款，将他们之间的发生的暴力视为家庭暴力，进行延伸保护。在具体行为的界定上应从施暴者的主观意图、客体及损害事实角度，将身体暴力、精神暴力、性暴力均纳入家庭暴力的行为类型。关于家庭暴力概念的界定，笔者具体建议如下：

家庭暴力是指发生在家庭成员之间损害身体、精神、性的暴力行为。包括但不限于：

（1）实施或威胁实施身体上的侵害，以及限制受害人人身自由的

---

〔1〕 冀祥德："婚内强奸入罪正当化分析"，载《妇女研究论丛》2014年第5期。

行为;

（2）以恐吓、侮辱、谩骂、诽谤等方式造成受害人精神损害的行为;

（3）实施或威胁实施性暴力及其他违背受害人意愿的性行为的行为;

（4）其他损害家庭成员身体、精神、性的行为。

本法所称家庭成员包括：配偶、父母、子女、公婆、岳父母、儿媳、女婿、兄弟姐妹、祖父母、外祖父母、孙子女、外孙子女。

具有同居关系、前配偶关系以及家庭寄养关系的人员之间的暴力行为，视为家庭暴力。

图书在版编目（ＣＩＰ）数据

家事法专论/夏吟兰编著. —北京：中国政法大学出版社，2020.9
ISBN 978-7-5620-9634-4

Ⅰ.①家…　Ⅱ.①夏…　Ⅲ.①婚姻法－研究－中国②家庭－法律关系－研究－中国　Ⅳ.①D923.904

中国版本图书馆CIP数据核字(2020)第167790号

书　　名	家事法专论
	Jiashi Fa Zhuanlun
出 版 者	中国政法大学出版社
地　　址	北京市海淀区西土城路 25 号
邮　　箱	fadapress@163.com
网　　址	http://www.cuplpress.com (网络实名：中国政法大学出版社)
电　　话	010-58908435(第一编辑部) 58908334(邮购部)
承　　印	北京中科印刷有限公司
开　　本	650mm×960mm　1/16
印　　张	33.25
字　　数	478 千字
版　　次	2020 年 9 月第 1 版
印　　次	2020 年 9 月第 1 次印刷
定　　价	119.00 元